# Wife's Garden

Author Ahn, Hong Sun / Photographer Yang, Wi Suk

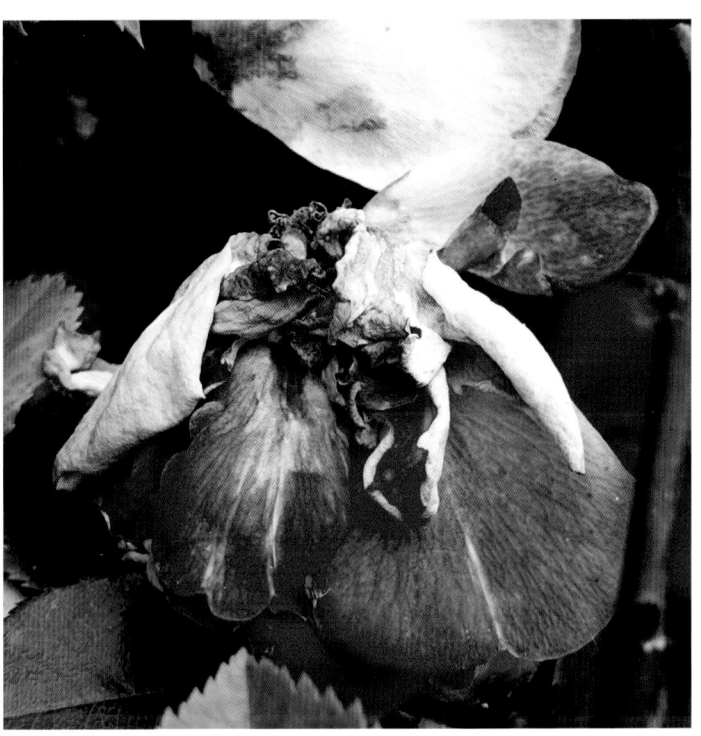

한문화사

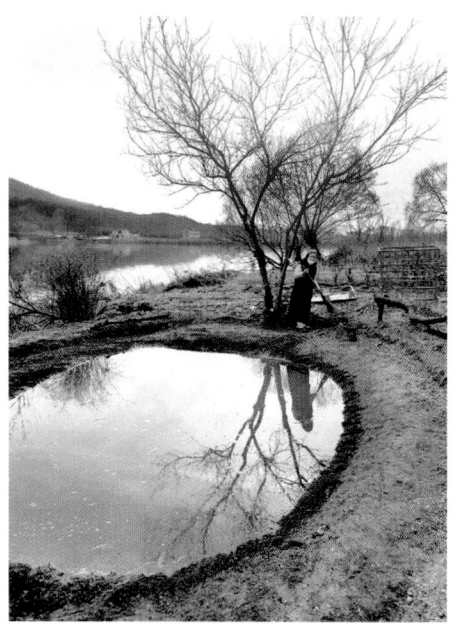

# 아내의 정원

**2판 1쇄 발행** 2024년 4월 1일

**저자** 안홍선
**사진** 양위석 외

**발행인** 이인구
**편집·디자인** 손정미, 양형윤

**출력** (주)삼보프로세스
**종이** 영은페이퍼(주)
**인쇄** (주)웰컴피앤피
**제본** 신안제책사

**펴낸곳** 한문화사
**주소** 경기도 고양시 일산서구 강선로 9
**전화** 070-8269-0860
**팩스** 031-913-0867
**전자우편** hanok21@naver.com
**출판등록번호** 제 410-2010-000002호

**ISBN** 978-89-94997-48-3 13600
**가격** 53,000원

# Wife's Garden

Author Ahn, Hong Sun / Photographer Yang, Wi Suk

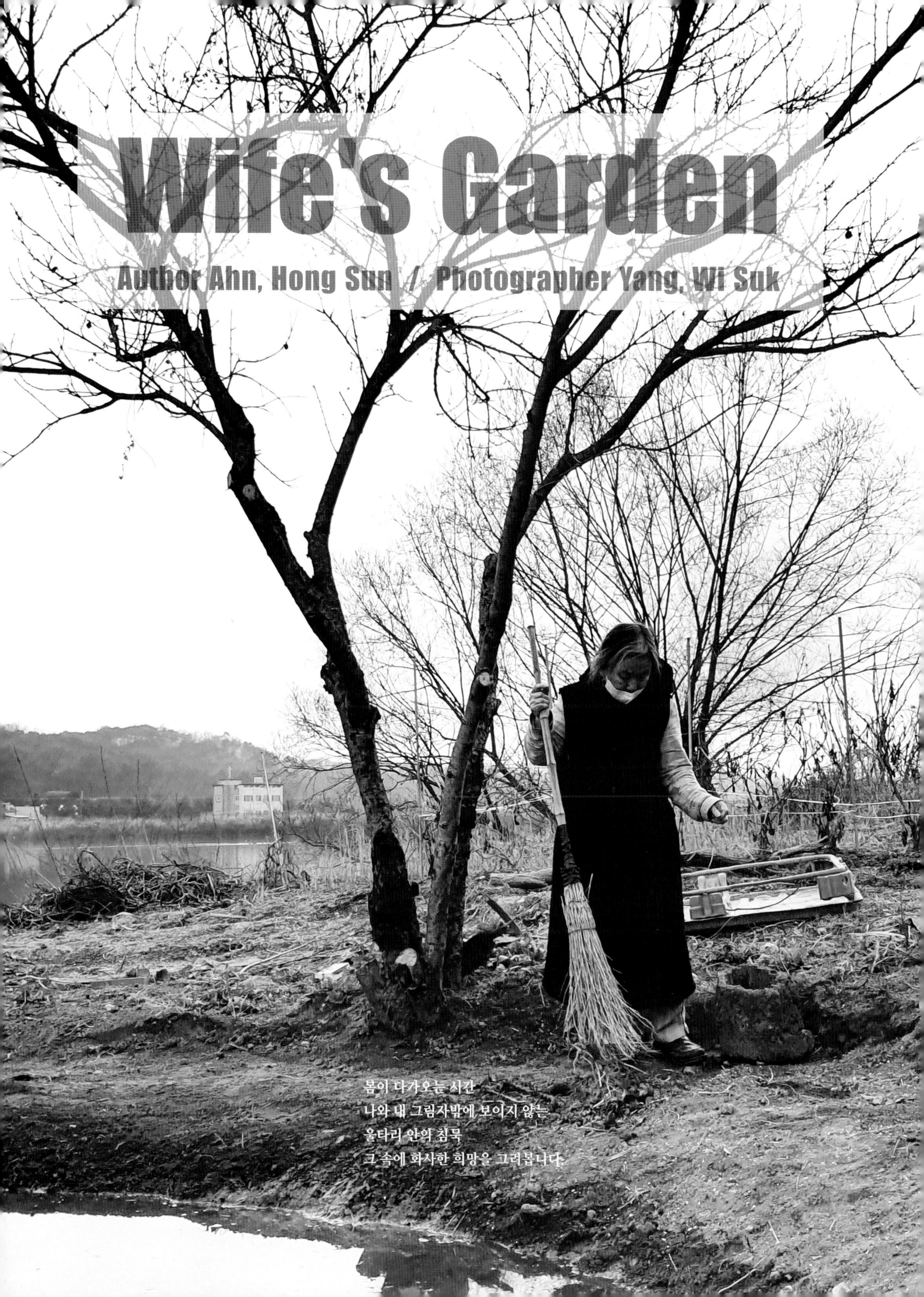

봄이 다가오는 시간
나와 내 그림자밖에 보이지 않는
울타리 안의 침묵
그 속에 화사한 희망을 그려봅니다.

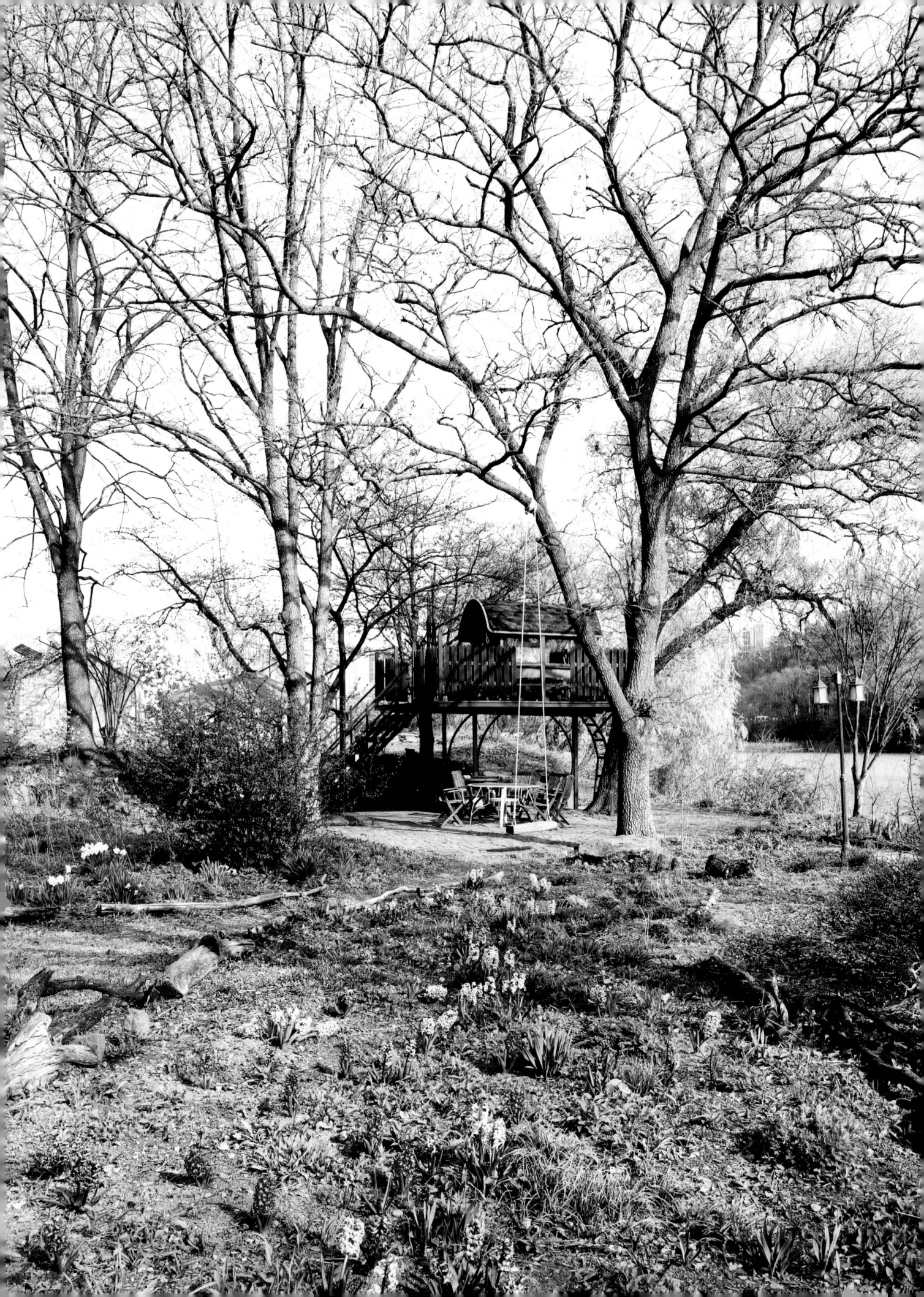

# Contents

## 종을 울리다

여러분들도 땅속에서
김이 모락모락 나오는 것을
본 적이 있겠지요.
가냘픈 순들이 그 김에 밀려 나온다고
아내가 말했습니다.
나는 한 번도 본 적 없지만
그럴 거라고 생각합니다.

그 가냘픈 순들과의 만남이
너무나 정겹고 사랑스러워서
새벽달을 이고 흙일을 시작하는 아내와
동이 트면 신선한 먹이를 찾으려고
손질해 놓은 풀더미를 허적거리며
그녀를 따라다니는 닭들...
참으로 순수하고 아름다운 모습들이
새벽종을 울립니다.

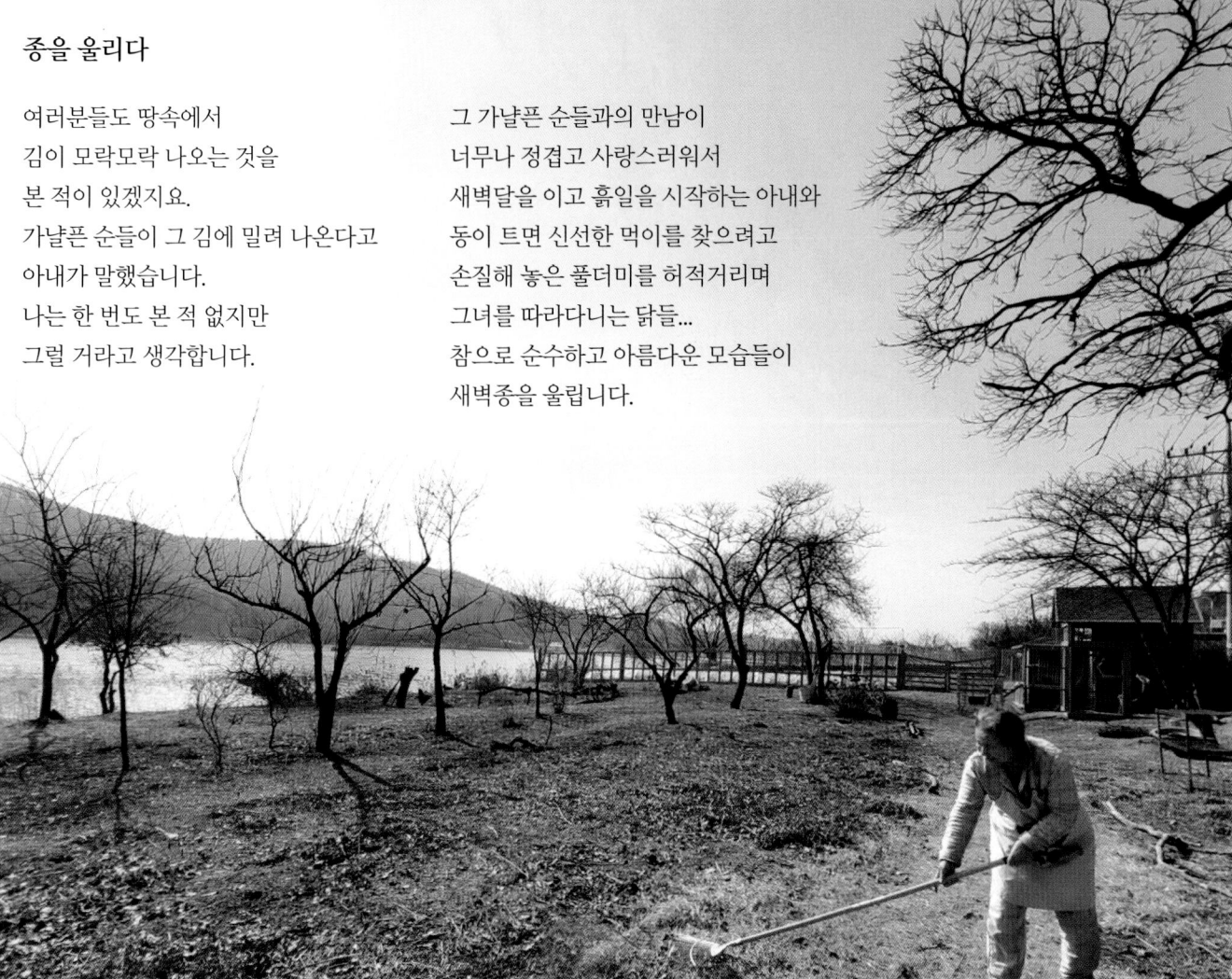

# Prologue

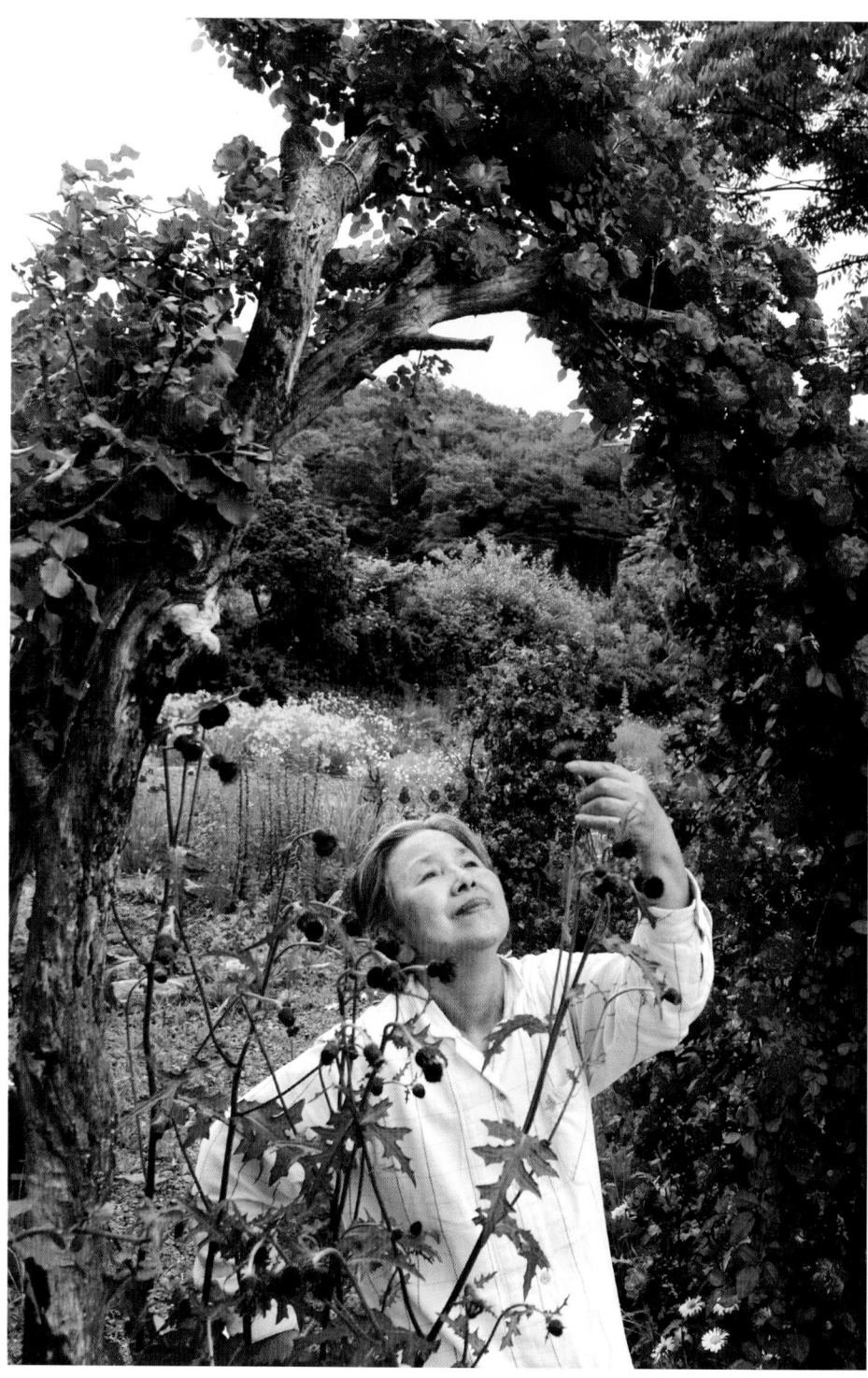

## 안홍선

건강을 잃어 그늘 속 패랭이 같던 나에게
환한 햇살로 쏟아지던 당신
그날 우리는
가을이 짙어가는 산길을 걸었지요.
산등성이에 먼저 올라 장승처럼 우뚝 서서
내려다보던 믿음직한 사나이

그 후, 그대가 사랑의 묘약 속
'남몰래 흐르는 눈물'을 불러주며 다가오던
황홀한 혼돈의 감정이라니!

서로에게 생채기 내며 얼굴 붉히던 일이
우리에겐들 없었겠습니까?
그러나, 당신은 그 모든 시련을
인내심으로 불태워
내게 고운 재로 남겨 주었지요.
그런 고마움을 생각하면 눈물이 핑 돕니다.
남들이 즐기는 것 모두가
저에게는 힘에 겨웠습니다.

지난 육십여 년...
그 무엇보다도 이 패랭이꽃이 시들까봐
노심초사한 당신을
모르는 척 지나온 것들이
새삼 커 보이는군요.

당신의 참을성에 안주하면서
나는 나의 생활일기인
스토리퀼트를 마음껏 누비며 살았고
고향의 향기를 찾아다니며 들꽃정원도
원대로 가꾸어 보았네요.
그렇게 얻어낸 행복으로 마냥 즐기며 살았습니다.
헤르만 헤세는 잘 할 수 있는 것이
아름답게 사는 것이라지요.

자연 속에서 흙과 함께하는 작업이
얼마나 가치 있는 것인지요.

정원의 패랭이꽃에 황홀한 저녁 노을이
물들고 있습니다.
우리의 시절도 이젠 황혼빛에 푹 잠겼네요.

아름다운 노을을 바라보면서
당신께 묻고 싶은 것이 있습니다.
흙 일이 힘겹다고 못하게 했었던 이 삶이
생각보다 아름답지 않나요?

그리고 무엇보다
당신이 평생 부채처럼 지고 온 내 건강이
이만큼이나 좋아진 사실이
놀랄 만하지 않나요?

이젠 당신도 같이 만족하고 있다고 믿기에
세상 것 다 버리고 언제까지라도
흙에 묻혀 살 수 있습니다.

힘들여 찍은 사진으로
이 책을 엮어준 당신에게
고마운 마음을 가득 담아 드립니다.

세상에서 가장 아름다운 꽃들이
당신의 카메라를 반기는 뜰을
당신을 위한 선물이라 자랑하며
이 모든 것을 바치겠습니다.

항시 내 손길을 기다리는 정원이 있고
무엇보다도 당신이 있는 이 집에서
나는 외롭지도 두렵지도 않습니다.

**양위석**

나는 경상북도 태생으로
사실상 누구보다도
도시형 사람이라고 생각합니다.
하지만, 이곳이 아내에게
꼭 필요한 곳이겠다는 생각이 들어
25년째 꽃 빛에 물들어가는 그녀의 삶을
카메라에 담으며 세전 없는 머슴처럼
그녀의 설계대로 살아가고 있습니다.

이 텃밭과 정원은 생전의 부모님께서
만년을 지내시던 곳입니다.
정원에 서면 남새밭을 가꾸시던
부모님의 모습이 꿈처럼 떠오르면서
이제 그 부모님 나이를 넘어선
나 자신이 현실감 없게 느껴집니다.
그 남새밭이 온통 이렇게 꽃밭으로 변한 세월과
아내가 만들어 낸 정원도
꿈 같기는 마찬가지입니다.
그러나,
아내에게는 이곳에서의 25년여 세월이
아마도 꿈이 아니라 전쟁으로
여겨졌을지 모르겠습니다.

흙 만지는 일은 적성이 아니라고
일찌감치 백기를 들고 나앉은
나와의 끊임없는 승강이
극악스러운 잡초와의 트로이 전쟁이
보통 일은 아니었으니까요.

고향을 북에 둔 아내는
어릴 때 놀던 뒤뜰의 들나물 꽃들을
평생 잊지 못하는 것 같습니다.

고생하는 흔적이 역력한데도
그저 원 없이 꽃에 묻혀
살기만을 바라는 아내는
마치 어린 시절로 돌아간 듯
행복해 보입니다.
그러면서 끝없이 꿈을 꿉니다.
내년에는 이 꽃을 저기에 더 늘리고
저 꽃은 대문간으로 옮기겠다고...
나도 덩달아 꿈을 꿉니다.
내년에는 제발 아내가 더 이상
정원을 늘리지 말아 주기를...
그러나 나의 꿈은 매년 빗나갔지요.

아내가 꽃을 피우고 갈무리하는 것을
보고만 있자하니 좀 미안한 생각이 들어
열심히 사진을 찍었습니다.
많이 부족하지만
그동안 강남대학교, 조선일보를 비롯한
몇몇 사진 교육원을 드나들며 익혀 온 솜씨로
『아내의 정원』을 엮었습니다.

곁에서 격려와 협조해 주신 모든 분께
우리 부부 깊은 감사의 마음을 보냅니다.

10

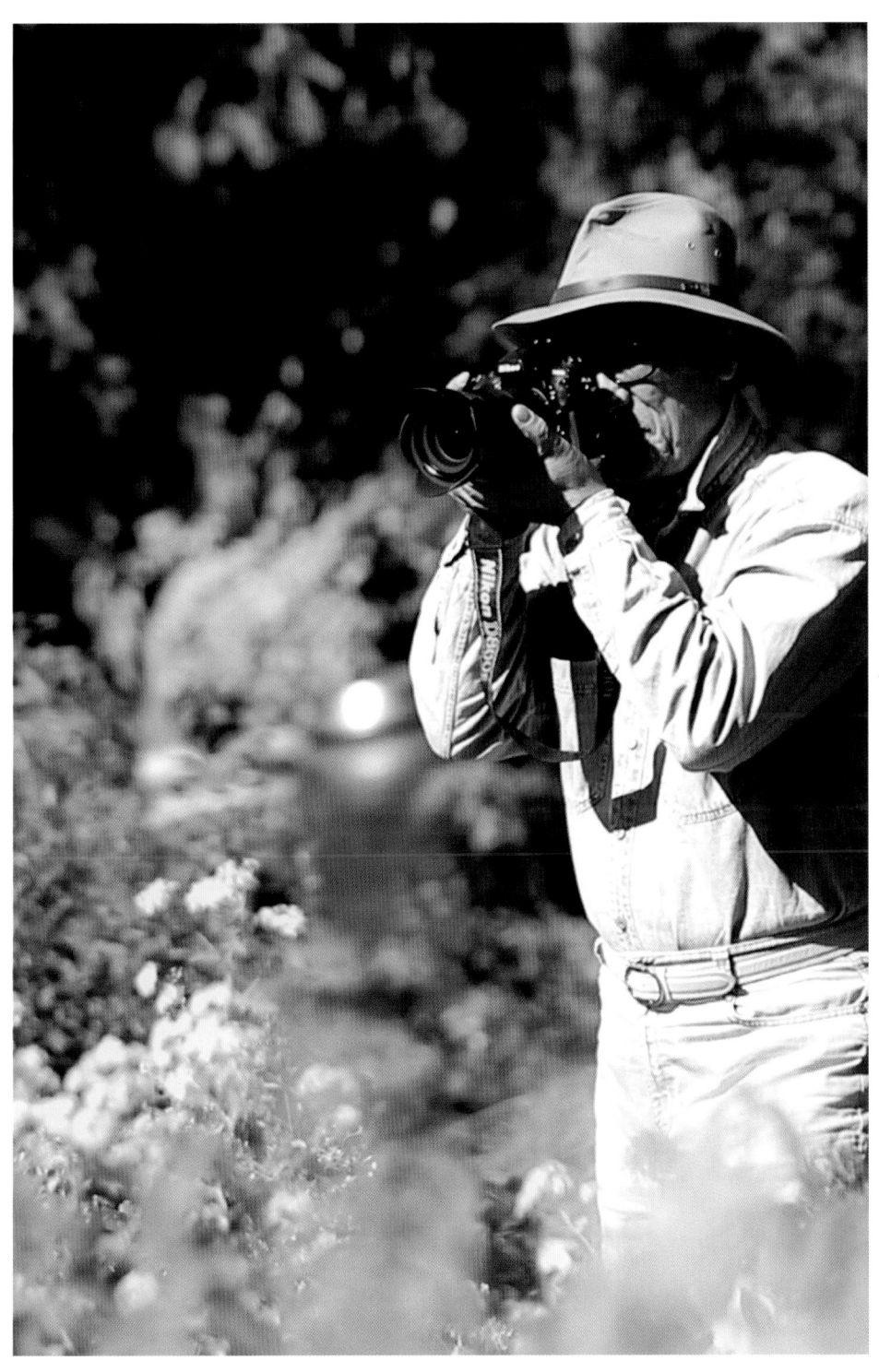

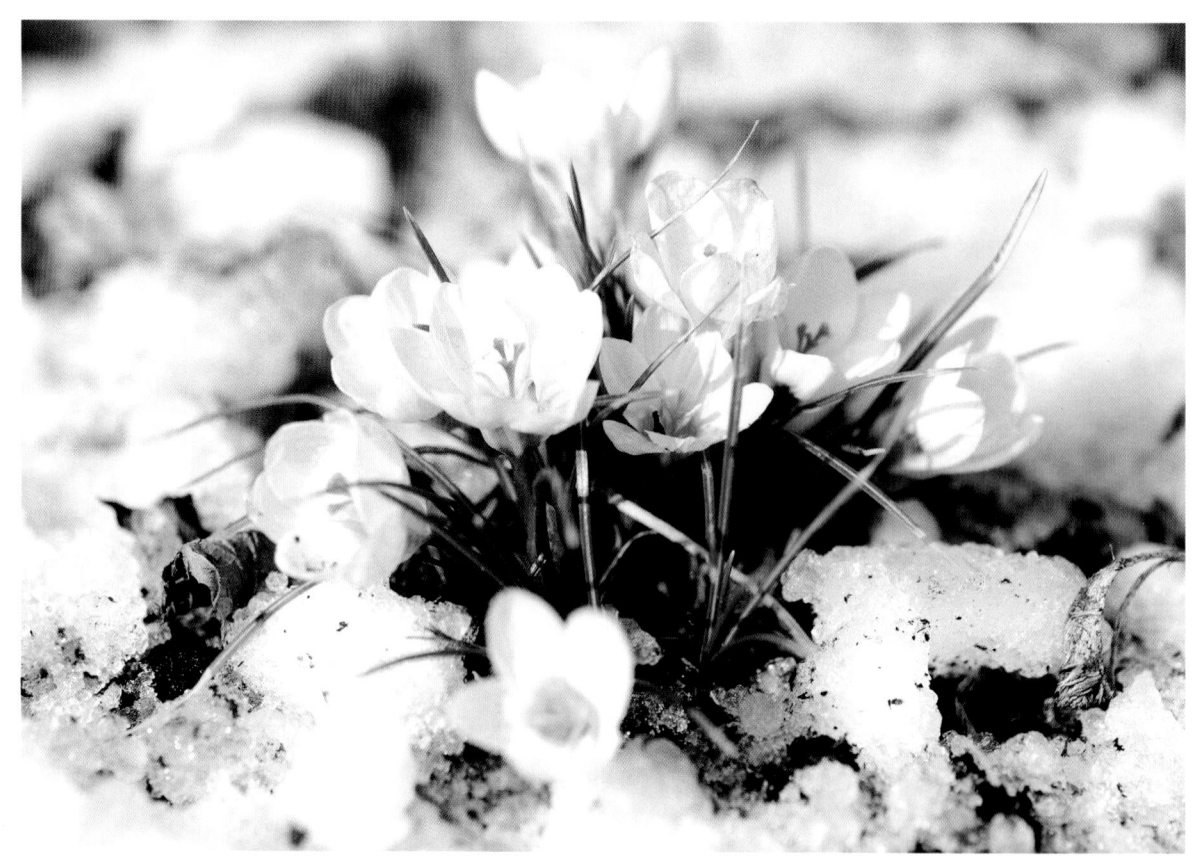

## 봄이 왔는가

잔설을 먹으며 새순이 자라나고
꽃다지 노오란 풀결이 봄을 부른다

살구 앵두 연분홍 꽃잎이 우수수
봄을 날리는데

나는 아직 봄빛이 낯선가
반짇고리 끼고 앉아
겨울 자락 놓지 못하네

# Spring 봄

✽ **들꽃정원의 봄 꽃** ✽

**3월**
꽃다지, 냉이꽃, 돌단풍, 무스카리, 민들레, 별꽃, 보라제비꽃, 복수초, 부전패모, 산괴불주머니, 선씀바귀, 수선화, 크로커스,
현호색, 히아신스, 흰제비꽃 등

**4월**
갓꽃, 개나리, 광대나물, 괭이눈, 꽃잔디, 금낭화, 난쟁이패랭이, 노란 홑잎매화, 다알리아, 델피늄, 돌단풍, 동의나물,
라넌큘러스, 층층이부채꽃(루피너스), 매발톱, 명이나물(산마늘), 명자나무, 물망초, 물매화, 미나리냉이, 미나리아재비, 미
니팬지, 백목련, 뱀무, 벌깨덩굴, 벚꽃, 봄까치꽃, 분홍장구채, 산수유, 산앵두(이스라지), 산작약, 삼지구엽초, 아네모네, 양
지꽃, 앵초, 유채화, 이메리스, 자목련, 조개나물, 종지나물, 쥐오줌풀, 진달래, 튤립, 프리지아, 할미꽃, 향플록스, 황매화 등

**5월**
각시취, 갈기조팝나무, 골담초, 공조팝나무, 괭이밥, 꽃양귀비, 꽃양지, 구륜앵초, 꿀풀(하고초), 금어초, 끈끈이대나물,
노랑꽃창포, 니켈라믹스, 등나무, 디기탈리스(여우장갑), 블루사파이어(호접란), 마가렛(제충국), 목단, 봉선화, 민백미꽃,
바늘꽃, 바위취, 벌완두, 병꽃나무, 분홍낮달맞이, 붉은인동, 붓꽃, 사포나리아, 샤스타데이지, 석잠풀, 세일, 씀바귀, 아주가,
애기달맞이, 애기원추리, 양귀비, 엉겅퀴, 옐로체인, 영국장미, 원추리, 큰꽃으아리, 자주분홍달개비, 작약, 장미,
저먼아이리스(독일붓꽃), 찔레꽃, 부추꽃, 참제비고깔, 큰꽃으아리(클레마티스), 하늘말나리, 하늘빛창포, 해당화,
흰달개비, 흰붓꽃 등

13

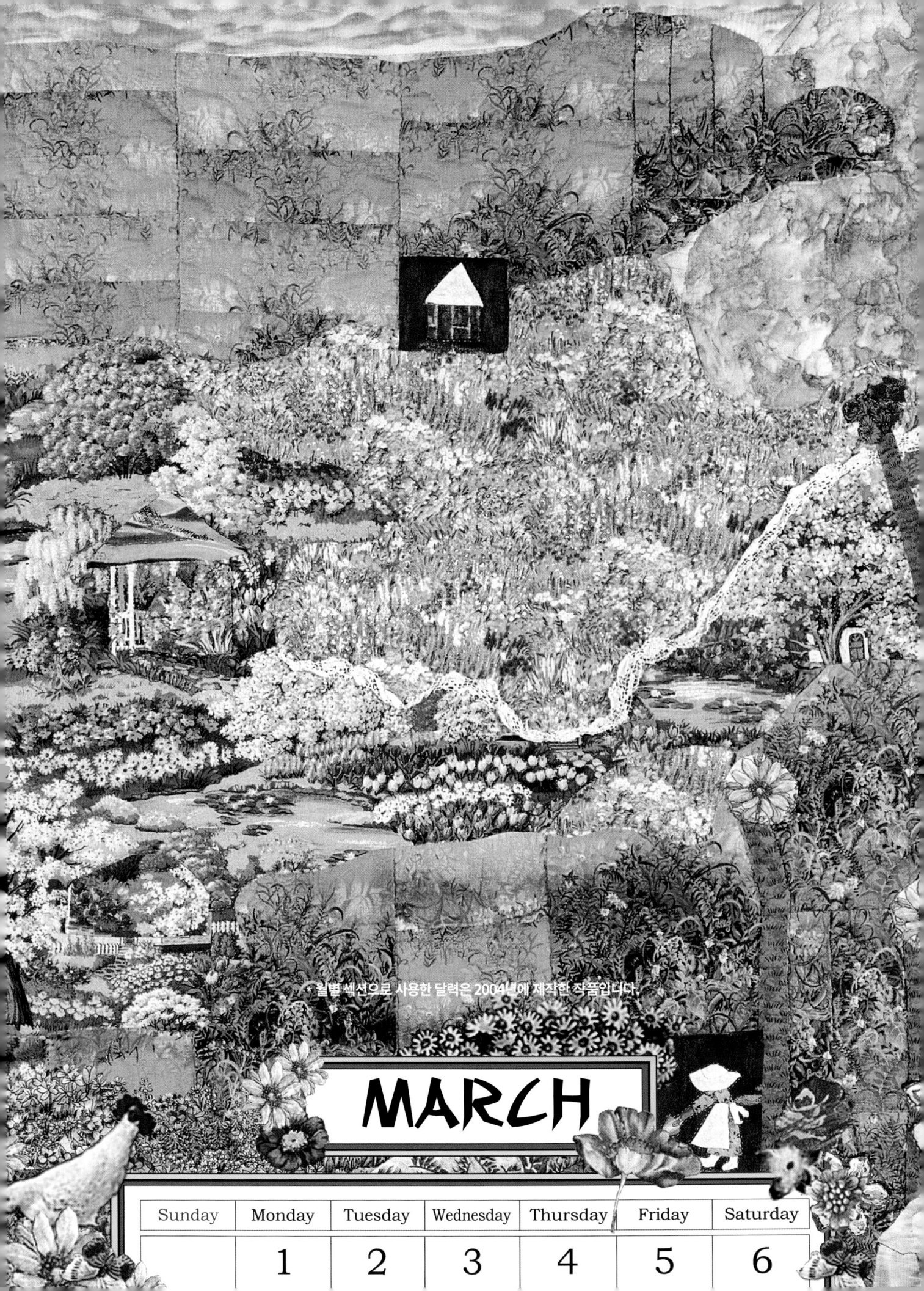

월별 섹션으로 사용한 달력은 2004년에 제작한 작품입니다

# MARCH

| Sunday | Monday | Tuesday | Wednesday | Thursday | Friday | Saturday |
|--------|--------|---------|-----------|----------|--------|----------|
| | 1 | 2 | 3 | 4 | 5 | 6 |

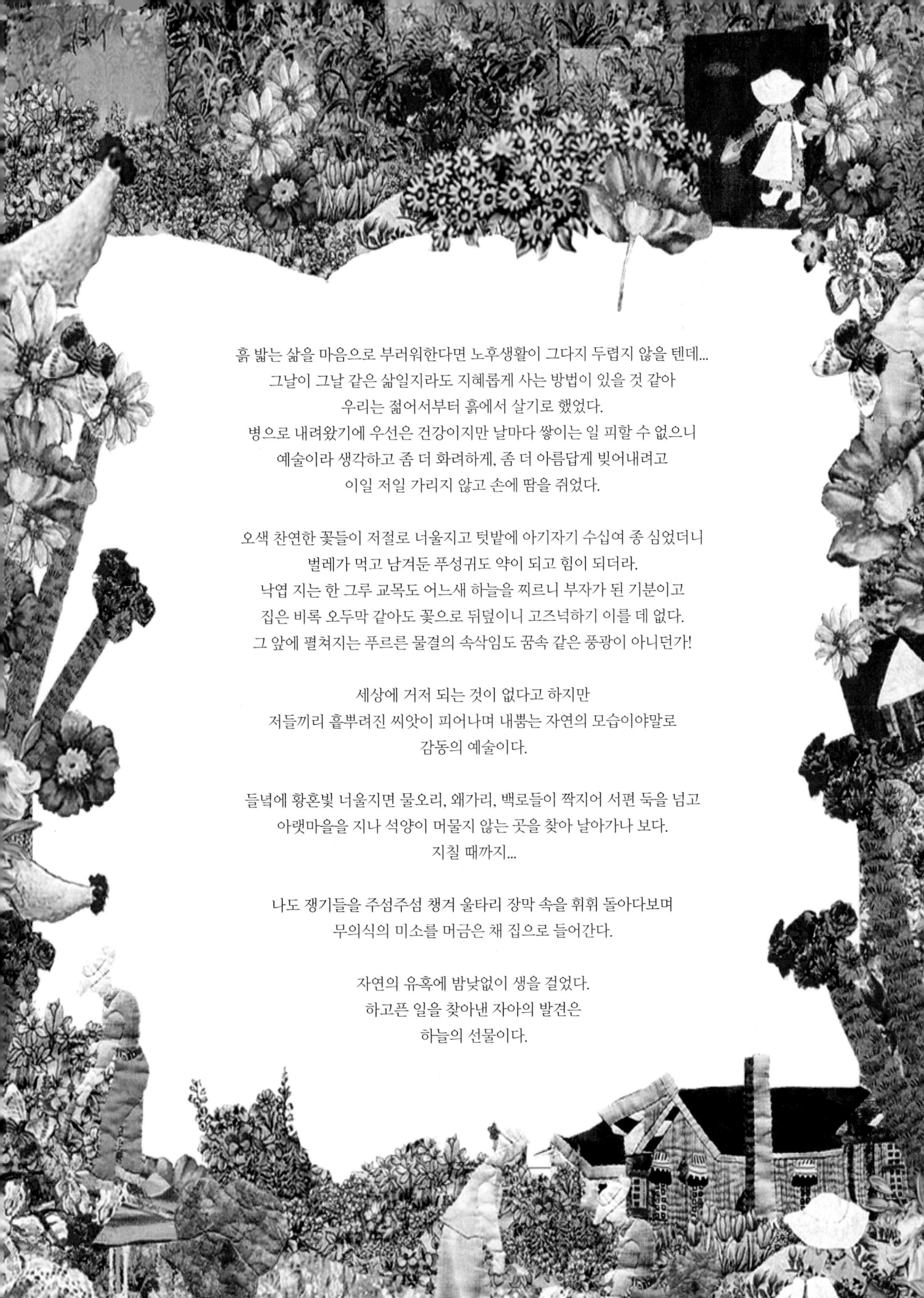

흙 밟는 삶을 마음으로 부러워한다면 노후생활이 그다지 두렵지 않을 텐데...
그날이 그날 같은 삶일지라도 지혜롭게 사는 방법이 있을 것 같아
우리는 젊어서부터 흙에서 살기로 했었다.
병으로 내려왔기에 우선은 건강이지만 날마다 쌓이는 일 피할 수 없으니
예술이라 생각하고 좀 더 화려하게, 좀 더 아름답게 빚어내려고
이일 저일 가리지 않고 손에 땀을 쥐었다.

오색 찬연한 꽃들이 저절로 너울지고 텃밭에 아기자기 수십여 종 심었더니
벌레가 먹고 남겨둔 푸성귀도 약이 되고 힘이 되더라.
낙엽 지는 한 그루 교목도 어느새 하늘을 찌르니 부자가 된 기분이고
집은 비록 오두막 같아도 꽃으로 뒤덮이니 고즈넉하기 이를 데 없다.
그 앞에 펼쳐지는 푸르른 물결의 속삭임도 꿈속 같은 풍광이 아니던가!

세상에 거저 되는 것이 없다고 하지만
저들끼리 흩뿌려진 씨앗이 피어나며 내뿜는 자연의 모습이야말로
감동의 예술이다.

들녘에 황혼빛 너울지면 물오리, 왜가리, 백로들이 짝지어 서편 둑을 넘고
아랫마을을 지나 석양이 머물지 않는 곳을 찾아 날아가나 보다.
지칠 때까지...

나도 쟁기들을 주섬주섬 챙겨 울타리 장막 속을 휘휘 돌아다보며
무의식의 미소를 머금은 채 집으로 들어간다.

자연의 유혹에 밤낮없이 생을 걸었다.
하고픈 일을 찾아낸 자아의 발견은
하늘의 선물이다.

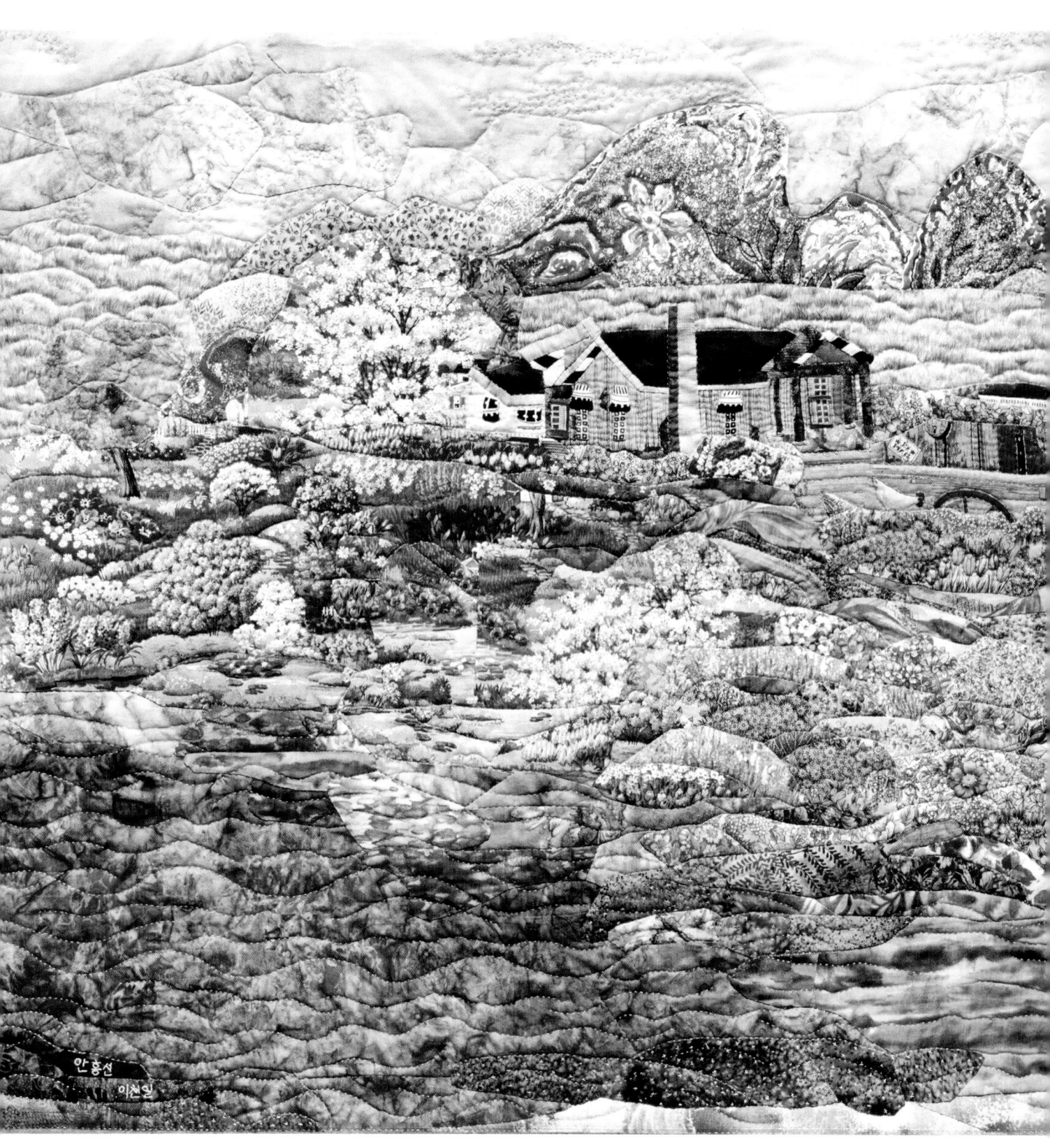

안홍선
이천일

16

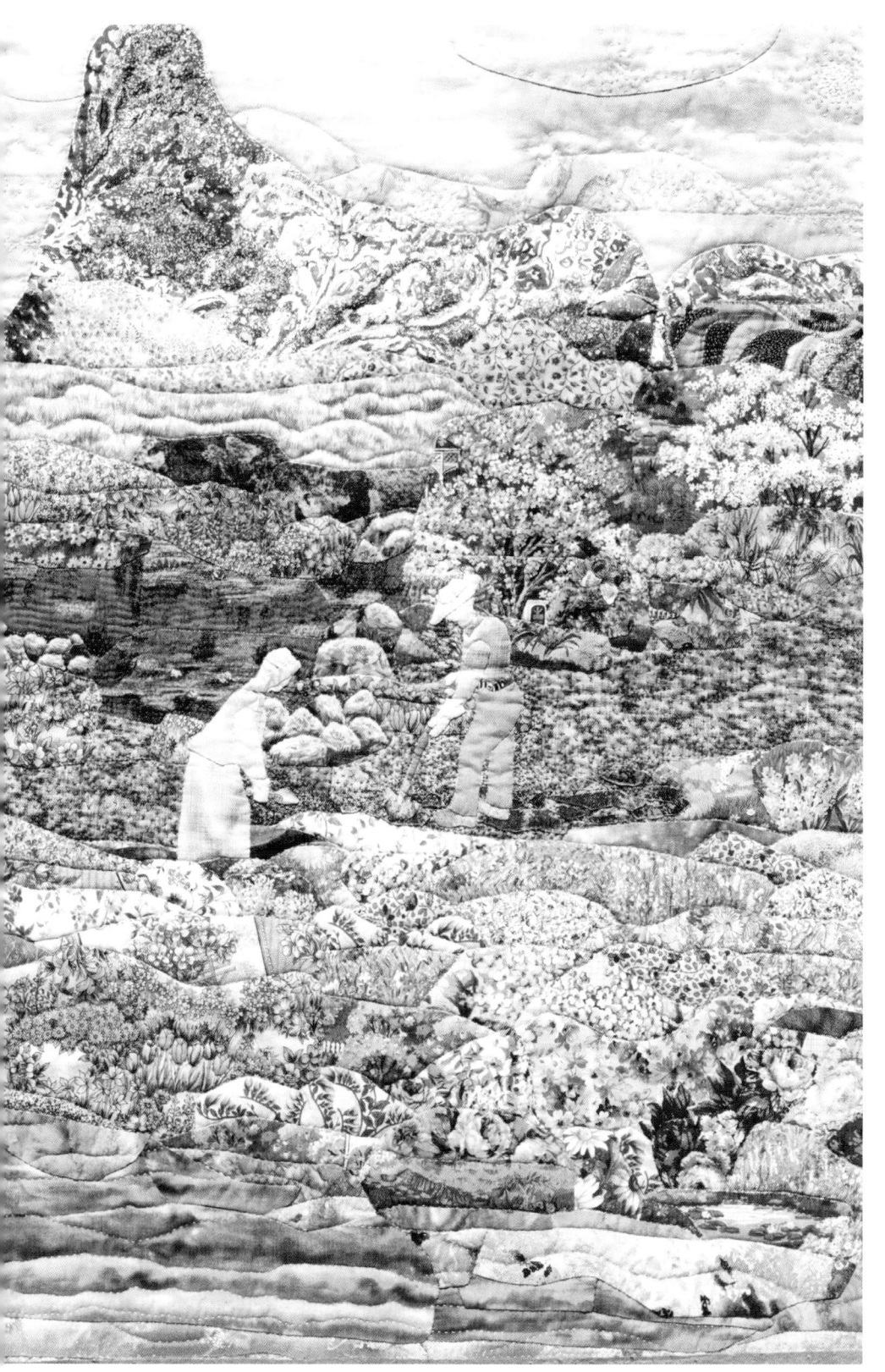

〈풀물 꽃물 저어 간다, 1615×975mm〉

## 풀물 꽃물 저어 간다

갈대 우거진 기슭에
진달래 무리무리
연둣빛 오리나무 사이로
만개한 벚꽃이
더없이 화사한 곳

아카시아 흩뿌리며
호수에 꽃물 내리는 곳

산자락 모래톱에
해오라기 자박거리고
은비늘 반짝이며 솟는 물고기
그곳에 나직한 농가 한 채

호미질 삽질
내 뜨락에 꽃 그림
세월은 눈꽃처럼
녹아내렸다

맑은 공기 시원한 샘물에
세상 잡념 씻어내려
까탈 타박 없는
넉넉한 고라리가
멋인 양 낙이다

고운 빛 잃은 아낙에게
예쁜 할머니라 부르는 곳

노적봉 마루에 무지개 올리고
잔잔한 호수에
붉은 여운 드리워
내 넋 앗아가는 낙조

그 곳에 몸을 싣고
풀물 꽃물 저어 간다

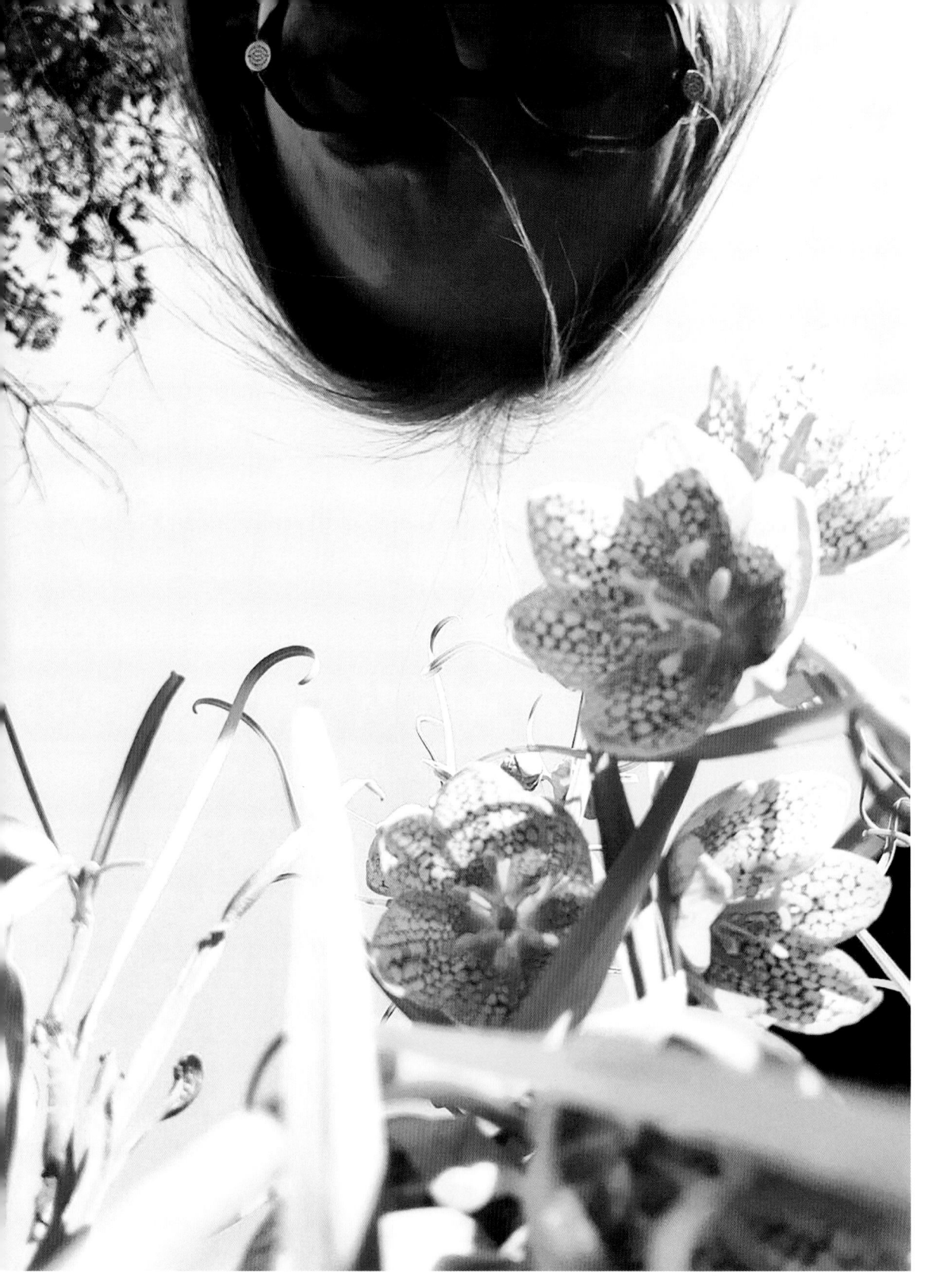

부전패모
겉은 수수하지만 엎드려 속을 들여다보면 꽃잎 속에
알알이 맺혀 있는 아름다움을 발견할 수 있다.

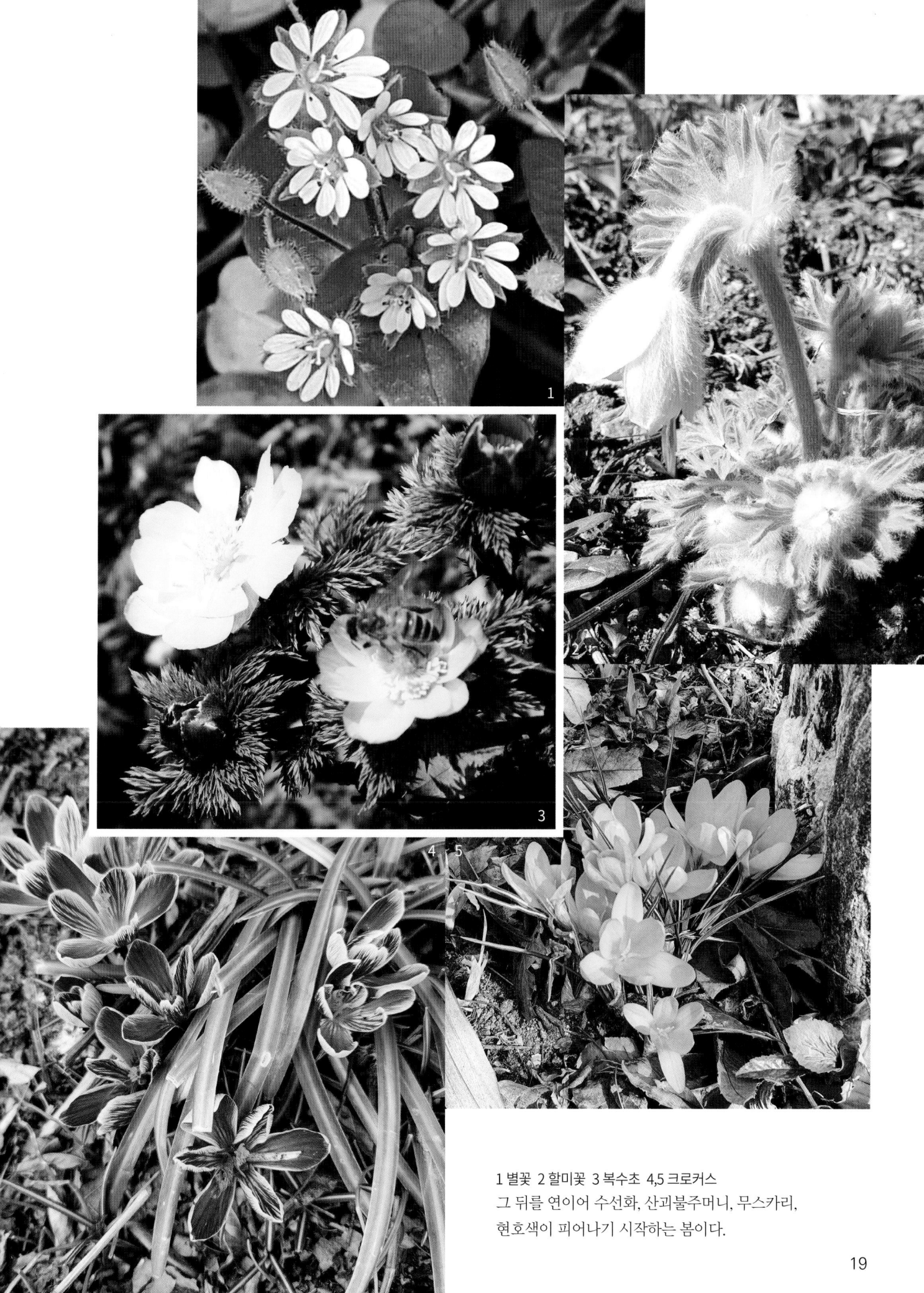

1 별꽃  2 할미꽃  3 복수초  4,5 크로커스
그 뒤를 연이어 수선화, 산괴불주머니, 무스카리,
현호색이 피어나기 시작하는 봄이다.

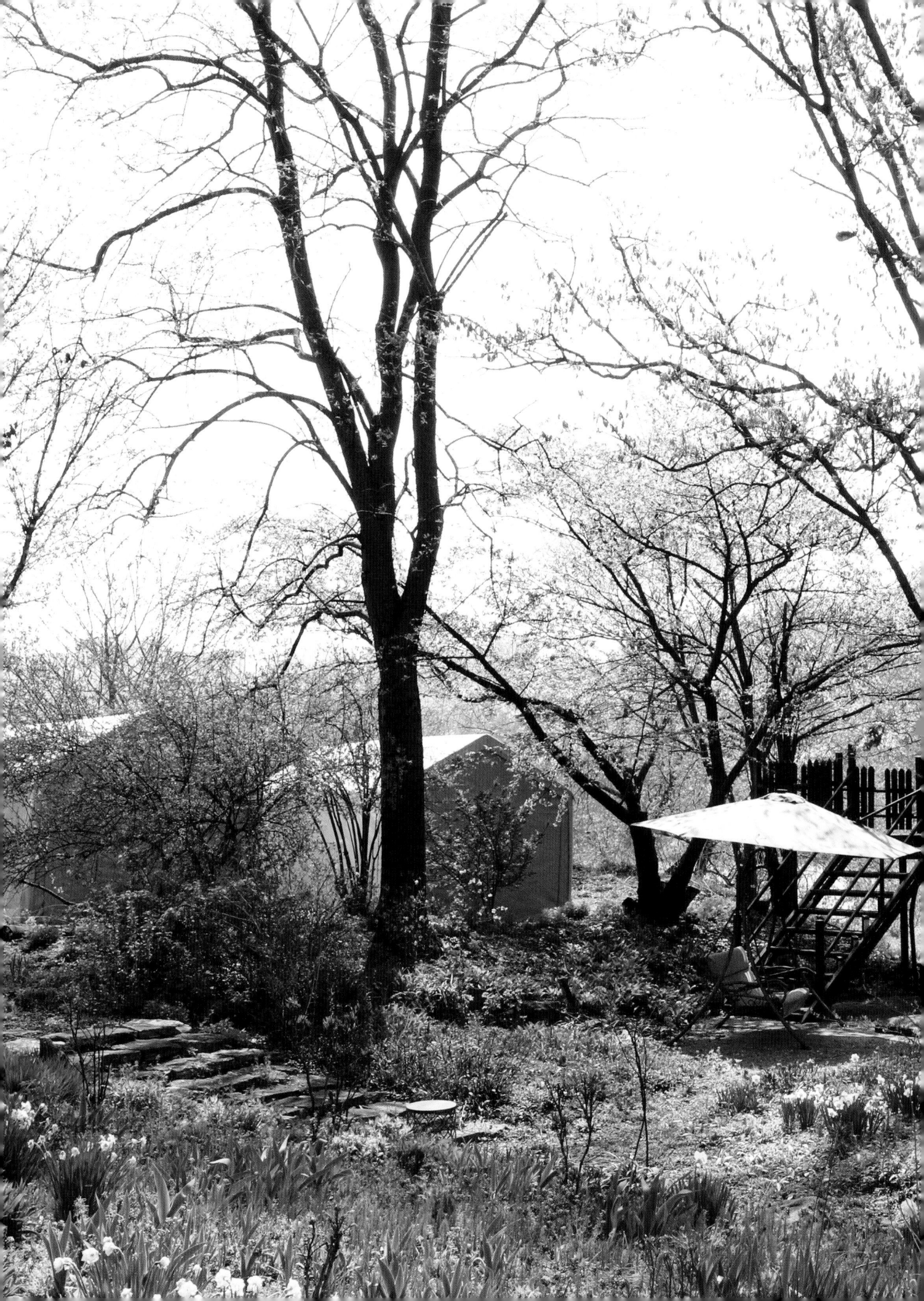

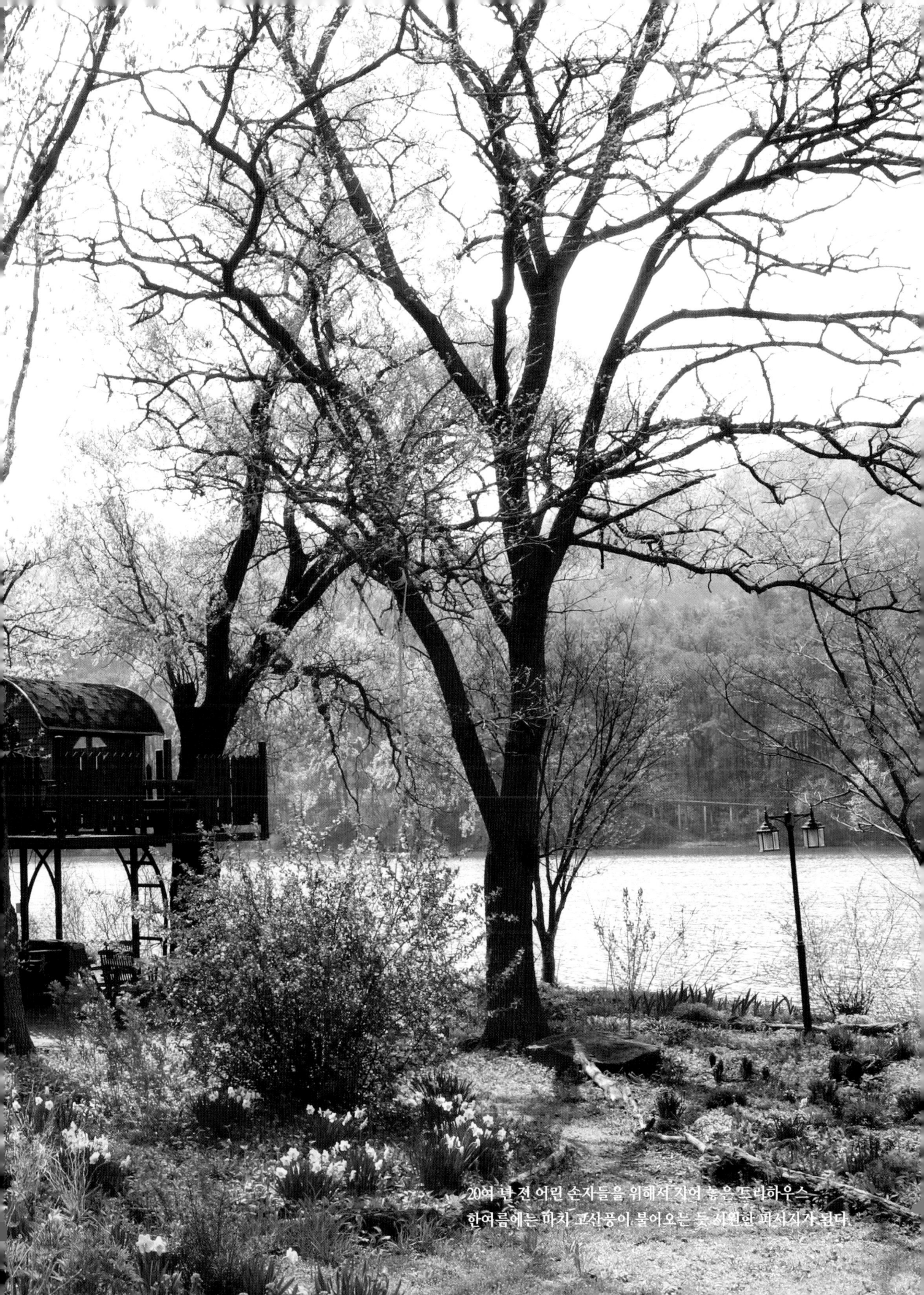

20여 년 전 어린 손자들을 위해서 지어 놓은 트리하우스
한여름에는 마치 고산풍이 불어오는 듯 시원한 피서지가 된다.

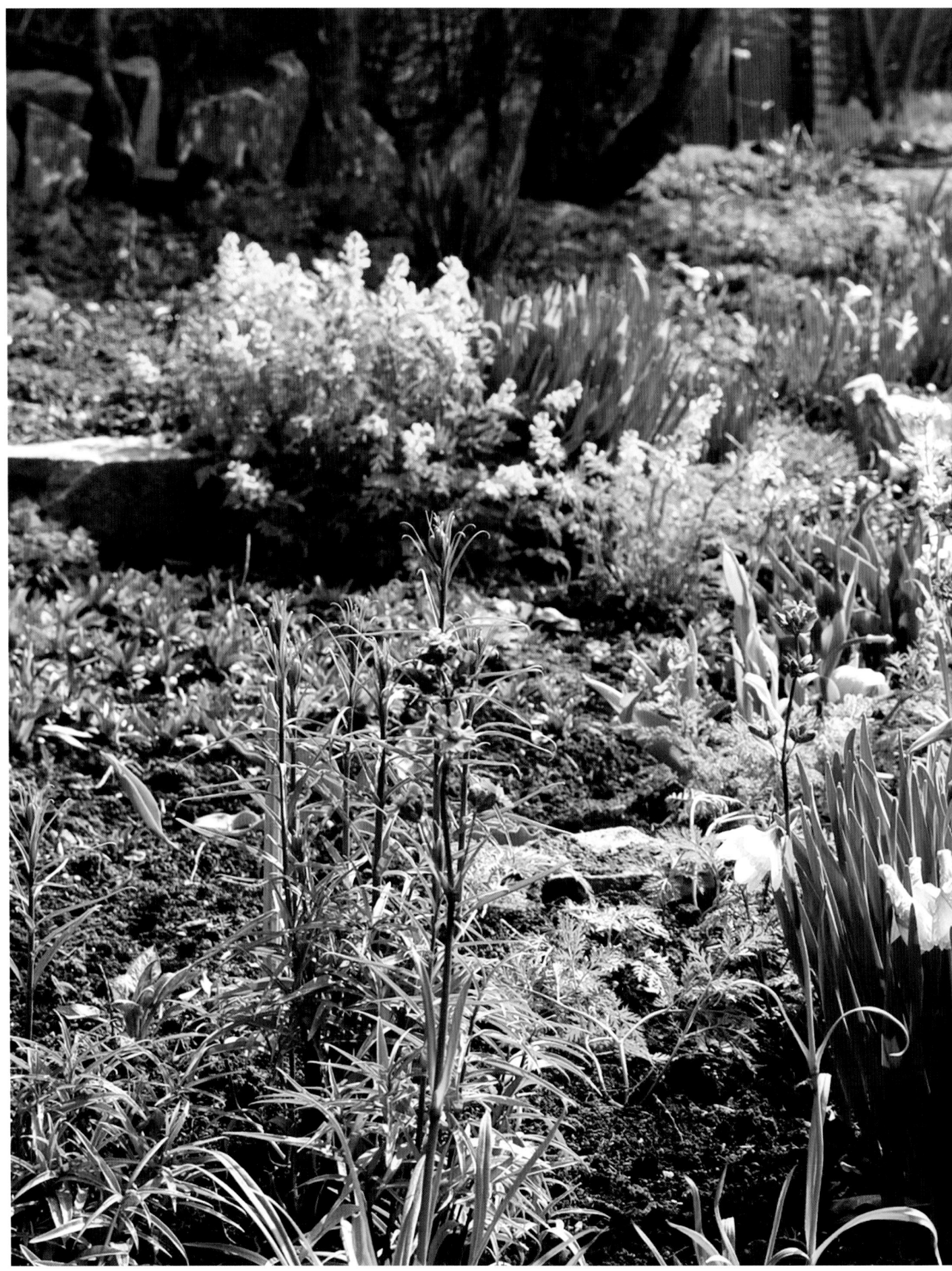

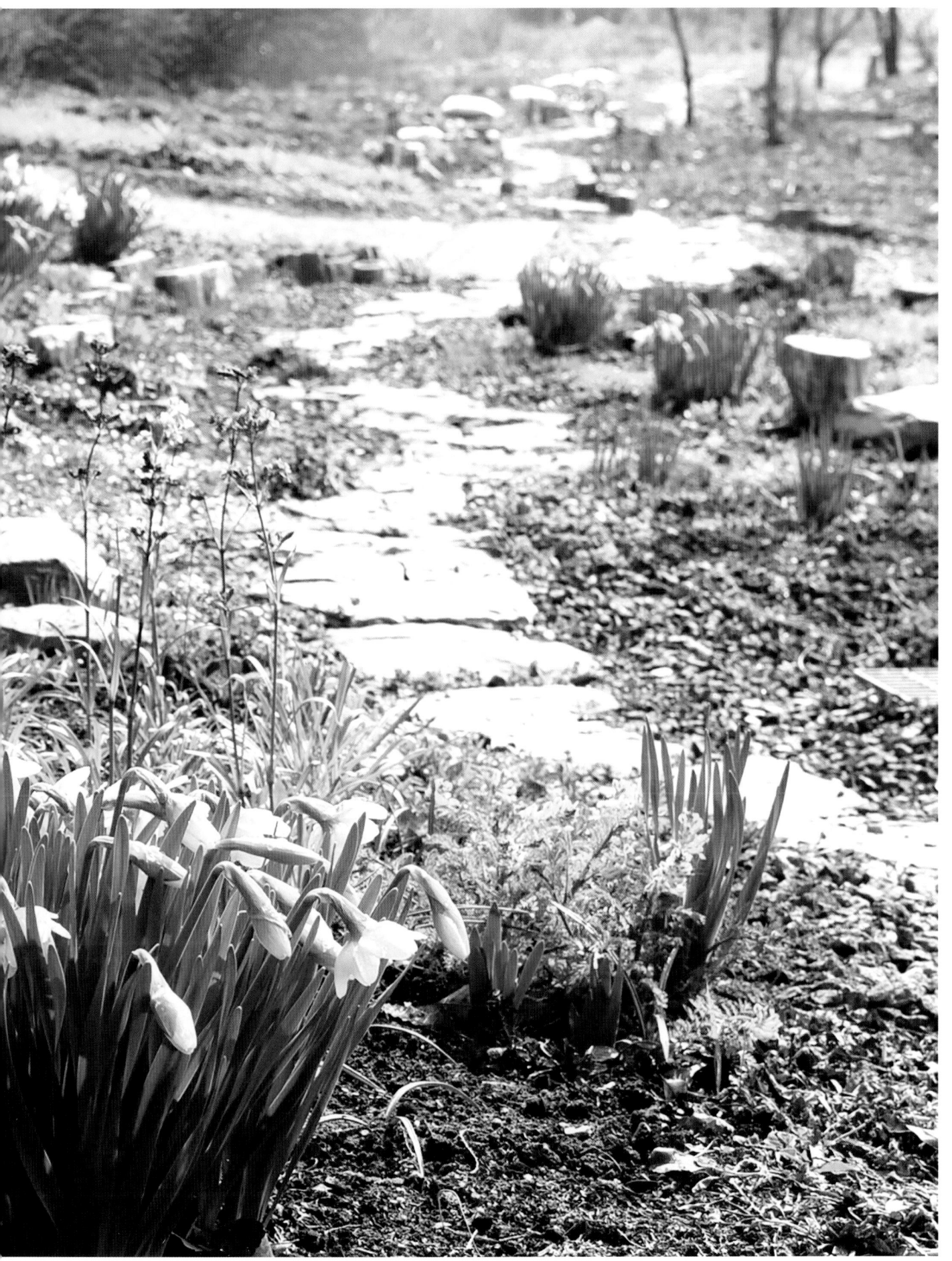

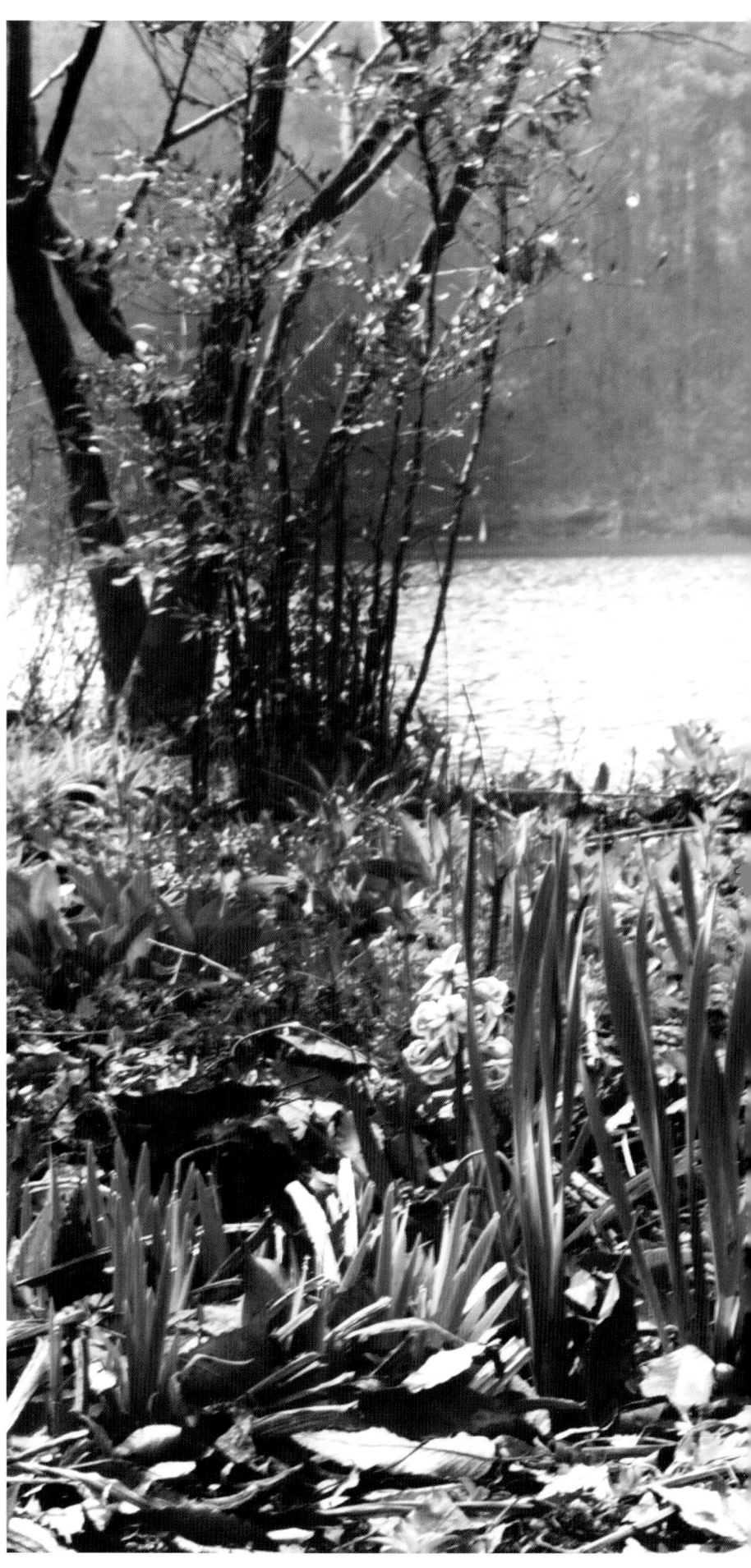

## 춤추는 서랑호

하늘을 우러러
우주를 그려내며
내 집 앞에 출렁출렁
서랑호는 춤을 춘다

나랑 새랑 꽃이랑

추운 겨울
얼음 호수 되던 날
움직이는 것들 다 사라져
가슴 치며 울부짖는 울음소리
대지를 뒤흔들면
나 홀로 그 마음 안고
빙판 위를 걷는다

나도 너만큼 외롭다고...

물오리 날아오는 이월 중순
내 집 앞 얕은 물가
해빙이 시작되면
호수는 춤추리라

나랑 새랑 꽃이랑

지금은 우두커니
빙판 위에 서 있다
봄을 그리며...

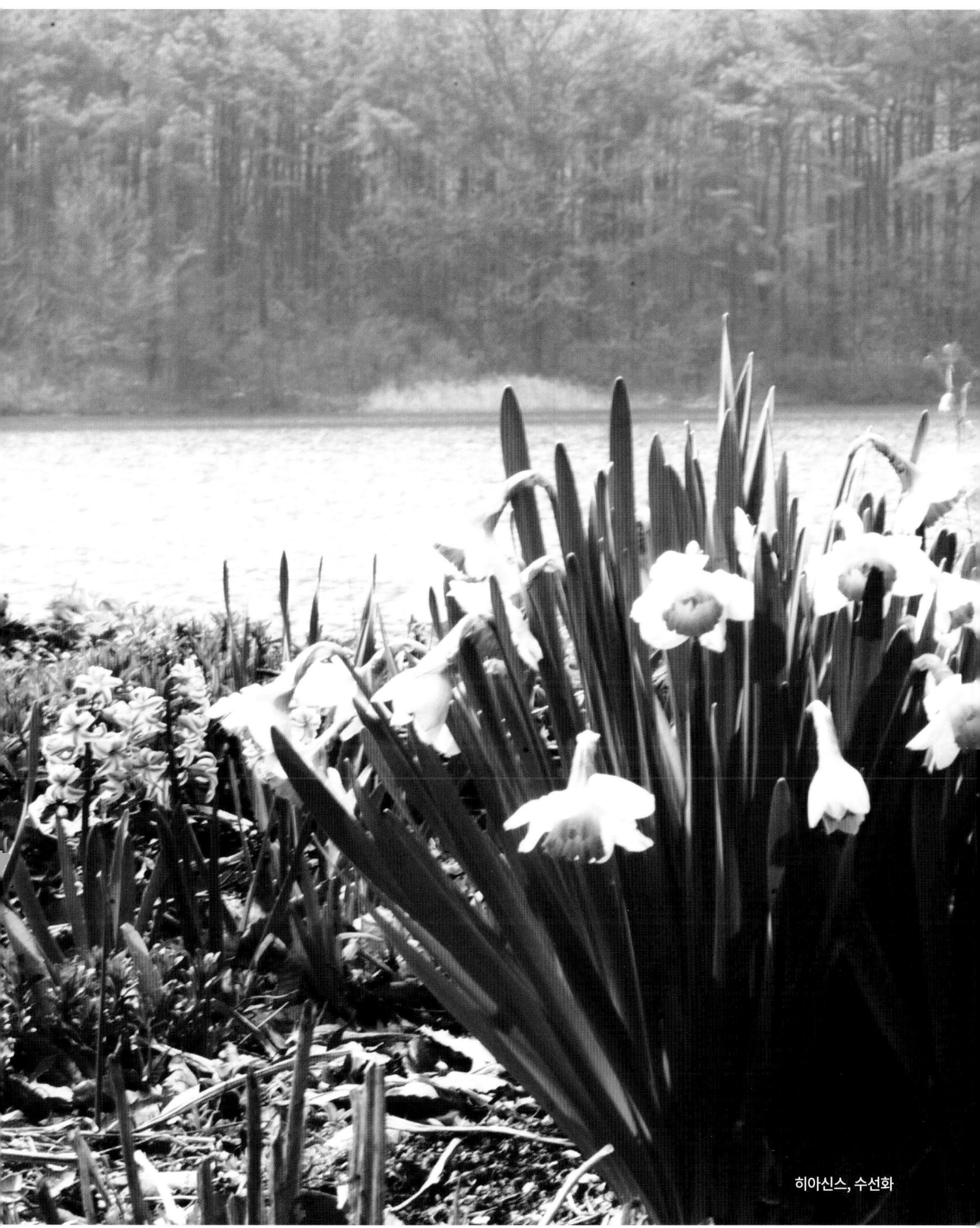

히아신스, 수선화

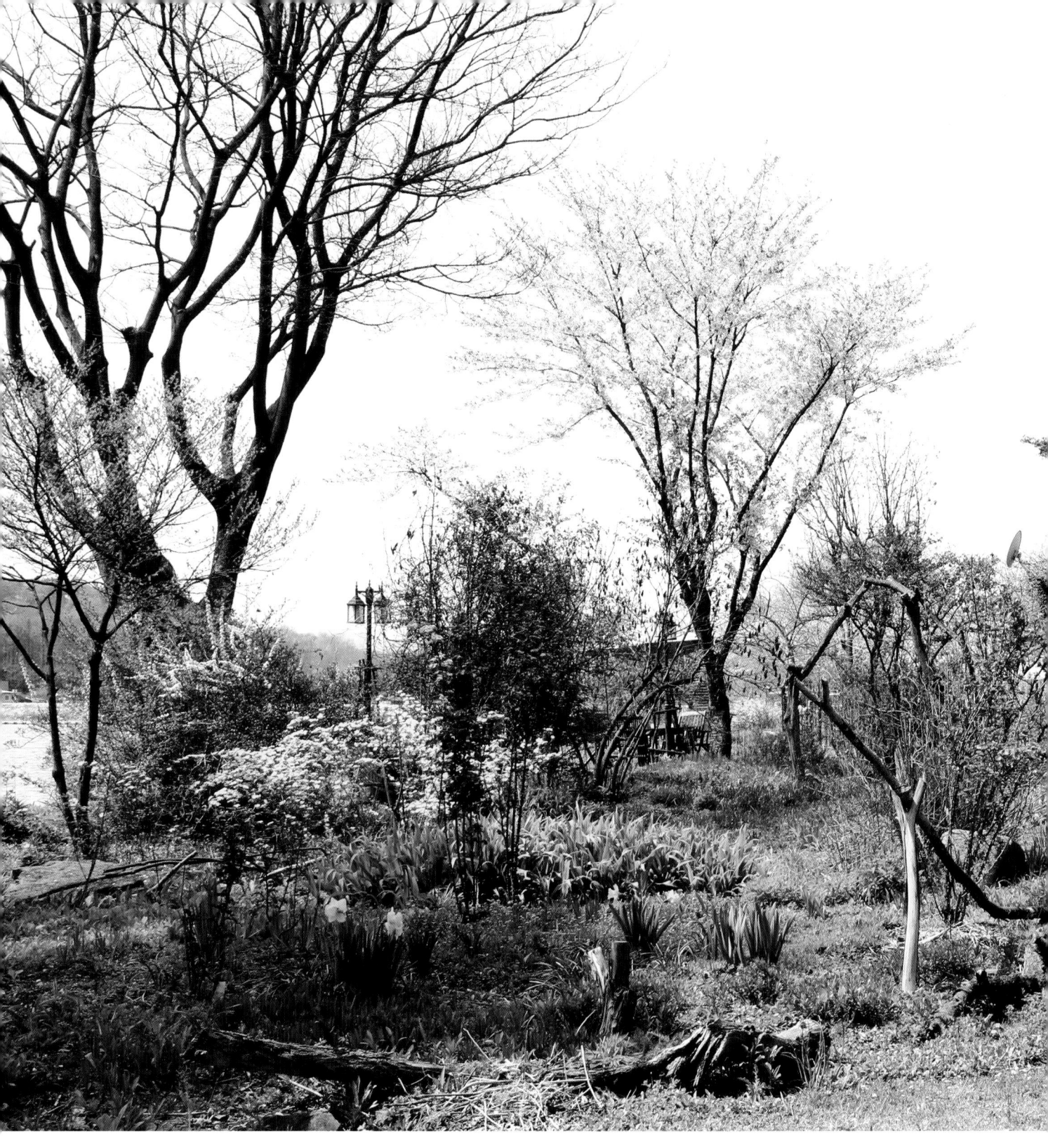

오늘 아침은 황사도 하나없이 맑다.
밖을 내다보니 녹았던 호수에 다시 살얼음이
덕지덕지 붙어 있지만 햇볕은 따스해 보였다.

나는 옆지기에게 "오늘부터 두어 시간씩만
봄의 왈츠를 춰야지"라고 말했지만
이 첫날의 흥분을 가라앉히기는 힘들었다.

몸에 염증이 있는 사람은 피곤이 치명적일 수 있으니
두 시간 이상 일하지 말라고 당부했는데
지난해 늦게까지 피어 있어 미처 손보지 못했던 꽃대들을
자르고 태우느라 시간이 무엇인지 모르는 사람처럼 일했다.

겨울 추위를 이겨낸 튤립, 수선화, 히아신스가
오히려 나를 위로해주었다.

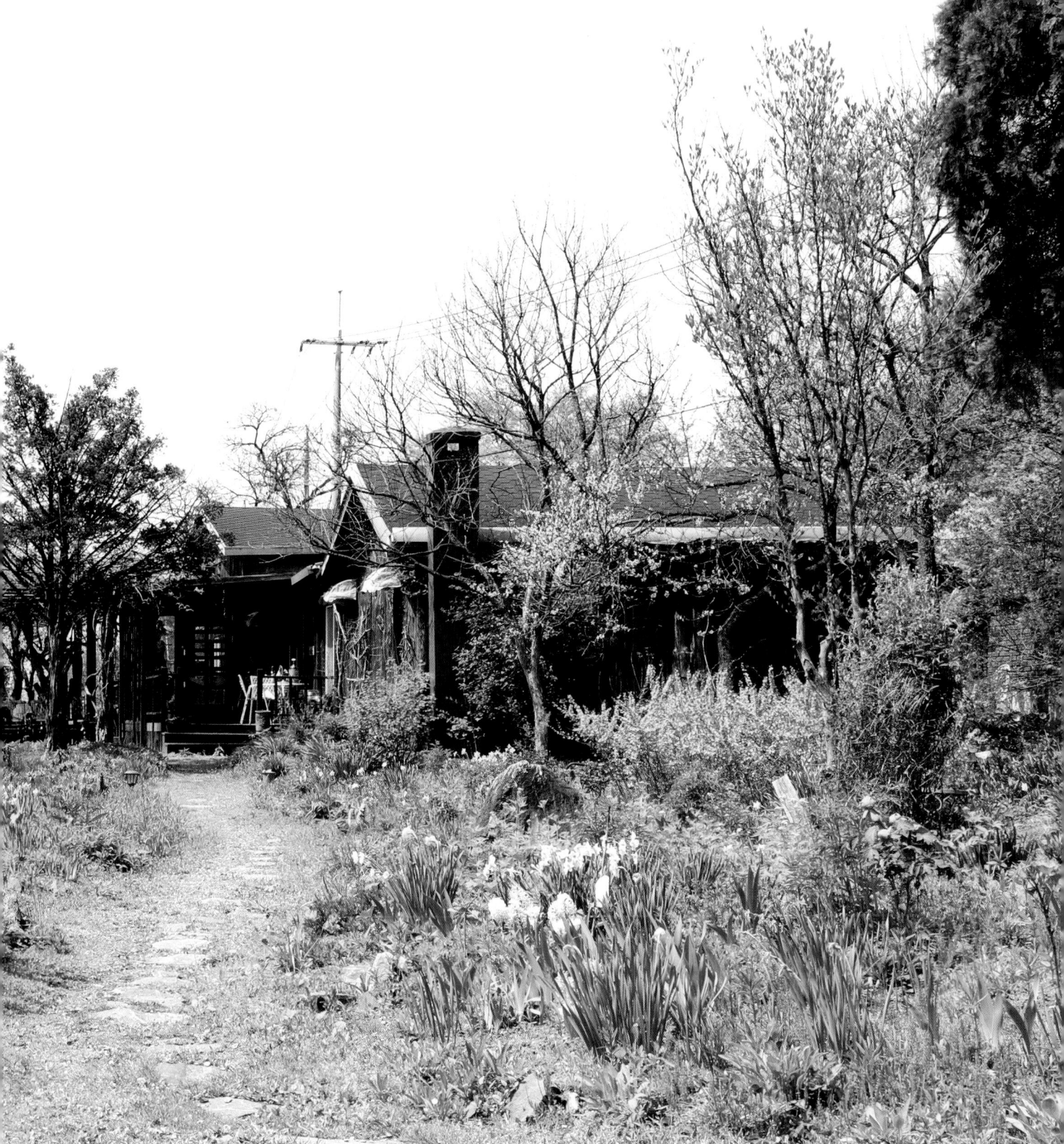

올해 들어 첫 일이라 힘들었는지
저녁 수저를 든 채 잠에 취해버렸다.

젊었을 때는 건강을 위해서라면
무엇이든지 잘 먹고
힘든 것은 무조건 포기했었다.

노년이 되면 쉬는 나이라고 생각할지 모르나
생명에 공포를 느끼며 허망하게 보낸 시간이
아깝다는 생각이 들면서부터 참을성이 없어졌다.
오히려 일을 안 하는 시간이 더 힘들었다.
할 일이 많은 것에 감사한다.
그 일이 즐겁다는 것은 더 감사할 일인 듯하다.

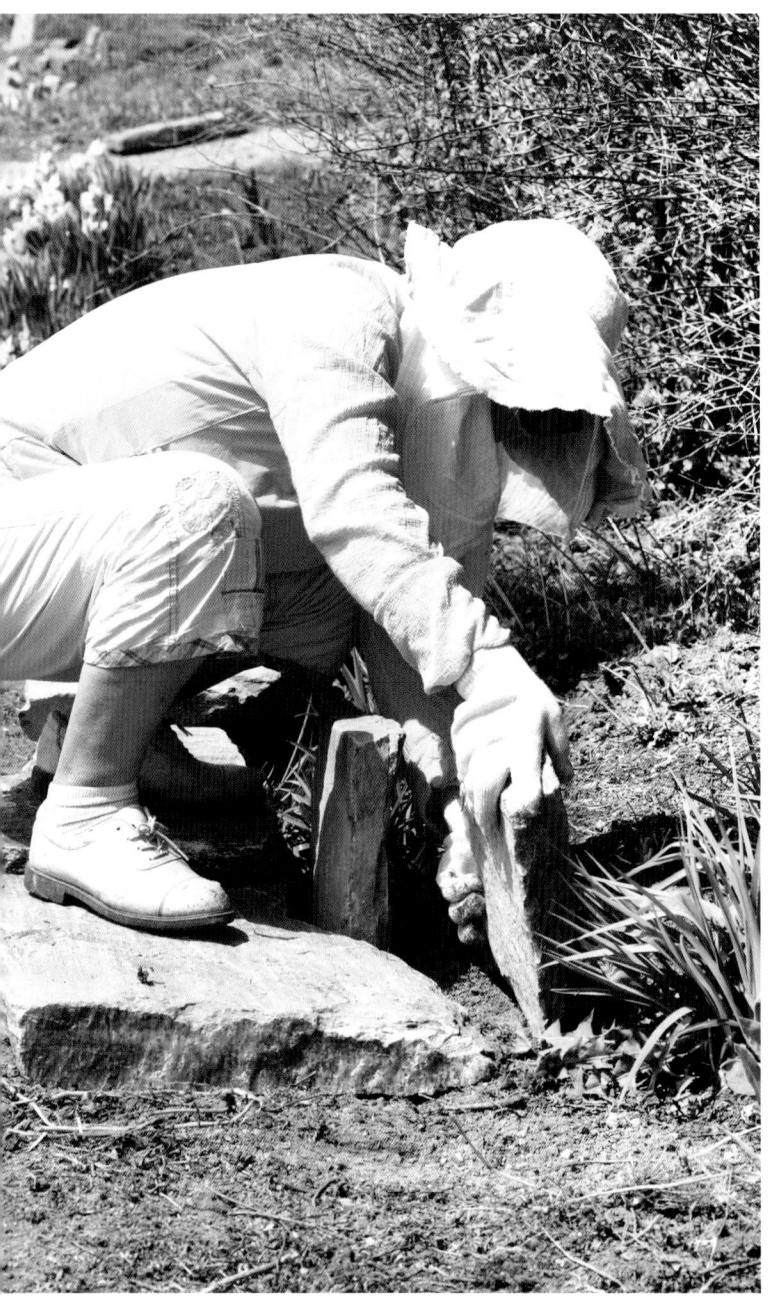

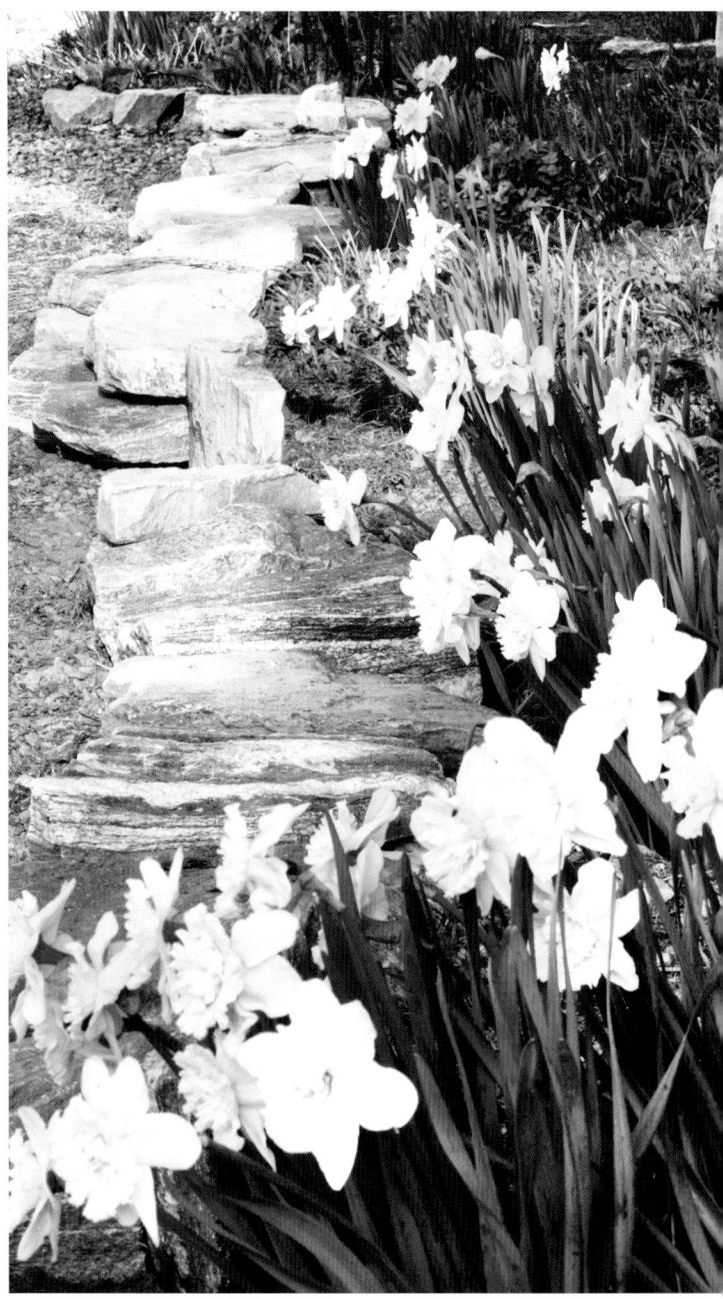

꽃길을 만들고 돌을 옮기느라 삽질을 심하게 했더니
가슴팍이 뻐근하니 운신이 어렵다.

가냘프던 숨결과 몸은 세월 따라 거칠어졌지만
정원 일에는 안성맞춤으로 변해갔고
약보다 태양 볕에 의지해왔던 건강 치료법은
나의 모든 것을 지켜주었다.

25년이 넘도록 계단을 오르내리며
생각 없이 디뎌본 적은 거의 없었다.
인친이라도 만난 듯 미묘한 기쁨에
가슴 울렁거리며 살아왔다.

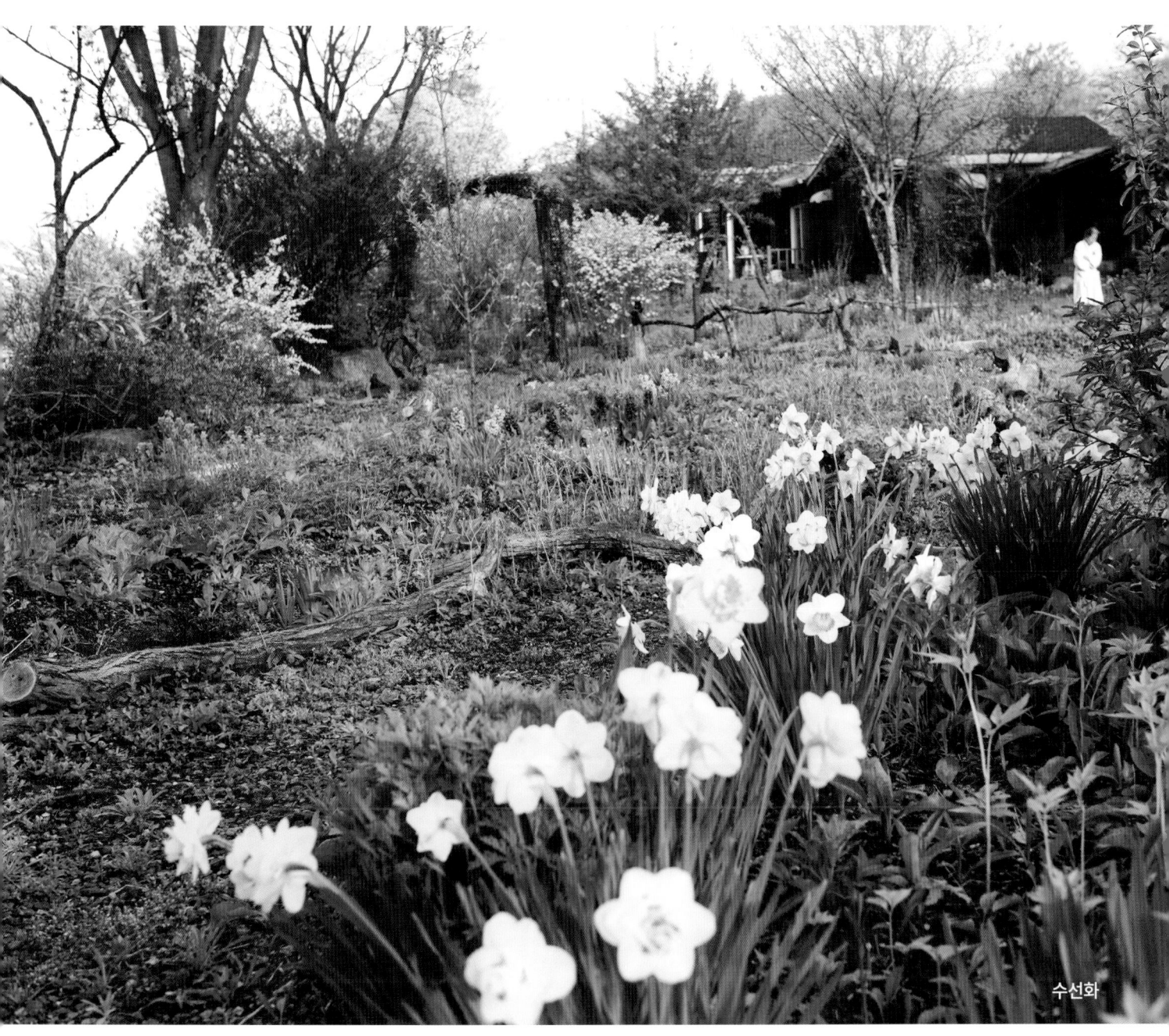

수선화

나는 늘 남자처럼 일에다 내 몸을 맞추는 습관이 있어
보기보다는 큰 일꾼임을 자랑하며 살고 있는데
남들이 믿어 주지 않으니 좀 억울한 생각도 든다.

나만큼 일이 많은 주부는 몇 안 될 것 같은데
아무것도 못 하는 사람으로 낙인 되다니…

 내 눈에 가득히 쌓여있던 하고 싶은 일들
끝없이 했어도 지치지 않았던 이 일의 즐거움은
도대체 어디서 나오는 것이었을까?

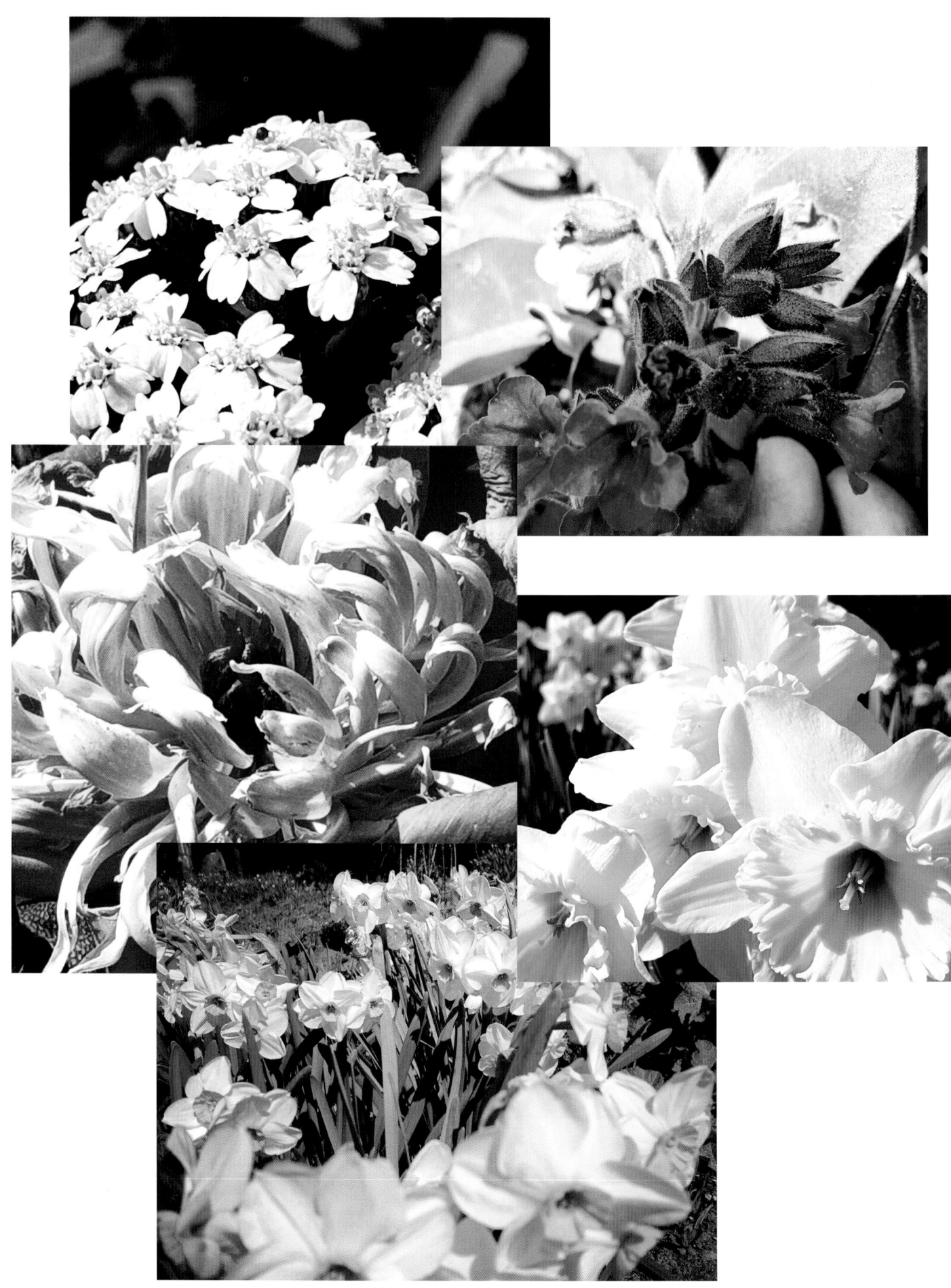

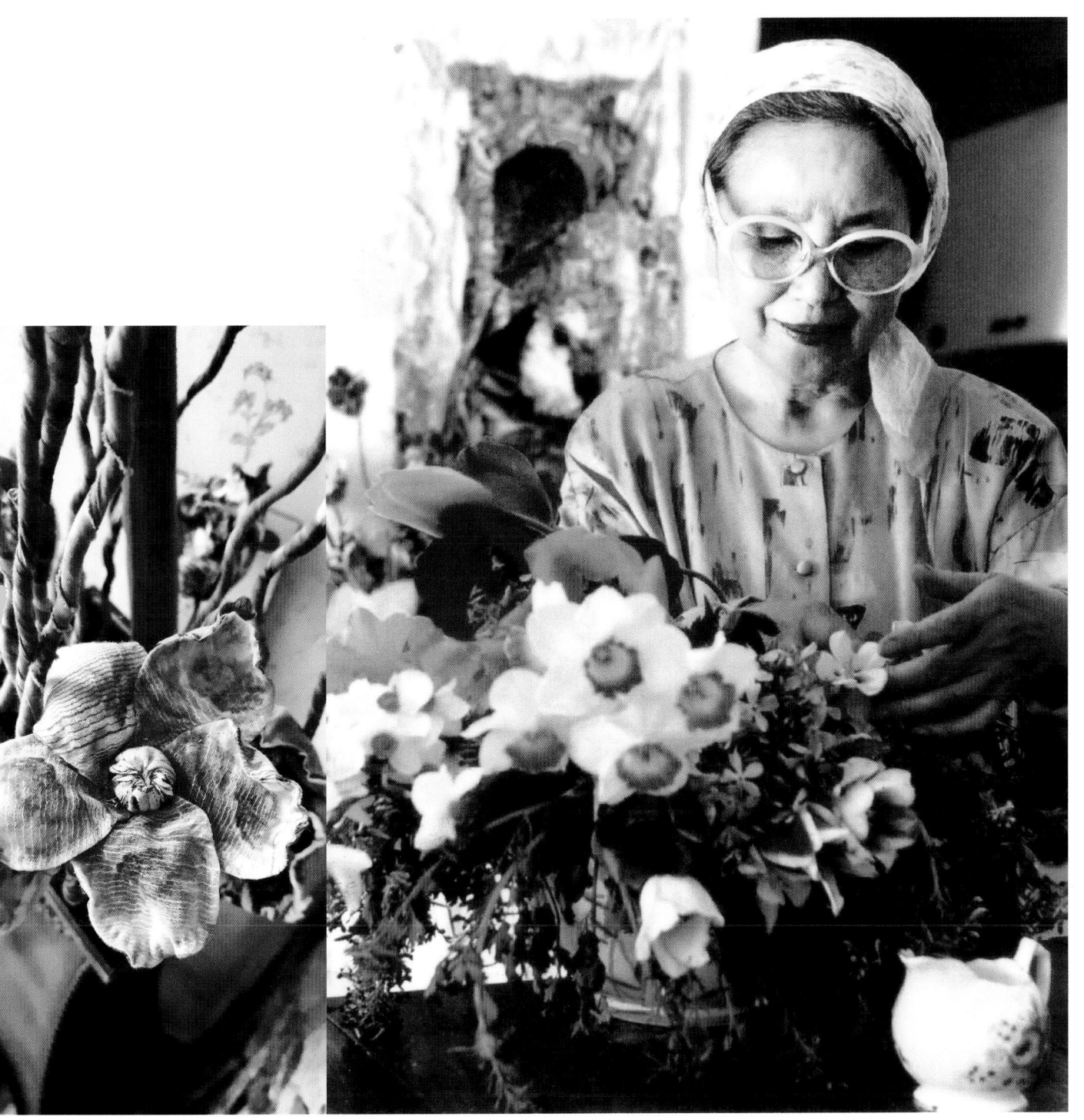

내게 탐욕이 있다면 시도하는 모든 일에 있어 꼭 내가 해야만 잘 될 것 같다는 것이다.
그중 정원 가꾸기와 스토리퀼트는 내 삶을 엮어내는 것이니 밤새워가며 할 수밖에…
다른 이들은 풀인지 꽃인지 구별을 잘 못하니 도와줄 사람이 흔치 않기 때문이기도 하다.
어떤 전문가라 해도 각자가 추구하는 것이 다르기도 하거니와 원래 남다른 것을 즐기는 성향이니
취미생활이란 이름으로 나만의 세상을 만들어 간다.
그로 인해 얻은 것이 많았기에 고집을 부려 보는 것이 좋을 것 같았다.

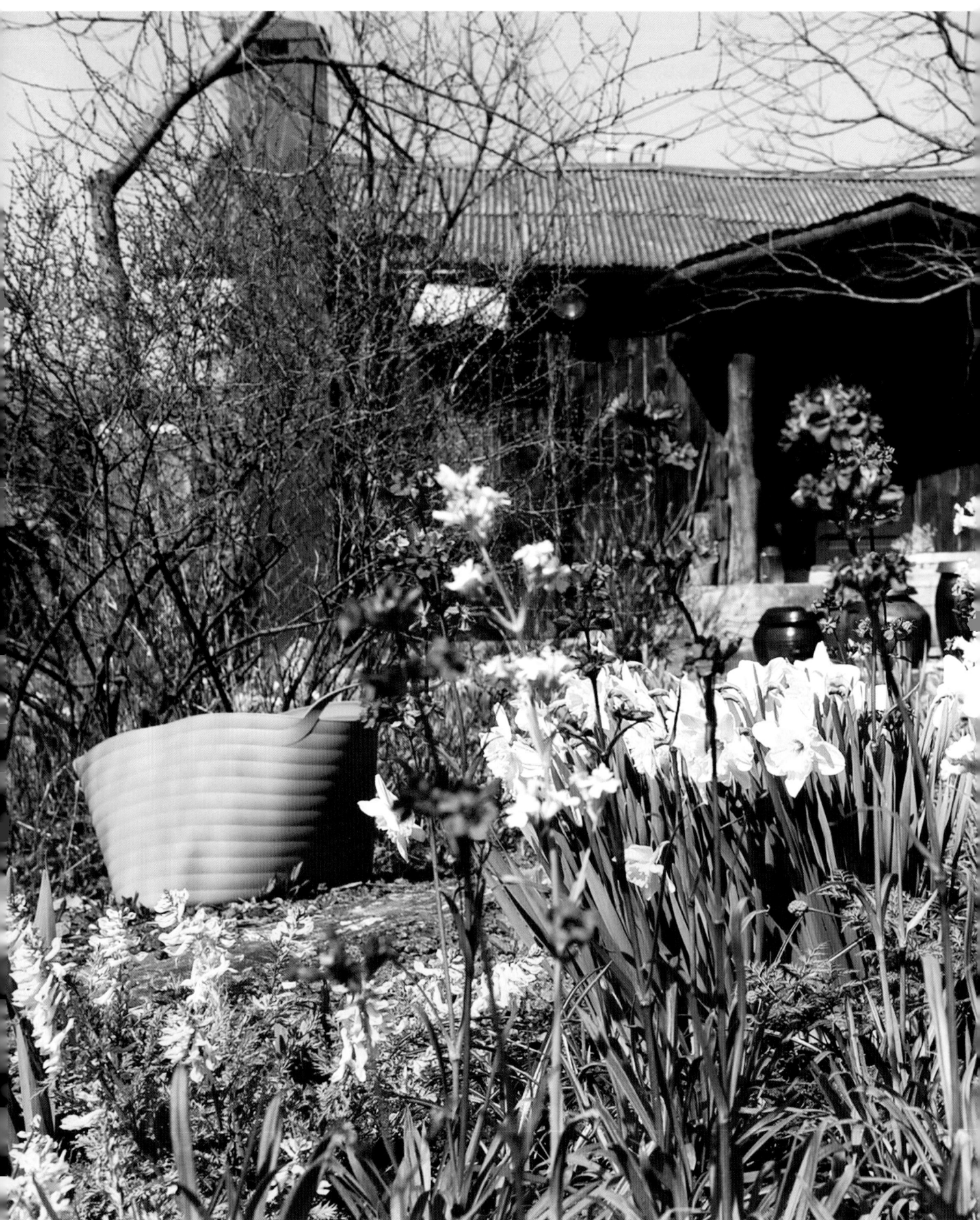

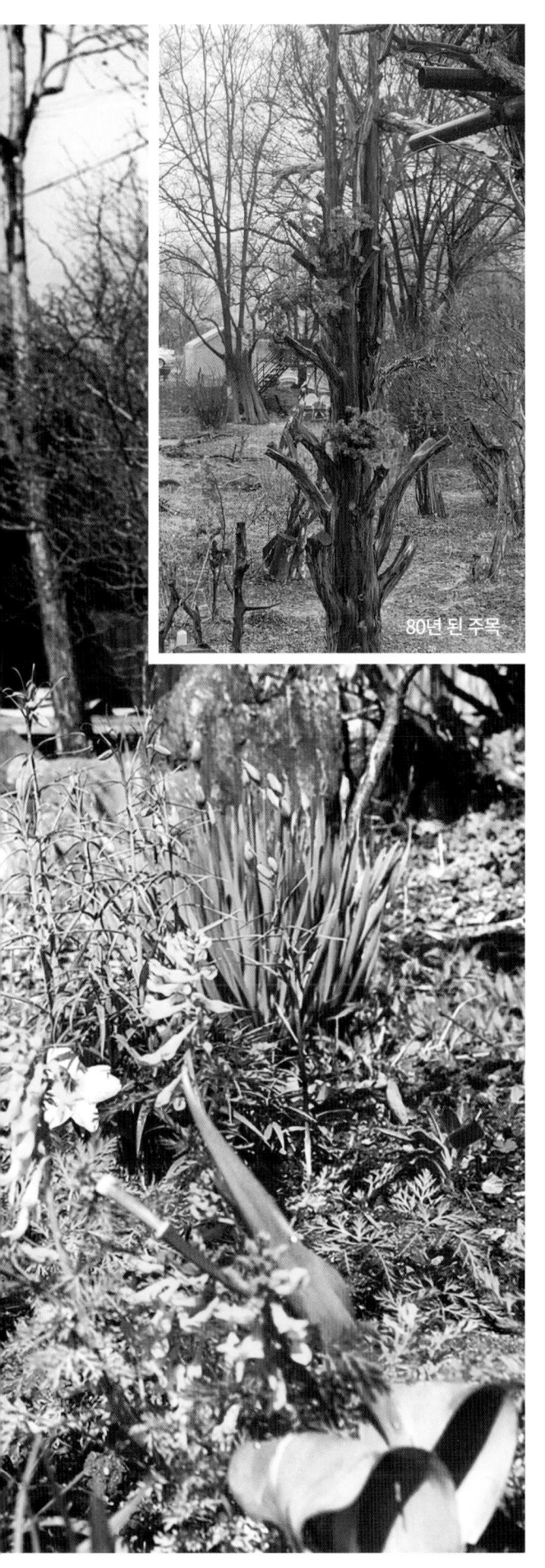

80년 된 주목

## 서랑 꽃대궐

시멘트블록조에 슬레이트 지붕을 얹은 나지막한 오두막.
이 집은 아궁이에 불을 지피면 굴뚝에서 연기가 피어오르던
60년대 시골 농가주택이다.
노후에 살 곳으로 더는 바랄 것이 없어 준비해 놓았는데,
낚시를 즐기시던 부모님께서도 10여 년 사셨고
우리 부부도 뜻밖의 일로 보다 일찍 살게 되었다.

그동안 필요에 의해 조금씩 보수하며 고생인지 낭만인지
뒤엉켜 살다 보니 내 취미에는 안성맞춤이었지만
내 옆지기 마음속은 잘 모르겠다.
아쉬운 것이 있었다면 소박해 보이던 슬레이트 지붕이
석면 때문에 교체되었다는 것이다.
감사할 일이지만 섭섭했다.
보기에 초라해도 시대적 유물로 보존하고 싶기도 했는데,
사실상 내게는 그 가난의 증표가 어린 시절을
무척 생각나게 하는 그리운 산물이었다.

이런 집에 사는 동안 남달리 한 것이라면
시멘트블록조 위에 피죽을 덧붙인 것이다.
이 집은 목공의 임금이 몇 푼 안 되던 그 시절,
땔감으로 쓰는 피죽을 큰 트럭으로 한 차 가져다 놓고
시작한 작품이었다.
보온은 물론, 빈티지 스타일이 좀 멋스럽게 보였고,
잘라낸 나뭇가지로 프레임을 짜서 꽃 넝쿨을
여기저기 올렸더니 집이 점차 아름답게 변해갔다.
지금껏 옛 그대로 남아있는 불그레한 굴뚝과
팔십 년쯤 된 주목나무에서 느끼는 시간의 흔적에
삶의 위안을 받는다.

이 집을 구매한 후 평생 살 목적으로 많은 궁리를 하느라
빼곡한 노트가 몇 권이나 쌓였는지...
내가 꿀 수 있는 꿈을 그려내며 즐겼었다.
환자라는 걸 까맣게 잊고 일에 열중하니 내 옆지기는
대체 죽으러 왔느냐며 한숨만 쉬었다.

정원은 나 혼자의 놀이터였고,
겨울이나 한여름 밤에 끄적거리는 글과 퀼트로
나만의 꽃대궐을 지으며 살았다.

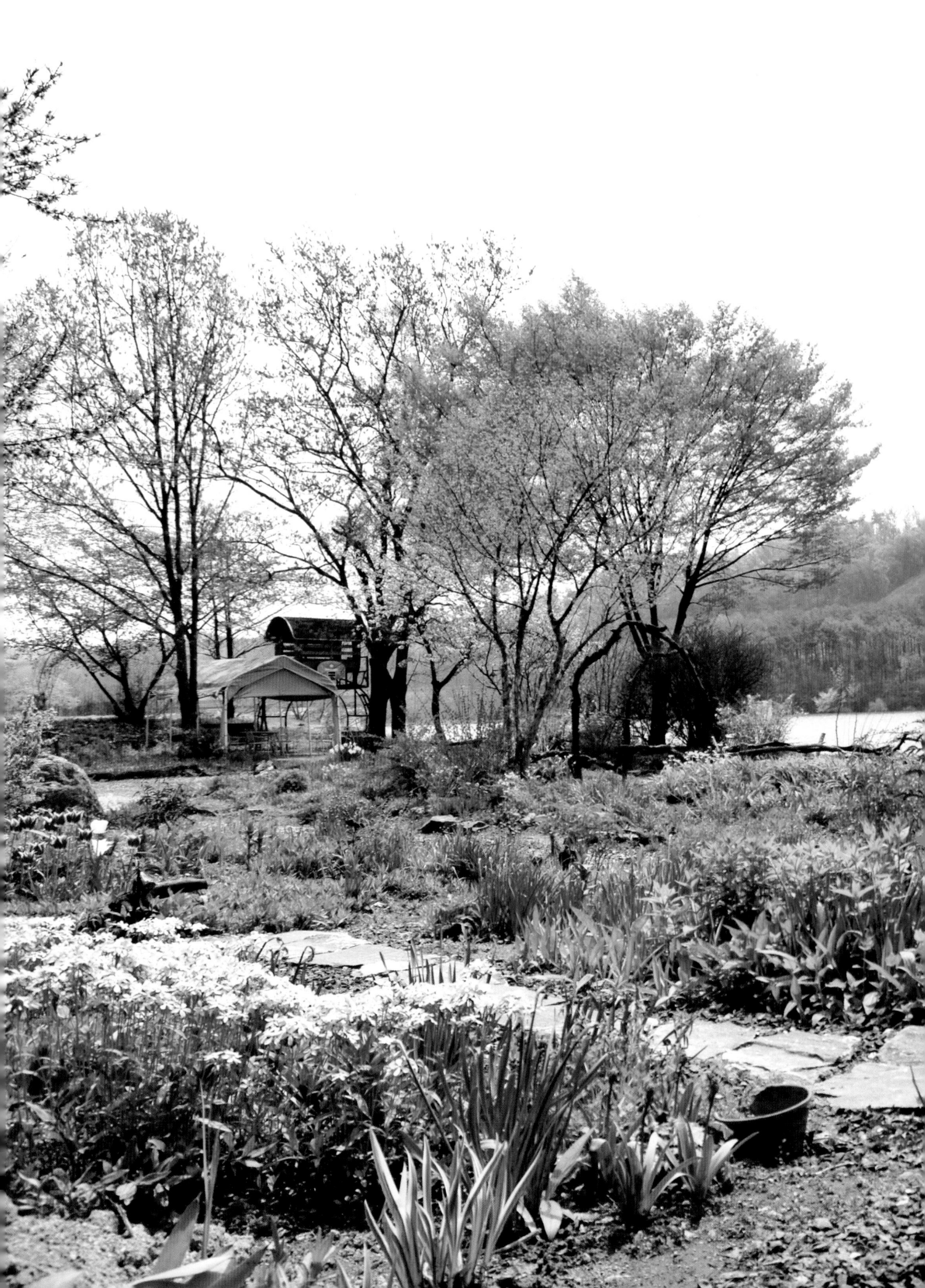

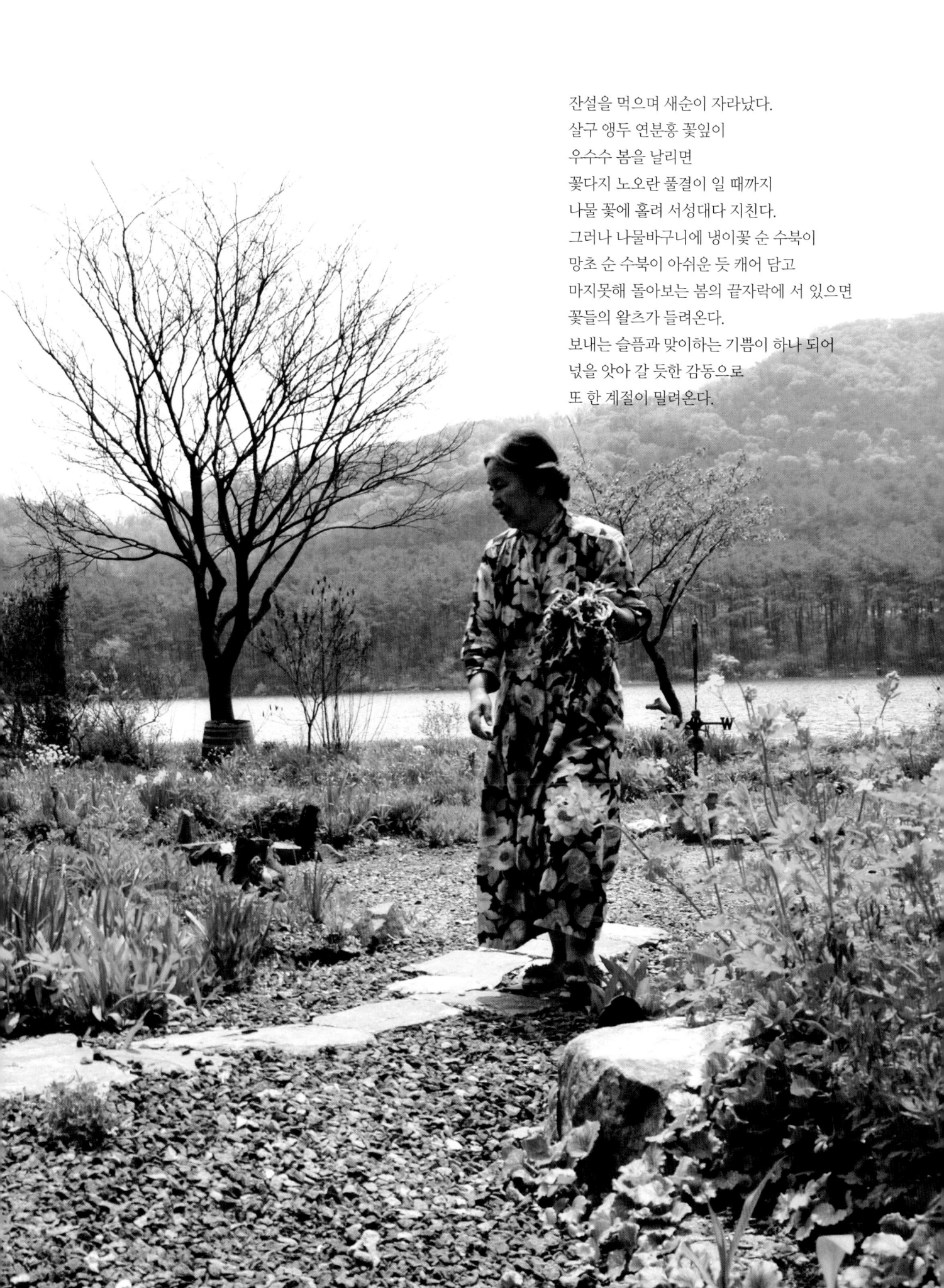

잔설을 먹으며 새순이 자라났다.
살구 앵두 연분홍 꽃잎이
우수수 봄을 날리면
꽃다지 노오란 풀결이 일 때까지
나물 꽃에 홀려 서성대다 지친다.
그러나 나물바구니에 냉이꽃 순 수북이
망초 순 수북이 아쉬운 듯 캐어 담고
마지못해 돌아보는 봄의 끝자락에 서 있으면
꽃들의 왈츠가 들려온다.
보내는 슬픔과 맞이하는 기쁨이 하나 되어
넋을 앗아 갈 듯한 감동으로
또 한 계절이 밀려온다.

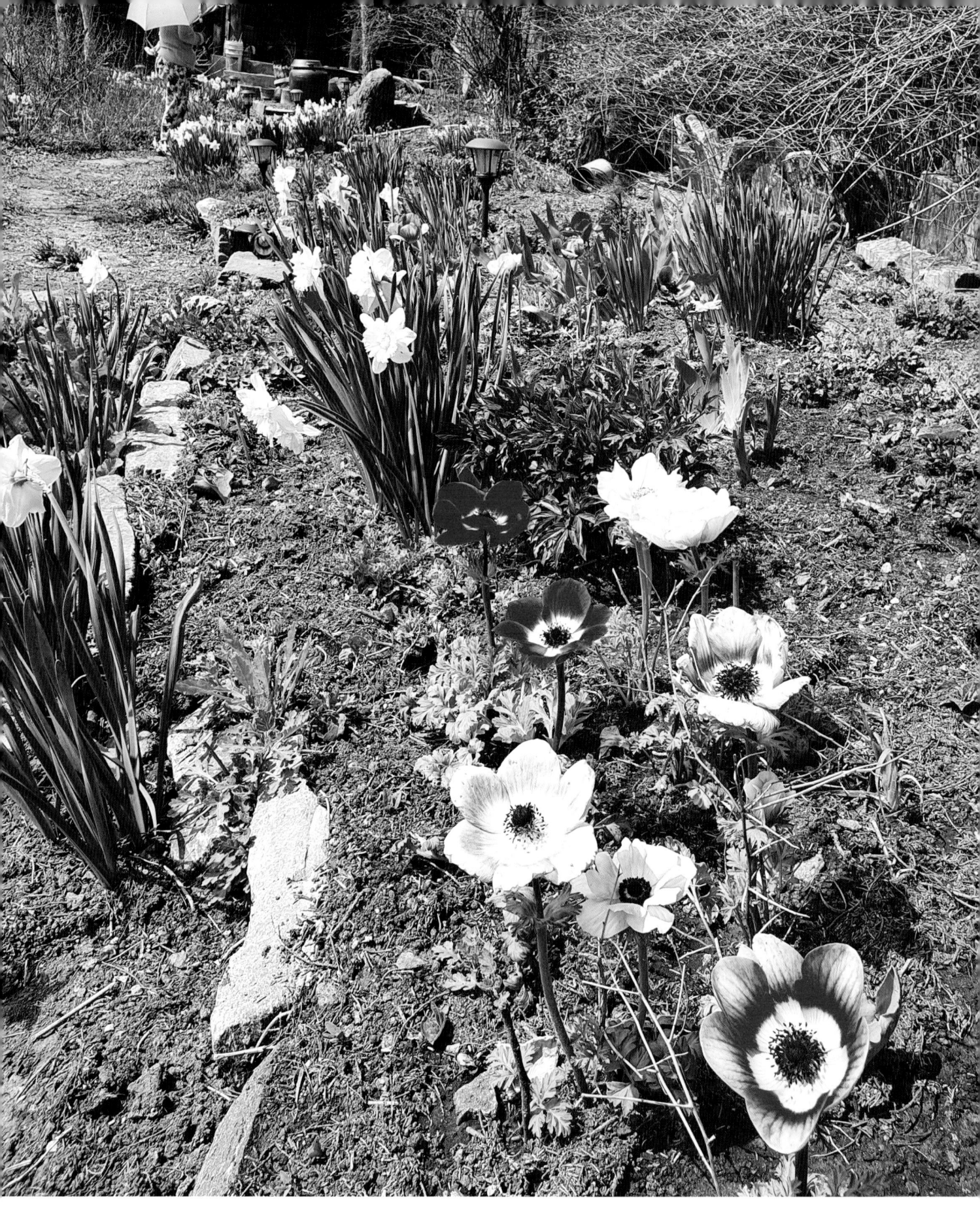

온실에서 재배한 꽃과 야생에서 절로 자라난 꽃은 분명한 차이가 있다.
야생에서 피어난 아네모네는 지닌 색부터 자연스럽고 오묘하지 않은가...
속 빛이 있다고 해야 하나?

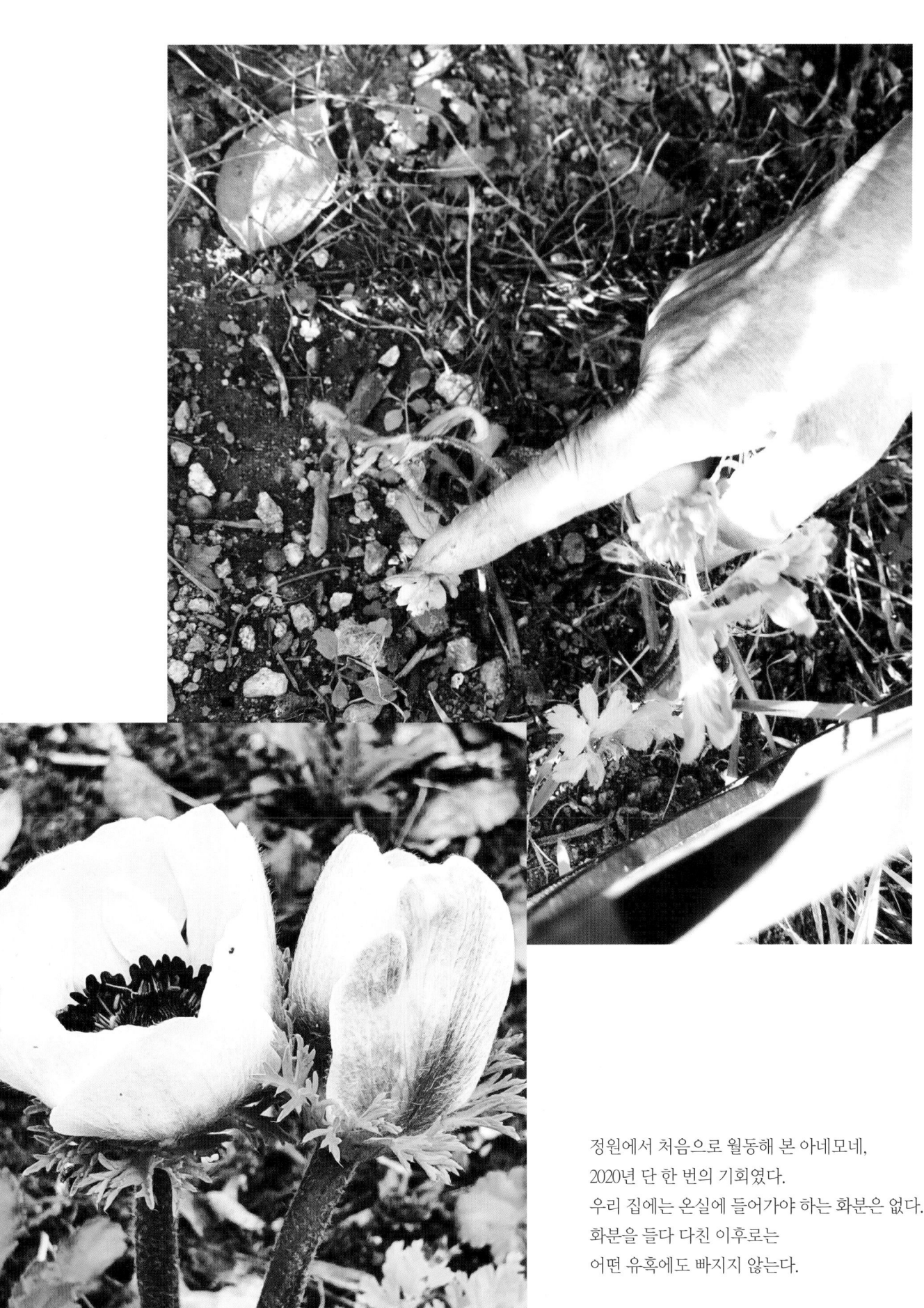

정원에서 처음으로 월동해 본 아네모네,
2020년 단 한 번의 기회였다.
우리 집에는 온실에 들어가야 하는 화분은 없다.
화분을 들다 다친 이후로는
어떤 유혹에도 빠지지 않는다.

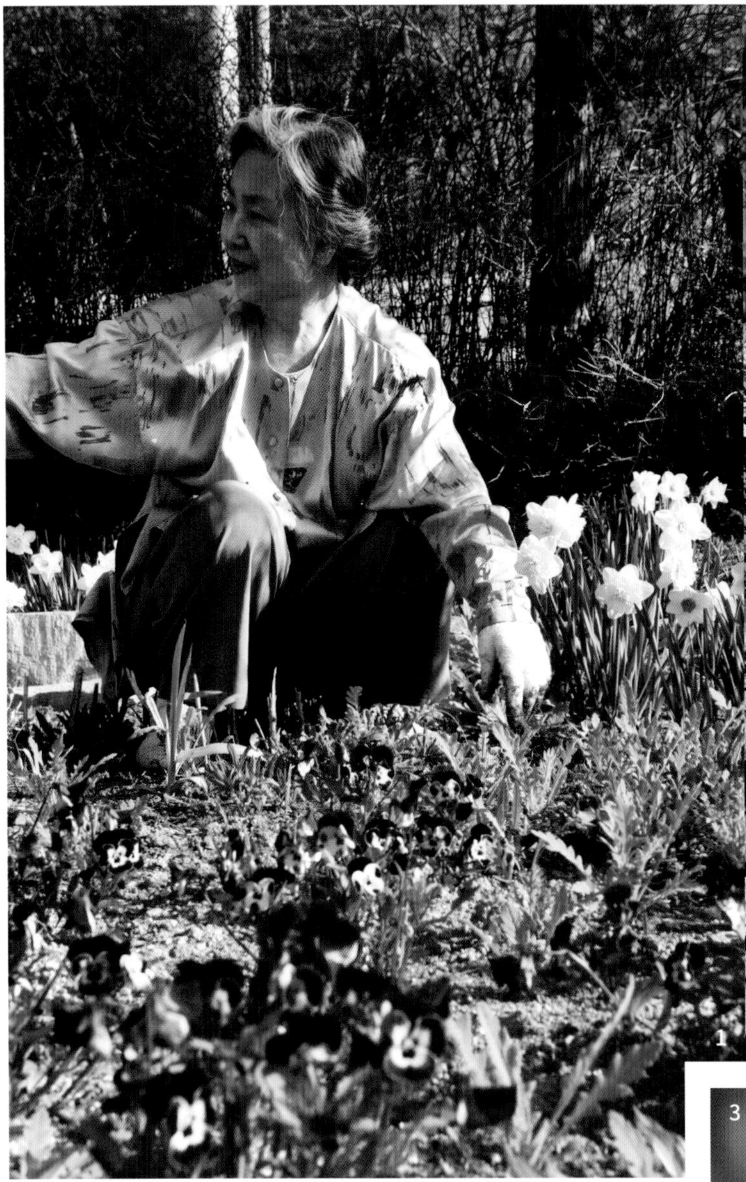

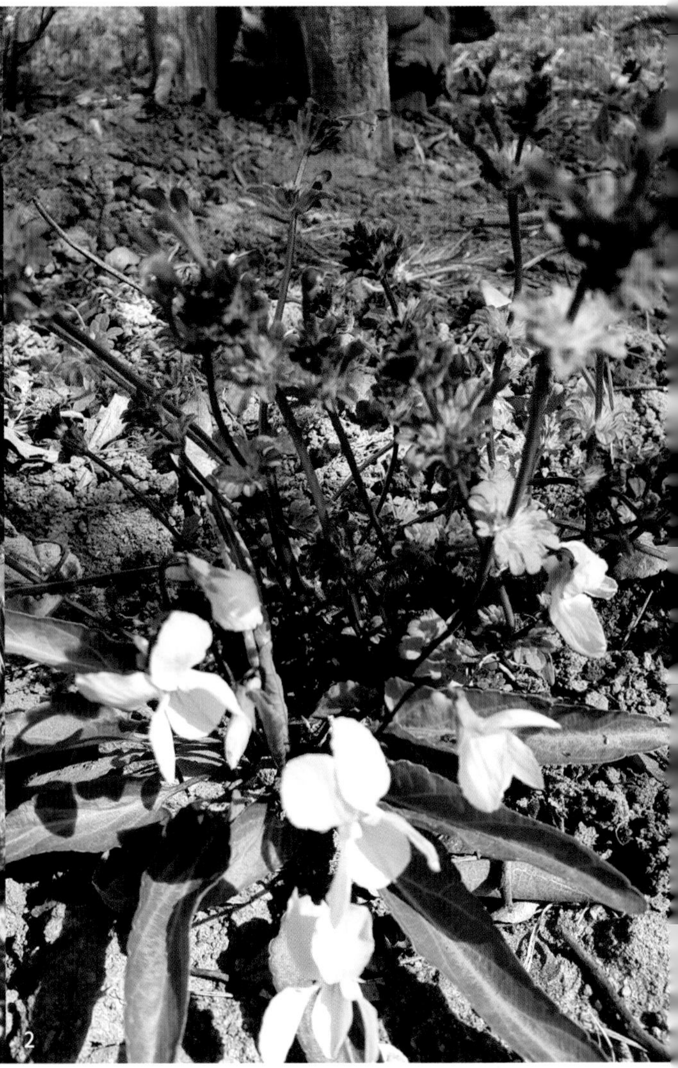

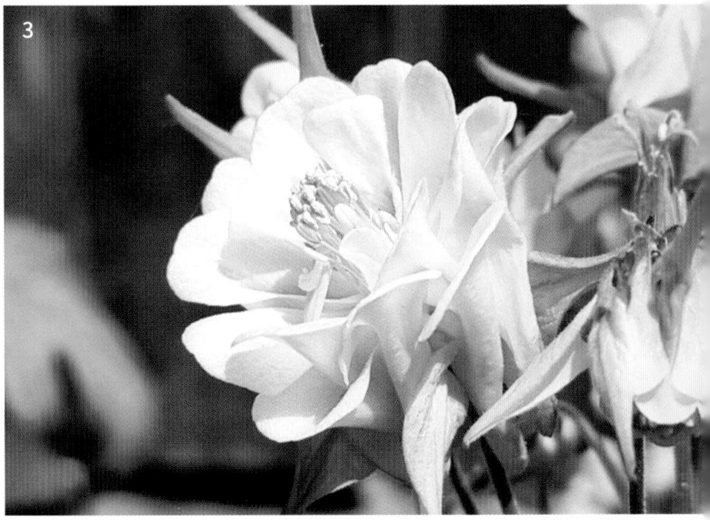

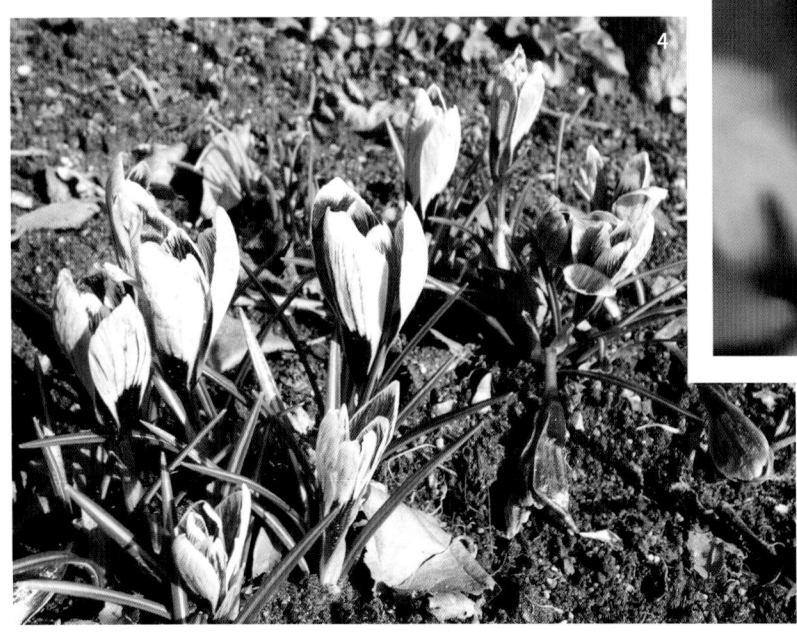

1 수선화, 팬지  2 광대나물, 흰제비꽃  3 매발톱꽃
4,8 크로커스  5 선씀바귀  6 민들레  7,9 히아신스

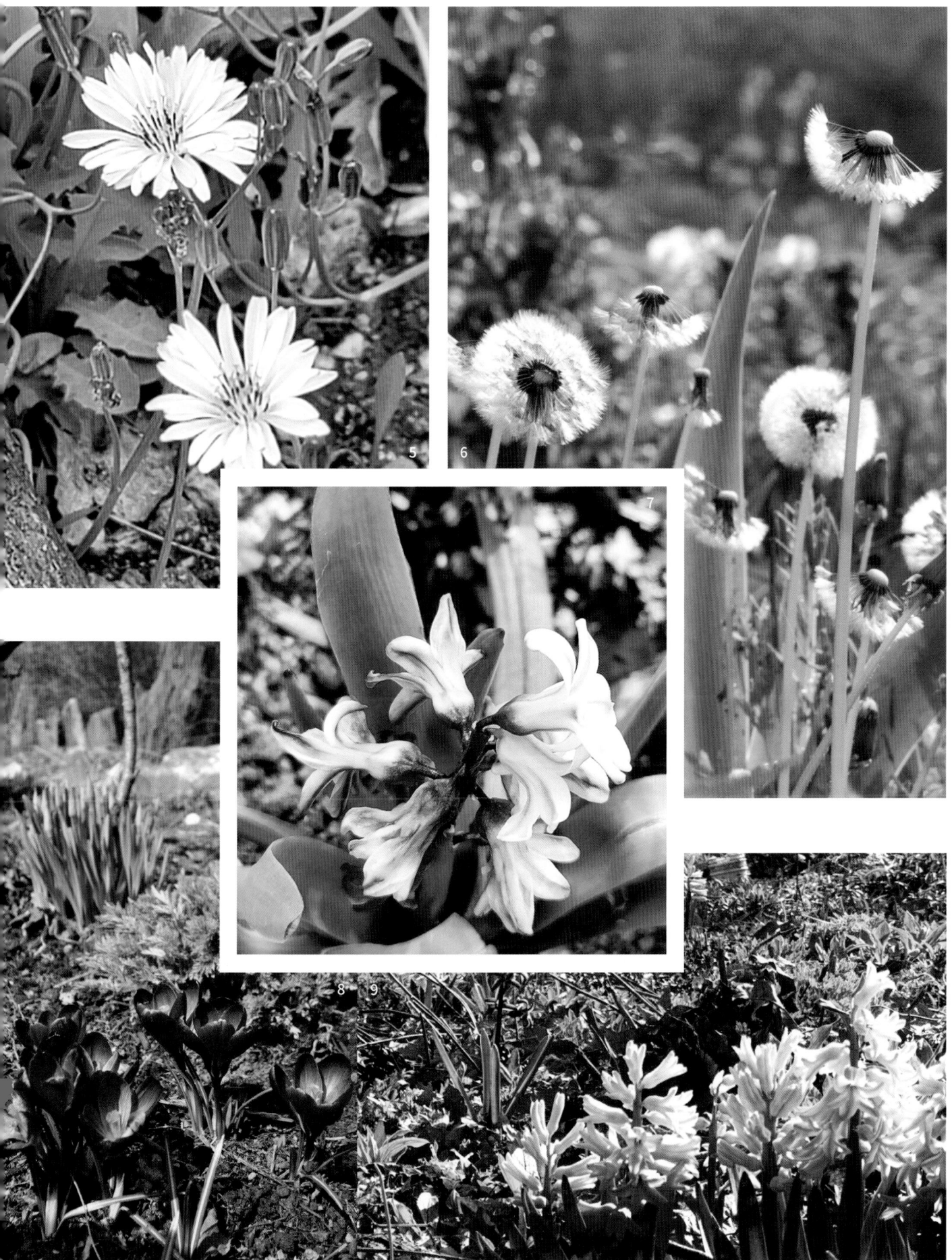

5

6

7

8  9

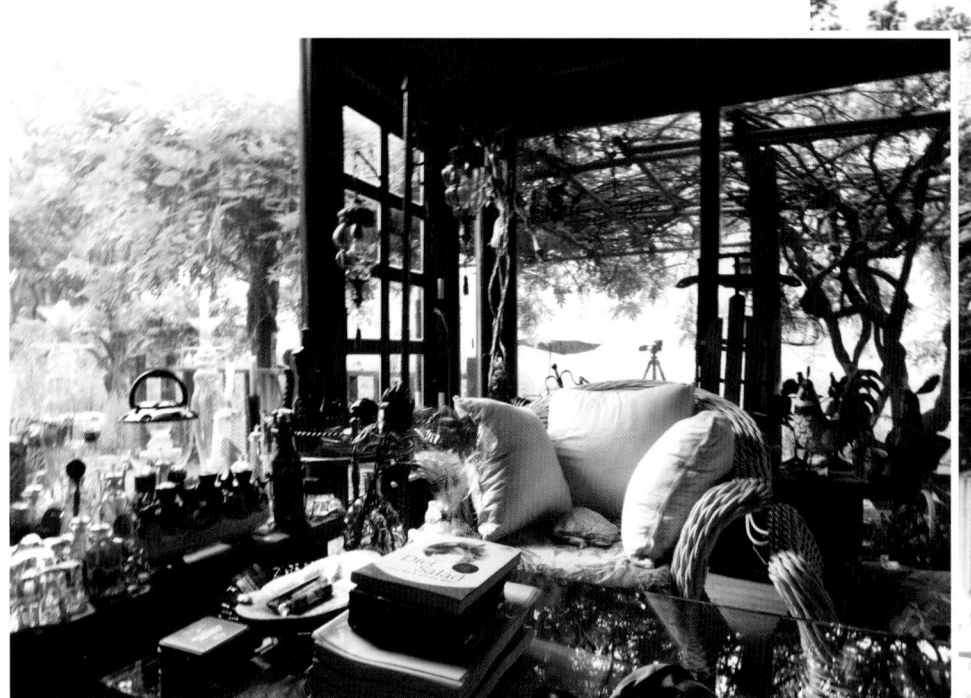

내부수리 또한 나의 필요에 따라 자유로운 스타일로 만들었다.
생활일기였던 퀼트 작품을 벽에 달기 위해서는 적어도 3m 정도의
높이가 필요했기 때문에 천장을 높여 놓고 피죽을 붙여 멋을 냈다.
벽을 허물지 않았지만, 침실의 문짝을 떼어 원룸으로 넓게 만들었다.
옛날부터 방문을 좋아하지 않아 아이들의 방도 문을 제거하고
오픈했던 기억이 난다.
갑작스레 이 집으로 이사 온 후, 방문했던 사람들의 말에 의하면
집을 못 찾아 한참씩 헤매었다고들 했다.
설마 이런 집으로 이사하지는 않았을 거라는 추측 때문이었다.
그만큼 초라했다는 뜻이다.

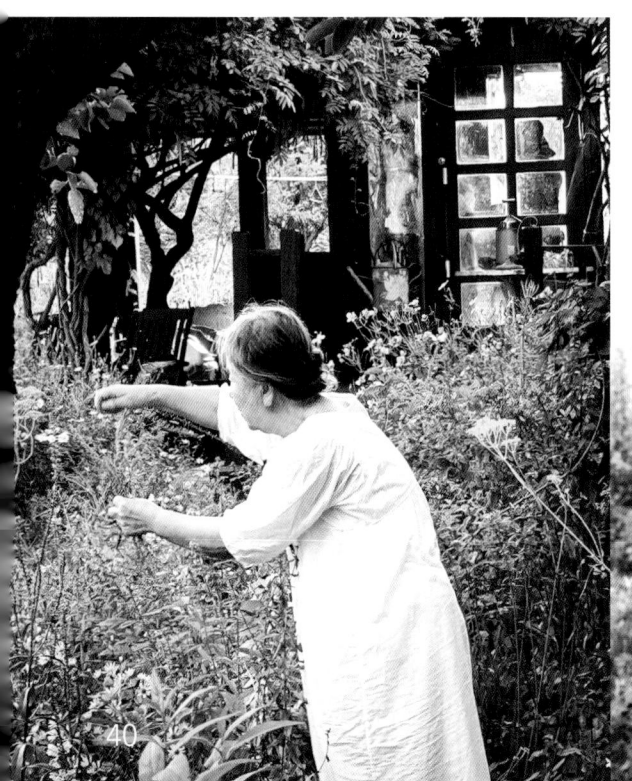

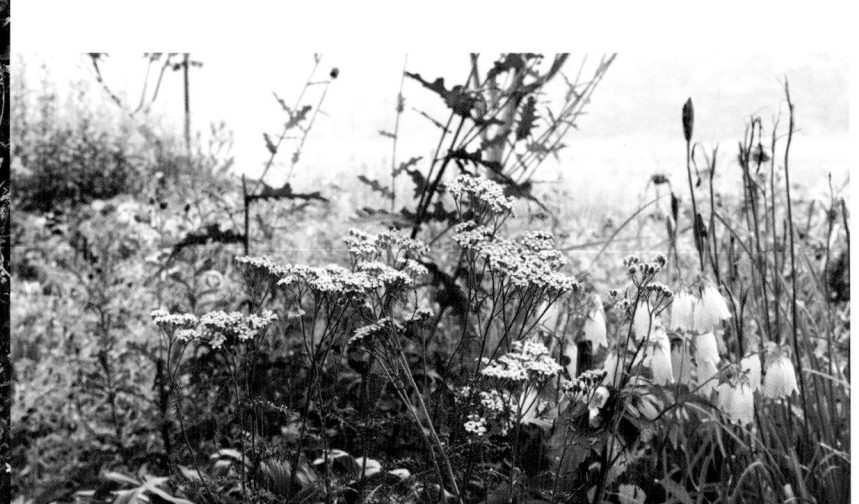

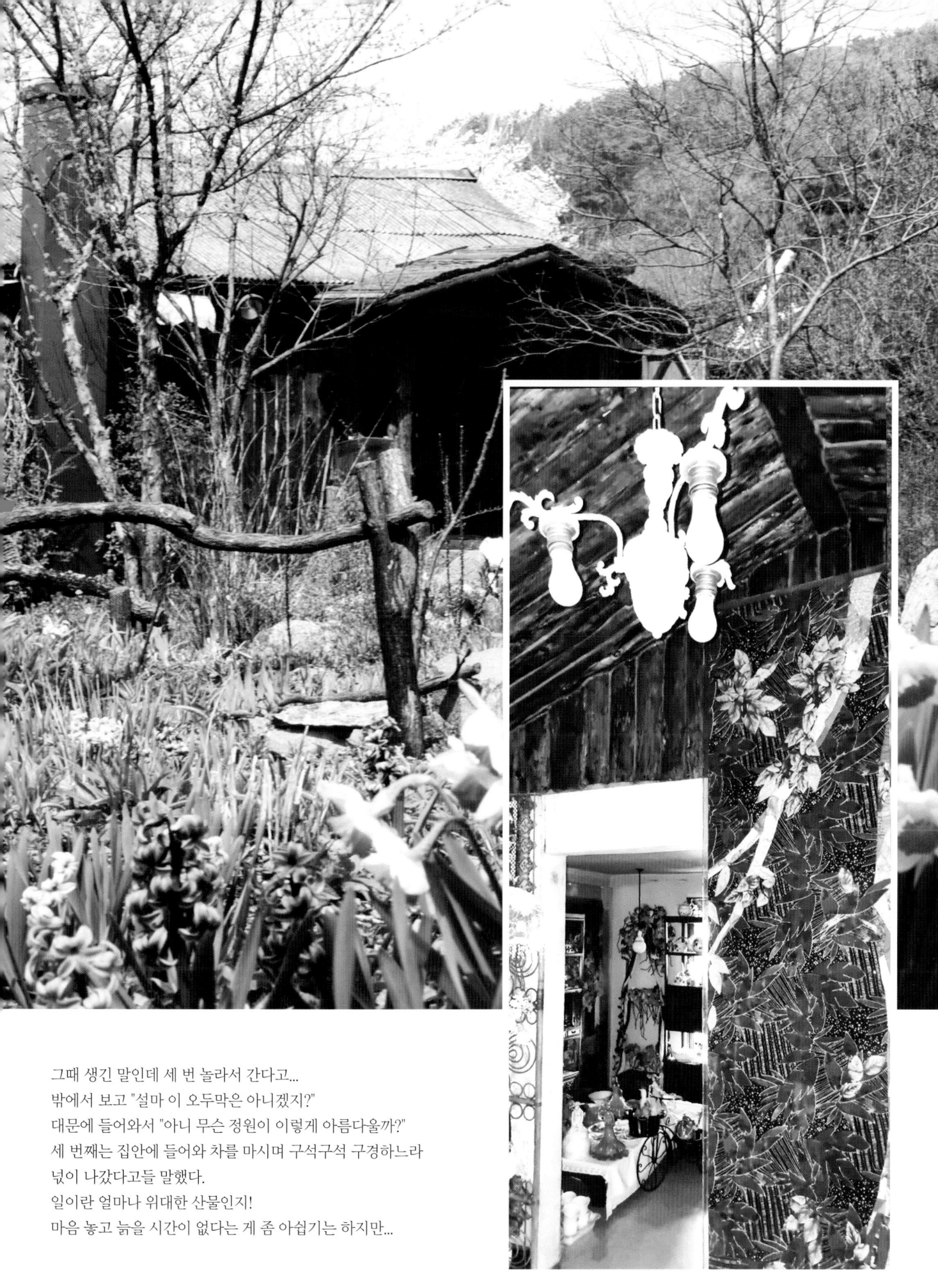

그때 생긴 말인데 세 번 놀라서 간다고...
밖에서 보고 "설마 이 오두막은 아니겠지?"
대문에 들어와서 "아니 무슨 정원이 이렇게 아름다울까?"
세 번째는 집안에 들어와 차를 마시며 구석구석 구경하느라
넋이 나갔다고들 말했다.
일이란 얼마나 위대한 산물인지!
마음 놓고 늙을 시간이 없다는 게 좀 아쉽기는 하지만...

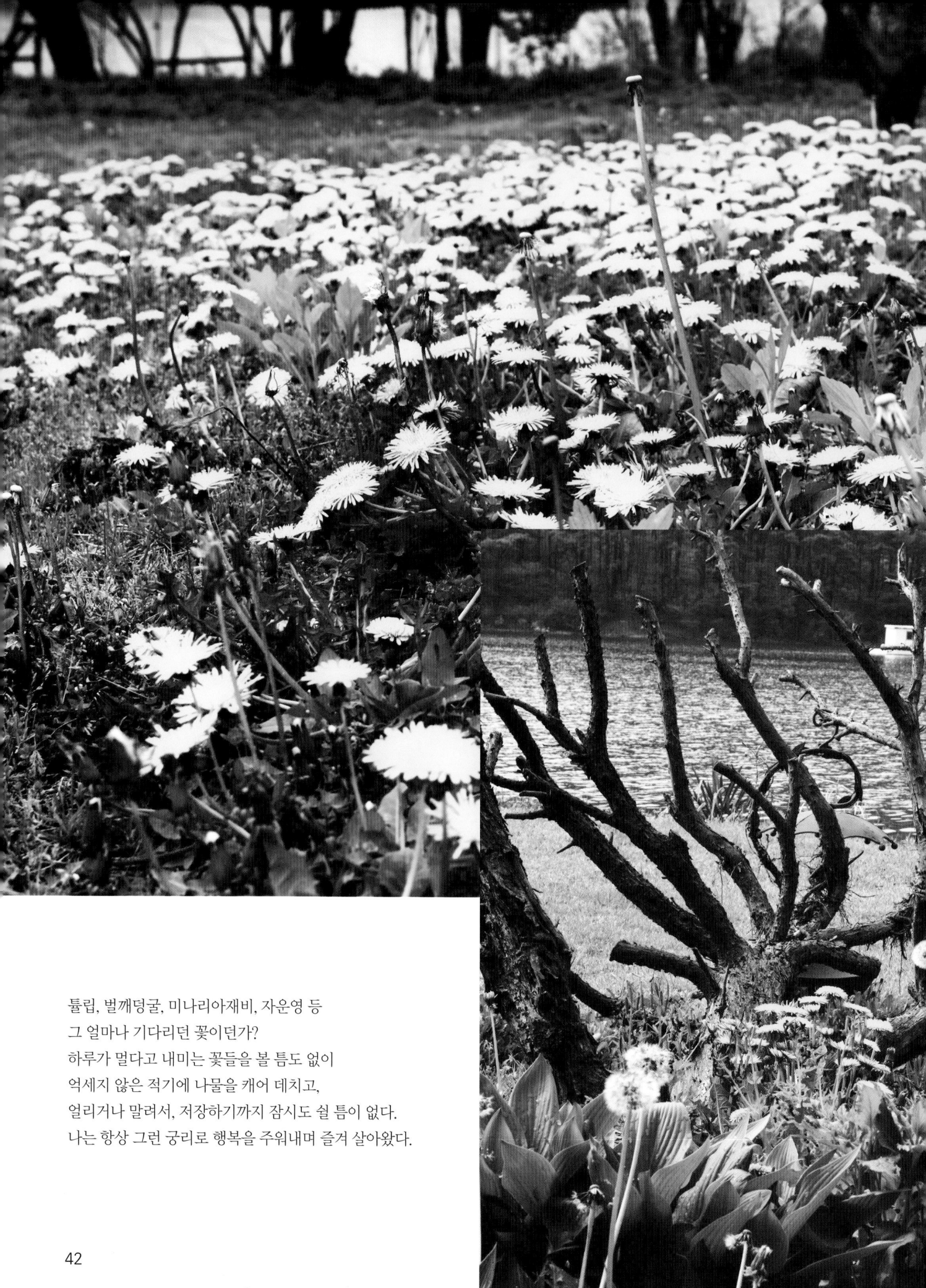

튤립, 벌깨덩굴, 미나리아재비, 자운영 등
그 얼마나 기다리던 꽃이던가?
하루가 멀다고 내미는 꽃들을 볼 틈도 없이
억세지 않은 적기에 나물을 캐어 데치고,
얼리거나 말려서, 저장하기까지 잠시도 쉴 틈이 없다.
나는 항상 그런 궁리로 행복을 주워내며 즐겨 살아왔다.

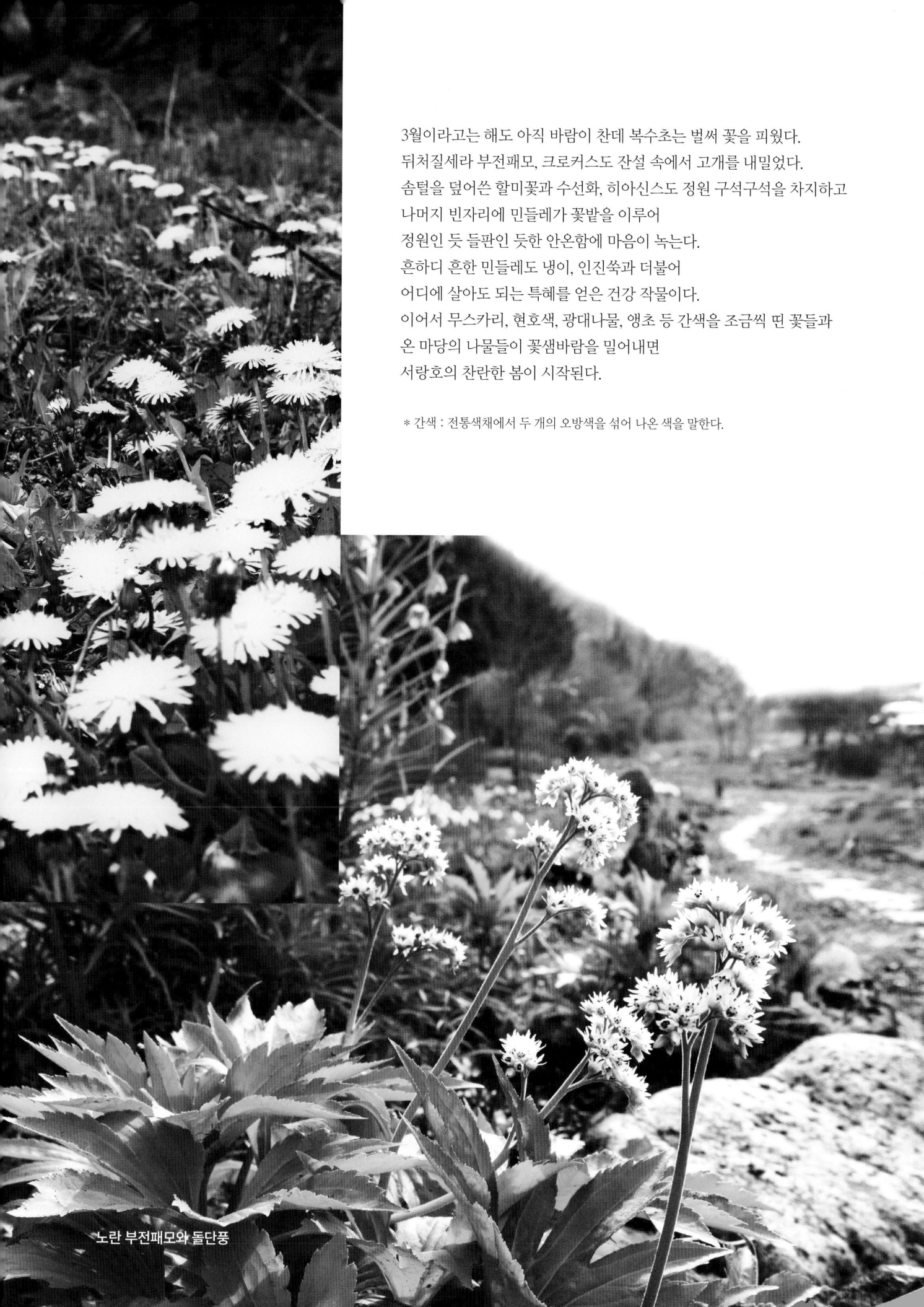

3월이라고는 해도 아직 바람이 찬데 복수초는 벌써 꽃을 피웠다.
뒤처질세라 부전패모, 크로커스도 잔설 속에서 고개를 내밀었다.
솜털을 덮어쓴 할미꽃과 수선화, 히아신스도 정원 구석구석을 차지하고
나머지 빈자리에 민들레가 꽃밭을 이루어
정원인 듯 들판인 듯한 안온함에 마음이 녹는다.
흔하디 흔한 민들레도 냉이, 인진쑥과 더불어
어디에 살아도 되는 특혜를 얻은 건강 작물이다.
이어서 무스카리, 현호색, 광대나물, 앵초 등 간색을 조금씩 띤 꽃들과
온 마당의 나물들이 꽃샘바람을 밀어내면
서랑호의 찬란한 봄이 시작된다.

* 간색 : 전통색채에서 두 개의 오방색을 섞어 나온 색을 말한다.

노란 부전패모와 돌단풍

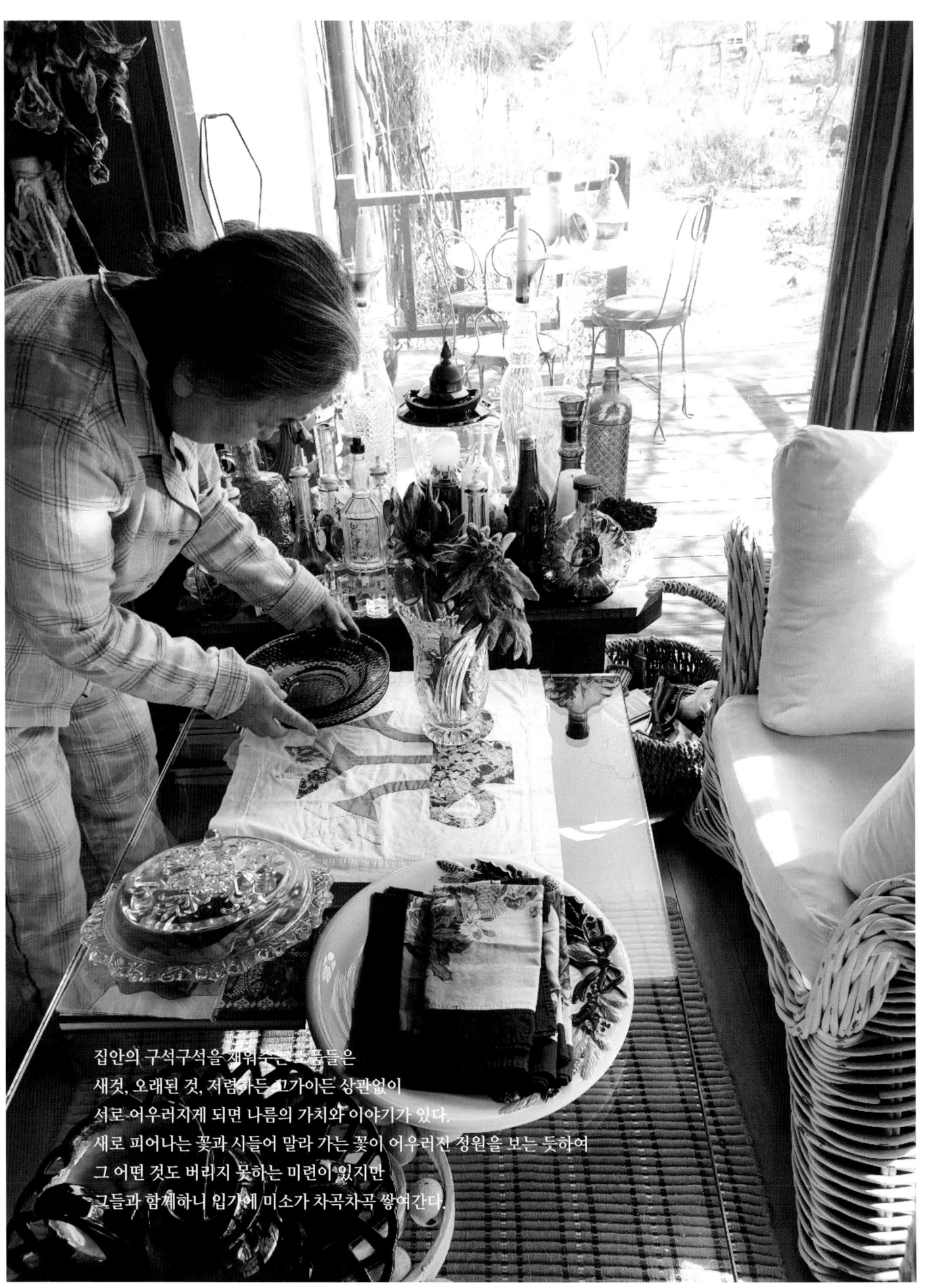

집안의 구석구석을 채워주는 물품들은
새것, 오래된 것, 저렴하든 고가이든 상관없이
서로 어우러지게 되면 나름의 가치와 이야기가 있다.
새로 피어나는 꽃과 시들어 말라 가는 꽃이 어우러진 정원을 보는 듯하여
그 어떤 것도 버리지 못하는 미련이 있지만
그들과 함께하니 입가에 미소가 차곡차곡 쌓여간다.

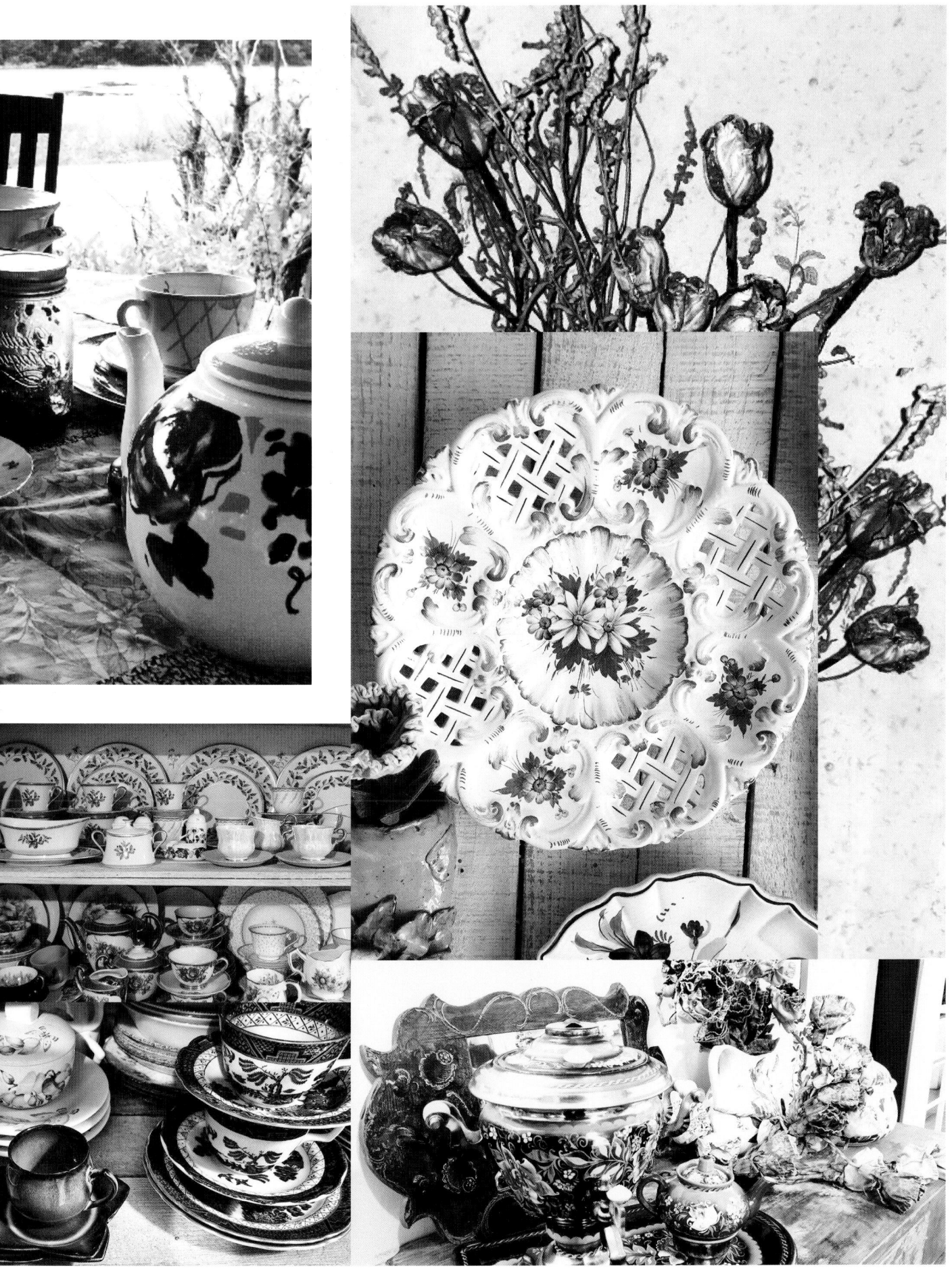

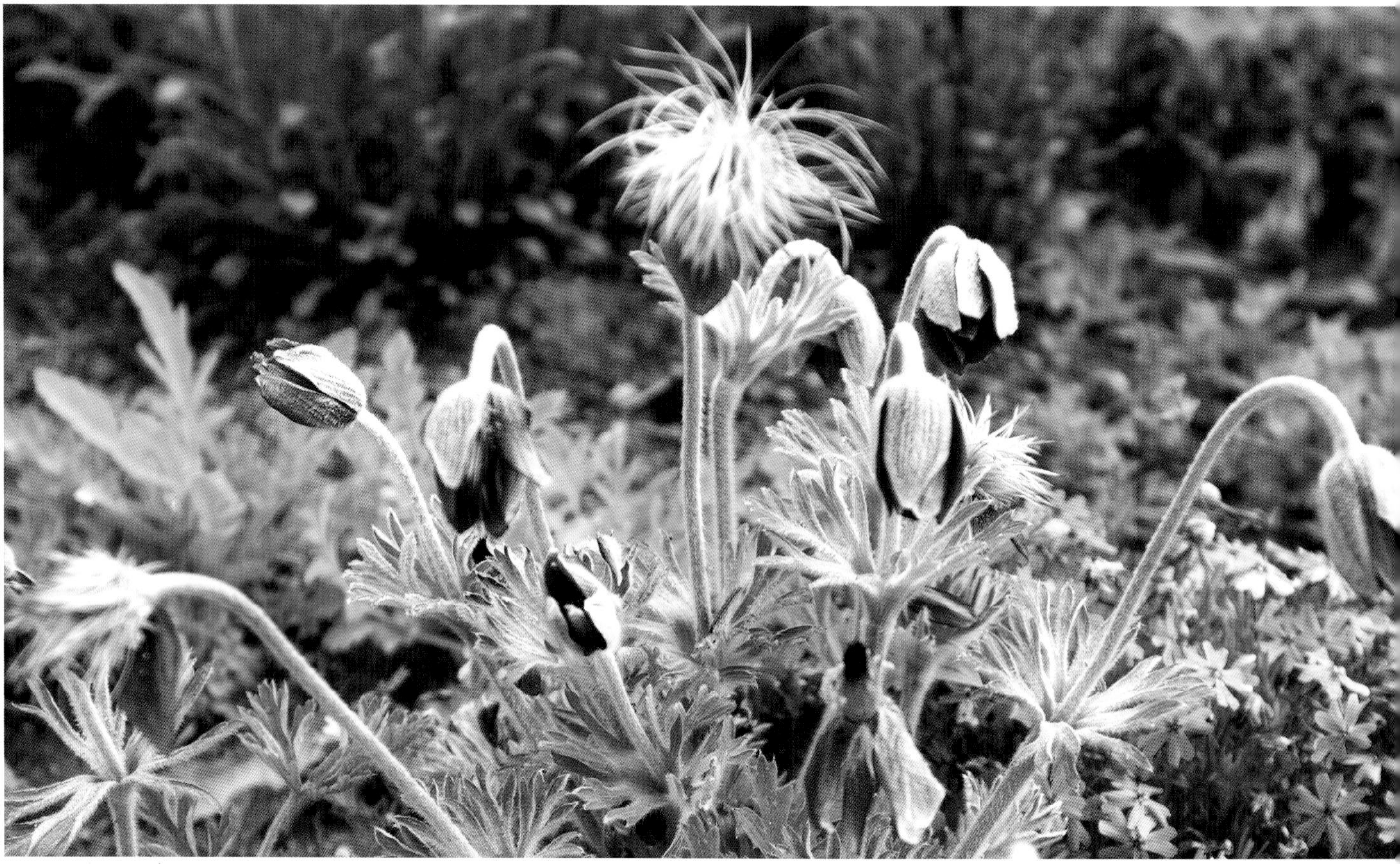

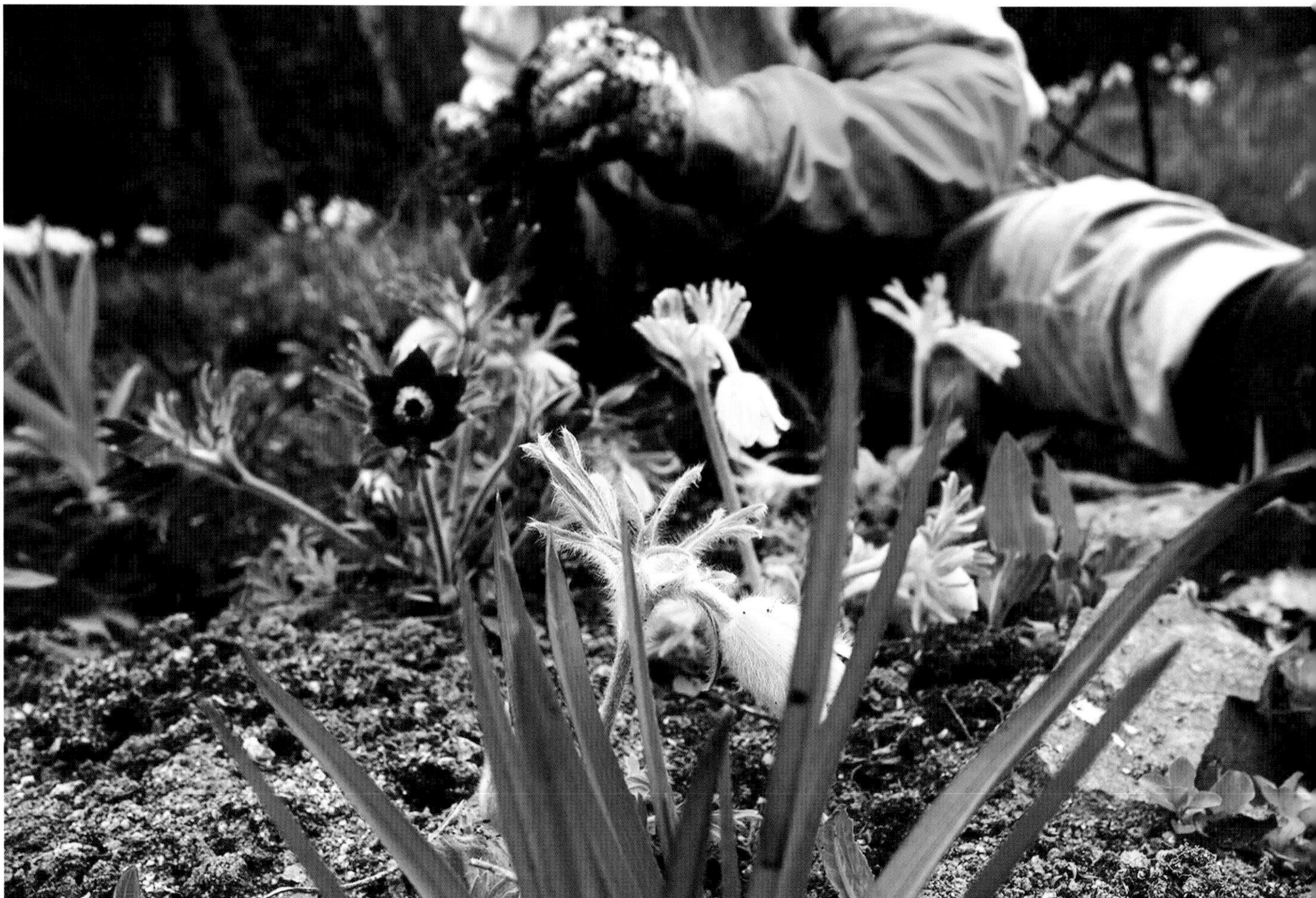

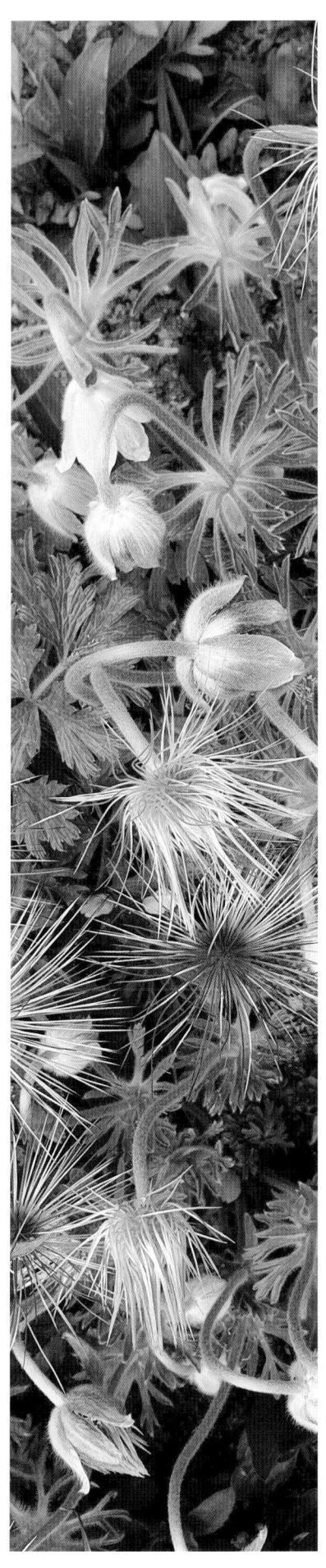

## 할미꽃

이른 봄, 머리를 내밀자마자 구부러져 살고 있는 할미꽃.
굽은 모습이 하도 가련해 누구나 동정이 간다.
워낙 많은 꽃 속에 사는 처지라 특히 어느 꽃에 지속적인 관심을 갖기는 힘들다.
그저 모든 꽃에 골고루 사랑을 준다고나 할까?
그러나 며칠 전부터 움트기 시작한 할미꽃이
지난밤 꽃샘추위를 견뎌낼까 염려스러워 아침 일찍 살펴보러 나갔다.
그녀는 스스로 추위를 대비하여 온몸을 하얀 솜털로 덮었고,
꽃잎 안쪽 면은 검붉은색이어서 태양열을 잘 받아들이고 있었다.
그날 이후 할미꽃은 내게 유별한 존재가 되었다.

초롱 모양으로 오목하게 들어앉은 꽃잎 속에
자줏빛 암술들이 서로 온기를 나누며 뭉쳐 있었고
다정하게 암술을 둘러싸고 있는
샛노란 수술들과의 아름다운 조화 또한 놀라웠다.
나는 그 예쁜 꽃가루를 '꽃밥'이라고 불러주었다.
아롱다롱 제 색깔을 한껏 뽐내며 배고픈 벌을 부르는 할미꽃의 삶이
누구 못지않게 적극적이고 열정적이었다.
암술과 수술 사이를 오가며
꽃밥 휘젓는 벌들의 난동을 자세히 보면 마치 거간꾼 같다.
할미꽃은 씨앗을 만들기 위하여 저항 없이 받아들이고 있지만,
그 무게가 얼마나 버거웠을까...
그래서 허리를 펴지 못하는지도 모른다.

힘들게 씨앗을 길러내는 사이에 할미꽃은 머리가 하얗게 세어간다.
벌도 떠나가고 무거웠던 꽃잎도 내려놓고
그제야 마지막 힘을 다해 숙였던 등을 곧추세우고는
하얀 머리털을 바람에 나부끼며 먼 데를 바라본다.
머리카락 끝에는 까맣게 익은 씨앗이 한 알씩 맺혀 있다.

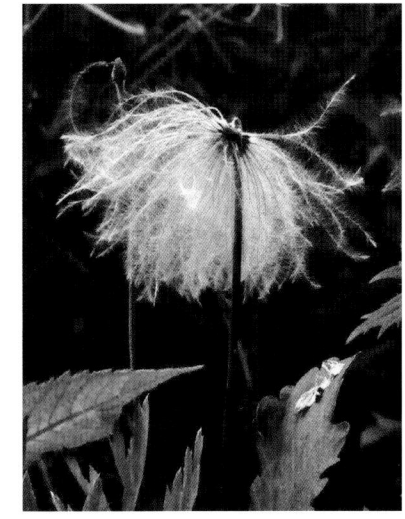

그 한 올 한 올 바람결에 날려 보내고
맥없이 낙엽 진 꽃잎 위에 쓰러져 잠이 든다.
지극한 모성애의 슬픈 전설을 안고 태어나
짧고 뜨거운 생을 구가하고 떠난
작은 할미꽃 앞에서 나는 왠지
눈시울이 뜨거워지고 가슴이 저려온다.

해마다 찾아오는 할미꽃이 씨앗을 길러
세상 속으로 떠나보내는 사이에
나도 그녀만큼이나 늙어 머리가 세었다.
그들을 지켜보며 하얀 머리카락으로 서 있는
나는 할미꽃이다.

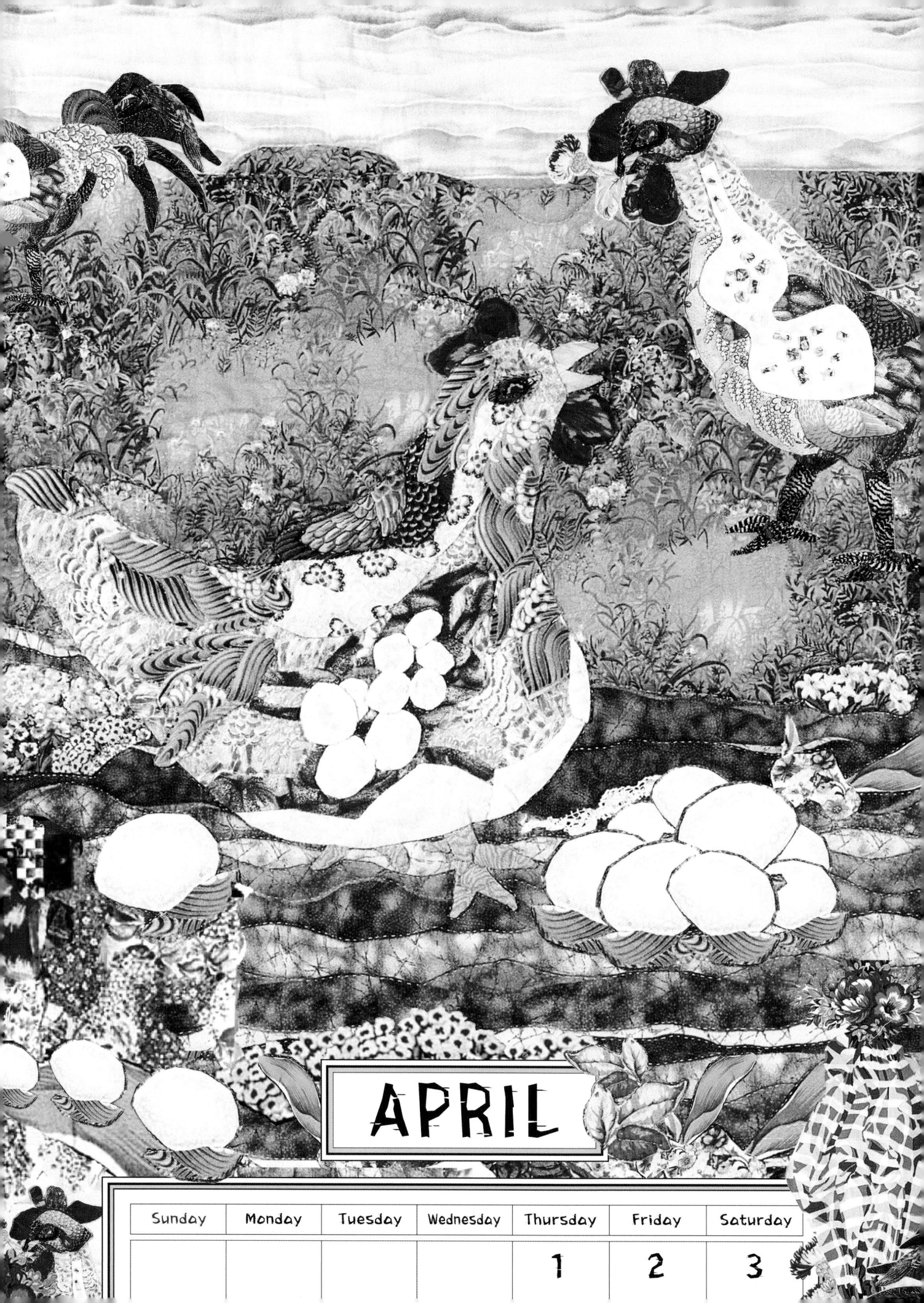

# APRIL

| Sunday | Monday | Tuesday | Wednesday | Thursday | Friday | Saturday |
|--------|--------|---------|-----------|----------|--------|----------|
|        |        |         |           | 1        | 2      | 3        |

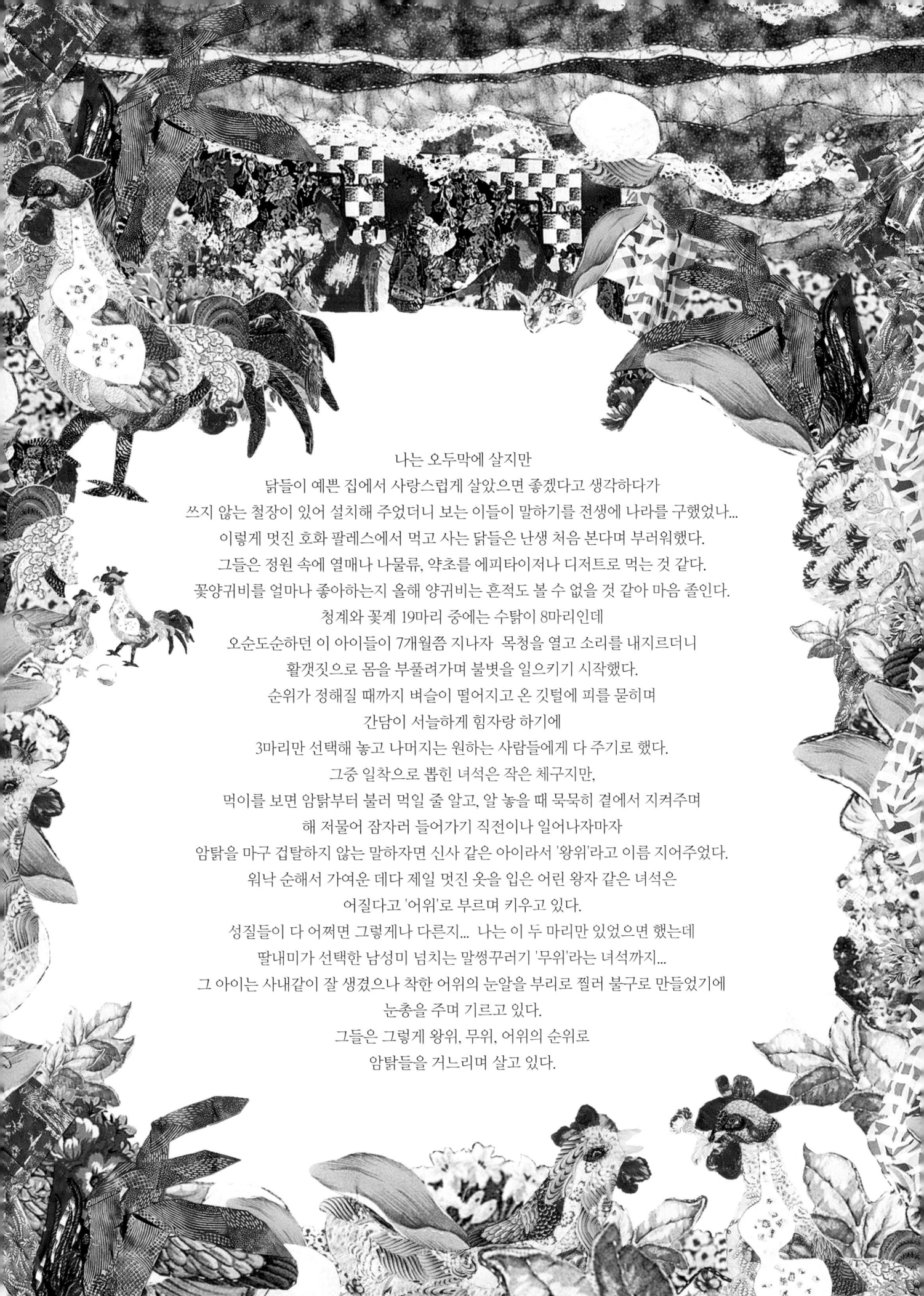

나는 오두막에 살지만
닭들이 예쁜 집에서 사랑스럽게 살았으면 좋겠다고 생각하다가
쓰지 않는 철장이 있어 설치해 주었더니 보는 이들이 말하기를 전생에 나라를 구했었나...
이렇게 멋진 호화 팔레스에서 먹고 사는 닭들은 난생 처음 본다며 부러워했다.
그들은 정원 속에 열매나 나물류, 약초를 에피타이저나 디저트로 먹는 것 같다.
꽃양귀비를 얼마나 좋아하는지 올해 양귀비는 흔적도 볼 수 없을 것 같아 마음 졸인다.
청계와 꽃계 19마리 중에는 수탉이 8마리인데
오순도순하던 이 아이들이 7개월쯤 지나자 목청을 열고 소리를 내지르더니
활갯짓으로 몸을 부풀려가며 불볕을 일으키기 시작했다.
순위가 정해질 때까지 벼슬이 떨어지고 온 깃털에 피를 묻히며
간담이 서늘하게 힘자랑 하기에
3마리만 선택해 놓고 나머지는 원하는 사람들에게 다 주기로 했다.
그중 일착으로 뽑힌 녀석은 작은 체구지만,
먹이를 보면 암탉부터 불러 먹일 줄 알고, 알 놓을 때 묵묵히 곁에서 지켜주며
해 저물어 잠자러 들어가기 직전이나 일어나자마자
암탉을 마구 겁탈하지 않는 말하자면 신사 같은 아이라서 '왕위'라고 이름 지어주었다.
워낙 순해서 가여운 데다 제일 멋진 옷을 입은 어린 왕자 같은 녀석은
어질다고 '어위'로 부르며 키우고 있다.
성질들이 다 어쩌면 그렇게나 다른지... 나는 이 두 마리만 있었으면 했는데
딸내미가 선택한 남성미 넘치는 말썽꾸러기 '무위'라는 녀석까지...
그 아이는 사내같이 잘 생겼으나 착한 어위의 눈알을 부리로 찔러 불구로 만들었기에
눈총을 주며 기르고 있다.
그들은 그렇게 왕위, 무위, 어위의 순위로
암탉들을 거느리며 살고 있다.

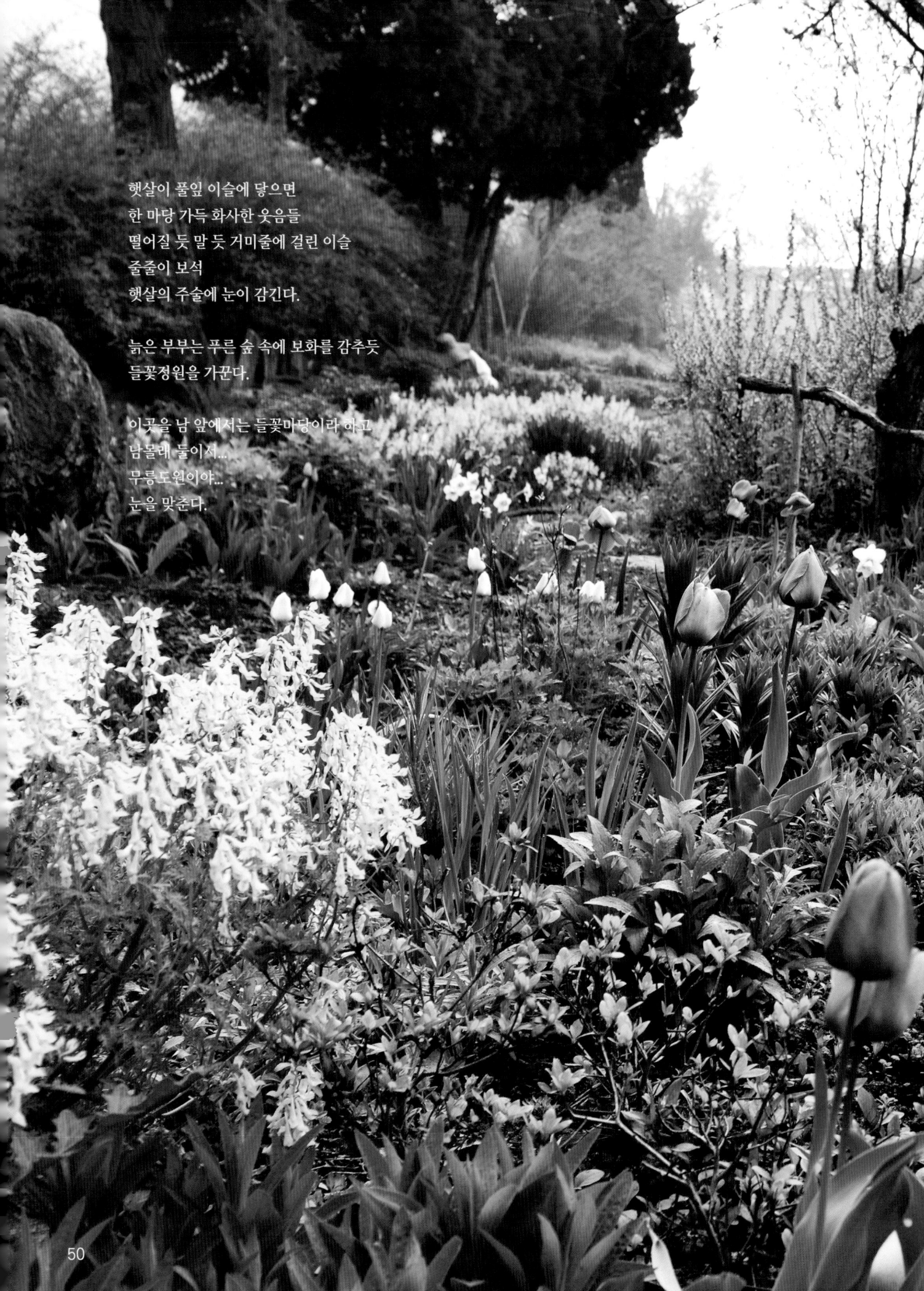

햇살이 풀잎 이슬에 닿으면
한 마당 가득 화사한 웃음들
떨어질 듯 말 듯 거미줄에 걸린 이슬
줄줄이 보석
햇살의 주술에 눈이 감긴다.

늙은 부부는 푸른 숲 속에 보화를 감추듯
들꽃정원을 가꾼다.

이곳을 남 앞에서는 들꽃마당이라 하고
남몰래 둘이서...
무릉도원이야...
눈을 맞춘다.

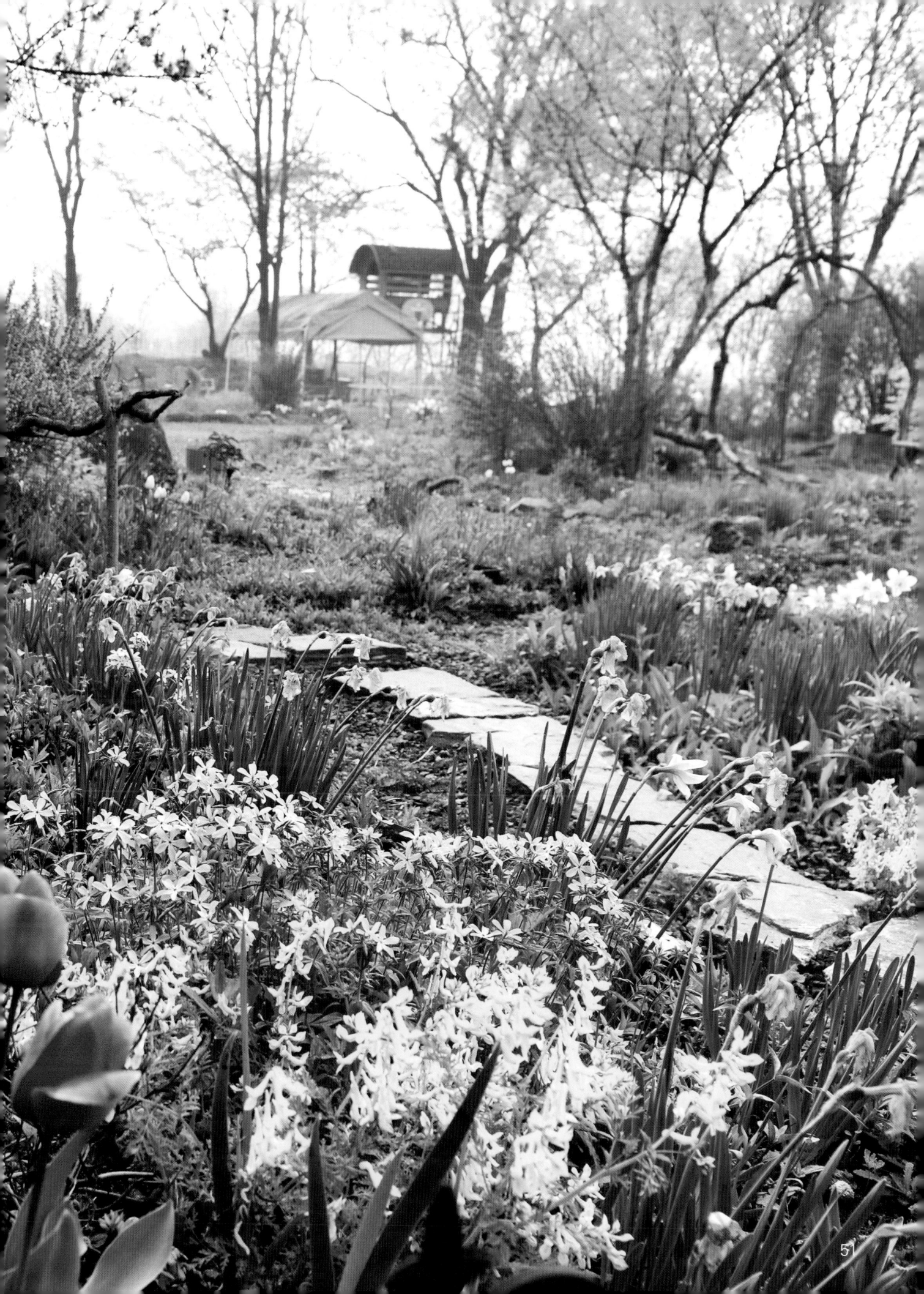

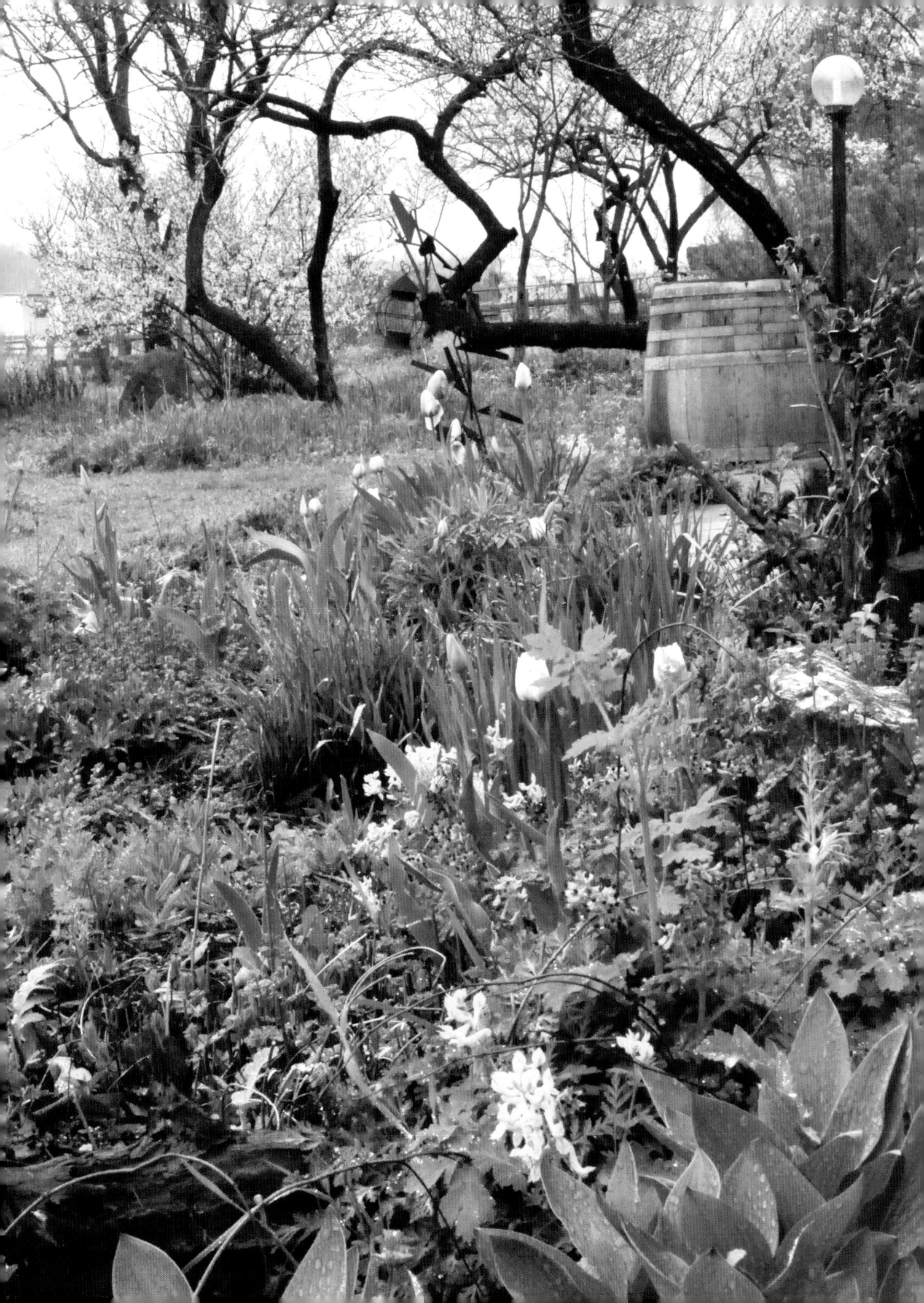

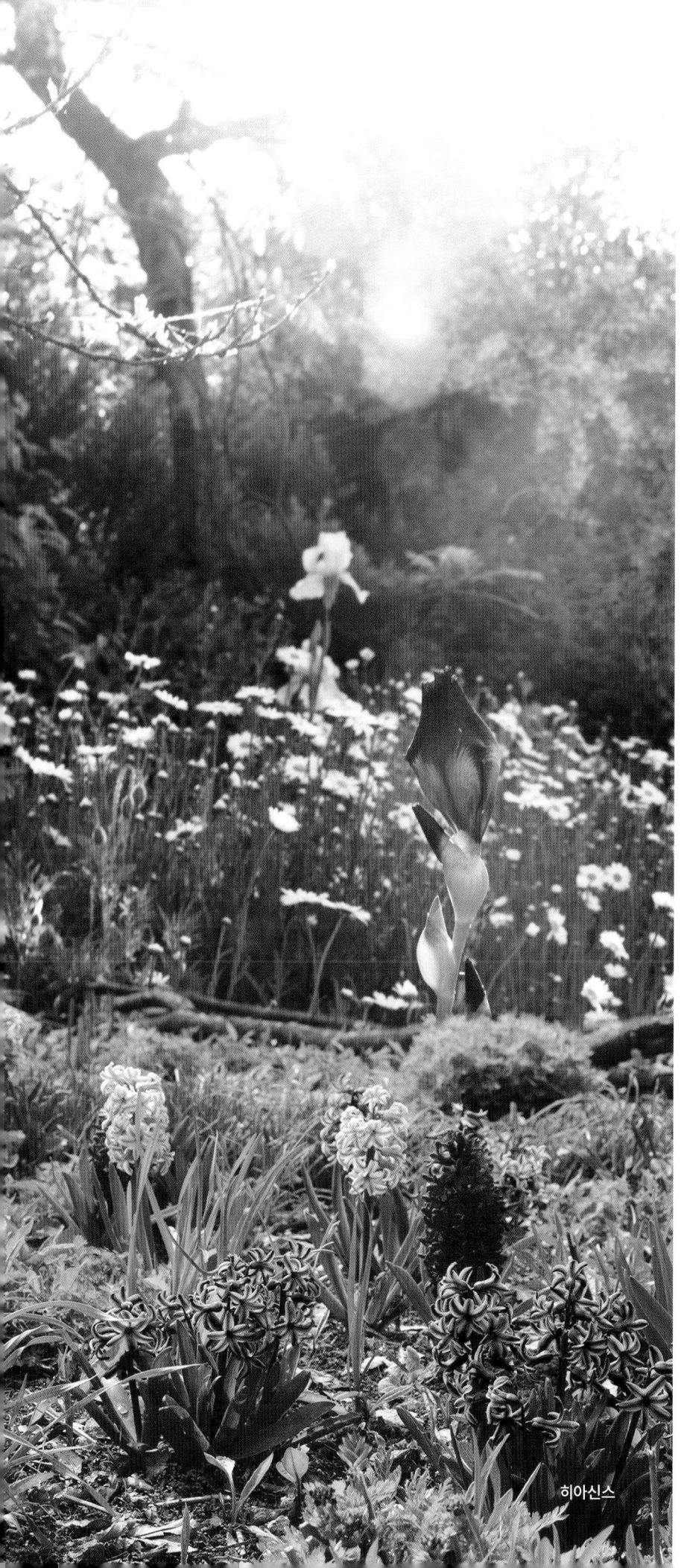

히아신스

## 마녀의 성

눈 여겨 들여다보면
처절한 울타리 안

개 밥을 탐내다 덜미 잡힌 닭
고양이 이빨에 숨 넘어가는 쥐
암탉 부리에서 꿈틀대는 지렁이
사마귀 아귀로 야금야금
들어가는 잠자리
내 손에 잡힌 메뚜기까지
죽어가는 수많은 것들의
몸부림과 비명소리
비정하고 처절한
울타리 안 세상

울타리 안은 마녀의 성
나는 그 성을 차지한 마녀
생멸의 환희와 절망들을
곡예 보듯 즐기며
생각 없이 뭉개고 죽였다.
울타리 안은 겉 보기에
참으로 아름답다.

우거진 꽃밭 사이로
꽃 한 송이 밟을 세라
사뿐사뿐 디딜 곳 더듬는
남 앞에 여리고 순한
은발의 마녀가 사는 곳

울타리 안 마녀의 성은
겉 보기에 평온하고 아름답다.

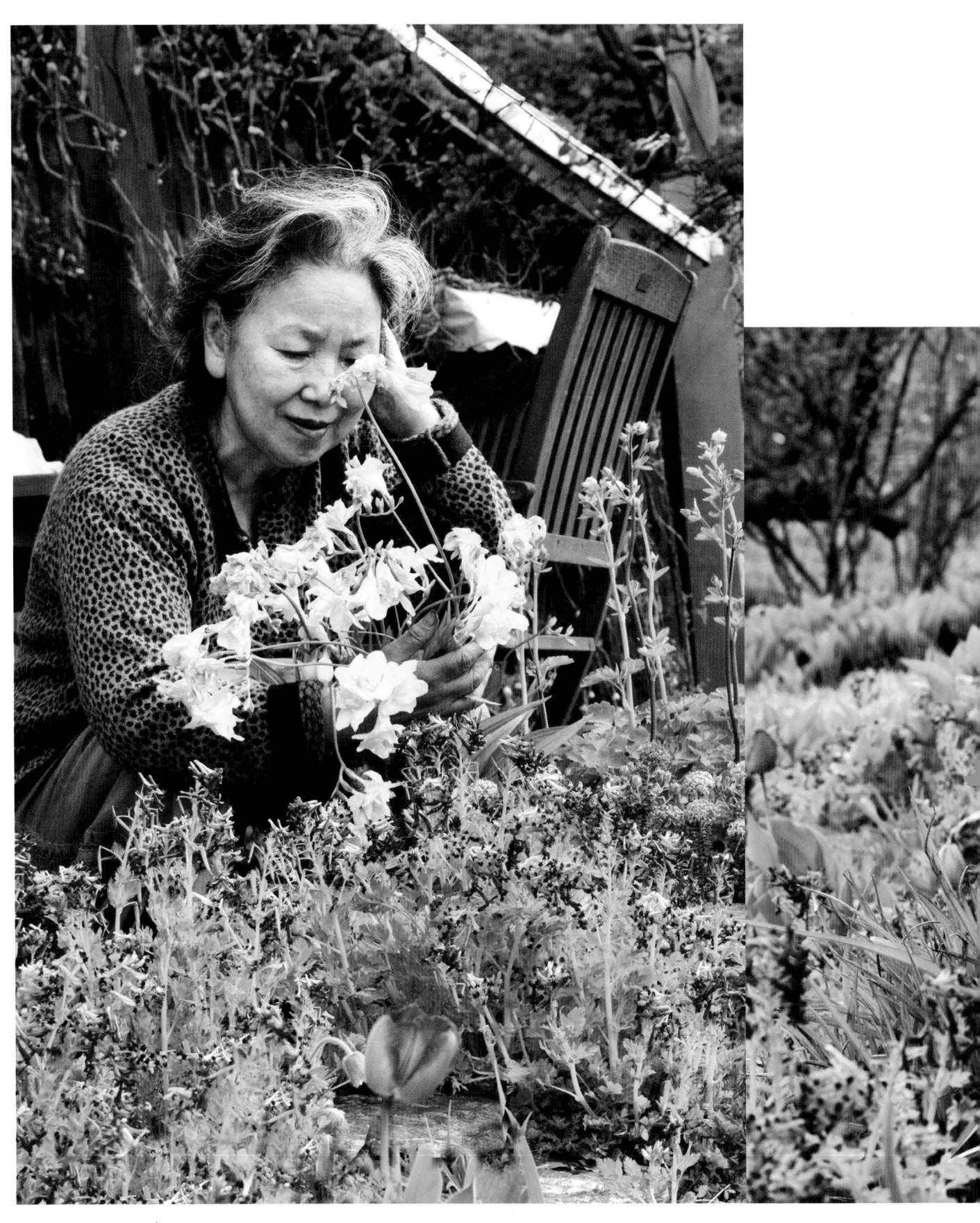

흙을 갈아 꽃씨를 뿌렸더니
해는 곱게 꽃을 피우고
달은 밤을 지새우다 꽃길을 밝혀 준다
밤이면 별 하나 불러내어
시도 읊었던 나는 속 없는 철부지

"아이야 청산 가자 벌 나비 너도 가자
가다가 해 저물면 꽃에서 자고 가자
꽃이 싫어하면 꽃잎에서 자고 가자"
이 시인은 어찌 이리도
내 여린 마음을 알아주는지...

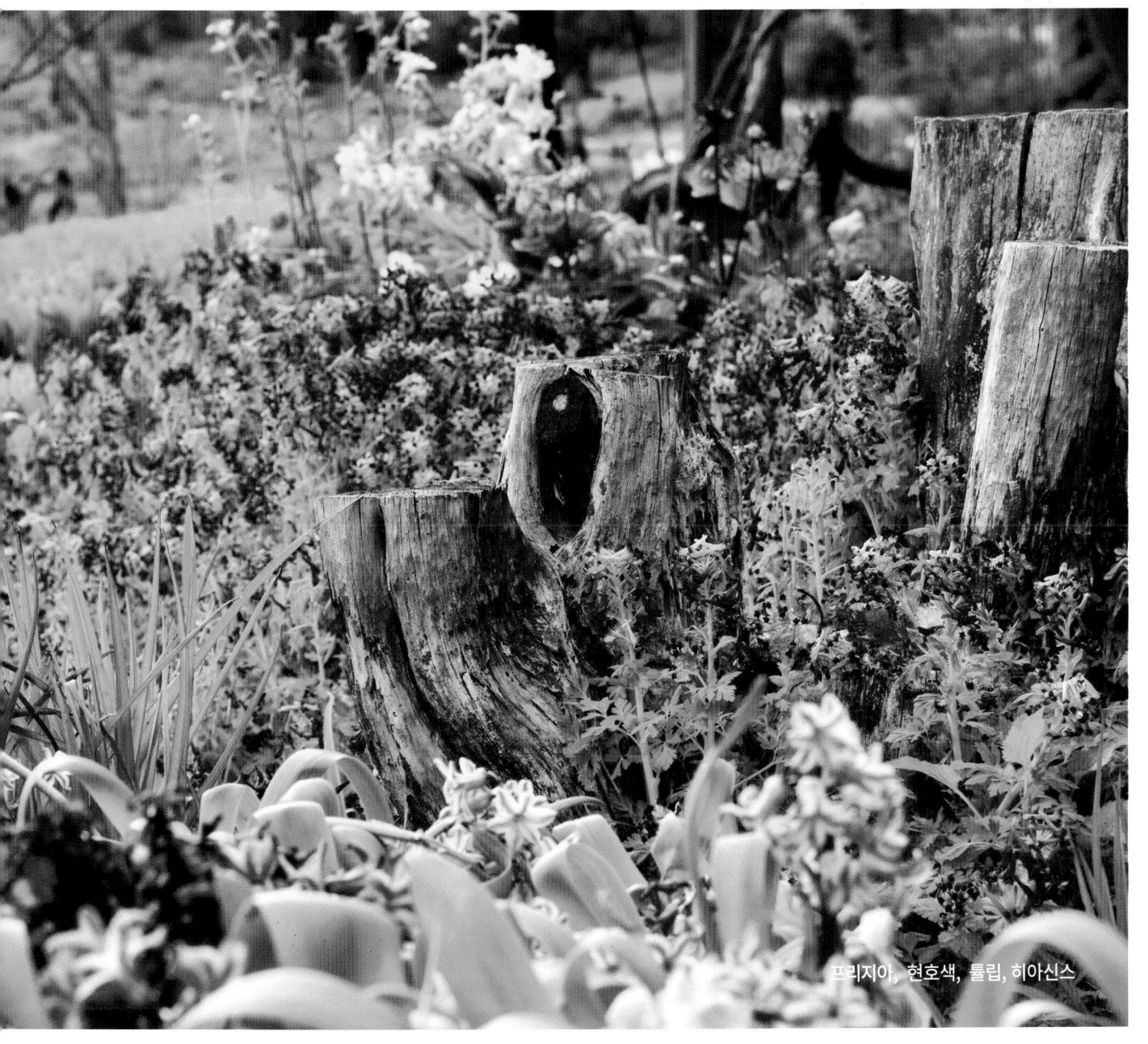

프리지아, 현호색, 툴립, 히아신스

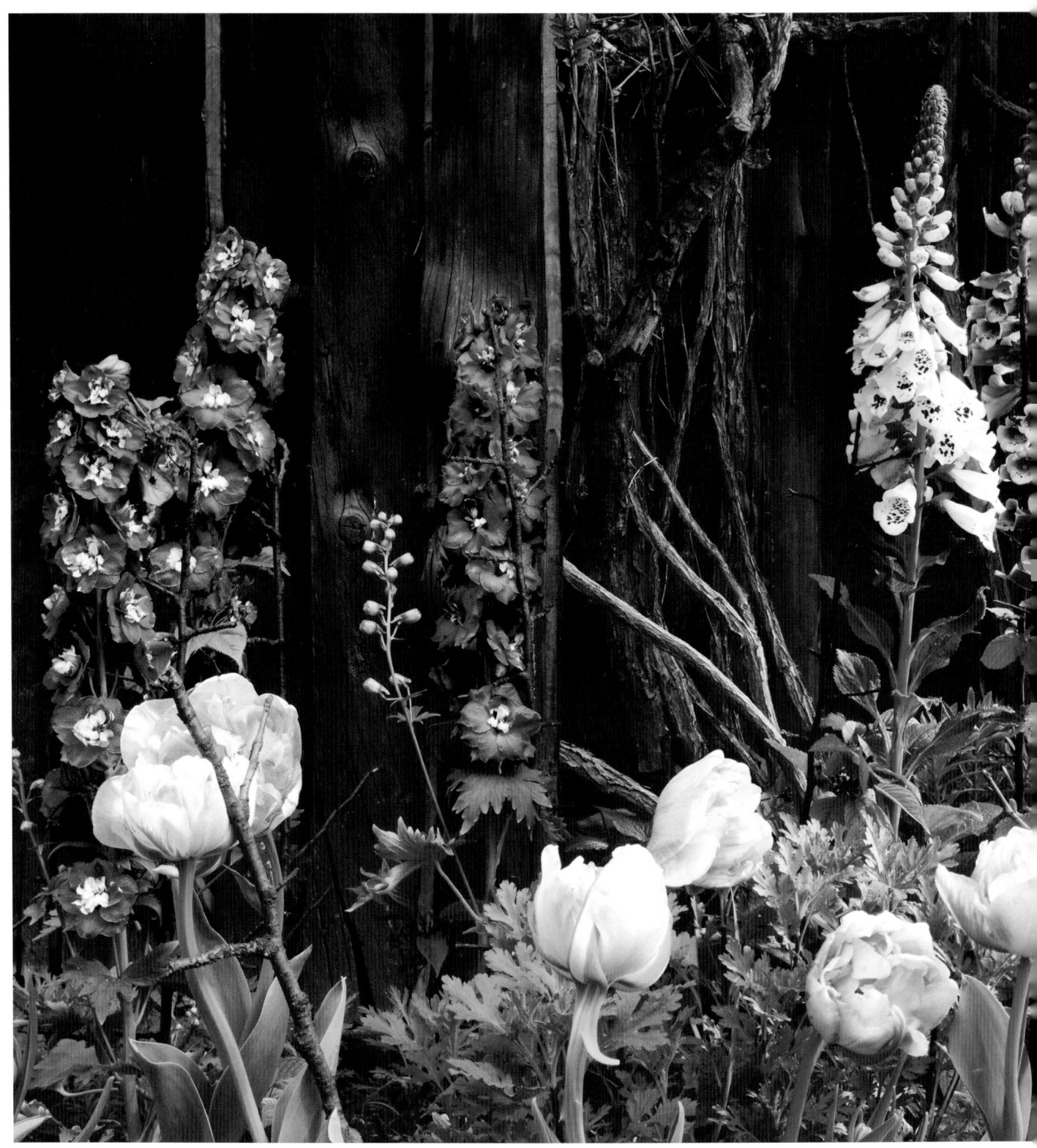

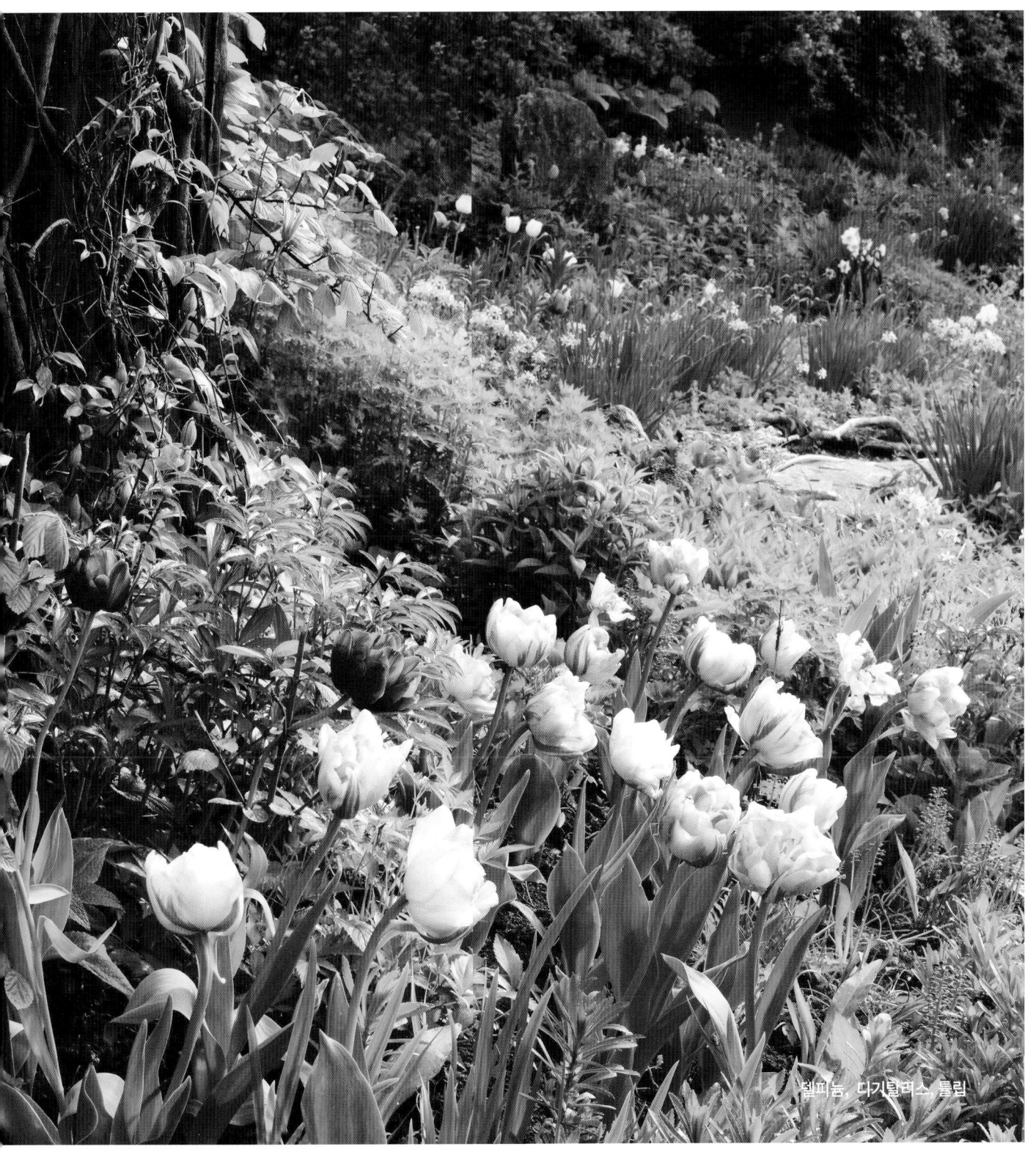

델피늄, 디기탈리스, 튤립

## 77년부터 기르던 자목련

서울 연희동에서부터 함께 살다가 어느 해 월동을 못해
윗가지가 다 죽었기에 뿌리만 캐다 심었더니
잔가지들이 나지막하게 살아났다.
사람들은 "오! 내 사랑 목련화야!"
노래를 부르지만, 나는 목련 꽃을 가히 좋아하지 않았다.

꽃이 별나게 큰 데다
일편단심 하늘만 올려다 보고 피어
밑동만 바라보게 되기 때문이다.
게다가 그녀는 숨이 끝날 때까지 꽃술을 감추고 살다가
통곡하며 사라져 가지 않던가
예쁜 짓이 하나도 없지만, 오래된 정으로 생각이 많다가
내친김에 꽃빛이 같고 꽃 크기가 아주 작은 박태기나무와
한 그루처럼 붙여놓고 내려다보며 키웠더니
소곤거리는 듯 주변의 분위기가 차분해져 갔다.

꽃은 내려다볼 때 몇 배 더 아름다운데
꽃술을 오물이고 보여주지 않는 고집은 여전하여
아직도 한 마디씩은 하게 된다.
이승을 떠날 때쯤 되어서야 꽃잎을 한쪽 씩 날려 보내며
암술을 드러내는 것을 보면
틀림없는 요조숙녀기에
결국 그녀를 사랑할 수 밖에 없었다.
그런데 사실 그 야구방망이 같은 것이
정녕 암술이기는 한 것인가?

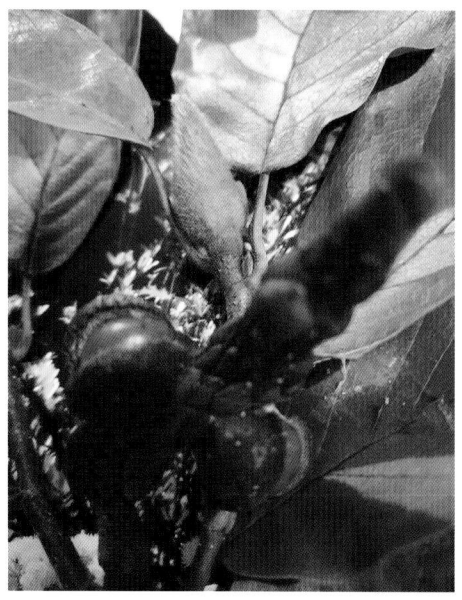

긴 암술에 맺혀있는 씨앗

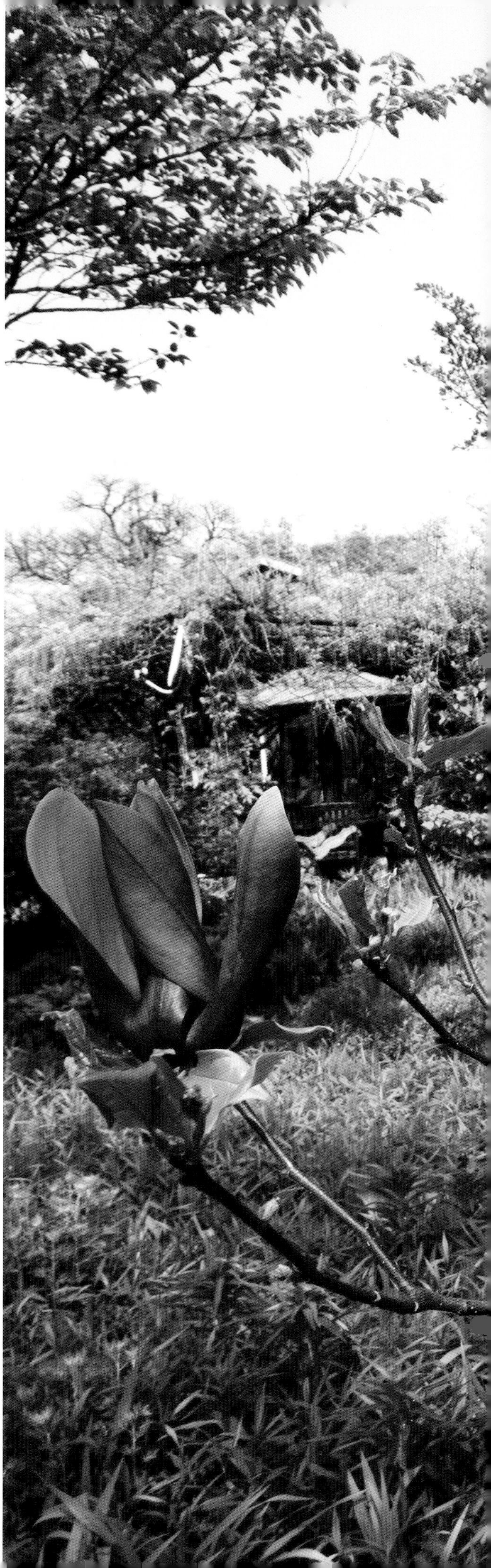

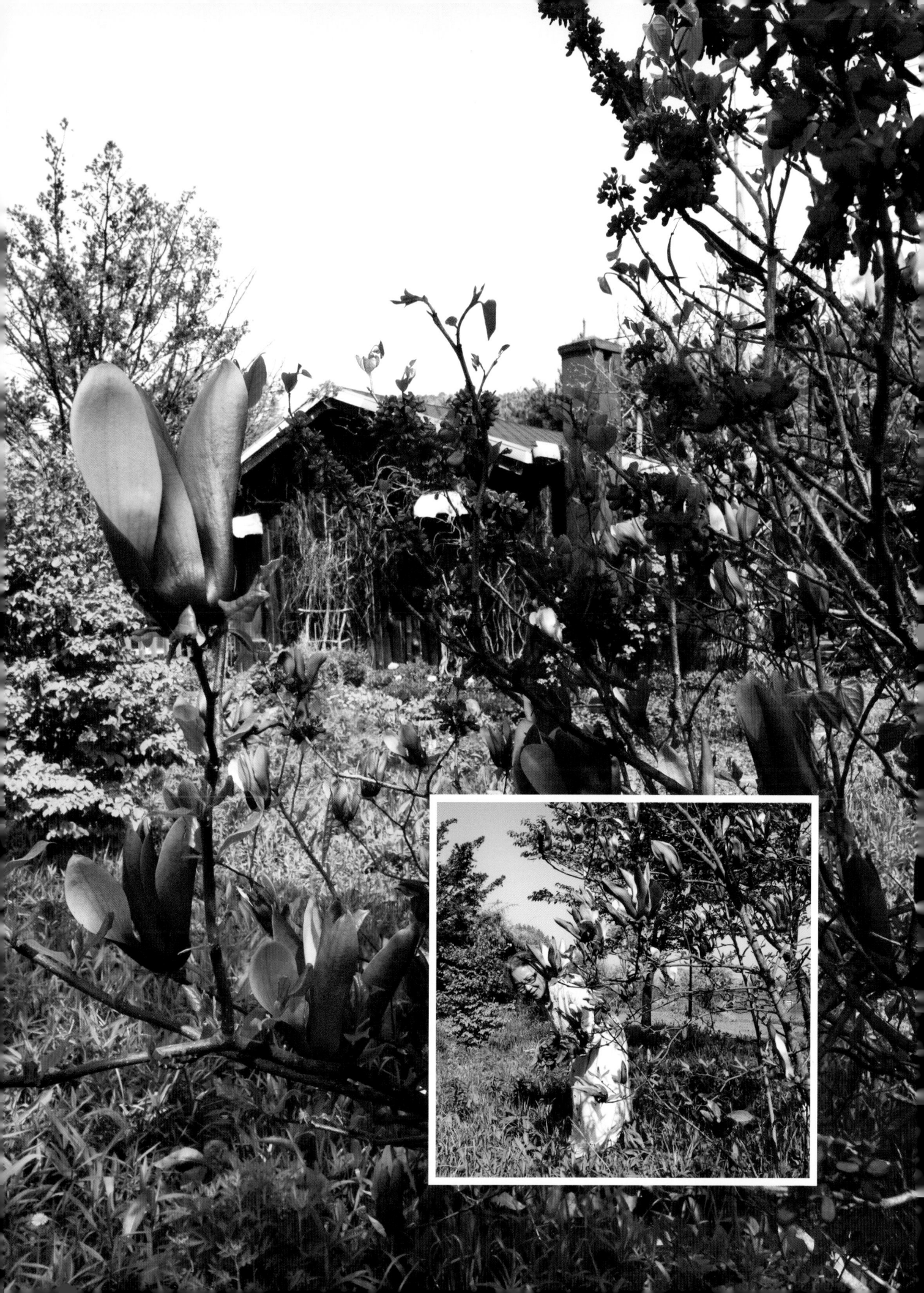

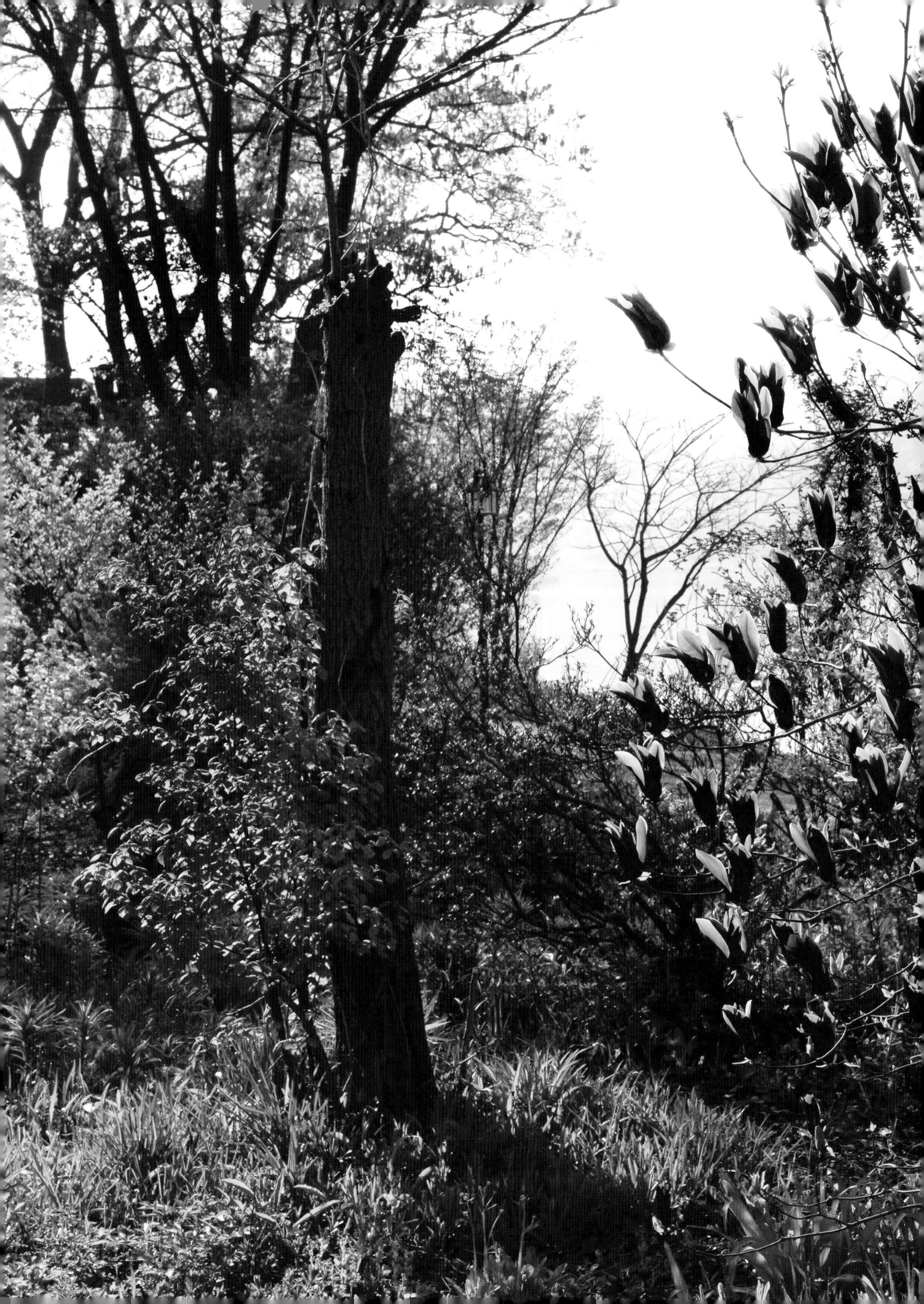

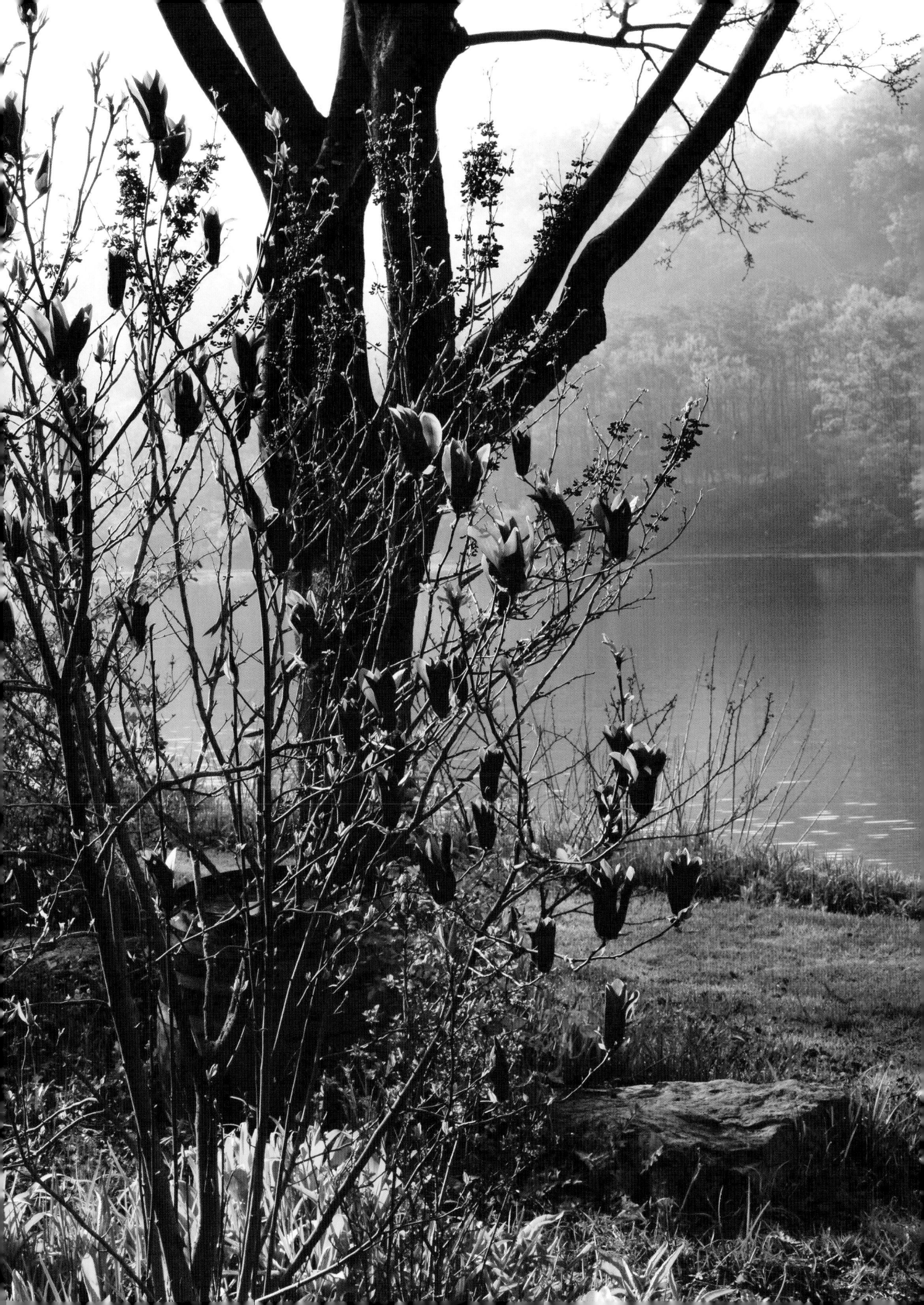

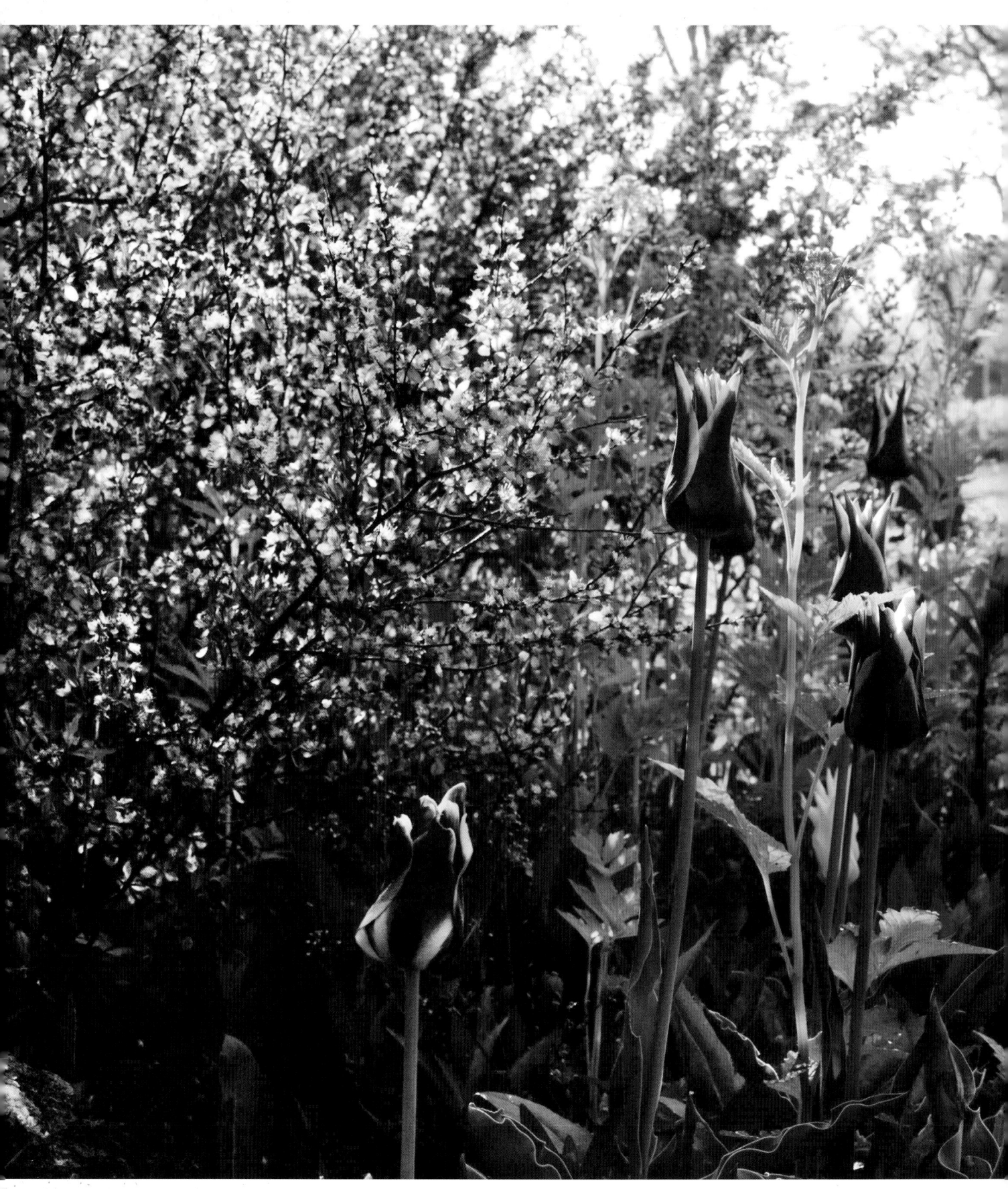

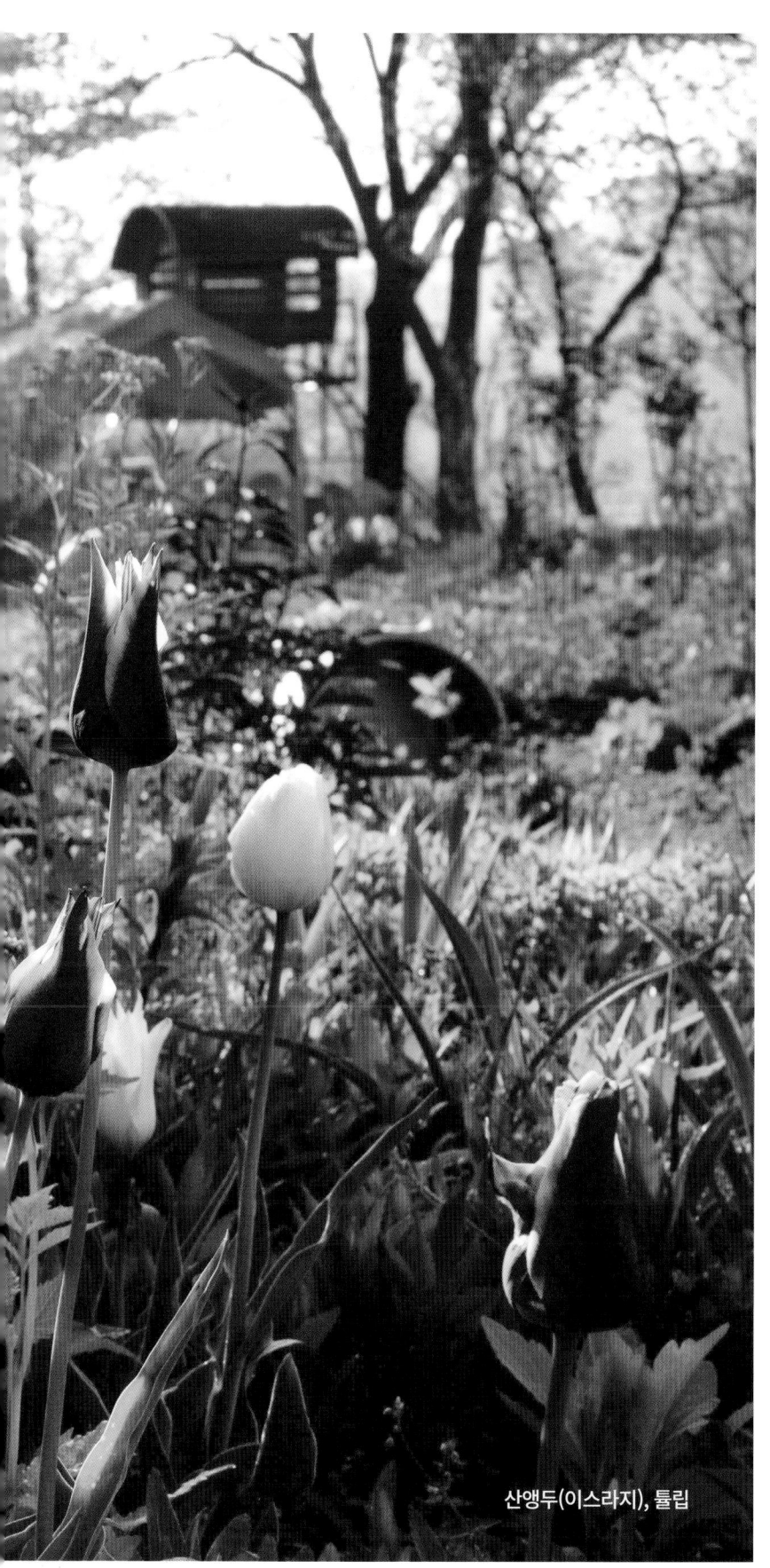

산앵두(이스라지), 튤립

## 모방은 새로운 것을 창조한다

내 꿈은 모방에서 시작되고
작게라도 실천에 옮겨본다.
보편적이지 않는 것들에 대해서도...

말하자면
신용카드 한 장 없고,
보석 하나 사본 일 없고,
화장품은 선물 받으면 바르고,
유행을 따르지 않는 한결같은 모습으로...
서른 해 넘게 입은 옷조차 버릴 수 없는...

반세기 전 아낙처럼
손님은 집에서 대접하며,
문명 뒤에 서 있으나
충분히 화려하고 즐거울 수 있었던 것은
자연과 함께 했기 때문이리라.

자연이 울이 되어 갇혀 사는 듯하지만
우리들 나이에는 속 편한 곳이다.
혹여 내 전원생활을 모방하려는 이 있으면
그도 나와 같이 조금은 다른 모습으로
즐거이 살 수 있으리라.
오두막 같은 집이라 해도...

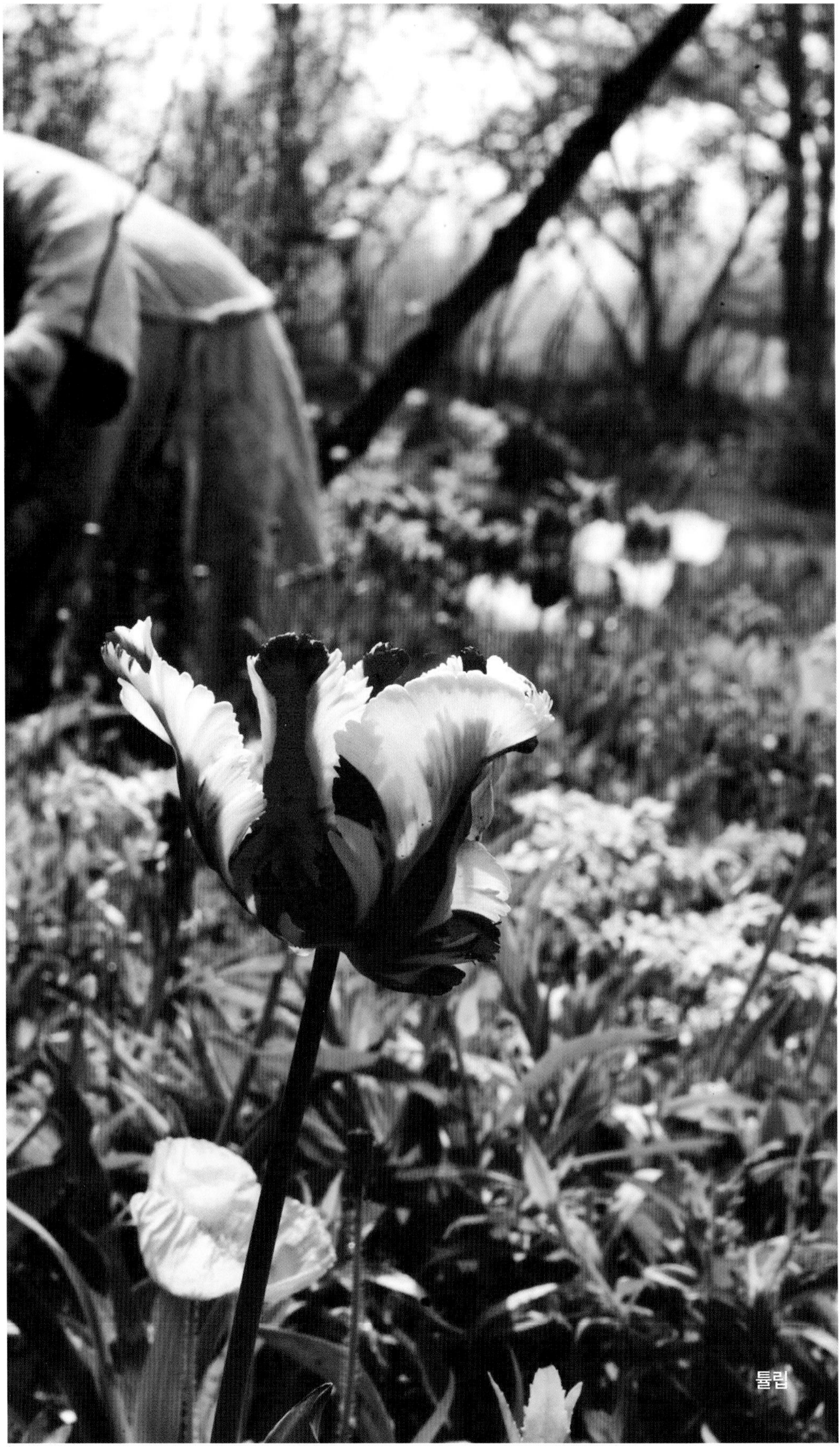

튤립

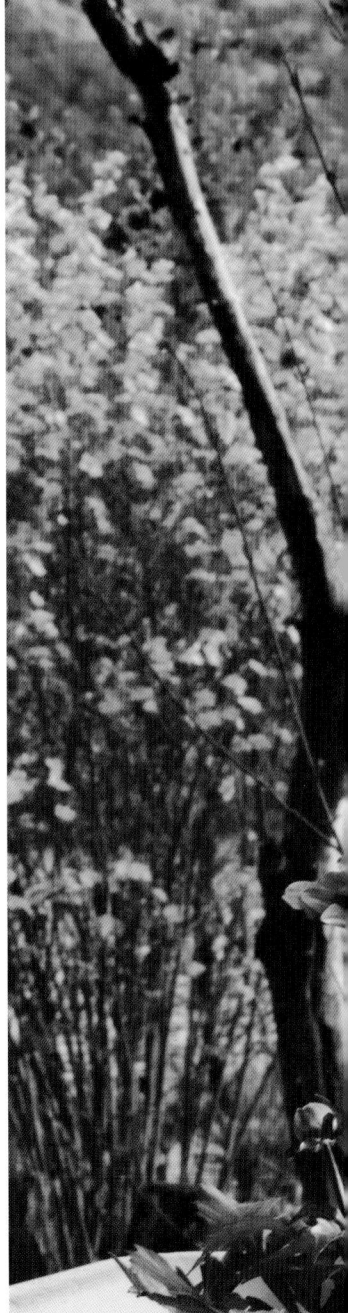

내가 저지른 일이 한 땀, 한 포기
진땀 나는 나날 없이는 얻을 수 없는 것들이지만
즐기는 마음을 냈기에 노동이 아닌 행복이었다.

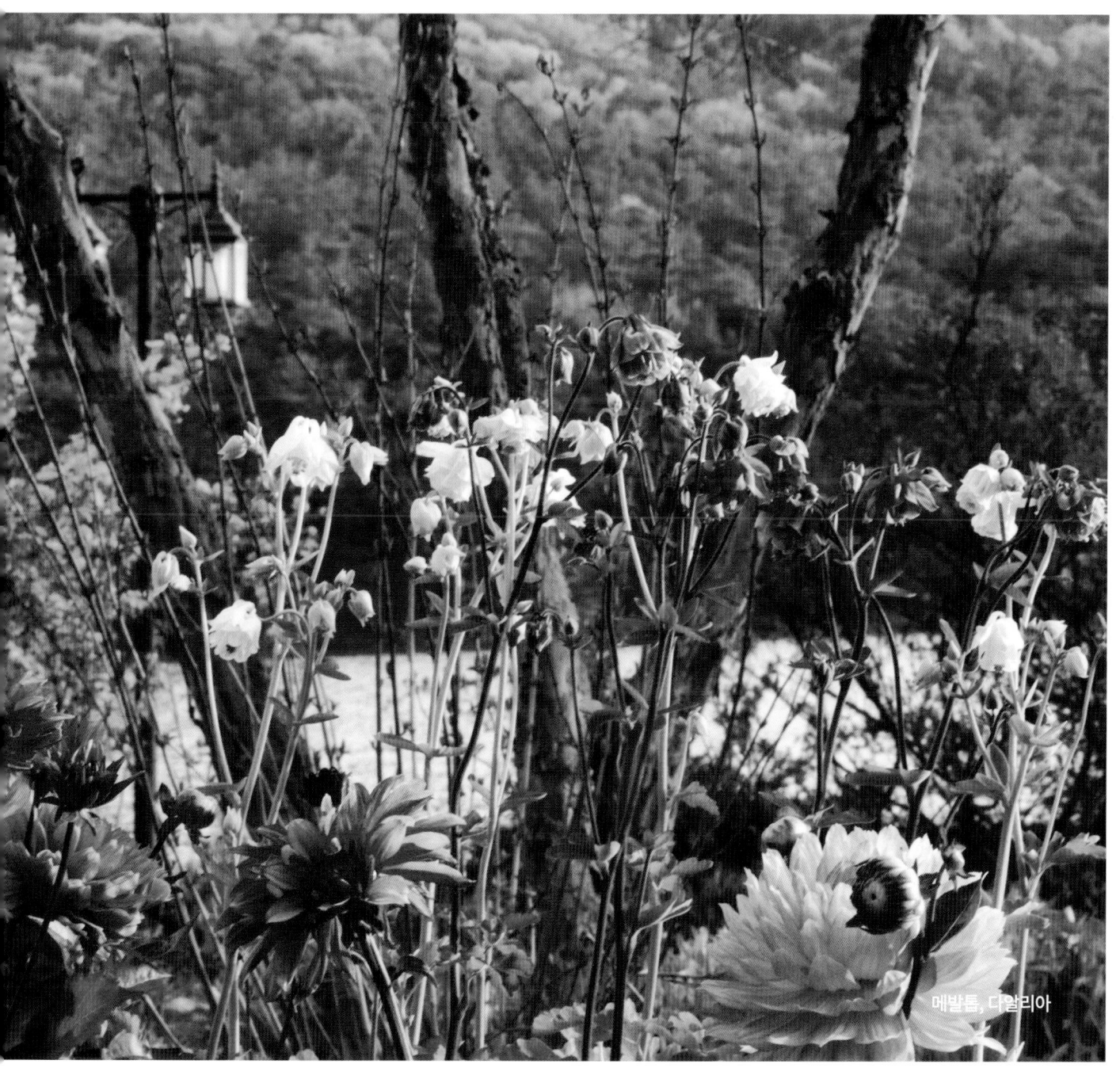

메발톱, 다알리아

65

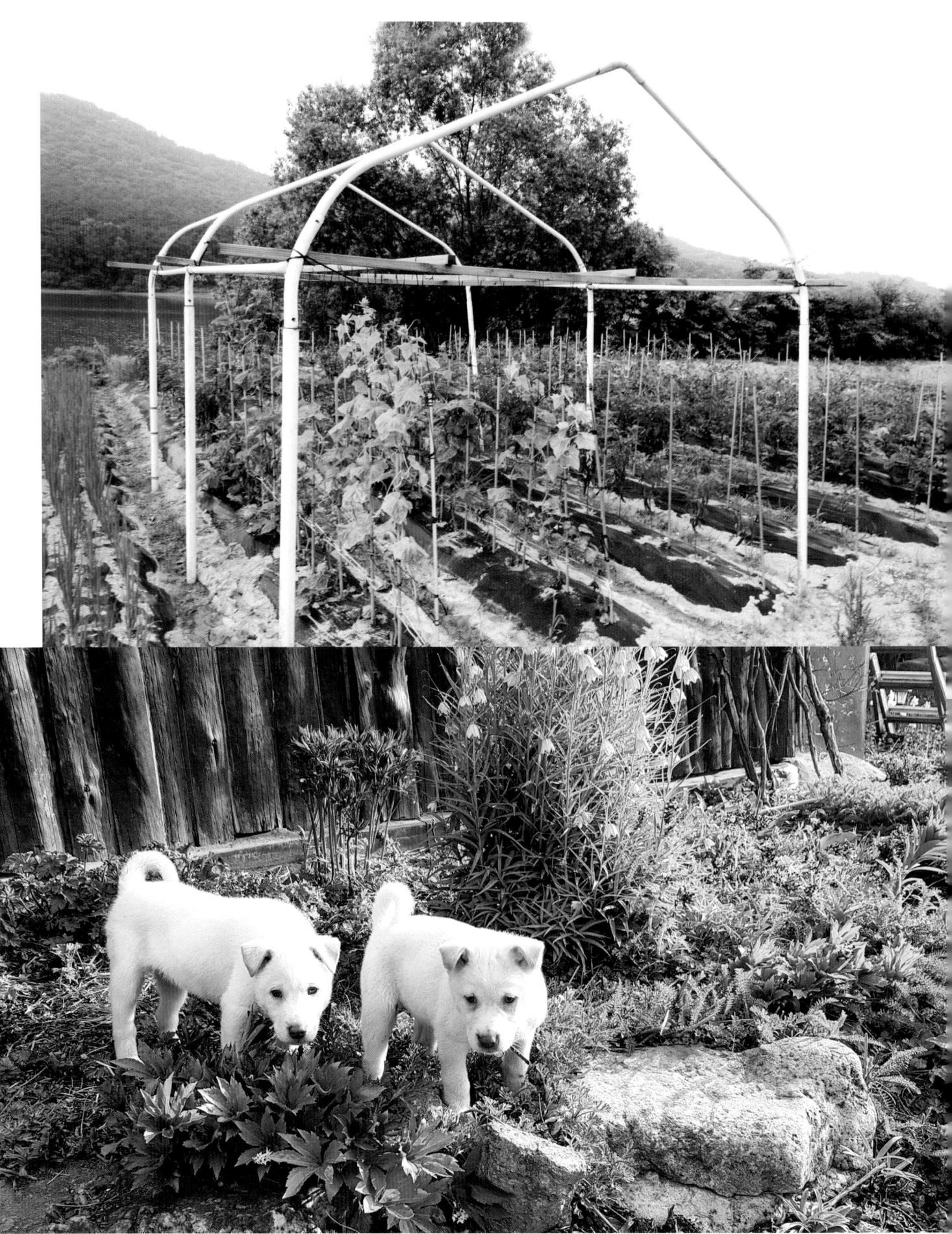

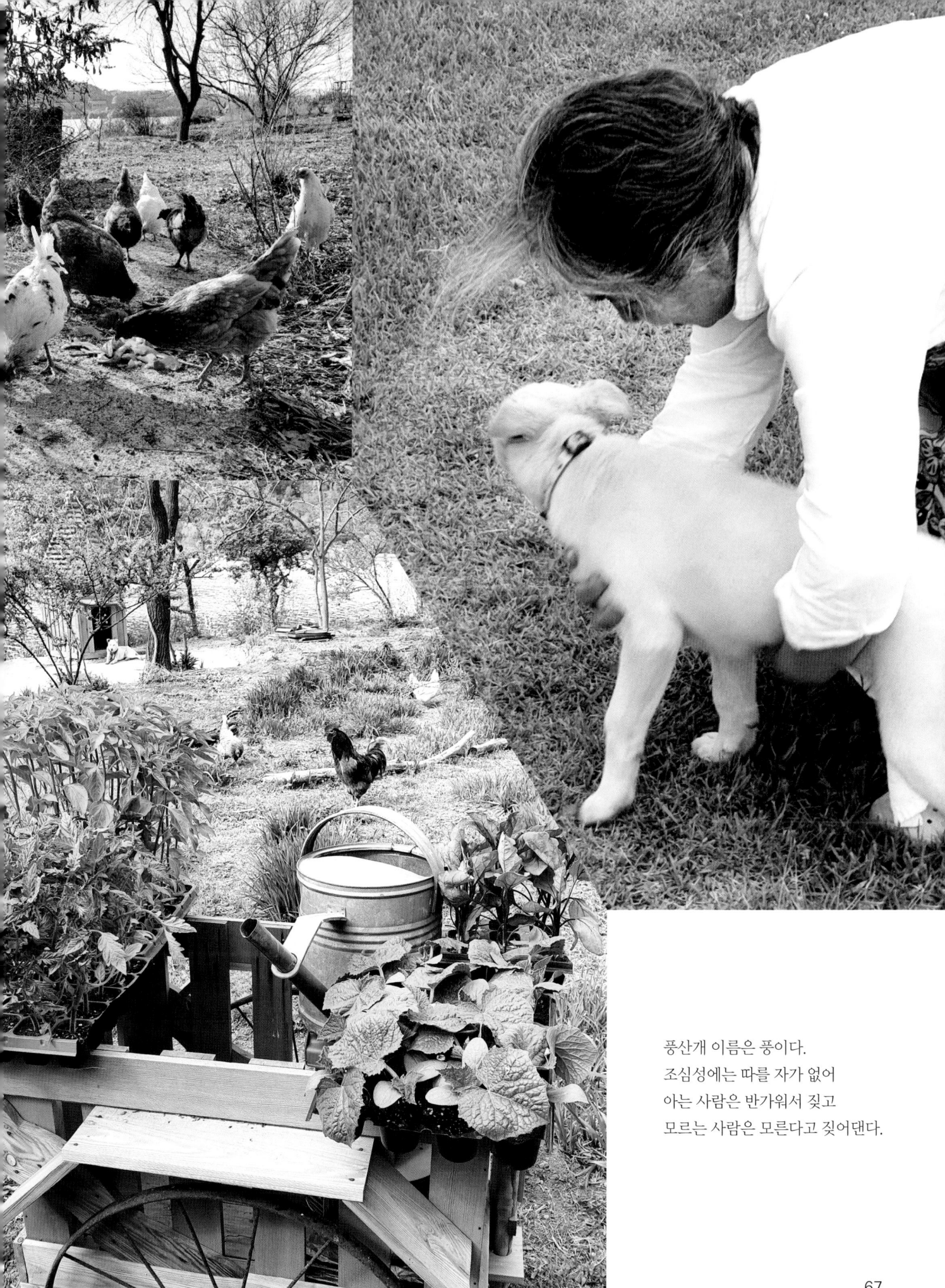

풍산개 이름은 풍이다.
조심성에는 따를 자가 없어
아는 사람은 반가워서 짖고
모르는 사람은 모른다고 짖어댄다.

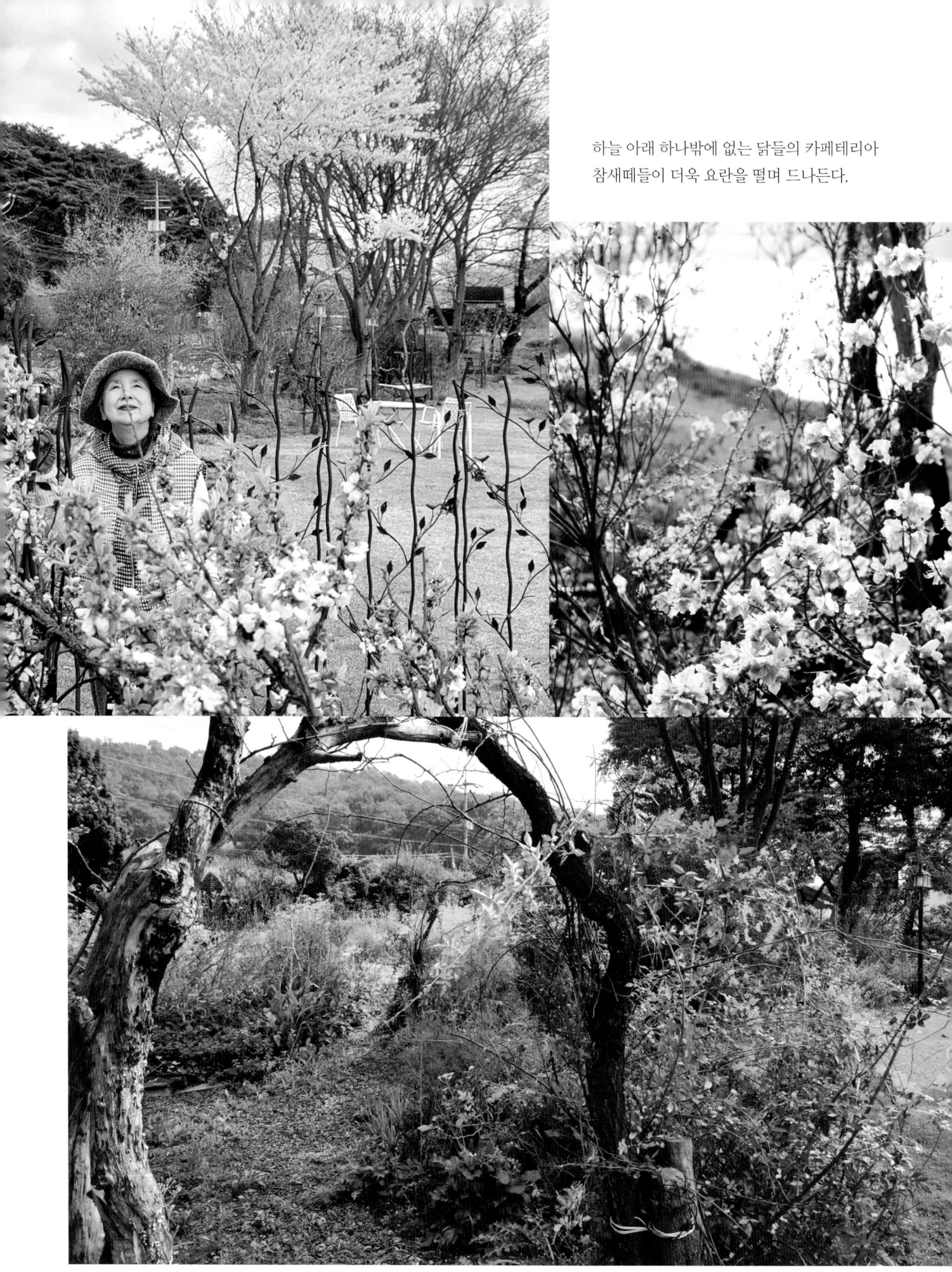

하늘 아래 하나밖에 없는 닭들의 카페테리아
참새떼들이 더욱 요란을 떨며 드나든다.

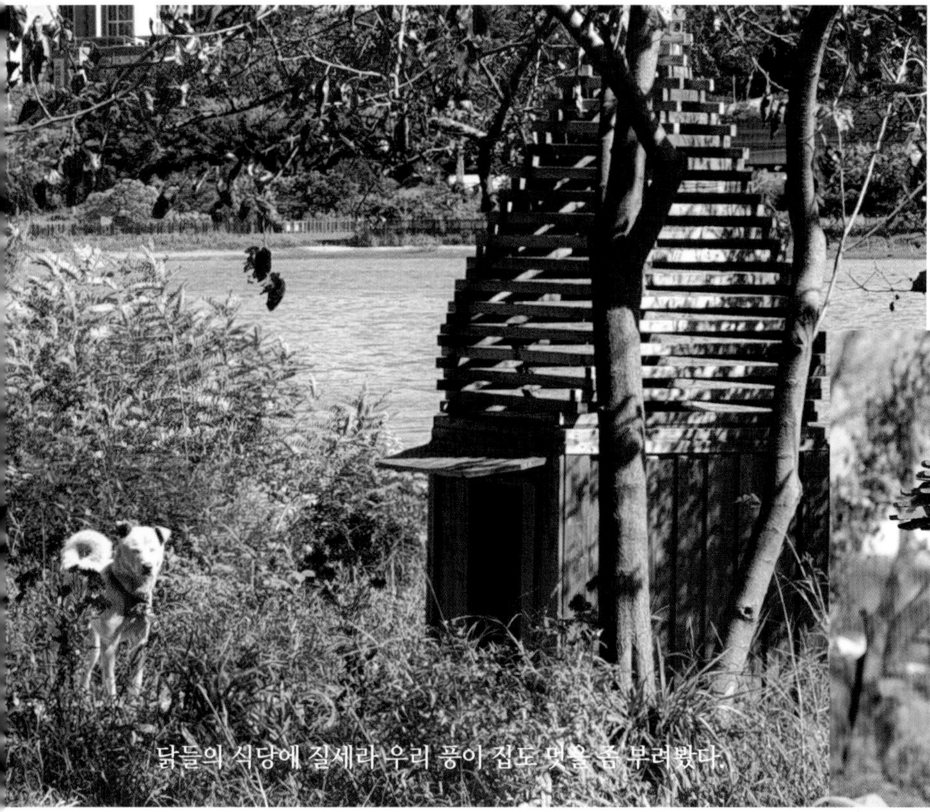

닭들의 식당에 질세라 우리 풍이 집도 멋을 좀 부려봤다.

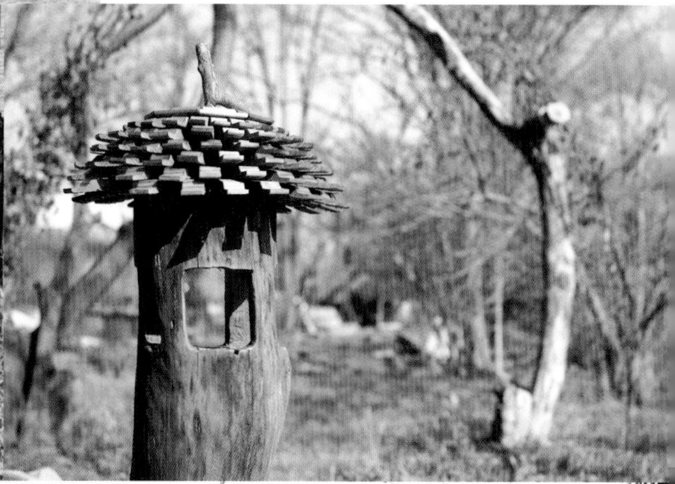

닭 식당 울타리 곁에 있는 앵두나무, 벚나무, 엄나무,
여름 라일락과 돌배나무 꽃까지 때 맞춰 피어나면
대찬 강아지 풍이도 덩달아 호들갑 떨며 닭들을 휘젓는다.
풀어놓고 함께 놀며 살 수 있으면 좋을 텐데...
풍산개는 이 집 바깥주인을 닮았는지 만만치가 않다.

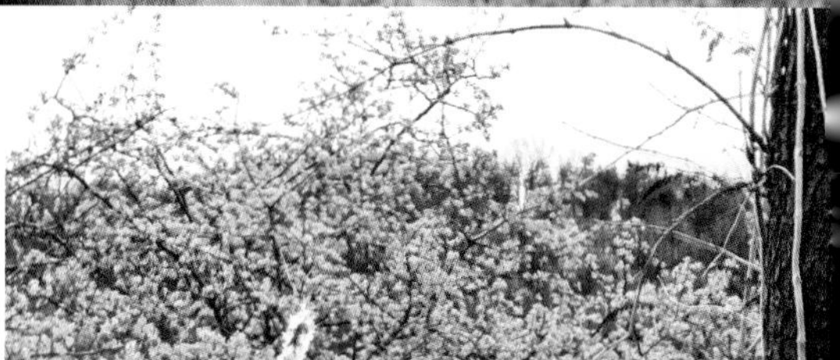

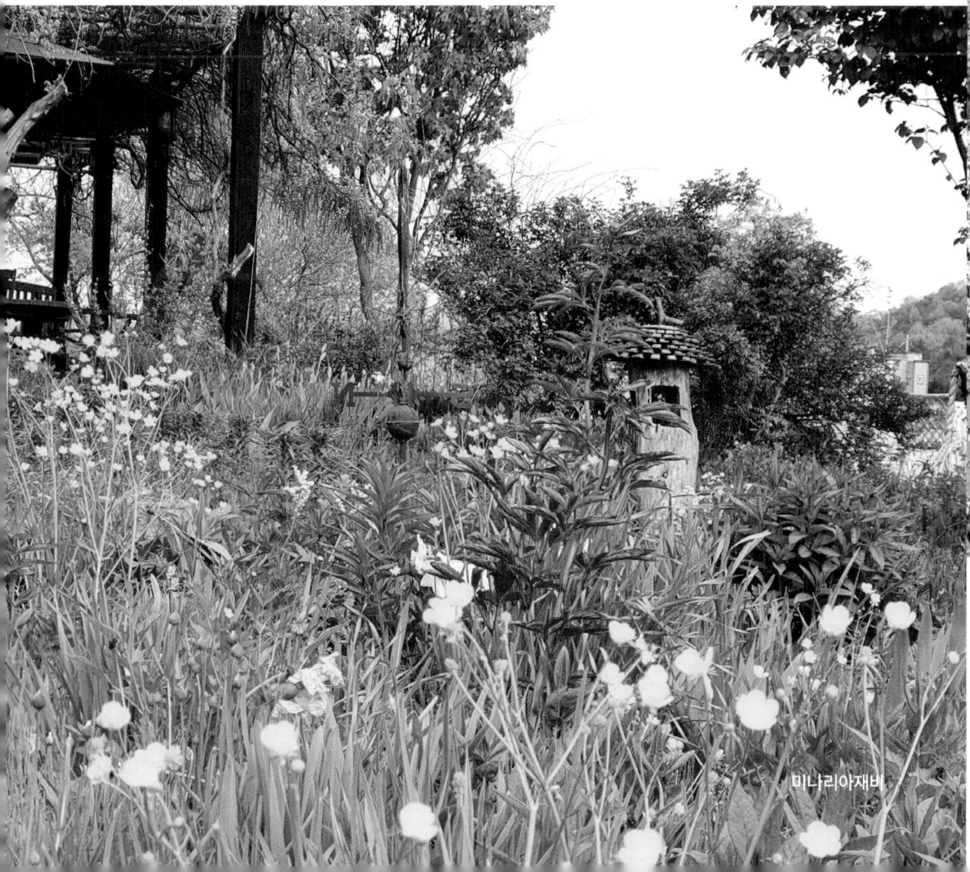

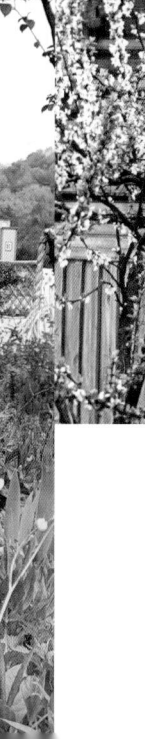

미나리아재비

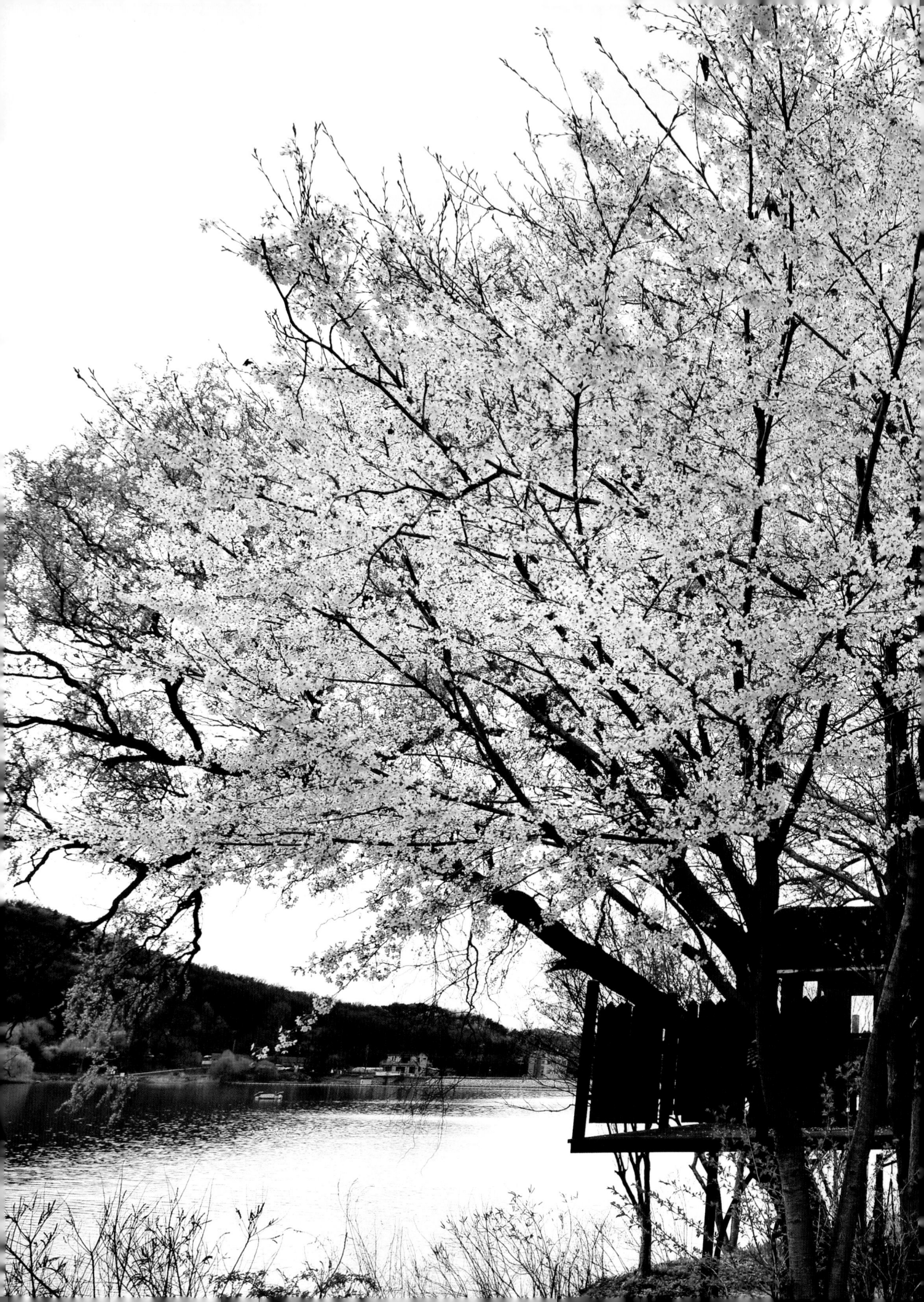

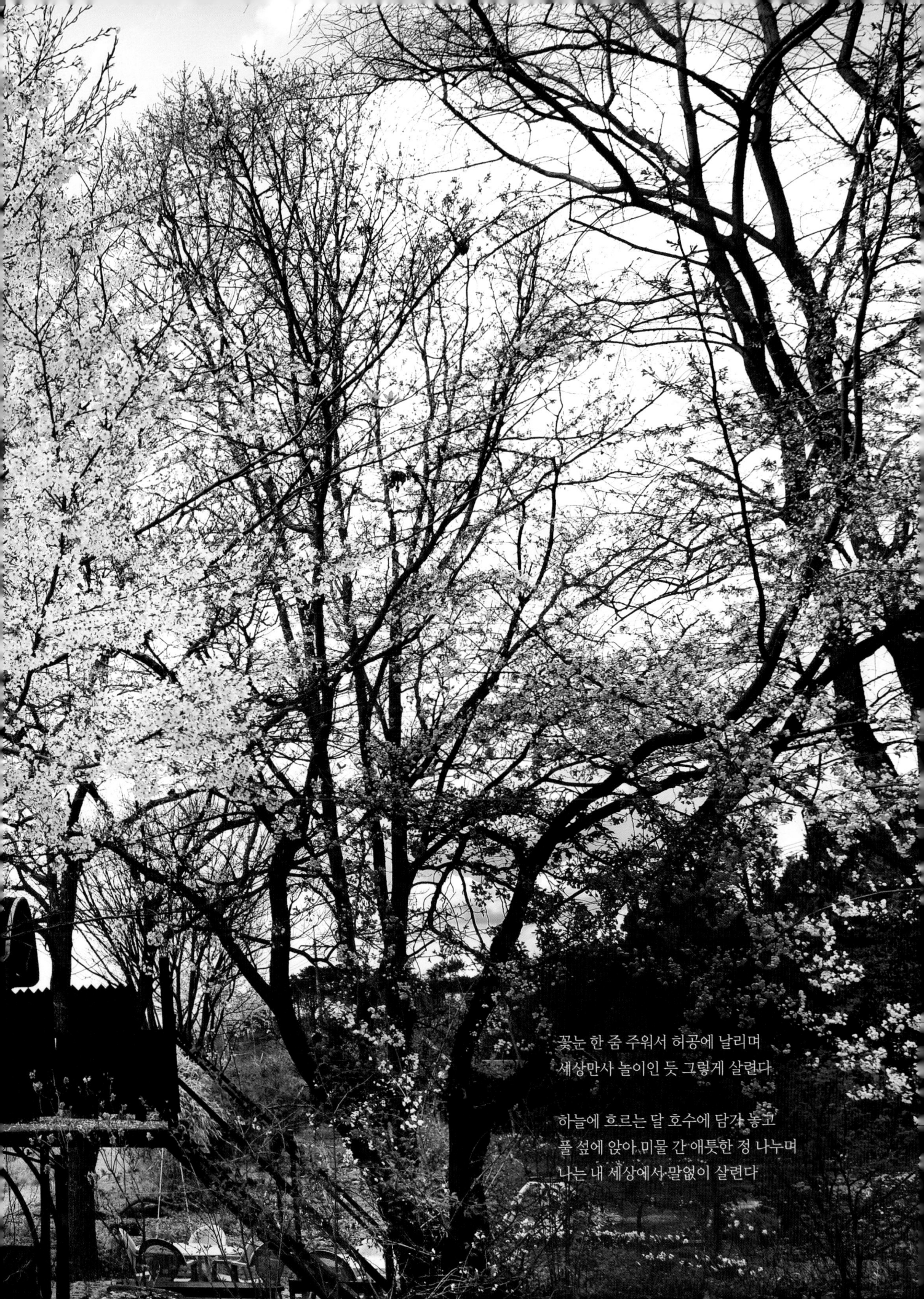

꽃눈 한 줌 주워서 허공에 날리며
세상만사 놀이인 듯 그렇게 살련다

하늘에 흐르는 달 호수에 담가 놓고
풀 섶에 앉아 미물 간 애틋한 정 나누며
나는 내 세상에서 말없이 살련다

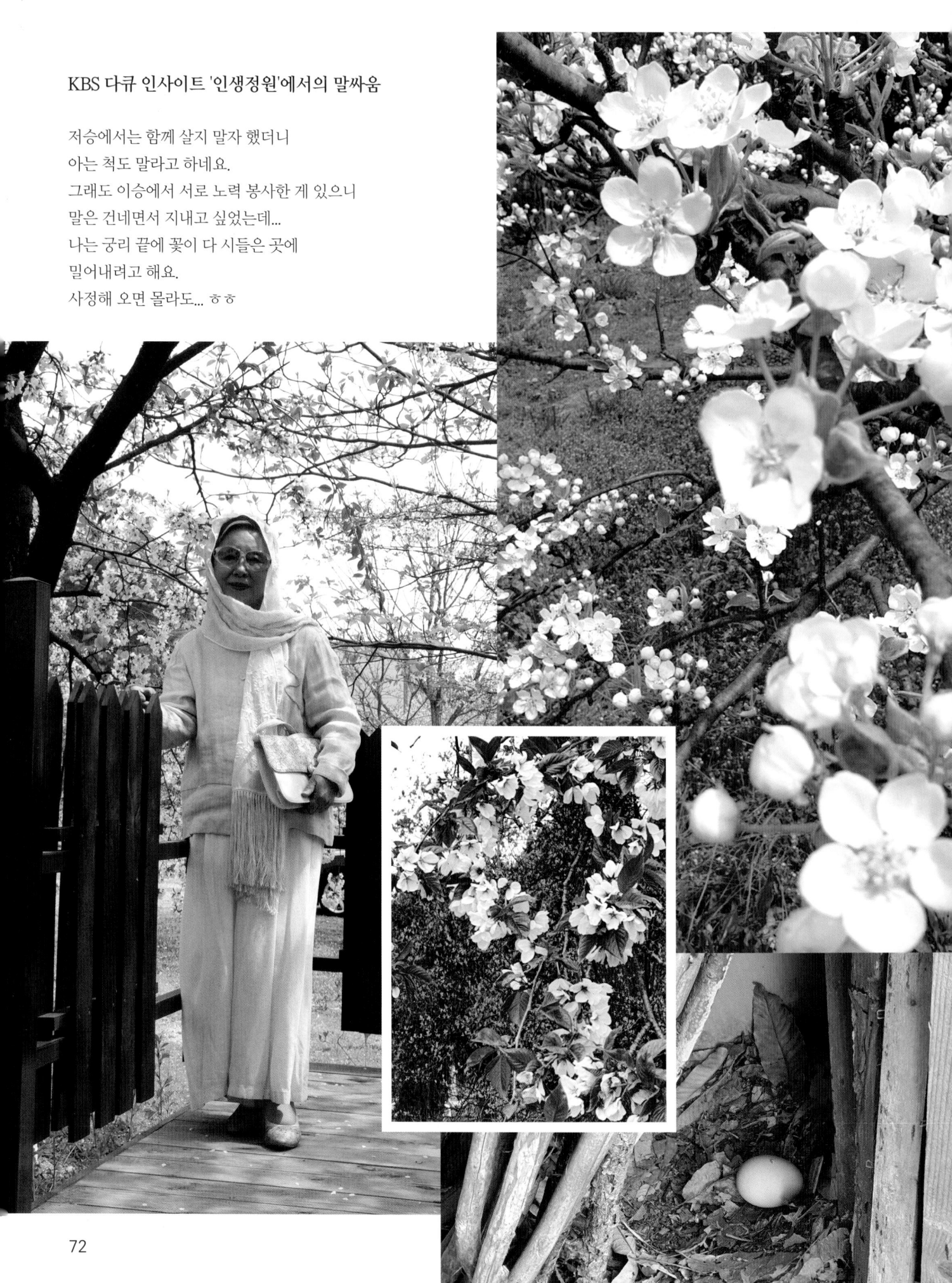

KBS 다큐 인사이트 '인생정원'에서의 말싸움

저승에서는 함께 살지 말자 했더니
아는 척도 말라고 하네요.
그래도 이승에서 서로 노력 봉사한 게 있으니
말은 건네면서 지내고 싶었는데...
나는 궁리 끝에 꽃이 다 시들은 곳에
밀어내려고 해요.
사정해 오면 몰라도... ㅎㅎ

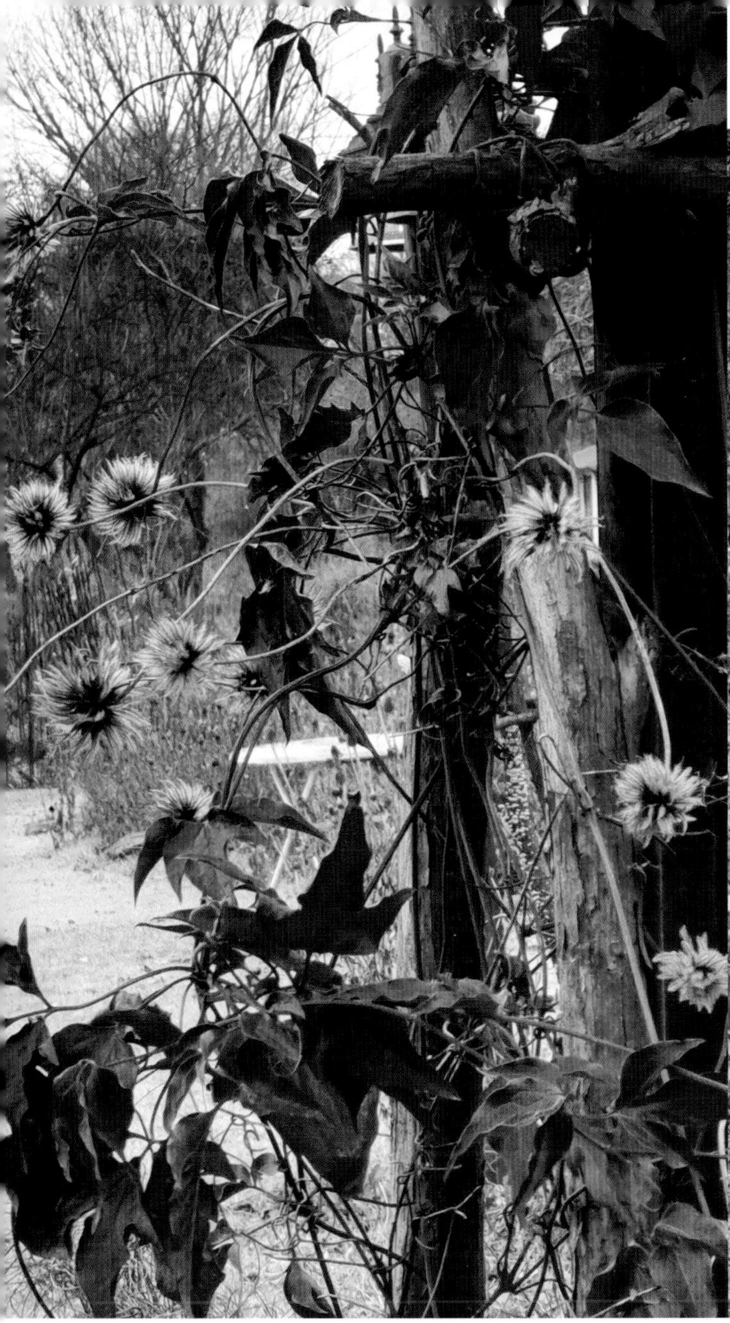

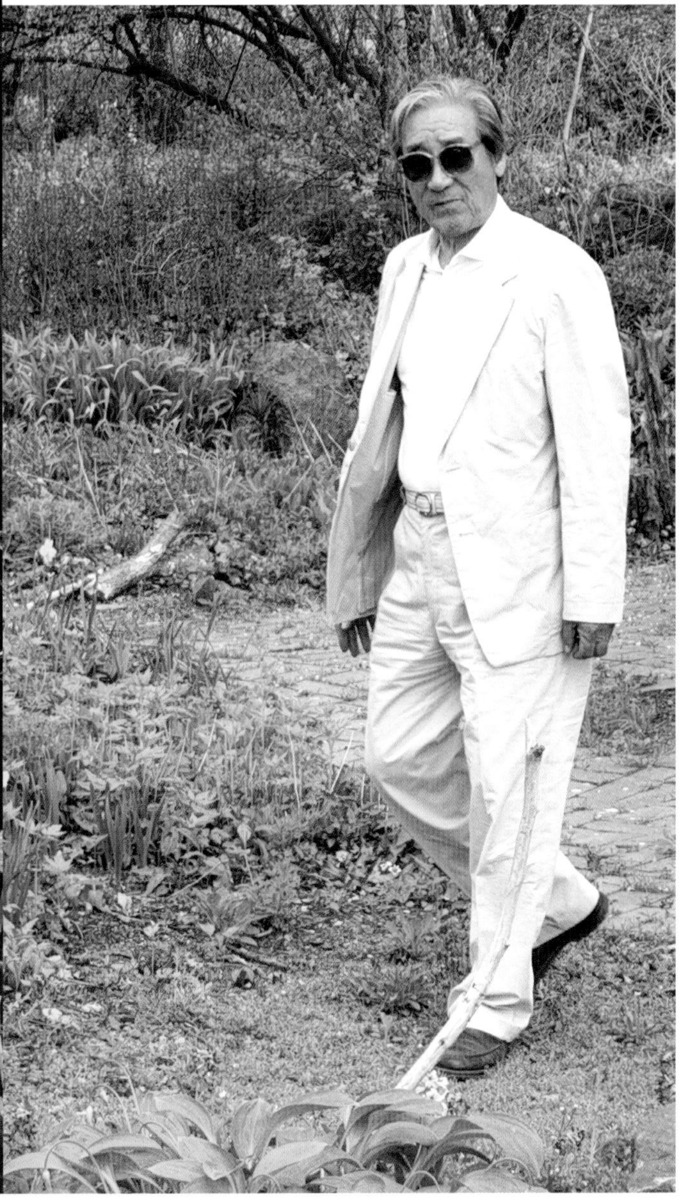

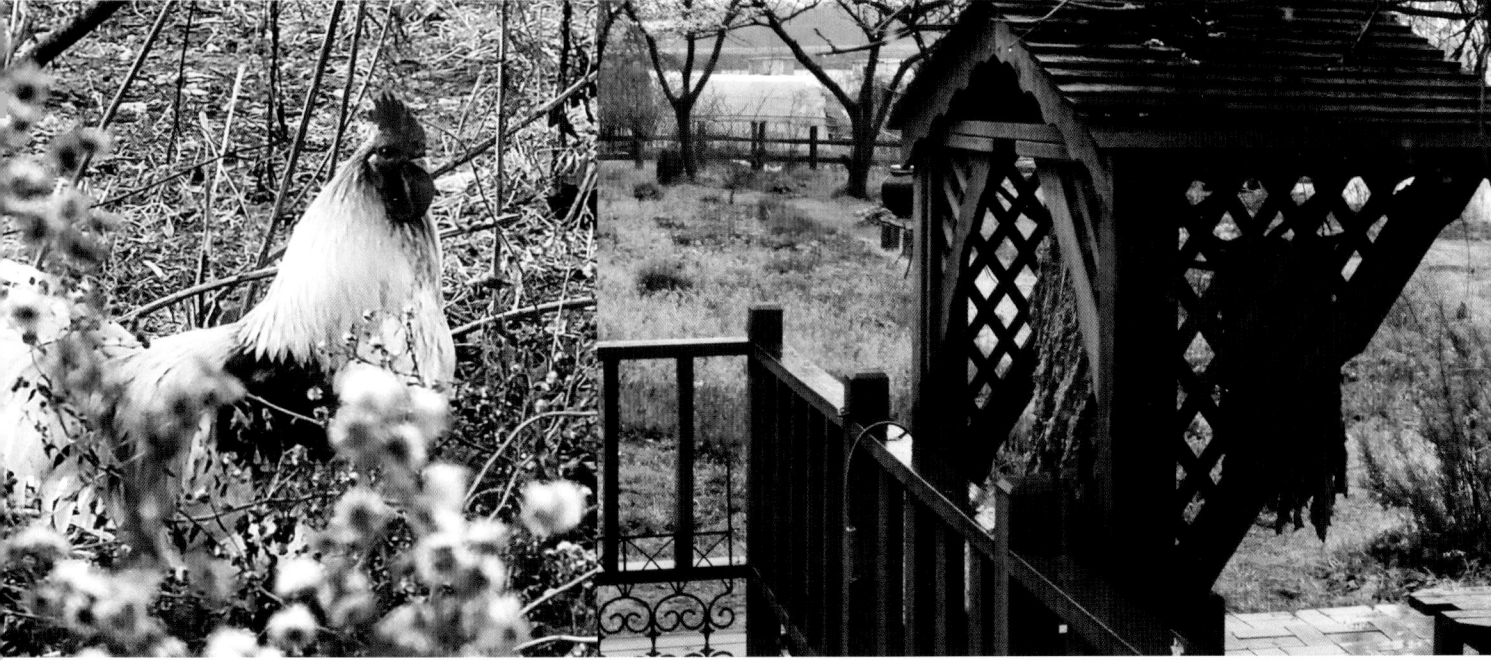

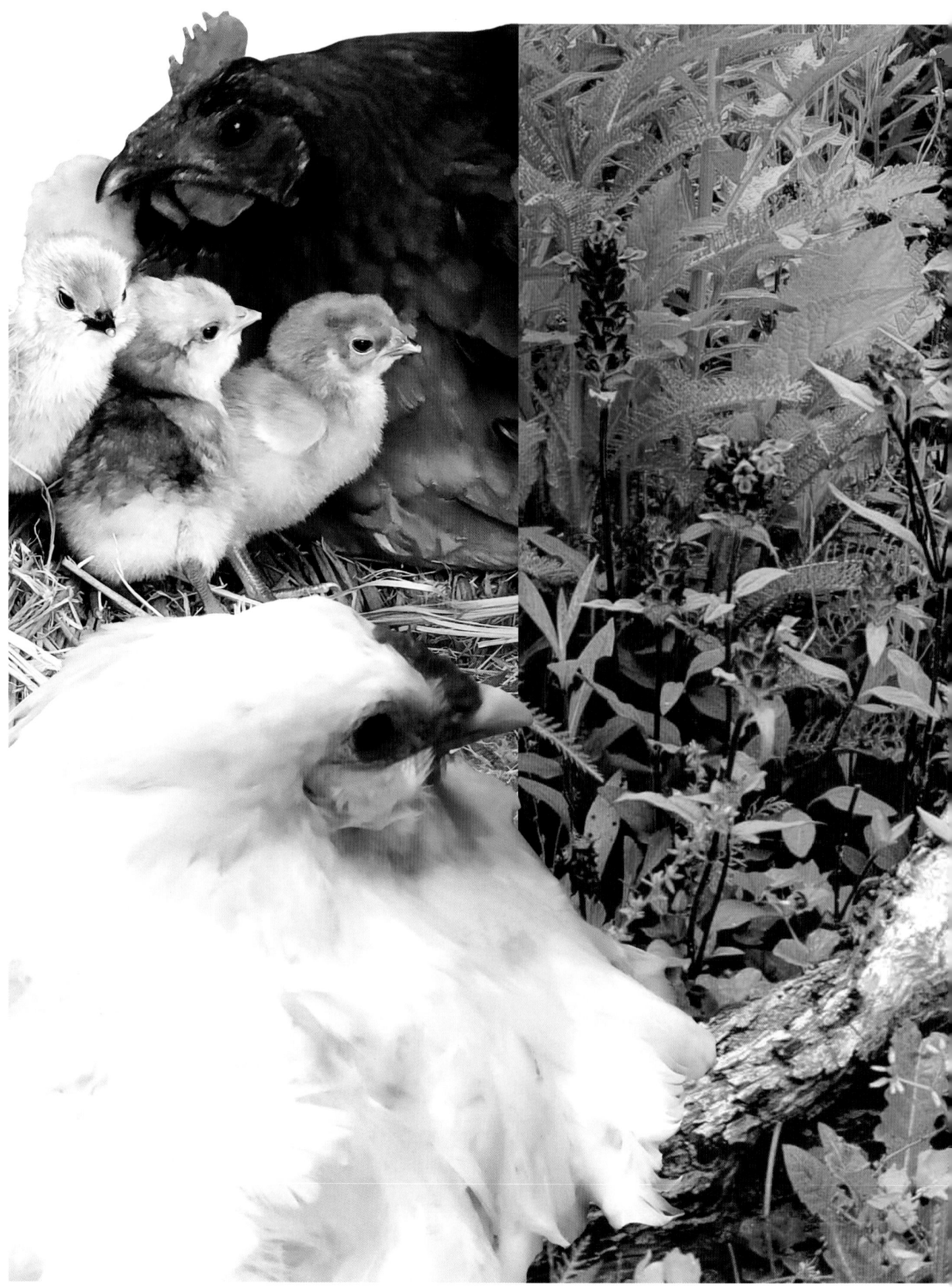

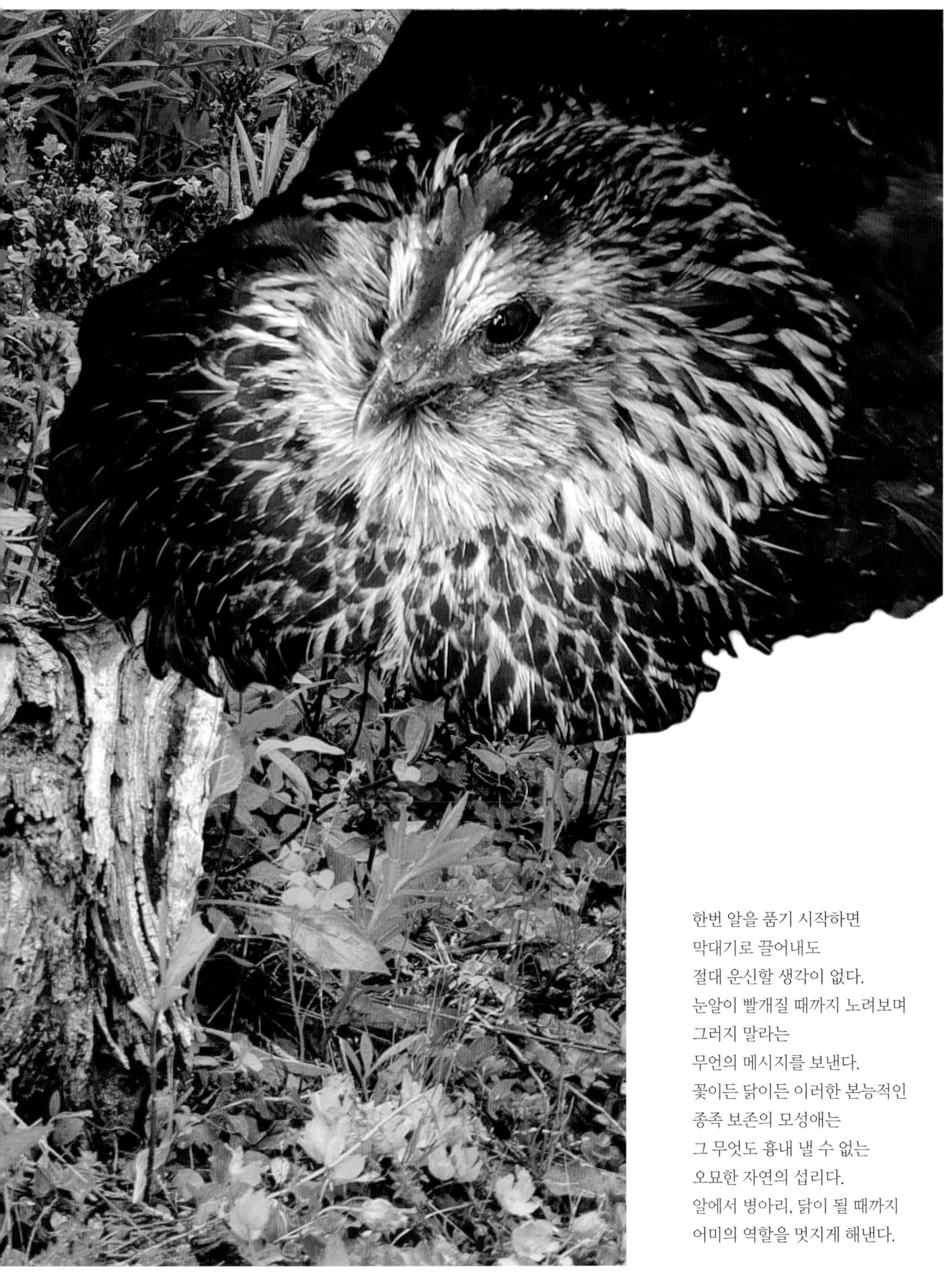

한번 알을 품기 시작하면
막대기로 끌어내도
절대 운신할 생각이 없다.
눈알이 빨개질 때까지 노려보며
그러지 말라는
무언의 메시지를 보낸다.
꿩이든 닭이든 이러한 본능적인
종족 보존의 모성애는
그 무엇도 흉내 낼 수 없는
오묘한 자연의 섭리다.
알에서 병아리, 닭이 될 때까지
어미의 역할을 멋지게 해낸다.

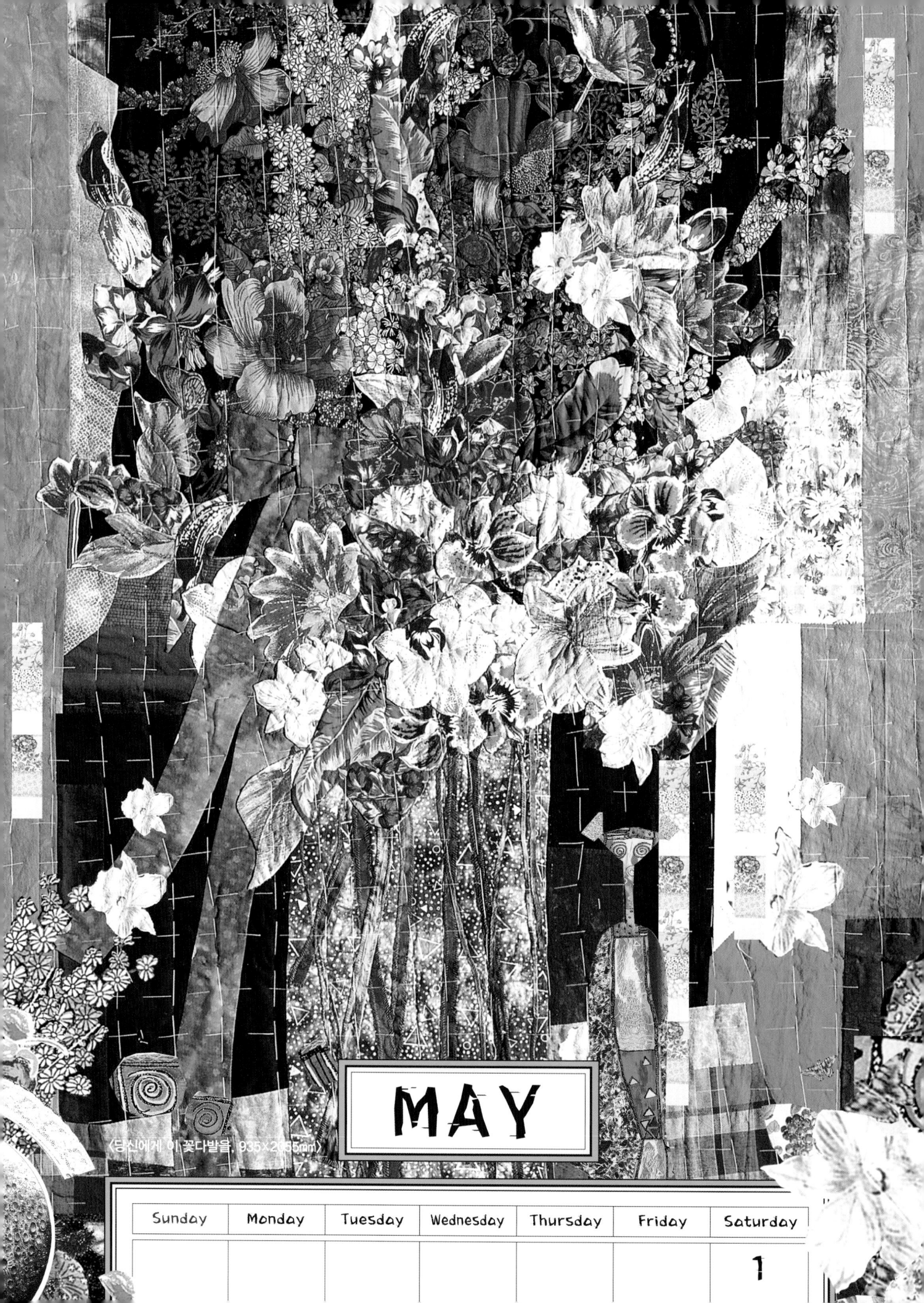

〈당신에게 이 꽃다발을〉 935×2,065mm

# MAY

| Sunday | Monday | Tuesday | Wednesday | Thursday | Friday | Saturday |
|--------|--------|---------|-----------|----------|--------|----------|
|        |        |         |           |          |        | 1        |

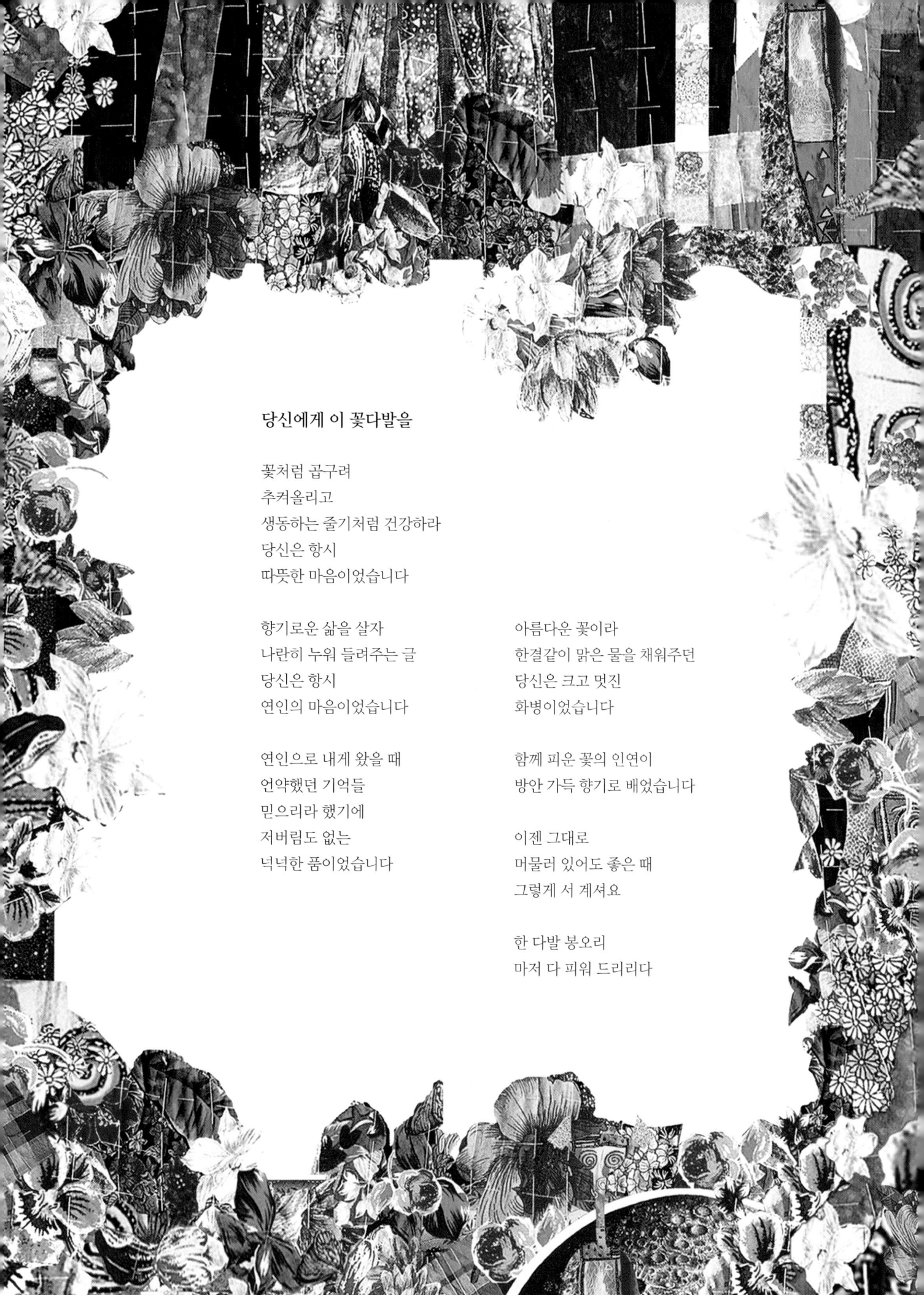

### 당신에게 이 꽃다발을

꽃처럼 곱구려
추켜올리고
생동하는 줄기처럼 건강하라
당신은 항시
따뜻한 마음이었습니다

향기로운 삶을 살자
나란히 누워 들려주는 글
당신은 항시
연인의 마음이었습니다

연인으로 내게 왔을 때
언약했던 기억들
믿으리라 했기에
저버림도 없는
넉넉한 품이었습니다

아름다운 꽃이라
한결같이 맑은 물을 채워주던
당신은 크고 멋진
화병이었습니다

함께 피운 꽃의 인연이
방안 가득 향기로 배었습니다

이젠 그대로
머물러 있어도 좋은 때
그렇게 서 계셔요

한 다발 봉오리
마저 다 피워 드리리다

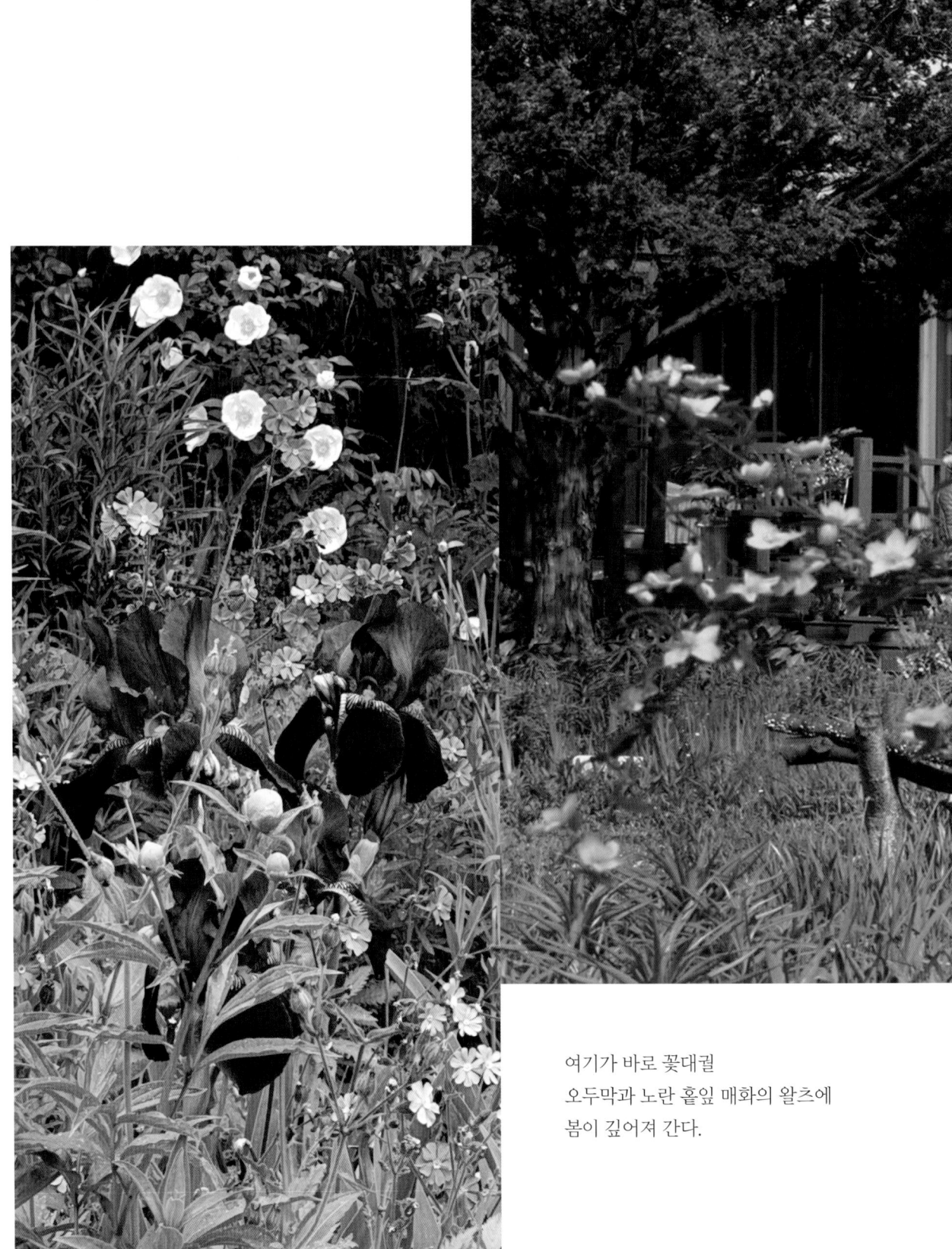

흰찔레, 분홍장구채, 저먼아이리스, 노란 홑잎매화

여기가 바로 꽃대궐
오두막과 노란 홑잎 매화의 왈츠에
봄이 깊어져 간다.

흰찔레, 분홍장구채, 저먼아이리스, 노란 홑잎매화

78

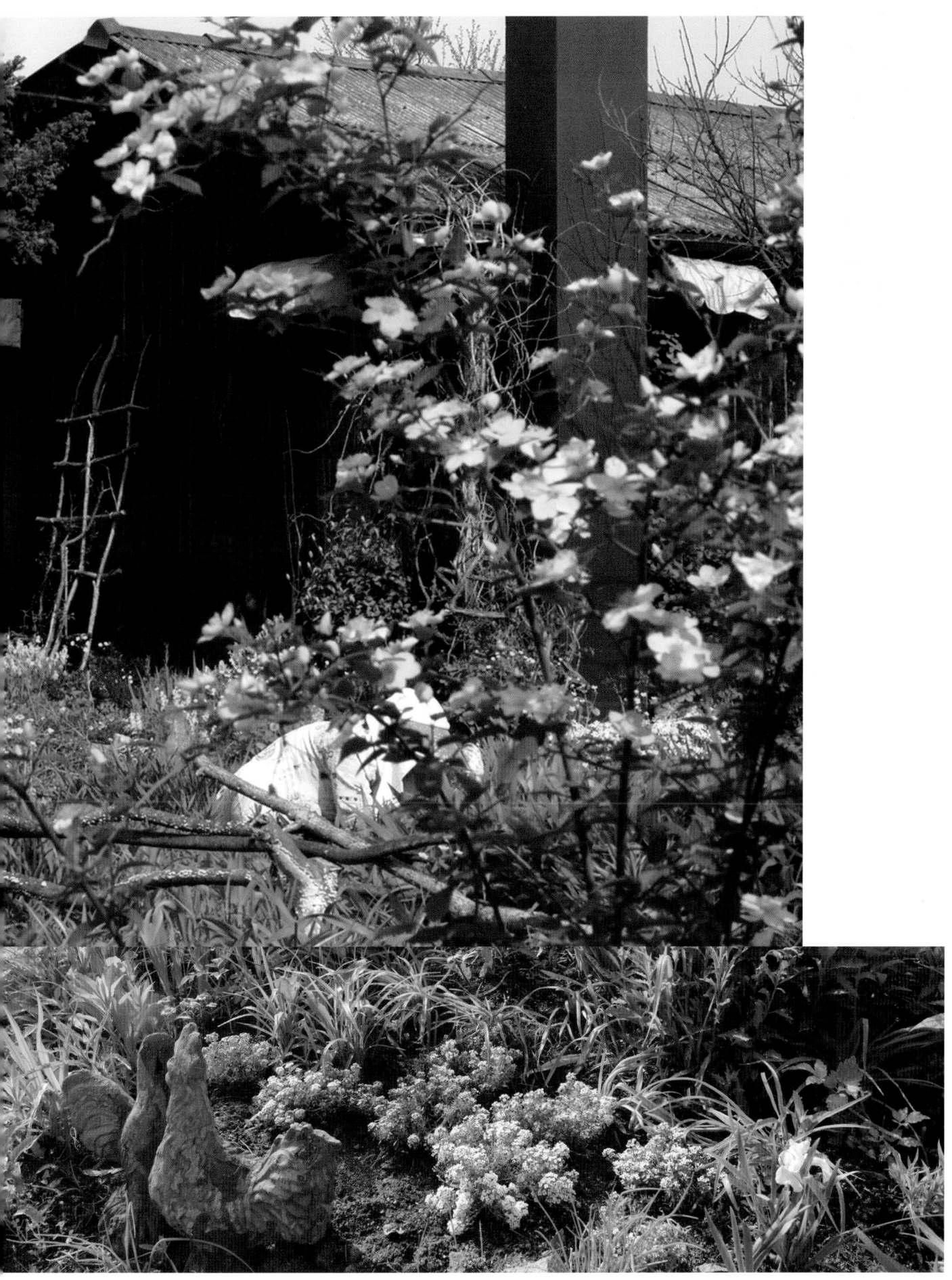

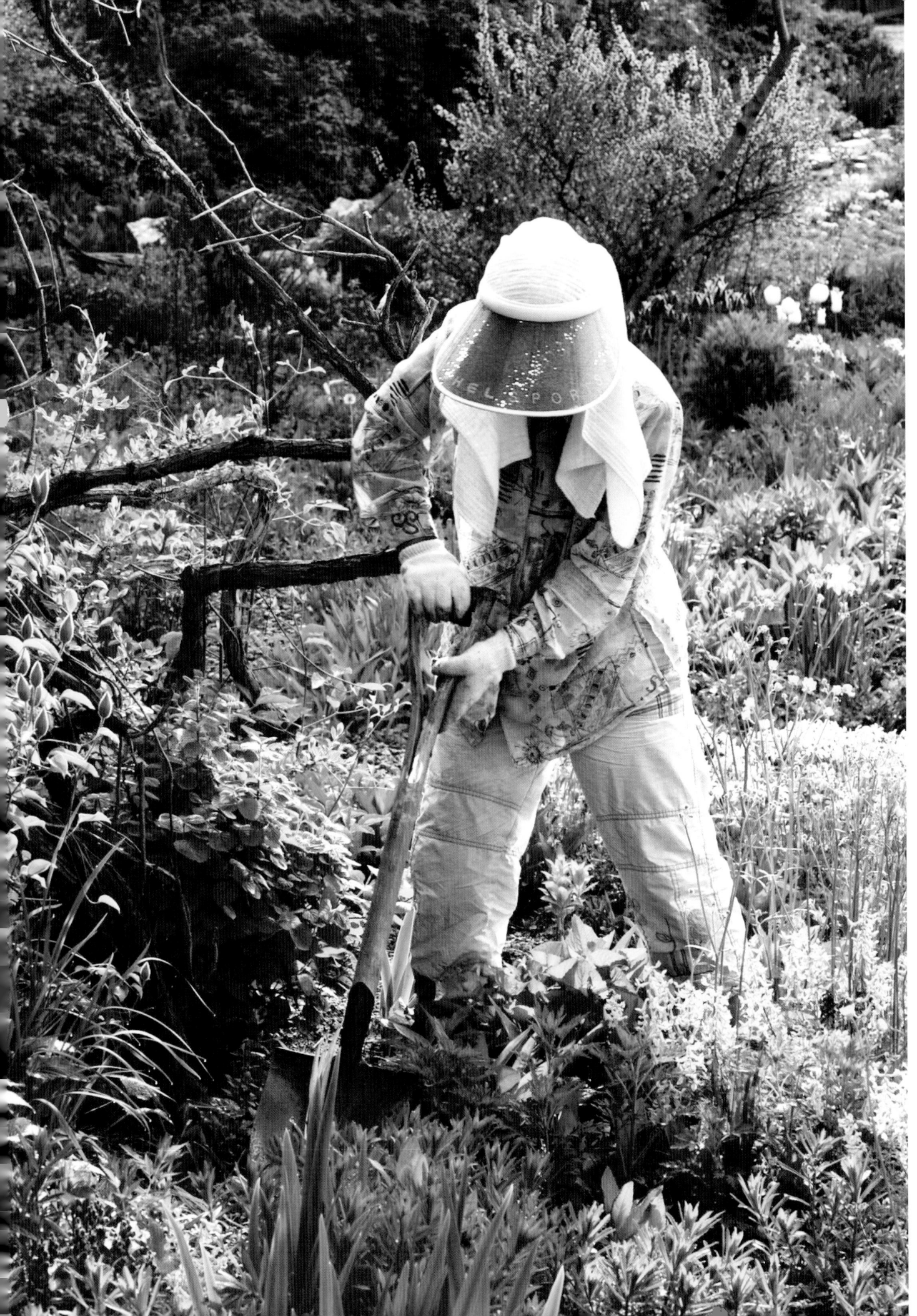

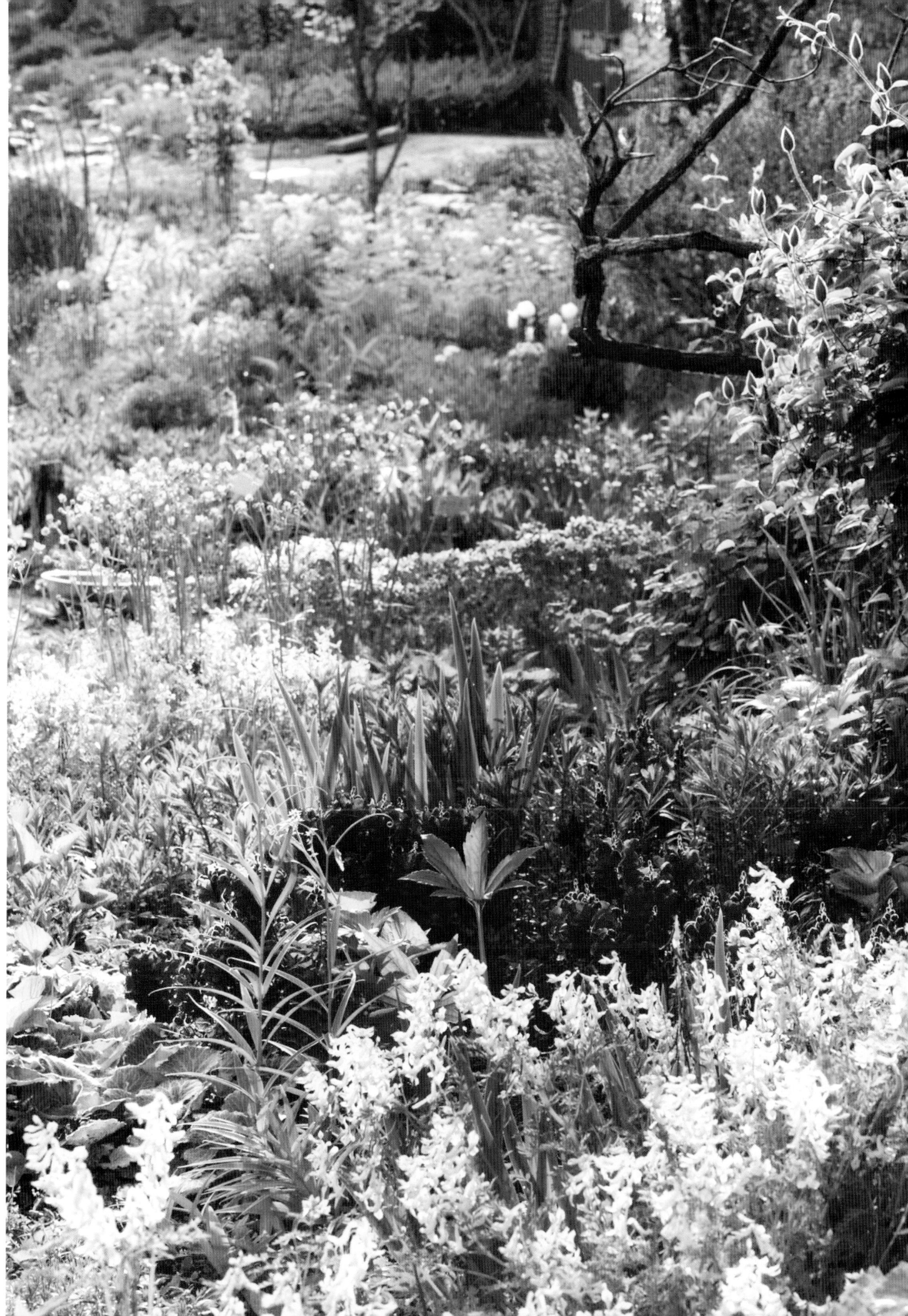

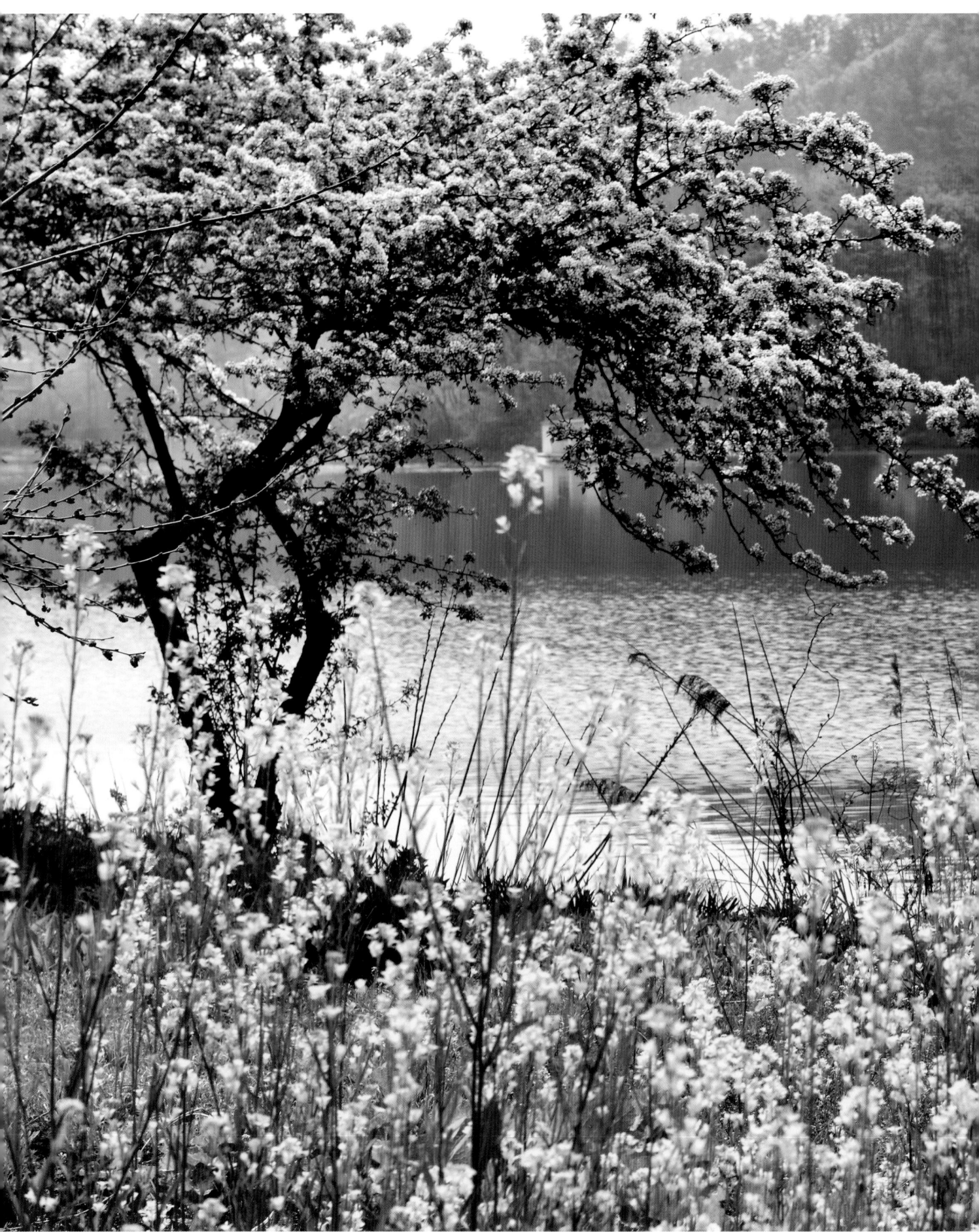

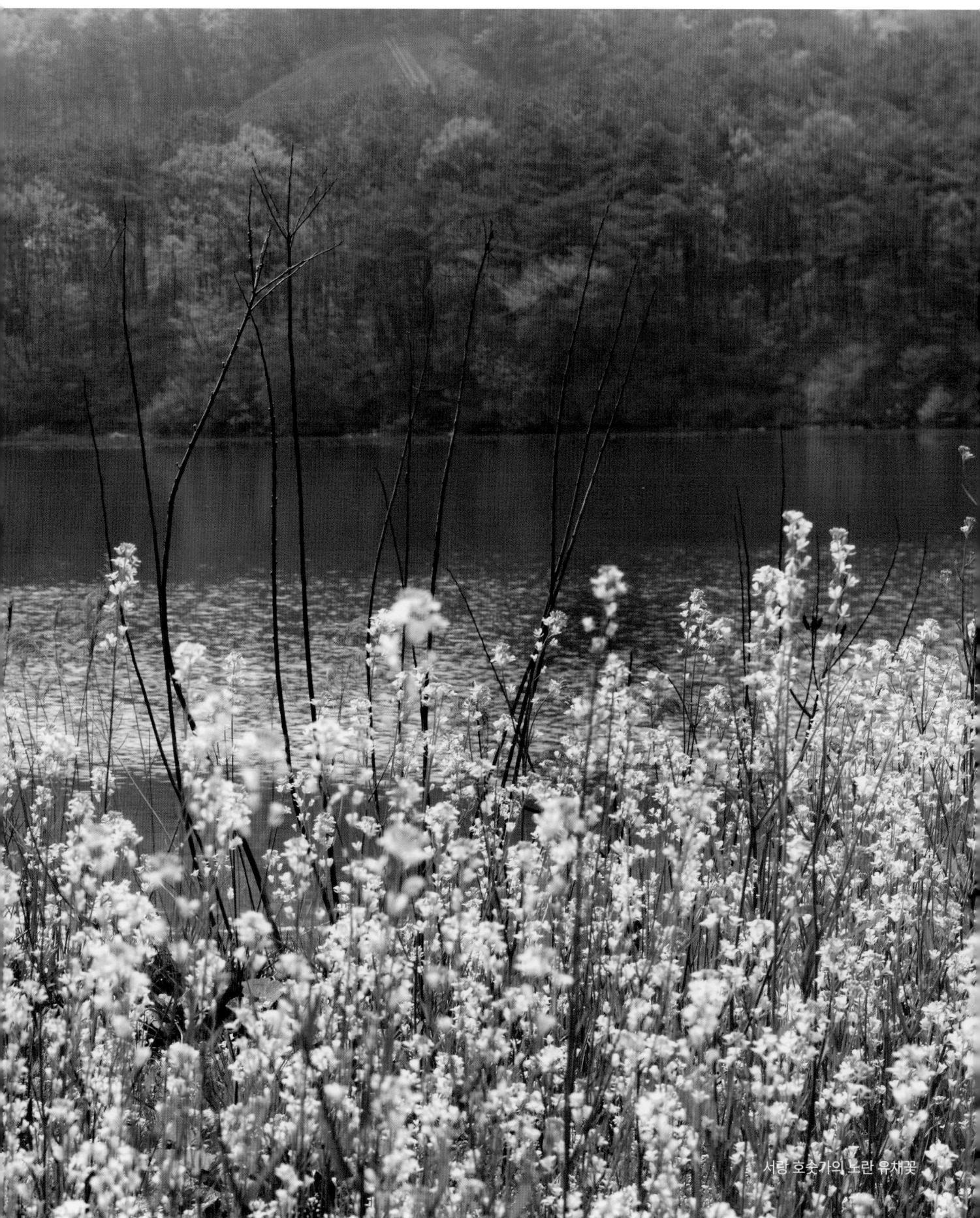

서랑 호숫가의 노란 유채꽃

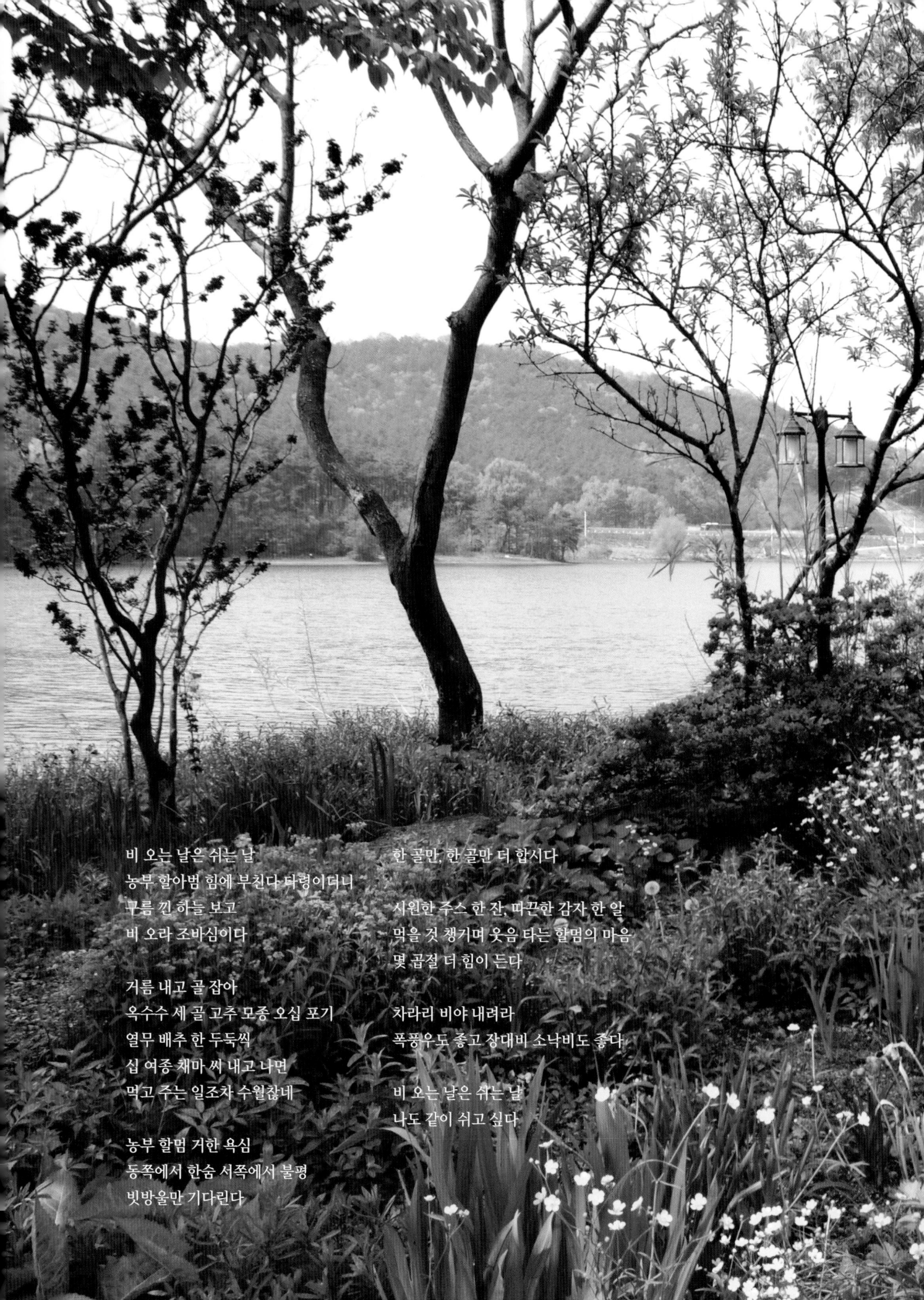

비 오는 날은 쉬는 날
농부 할아범 힘에 부친다 타령이더니
구름 낀 하늘 보고
비 오라 조바심이다

거름 내고 골 잡아
옥수수 세 골 고추 모종 오십 포기
열무 배추 한 두둑씩
십 여종 채마 써 내고 나면
먹고 주는 일조차 수월찮네

농부 할멈 거한 욕심
동쪽에서 한숨 서쪽에서 불평
빗방울만 기다린다

한 골만, 한 골만 더 합시다

시원한 주스 한 잔, 따끈한 감자 한 알
먹을 것 챙기며 웃음 타는 할멈의 마음
몇 곱절 더 힘이 든다

차라리 비야 내려라
폭풍우도 좋고 장대비 소낙비도 좋다

비 오는 날은 쉬는 날
나도 같이 쉬고 싶다

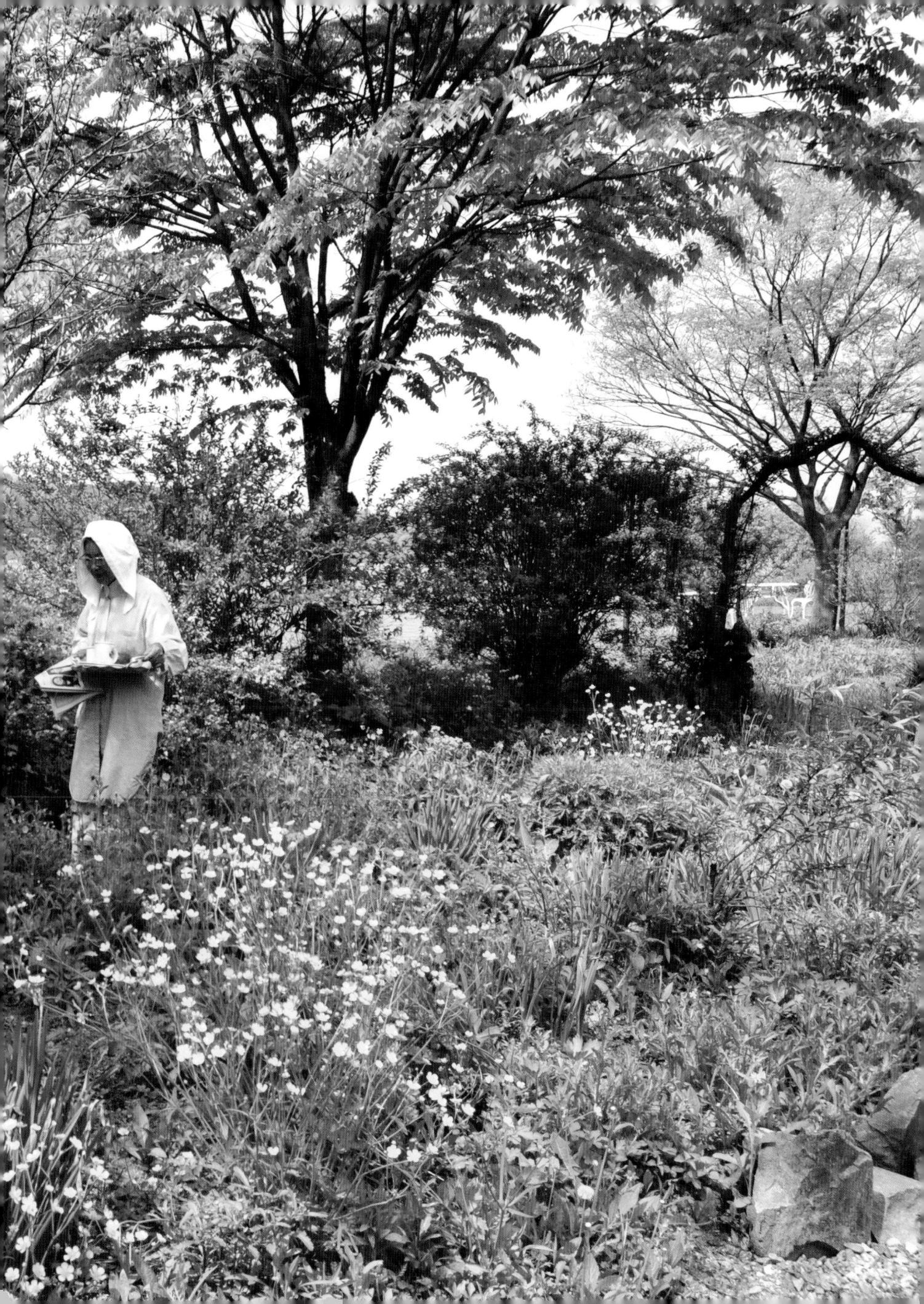

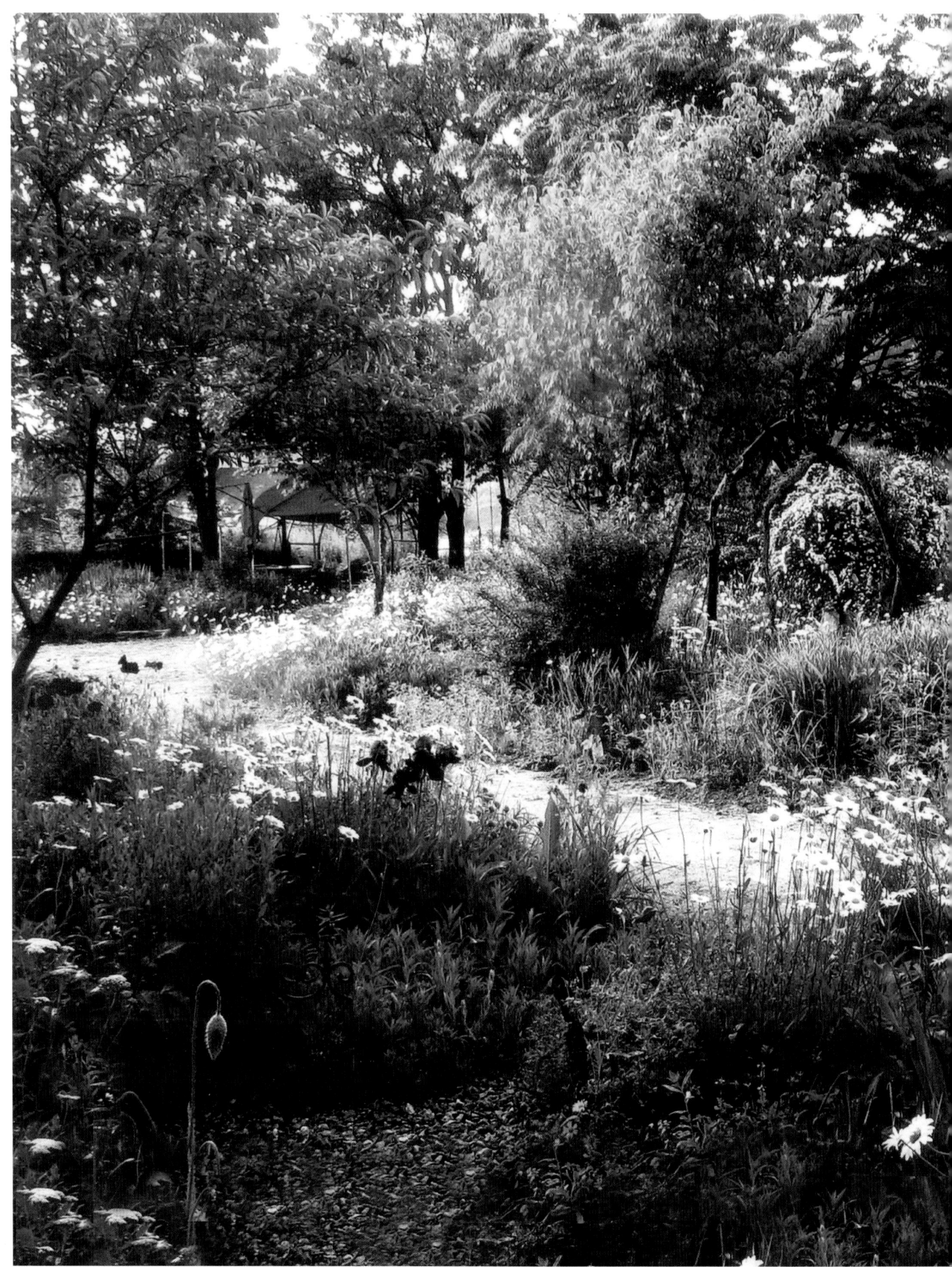

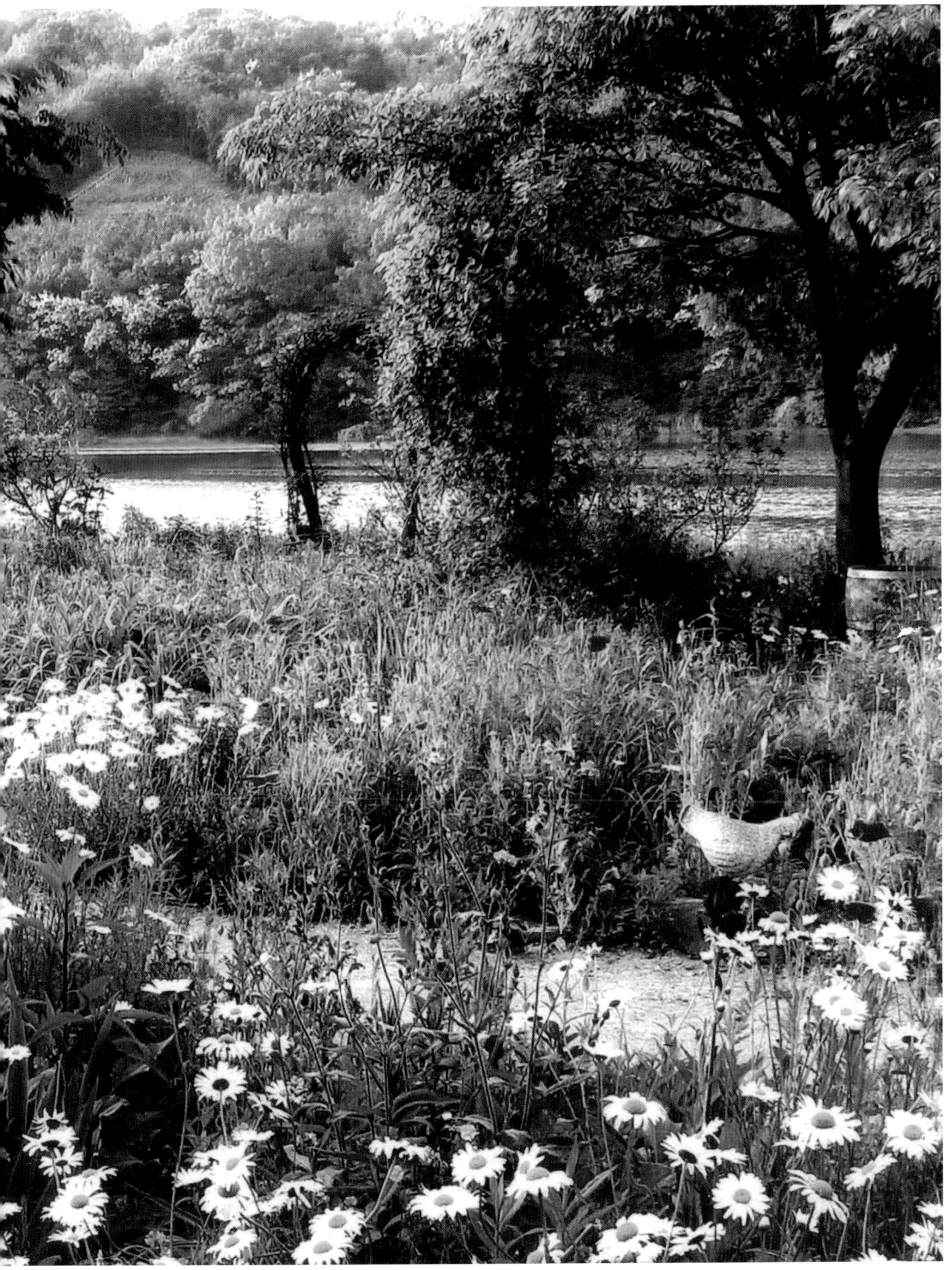

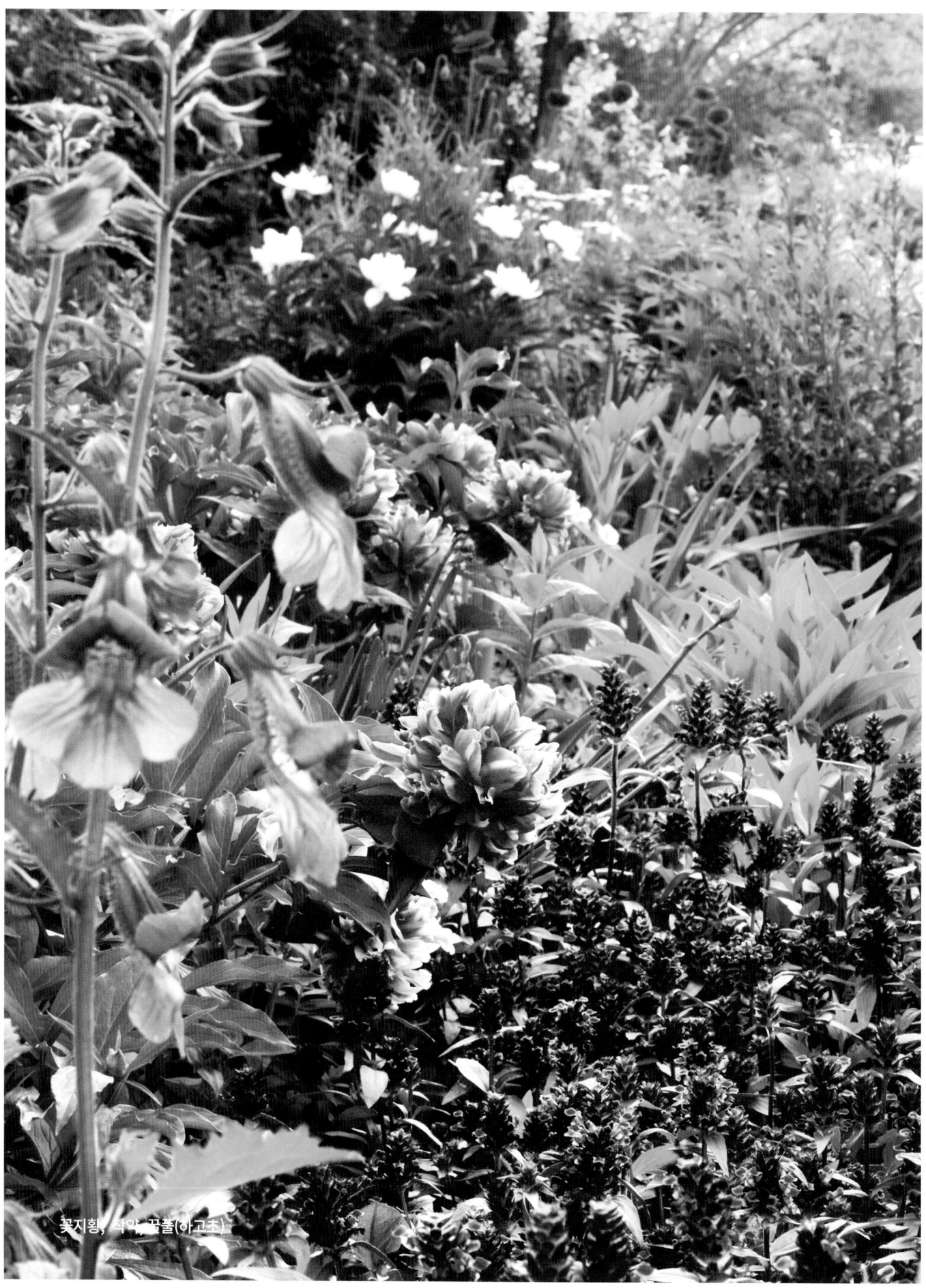

꽃지황, 작약, 꿀풀(하고초)

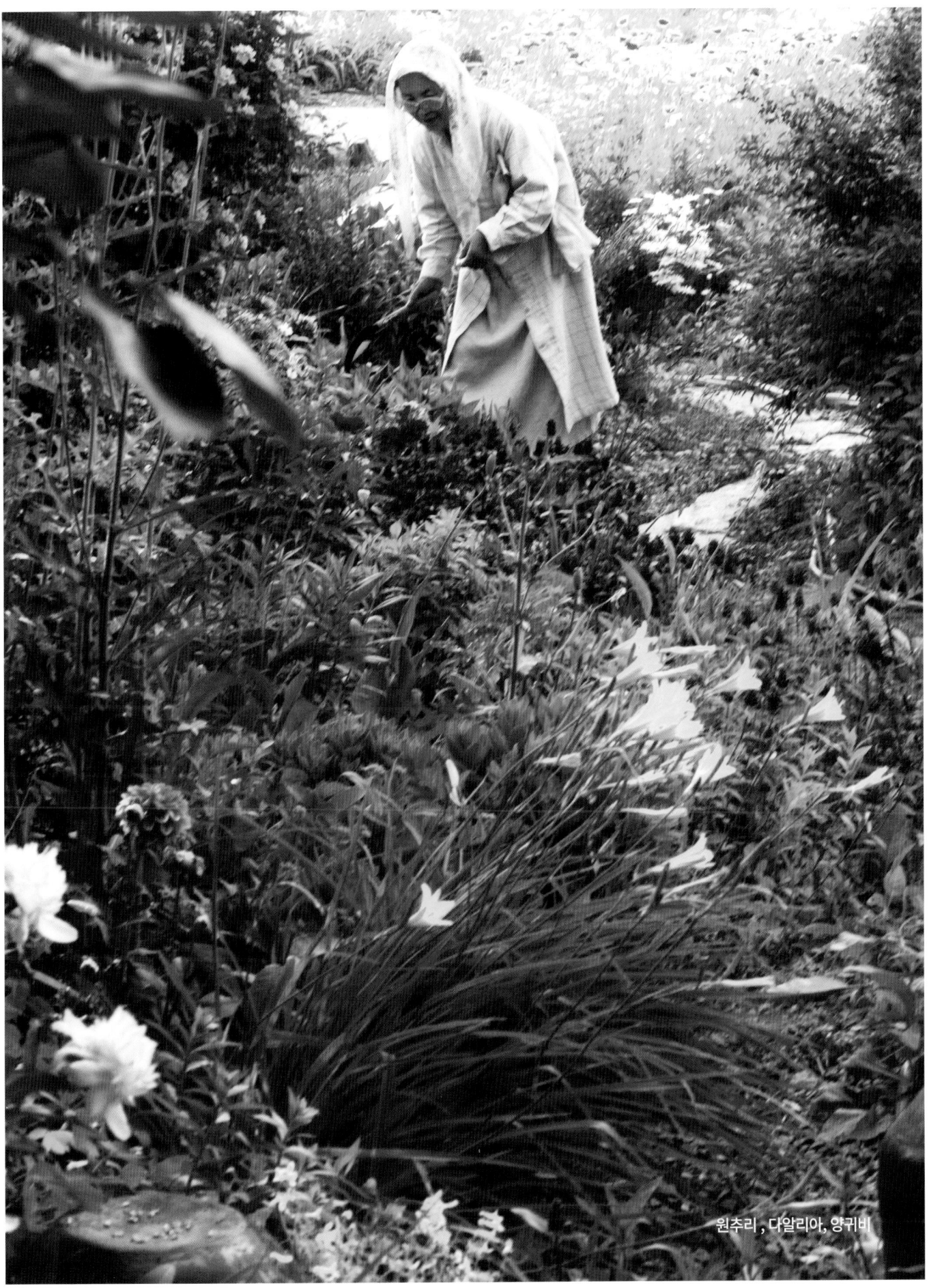

원추리 , 다알리아, 양귀비

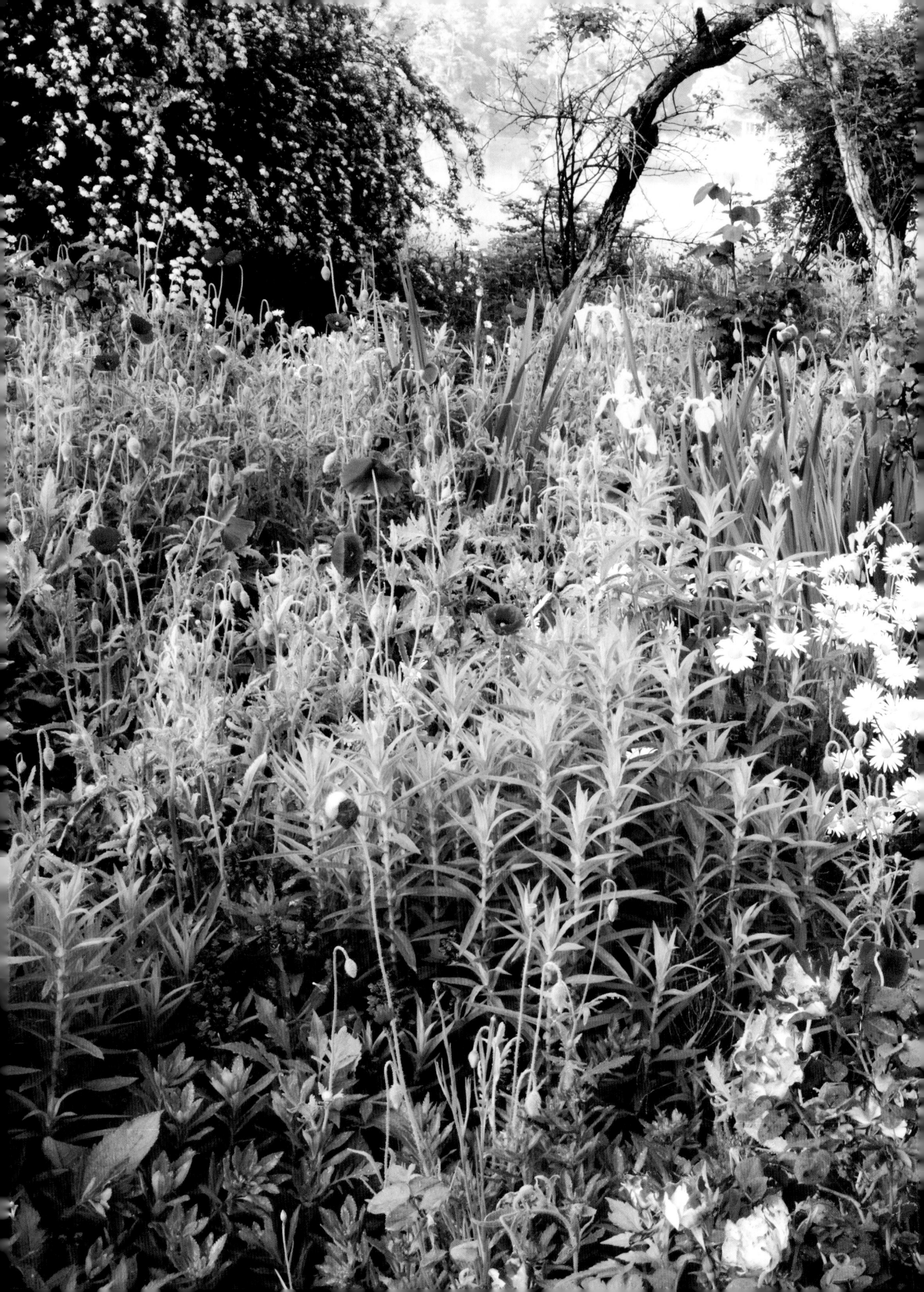

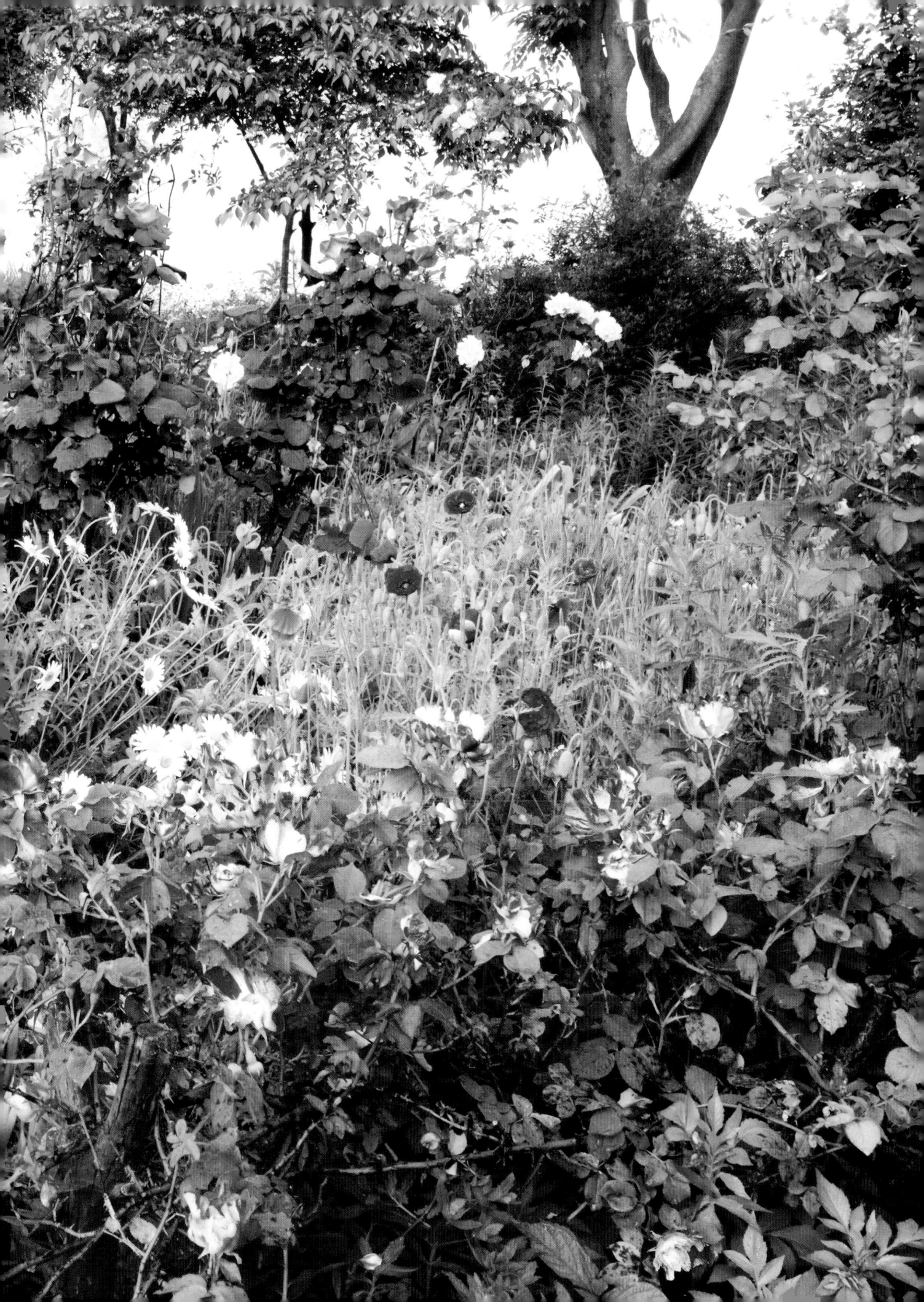

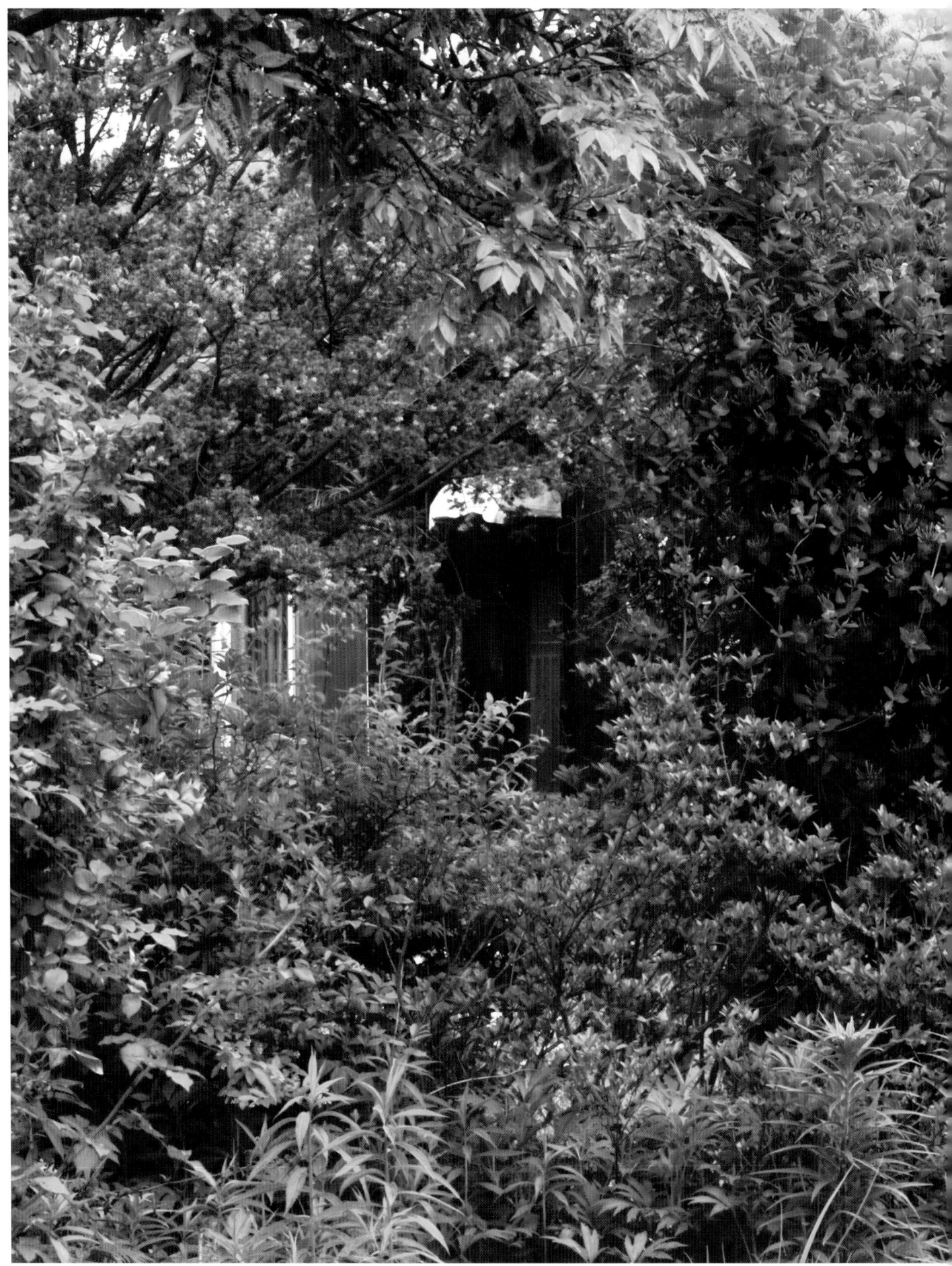

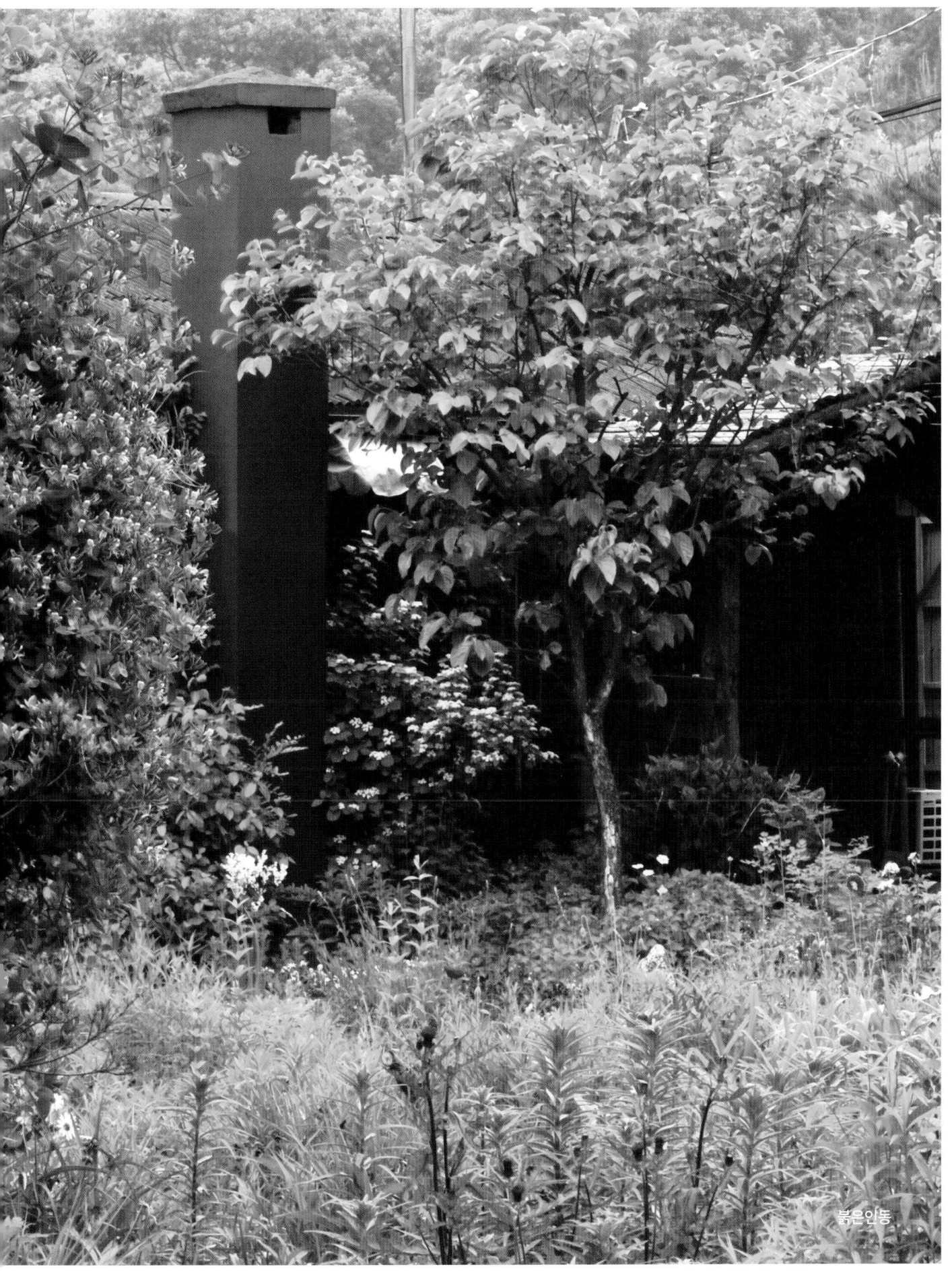

붉은완두

1977년은 페튜니아, 베고니아, 팬지의 세상이었다.
서울 연희동 집에서 정원을 가꾸기 시작하던 1977년
당시에는 우리 꽃 문화가 거의 전무하던 시기여서
처음 일이년은 눈에 잘 띄는 외래종을 마당 가득 심어놓고
얼마나 기뻤던지!
그러나, 전국 어디를 가도 그 꽃들뿐이고
봄부터 가을까지 한결같이 보고 있으려니
신비감이 없기도 하지만
더욱이 월동마저 되지 않아
매년 새로 심어야 했기에
어릴 적 뒤뜰에서
제힘으로 피고 지던
나물 꽃들을 찾아 나섰다.

그렇게 칠팔 년쯤 지났을 때
내가 가꾼 정원이
한국 최초의 들꽃정원으로 알려지면서
내 꿈은 부풀어 올랐다.
들꽃에 대한 미련을 이겨낼 수도 없어
애초의 노후 생활 계획보다 일찍
이곳 서랑호반으로 내려왔다.

몇 년에 걸쳐 서울 집 꽃들을 옮겨 심는 한편,
들로 산으로 꽃을 찾아다니며 들녘 같은 꽃밭을 만들었다.
나의 정원은 규격에 맞추어 깔끔하게 정리된 공간이 아니라
흐드러지게 어우러져 사는 초원풍의 모습이다.

나는 이따금 생각해 본다.
나는 왜 흙을 뒤지는 야성적인 험한 삶에서
벗어나지 못하고 있는지...

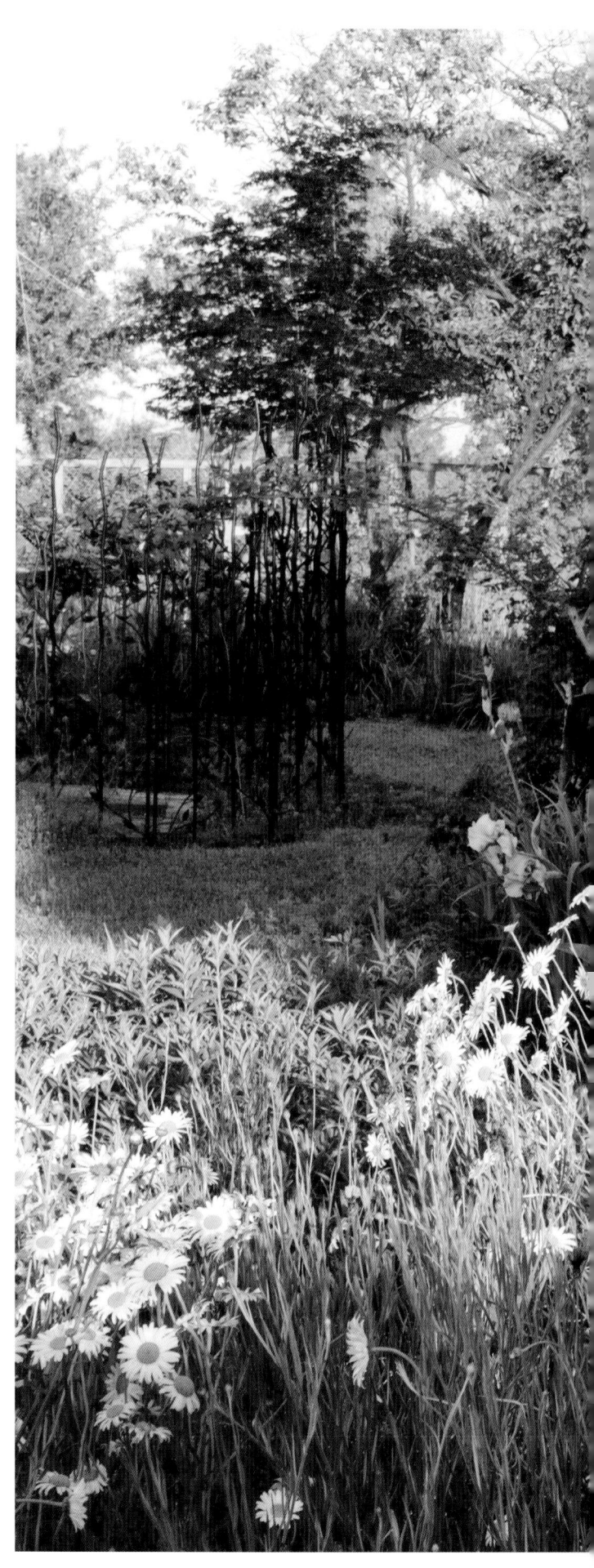

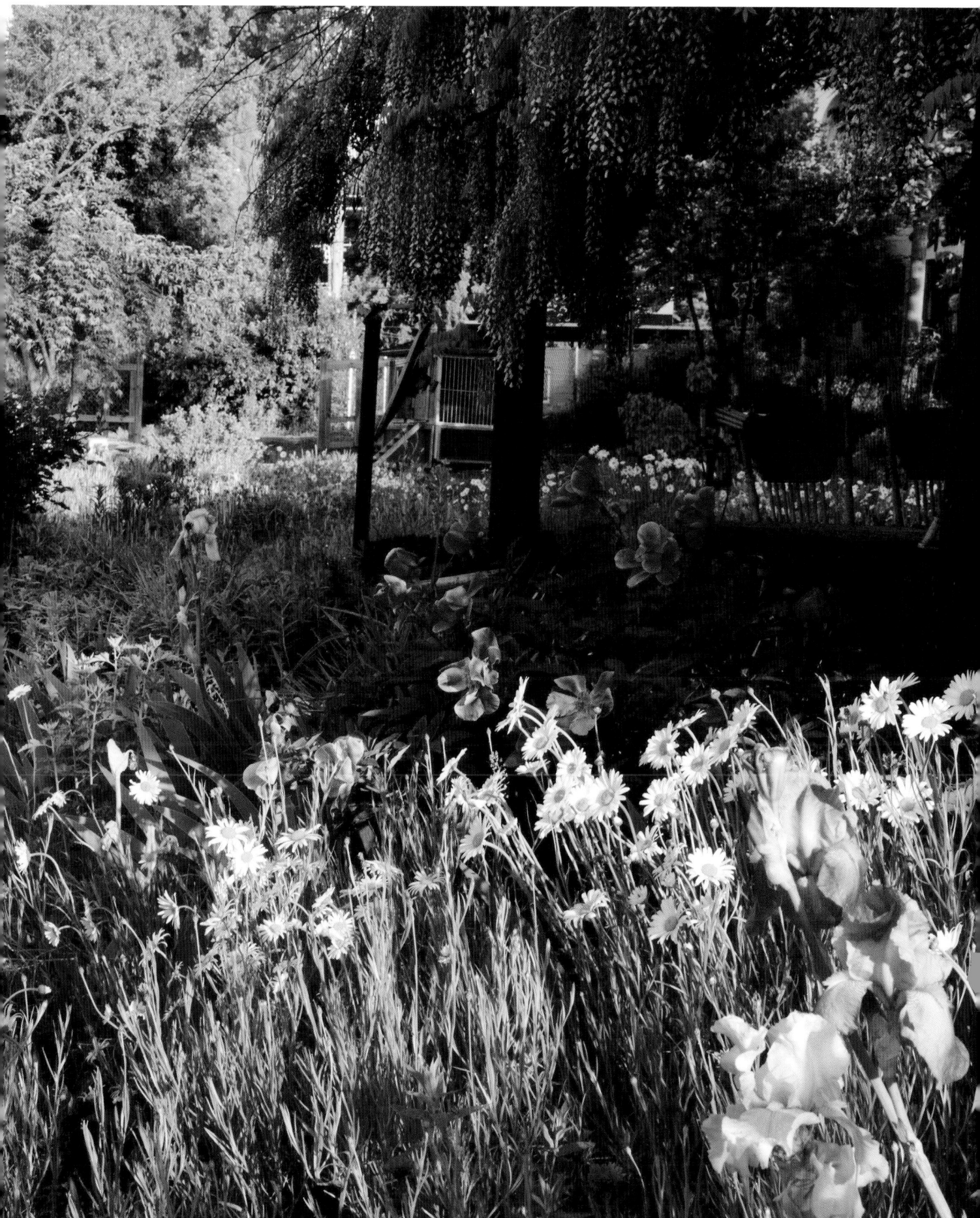

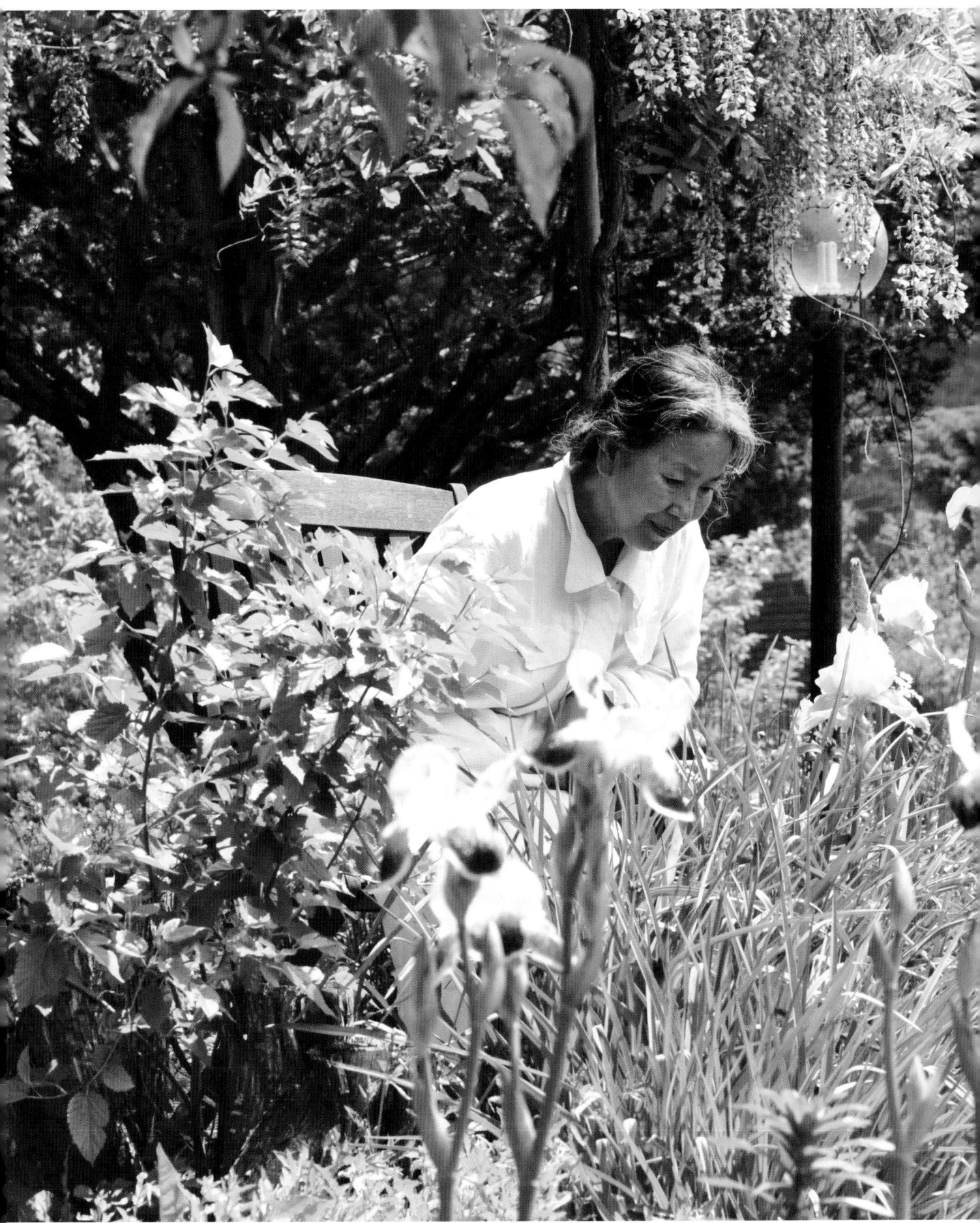

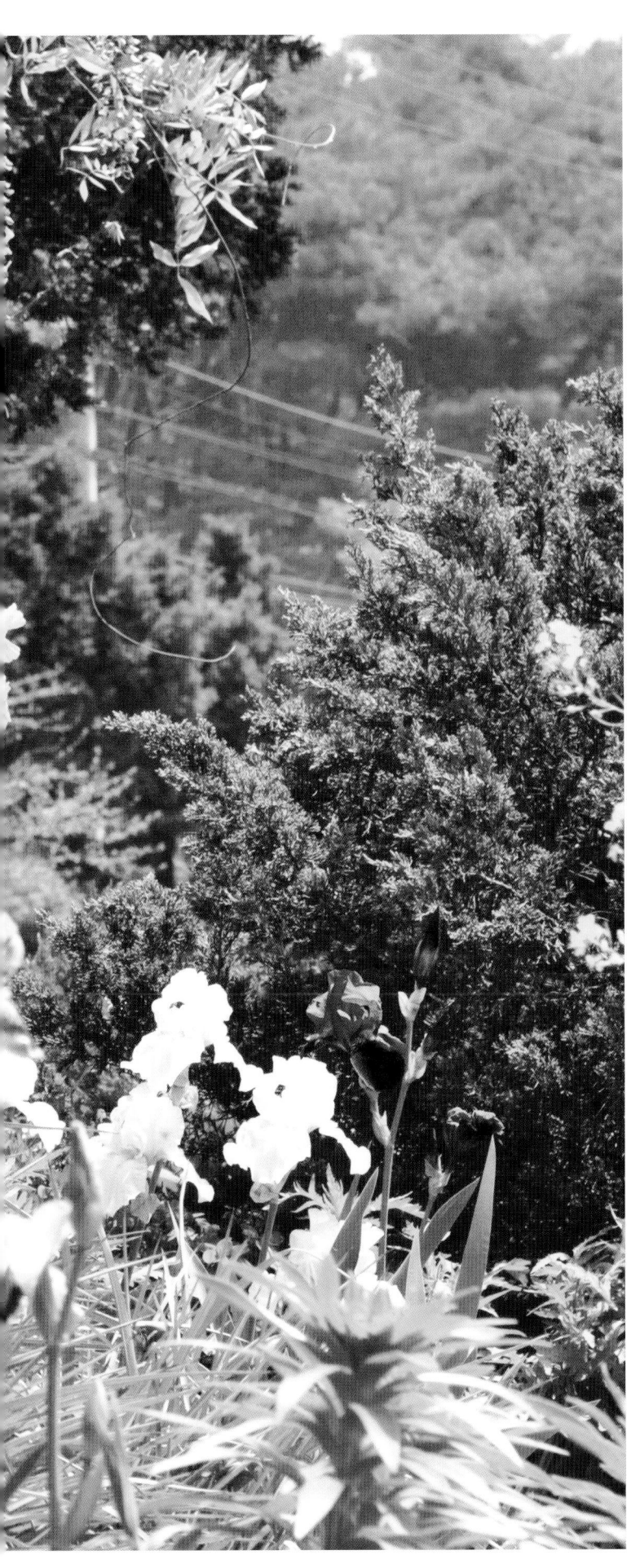

보는 즉시 그 하나를 뽑으려고 엎드려 보면
옆에 총총히 붙어 있는 훼방꾼들

일을 시작하면 어떤 것도 멈추지 않고
먹지 않고, 쉬지도 않고, 잠도 자지 않으며
희열을 느끼는 그 습관이 이상하지만
이곳에서 살아가는 나만의 건강법이다.

늘 작은 것부터 편하게 시작한다.
꽃 한 포기, 두 포기 늘려가니 가드너라 하고
바느질 한 땀 한 땀 뜨다 보니 예술가라 하더라

물려받은 유전자 때문이었음을 감사하면서...

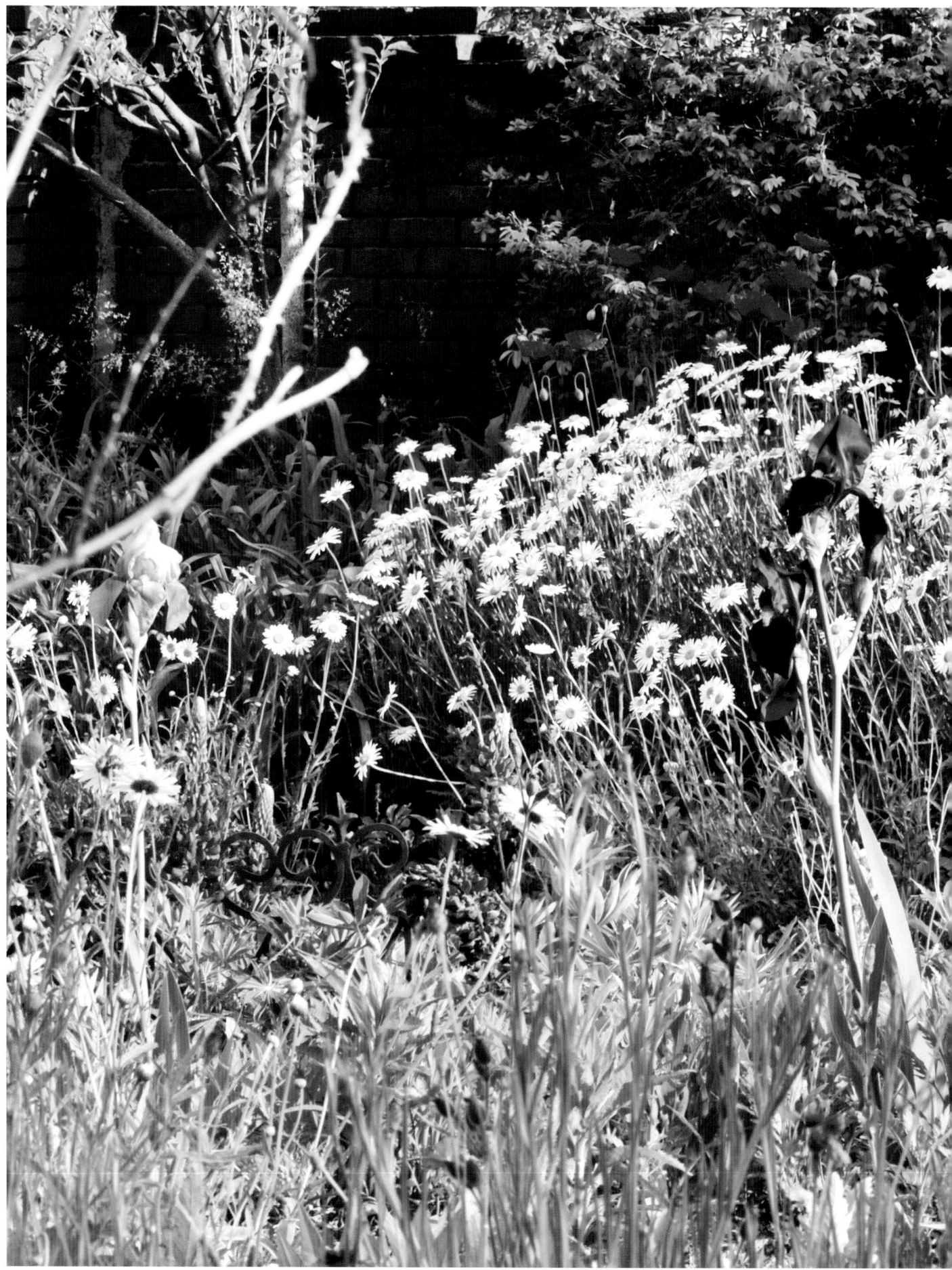

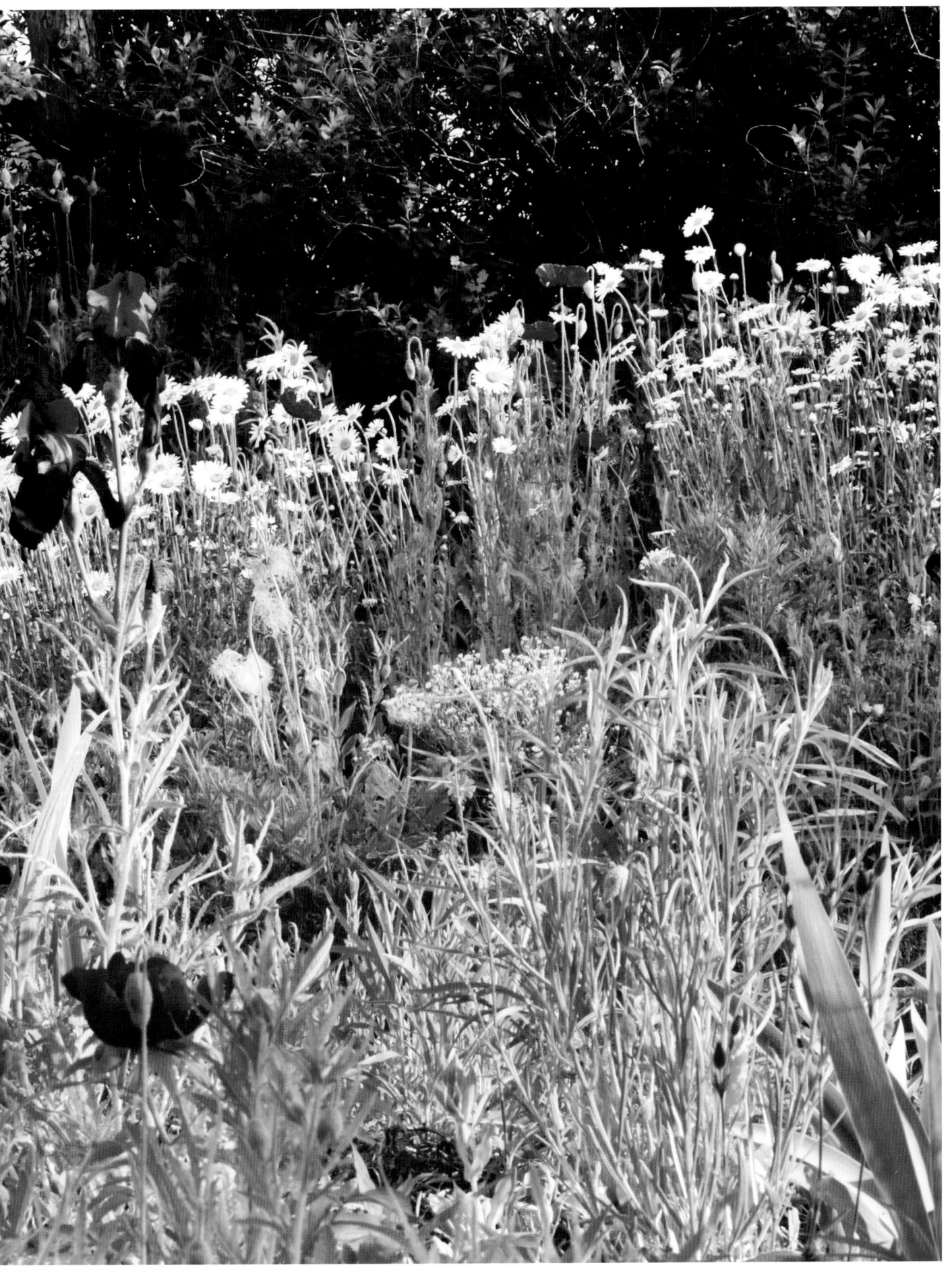

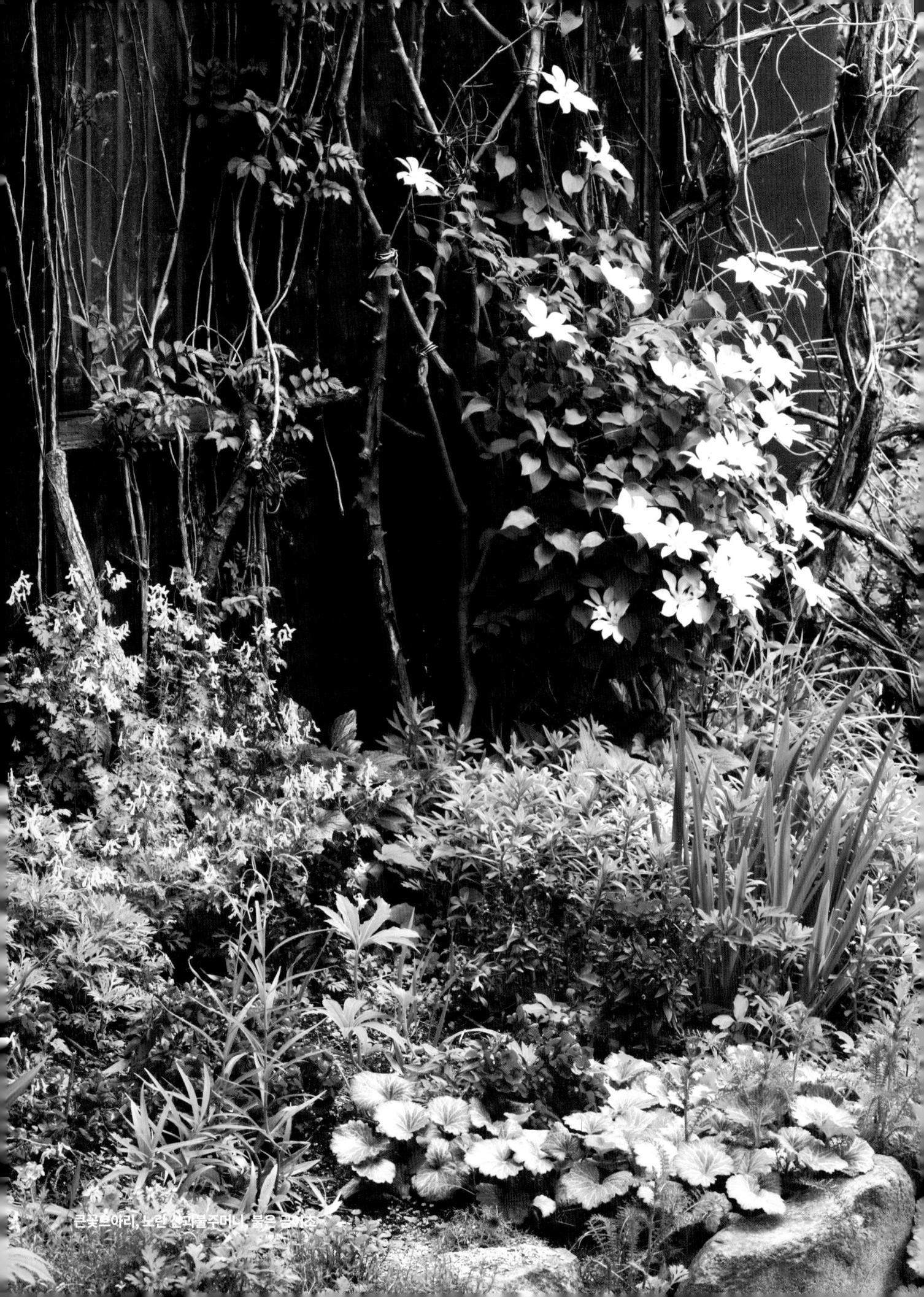

큰꽃으아리, 노란 산괴불주머니, 붉은 금매화

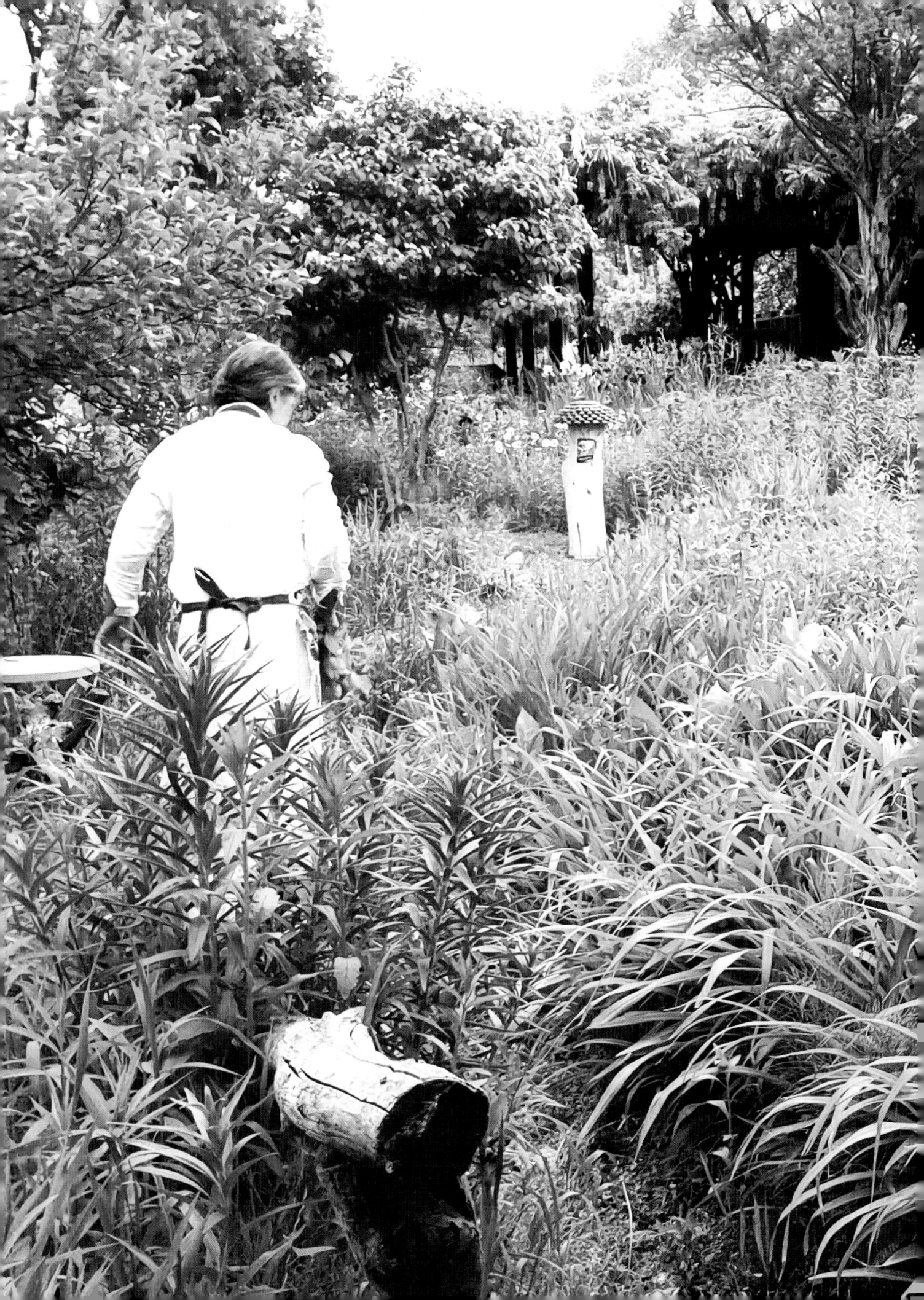

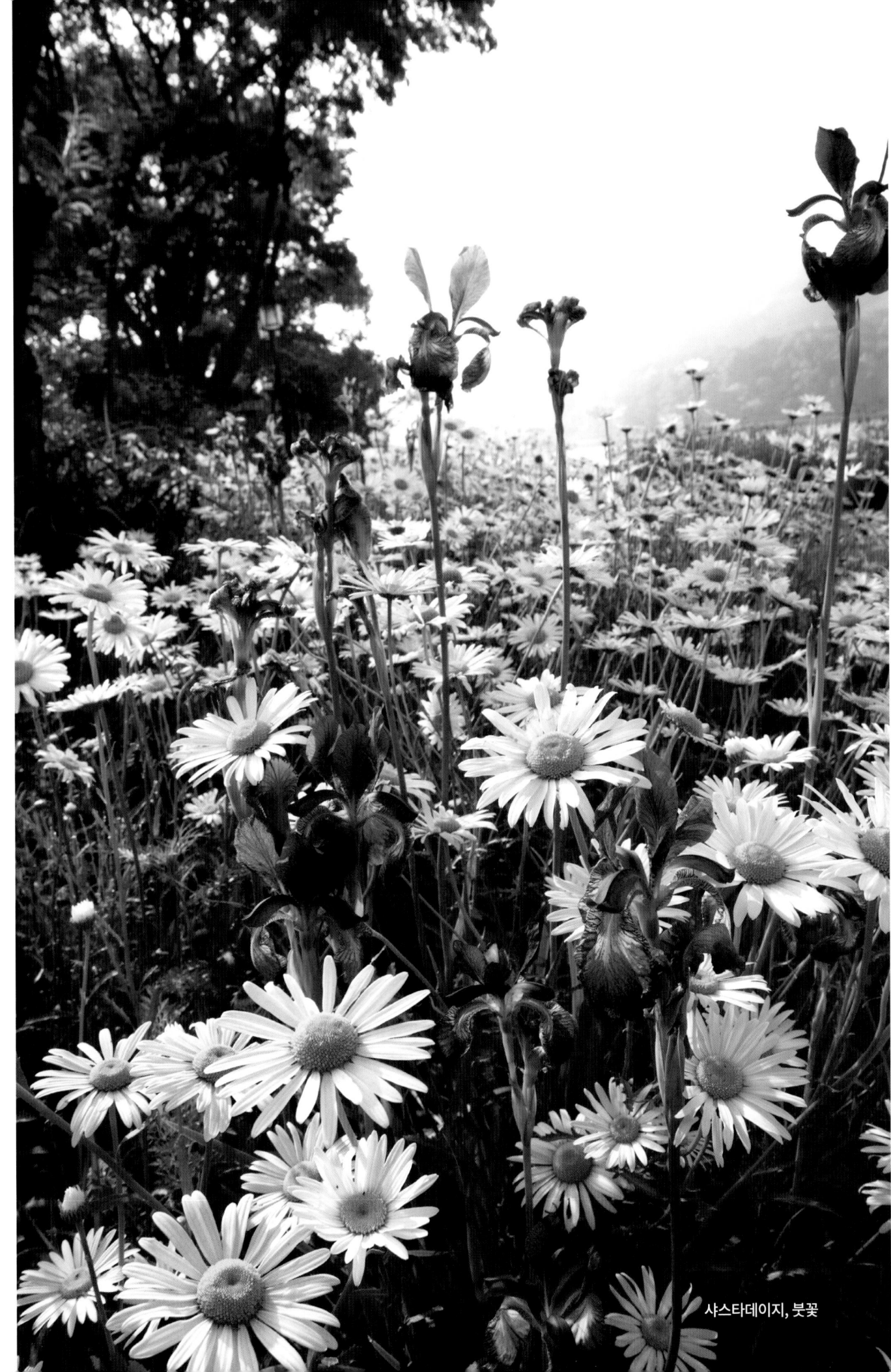

샤스타데이지, 붓꽃

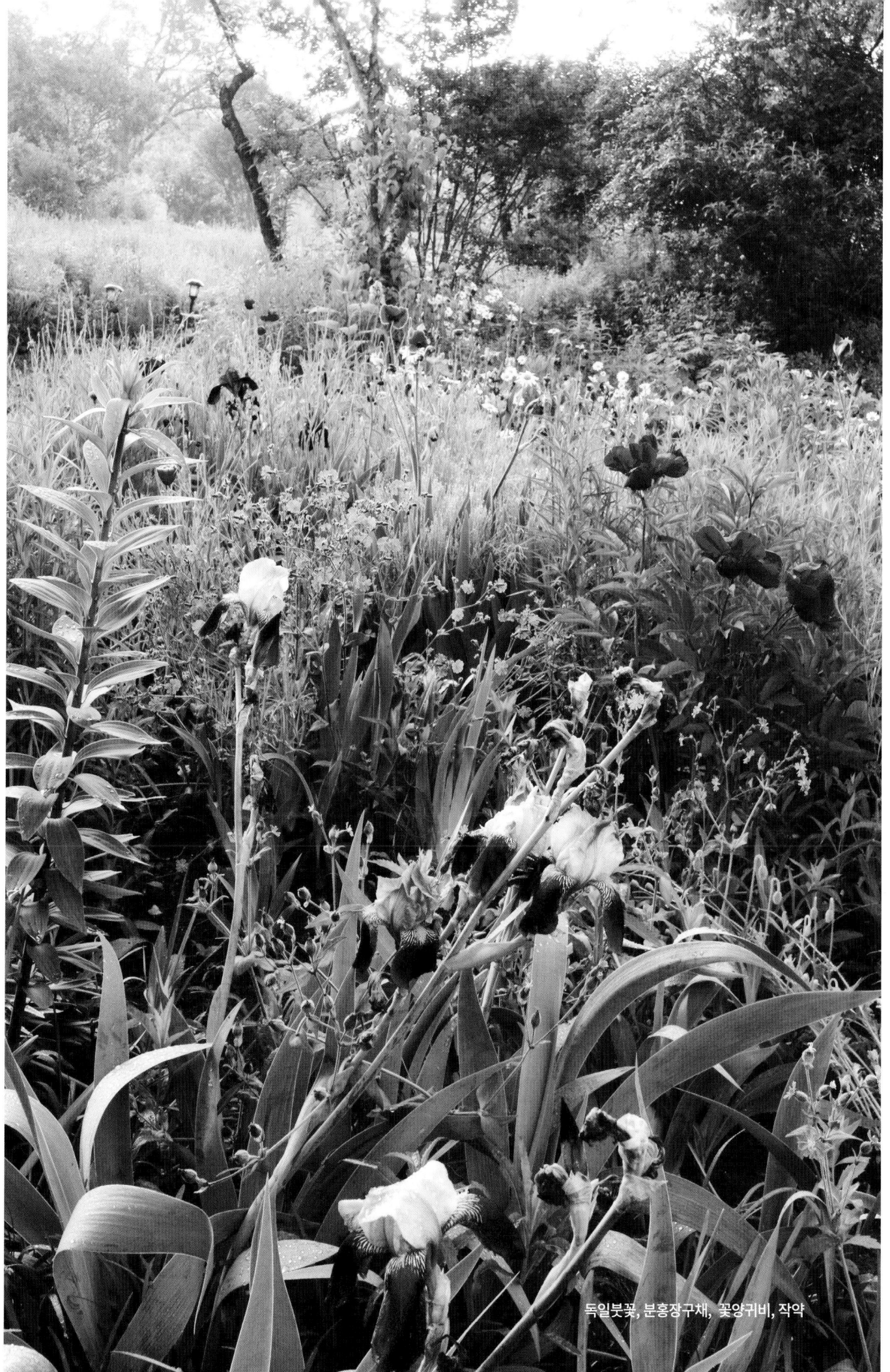

독일붓꽃, 분홍장구채, 꽃양귀비, 작약

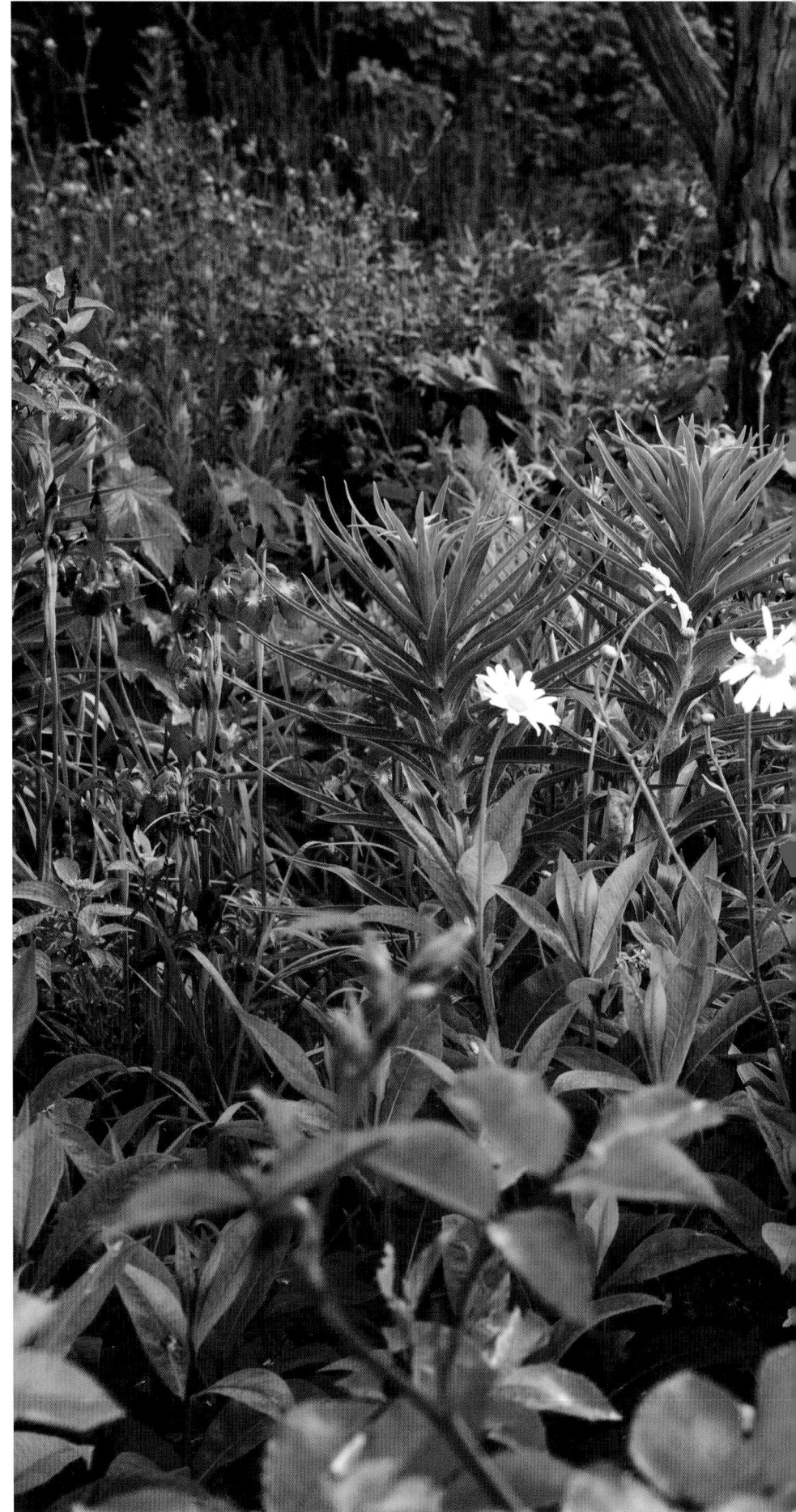

꽃사과 나무 밑을
휴식 공간으로 쓰려고
나무 꼭대기에 올라가
파라솔같이 만들려다 낙상하여
발뒷꿈치가 부서졌다.

한 해가 다 가도록
아이들을 바라보기만 했다.
내 손길이 그리운 걸까?

퇴원하고 나오니
위로라도 하듯
지금껏 보지 못했던
정원이 펼쳐져 있었다.

가장 화사하고
아름다운 정원이었다.

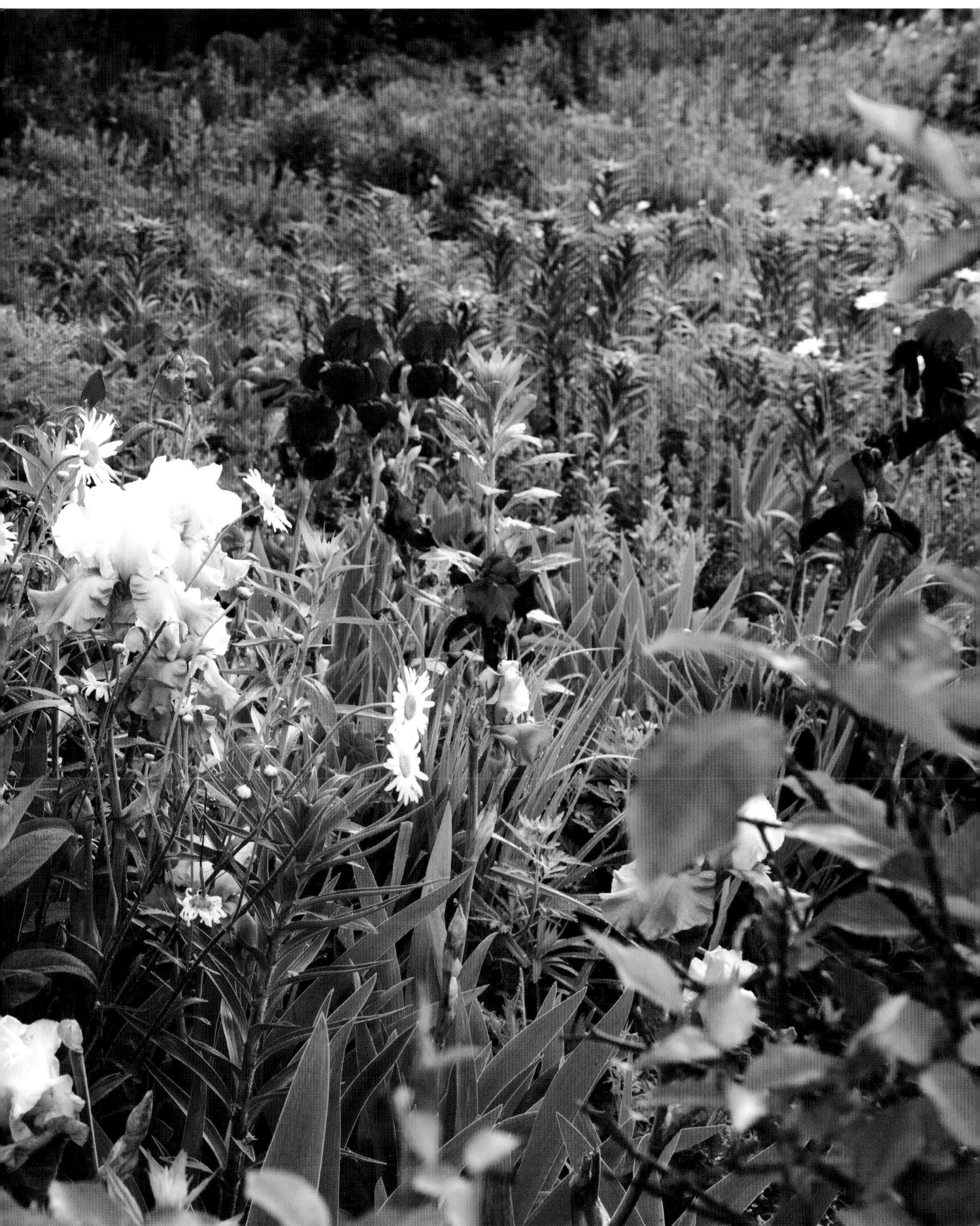

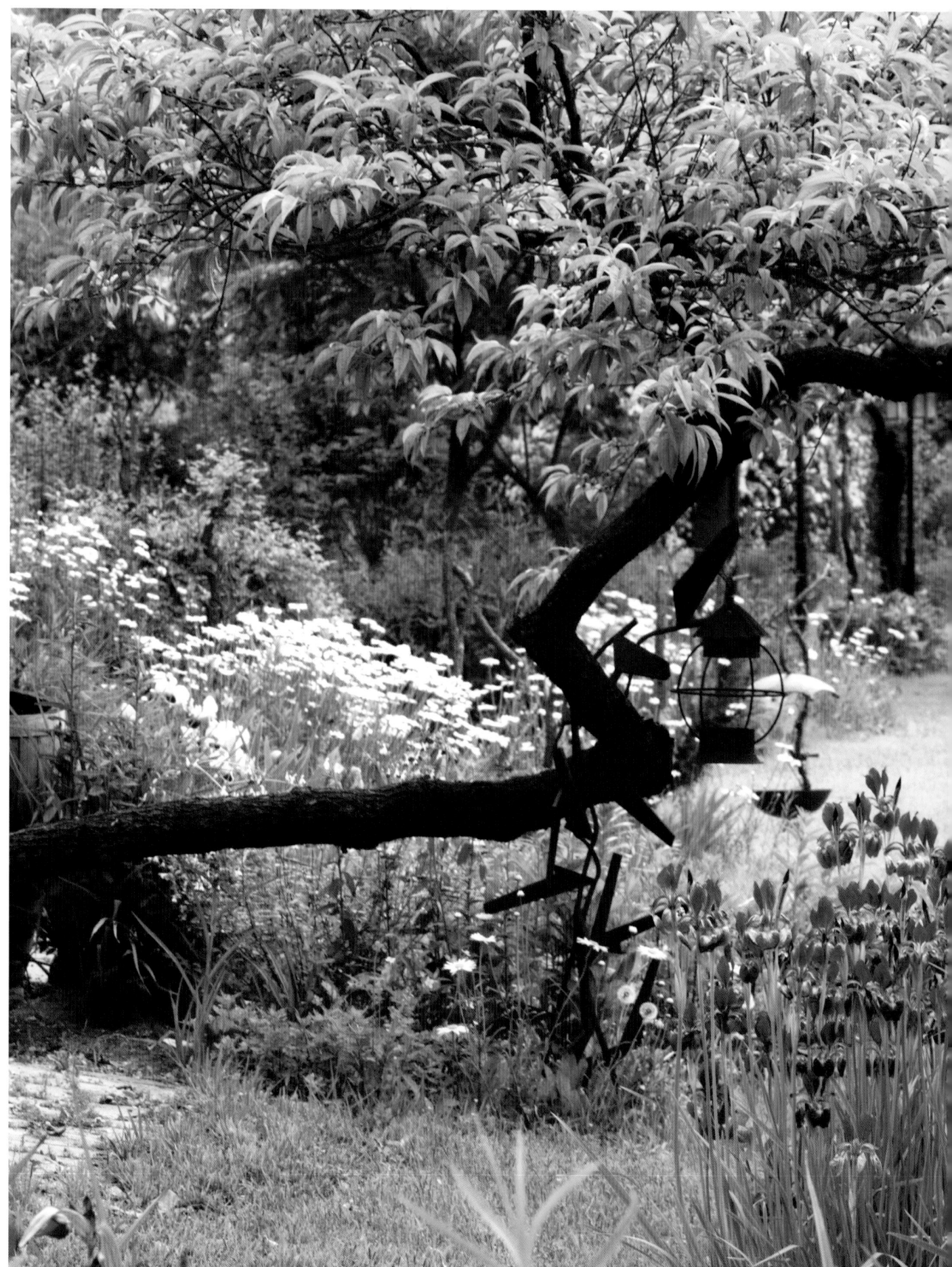

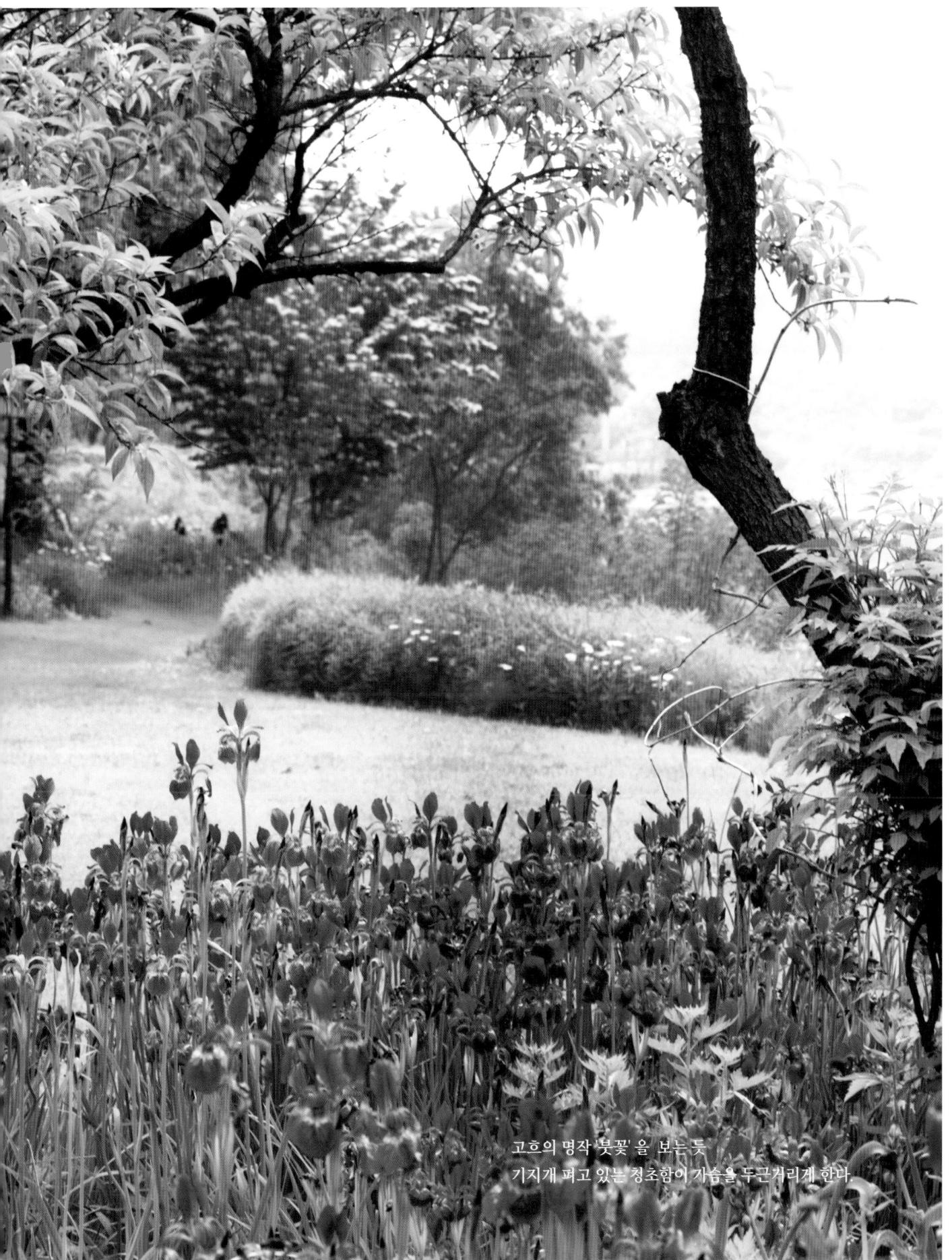

고흐의 명작 '붓꽃'을 보는듯
기지개 펴고 있는 청초함이 가슴을 두근거리게 한다.

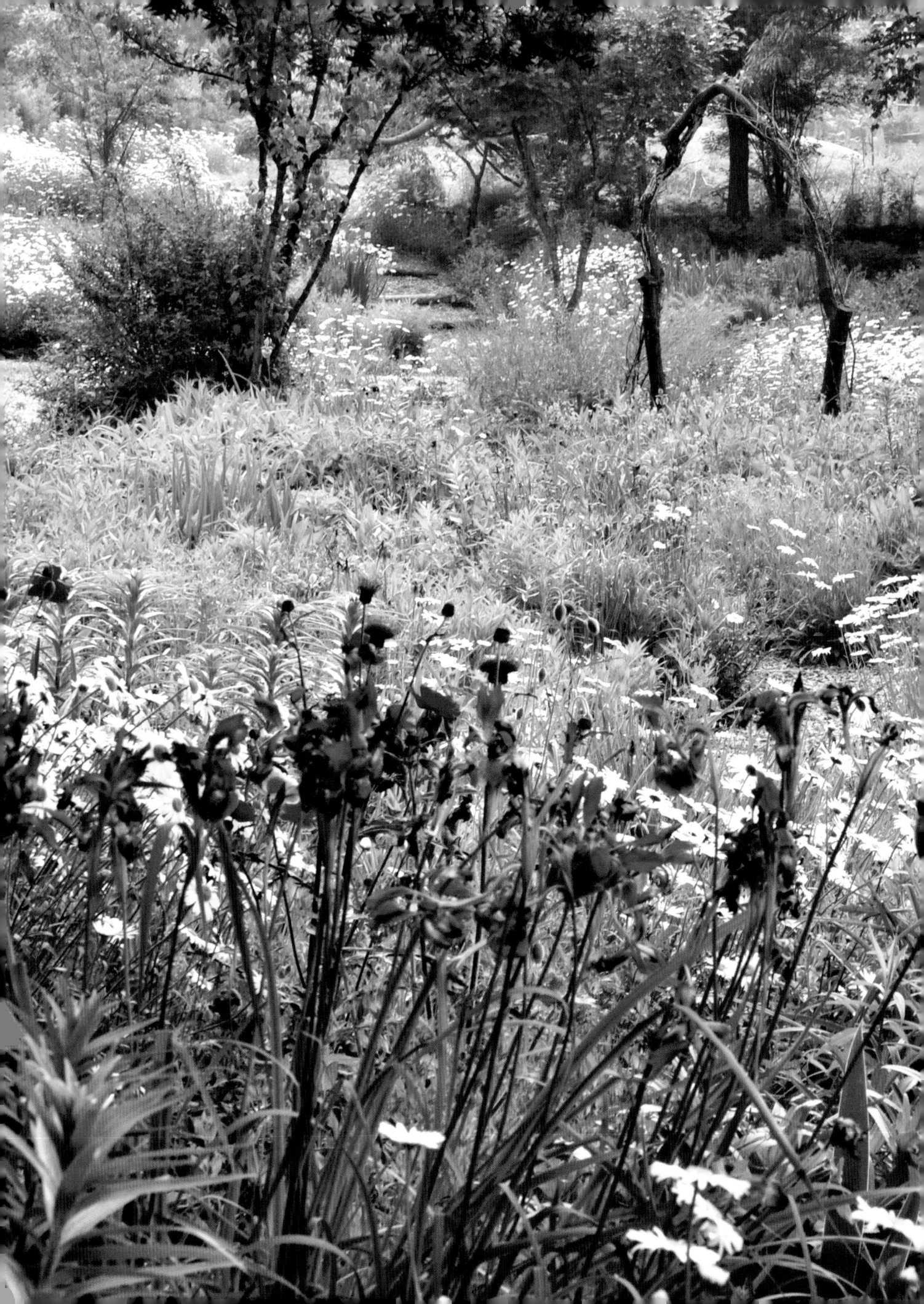

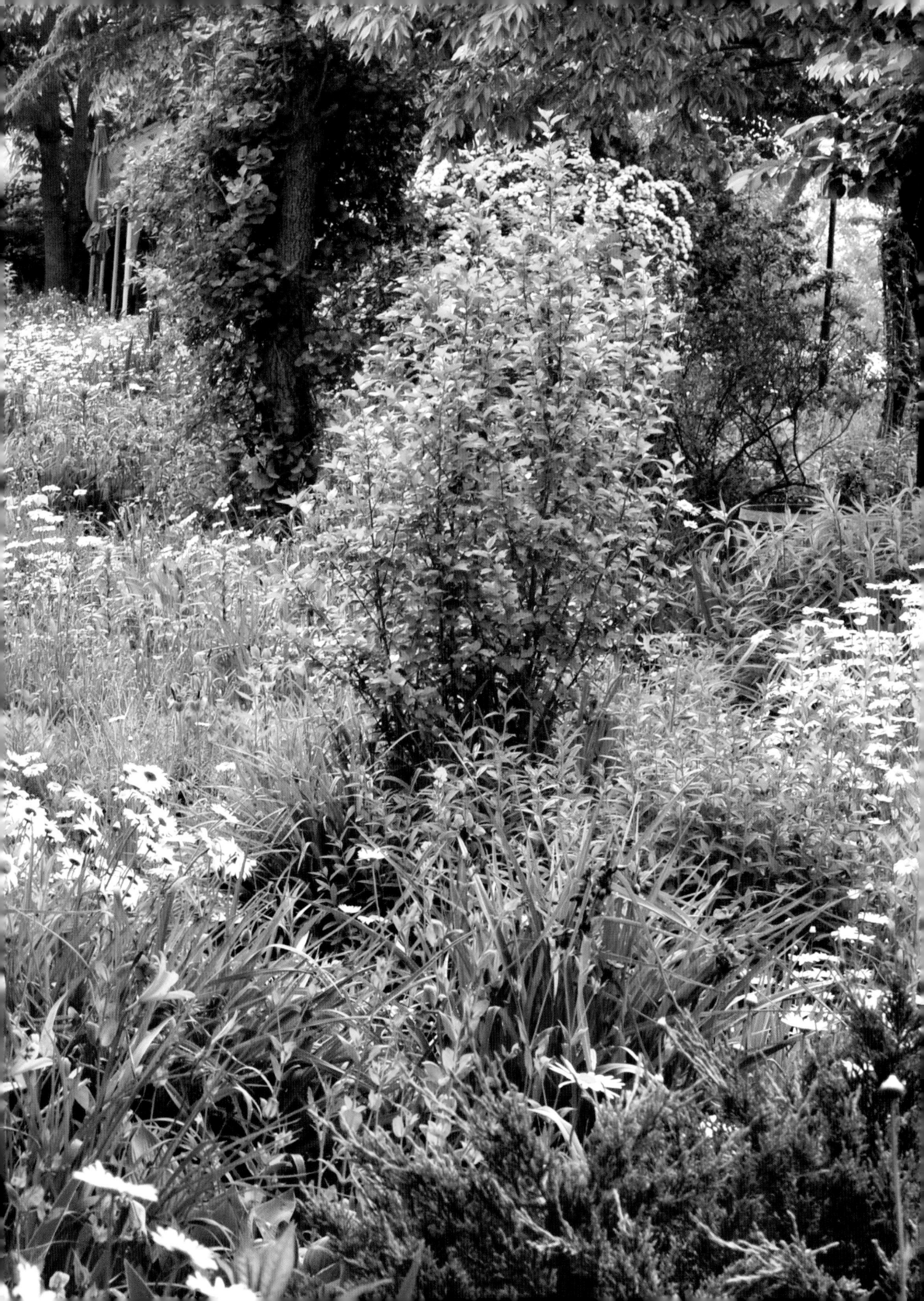

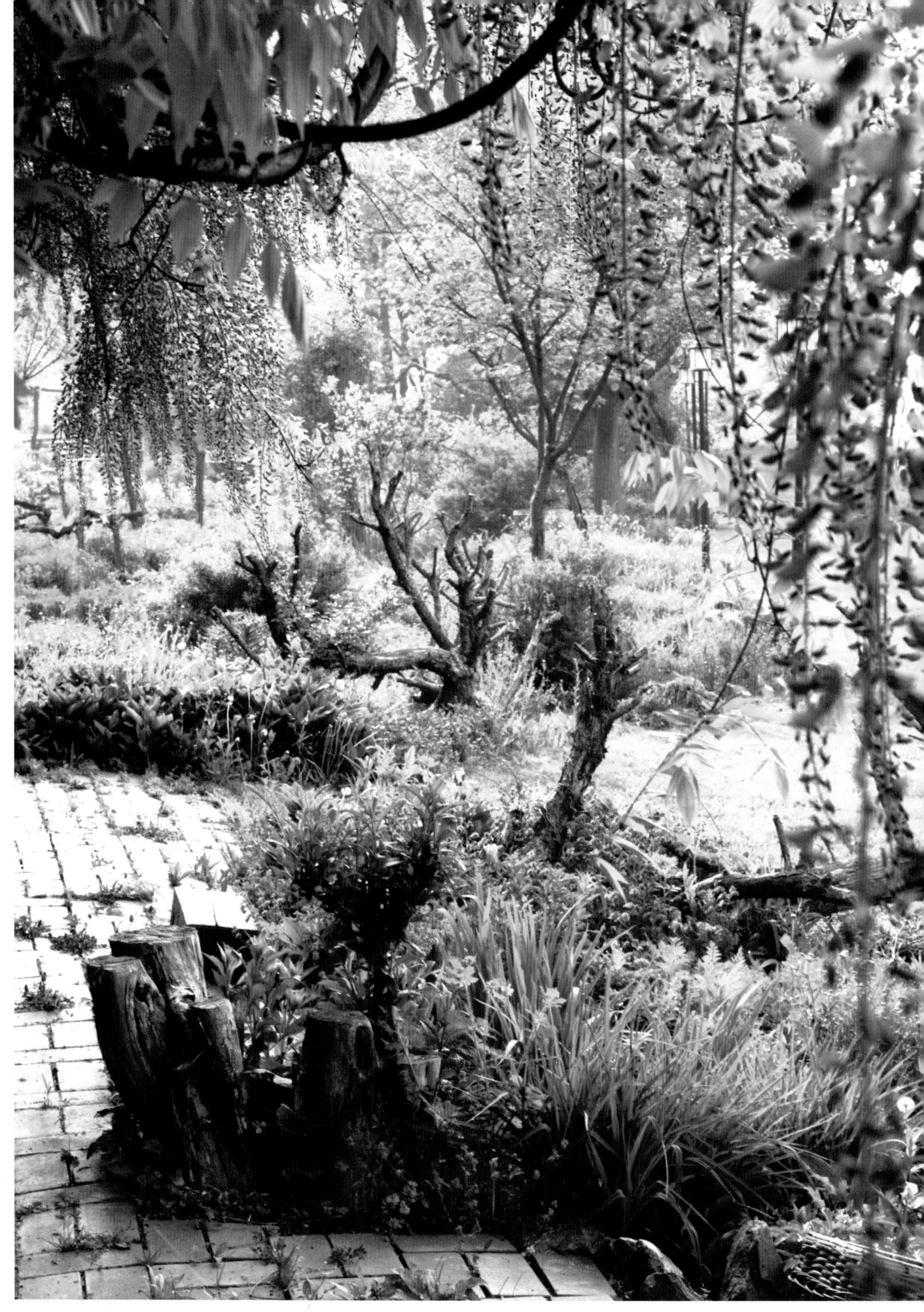

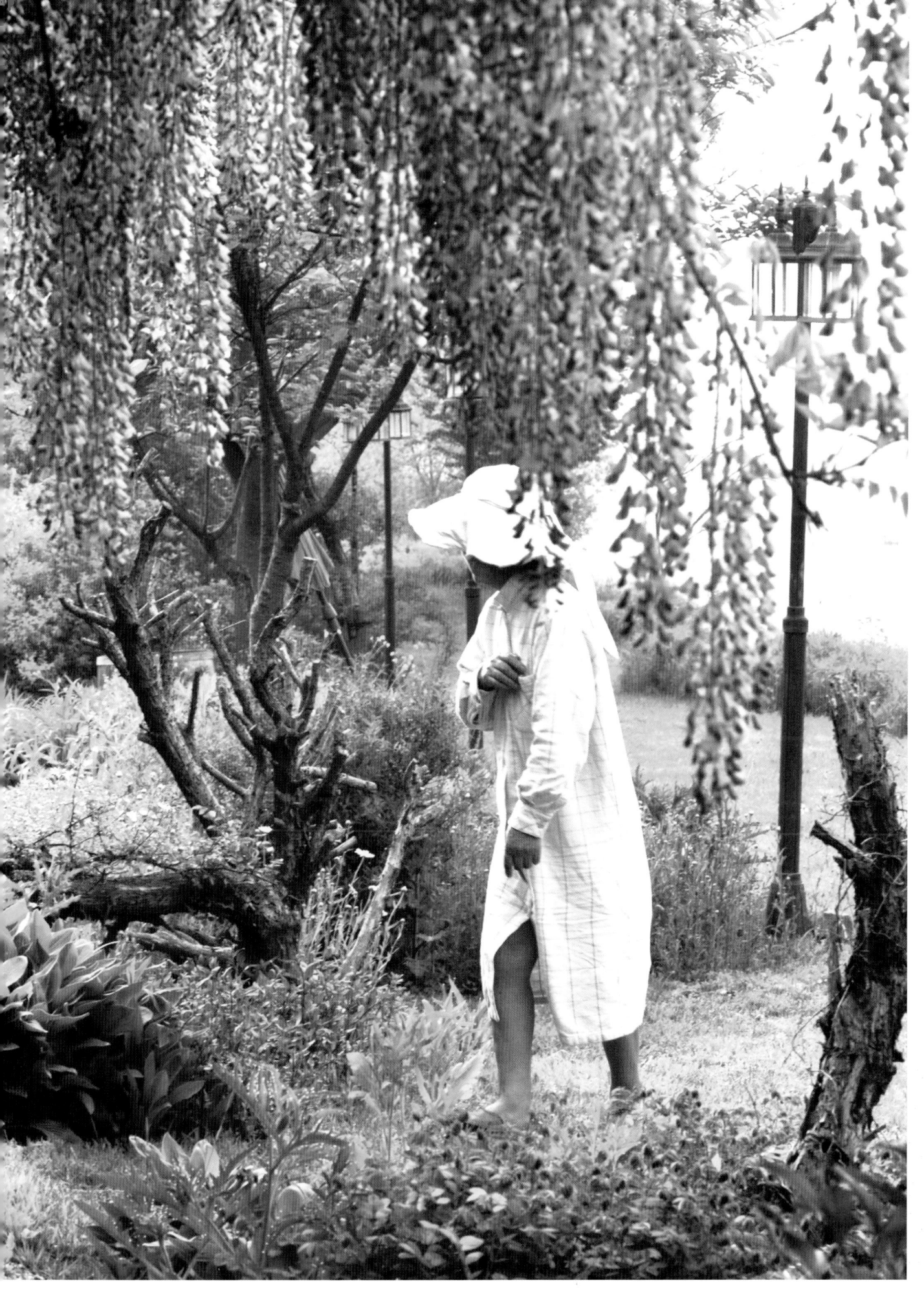

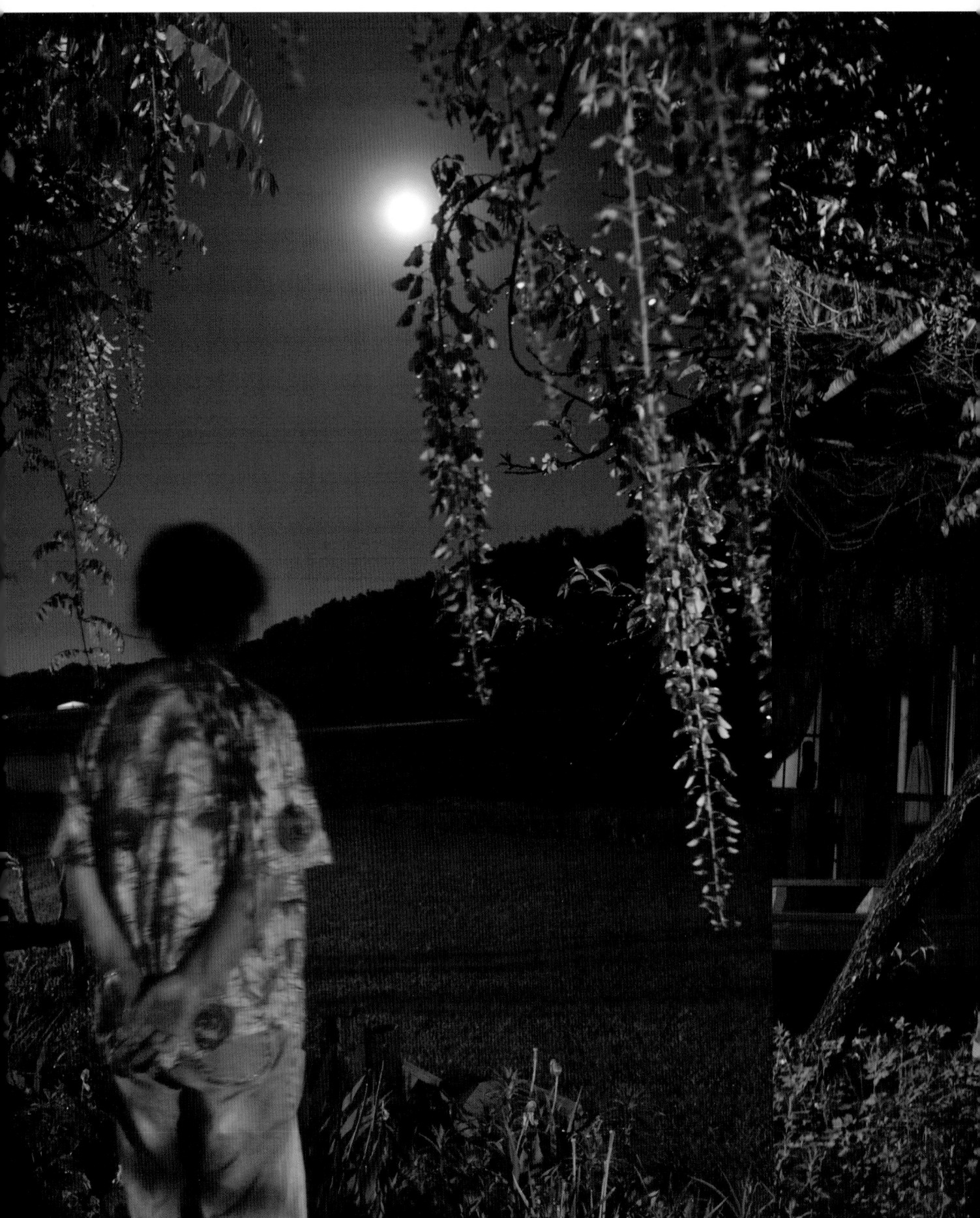

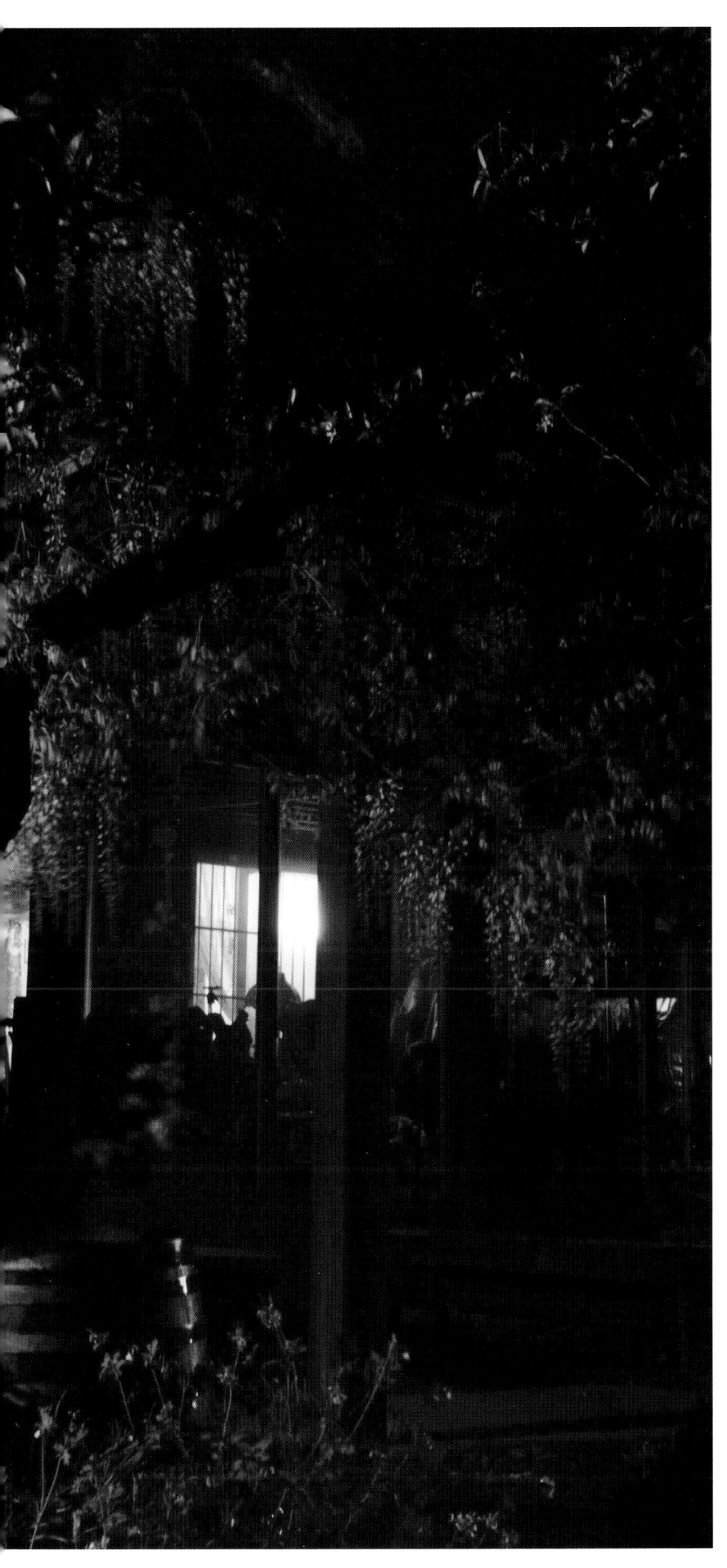

## 우리 동네 남학생들

별들이 호수에 내려앉으면
손잡고 자분자분 이야기하고 싶다
별에다 숨겨둔 사랑 하나 없어도
별 하나 별 둘 찾노라면
어느 얼굴 하나쯤은 알 것도 같으니

예전에 날 흠모하던 온 동네 장정들
뿔뿔이 흩어져 간 곳 몰라도
내 한번 눈짓에 천만리 마다할까
네게는 그럴 용기도 없지만

그대들 별이 되어
별이 총총 내려앉는 내 호수에 모여 봐요
나는 달 밝은 밤이 되면 할 일 없는 할머니
그때 한 마디 건네지 못했던 그대들
이제라도 미련 있으면
와서 다 털어놓아요

할매가 되고 보니 세상 사람 다 친구
우후죽순 나타나서
친구 하자 억지 쓰던 그대들
별똥별이 되어도 알아볼 수 있으리
내 집 앞 호수 속에서
아무도 모르게 웃는 얼굴로 만나요

113

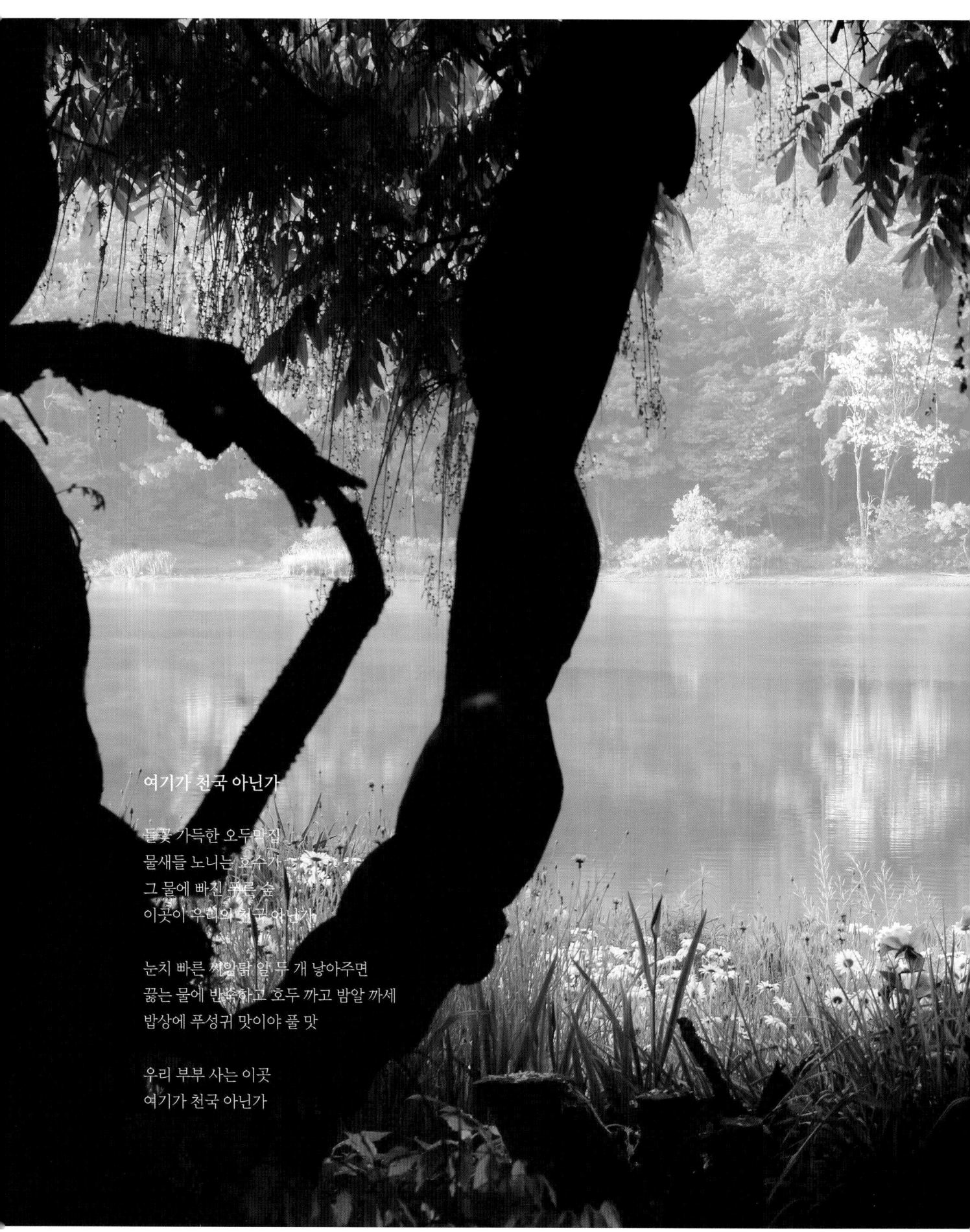

## 여기가 천국 아닌가

들꽃 가득한 오두막집
물새들 노니는 호수가
그 물에 빠진 푸른 숲
이곳이 우리의 천국 아닌가

눈치 빠른 씨암탉 알 두 개 낳아주면
끓는 물에 반숙하고 호두 까고 밤알 까세
밥상에 푸성귀 맛이야 풀 맛

우리 부부 사는 이곳
여기가 천국 아닌가

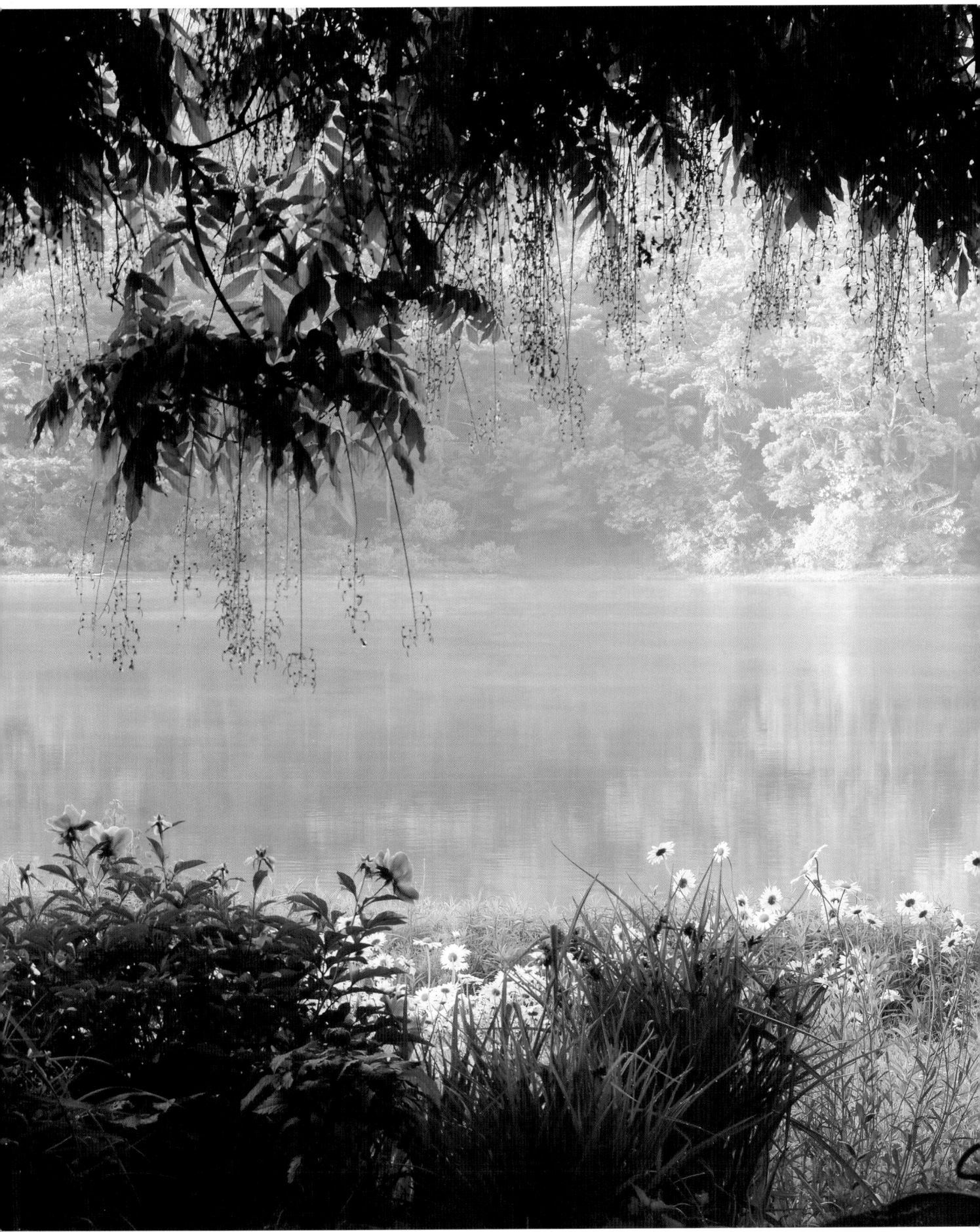

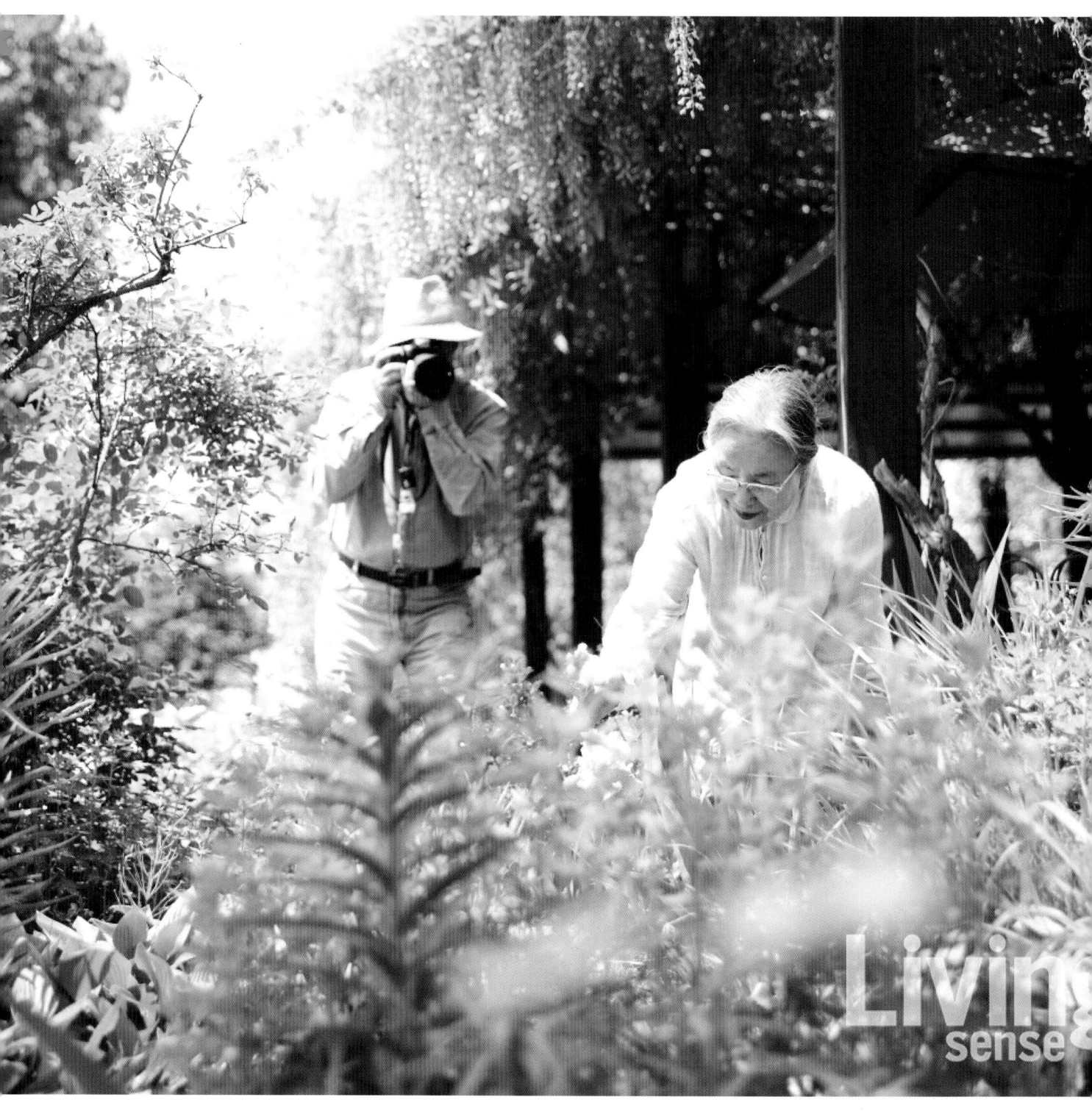

가끔 촬영 요청이 오면 수줍은 듯 최선을 다해 협조한다.
오늘이 마지막 아름다움을 보여주는 날이라 생각하며...
내일 세상이 무너져도 오늘 사과나무를 심으라고 했던가...?
기자님이 찍어준 사진이 나를 잘 표현해 준 듯...

〈사진 출처: 리빙센스〉

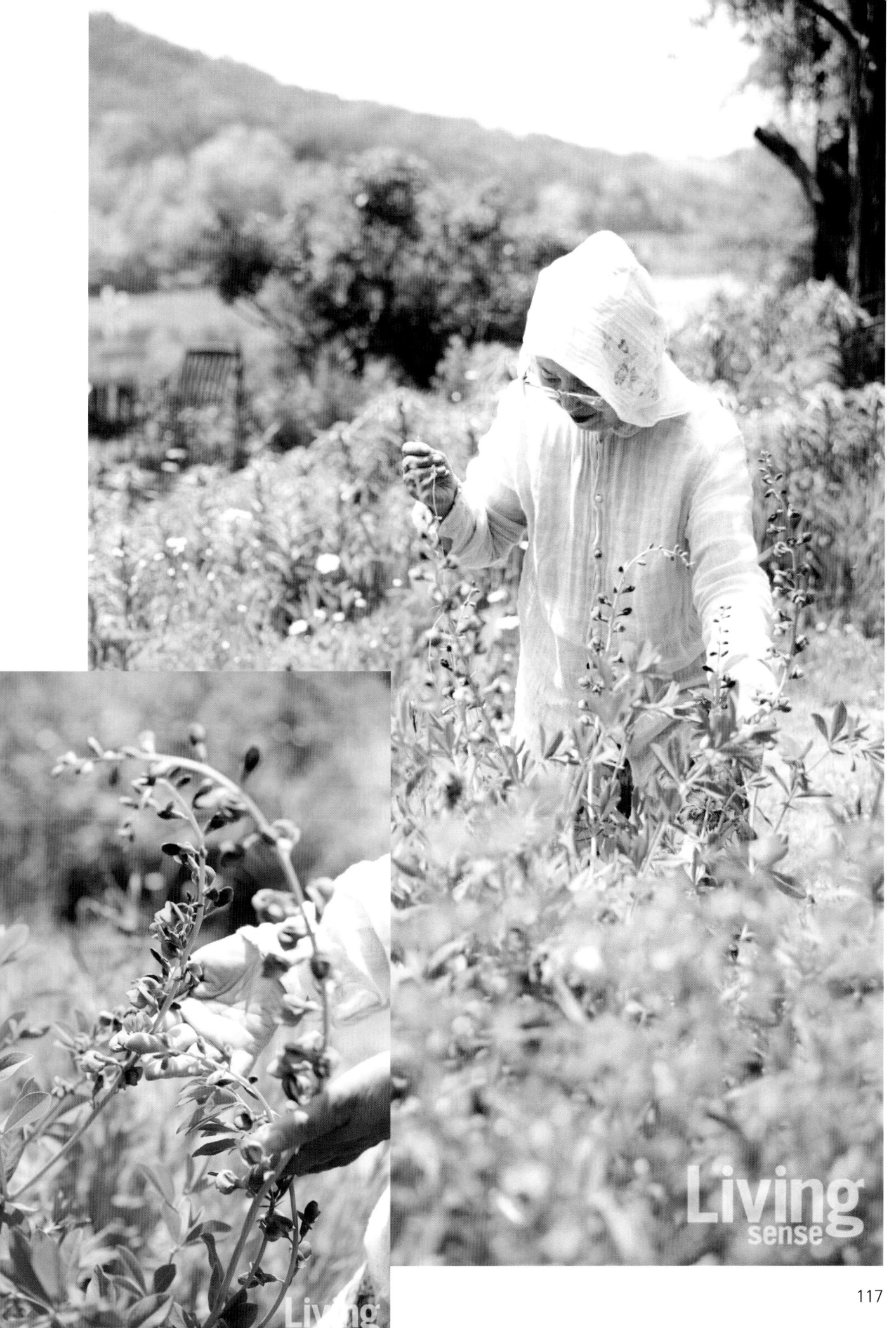

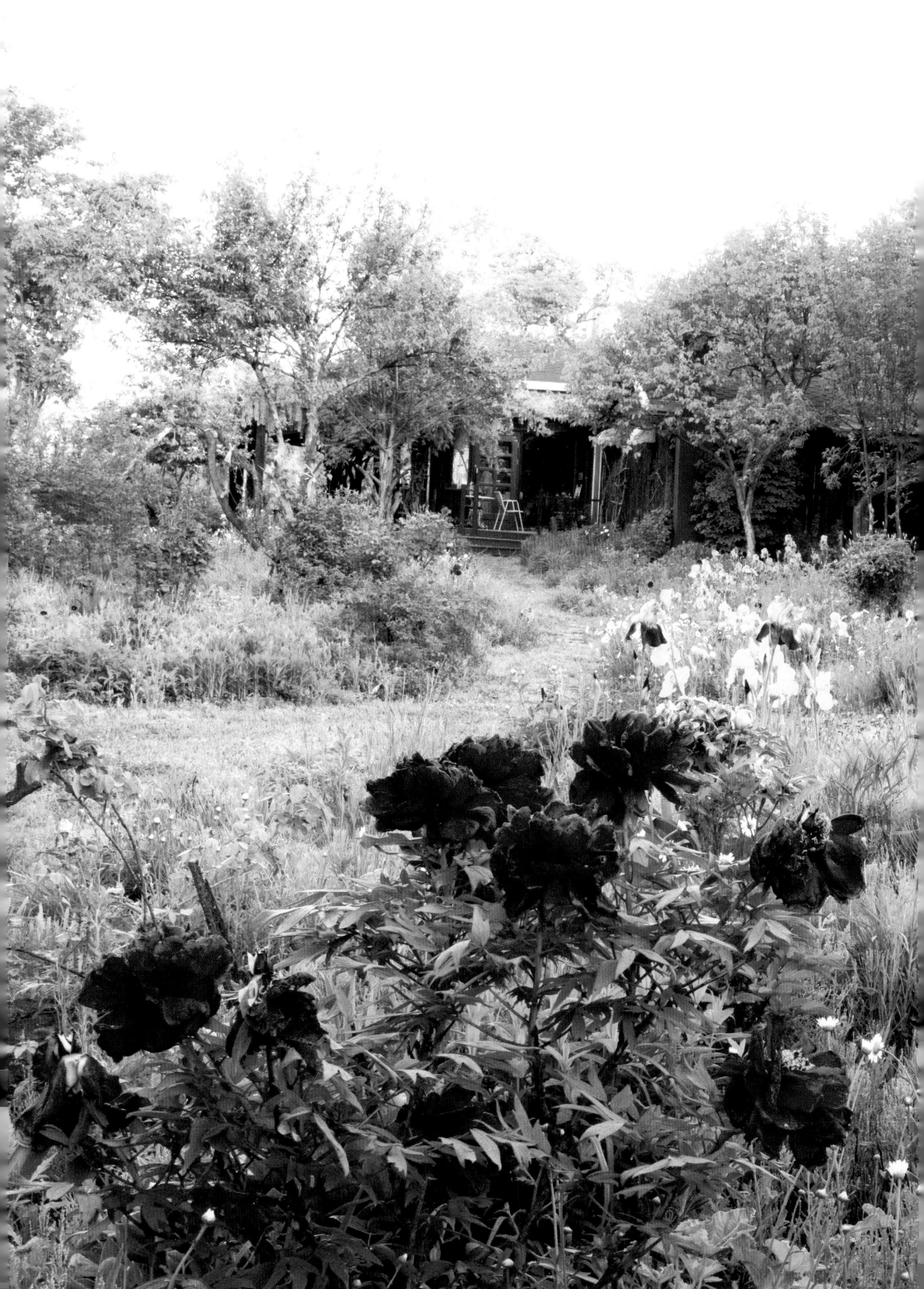

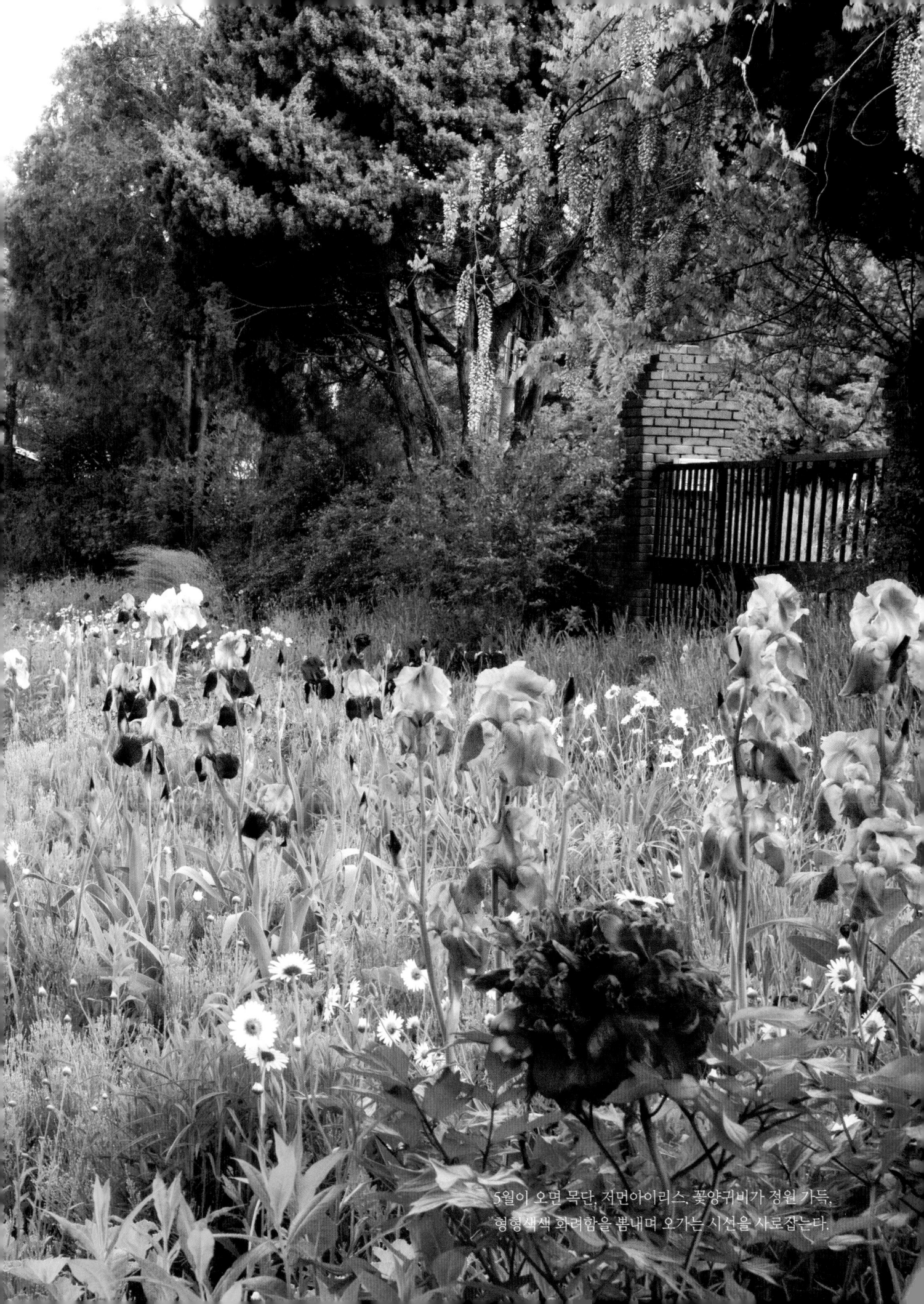

5월이 오면 목단, 저먼아이리스, 꽃양귀비가 정원 가득,
형형색색 화려함을 뽐내며 오가는 시선을 사로잡는다.

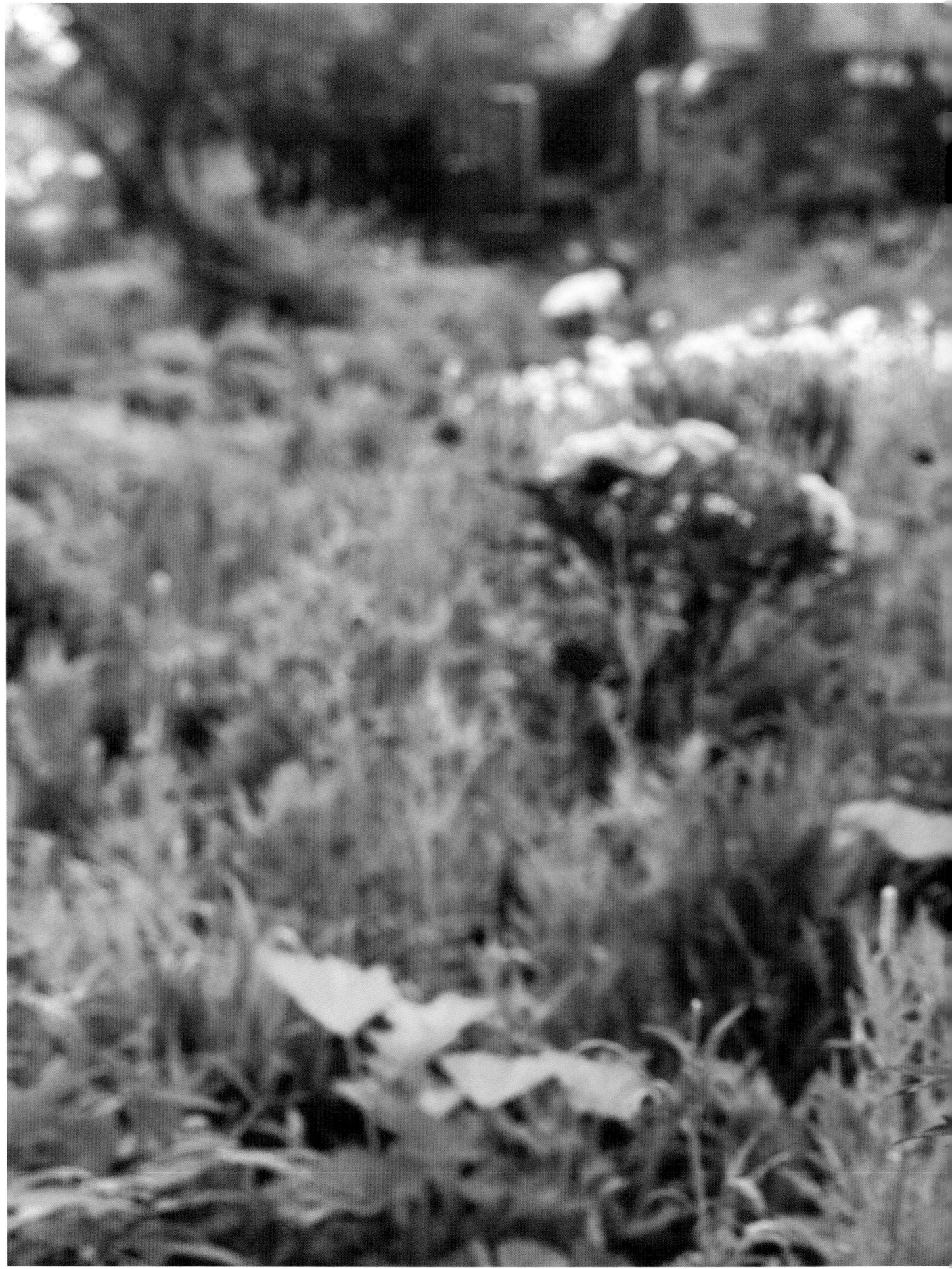

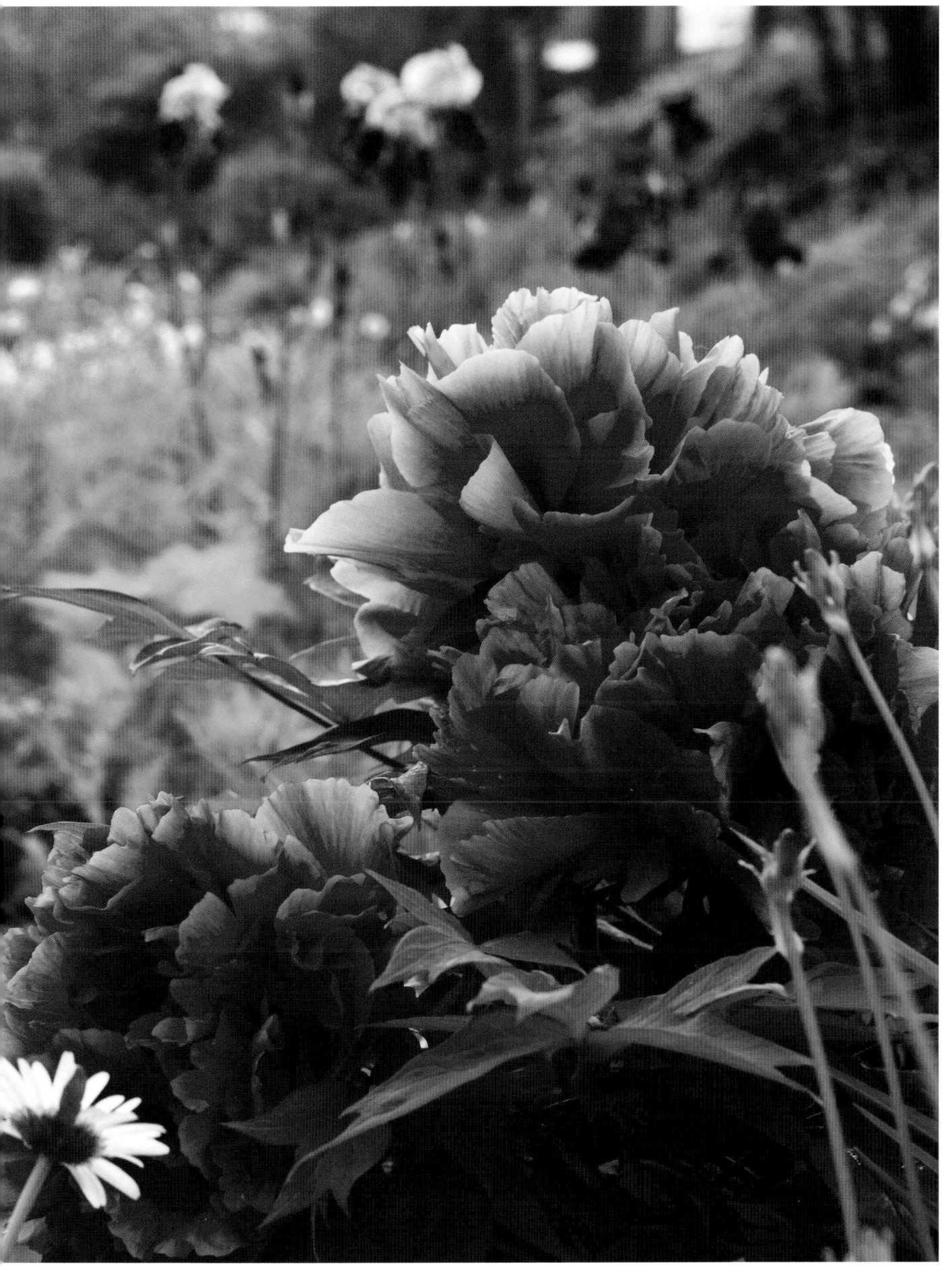

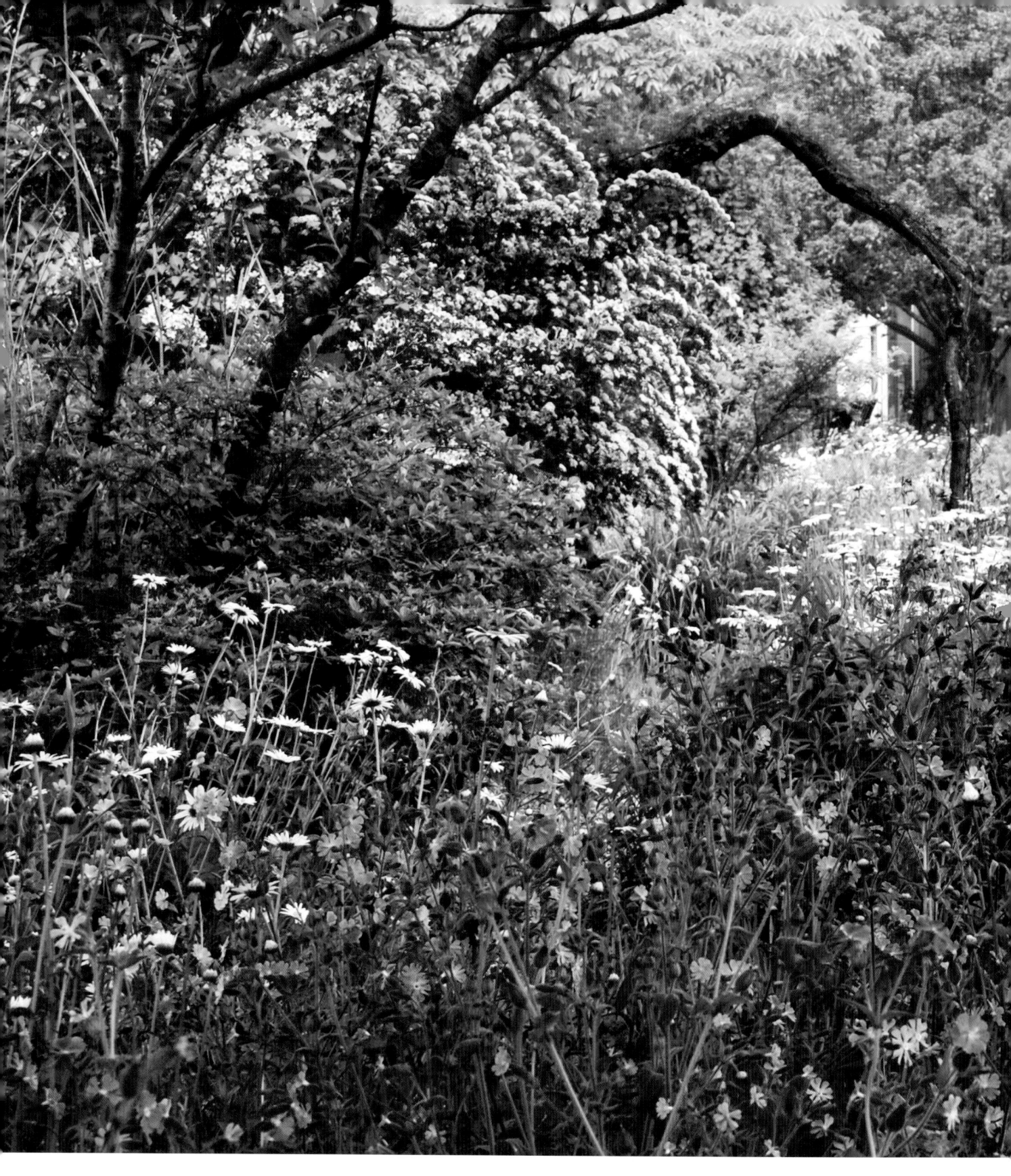

갈기조팝, 병꽃나무, 샤스타데이지, 사포나리아, 분홍장구채, 붓꽃, 꽃창포 등
한 달에 한두 번은 동화 속의 뜨락처럼 보일 때가 있어 바쁘기는 해도 지루할 틈이 없다.
우리에게 시시때때로 이렇게 누리는 기회마저 없다면 감히 누가 이같이 끝도 없는 노동을 하겠는가.

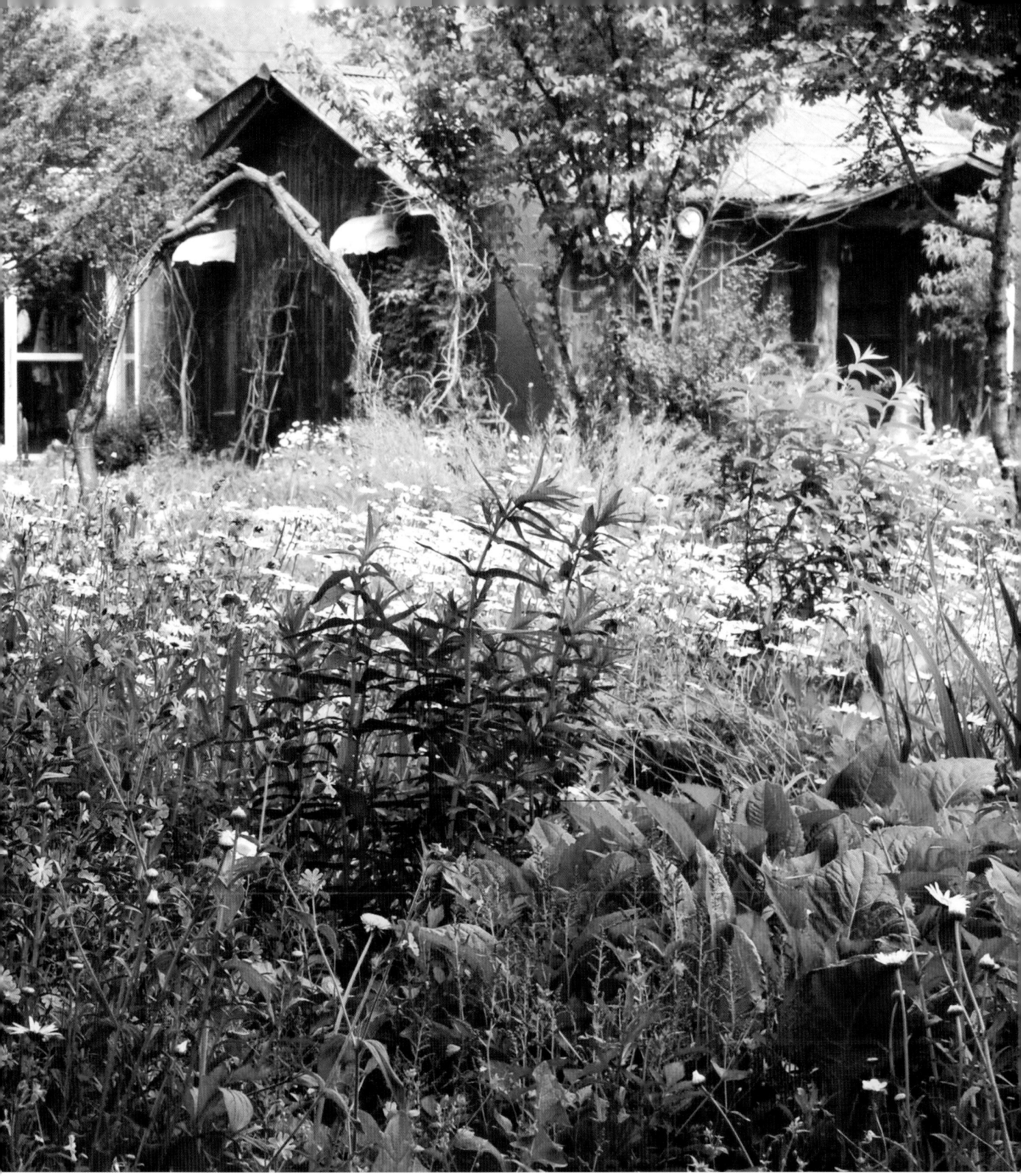

이 일도 정제된 듯한 규칙을 넘어서면 다시 자연스러운 초원으로 돌아가는 것 같다.
나이는 물론, 시대적 흐름과 개개인의 취향이 있어 어느 스타일이 최고라고 말할 수는 없다.
다만 사람에게 많은 힐링을 주는 이 아이들이 와락 안겨들 때면 그 감격스러움이 내 행복이었다.

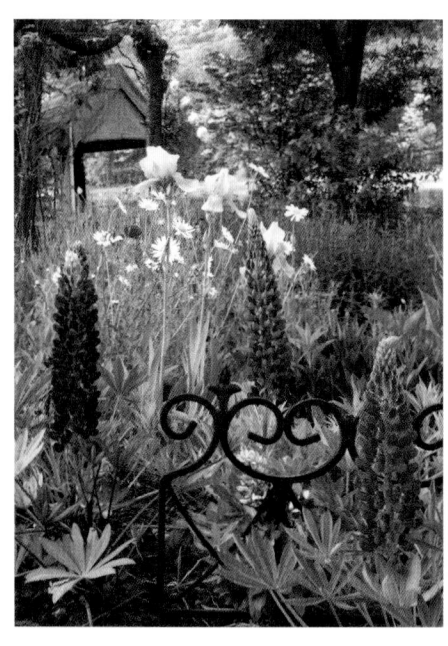

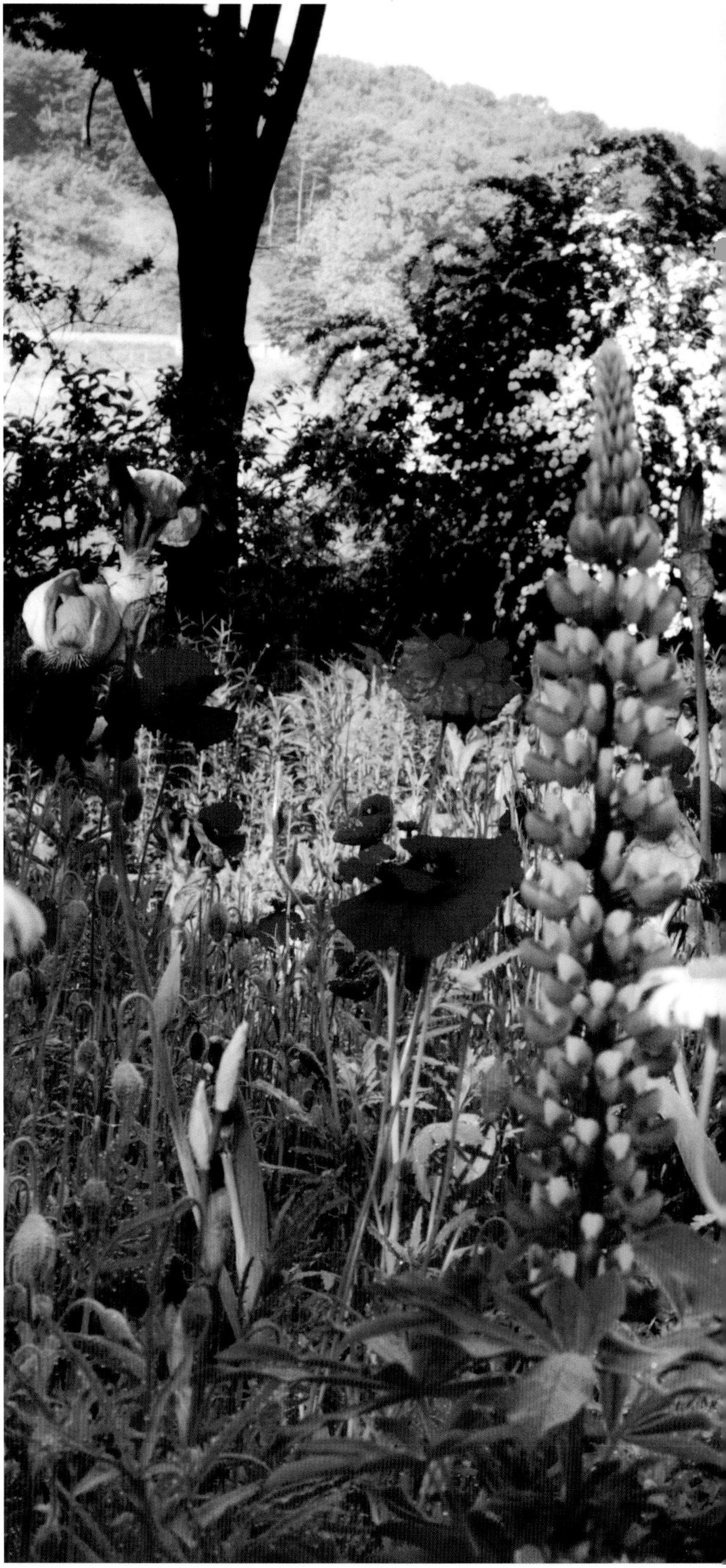

손에 흙을 묻히면서 하늘이 주신 그대로
가득한 아름다움을 뿌리며
호화롭게 살려고 했다.

펜을 들던, 꽃을 들던
제 마음 편하면 멋진 삶이니
사람마다 다르겠지만
그 어느 것도 마음 끌리는 길이 없어
대지 위에 지친 듯 앉아 버렸다.

거기서 꽃 수 놓으며
걷어 들이기를 쉼 없이 반복했더니
나를 뿌듯하게 하는 보물들이
내 나이보다 많이 쌓였다.
그중에 제일은 "들꽃정원의 어머니"
어머니라는 그 단어에 마음이 묶여
단 하루도 그들 곁을 떠나지 못하게 되었지만,
오색찬연한 꽃 속에 묻혀 사는 내 시간이
진정 호화스럽지 않은가...

자랑할 나이는 아니지만
꽃 이야기를 나눌 때 으쓱거리는 어깨와
들려 올라가는 광대를
감출 수가 없다. 나는...

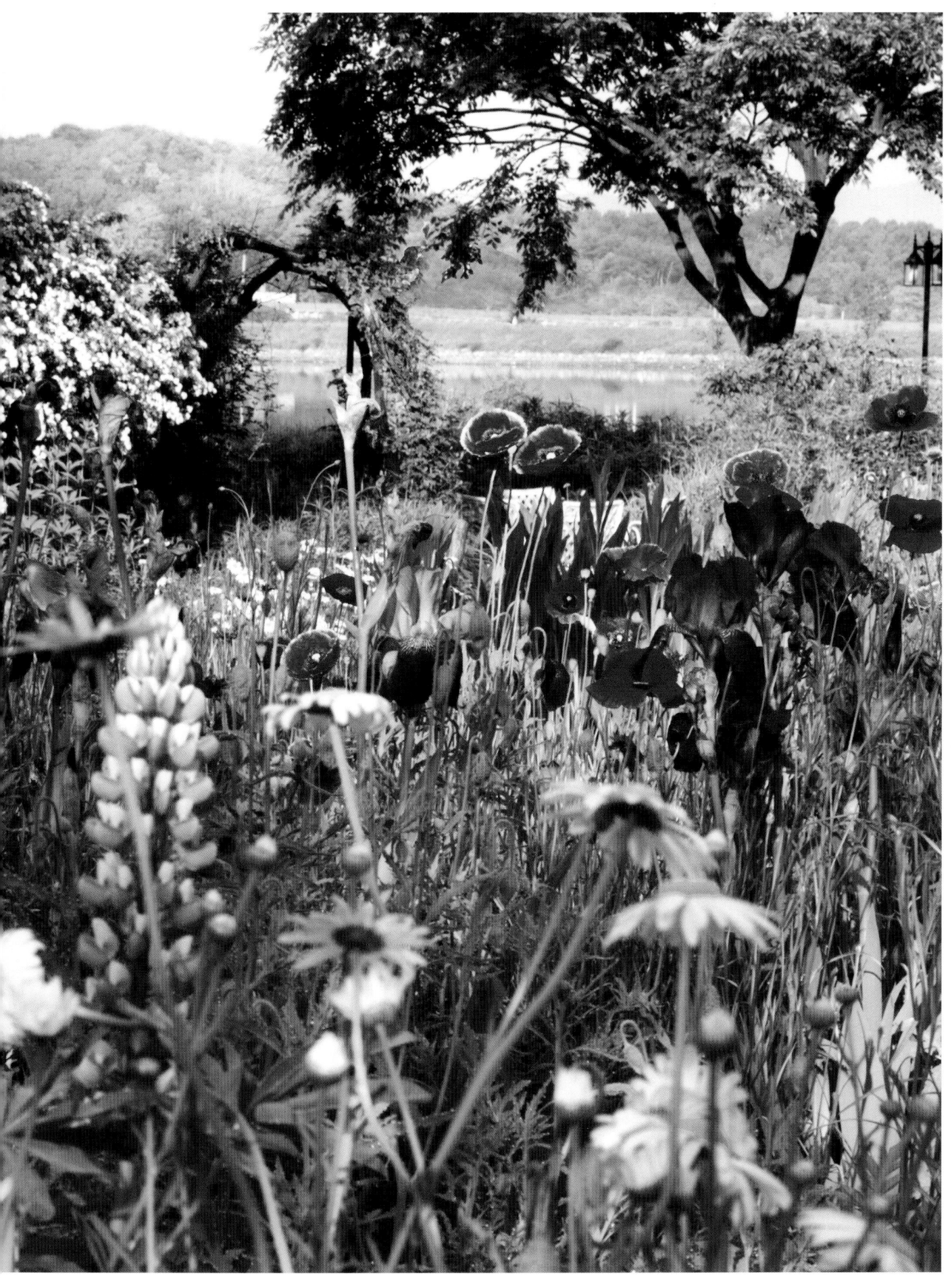

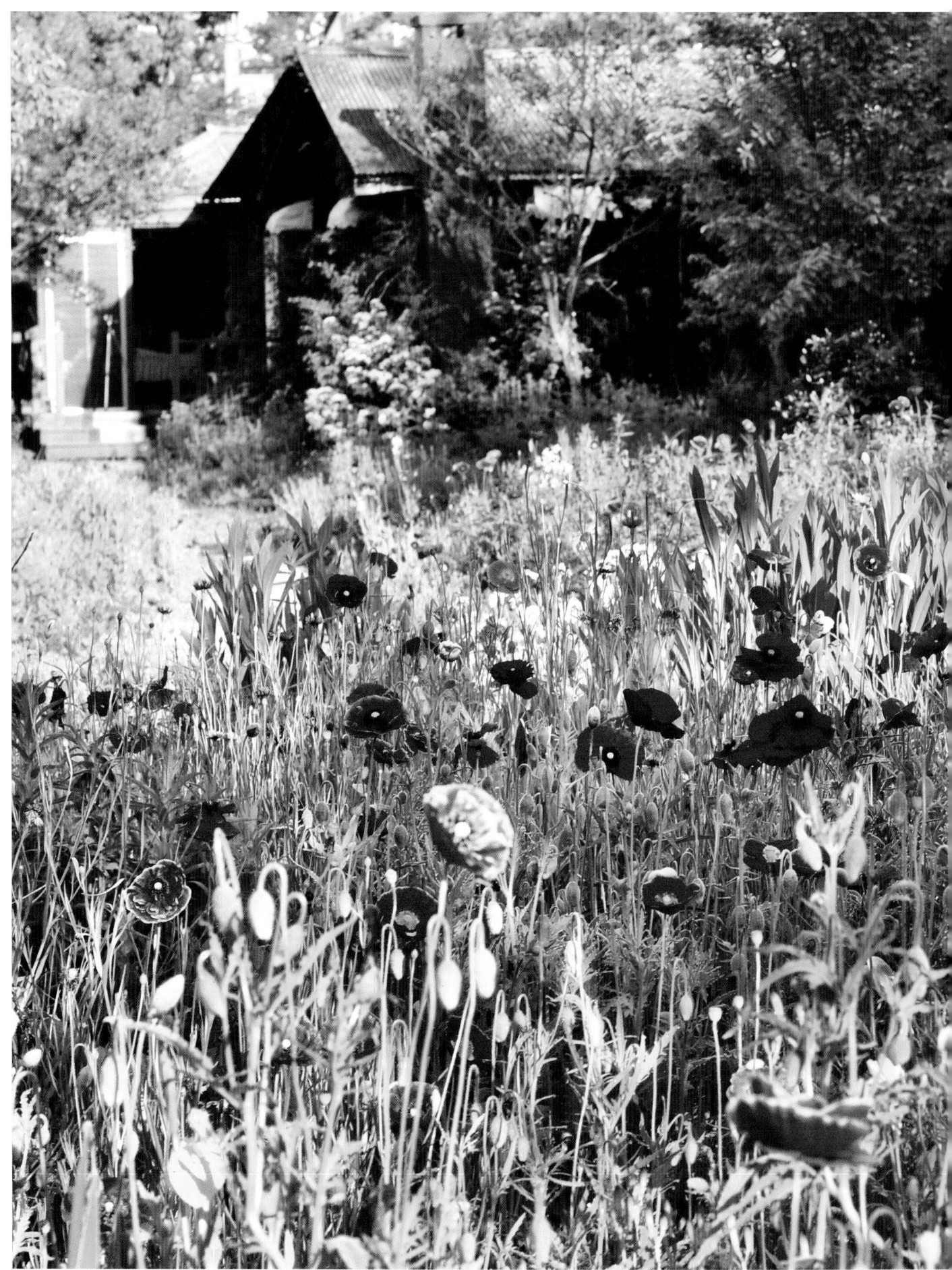

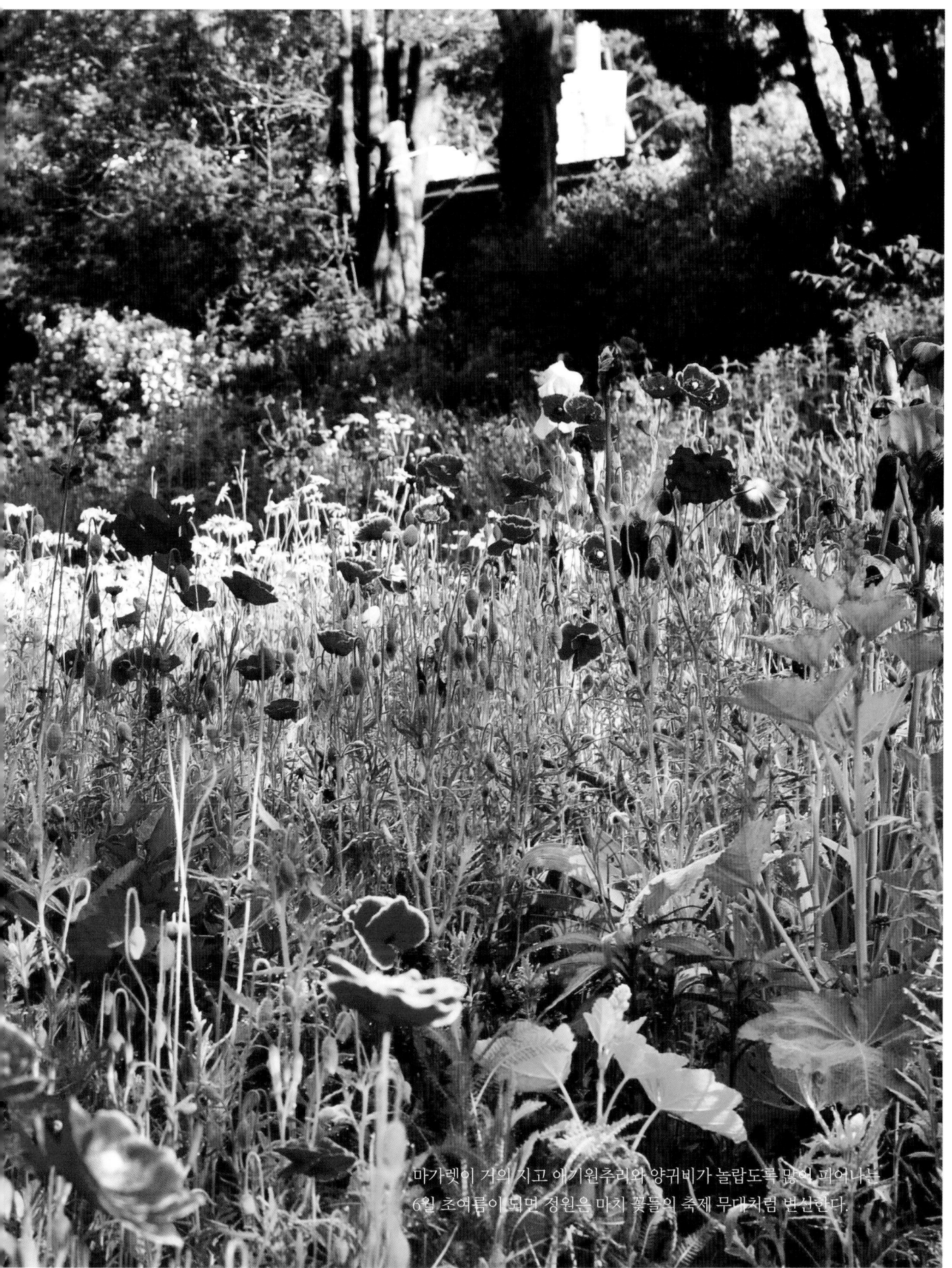

마가렛이 거의 지고 애기원추리와 양귀비가 놀랍도록 많이 피어나는
6월 초여름이 되면 정원은 마치 꽃들의 축제 무대처럼 변신한다.

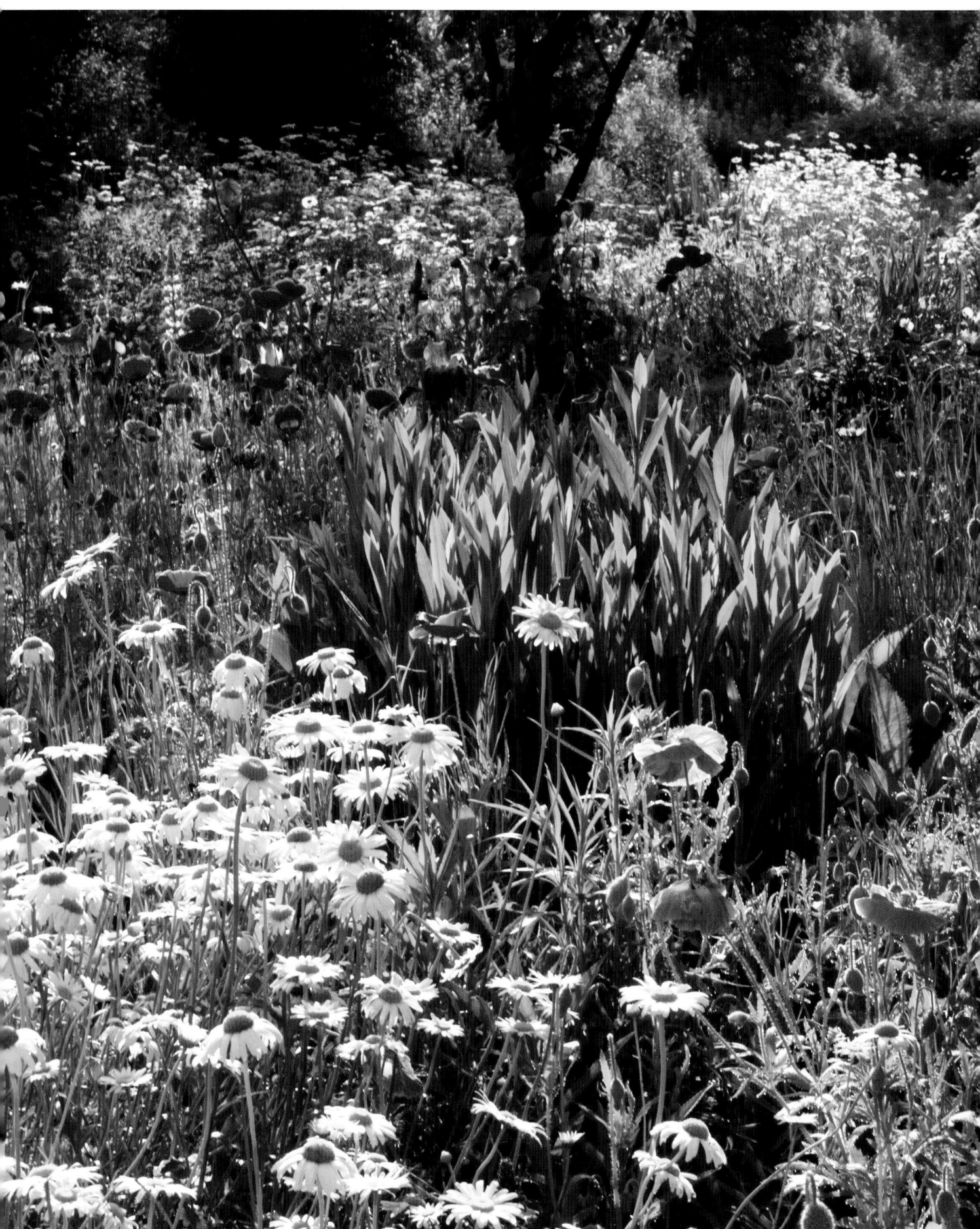

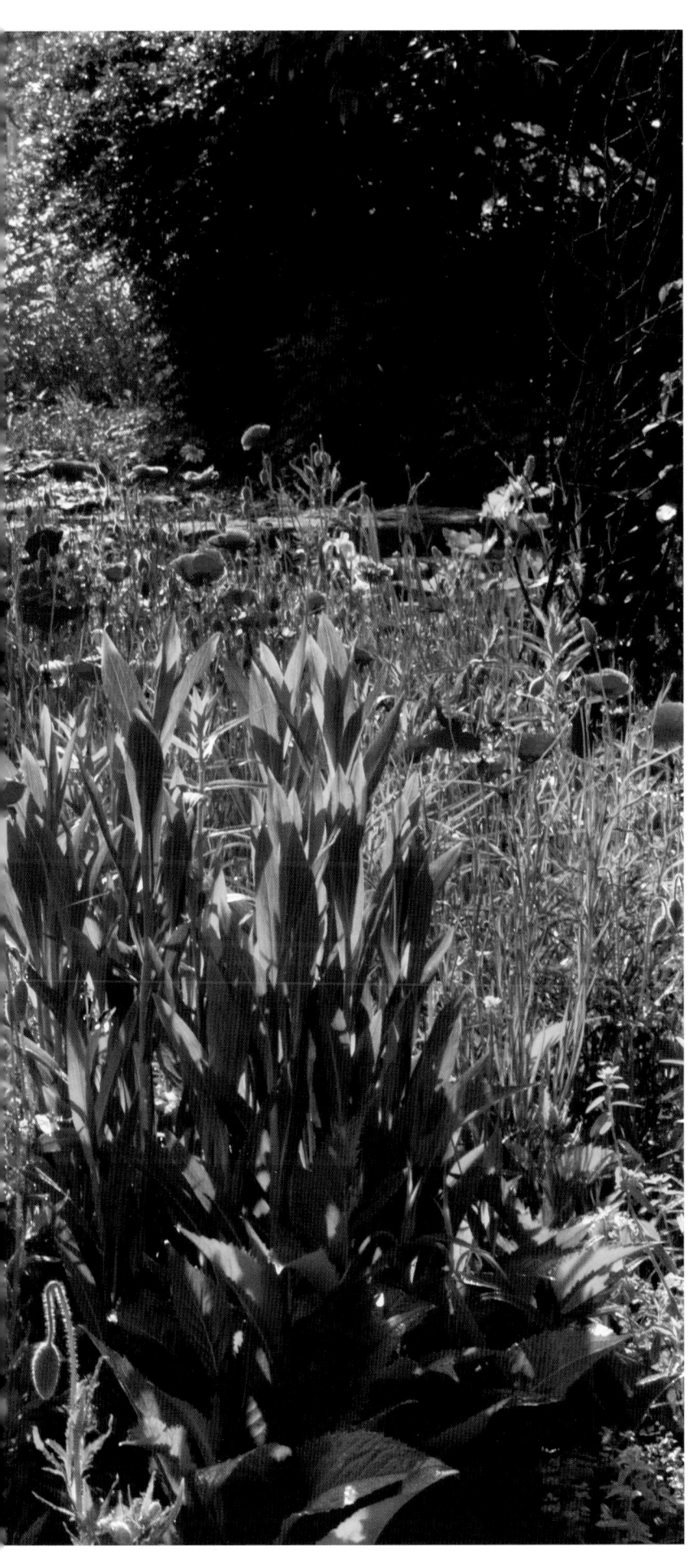

## 향기로운 꽃내음

가지 끝에 맺히는 꽃봉오리만큼
귀여운 것이 또 있을까?
꽃들이 피어나면 그 화사한 아름다움에
모두 말을 잃는다.

모든 꽃이 다 얼마나 예쁘고
기묘한 꽃술을 가졌는지는
자세히 들여다보는 사람만이 알 수 있다.

환상의 꽃술 속에서
향기로운 꿀을 빨다가
죽어 있는 벌을 발견하면
지쳐 쓰러질 때까지 일하는
나를 닮은 것 같아 가슴이 아프다.

꽃을 그리도 좋아하지만
치명적인 약점이 하나 있다.
향 알레르기다.

온통 꽃 천지인 정원에서
이런 이율배반이라니...

129

나만이 아니고
사람들은 한결같은 마음으로
꽃과의 인연을 즐기며 살아왔으리라.
기쁠 때나 한없이 슬픈 자리에서도
끝까지 지켜주는 것이 꽃이 아니던가.

바쁘시던 어머니 외에는
여인이 없던 외딴집,
내 지금껏 외로움이고 슬픔인 것은
서로 편들어 주며 믿고 의지할 수 있는
자매가 없다는 것이다.
혼자 놀았던 뒤뜰에서 소꿉놀이라며
찾아낸 풀꽃들을 늘 그리워한다.

여섯, 일곱, 여덟살, 세 살 버릇 여든 간다고
나는 아직도 꽃을 보면 모든 일을 잊는다.

시들어 가는 꽃을 사다 살려 보기도 하고
얻어다 심은 꽃도 많았다.
굵은 밑가지를 자르면
손수 아치나 지지대를 만들었다.

내 손길 아낌없이 정성을 다하면서도
남이 보고 허송세월 보낸다 말 낼까 봐
보다 진정성 있는 삶을 살아가려고
있는 힘 다했다.

선생은 자연이었고
조경사는 나 자신이었으므로
40여 년 꽃과 묘목 사는 것 말고는
경비가 거의 들지 않았다.

이렇듯 꽃과의 인연은
마음과 정성으로 이어가는 것이다.

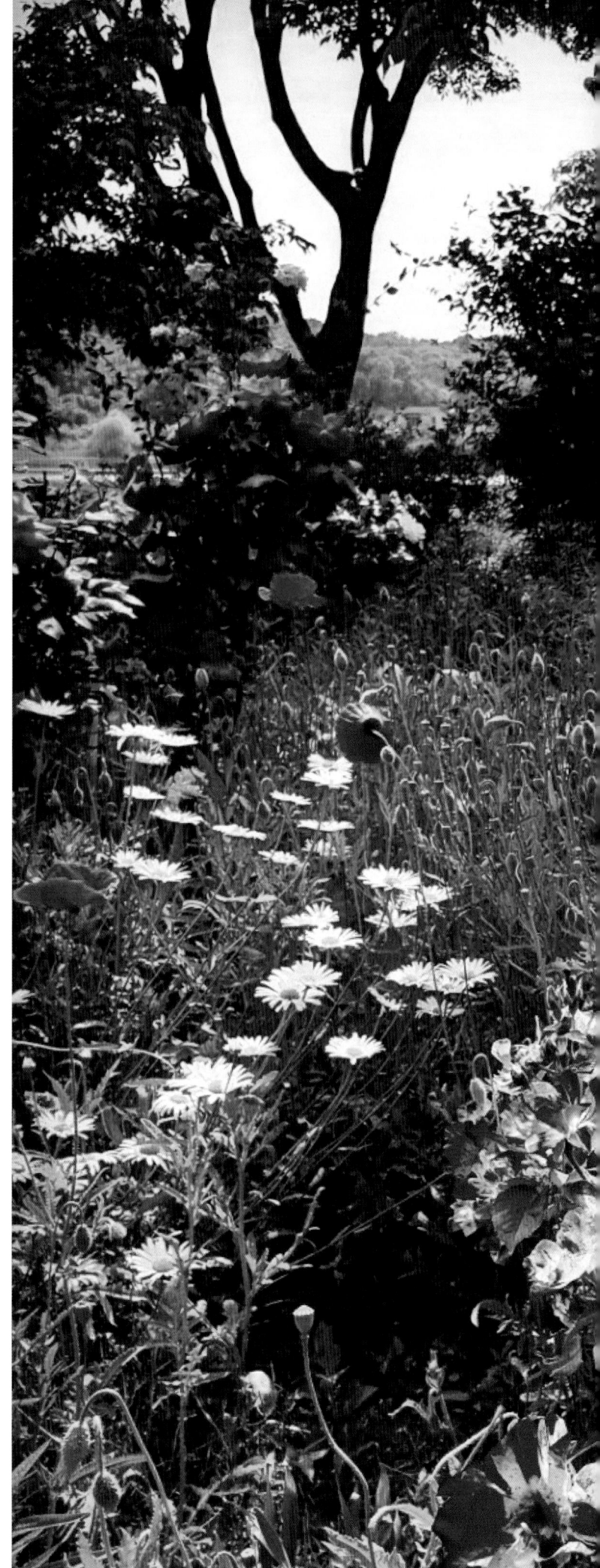

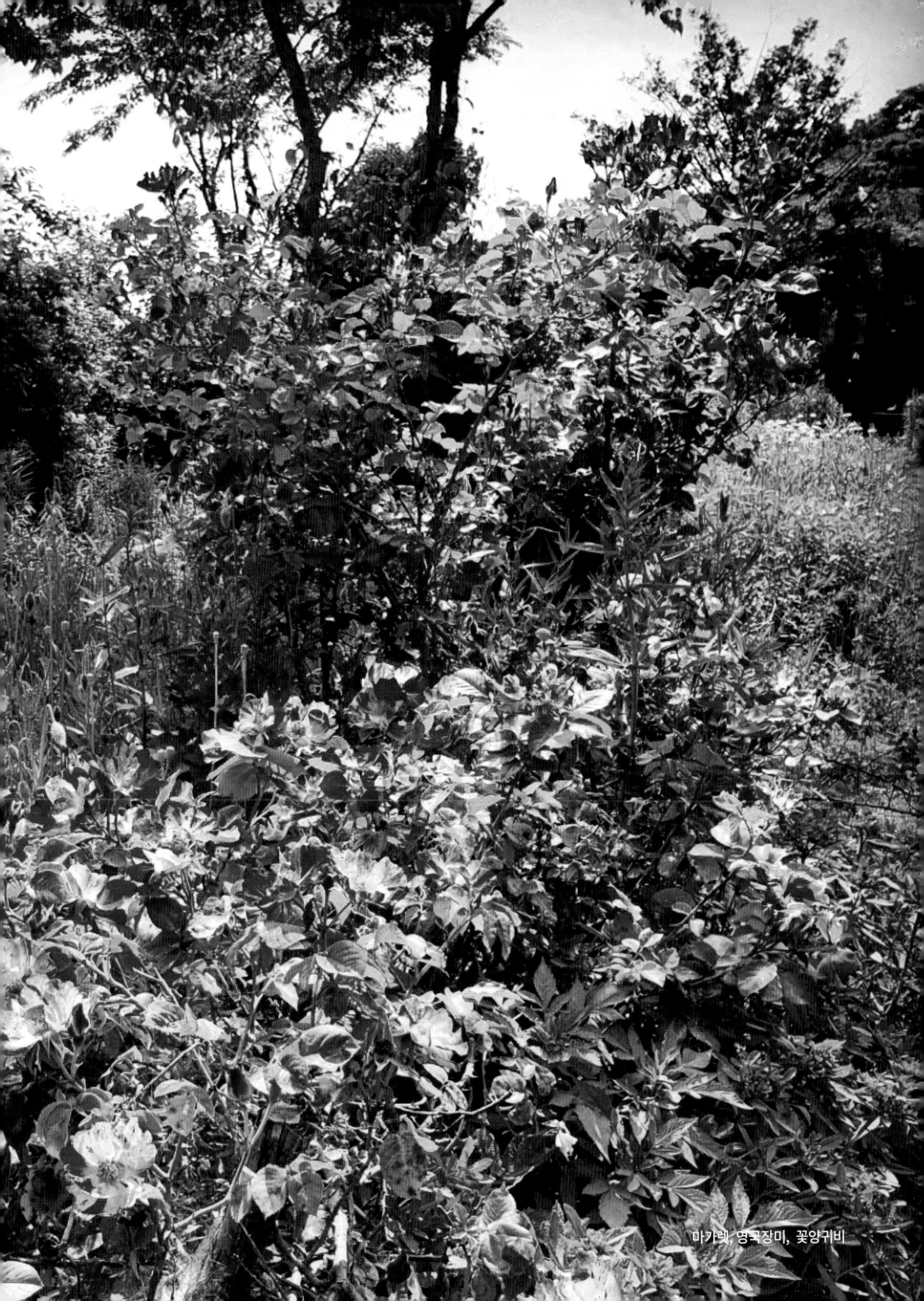

마카렛, 영국장미, 꽃양귀비

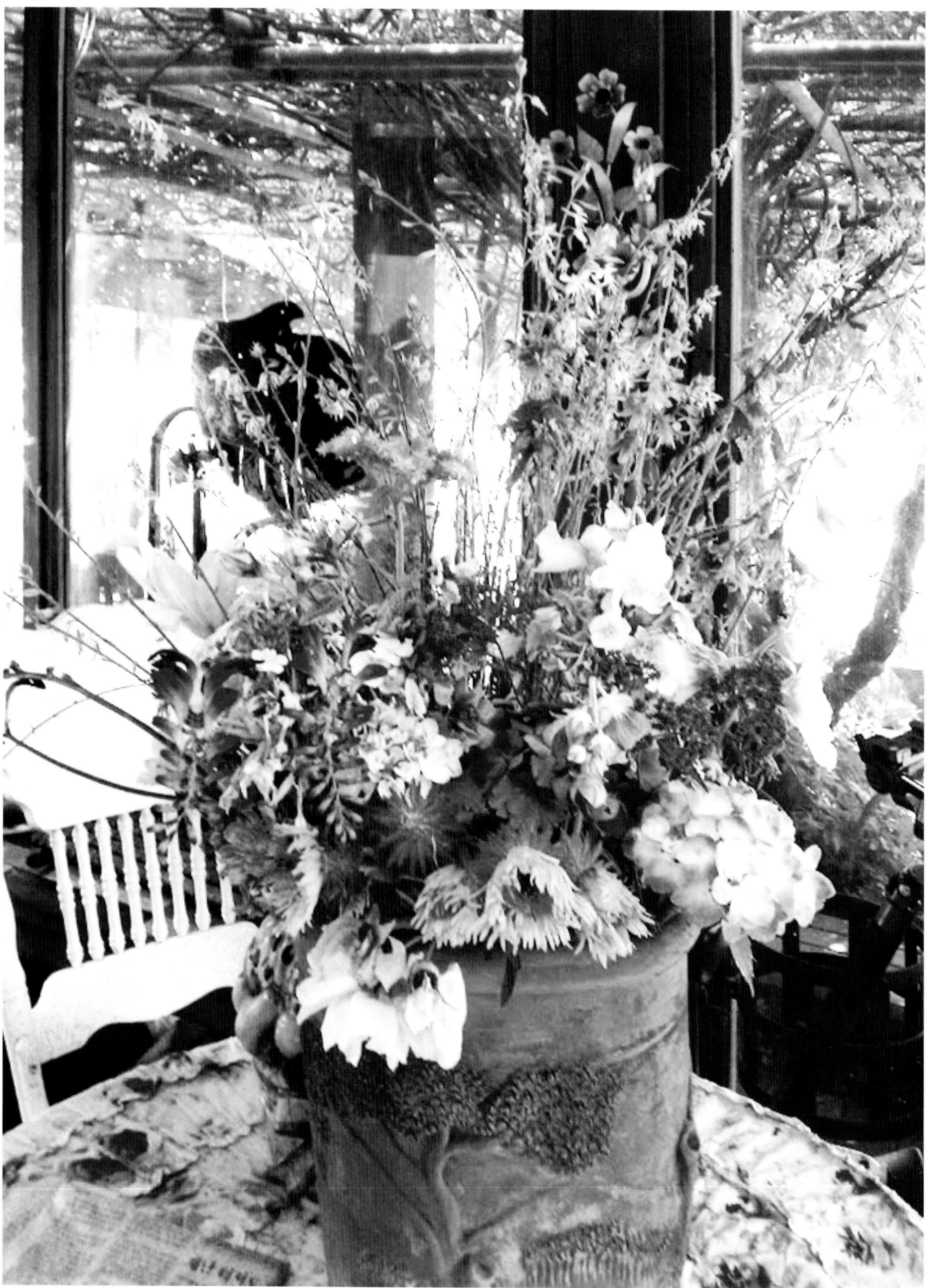

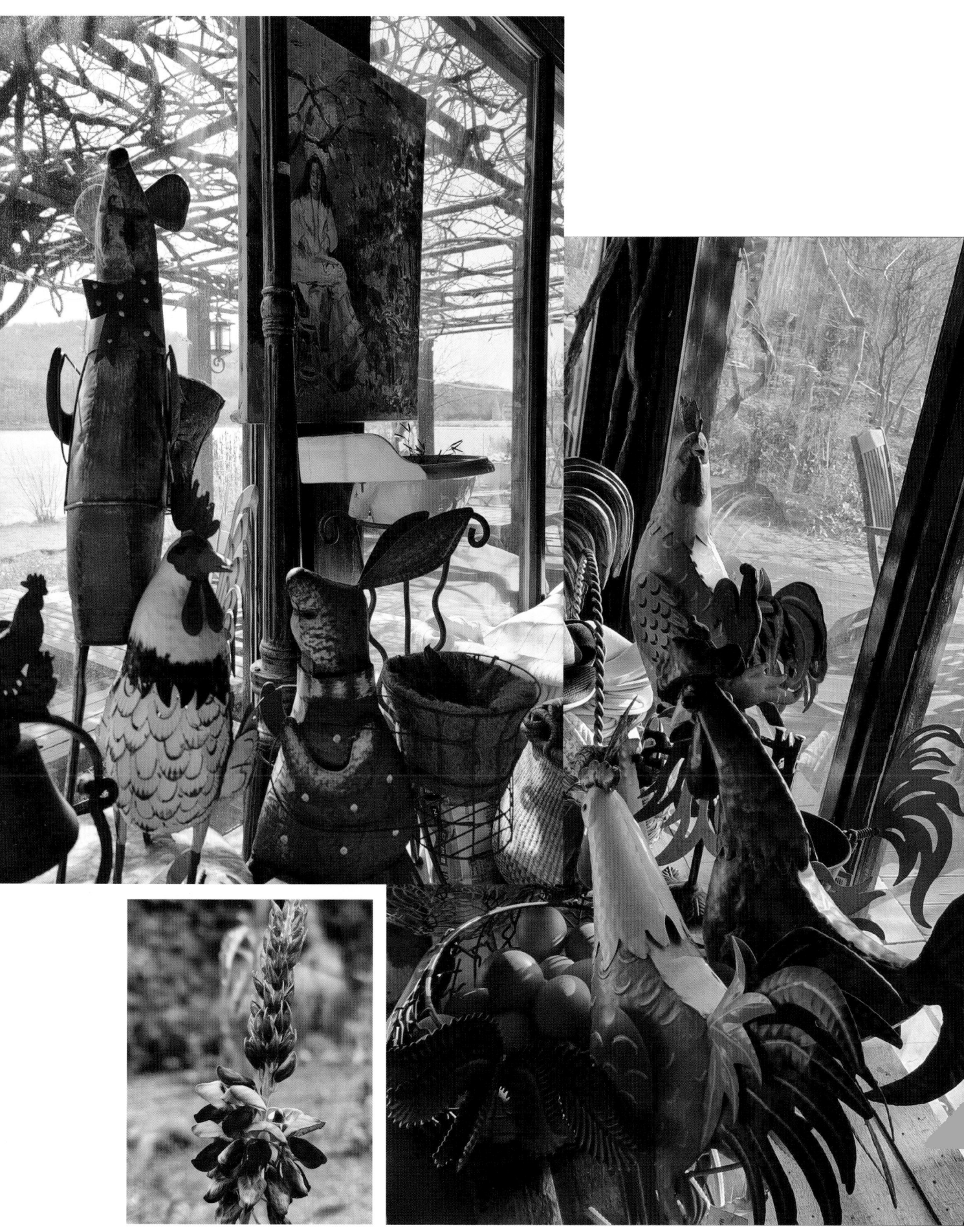

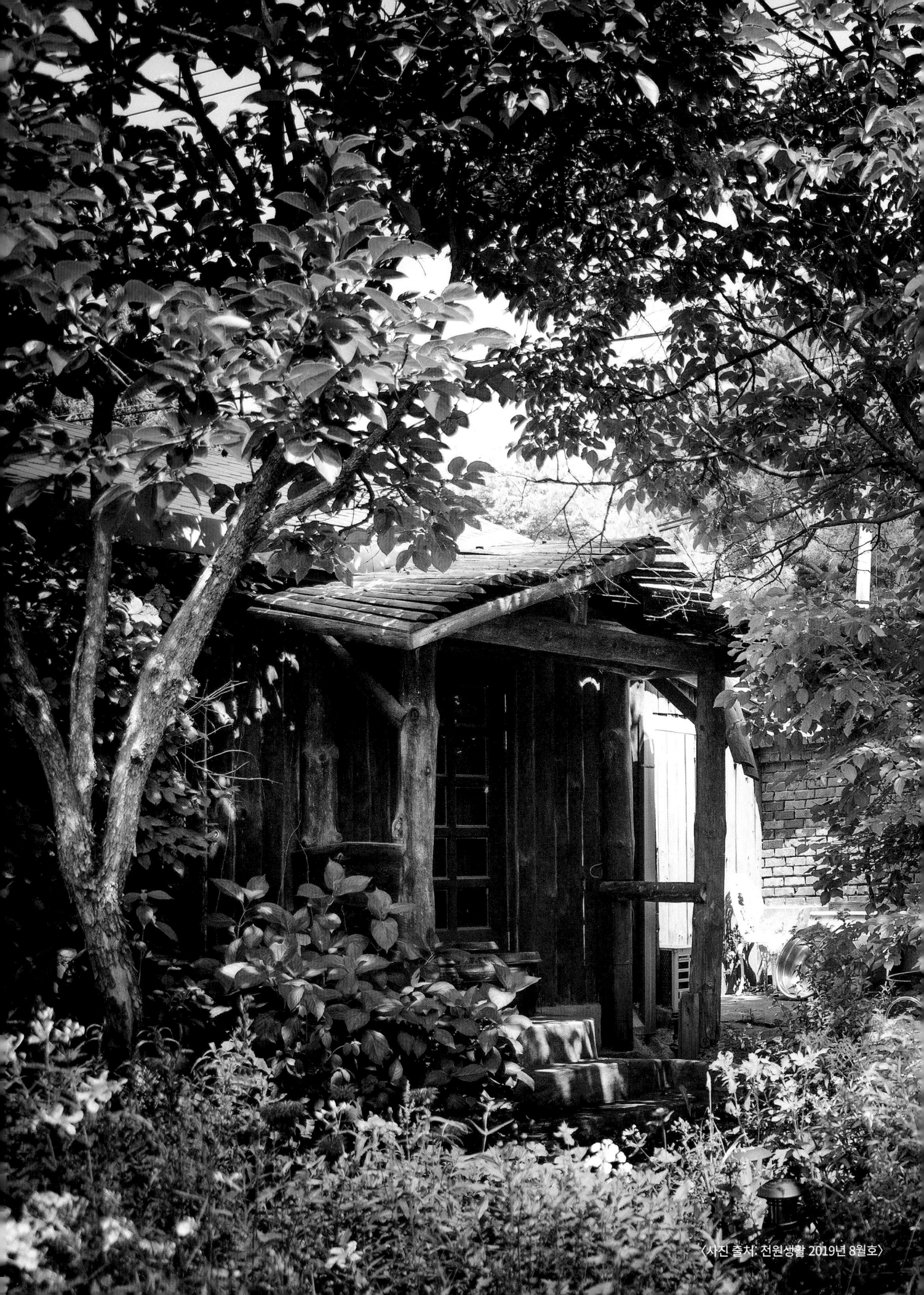

〈사진 출처: 전원생활 2019년 8월호〉

# Summer여름

�֍ 들꽃정원의 여름 꽃 �֍

<u>6월</u>
가막살나무, 까치수영, 개마투구꽃, 거품장구채, 꽃분홍찔레, 꽃상추, 꽃지황, 금계국, 끈끈이대나물, 기린초, 노랑꽃창포,
노랑달맞이, 노랑원추리, 노루오줌, 당귀, 돌나물, 레이스꽃(아미초), 리시안셔스, 리아트리스, 마가목, 물레나물, 바위취,
백합, 빨간릴리, 베르가못, 부처꽃, 분홍조팝, 분홍초롱꽃, 비누풀꽃, 비단동자, 산수국, 산작약, 석잠풀, 섬초롱, 솔나리,
솔나물, 애기달맞이, 애기장미, 애기철쭉, 야생당근, 에키네시아, 원추천인국, 자귀나무, 접시꽃, 좁쌀풀, 털이풀, 풀협죽도 등

<u>7월</u>
까실쑥부쟁이, 각시원추리, 곰취, 꽃분홍찔레, 꽃쥐손이, 글라디올러스, 금꿩의다리, 기생초, 냉초, 노각나무, 능소화,
망종화, 맨드라미, 모감주나무, 모싯대, 목백일홍, 무릇, 백일홍, 벌개미취, 봉선화, 분꽃, 분홍 꼬리조팝나무, 산수국,
상사화, 설악초, 술패랭이, 아스타데이지, 애기범부채, 약메밀, 왕원추리, 이질풀, 잔대, 재팬아이리스, 조밥나물,
참꽃으아리, 참나리(호랑나리), 참취, 채송화, 청사초롱꽃, 층꽃나무, 큰산꼬리풀, 홀아비꽃대 등

<u>8월</u>
개미취, 과꽃, 금불초, 붉은털여뀌(노인장대), 도라지, 마타리, 모싯대, 미니델피늄, 뻐꾹나리, 범부채, 분홍바늘꽃, 분홍찔
레, 비비추, 산비장이, 소영도리나무, 여름 라일락, 여름 국화, 옥잠화, 자주꽃방망이, 참당귀, 톱풀, 하늘말라리 등

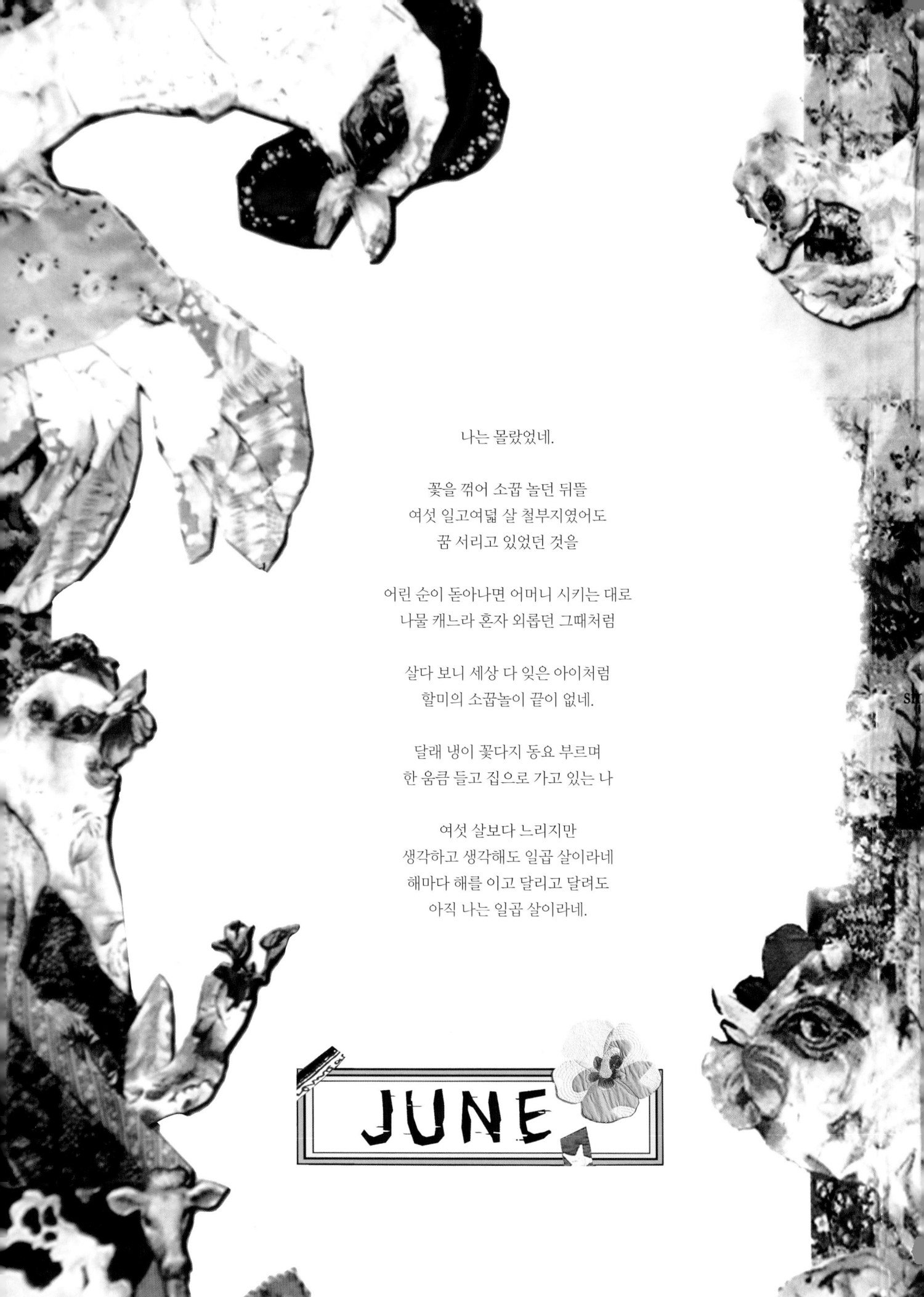

나는 몰랐었네.

꽃을 꺾어 소꿉 놀던 뒤뜰
여섯 일고여덟 살 철부지였어도
꿈 서리고 있었던 것을

어린 순이 돋아나면 어머니 시키는 대로
나물 캐느라 혼자 외롭던 그때처럼

살다 보니 세상 다 잊은 아이처럼
할미의 소꿉놀이 끝이 없네.

달래 냉이 꽃다지 동요 부르며
한 움큼 들고 집으로 가고 있는 나

여섯 살보다 느리지만
생각하고 생각해도 일곱 살이라네
해마다 해를 이고 달리고 달려도
아직 나는 일곱 살이라네.

JUNE

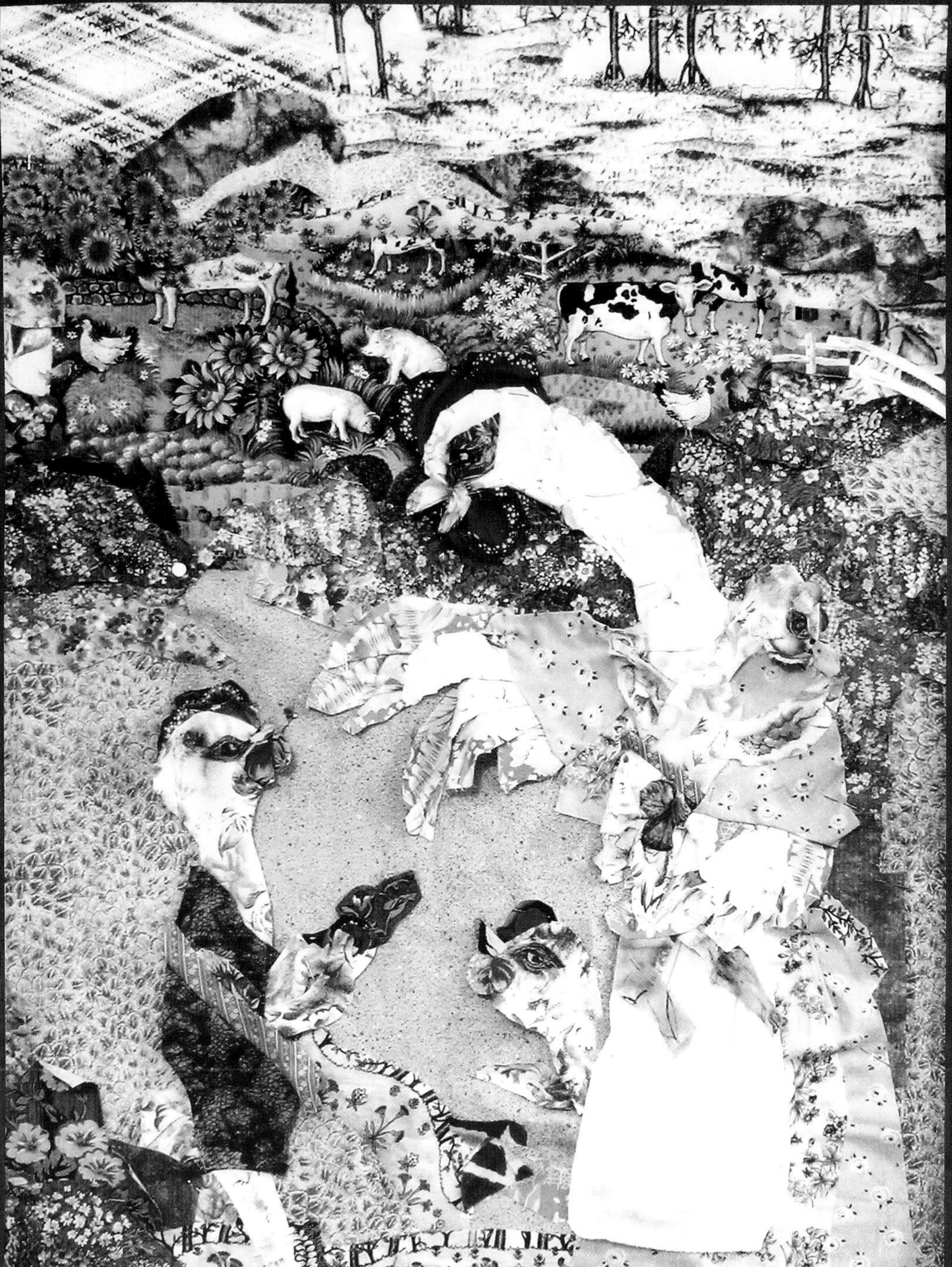

Story Quilt Calendar
Created by An Hong-sun

2006

2006

Created by An Hong-sun

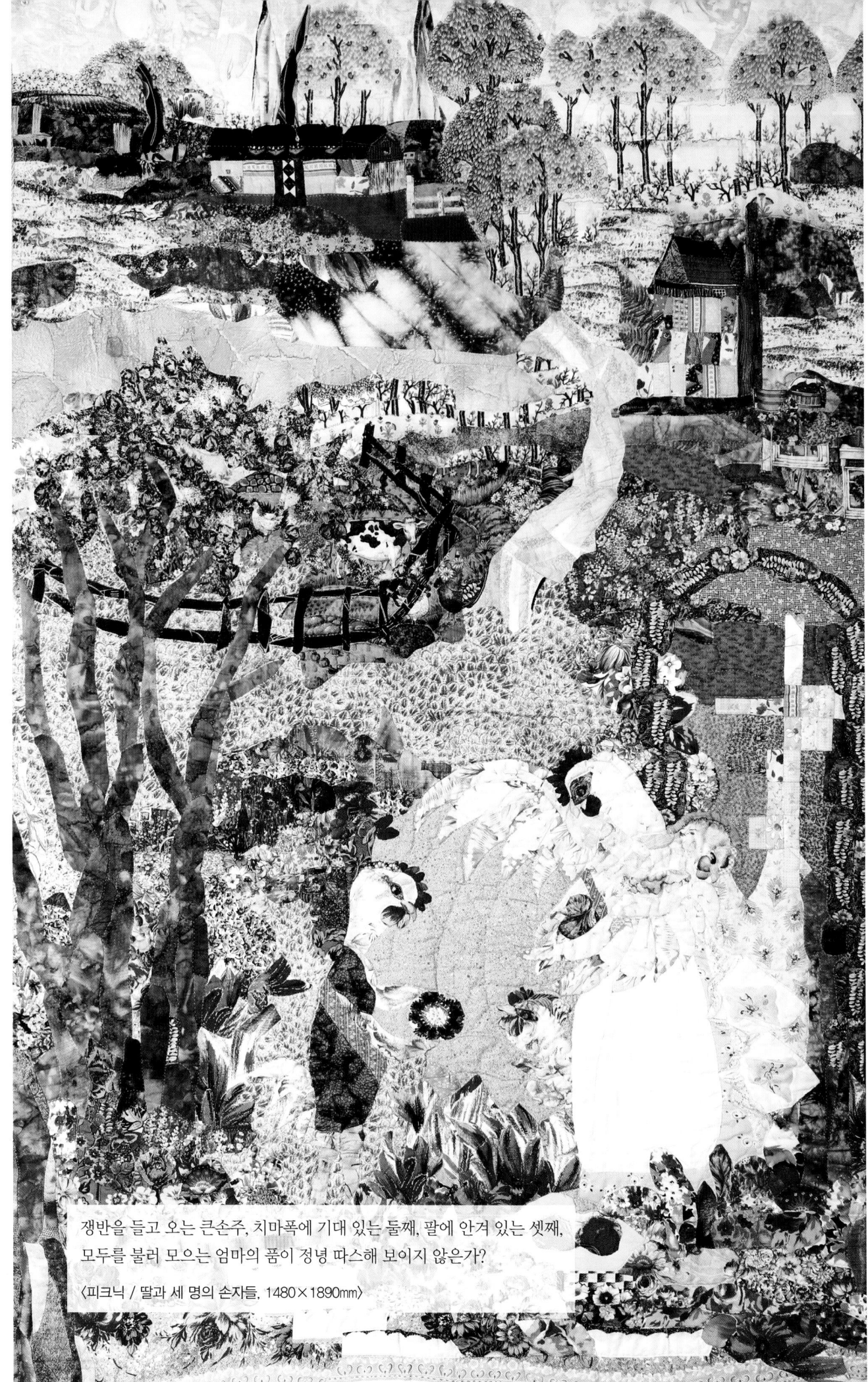

쟁반을 들고 오는 큰손주, 치마폭에 기대 있는 둘째, 팔에 안겨 있는 셋째,
모두를 불러 모으는 엄마의 품이 정녕 따스해 보이지 않은가?

〈피크닉 / 딸과 세 명의 손자들, 1480×1890mm〉

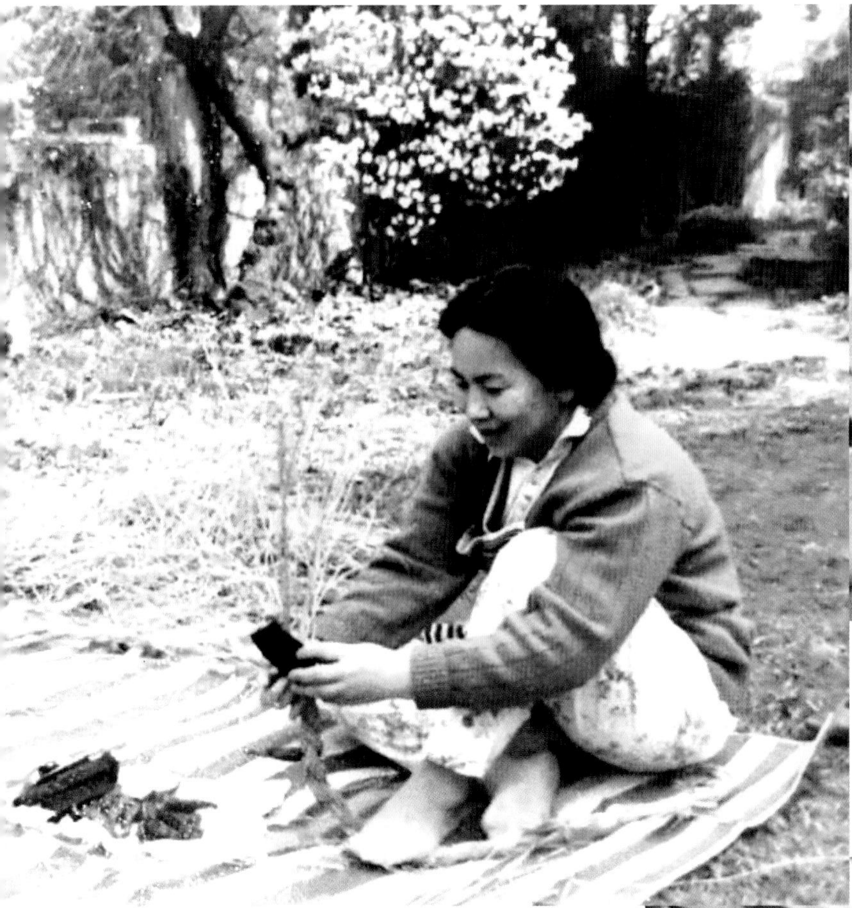

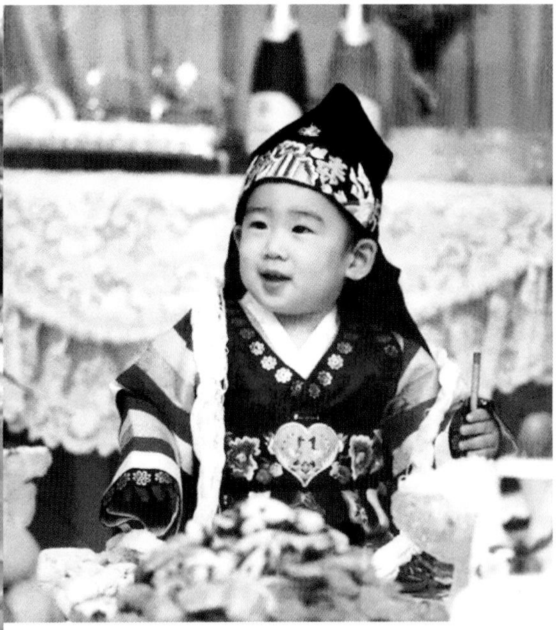

손자의 앞날을 기도하며 머리에 쓴 호건과
허리에 굴레를 정성껏 수를 놓아 입혔다.

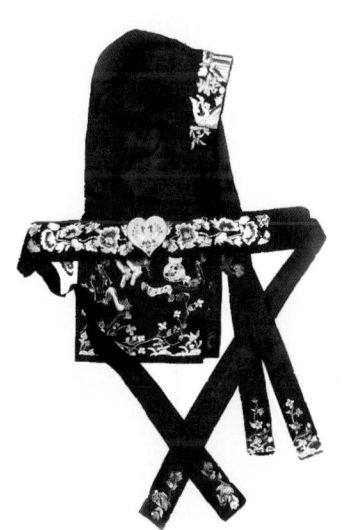

## 30년 전 첫 손자 맞이하던 옛이야기

금줄은 아들을 낳았을 때 사립문에
삼칠일 동안 걸어두는 한국인의 통과의례다.
사라져 가는 풍습이 아쉬워 왼 새끼줄을 꼬으며
고추와 숯을 엮어 만든 금줄을
대문 앞에 달아 놓았다.
아마도 이 시대 마지막 전통 금줄이 아닐까...

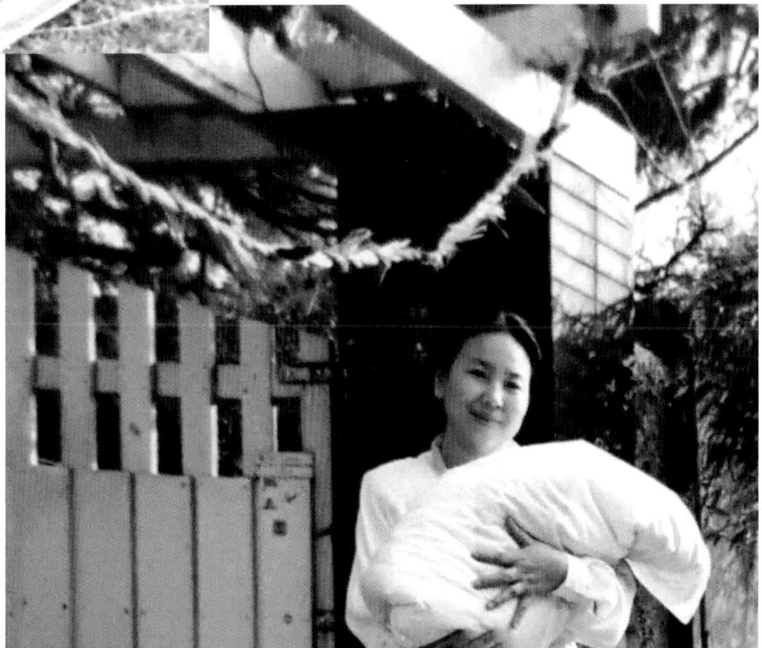

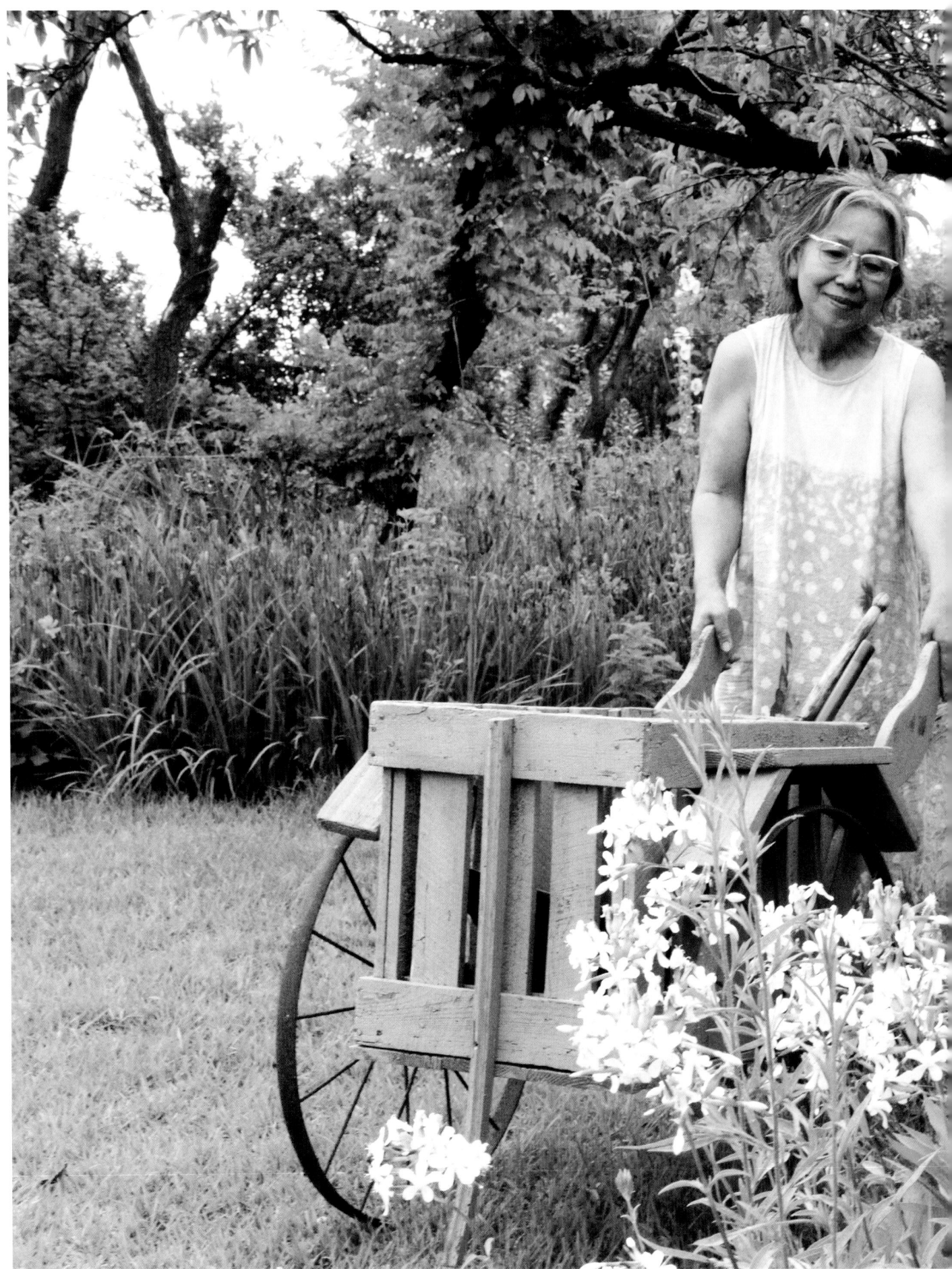

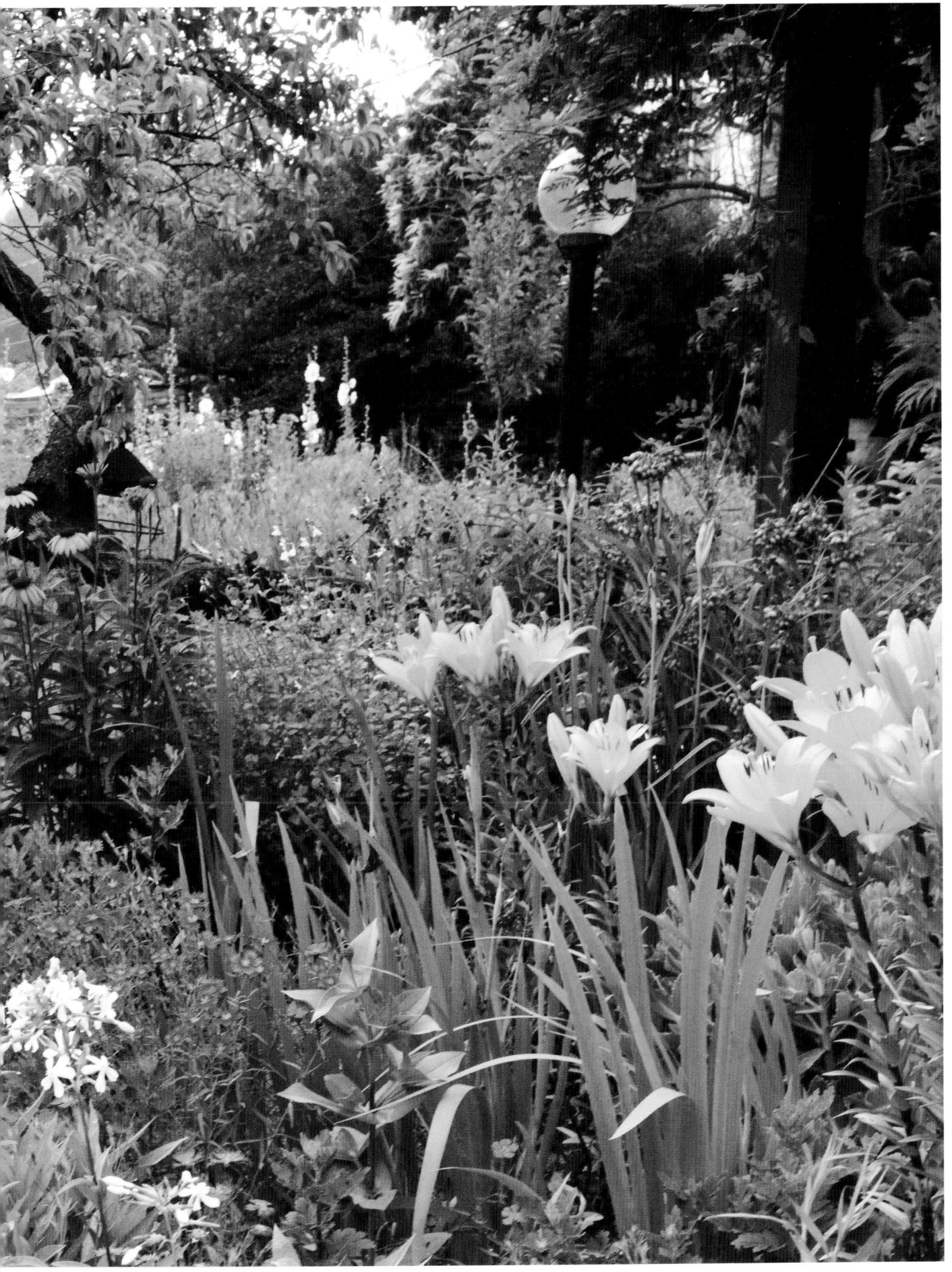

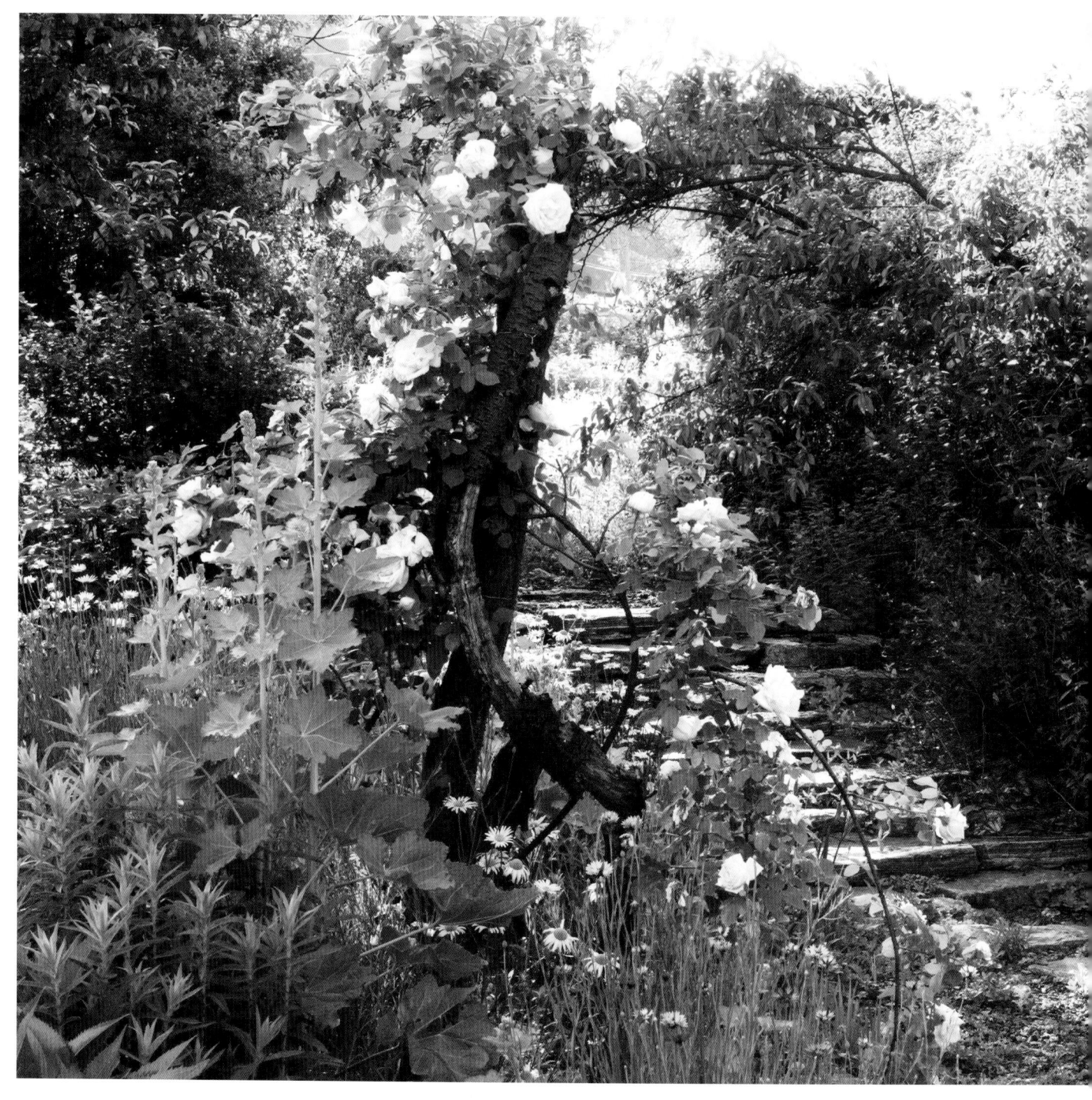

## 나 홀로 쌓아 올린 돌계단

여기 돌계단에서 내려다보면
들꽃정원이 생각보다 훨씬 아름답고 신비롭다.
처음에 조성한 나무 계단은 만들기 쉬웠지만
몇 년 지나 이내 삭아 버렸기에
다시 돌계단을 쌓아 올리기 시작했다.
돌을 가까이 실어다 주는 한 사람 외에는
누구의 도움도 없이 혼자 계획으로 끝까지...

이런 나를 보고 내 옆지기는 여간 불편해하지 않았지만
나는 이 일을 멈출 수 없었다.
이곳이 내 삶의 마지막 체험 교실이라 여기면서...

생각으로만 이루어지지 않는 일이라는 것을
실감하고 있었기에 지금껏 계단을 오르내릴 때마다
잠시 멈춰서서 환희의 미소를 짓곤 한다.

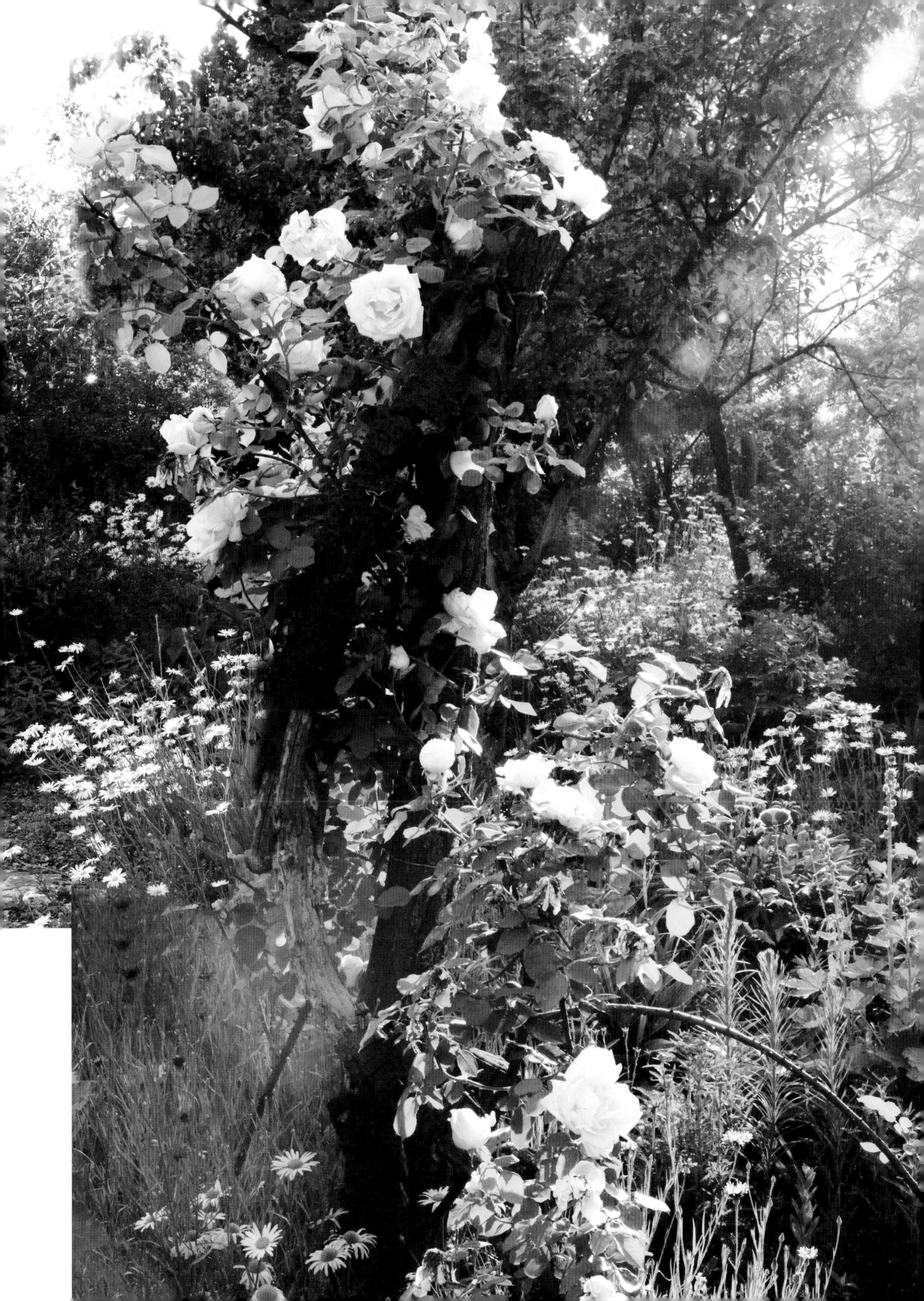

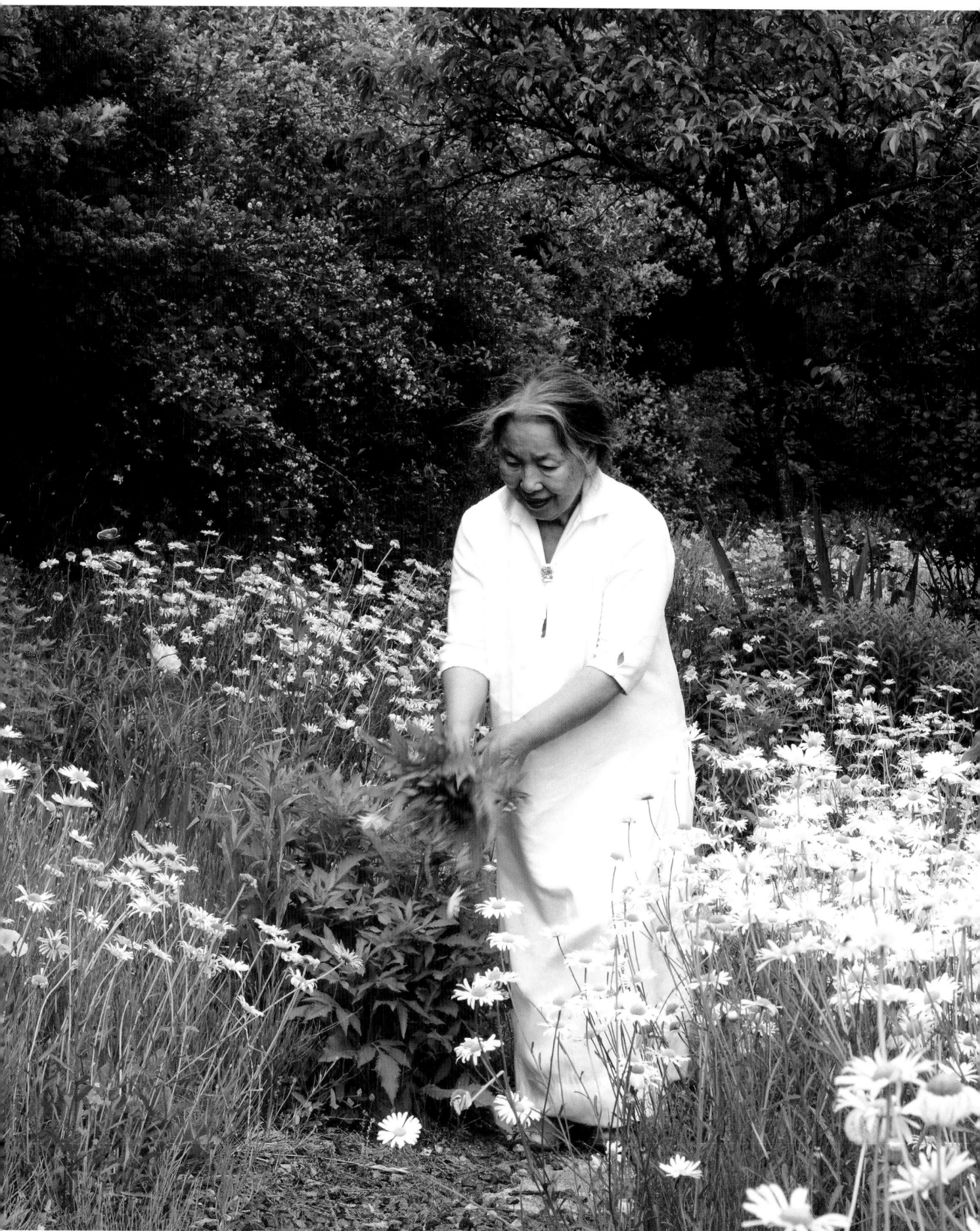

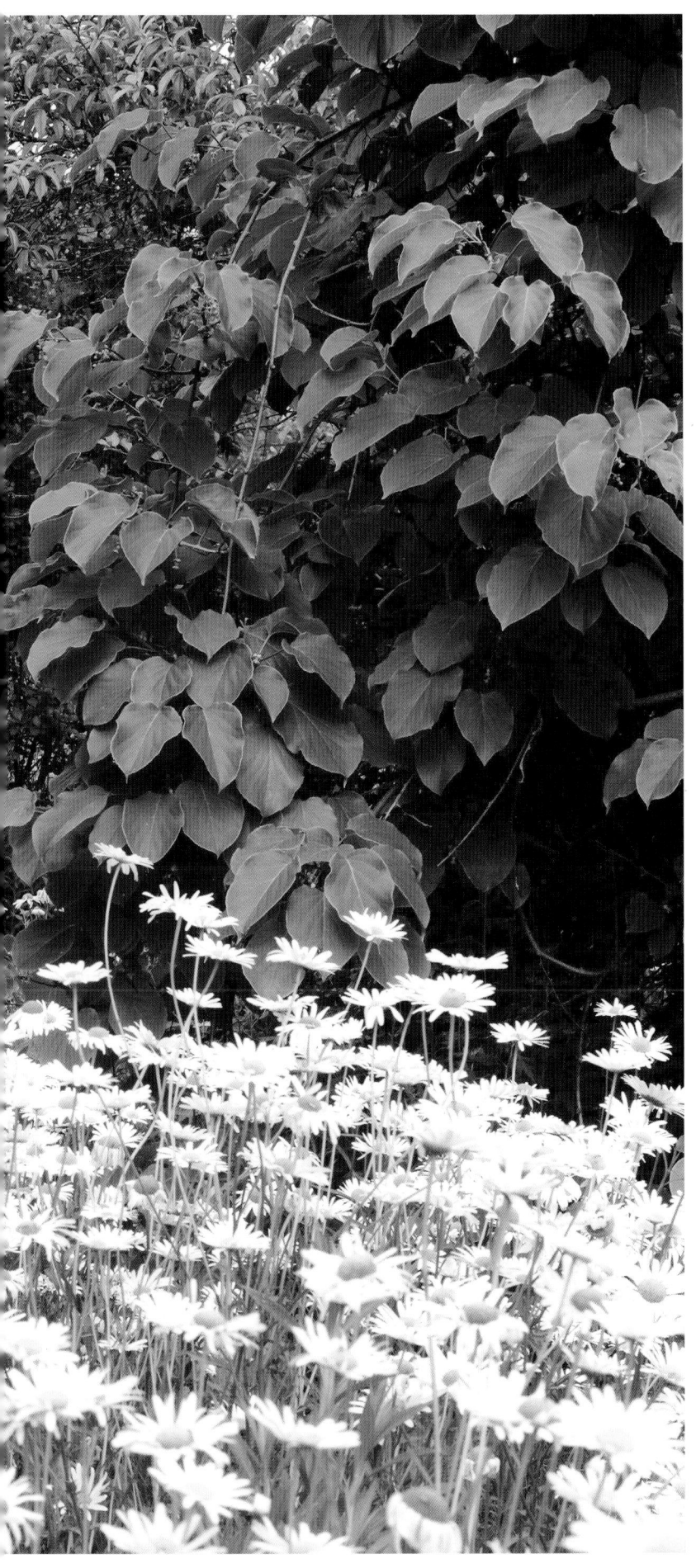

늦은 봄 5월에
하얀 샤스타데이지가 절정에 이를 때면
민병갈(천리포 수목원 원장)의
미국 여자 친구였던 할머니가 생각난다.

그분은 한국 남성과 결혼하면서부터
남편의 나라에 없는 꽃들을 수집해다 심으며
꽃 정원의 기틀을 잡아 놓았다.

그녀는 오래전에
『파란 눈의 아내』라는 저서를 출간했다고도 한다.
할머니는 휠체어를 타고 우리를 안내하면서도
구석구석 최선을 다해 아름다움을 전하는 마음에
탄복하며 배울 점이 참 많다고 생각했다.

그날 나는 그 하얀 샤스타데이지를
한 아름 안고 와서
보물같이 귀하게 여기며 기르기 시작했다.
덩달아 하얀 옷도 자주 입어 주면서
나도 같이 하얗게 늙어가며 살고 있다.

그녀가 세상을 떠날 때
아름다운 그곳을 기부했다는 말을 듣고
그리운 마음에 언젠가는 꼭 가보리라 생각했다.
어느 날 친구가 찾아가 보니
정원의 흔적은 온데간데없고
높은 건물만 들어섰더라며 아쉬워했다.

그 정성을 땅으로 치부하는 골 빈 선구자들
피땀 흘려 조성해 주어도
그 영광을 누리지 못하는 그들이
그지없이 원망스럽고 부끄럽다.

하얀 샤스타데이지 같이 살고 싶은
삶의 길목에서...

## 들꽃정원

꽃창포는 노오란 꽃잎을 드리우며
마가렛 곁에 서 있고
양지꽃 씀바귀 서로들 조잘조잘
봄을 즐긴다

수백수천 저마다의 이름으로
한 마당 가득 모여들면
설국이 저버린 가을 너머까지 요란하다.

사람들은 이름을 몰라서
"어머 예쁘다." 하고
나는 알면서도 "얘들아" 부른다

꽃들은 마음이 다정한 이에게
눈빛이 고운 이에게
손길을 당기며 소리 없이 반긴다

시심이 아름다운 어느 여인이 말했지
"여긴 내 이상향이야"
"내가 찾던 그들이 모두 살고 있어"
그녀는 나의 꽃들이 부러운가 보다

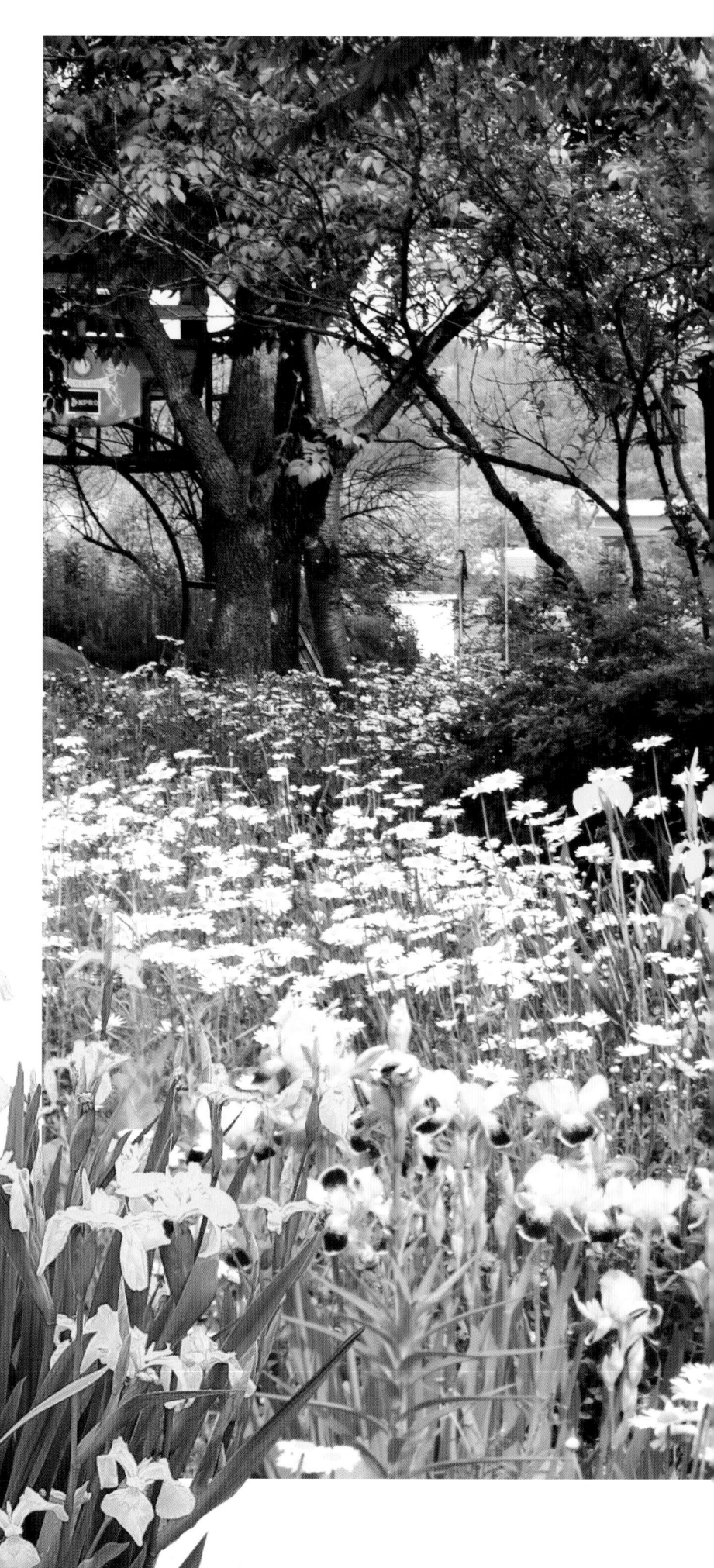

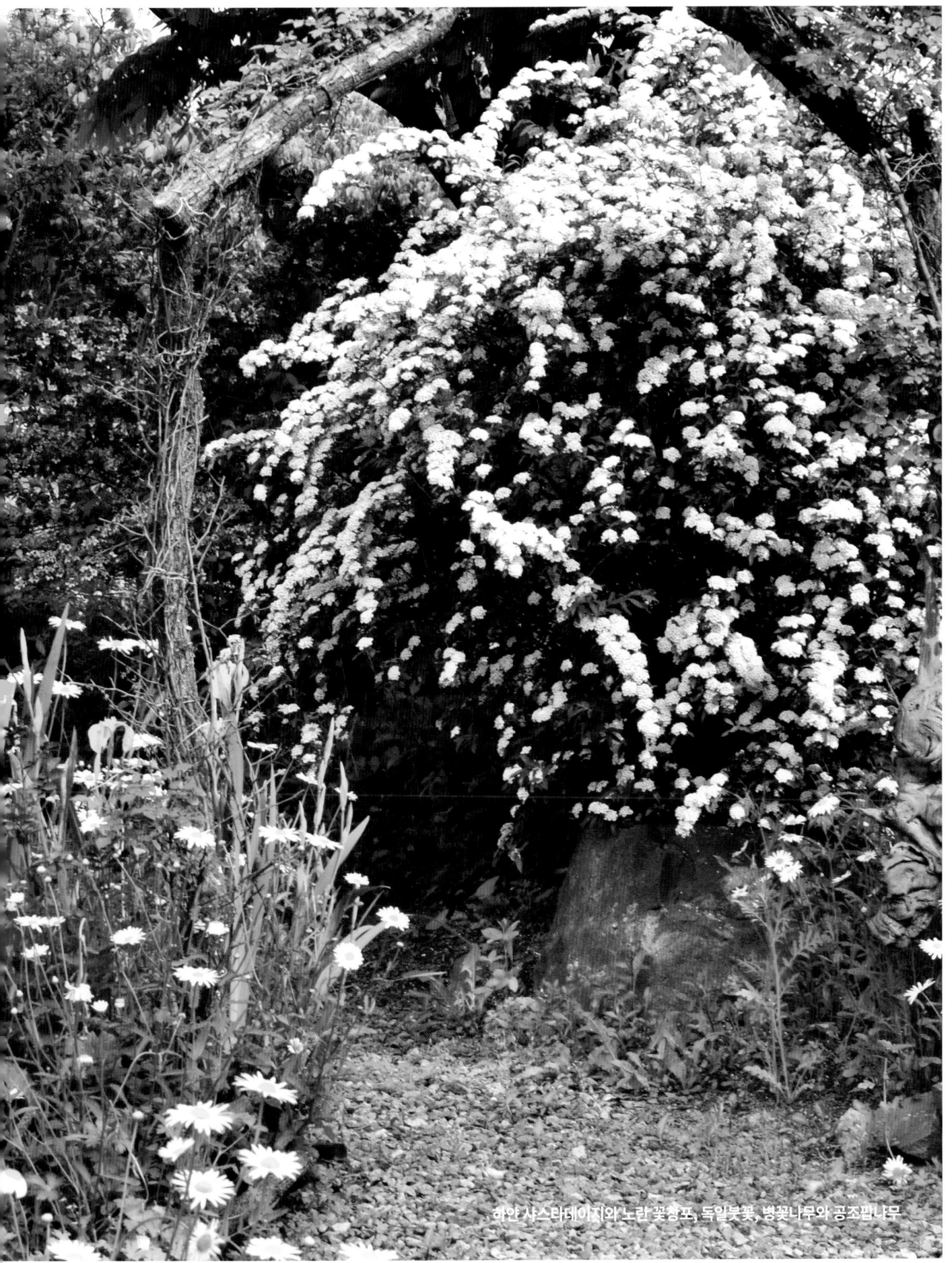

하얀 샤스타데이지와 노란 꽃창포, 독일붓꽃, 병꽃나무와 공조팝나무

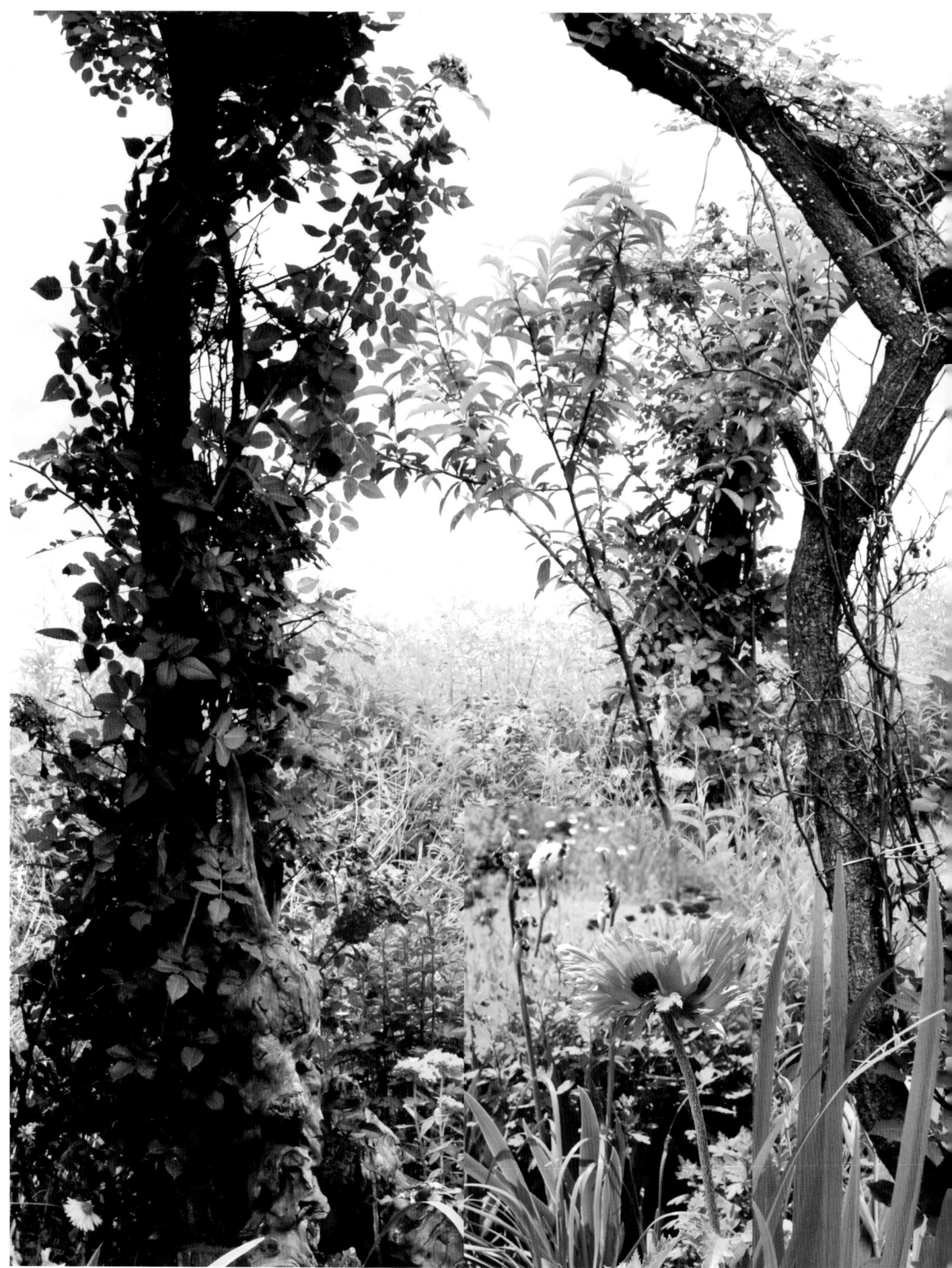

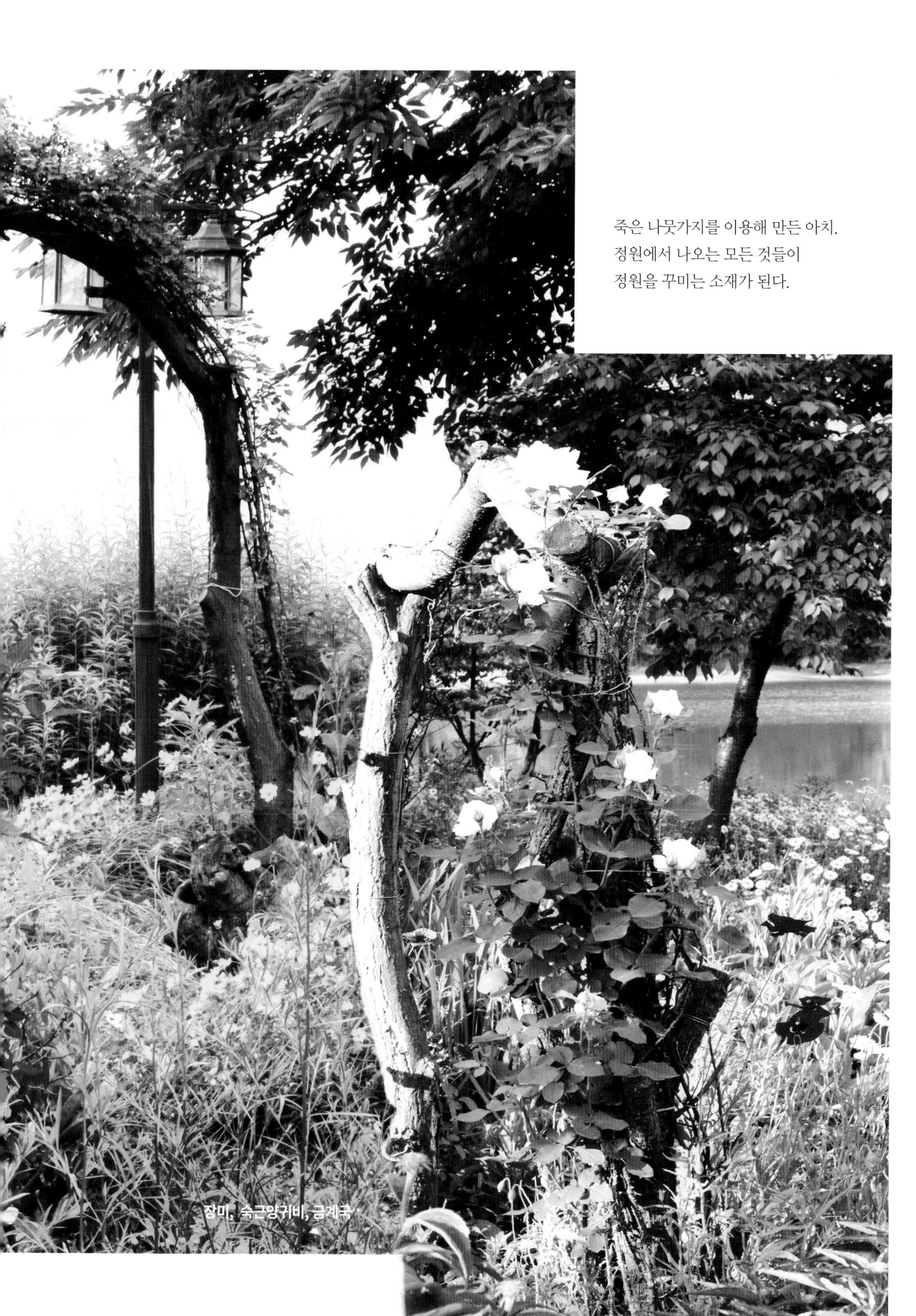

죽은 나뭇가지를 이용해 만든 아치.
정원에서 나오는 모든 것들이
정원을 꾸미는 소재가 된다.

장미, 숙근양귀비, 금계국

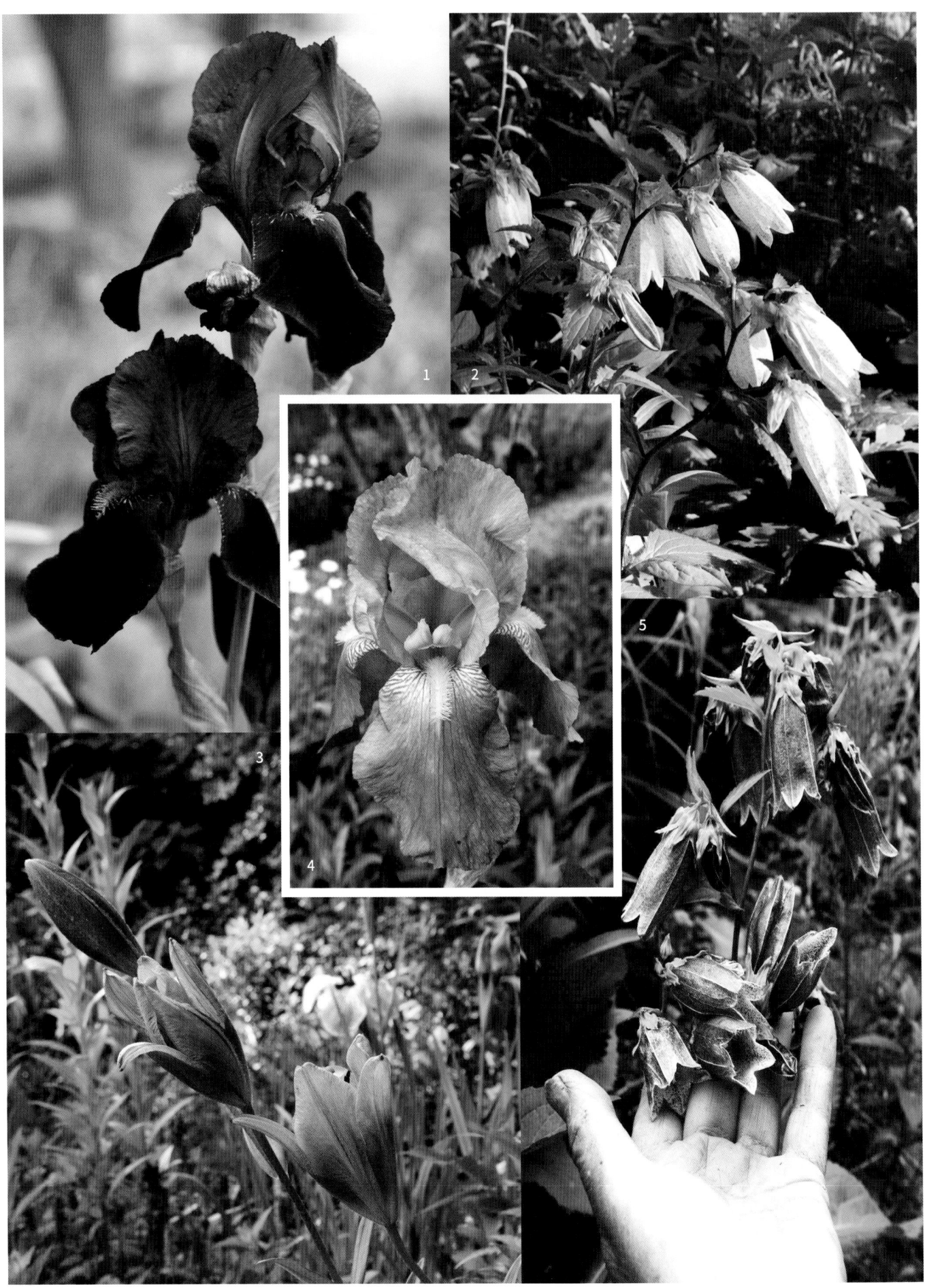

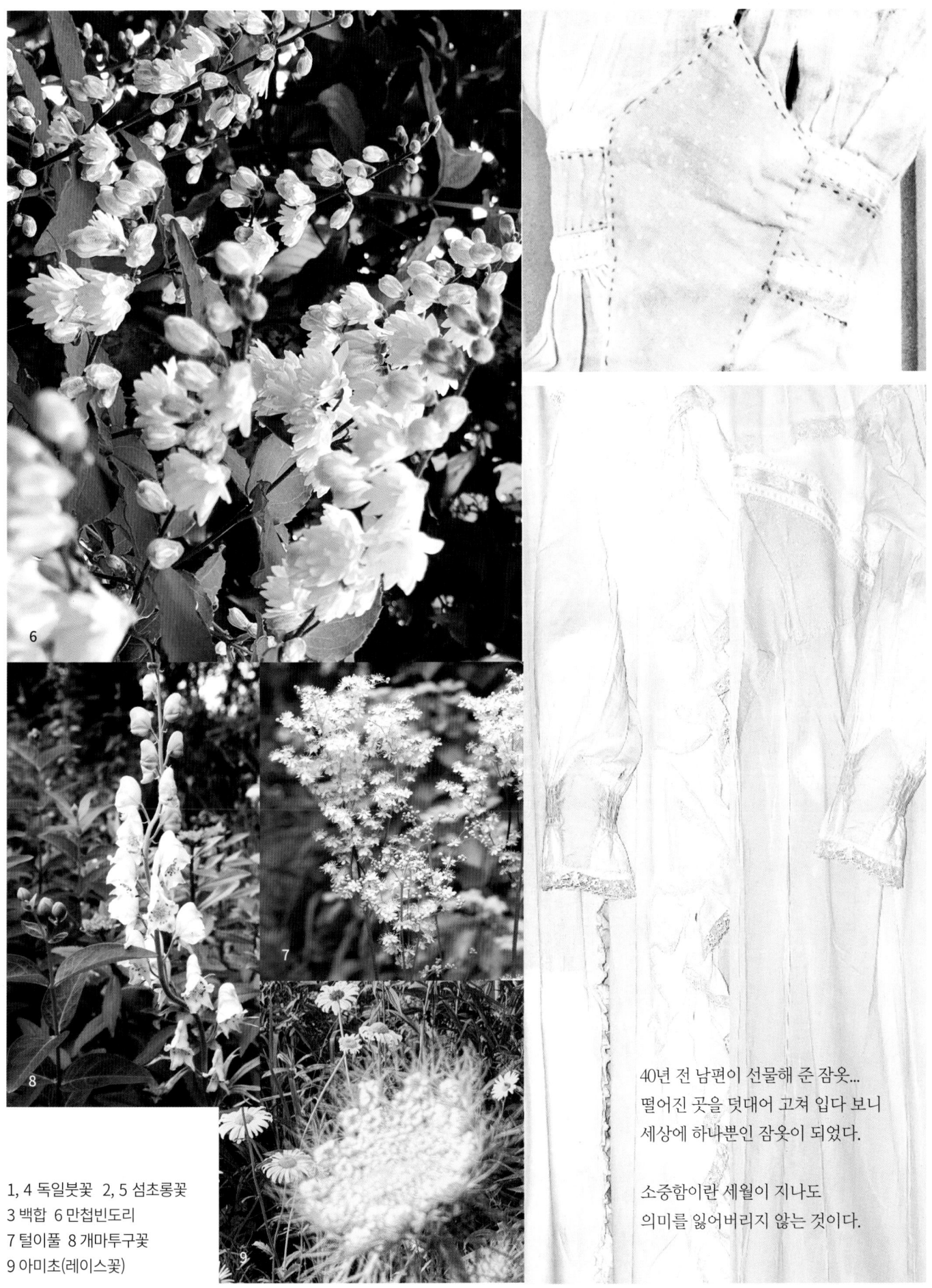

1, 4 독일붓꽃  2, 5 섬초롱꽃
3 백합  6 만첩빈도리
7 털이풀  8 개마투구꽃
9 아미초(레이스꽃)

40년 전 남편이 선물해 준 잠옷...
떨어진 곳을 덧대어 고쳐 입다 보니
세상에 하나뿐인 잠옷이 되었다.

소중함이란 세월이 지나도
의미를 잃어버리지 않는 것이다.

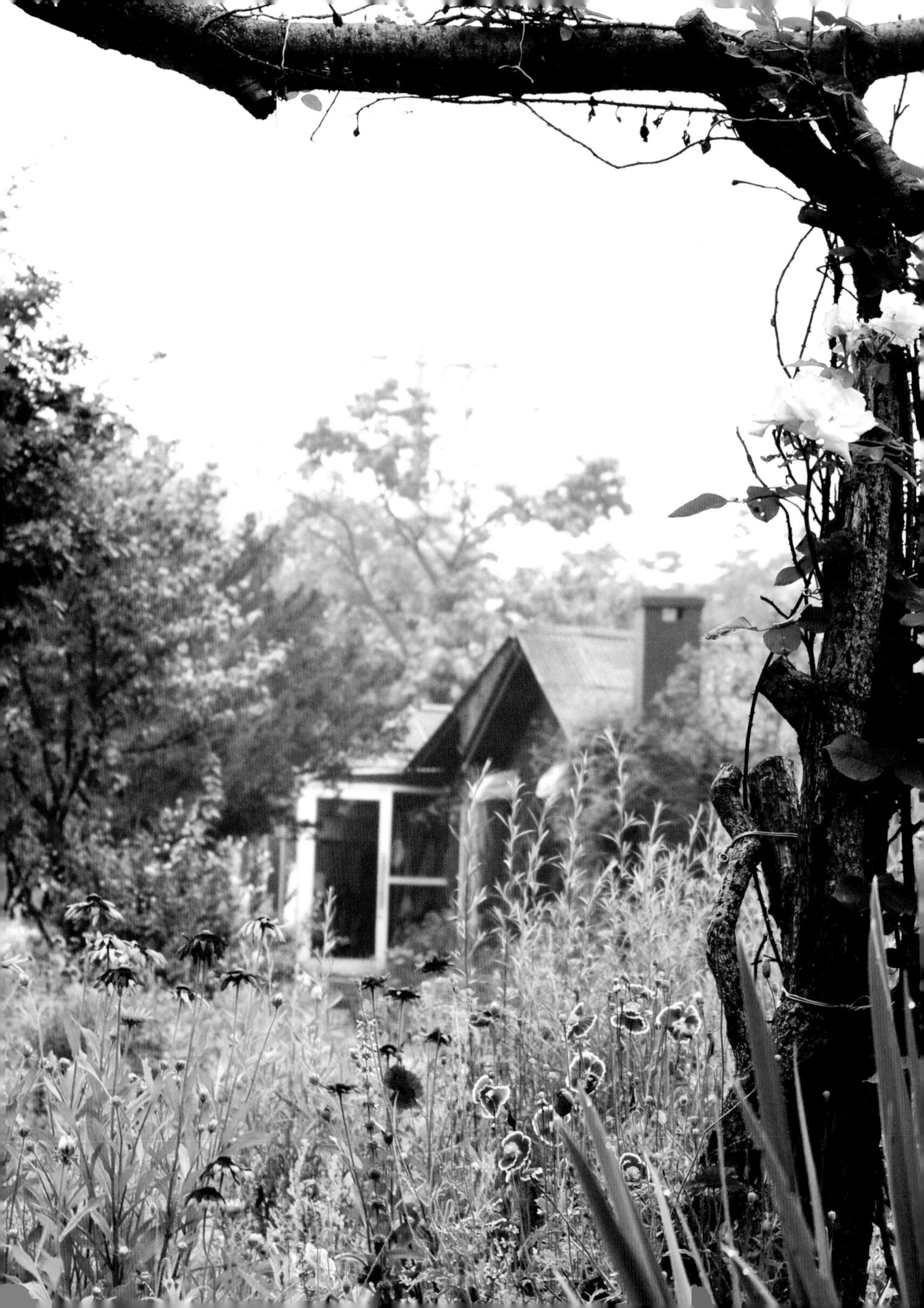

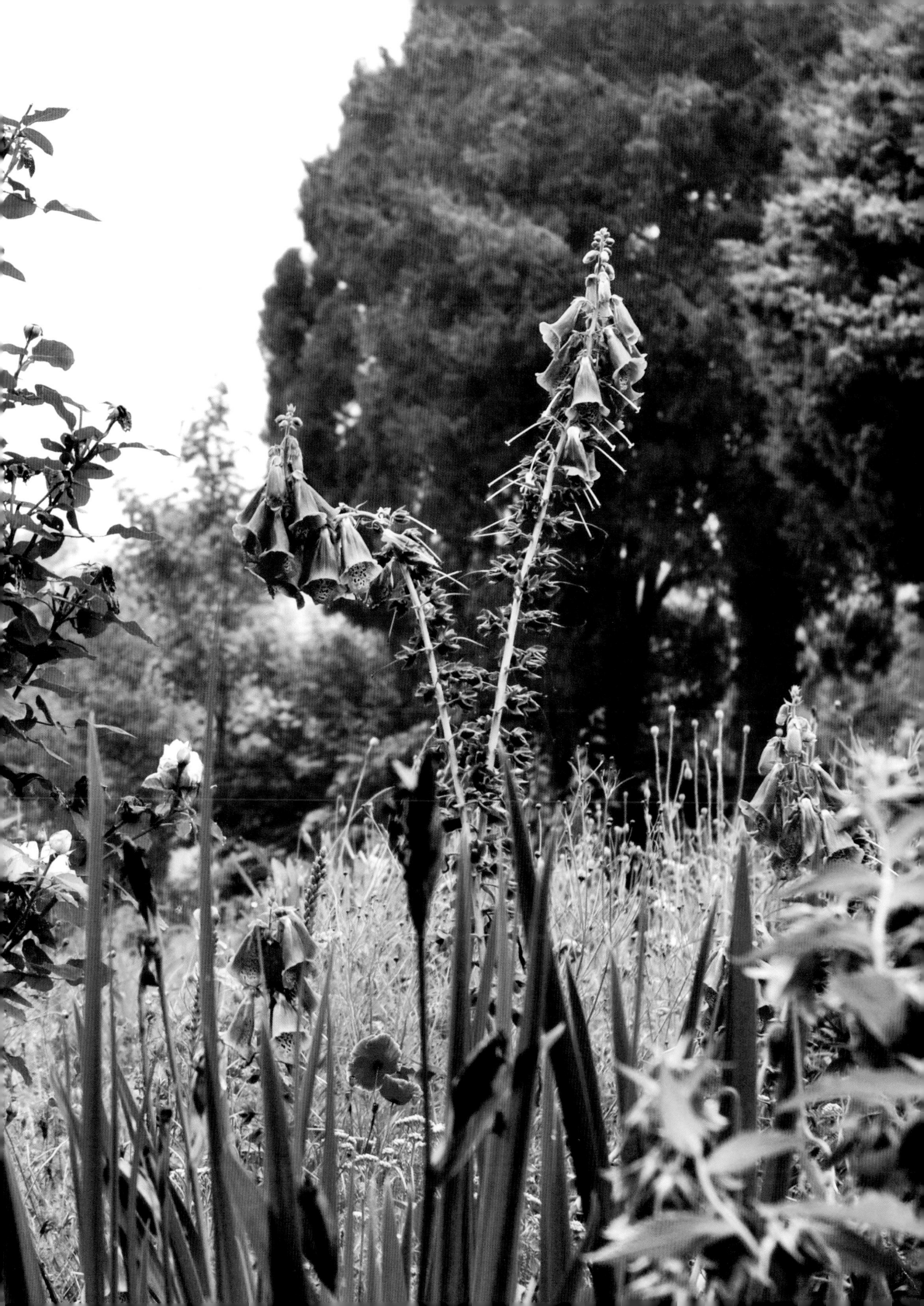

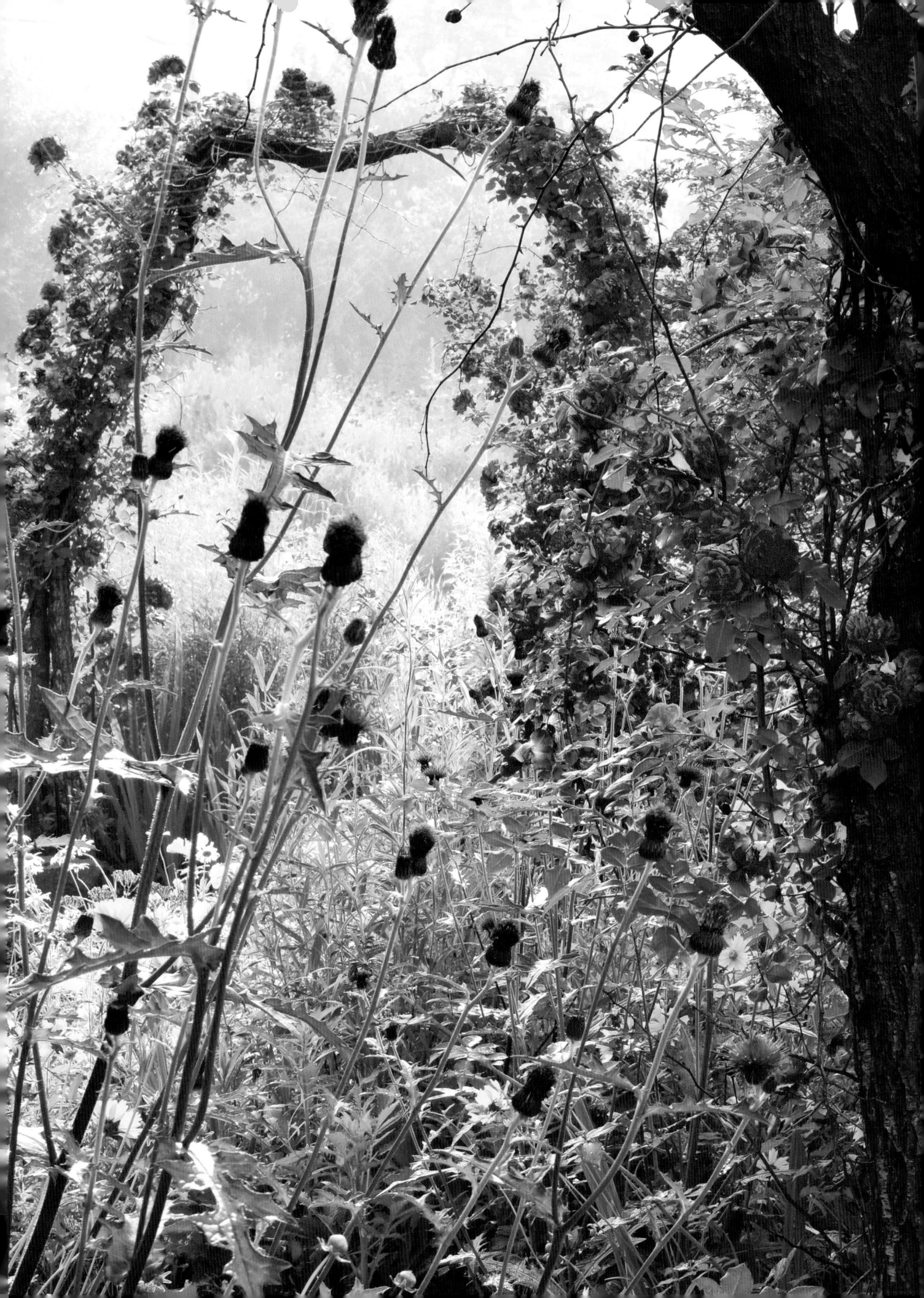

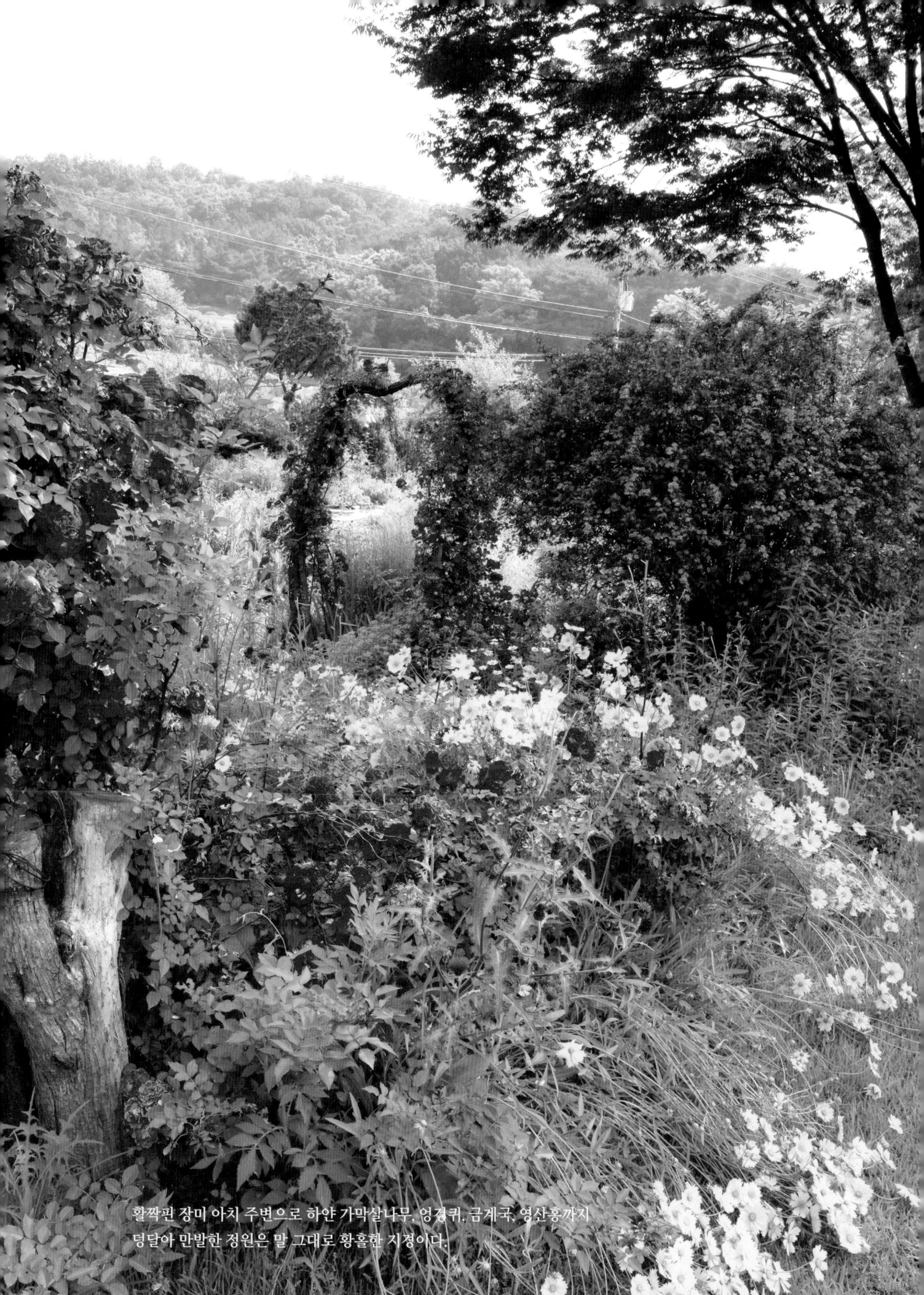

활짝핀 장미 아치 주변으로 하얀 가막살나무, 엉겅퀴, 금계국, 영산홍까지
덩달아 만발한 정원은 말 그대로 황홀한 지경이다.

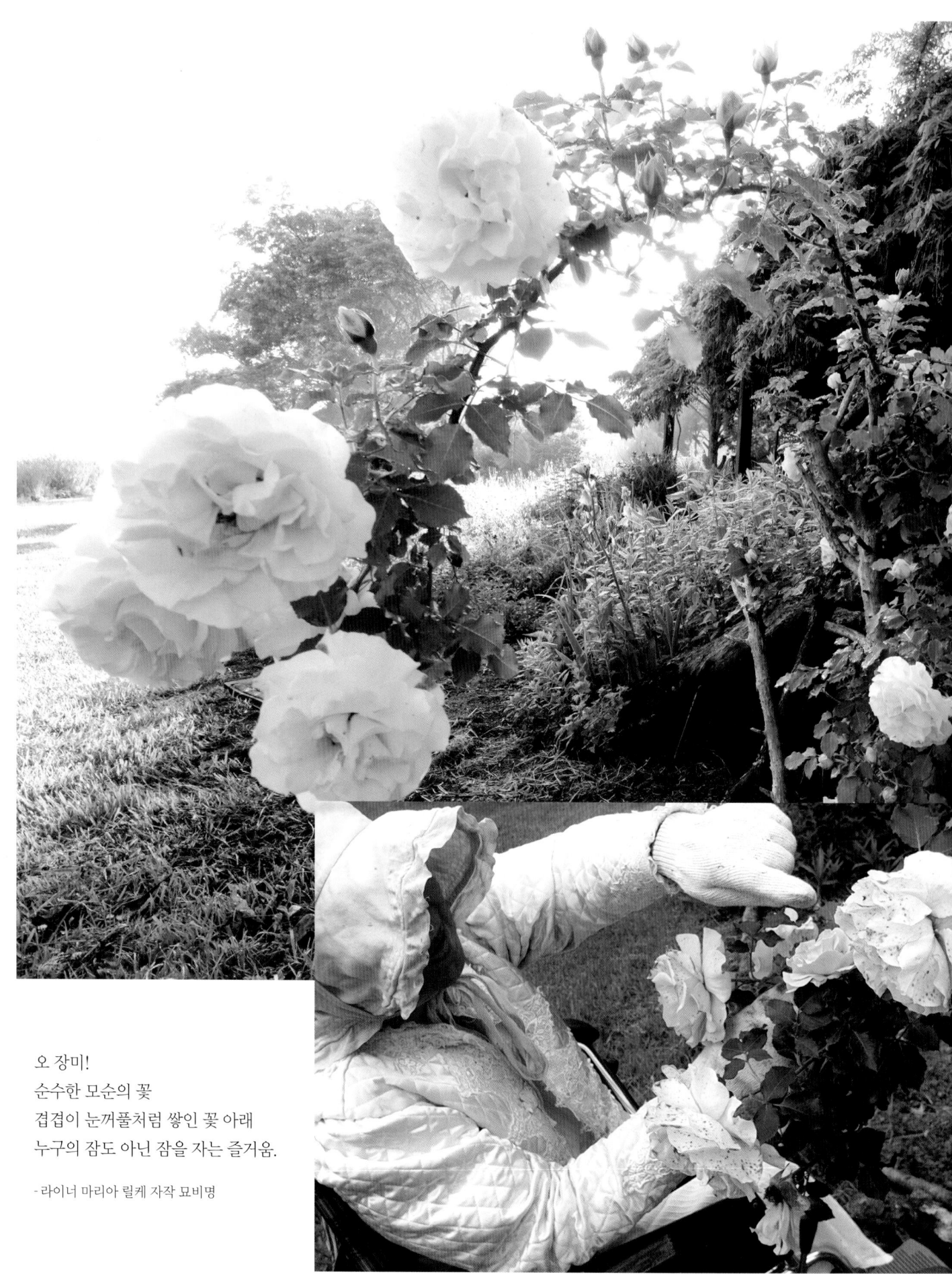

오 장미!
순수한 모순의 꽃
겹겹이 눈꺼풀처럼 쌓인 꽃 아래
누구의 잠도 아닌 잠을 자는 즐거움.

- 라이너 마리아 릴케 자작 묘비명

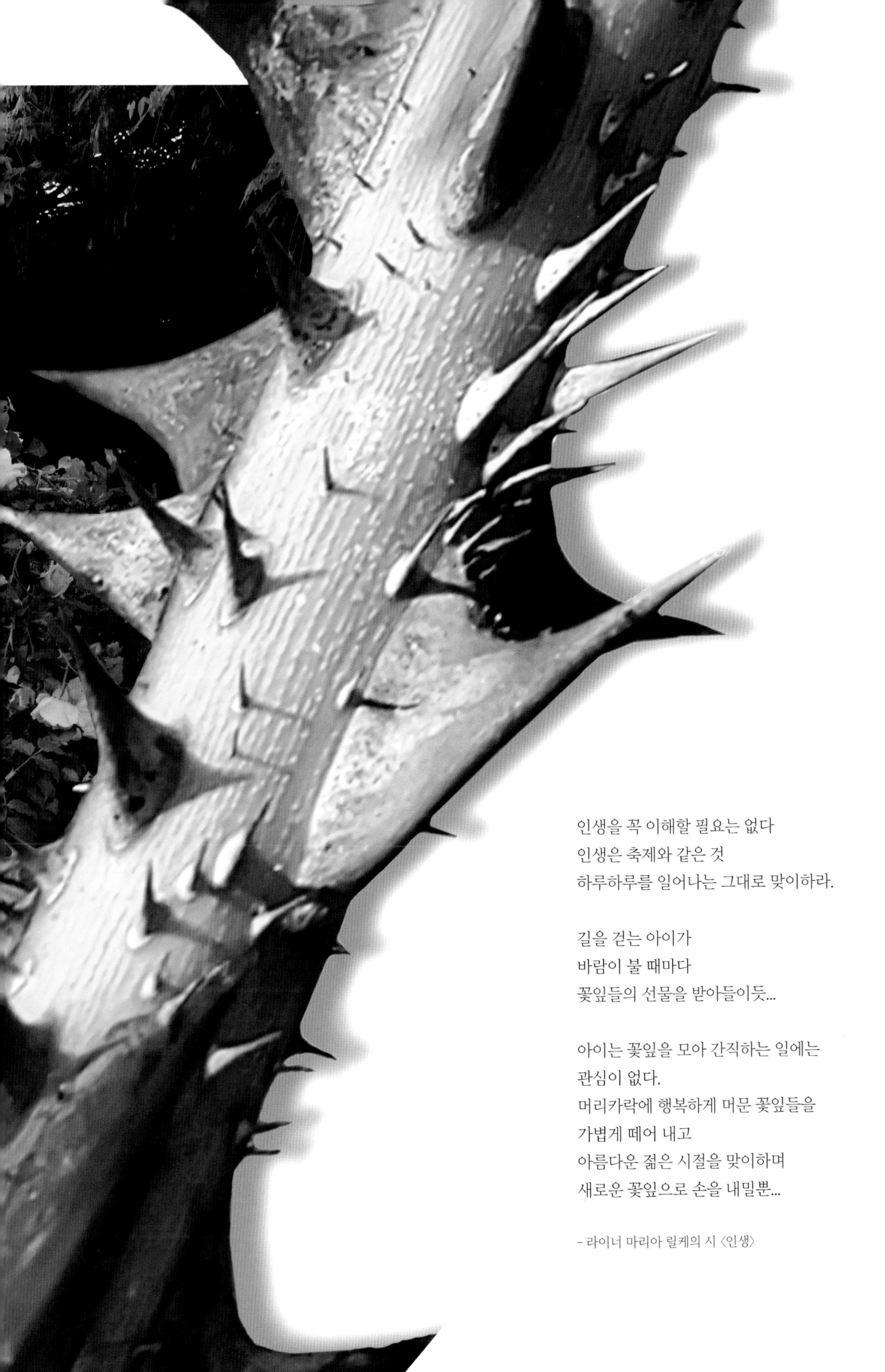

인생을 꼭 이해할 필요는 없다
인생은 축제와 같은 것
하루하루를 일어나는 그대로 맞이하라.

길을 걷는 아이가
바람이 불 때마다
꽃잎들의 선물을 받아들이듯...

아이는 꽃잎을 모아 간직하는 일에는
관심이 없다.
머리카락에 행복하게 머문 꽃잎들을
가볍게 떼어 내고
아름다운 젊은 시절을 맞이하며
새로운 꽃잎으로 손을 내밀뿐...

- 라이너 마리아 릴케의 시 〈인생〉

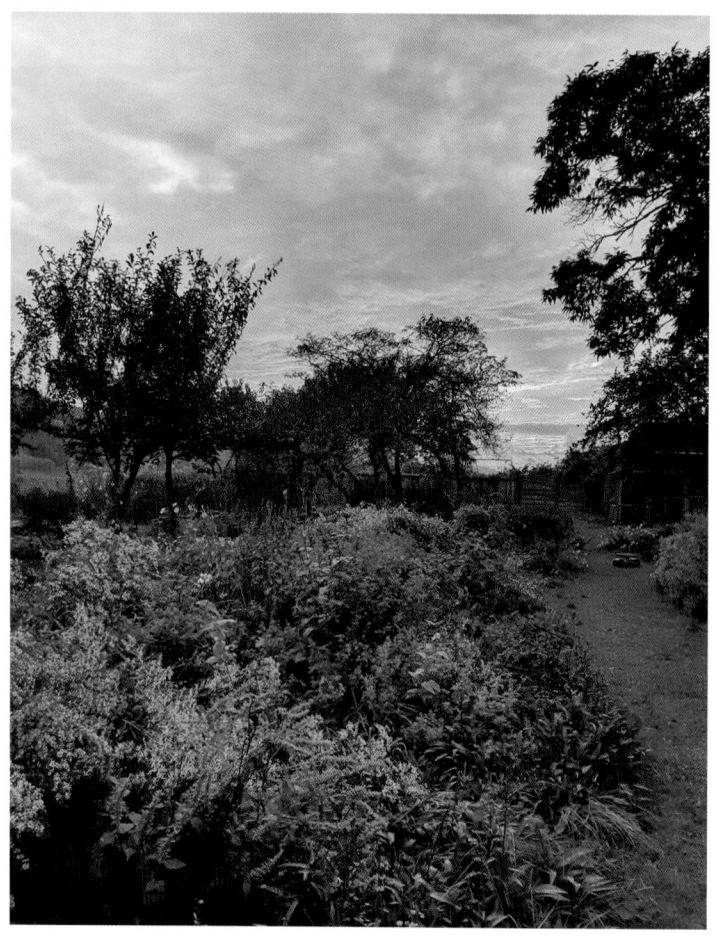

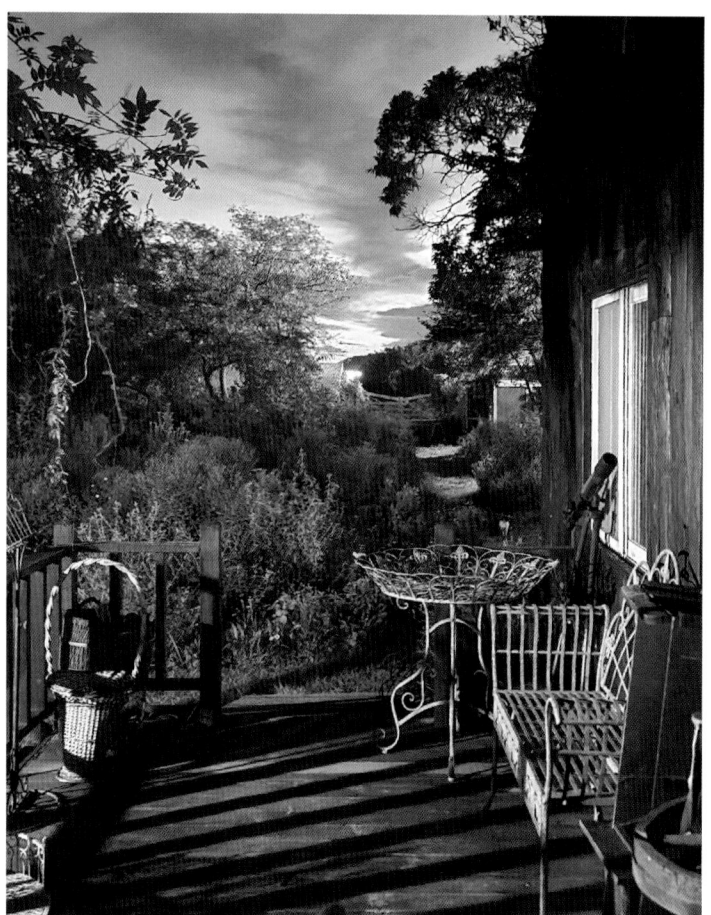

시작이 반이라고
잡초 하나 뽑으려고 허리를 구부리면
어느새 한 줌, 한 아름, 한 수레...
구석구석 쌓인 풀더미,
마치 무덤 같아 무섭기도 하네.

허기도 갈증도 잊은 채
식전부터 몇 시간인지?

오후 해가 서편에서 발그레 안기지만
벌, 나비는 더하자고 손짓하네.
이들과 놀다 보면
말은 없어도 무심결에 통하지.

이 일터가 낙원이란 생각에
자리를 뜨지 못하고
오늘내일하는 슬픈 얼굴로
날 바라보는 꽃들...

잠시라도 더 곁에 두고 싶은 어미 마음
알음 소리에 자리를 뜨지 못하는 날이
왕왕 있네.

함께 밤을 지새우고 싶어
거친 얼굴로 빤히 바라보는 꽃들...
그 슬픔 감당하기 힘들어
외면하지 못하네.

노을 물들이며 돌아선다.
노을 물에 취해서 돌아선다.

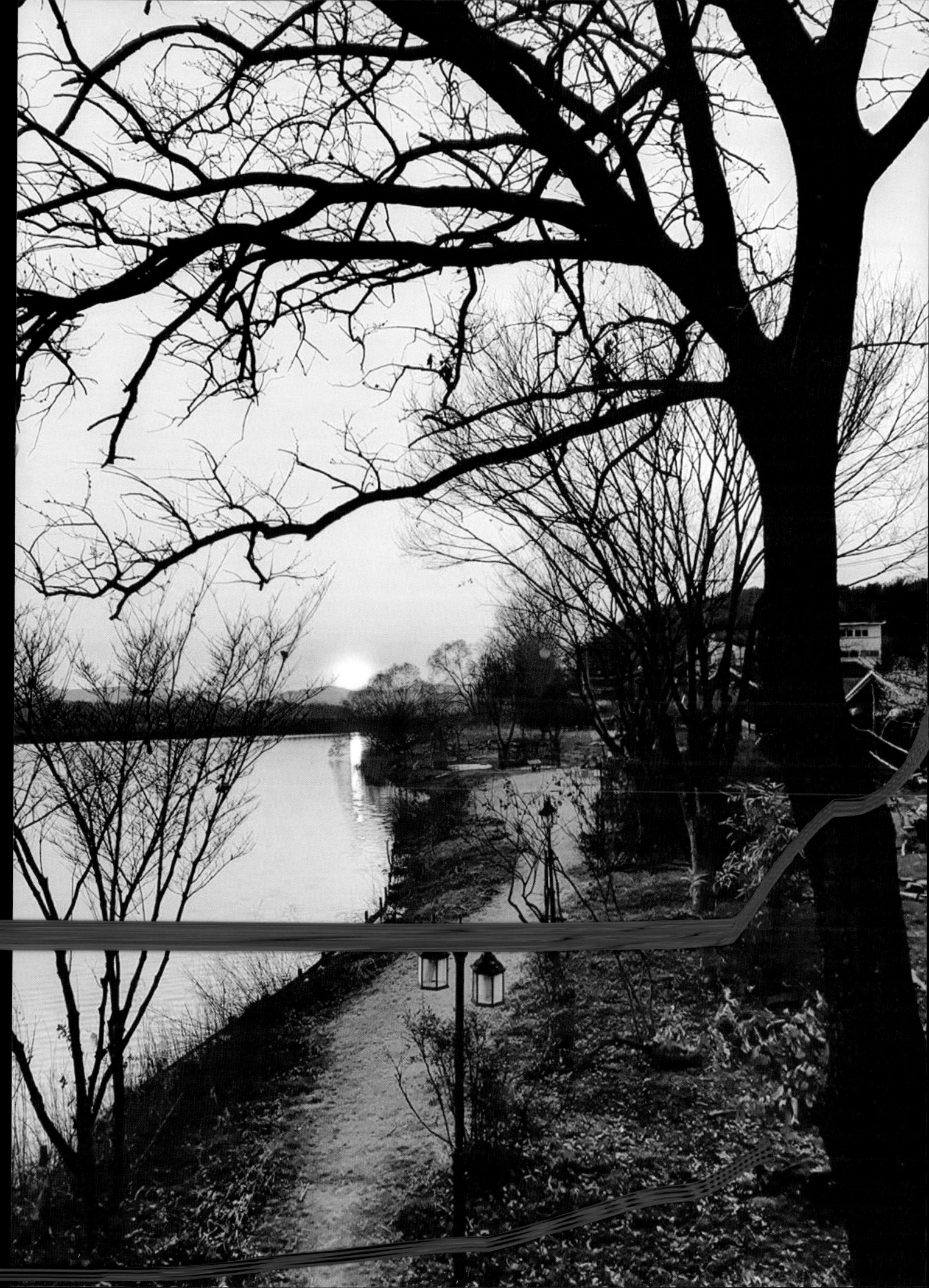

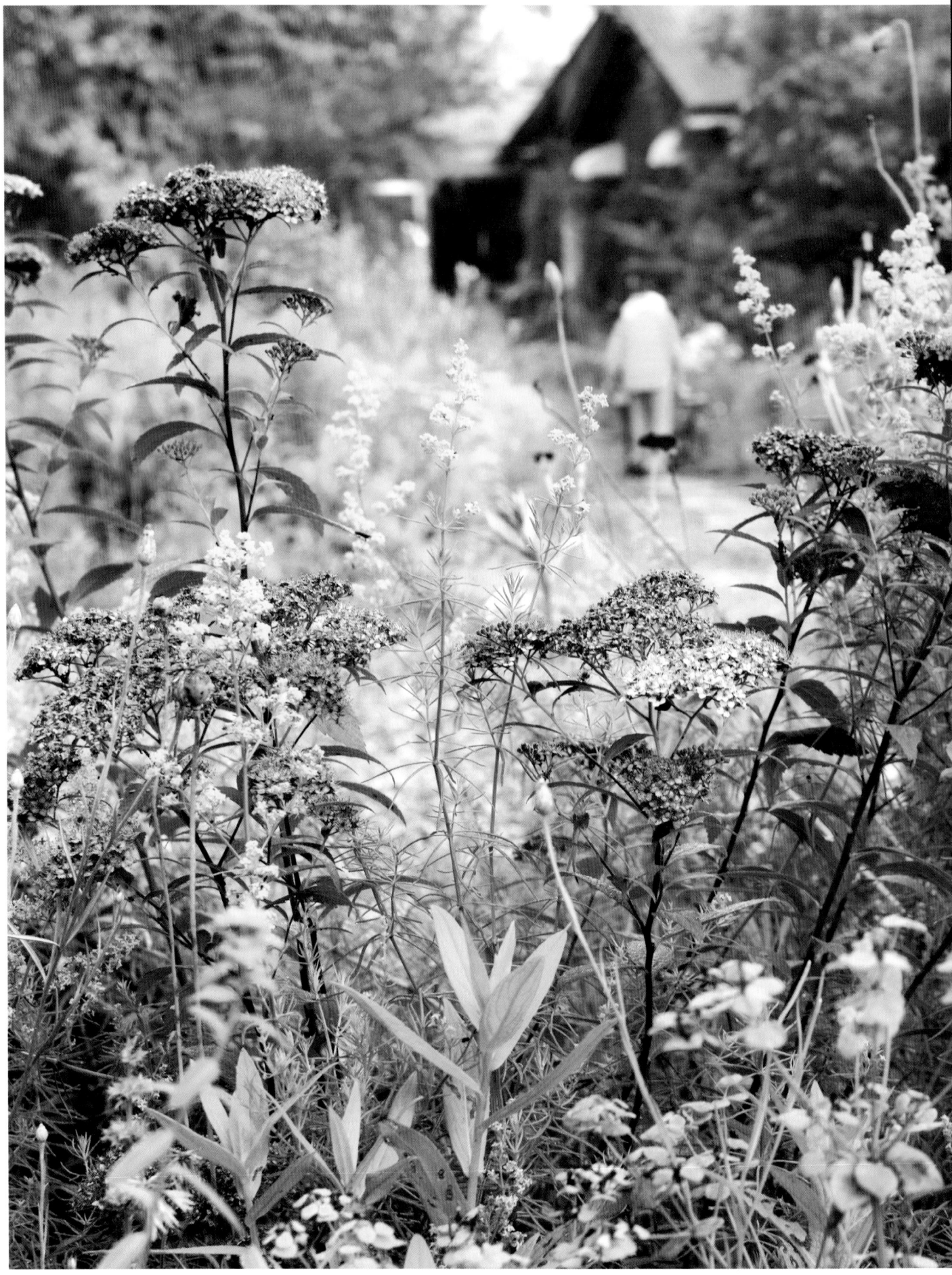

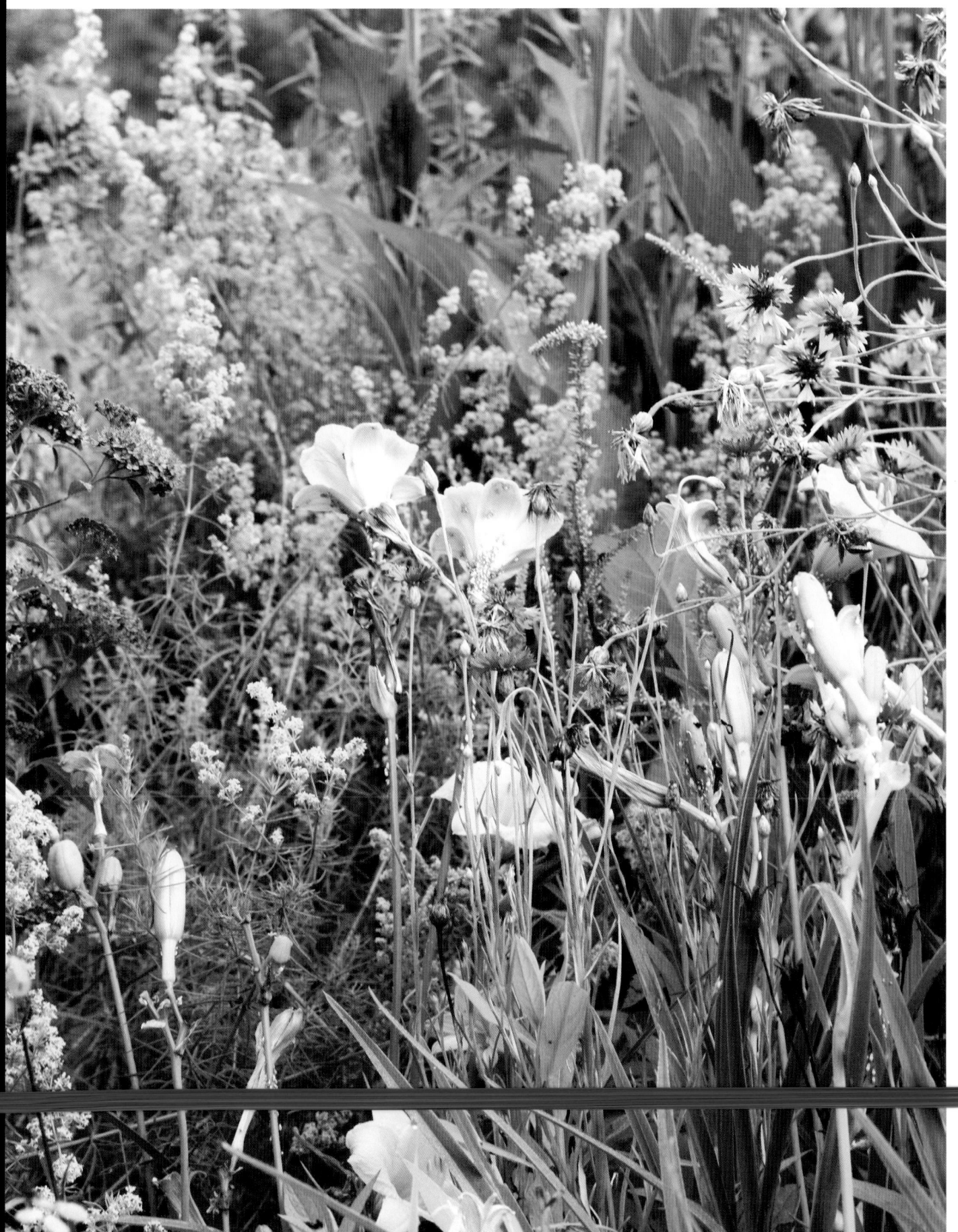

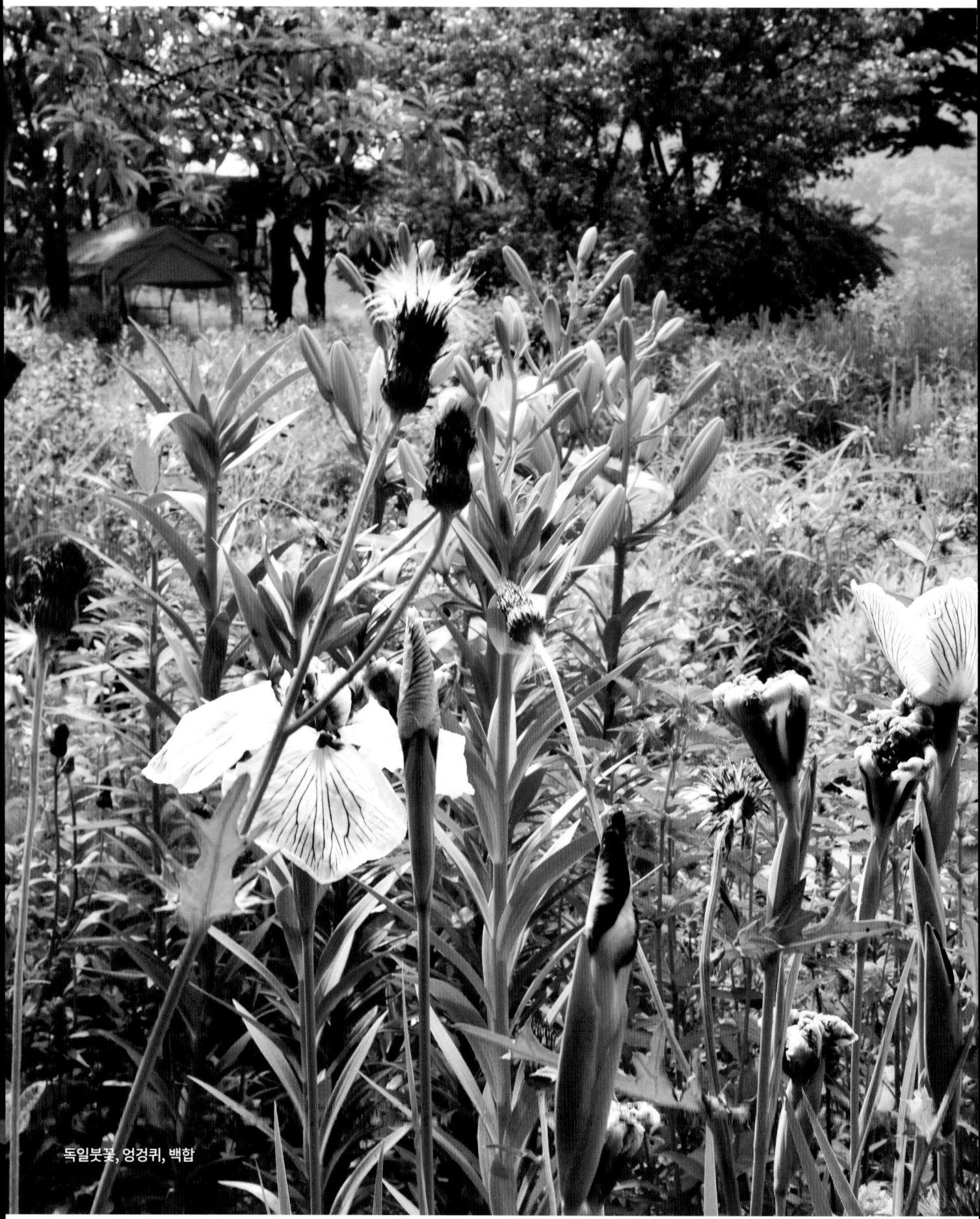

독일붓꽃, 엉겅퀴, 백합

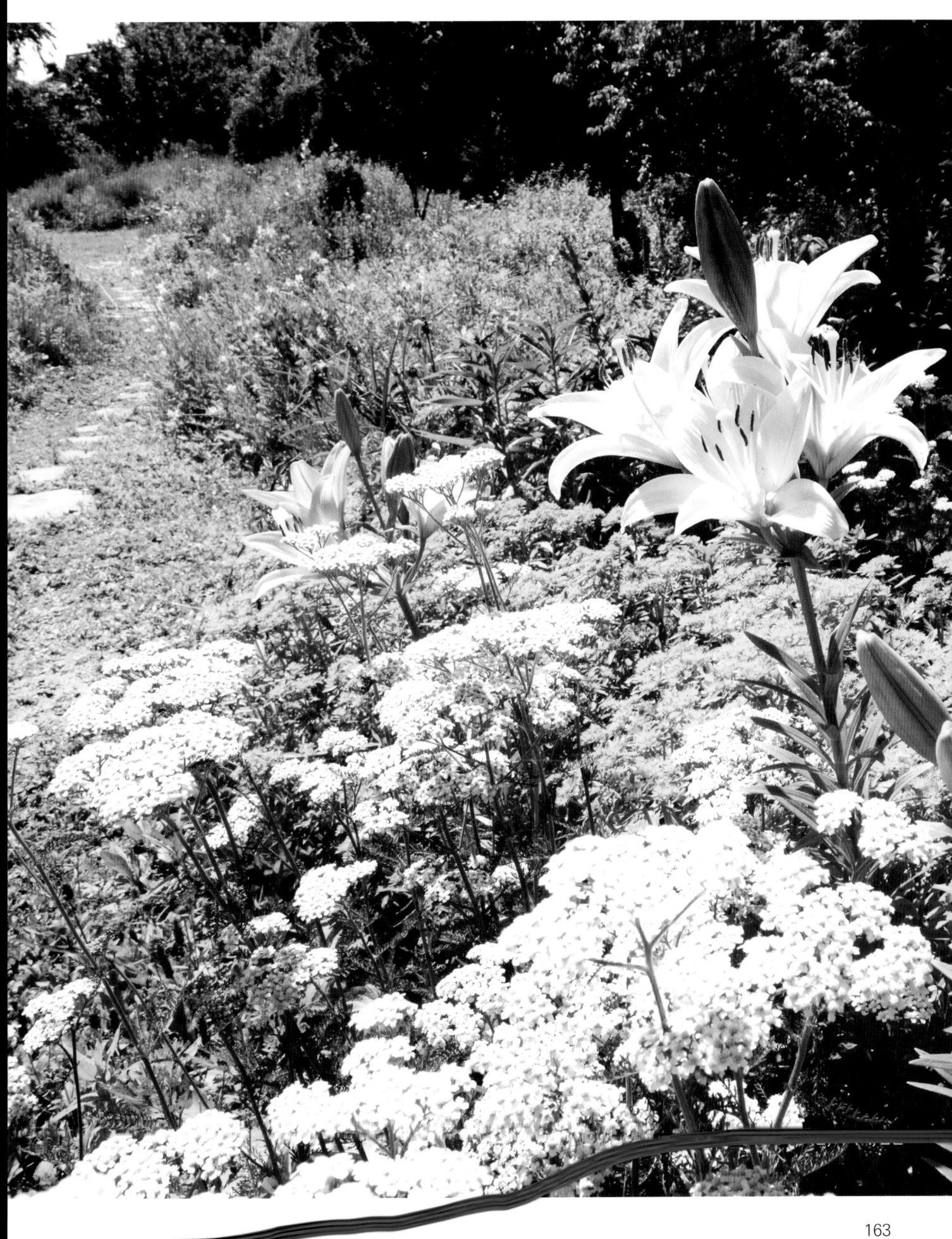

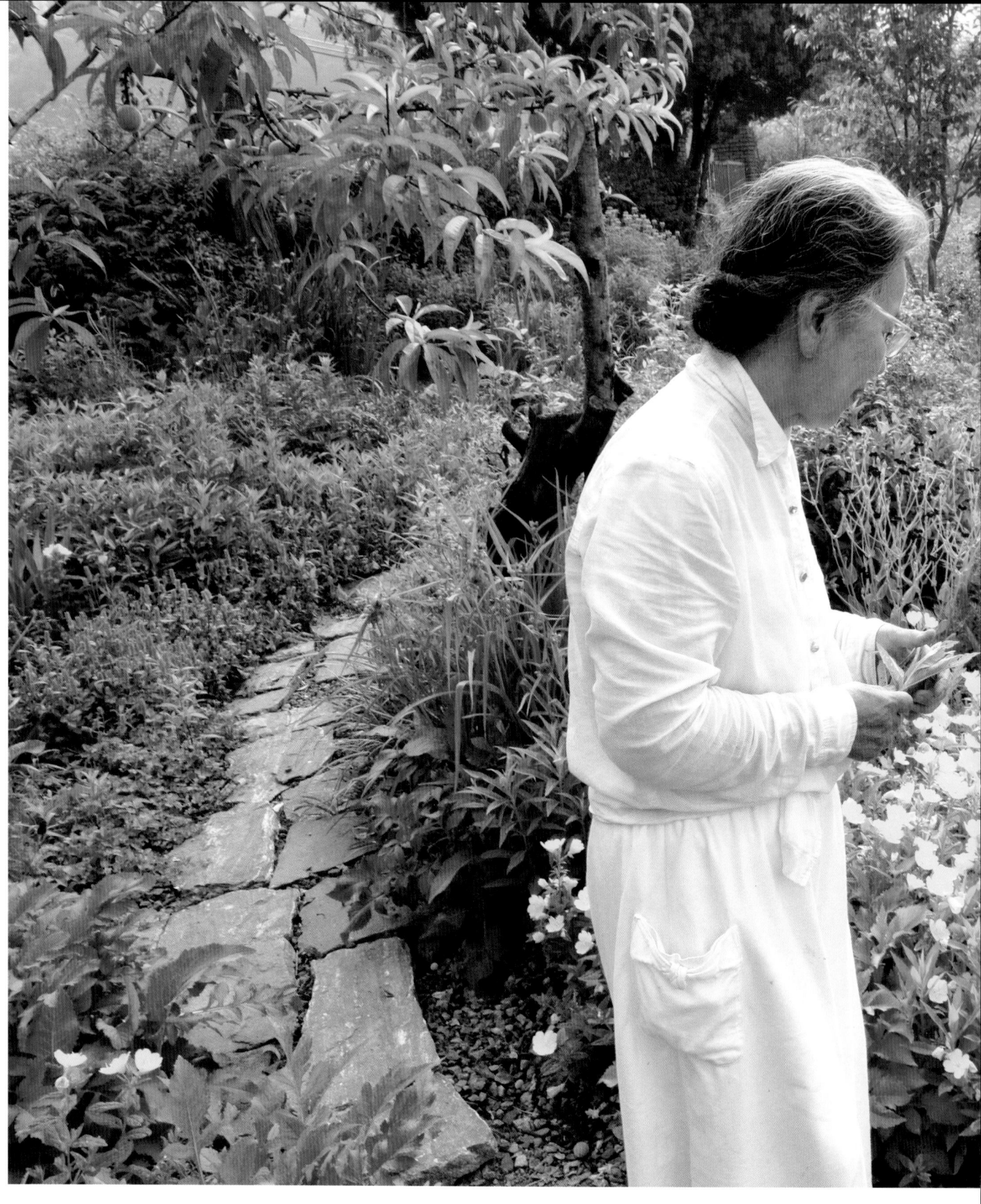

계절이 바뀔 때마다 오방색의 근원이며
명도가 높은 노란색 꽃들이 먼저 피어나면서
서서히 온갖 간색들을 풀어 대지를 물들인다.

사람들은 그 환상에 사로잡혀
누구 하나 마다않고
세상에서 가장 아름다운 것이 꽃이라고들 한다.

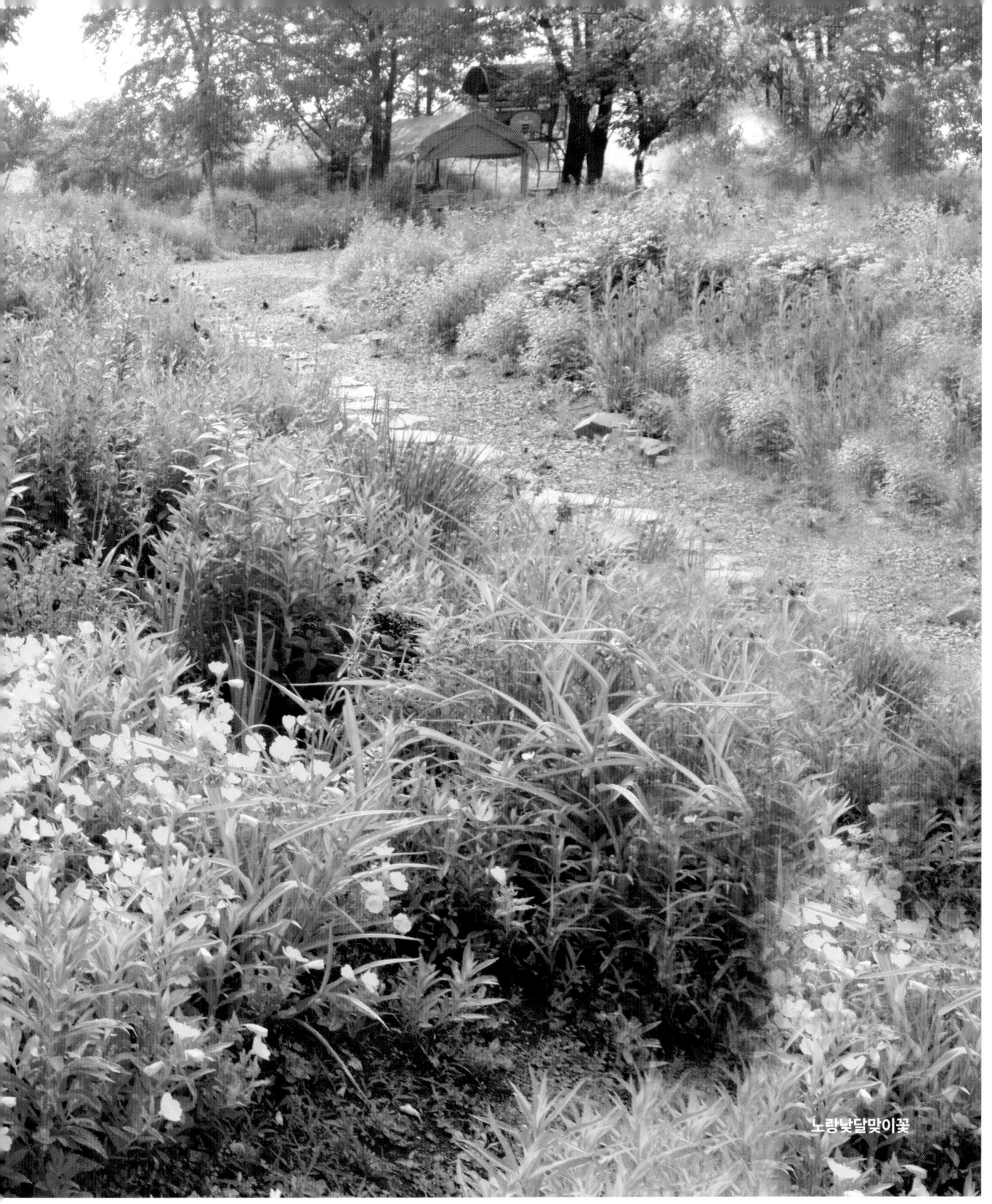

노랑낮달맞이꽃

그 옛날 어린 내게도 파고들어 와
소꿉놀이 즐기며 놀았기에
아직도 그 뒤꼍에 널브러진 채 날 기다리고 있는 것 같아
무의식 속에서 심고 심으며 살아왔다.

심은 곳은 한사코 서랑호반인데
그곳이 늘 고향집 같아서
더욱 열성적으로 심고 있는지도 모르겠다.

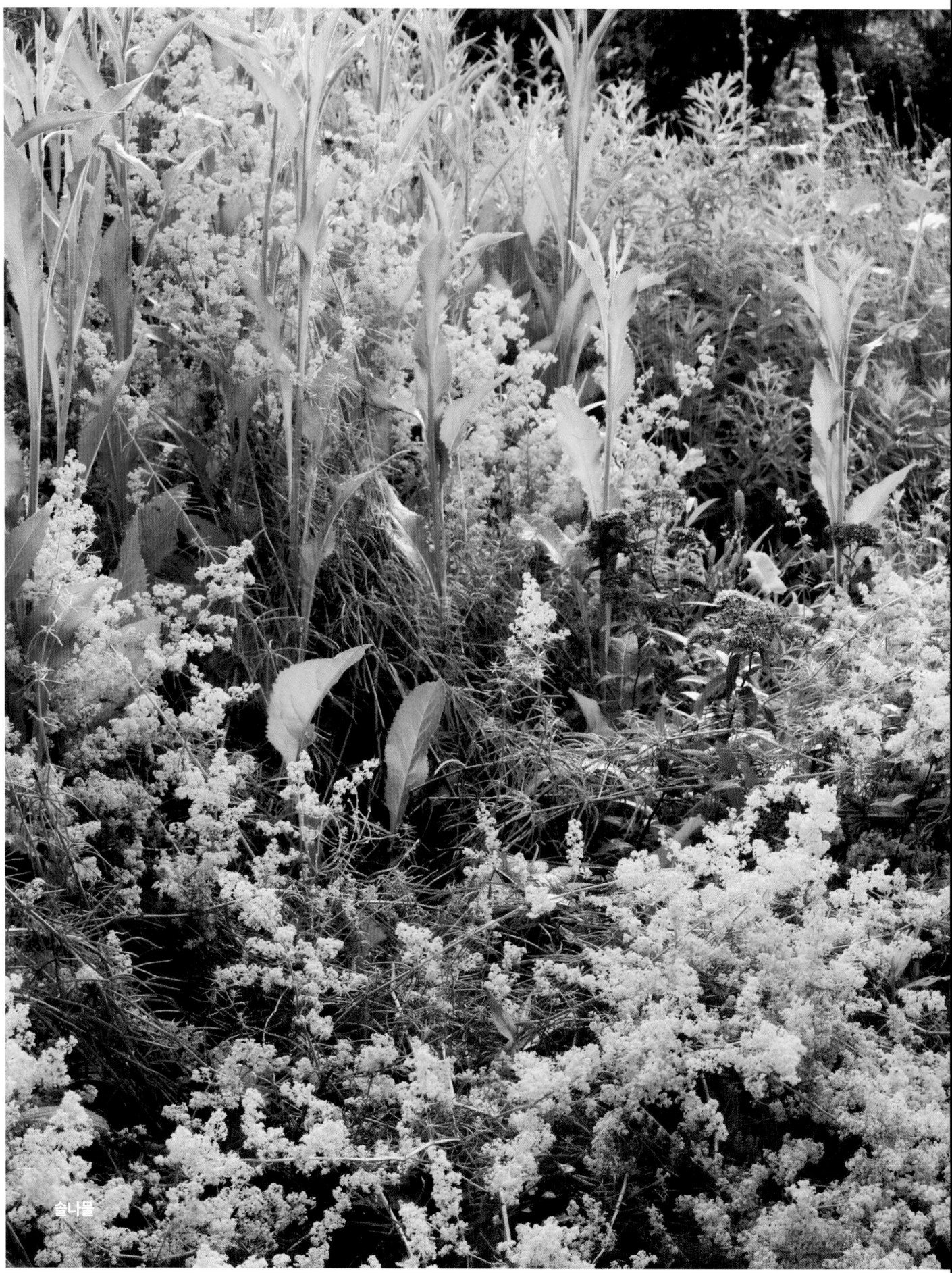

솔나물

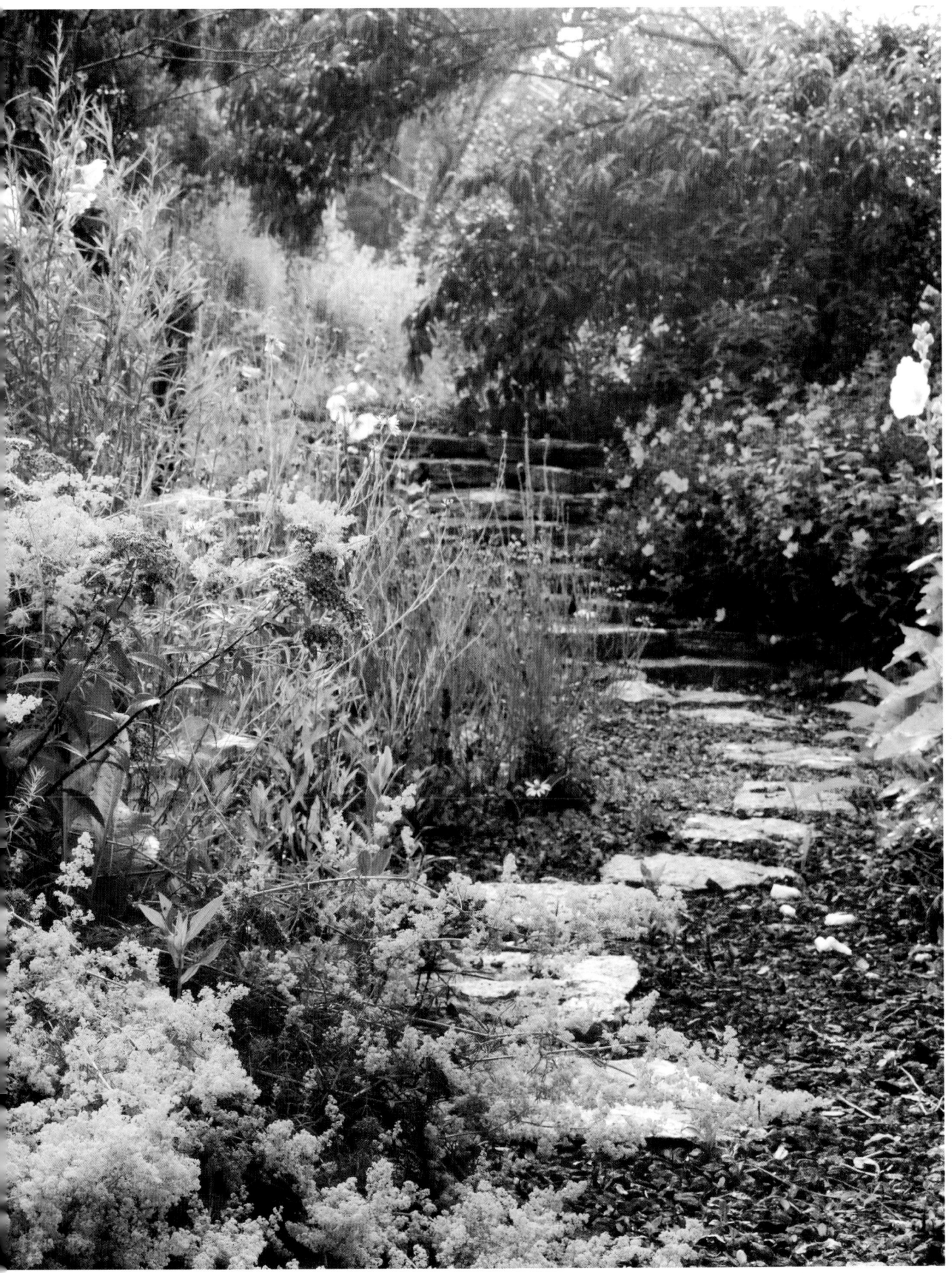

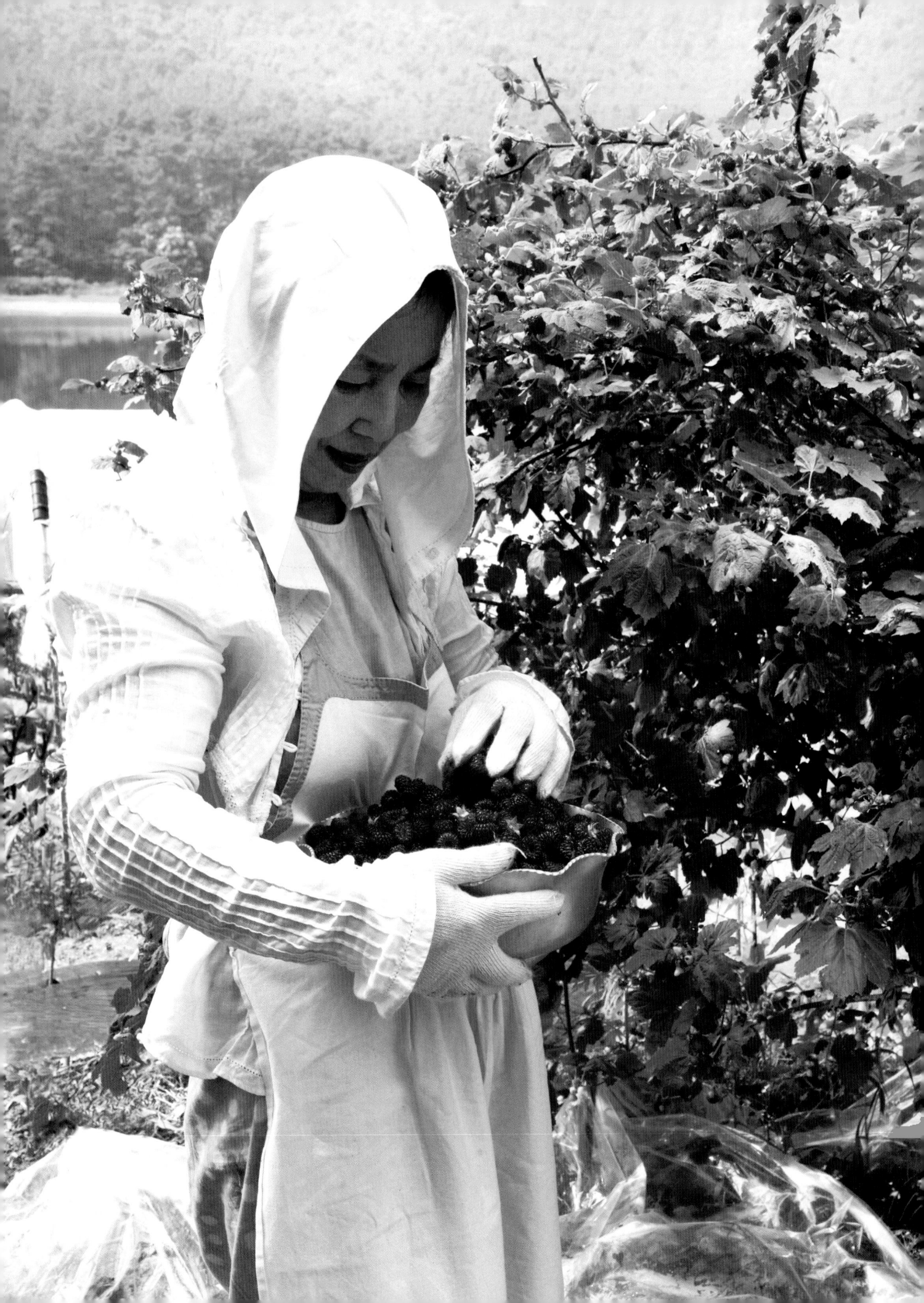

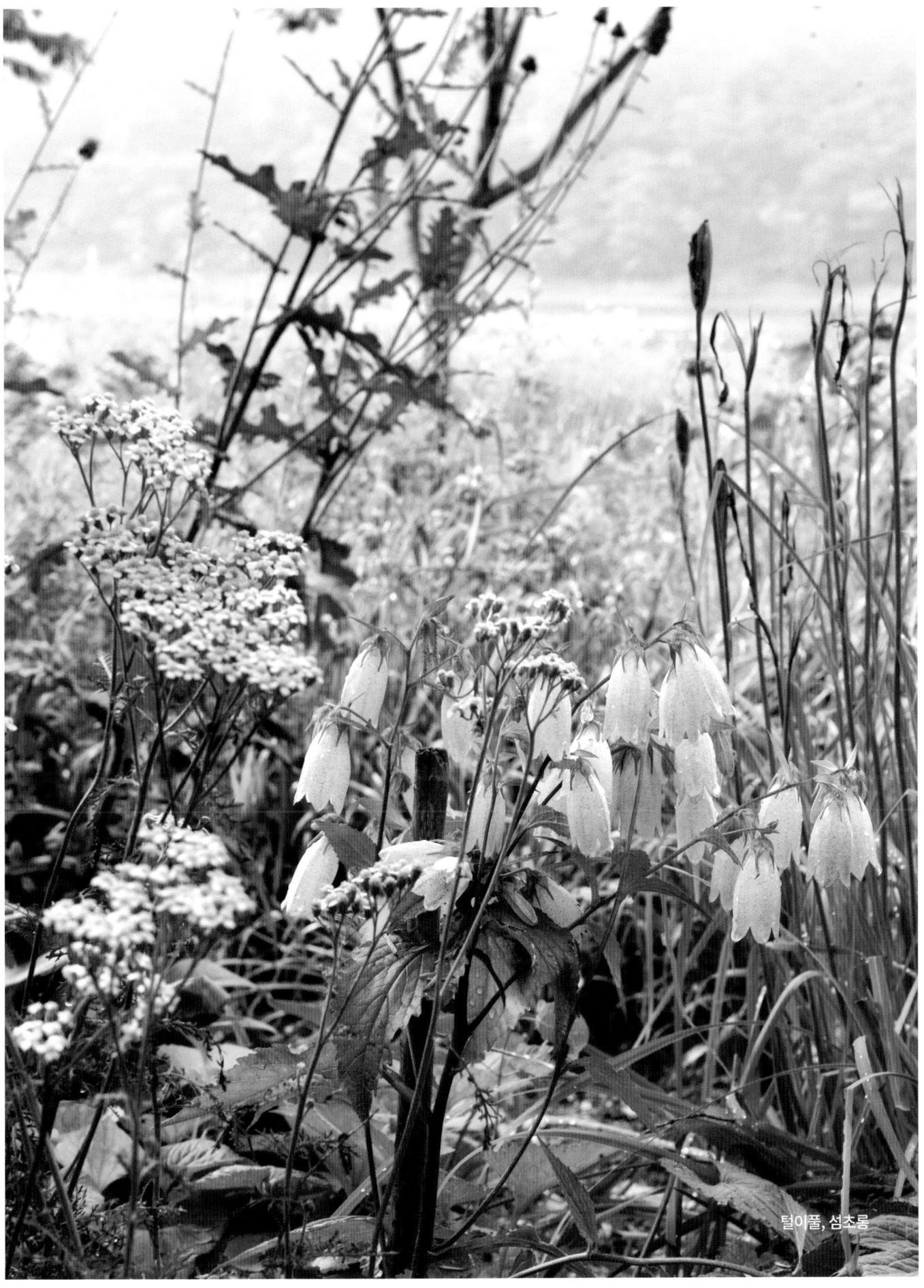

털이풀, 섬초롱

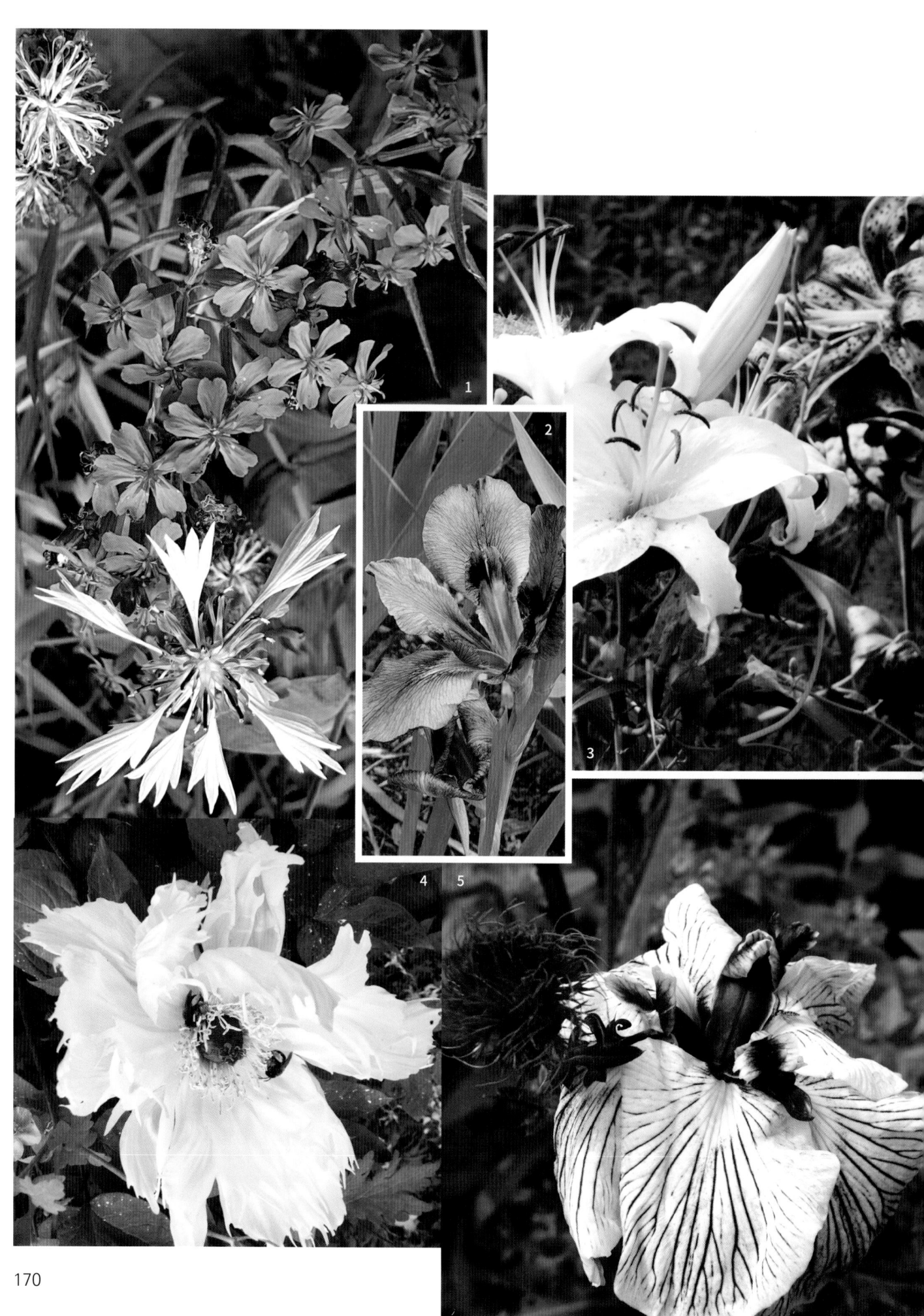

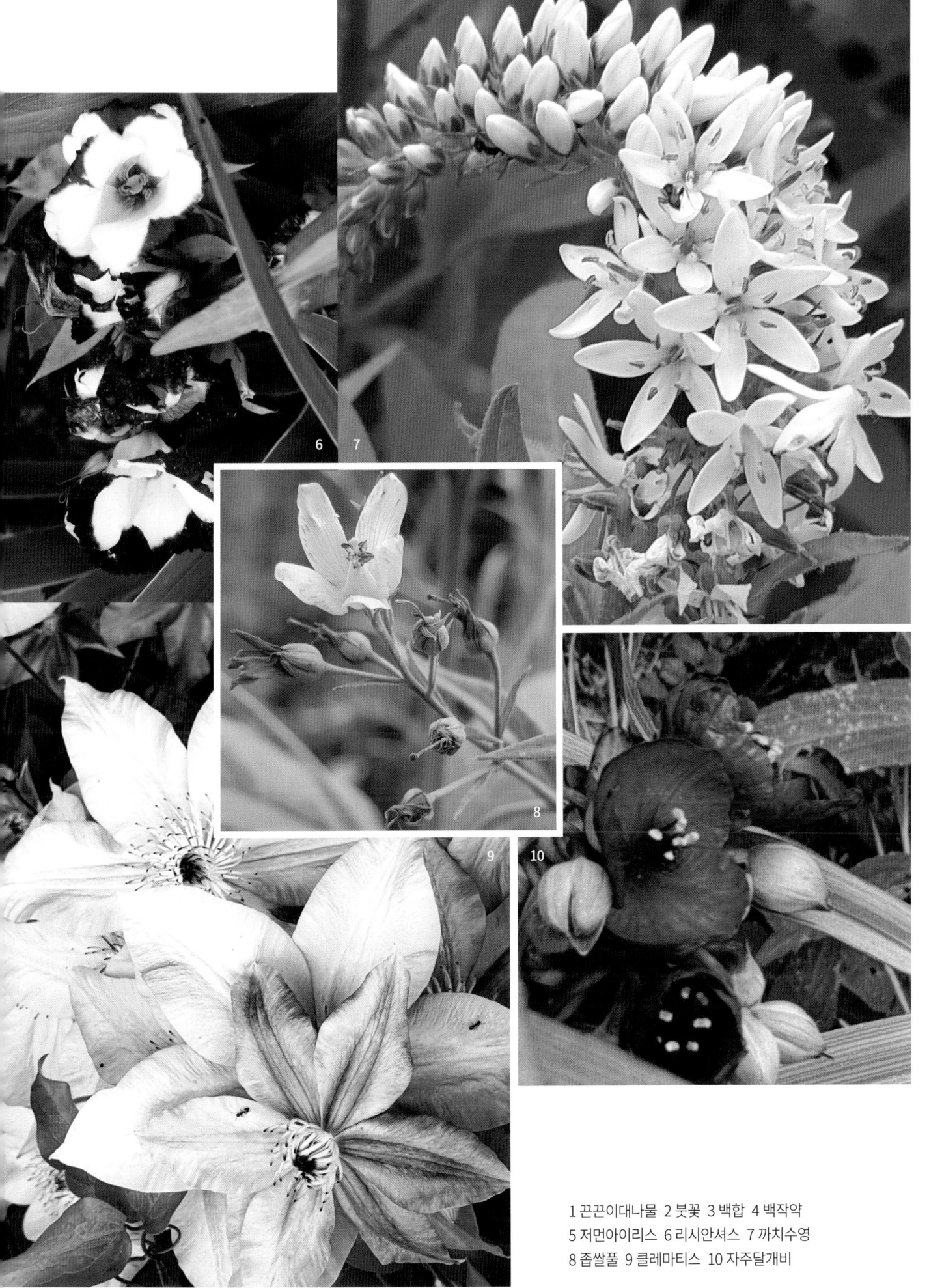

1 끈끈이대나물  2 붓꽃  3 백합  4 백작약
5 저먼아이리스  6 리시안셔스  7 까치수영
8 좁쌀풀  9 클레마티스  10 자주달개비

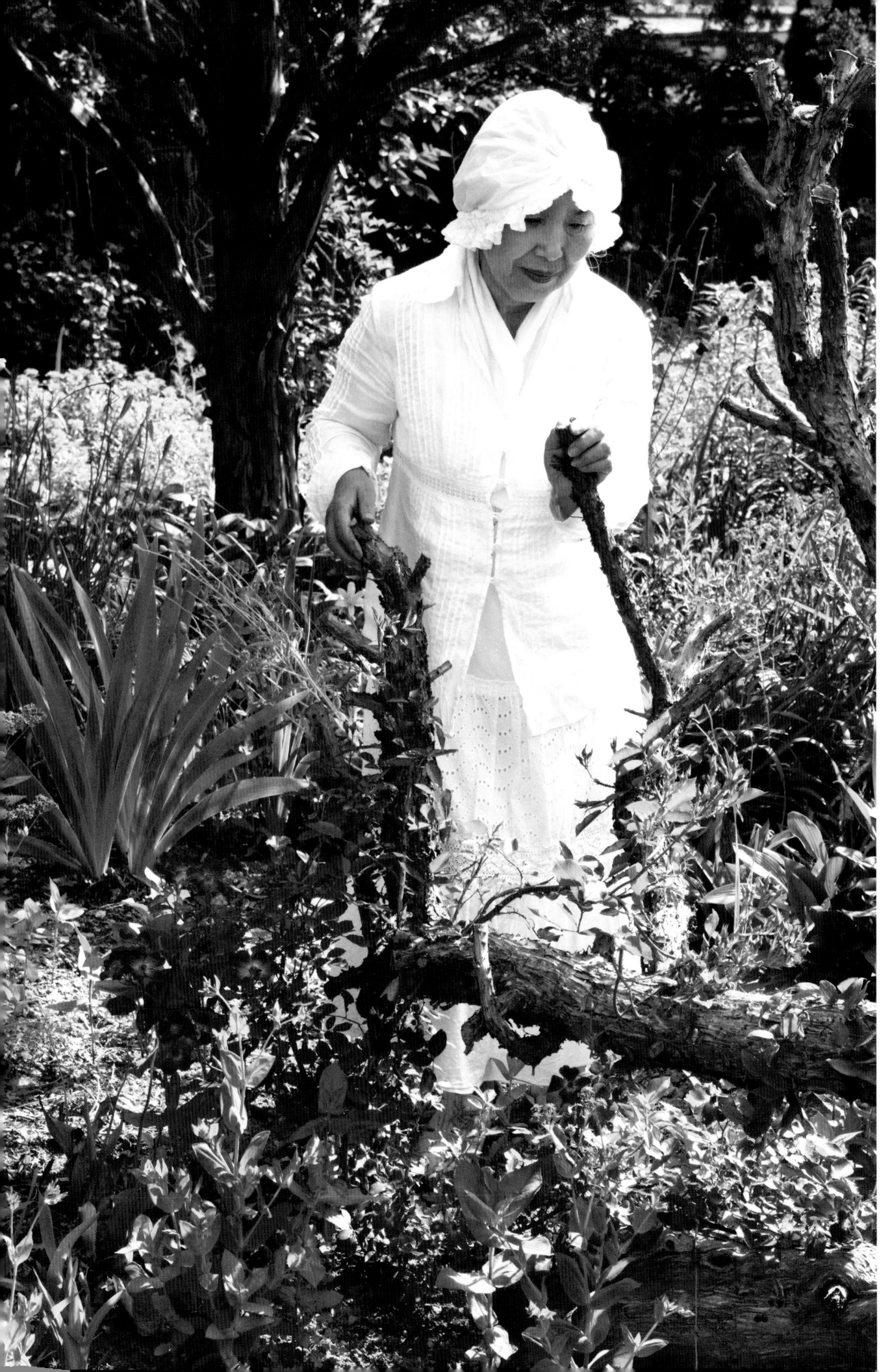

## 하면 된다

생전의 시부모님께서 십여 년 사시던 집이라 자주 들락거리기는 했어도 정작 시골생활은 무지했었다.
살아보면 생각과는 다른 것이 세상 이치다. 아무리 싫어도 제철에 해야만 하는 거칠고 험한 일들이
계절마다 더미더미 쌓이는 그런 곳이 시골이라는 사실은 생각해 본 적 없는 나의 시골행이었다.

멋모르고 자청한 일이니, 원망이나 불만을 토로할 데도 없었다.
나한테 일을 맞추면 한 시간도 못 할 것 같아서, 아예 일에다 내 몸을 맞추려니
끝없이 밀려드는 작업에 눌려 쫓기듯이 살았다.  실상 외롭다는 잡념 같은 건 끼어들 틈도 없었다.
아무리 힘들어도 포기할 생각이 없다는 사실이 나의 가장 큰 무기였다.
하다 보면 요령이 생기는 것이 일이라 실패를 거듭하기는 했지만,
그래도 주변이 조금씩 변해가는 것이 눈에 보여 자신감도 생겼다.
나도 자연 속에서 시들어 널브러진 한 송이 꽃에 불과하다는
꽤 그럴듯한 자각이 들기도 했다.
적어도 일을 감당하지 못해 서울 집으로 다시 돌아갔다는 말만은
듣지 않겠다는 일념이 나 스스로 '하면 된다'는 굳은 믿음을 갖게 해 주었다.

원래 나는 밖으로 나돌아 다니는 것을 좋아하지 않는다.
도시 생활의 유혹을 일시에 끊고 시골에 안주하기에는 아주 유리한 점이었다.
우선 집에서도 잘할 수 있는 일 두세 가지를 정해놓고 그에 매달렸다.
낮에는 야생화 정원으로 조금씩 꽃밭을 늘려가고 밤이면 책상에 앉아
지나온 삶의 갈피를 들여다보면서 이야기를 끌어내어 글귀도 만들어 보고
시간을 꿰메며 마음을 채웠다.

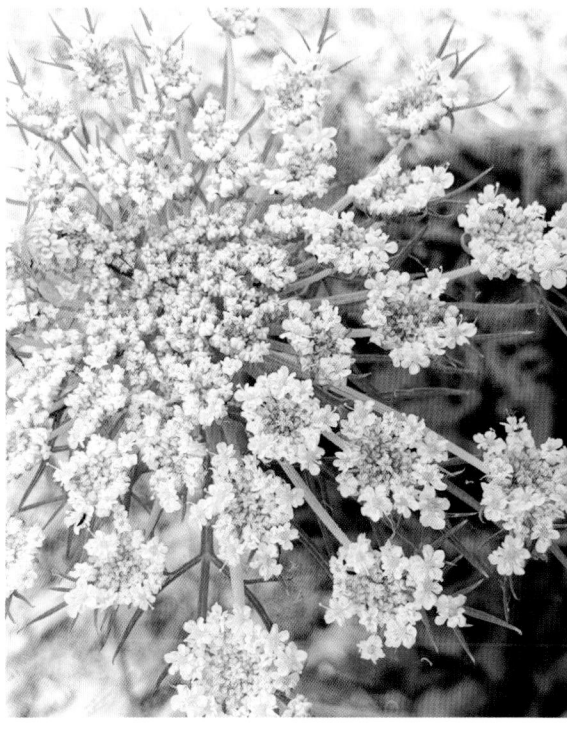

지난날을 돌이켜 보면 내게는 꿈에 부푼 소녀 시절이 없었던 것 같다.
오로지 병마와 싸운 기억뿐이니 말이다.
소녀 시절을 소급받은 듯한 고마움에 노동의 고통쯤은 다 희석되고 말았다.

시골집으로 간다는 생각 하나만으로 급급히 내려온 내게
무슨 계획이나 목적이 있었겠는가? 꽃 한 포기를 살려내는 것
퀼트 작품 하나를 완성하는 것 모두가 소일거리로 시작한 것이었고
그저 실오라기 같은 빛줄기 하나를 보면서 빠져든 일이었다.
그렇게 세월이 흐르다 보니 나도 모르는 사이에 이들이 내 보물창고에 쌓여있었다.

내가 무엇을 하고 있는지 또는 무엇을 할 것인지에 대해 별 관심을 두지 않았다.
어떤 특별한 계획이나 철학이 없는 단순한 삶이라고나 할까?

정원의 들꽃처럼 지금 해야 할 것에 최선을 다해 순종하고 즐기며 아름답게 사라지고 싶다고 생각했다.
무슨 일이든 끊임없이 하다 보면 그 끝에는 결과와 즐거움이 있다고 믿는다.
"살아보니 그렇더라."라고 말할 수 있을 뿐이다.

세상에 하나뿐인 나의 보물창고에 '하면 된다'라는 팻말을 붙이라고 친구가 말했다.

**썩은 그루터기 안에서 자라나는 새싹들...**

모든 것들은 태어나면서부터가 아니라
죽음으로부터 시작하는 것은 아닐까
하는 생각을 해 본다.
씨앗이 죽어야 싹이 나고 꽃이 피고...
또 씨앗을 품고 몸을 던져 썩어가며
씨앗의 양분이 되고...

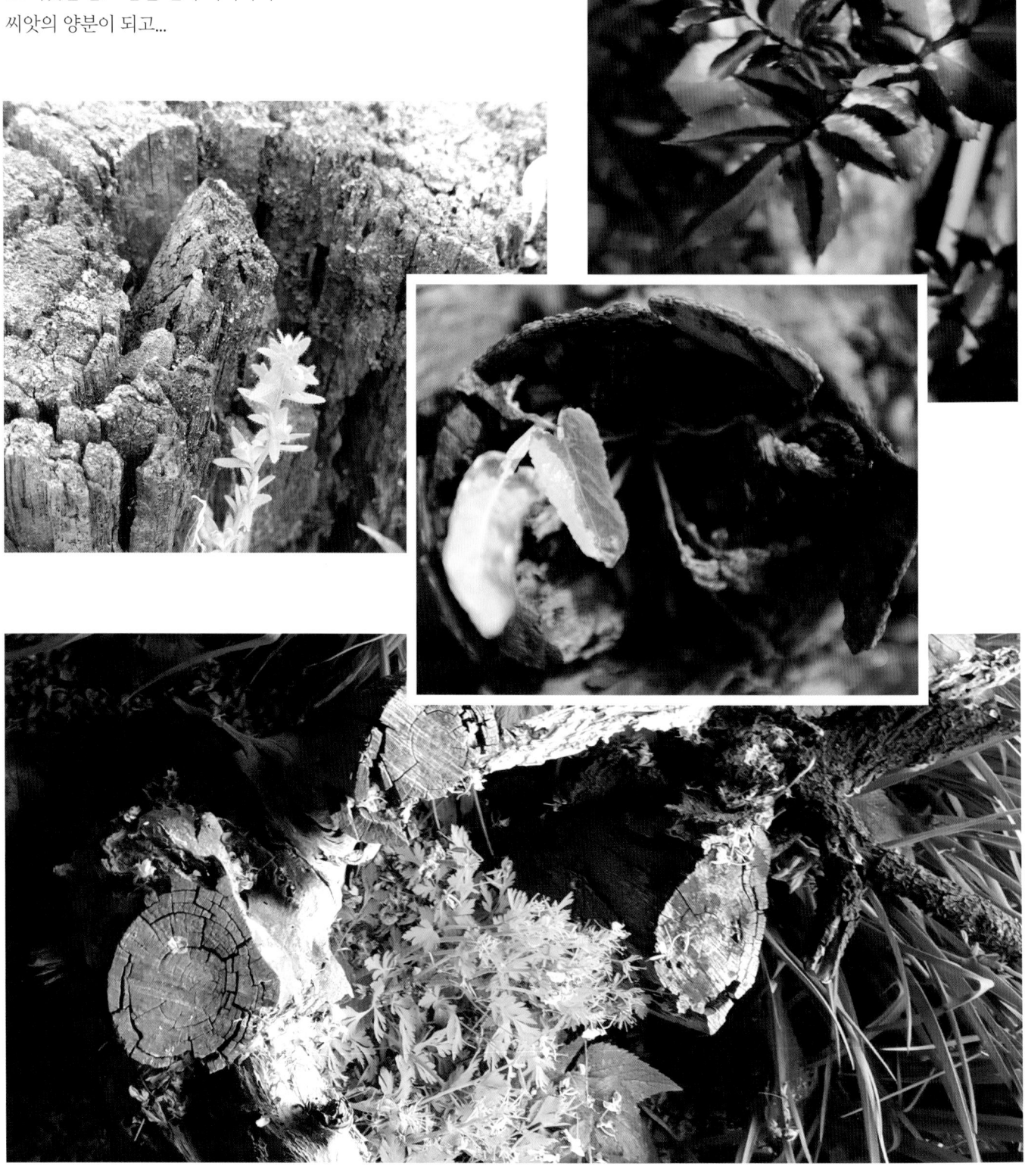

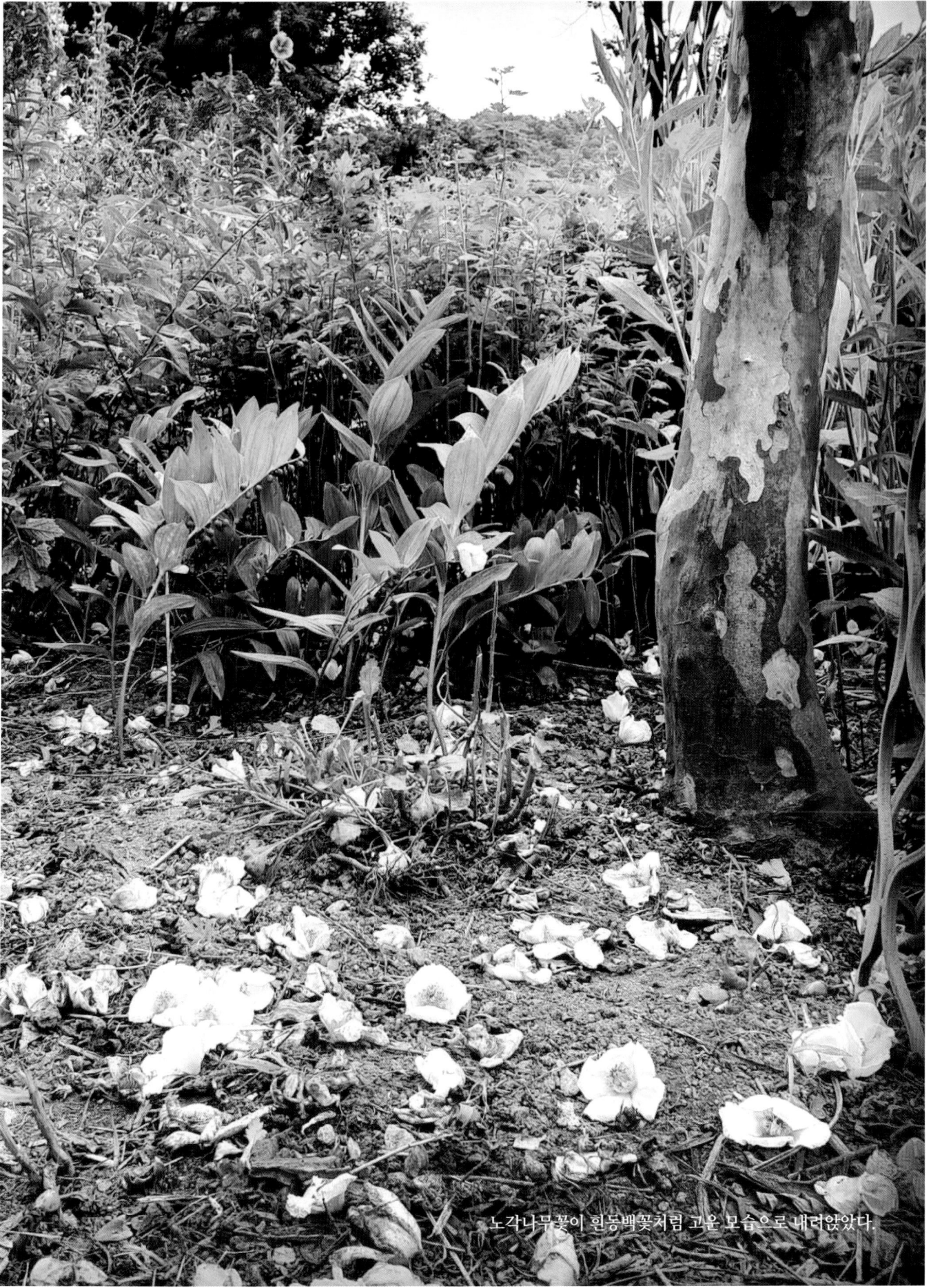

노각나무꽃이 흰동백꽃처럼 고운 모습으로 내려앉았다.

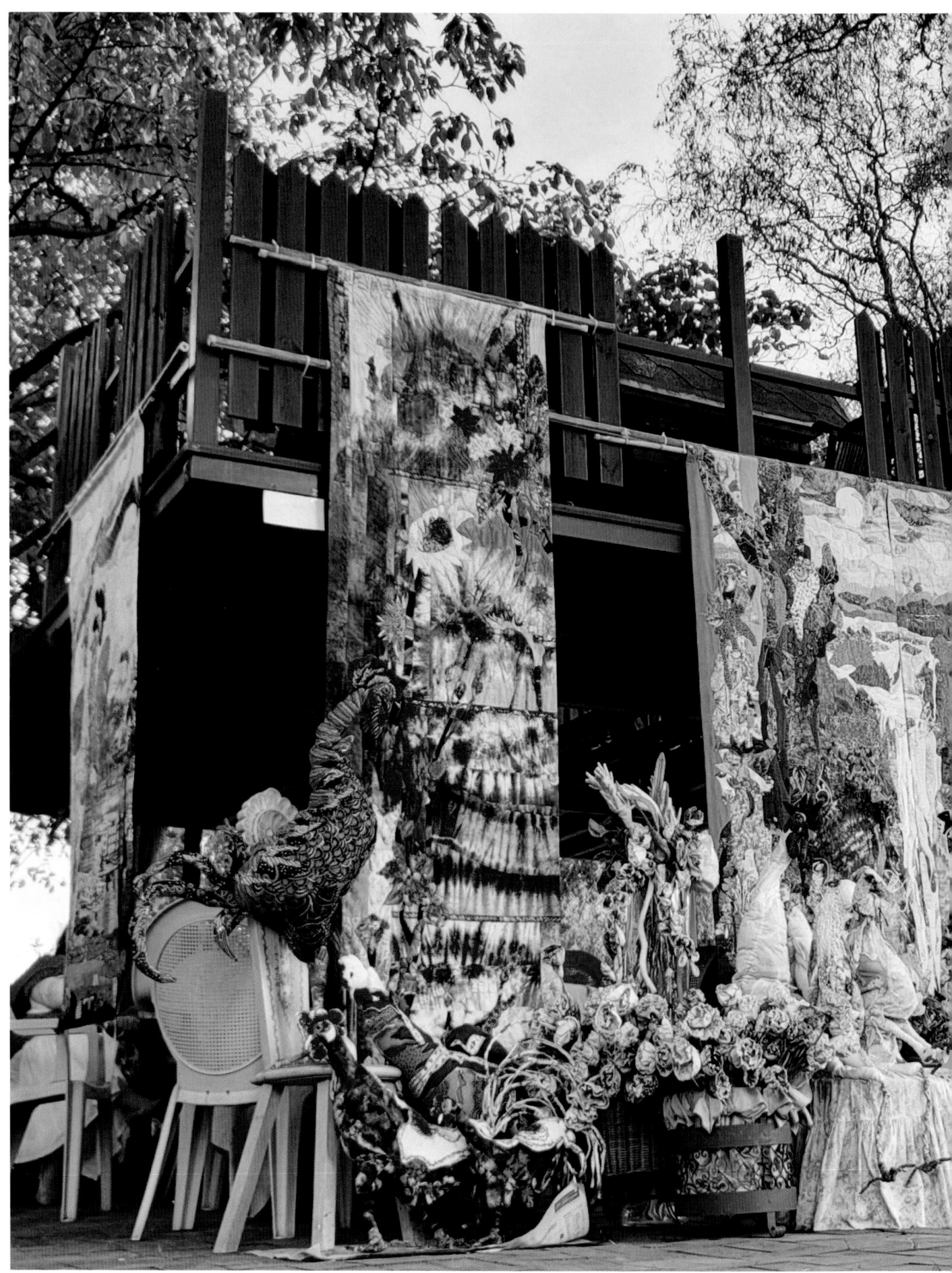

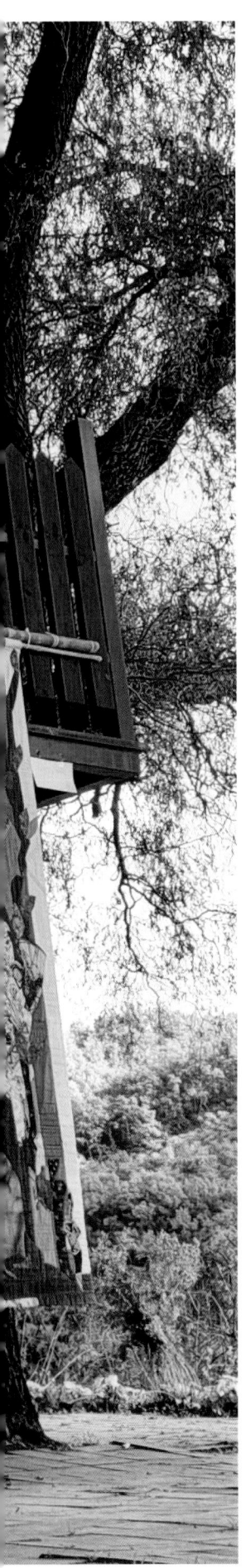

오산시에서 주관하는 정원박람회를 위해
오랫동안 집안에 엎드려있던 퀼트들이
바람을 쐬러 나왔다.

나에게도 이 아이들에게도 생기가 필요하지 않은가...

그 생기에 빛을 받아 그대로 뿌리는 하루가 되기를...

우리는 그저 타인의 감동을 위한 깨끗한 통로일 뿐이다.
참 예술이라는 것은 그런 것이어야 한다고 생각한다.

작품에는 내가 없어야
더 큰 의미가 전달되지 않겠는가 말이다...

오늘은 빛과 바람의 둥가놀이에
가장 평안한 그런 날이고 싶다.
둥둥가 흥얼거림에 꽃을 보러온 이들이
마음껏 행복했으면 좋겠다.

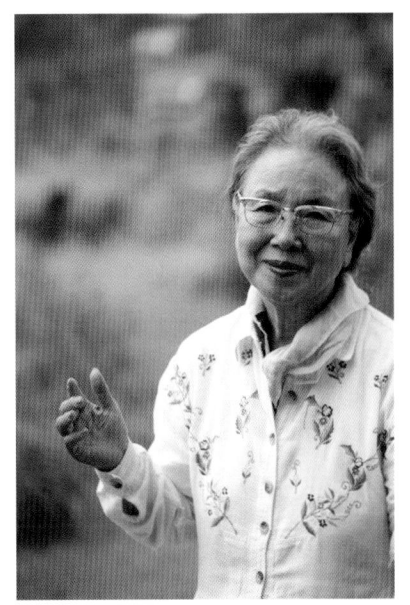

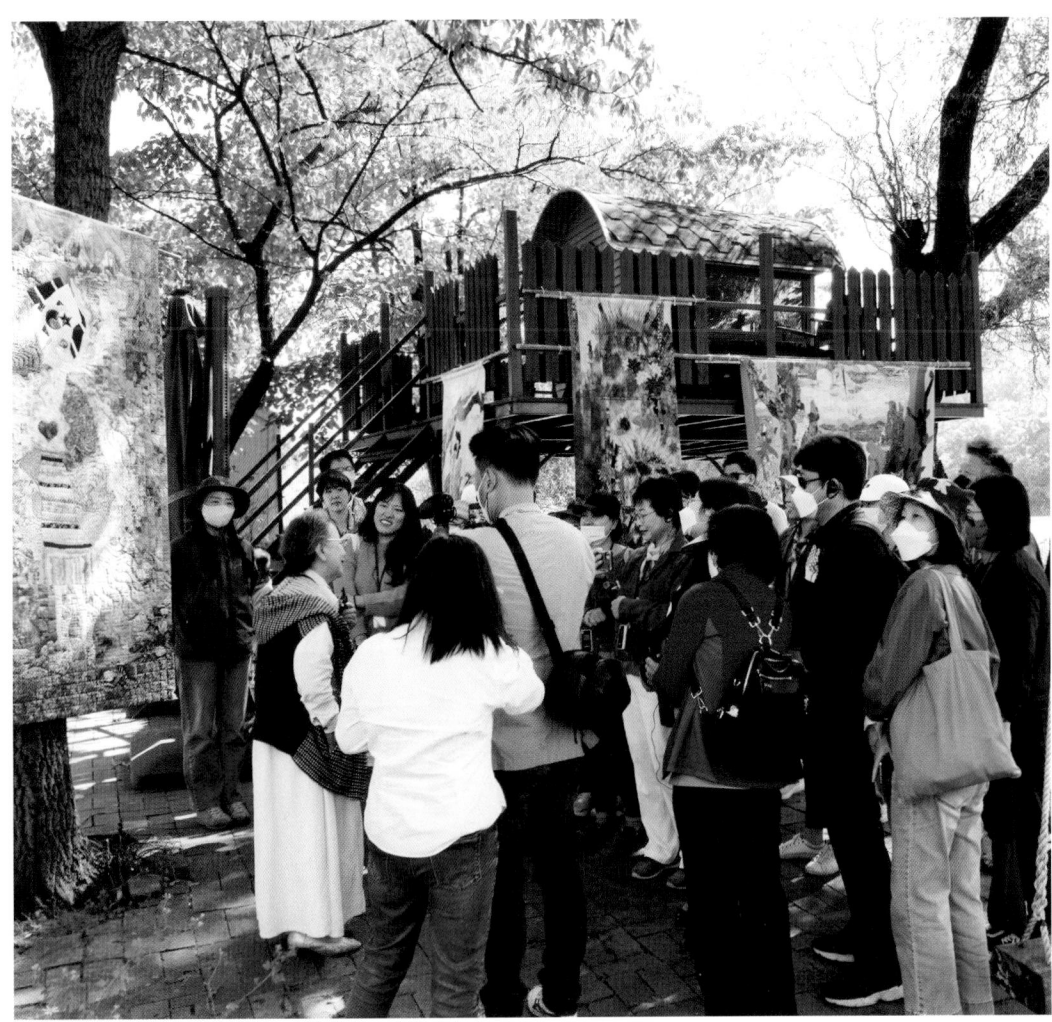

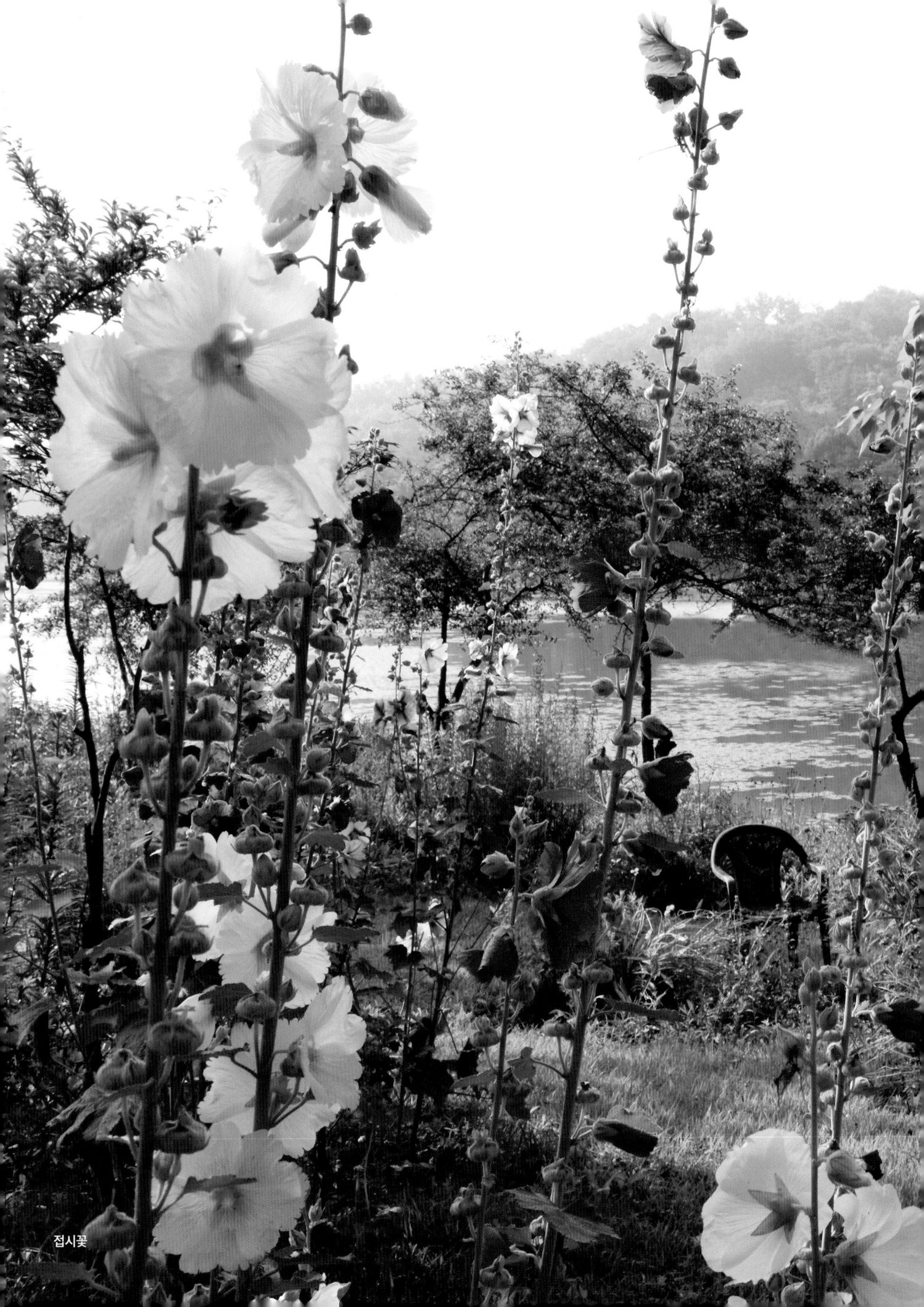

접시꽃

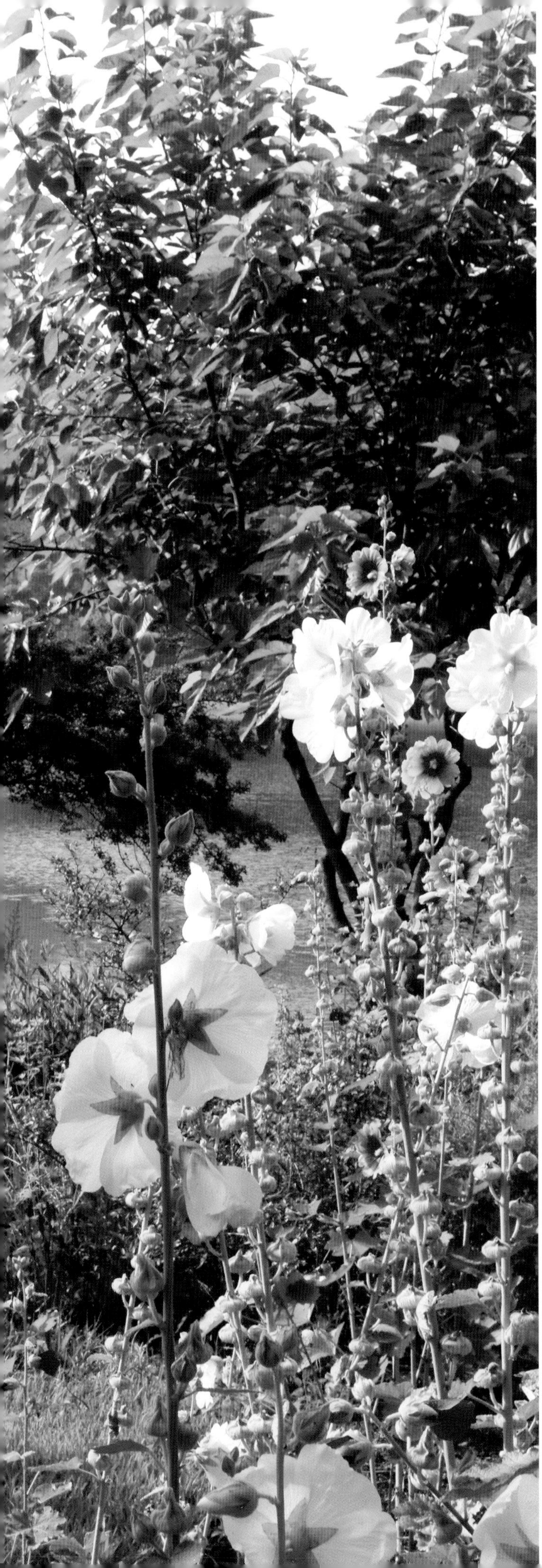

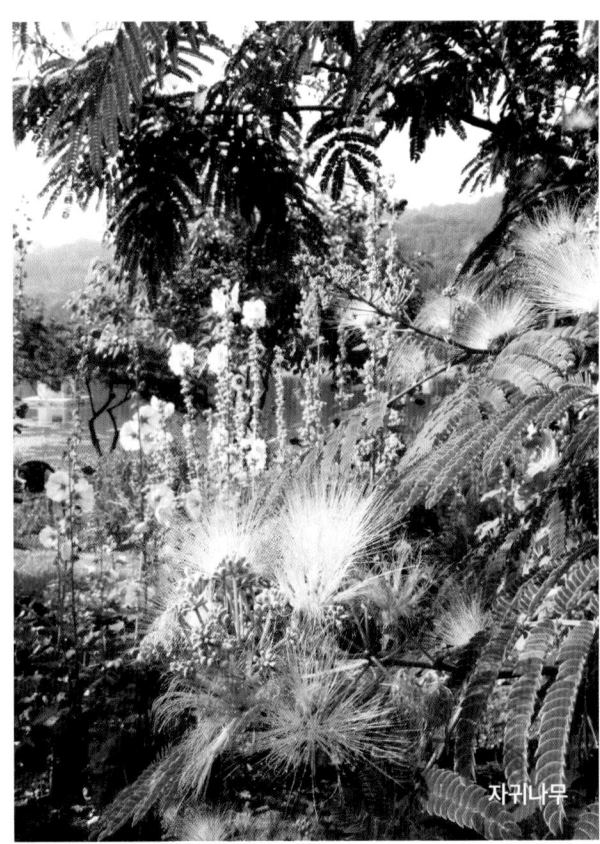
자귀나무

인적조차 드문 시골에도 가끔 정적을 깨는 날이 있다.
그 소리의 피해자는 항상 나였고 이는 벌레들 때문이었다.
작은 정원에도 200여 종이 훨씬 넘는
벌레가 살고 있다고 어느 책에서 보았지만
그래도 붙박아 살기로 작정한 굳은 의지로
웬만한 벌레쯤은 다 극복해 왔다.
그 징그럽던 쥐조차도 소탕해 가며 예사로 보게 되었는데
뱀을 만났을 때 간이 오그라들며 내는 비명과
움켜 붙는 아우성은 여전하다.
꼭 그렇게까지 요란을 떨어야겠느냐는 지청구도 듣지만
뱀만은 적응이 안 되니 어쩌랴.
밭고랑에서, 쌓아 놓은 잡초더미 속에서, 부엌 옆 곡광에서도,
방 안에 있는 로봇 청소기 아래 숨어 있던 것까지...
그 후부터 버릇처럼 집안을 살피며 살자니 부담이다.

심장이 토막 나는 듯한 놀람과 내 아우성은
매일 아침 대지에 퍼지는 햇살의 환희로 위로받는다.
호수에 일렁이는 빛의 향연
세상의 모든 빛을 가진 내 뜰에
이들의 위로가 어려 안연함의 눈물로 흐른다.

계절을 채색하는 연두 초록 노랑 빨강이
분, 초를 달리하며 나를 다독인다.

179

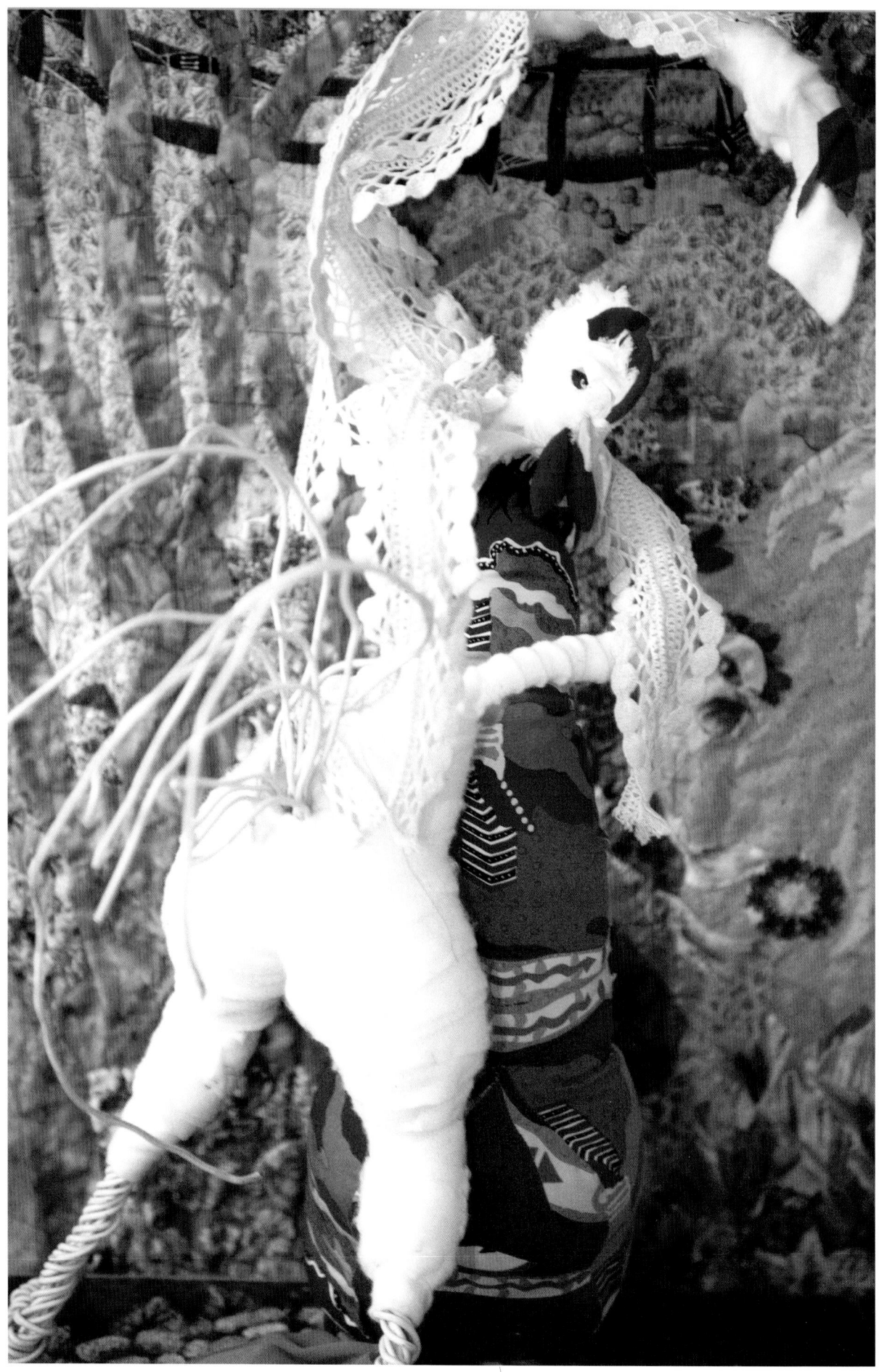

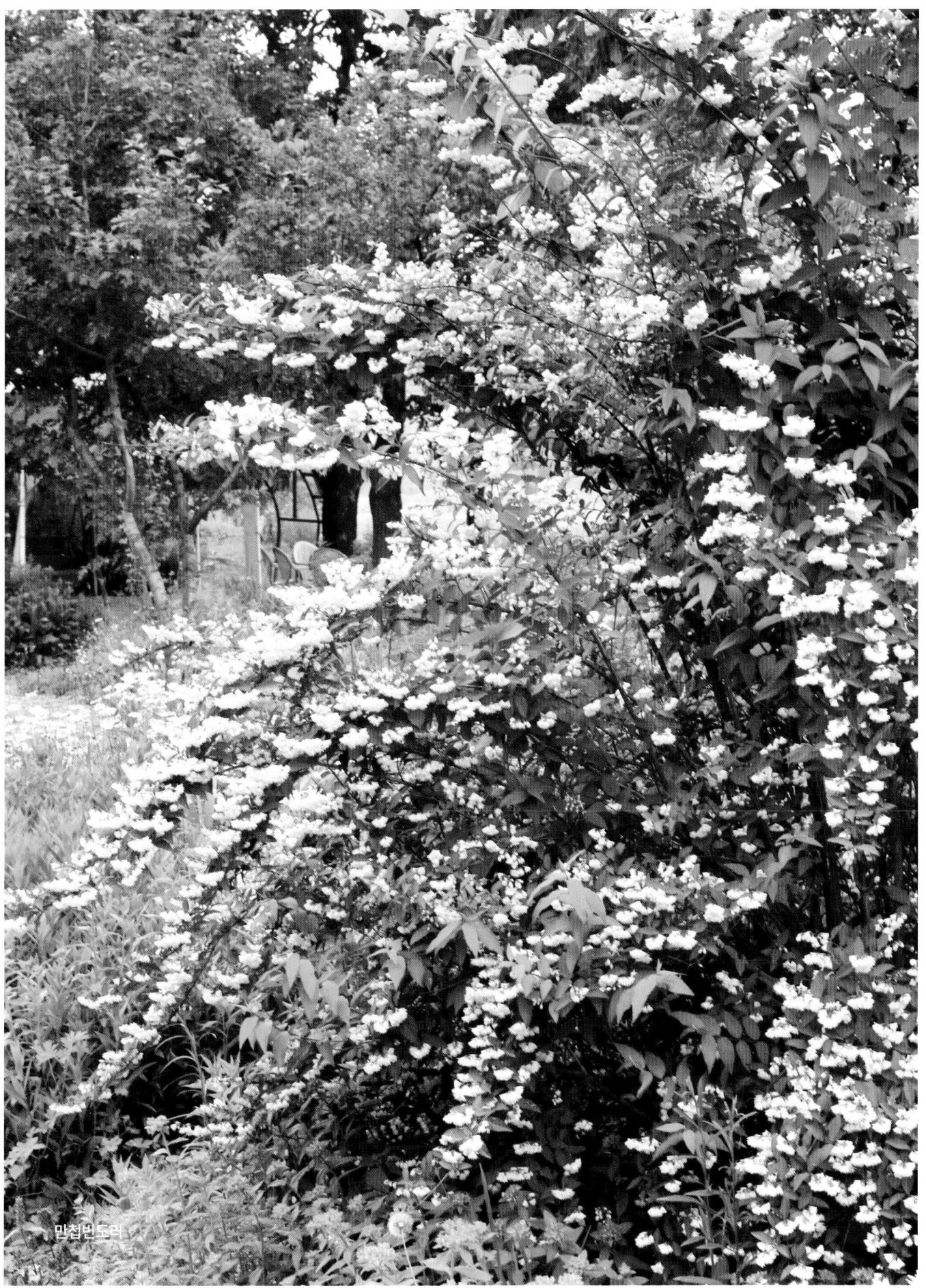
만첩빈도리

## 울타리 안의 곤충들

거미 밥이 된 나비, 화려한 날개의 꽃매미, 손 안에서 죽는 진드기,
꿀을 빠는 벌, 쐐기 알집, 애홍점박이무당벌레, 허물만 남은 사마귀,
나무를 갉아먹는 왕사슴벌레 등...
내 정원의 자연 속 작은 곤충들도 끊임없는 생사의 갈림길에서 허덕인다.

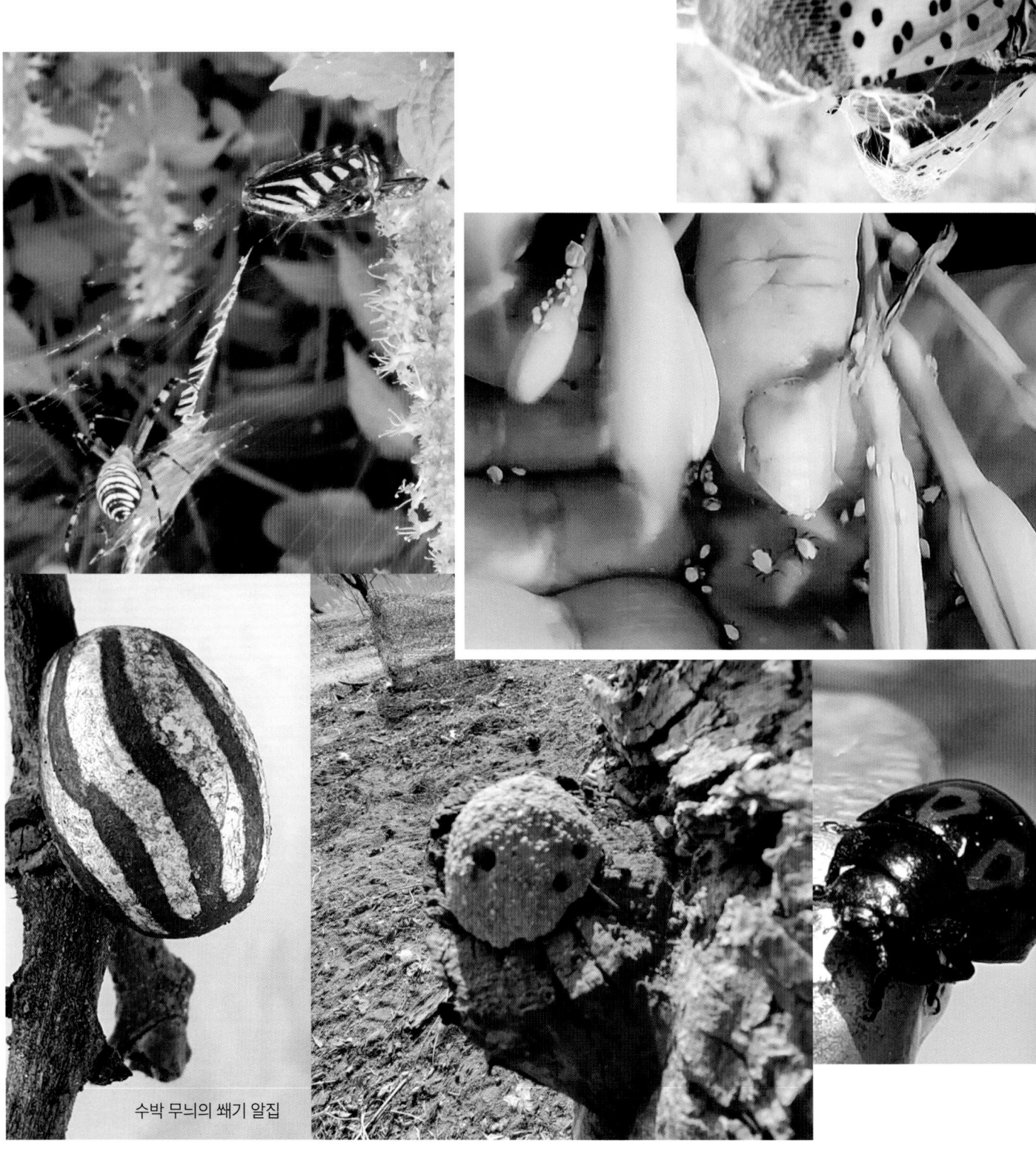

수박 무늬의 쐐기 알집

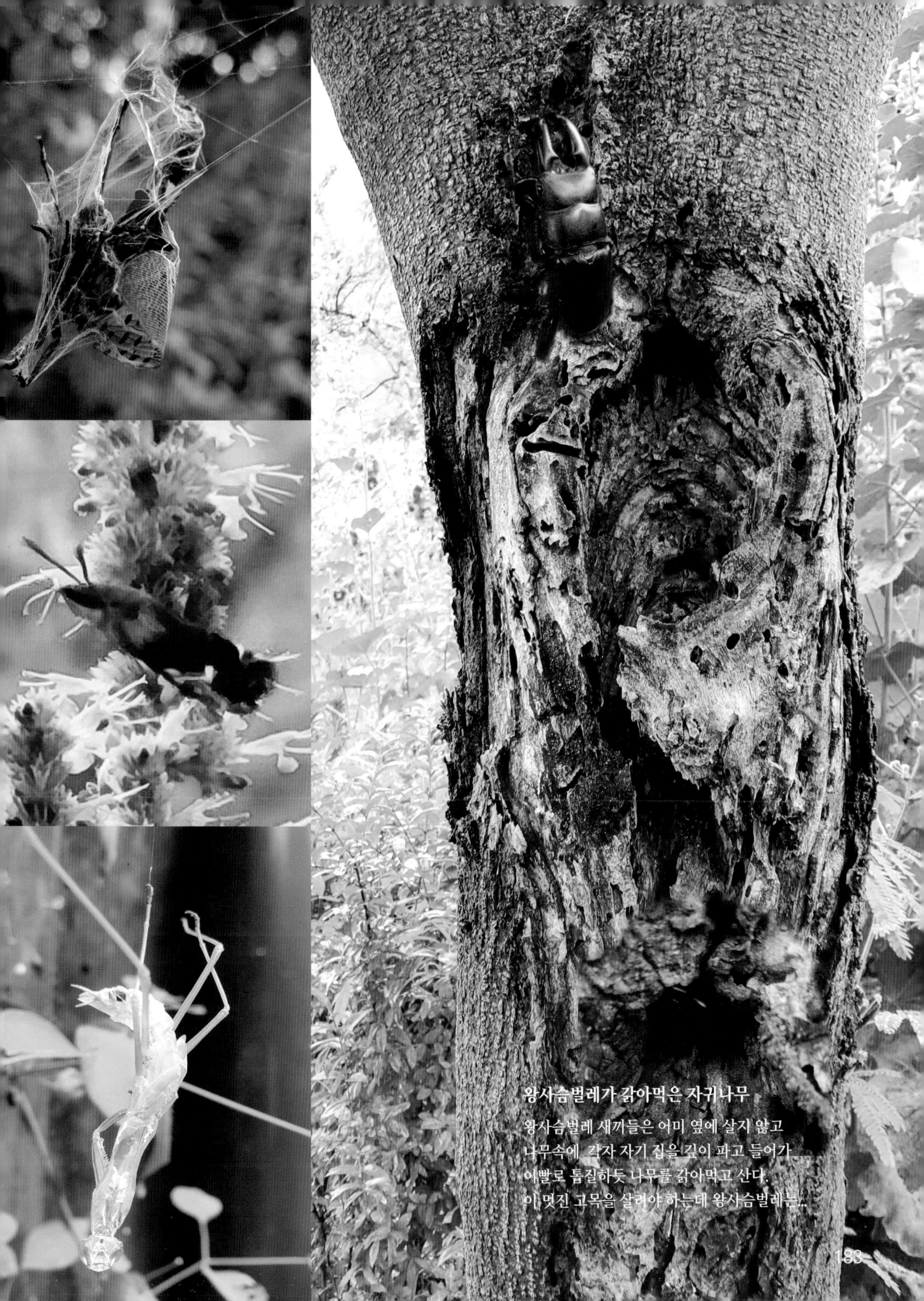

### 왕사슴벌레가 갉아먹은 자귀나무

왕사슴벌레 새끼들은 어미 옆에 살지 않고
나무속에 각자 자기 집을 깊이 파고 들어가
이빨로 톱질하듯 나무를 갉아먹고 산다.
이 멋진 고목을 살려야 하는데 왕사슴벌레는...

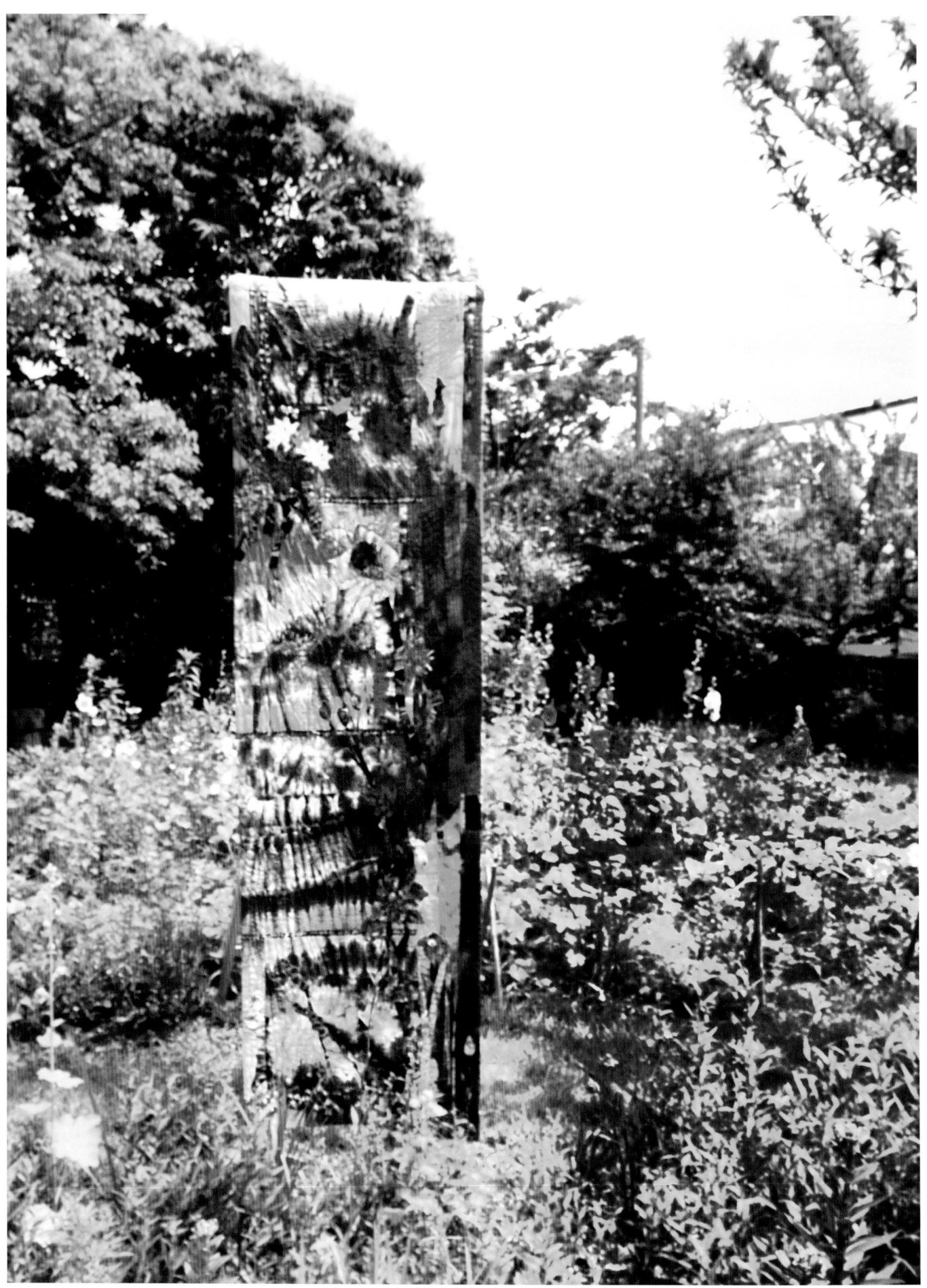

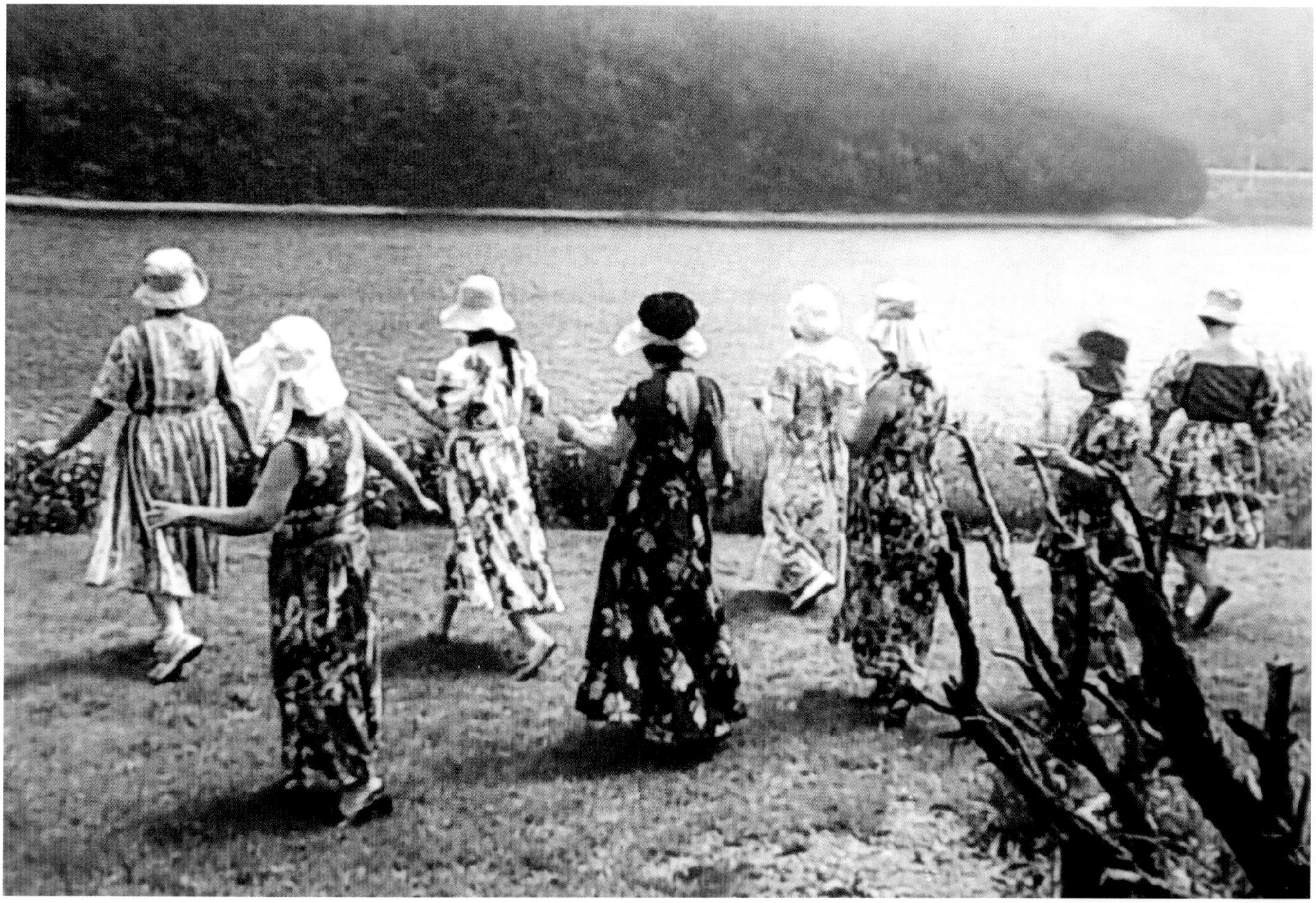

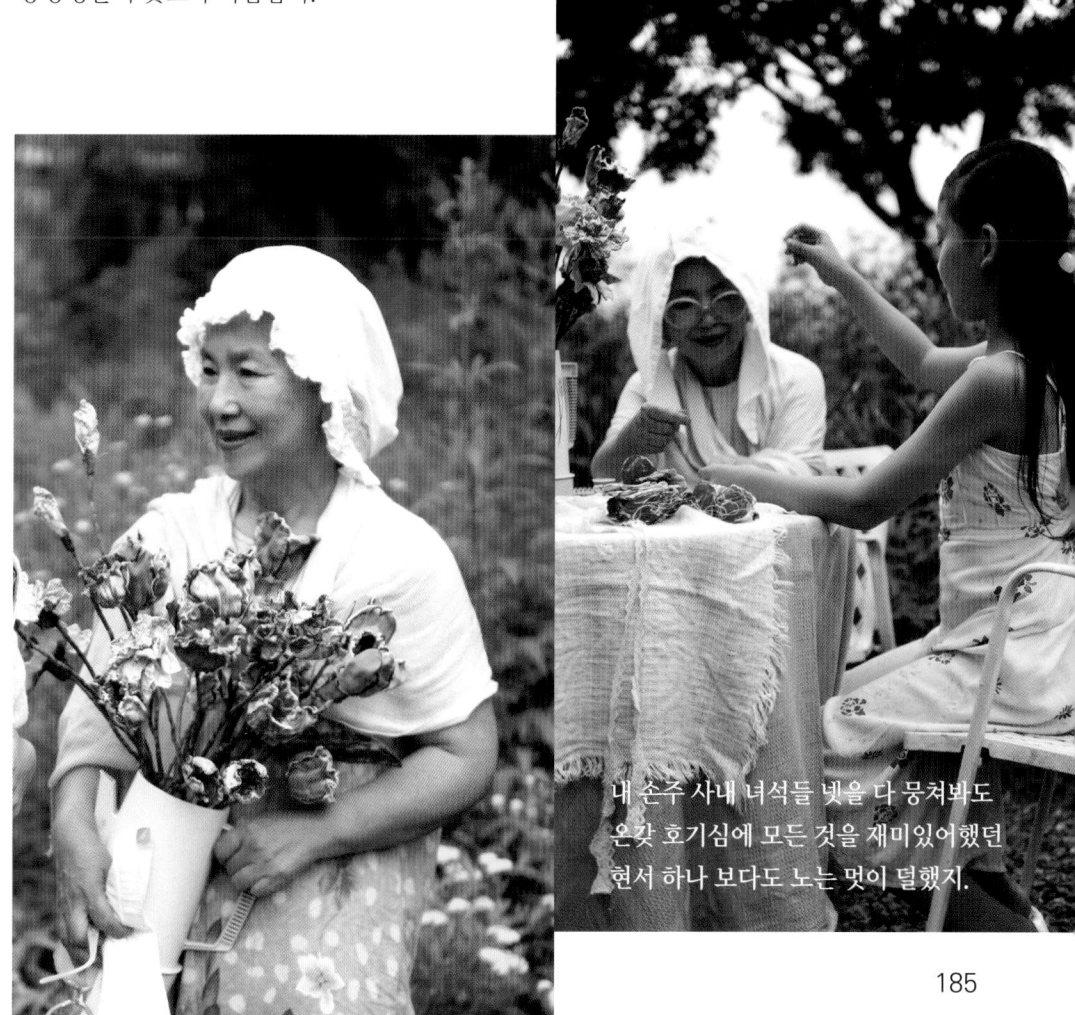

라인댄스를 추며 팔순을 즐기는 여고 동창생들이 꽃보다 아름답다.

꽃들의 군무 속에
작품 '사계의 환타지' 를
펼쳐 놓으니
헝가리안 무곡이
정원 가득 넘쳐흐른다.
호수의 물결도 따라 일렁이고
내 마음도 춤추듯 리듬을 탄다.

오늘도 어디까지 가려는가

꽃이 져 봄이 가고
꽃이 져 여름이 가고
가을, 겨울 다 가고 없어도
내 가슴에는
사계를 활짝 밝혀주는
퀼트 꽃이 있어 숨을 내쉰다.

〈사계의 환타지, 760×2600mm〉

내 손주 사내 녀석들 빛을 다 뭉쳐봐도
온갖 호기심에 모든 것을 재미있어했던
현서 하나 보다도 노는 멋이 덜했지.

185

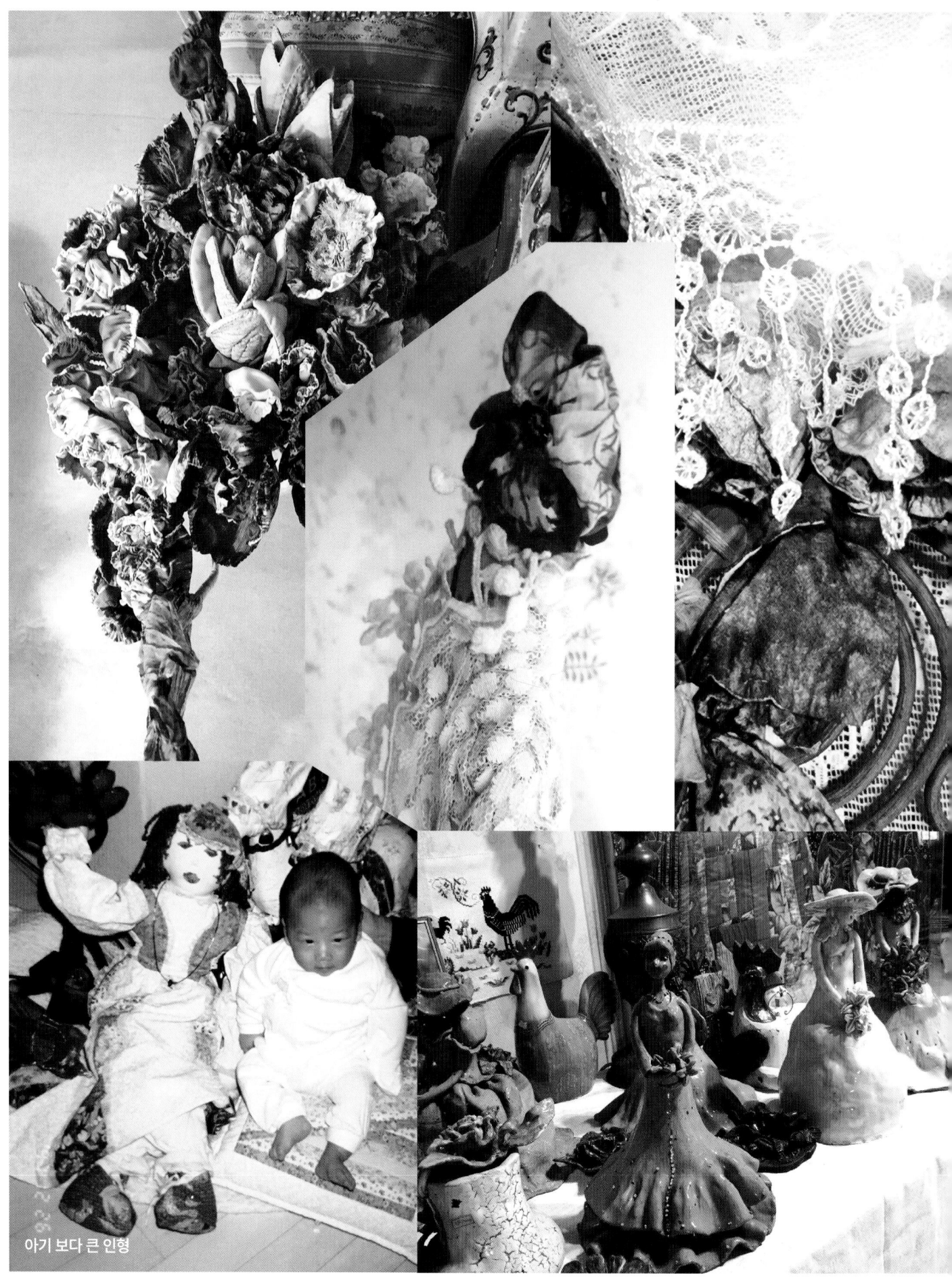

아기 보다 큰 인형

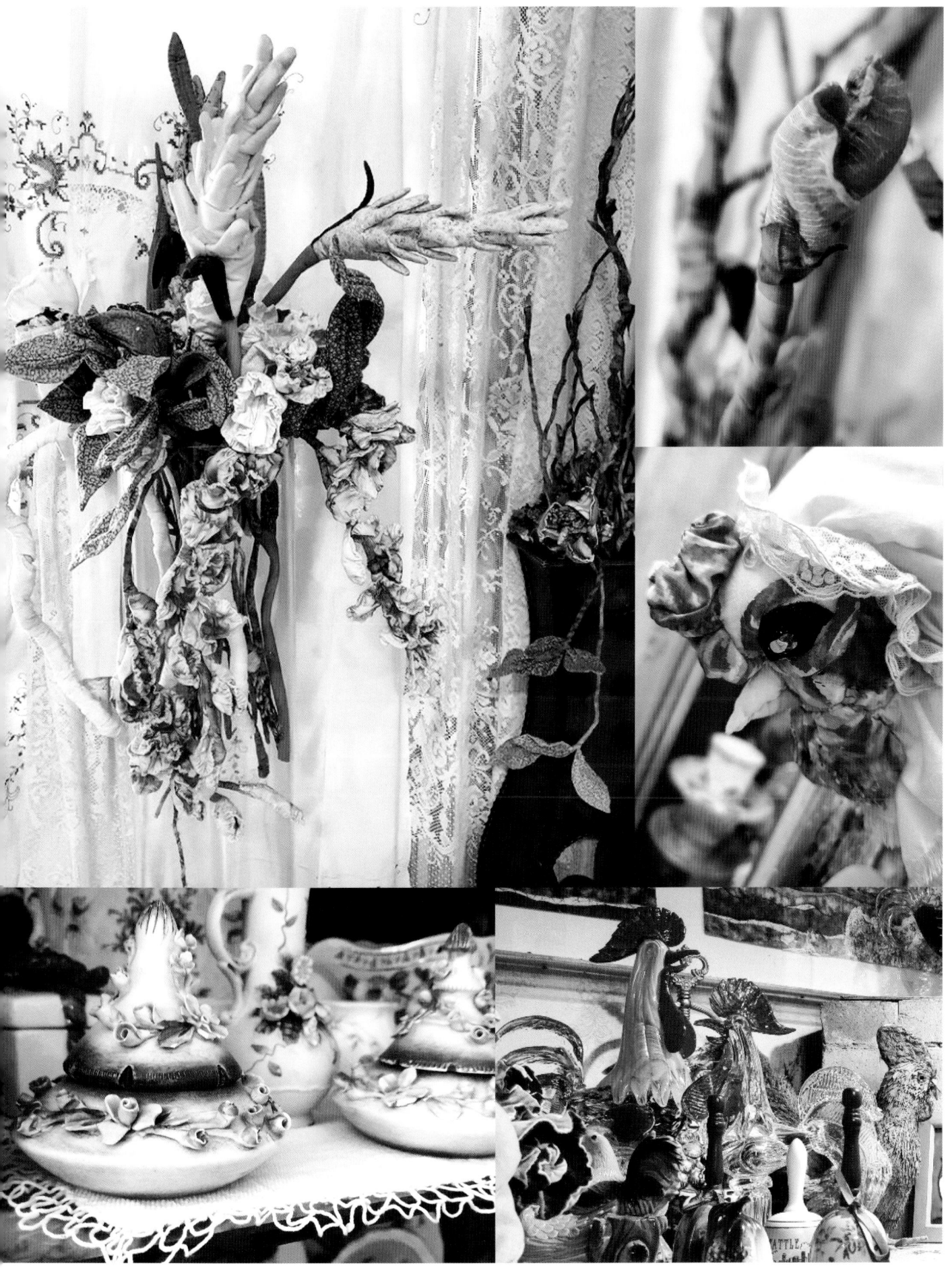

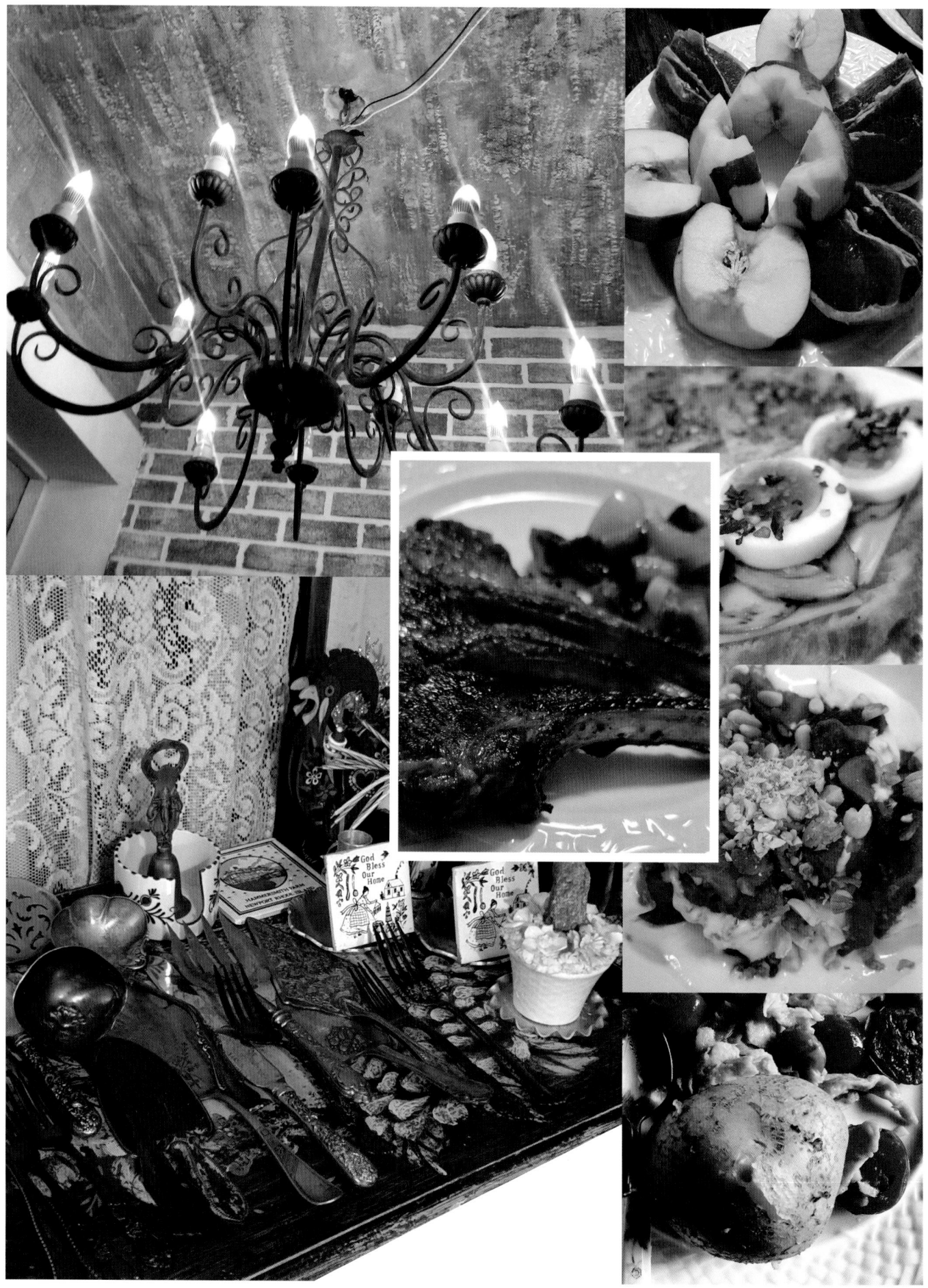

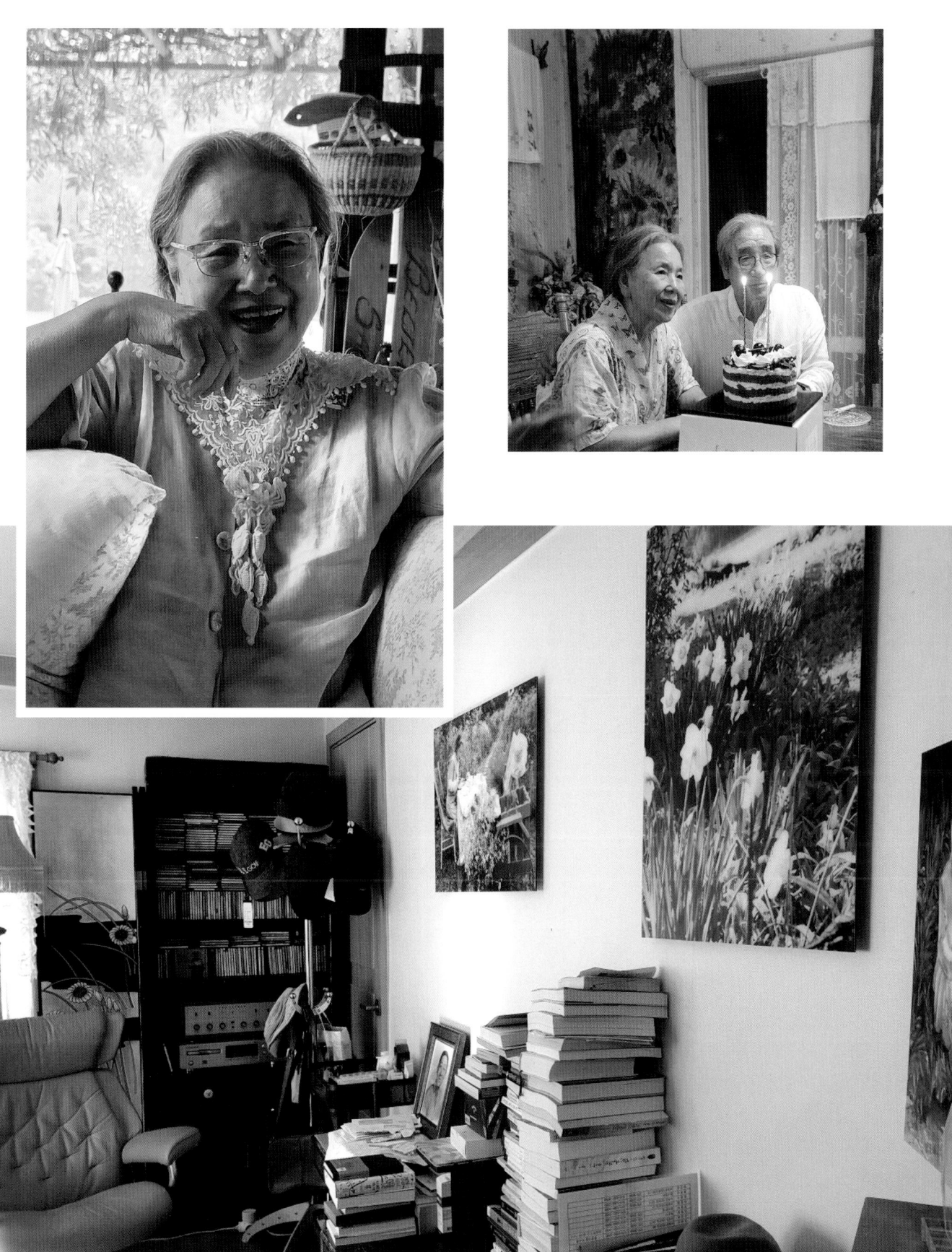

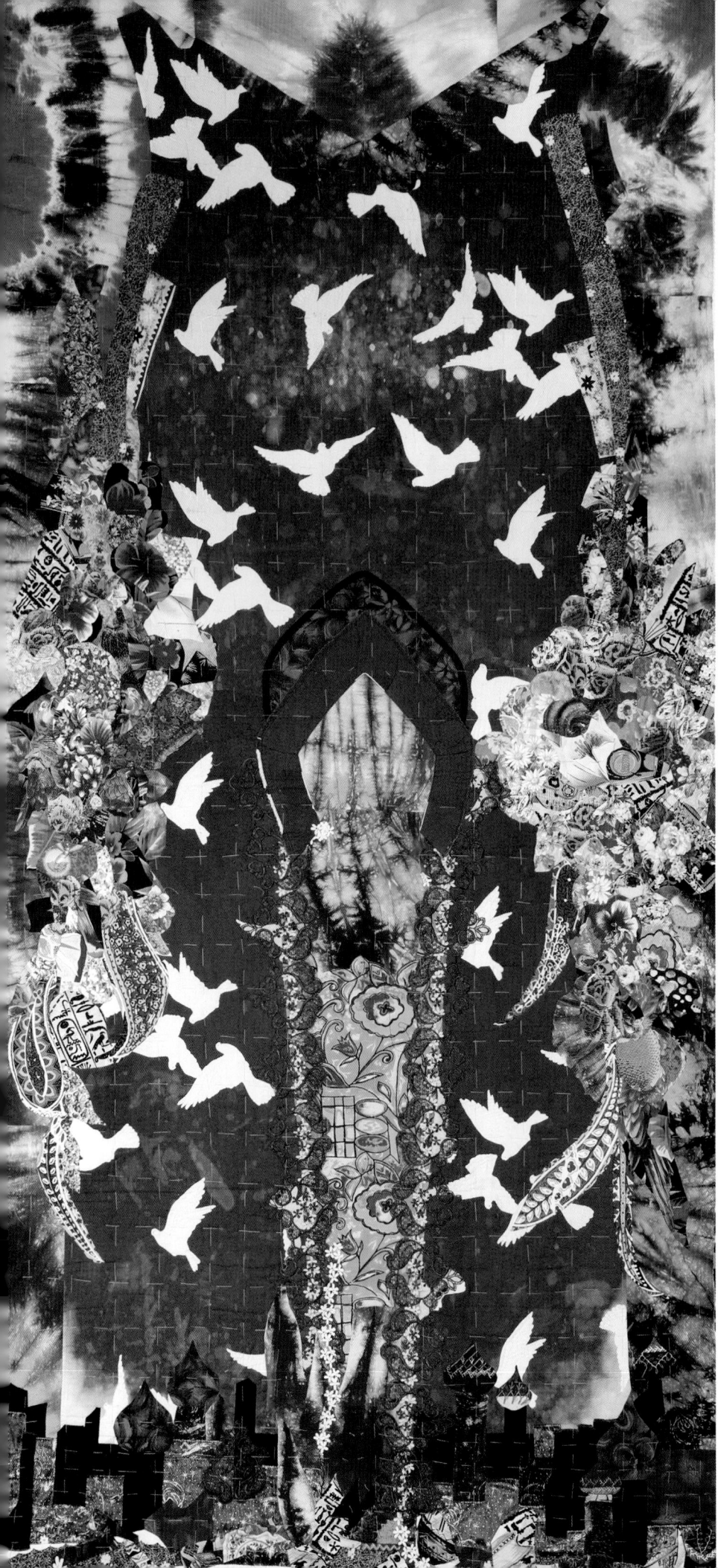

이라크 수도 바그다드는
수천 년의 역사를 자랑하는
'인류의 고도'이고, 대통령 궁은
다양한 고대 유물의 전시장으로
유명한 기독교의 '성지'이기도 하다.

그 같은 바그다드가 2003년
미국의 폭격으로
20일 만에 함락되었다.

그 당시 전 세계의 고고학자들이
경악하며 맹렬히 비난하고 있을 때
귀한 문화유산의 현장을
퀼트로 기록하려고
밤낮을 지새웠었다.

과거의 기록이 없다는 것은
뿌리가 잘려 나간 모습 아니겠는가
아무리 복구한다 해도
허물어진 역사는 채우지 못하리라.

모든 것은 의미가 있으므로
함부로 손괴할 일이 아니다.
그게 비록 적대국이라 할지라도...

〈바그다드의 비화, 1100×2300mm〉

꿈에서 생시에서
팔십 넘어도 애틋하니
고향집 생각난다.
모든 것이 하나둘...
잊혀가는 기억 속에서
그 집마저 놓칠세라 늘 조바심이다.

6·25전쟁 중에는
미국 제트기가 산 넘어와
세 바퀴나 돌고 간 집이었지만,
기억 속 아름다운 믿음으로 남아
혼자서 소꿉 놀던 어린 그때가
내 평생인 것처럼 먼 고향 더듬다
땀 흘리며 꽃을 심었다.
살면서도 늘 넉넉하기보다
아름답게 살고자 노력했었다.

2000년 6.15 정상회담 때였다.
함경남도 홍원군 학천면으로
달려가는 아이의 마음 따라
"아 소원, 소원"을 외치며
일 년을 하루같이 밤새워 한 땀, 한 땀...
작품은 완성되었지만
지금껏 한 발짝도 내딛지 못했으니
이 어찌 슬프지 않으리.
이제나저제나 그립고 그리워서
목 내밀고 발돋움하며
고향 보고픈 마음의 외침소리
얼마나 아픈지...

태극기, 붉은 깃발 백두에서 한라까지
둘 다 내 조국 한눈에 삭히며
지내온 오십 년이 얼마나 아픈지...

고향 생각에는 언제나 아이
색동옷 꽃신 신고 헤매는 반백의 아이
얼마나 아픈지...

아~ 소원 소원

6·15 남북정상회담 기념
〈얼마나 아픈지, 1085×2055mm〉

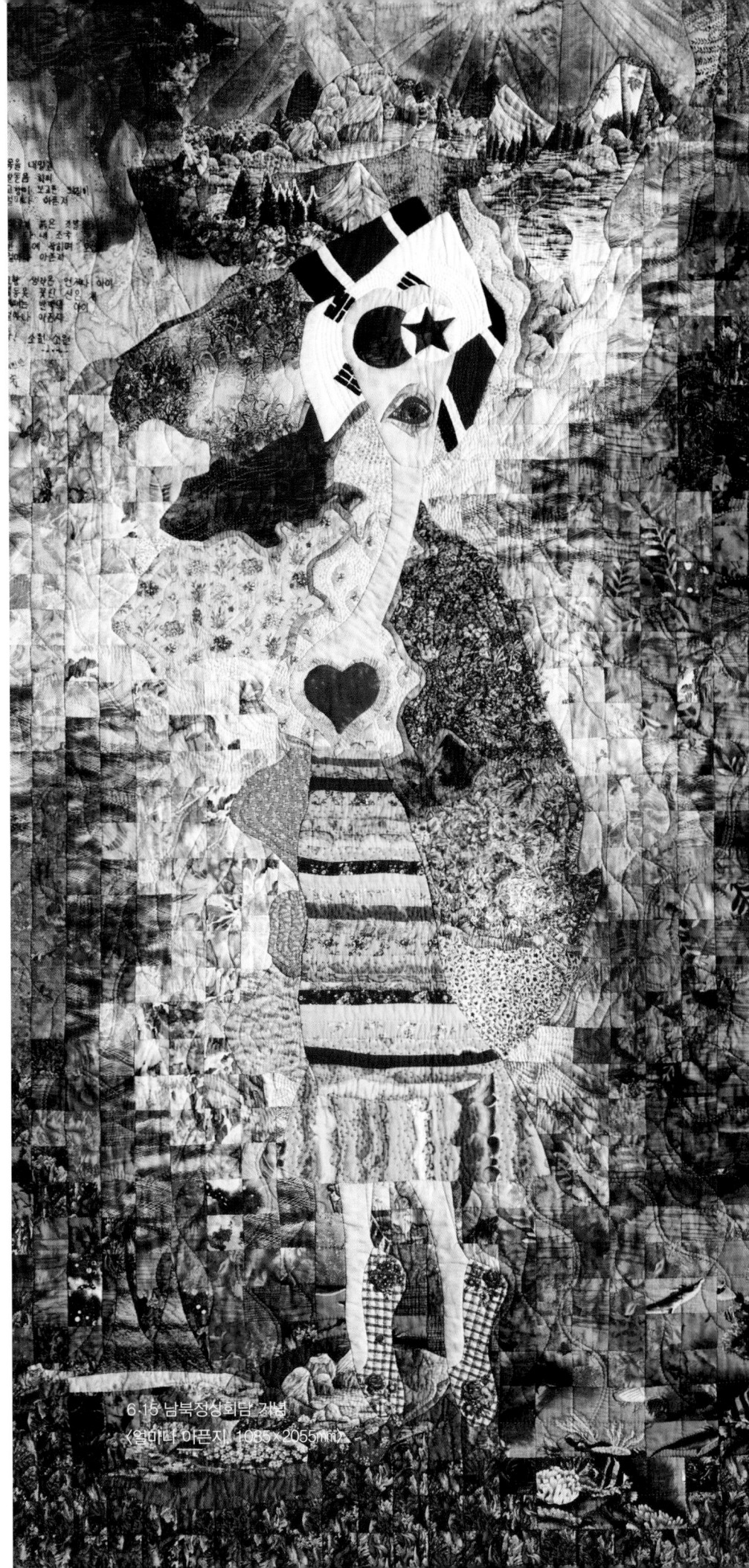

6·15 남북정상회담 기념
〈얼마나 아픈지, 1085×2055mm〉

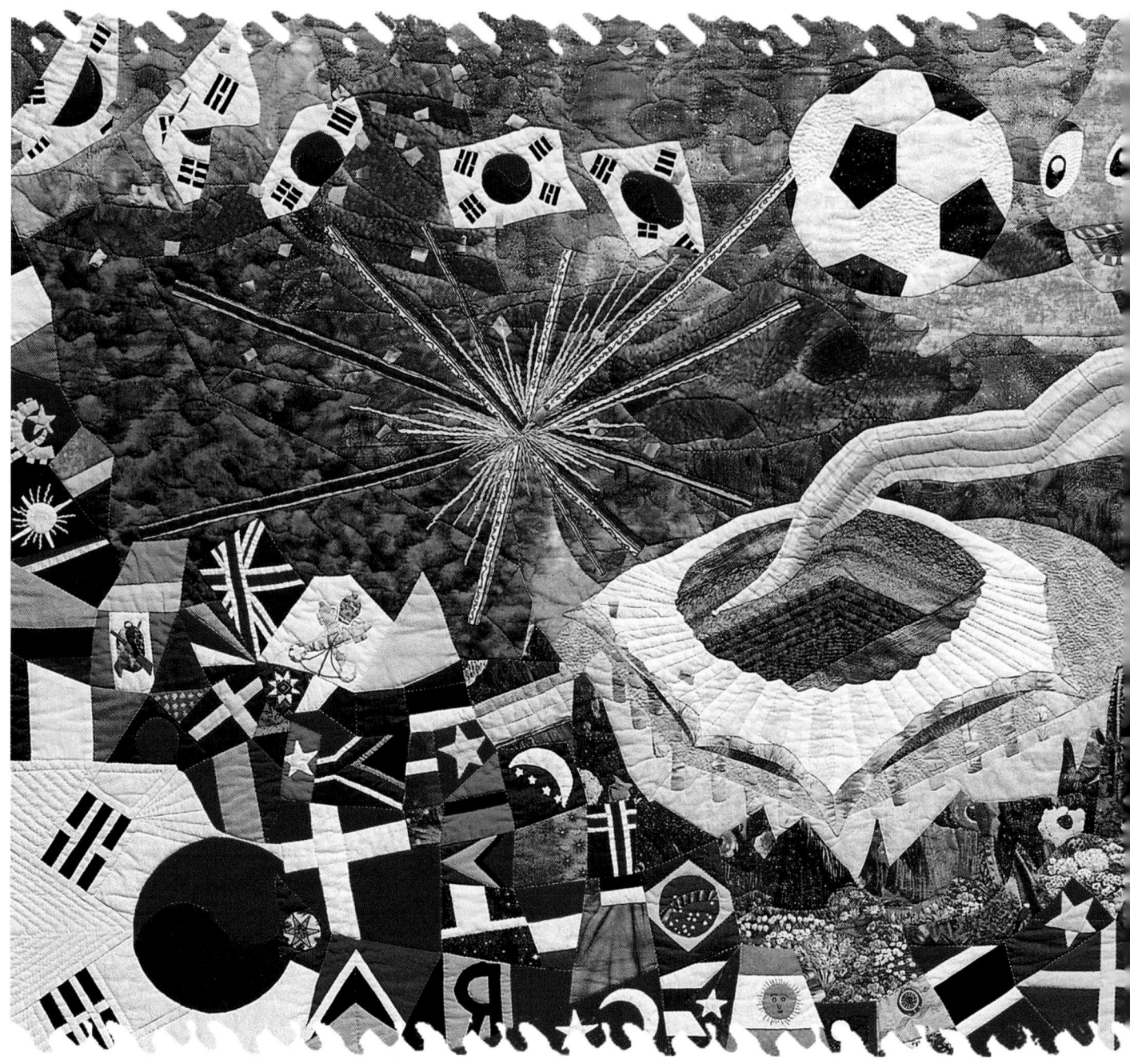

〈월드컵 전야제, 2735×1275mm〉

2002년 월드컵의 개최지가 우리나라로 결정되었다는 기쁨을 전하려고
나라에서 월드컵을 준비하는 동안 나도 월드컵 준비위원처럼 이 작품에 매진했다.
두 캐릭터의 기쁜 표정과 어우러진 상암 돔의 탄성,
만국기와 어우러져 휘날리던 태극기는 축포와 함께 하늘을 물들였다.
대한민국이 4강에 오른 것은 단합된 민족의 얼이었다 대한민국이여 영원히 무궁하라.

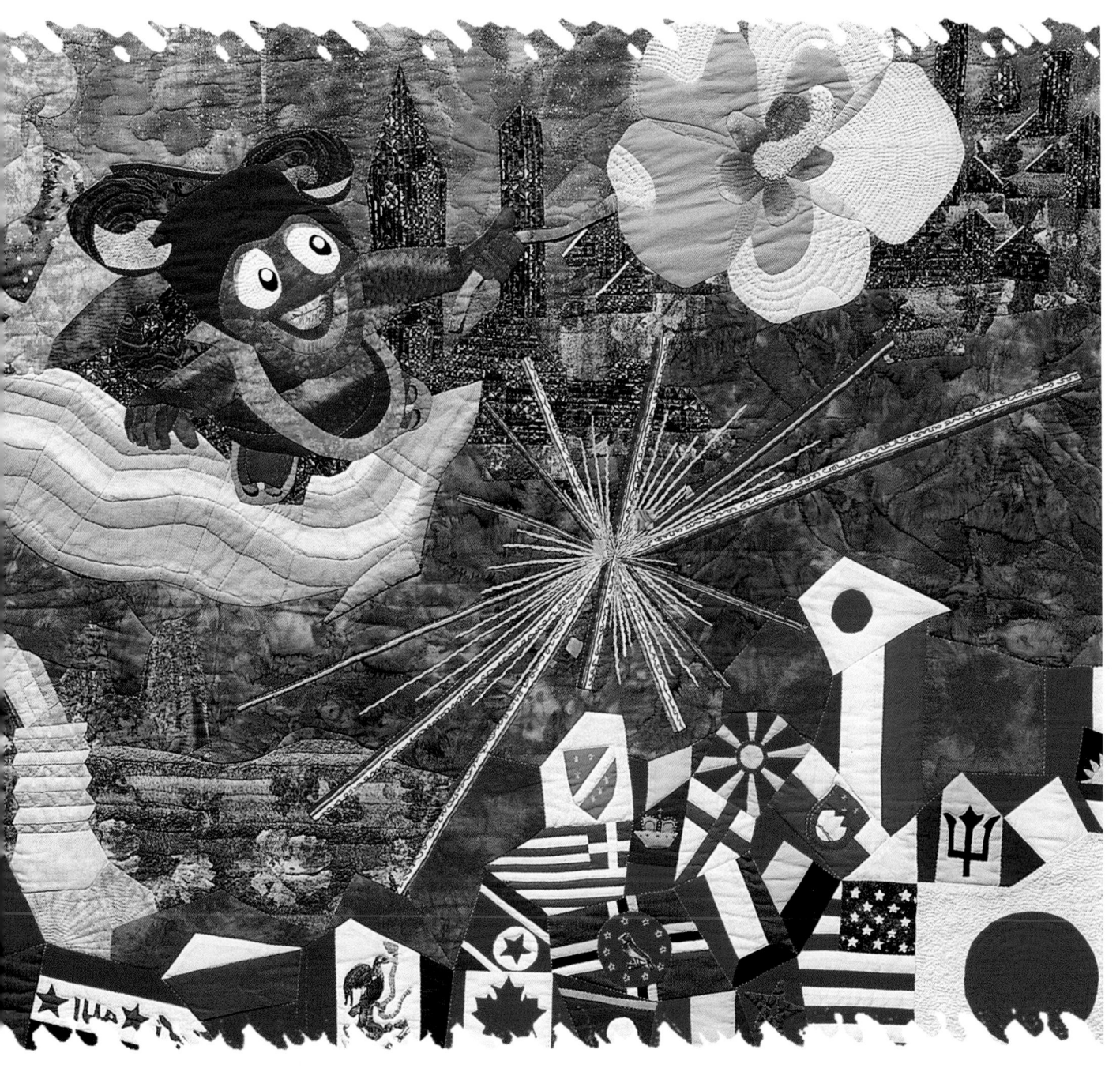

이곳 생활이 세상과 담을 쌓고 사는 것 같지만, 나름으로는 오히려 세상사에
귀를 열어 놓고 정의를 탐했고, 월드컵도 모른 척하지는 않았다.
이산가족의 슬픔에도 동참하여 같이 울었고, '바그다드의 비화'를 통해서도 세상사에 대한
나의 관심을 퀼트로 발표했었다. 사계절을 통해 쉴 틈 없이 몸을 움직이고 손을 쓰는 생활로
내 방식대로 애국하고 있다고 스스로 위로하며 살았던 이야기가 여기에 실려 있어 부끄럽지만 참 뿌듯하다.

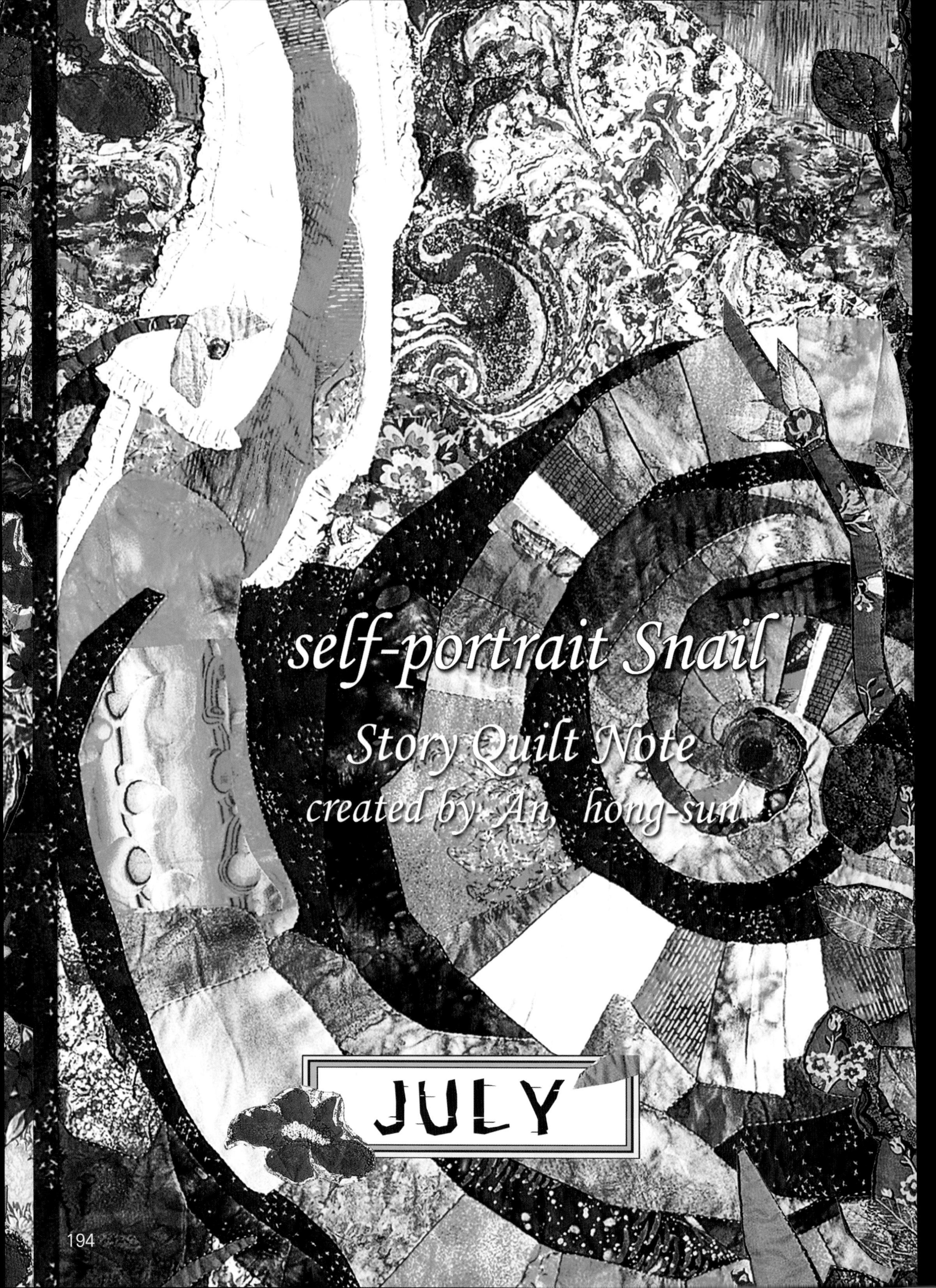

self-portrait Snail

Story Quilt Note

created by An, hong-sun

JULY

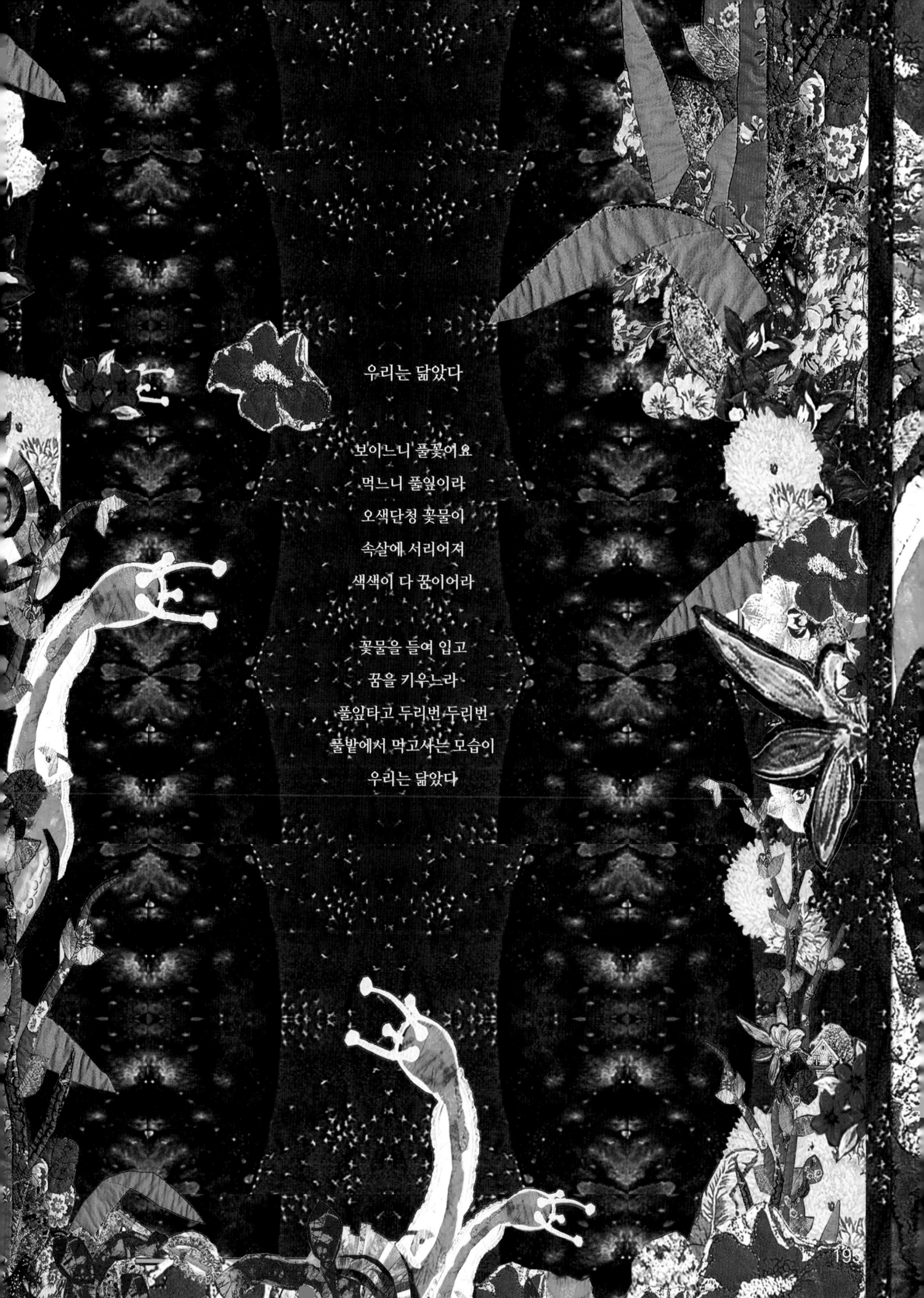

우리는 닮았다

보이느니 풀꽃이요
먹느니 풀잎이라
오색단청 꽃물이
속살에 서리어져
색색이 다 꿈이어라

꽃물을 들여 입고
꿈을 키우느라
풀잎타고 두리번 두리번
풀밭에서 먹고서는 모습이
우리는 닮았다

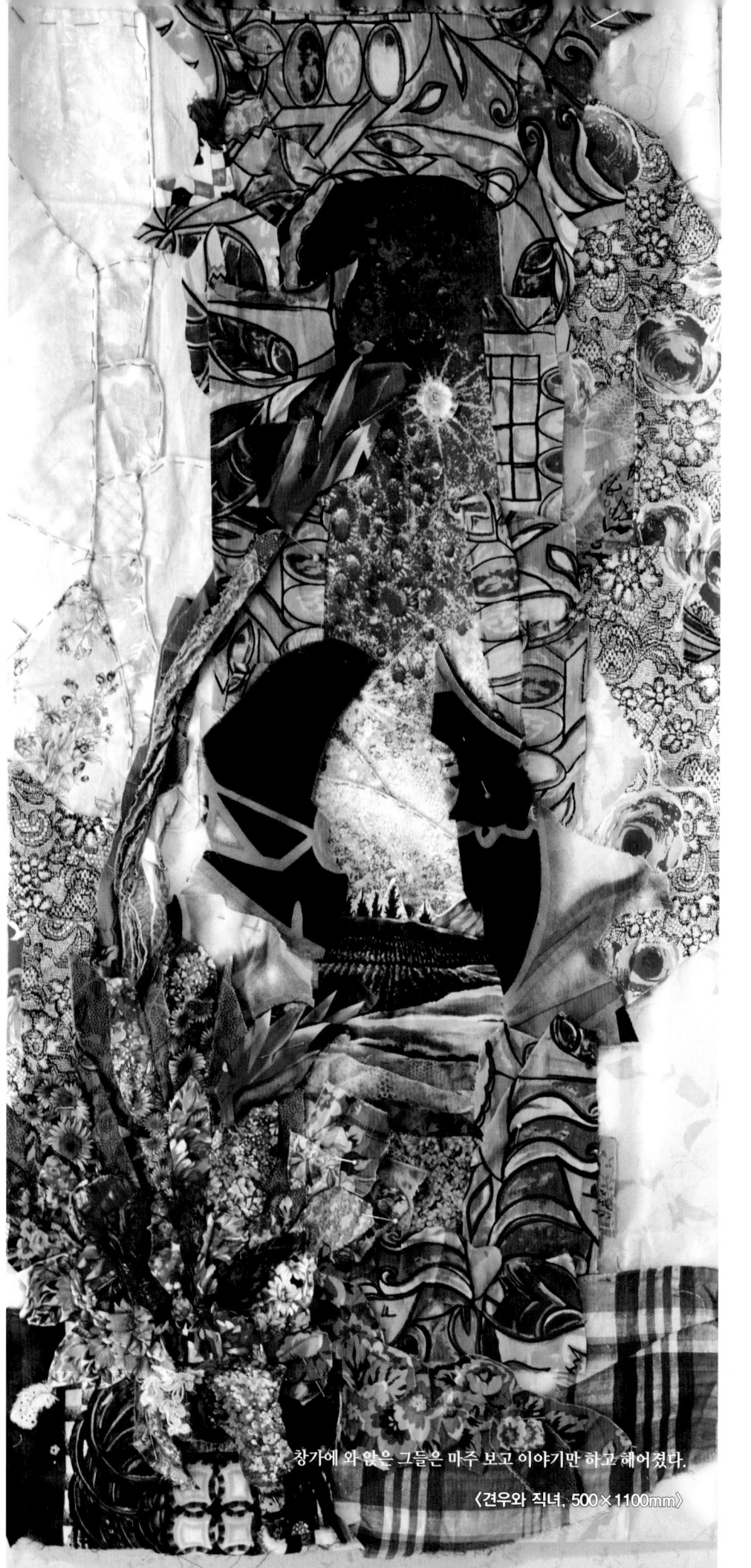

창가에 와 앉은 그들은 마주 보고 이야기만 하고 헤어졌다.

〈견우와 직녀, 500×1100mm〉

## 달팽이

잎새에 올라 앉아
푸새 갉아먹는 소리
조용한 아침
기상 나팔소리로 울린다

보이지도 않는 두 눈 부릅뜨고
형벌처럼 집채를 등에 지고
음지를 찾아 고물거리며
기어가는 달팽이

자식도 친구도 없이
동굴속에 언제나 홀로
외로이 들어앉은 깡다구
우리는 닮았다

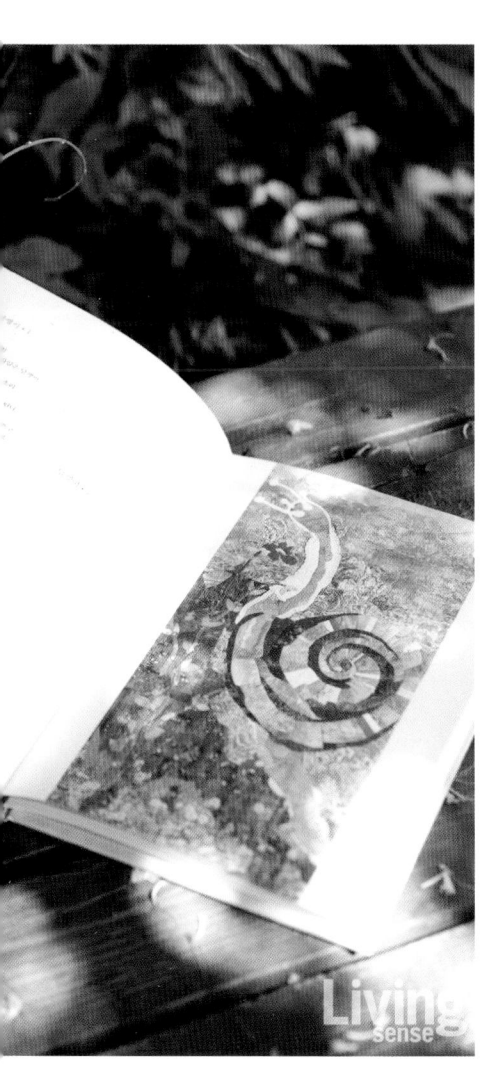

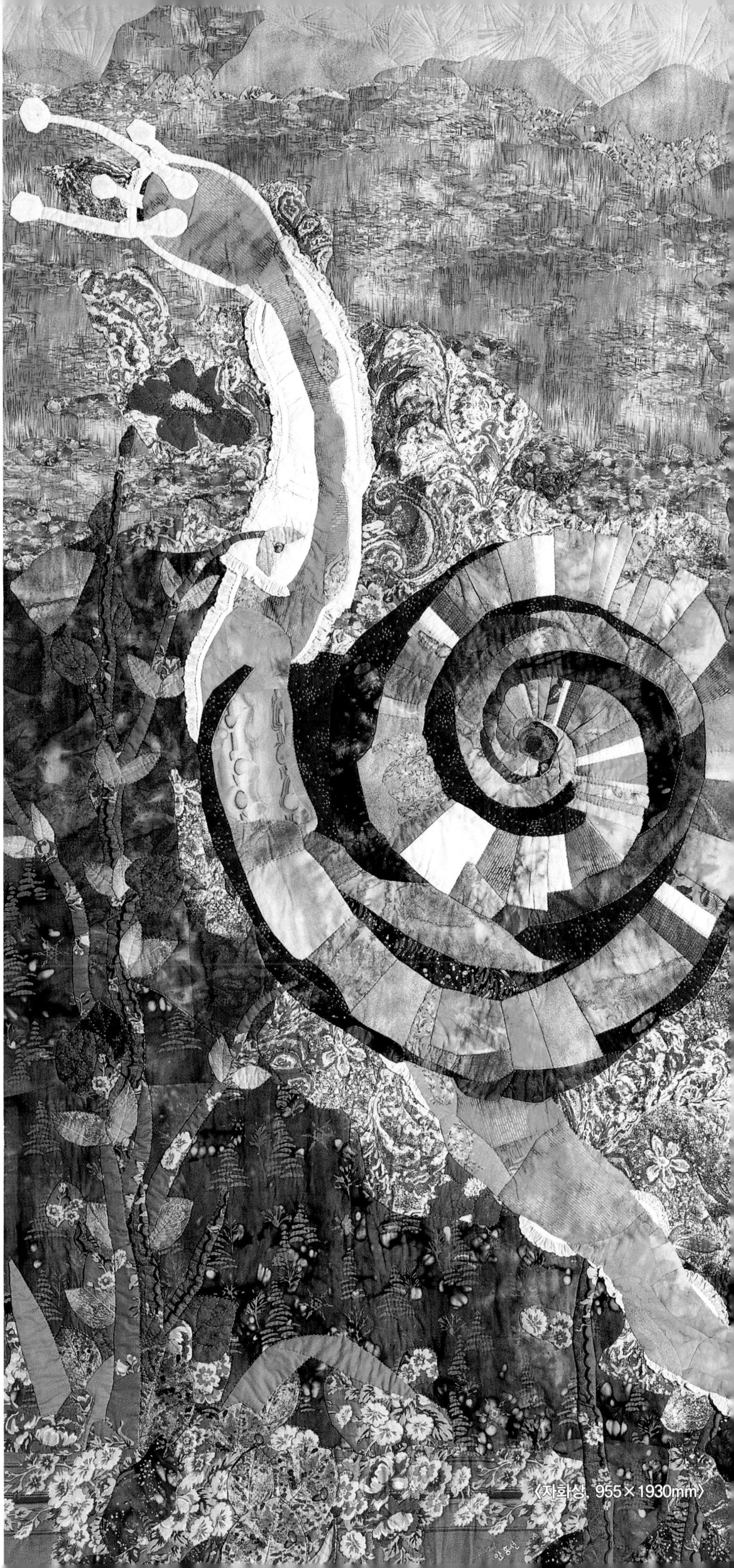

〈자화상. 955×1930mm〉

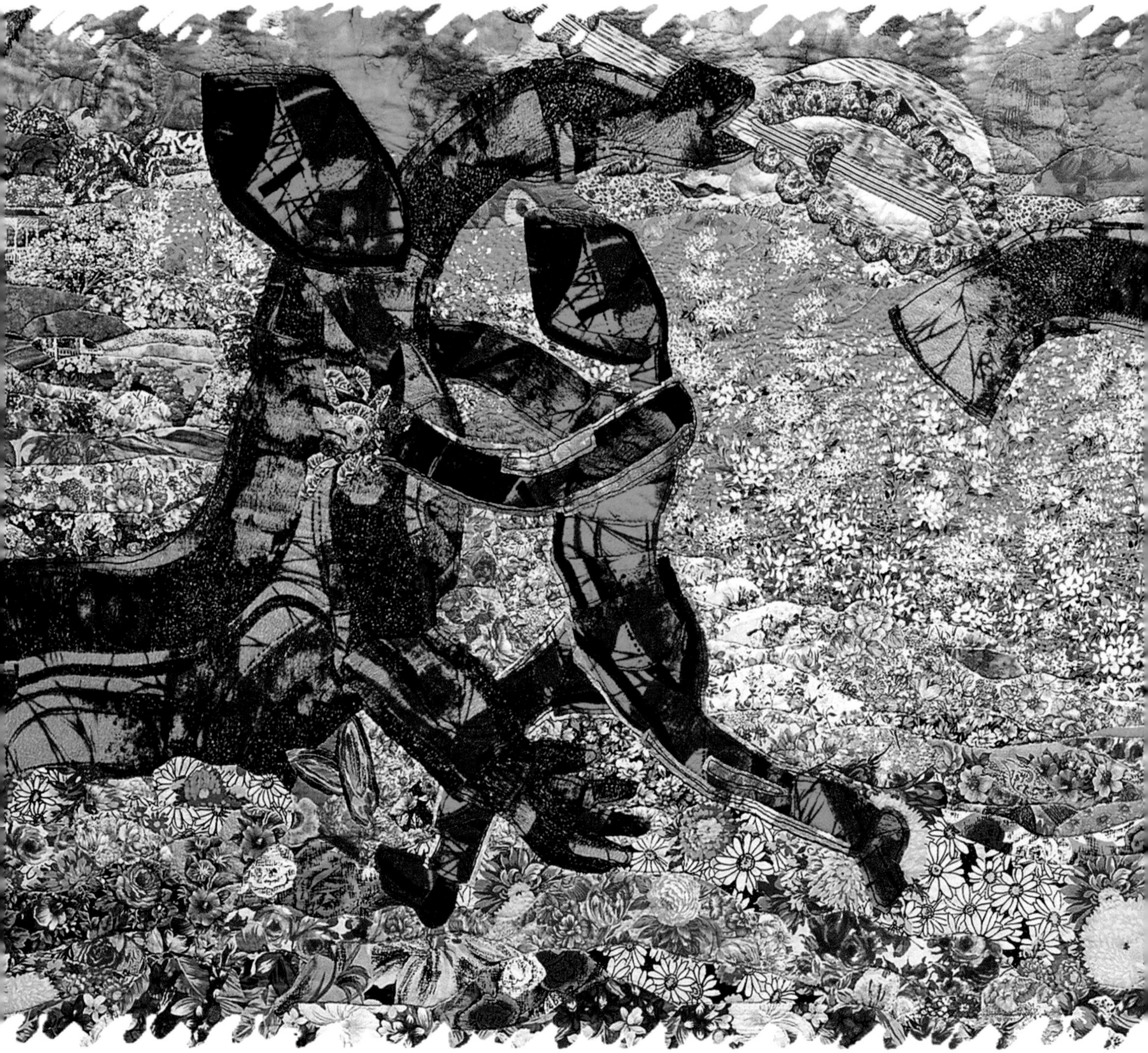

## 당신의 기쁨

오늘 아침 창밖에는 저희가 그랬듯이
여기저기 손짓하며 즐기는 아들 가족이
풍경 속의 수채화입니다

예전의 저처럼
며느리는 호숫가 풍경에 녹아내리고
손자는 재롱부리는 듯
귀염이 뚝뚝 흐릅니다

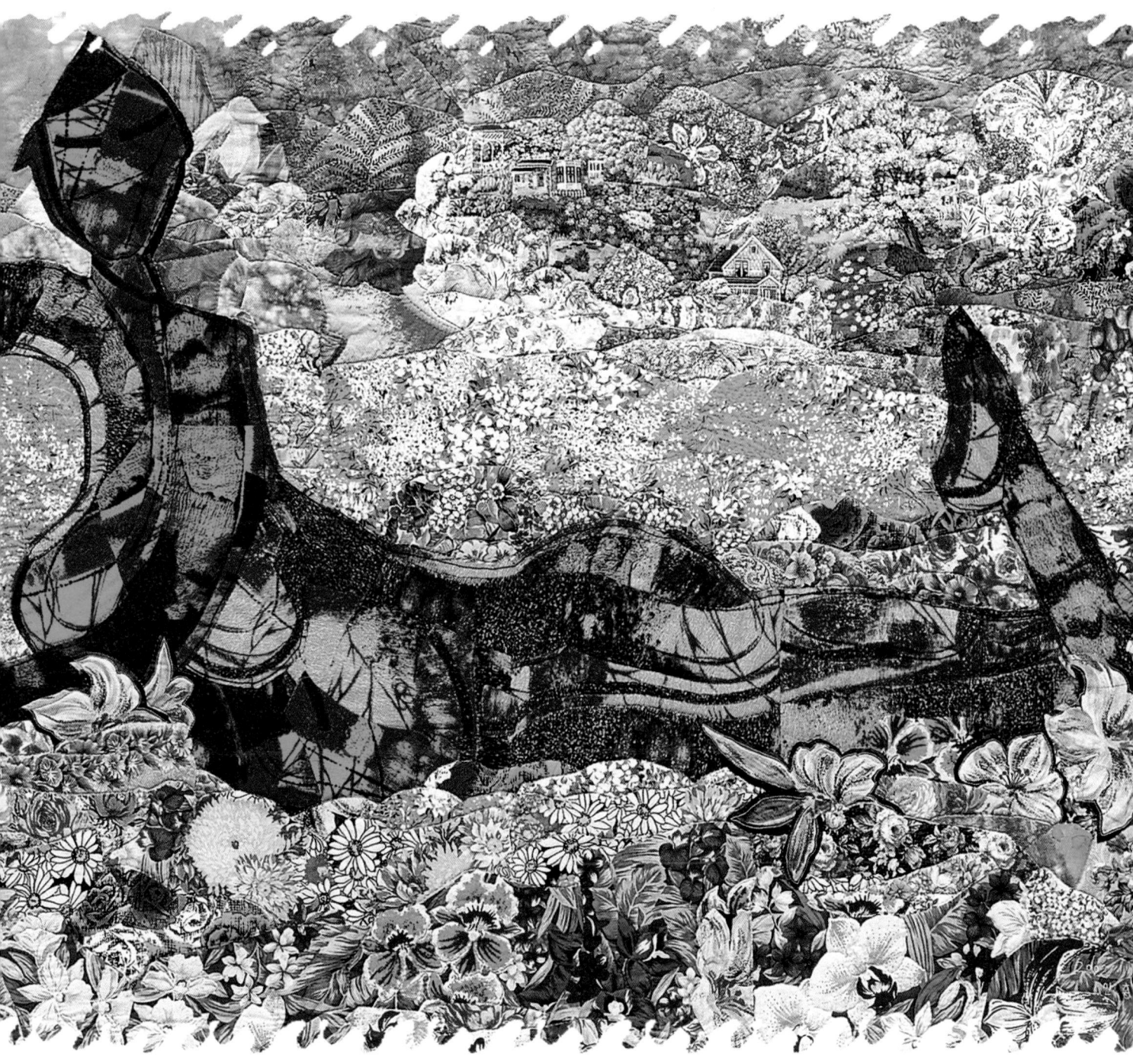

〈당신의 기쁨, 2745×1050mm〉

한 가족이 어우러져
들꽃 향기로 퍼져나가는 이런 행복
주말마다 기다리시던 오직 하나
당신의 기쁨이 무엇이었는지...

오늘 비로소 숙연해집니다

언덕 위의 하얀 집 섭섭히 떠나올 때
진실한 부모 되는 시작인 것을
그때는 몰랐습니다

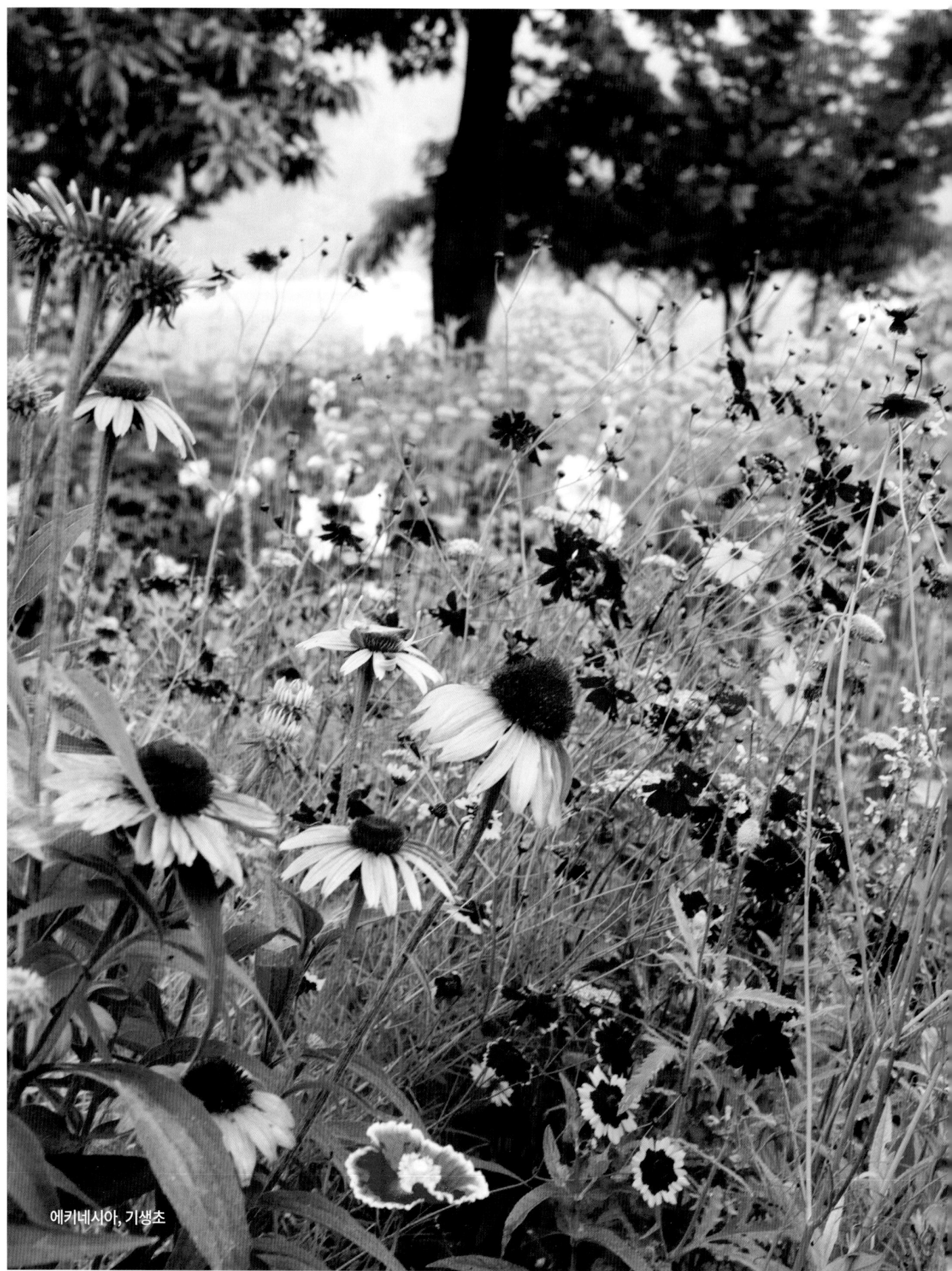

에키네시아, 기생초

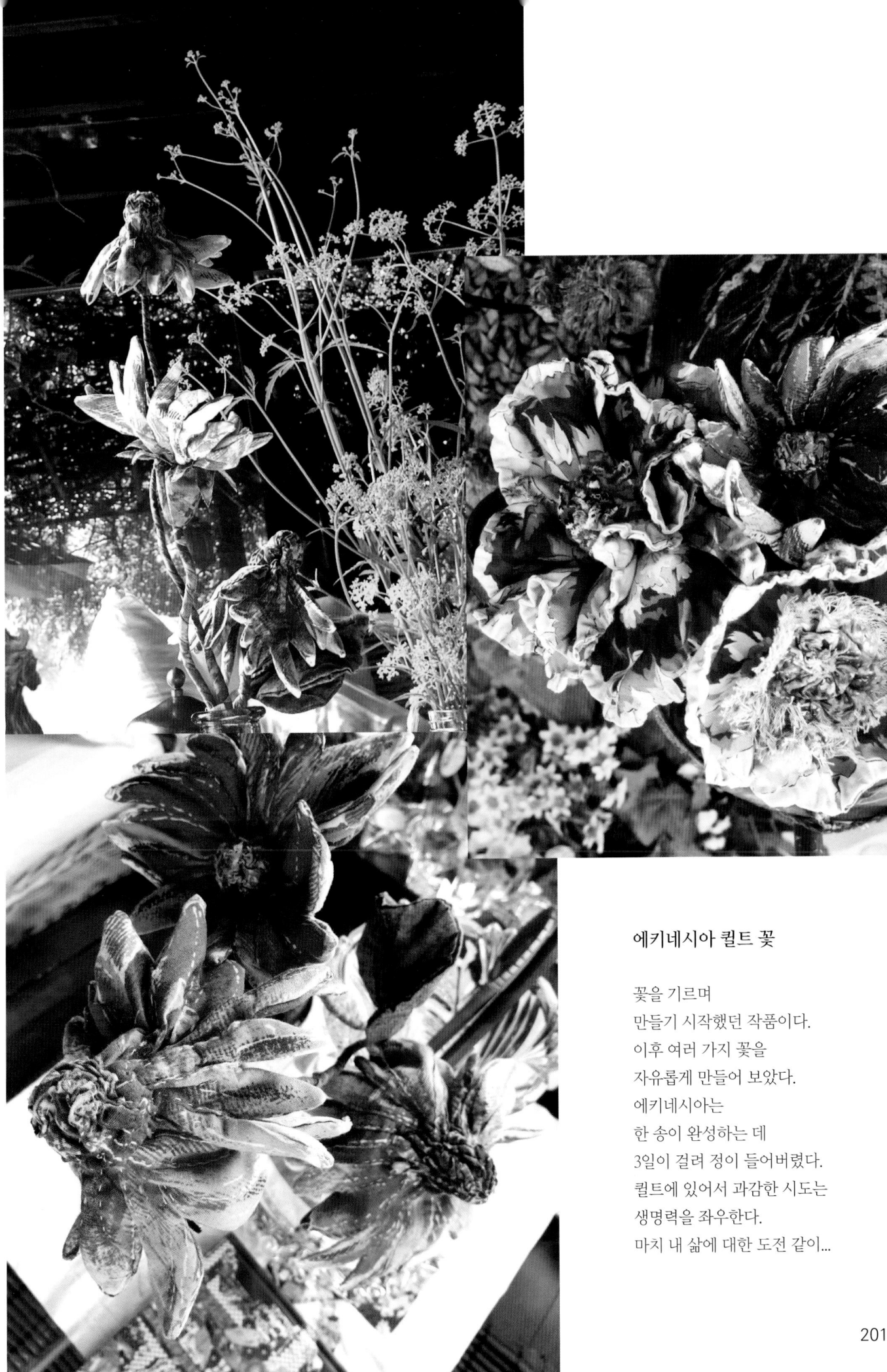

### 에키네시아 퀼트 꽃

꽃을 기르며
만들기 시작했던 작품이다.
이후 여러 가지 꽃을
자유롭게 만들어 보았다.
에키네시아는
한 송이 완성하는 데
3일이 걸려 정이 들어버렸다.
퀼트에 있어서 과감한 시도는
생명력을 좌우한다.
마치 내 삶에 대한 도전 같이...

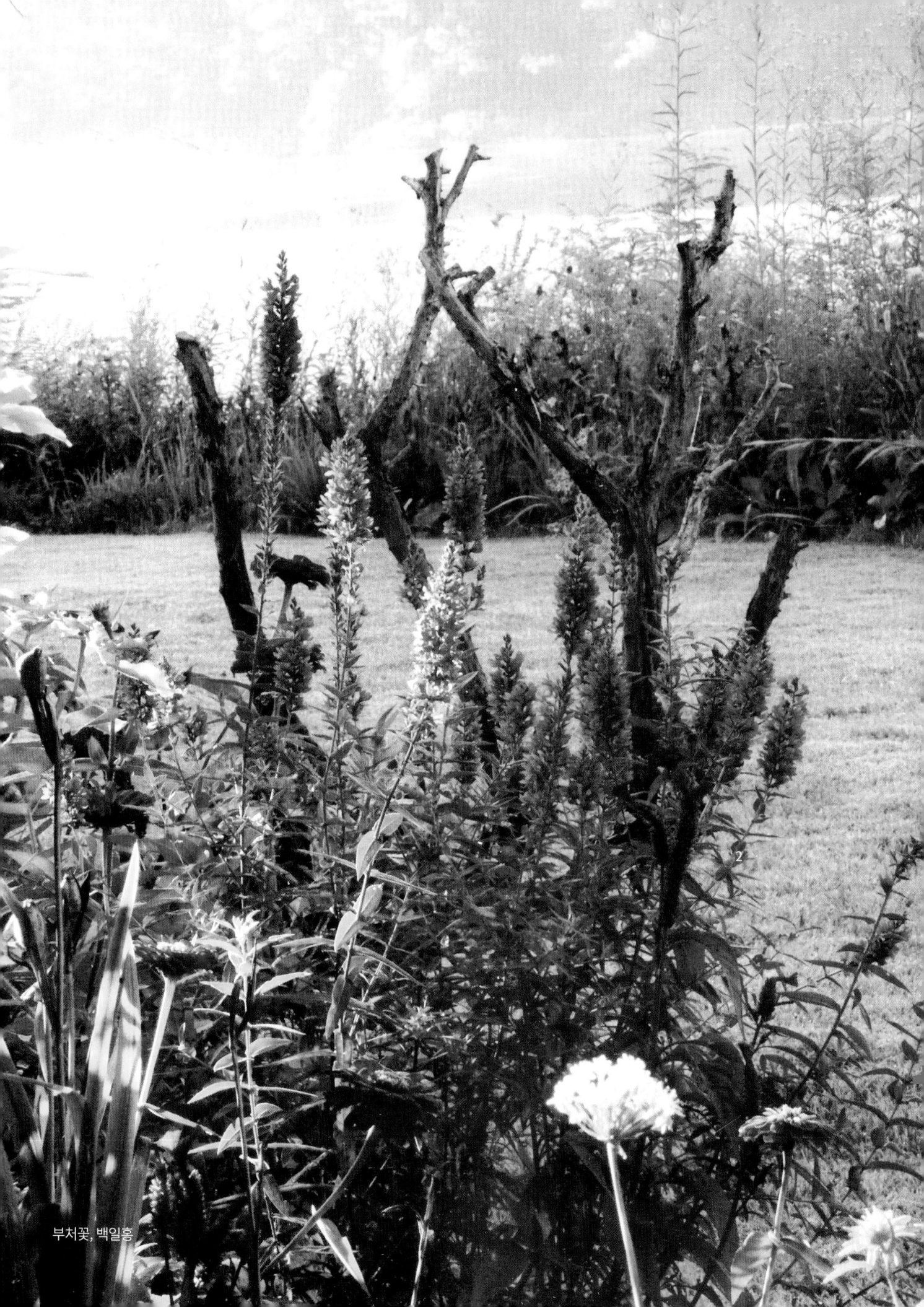

부처꽃, 백일홍

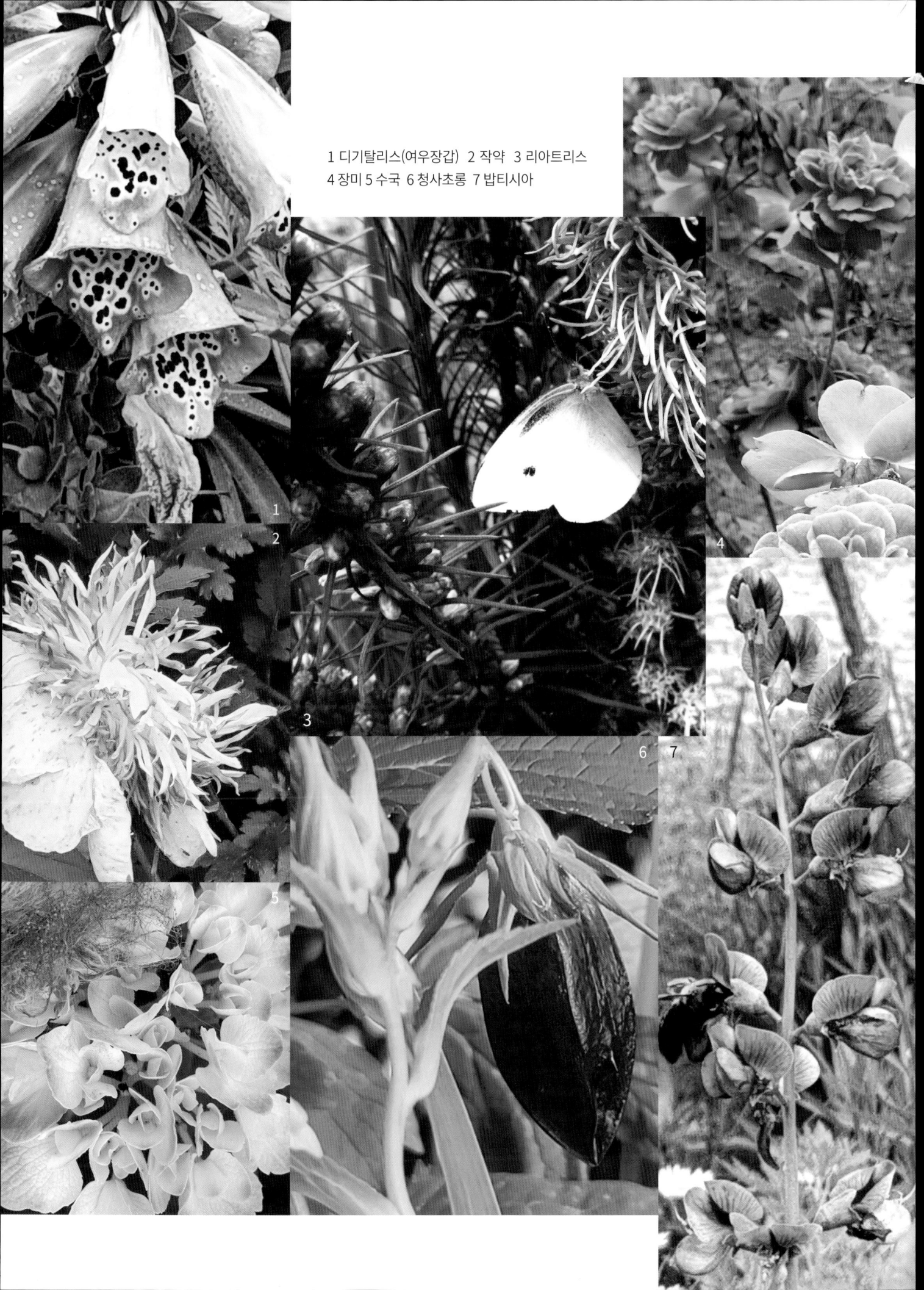

1 디기탈리스(여우장갑)  2 작약  3 리아트리스
4 장미 5 수국  6 청사초롱  7 밥티시아

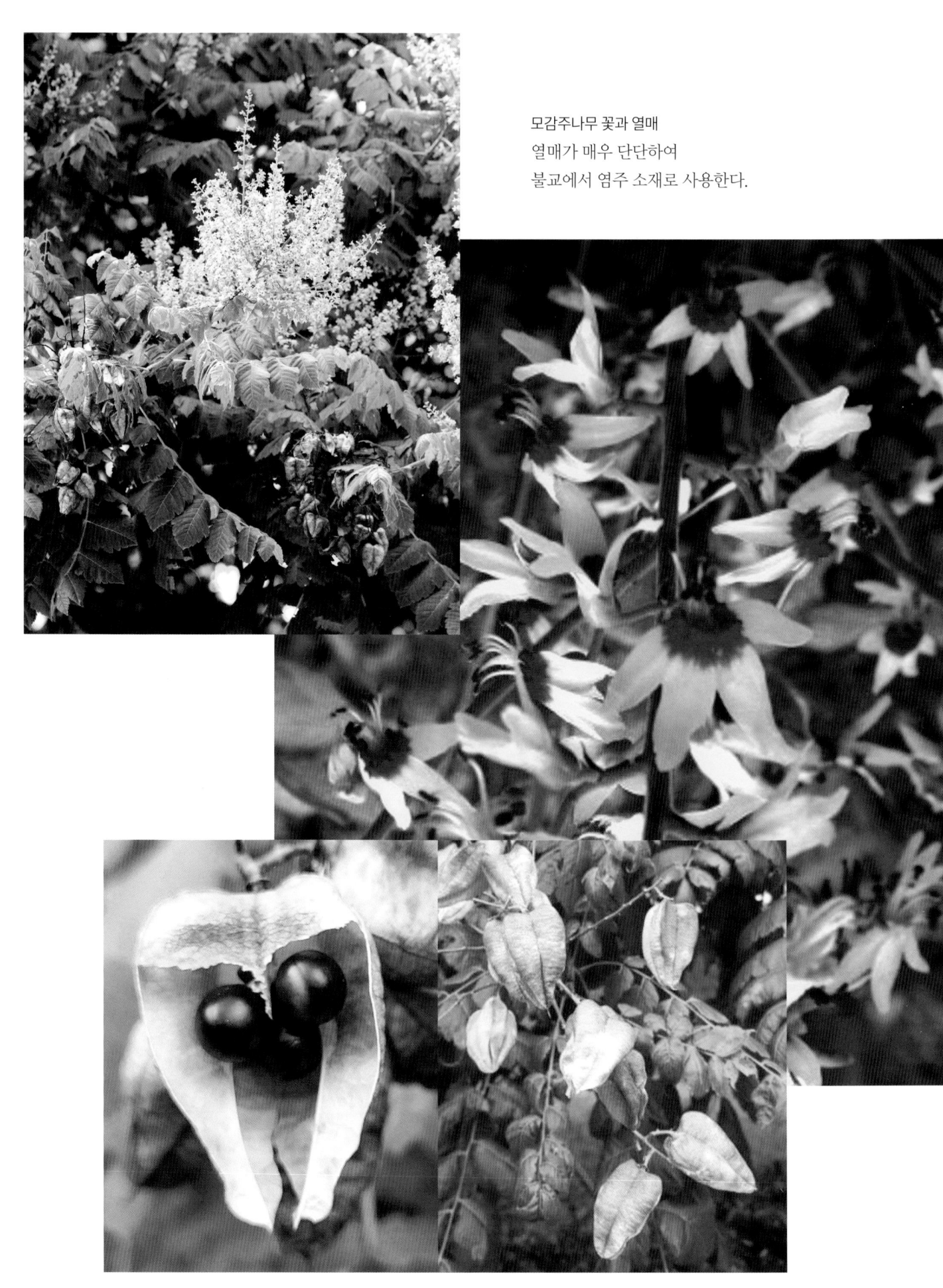

모감주나무 꽃과 열매
열매가 매우 단단하여
불교에서 염주 소재로 사용한다.

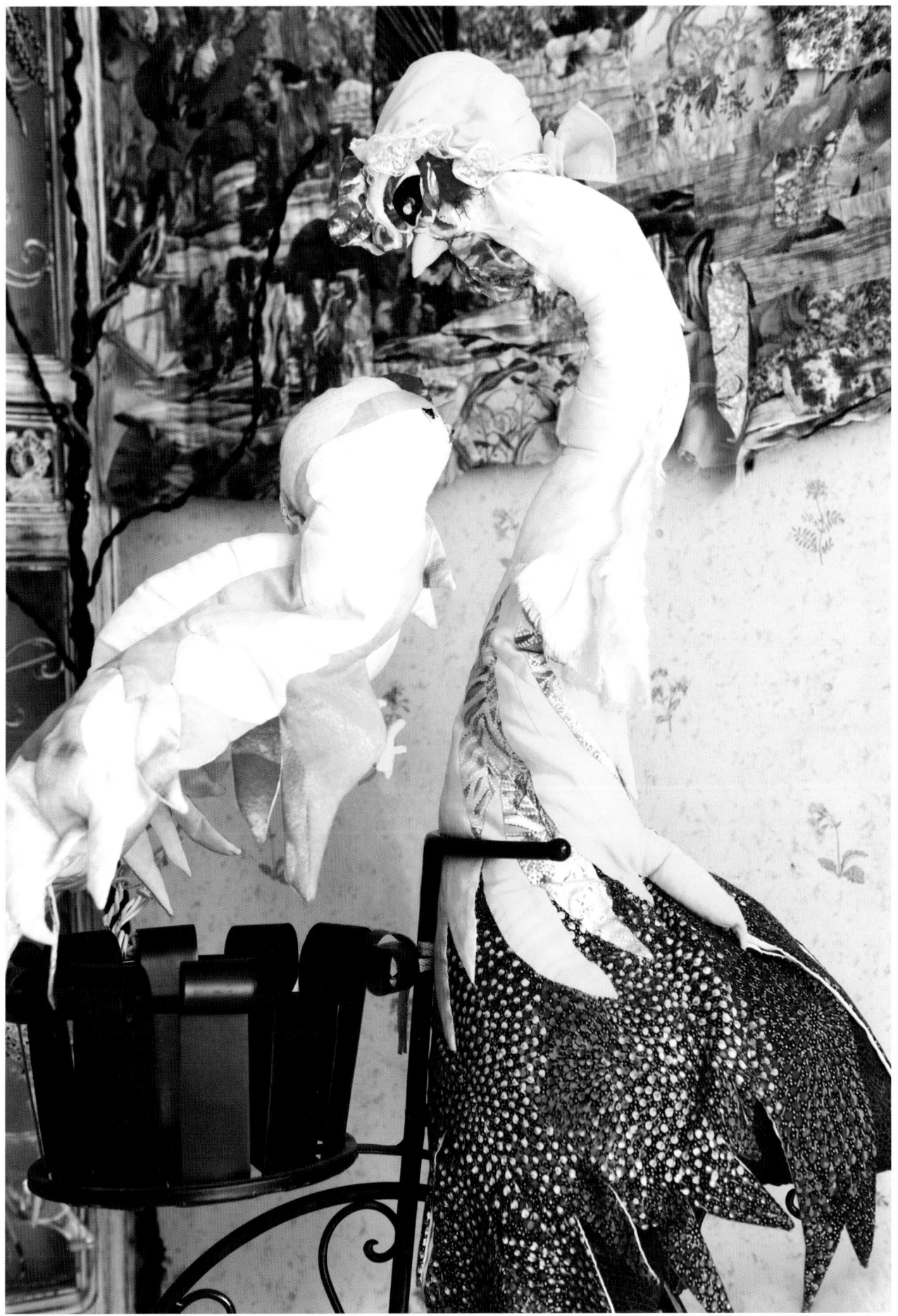

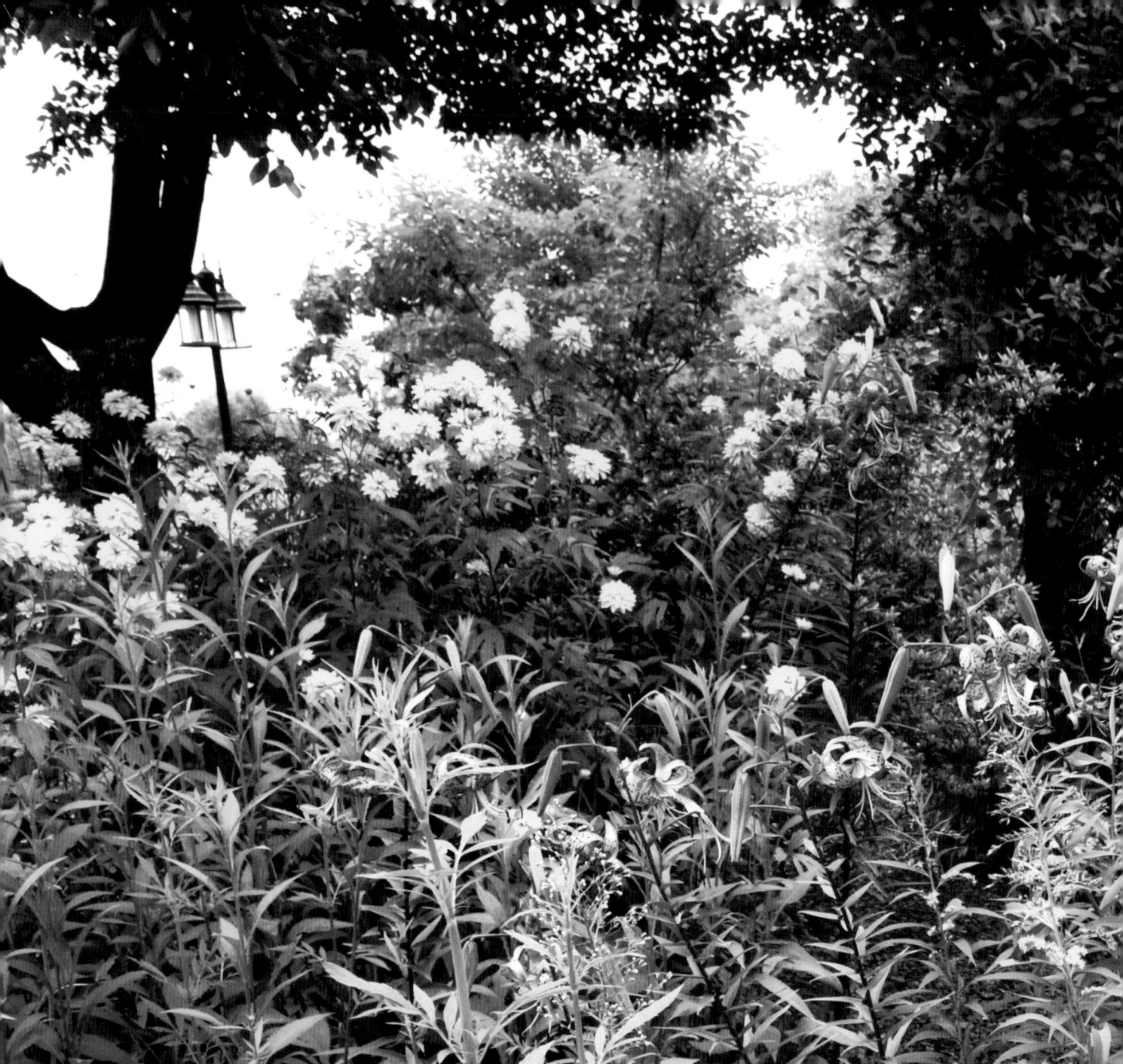

### 호랑나리꽃

아버님 생전에 심어놓으신 나리꽃
가슴속이 불타는 듯 피었습니다.
솔직 화끈하시던 성품 뵙는 듯 칠월 한더위도 쩡 합니다.
어찌 이리 닮은 꽃 심으시어 두고두고 눈길 속에 계시는지요.
철없던 며느리 시절이 생각납니다.

마당에 숯불 피워 집어주시던 고기 한 점
며느리 보신하라 낚아주시던 가물치
저에게 큰 힘 되던 아버님의 며느리 사랑
나리꽃에 묻어납니다.

꽃이 지고 나비도 다 가고 열기 찬 뜨락에
허수아비처럼 줄기만 남았어도
"에미야, 네가 제일이다." 하시던 그 말씀
다섯 살, 여덟 살, 열한 살, 열일곱 살
어린 아가씨들에게는 민망했습니다만
제 영혼을 크게 크게 흔들어 놓았습니다.

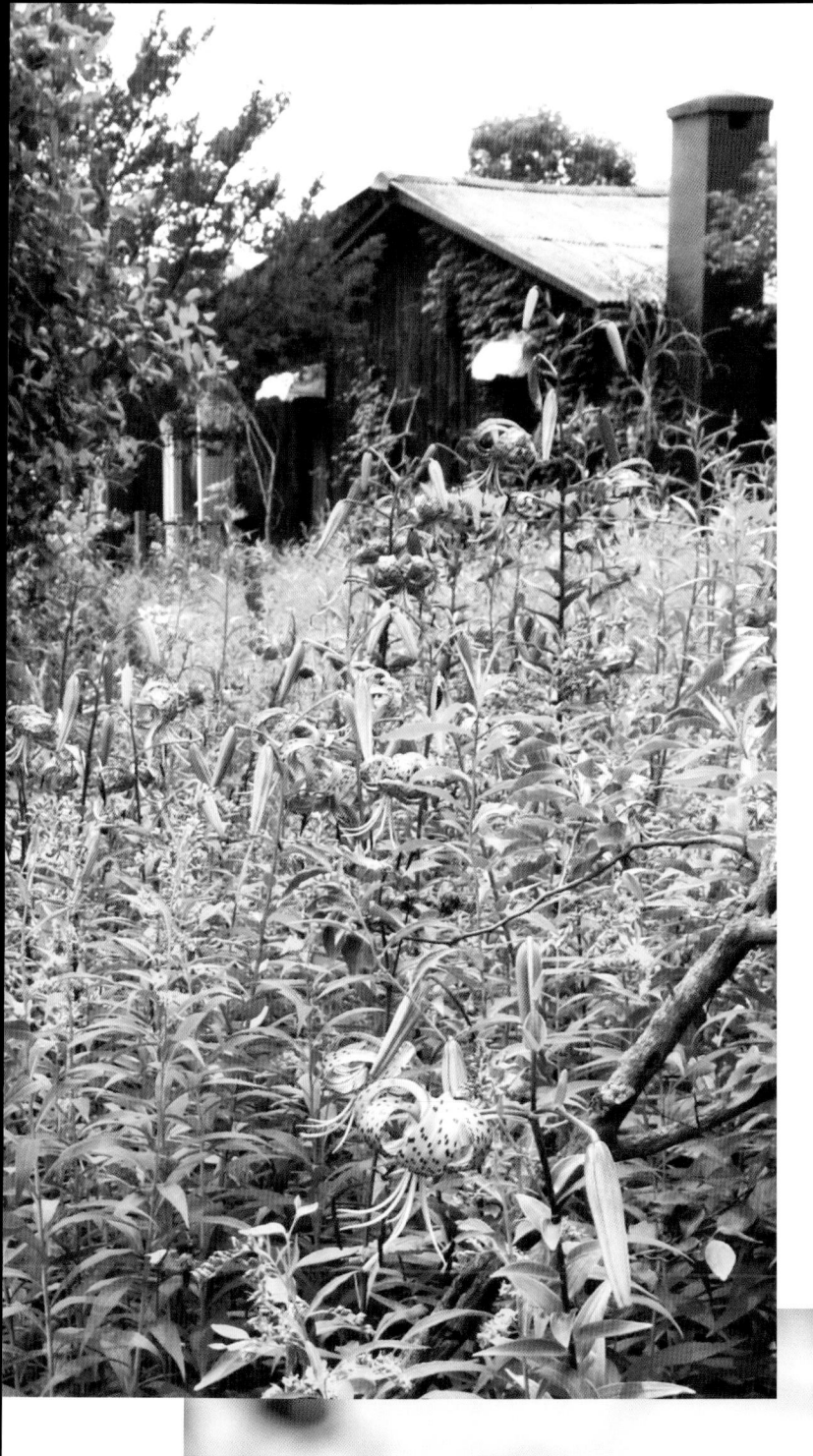

## 아버님 남겨두신 손길

언덕 위에 하얀 집
승승장구 이십여 년
희망차게 드나들던 집이었지요.

병든 몸이 되어 등지고 내려올 때
눈물이 앞을 가렸습니다.

아이들은 모두 떠나 살고 둘만이 내려와
넘치도록 허우적거립니다만
곳곳에 놓아두신 손길이 정든 고향 같습니다.

심으신 나리꽃 주변에는
수백여 종 들꽃이 어울렸습니다.
아끼시던 주목도 어찌나 커졌는지
사람마다 탄성입니다.

아범도 제 성화에 못 이겨
환갑에 내려와 구슬땀 흘리지만
아버님의 수박, 참외 밭
정리된 야채 밭처럼 깔끔하지는 못합니다.

해마다 아범의 텃밭은 쑥대밭
제가 가꾸는 꽃밭은 지상낙원
아버님, 생전처럼 그렇다 하오소서

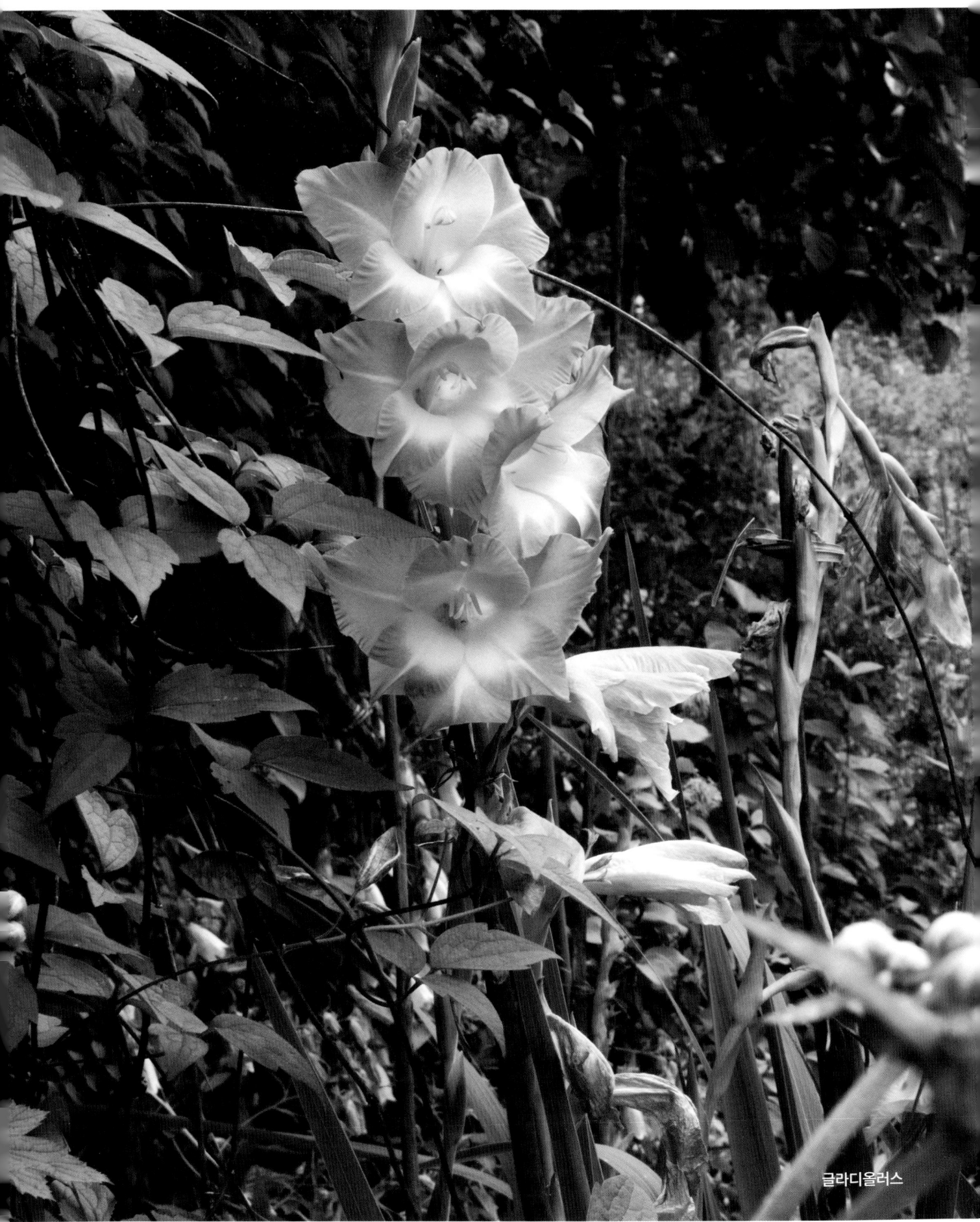

글라디올러스

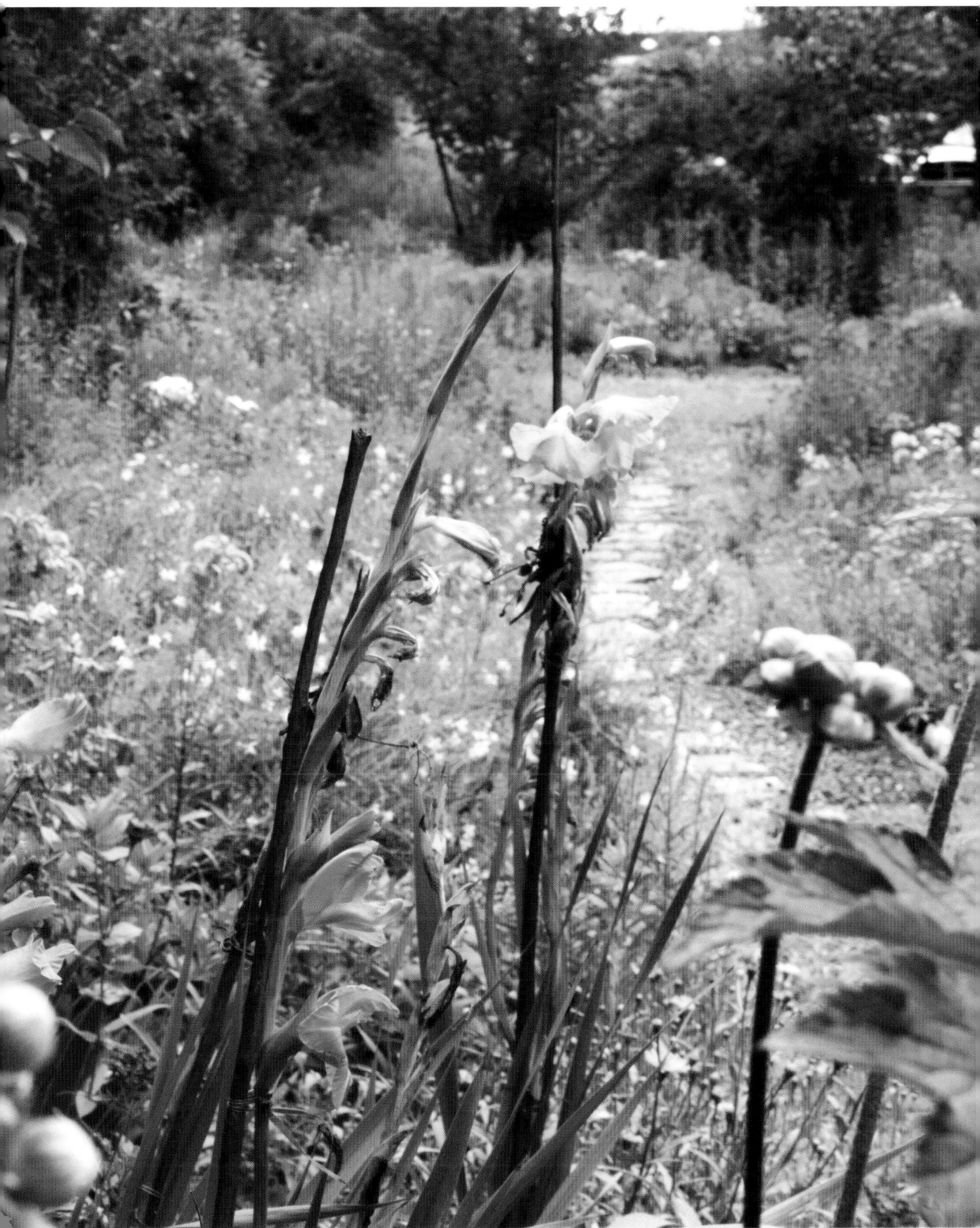

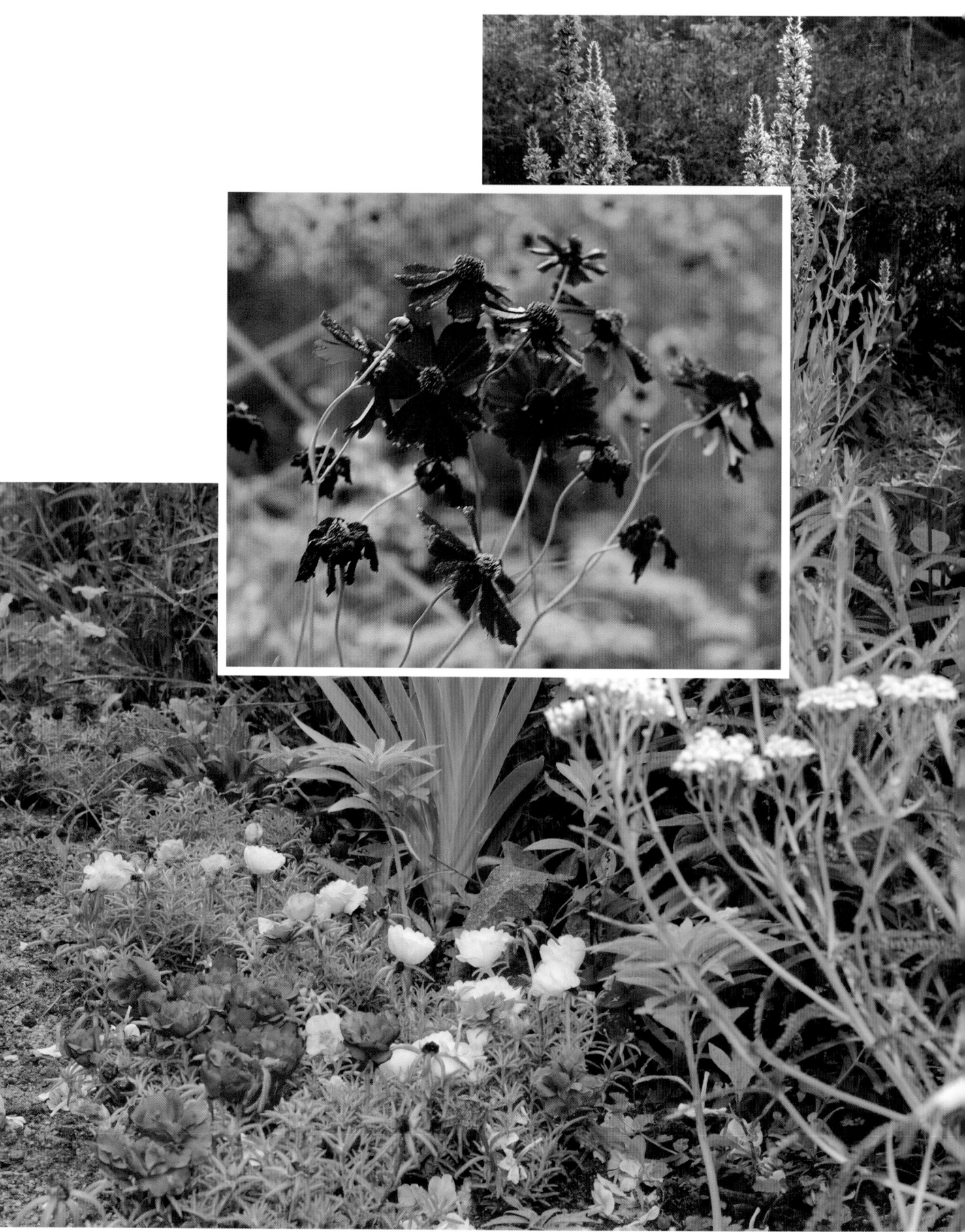

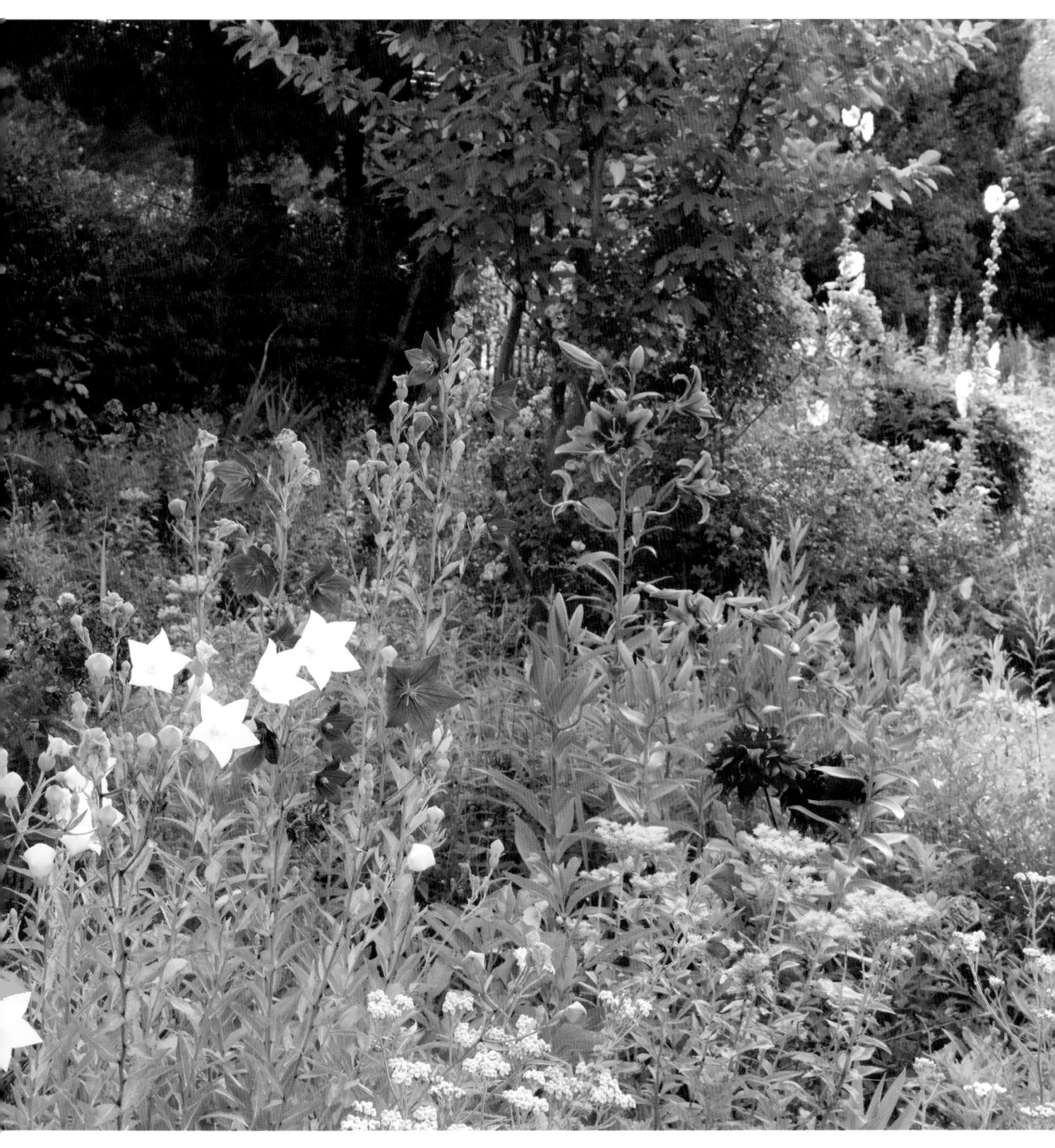

북녘 고향집 뒤뜰에 피던 꽃들
채송화, 백일홍, 기생초, 도라지꽃, 꽈리...

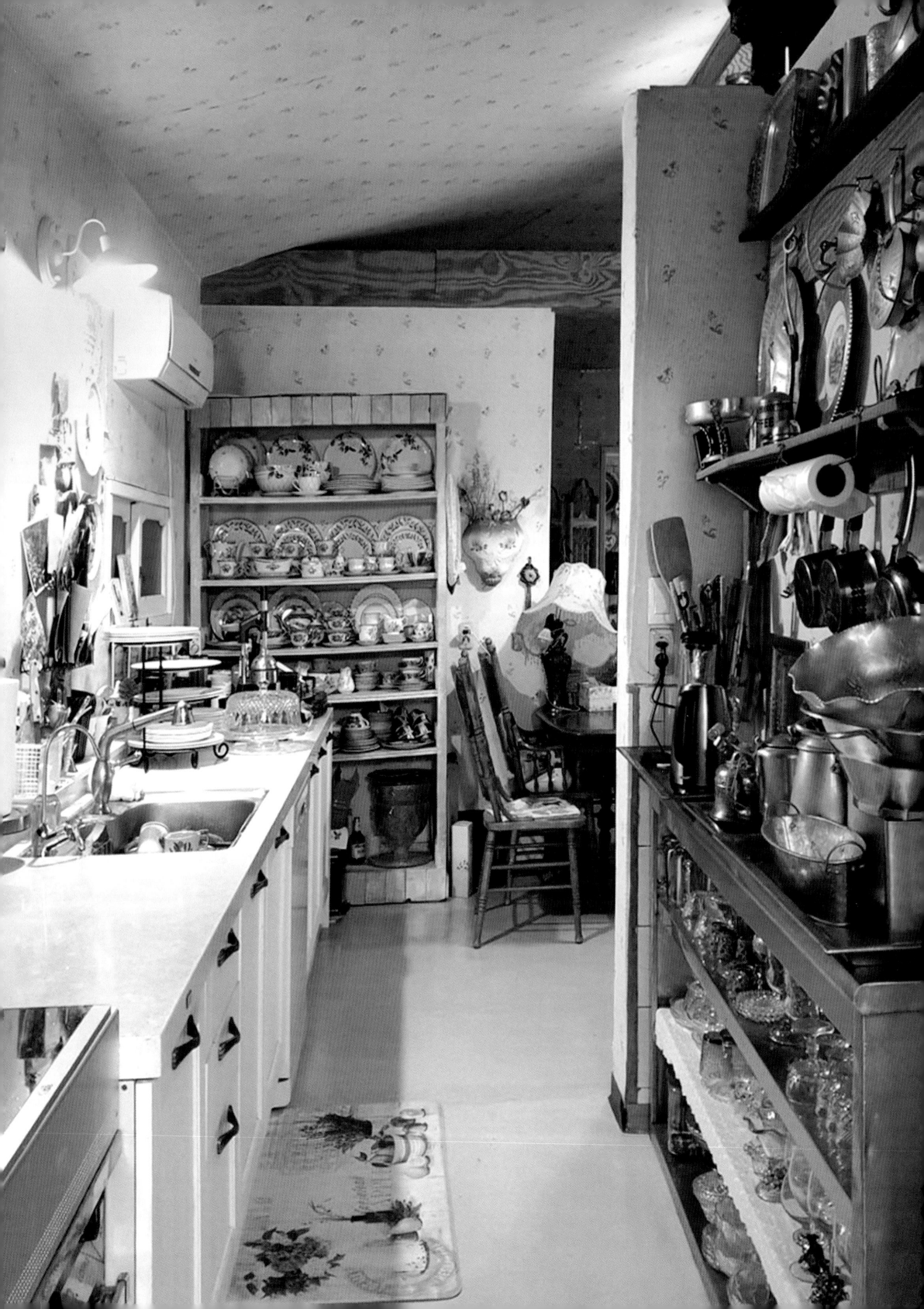

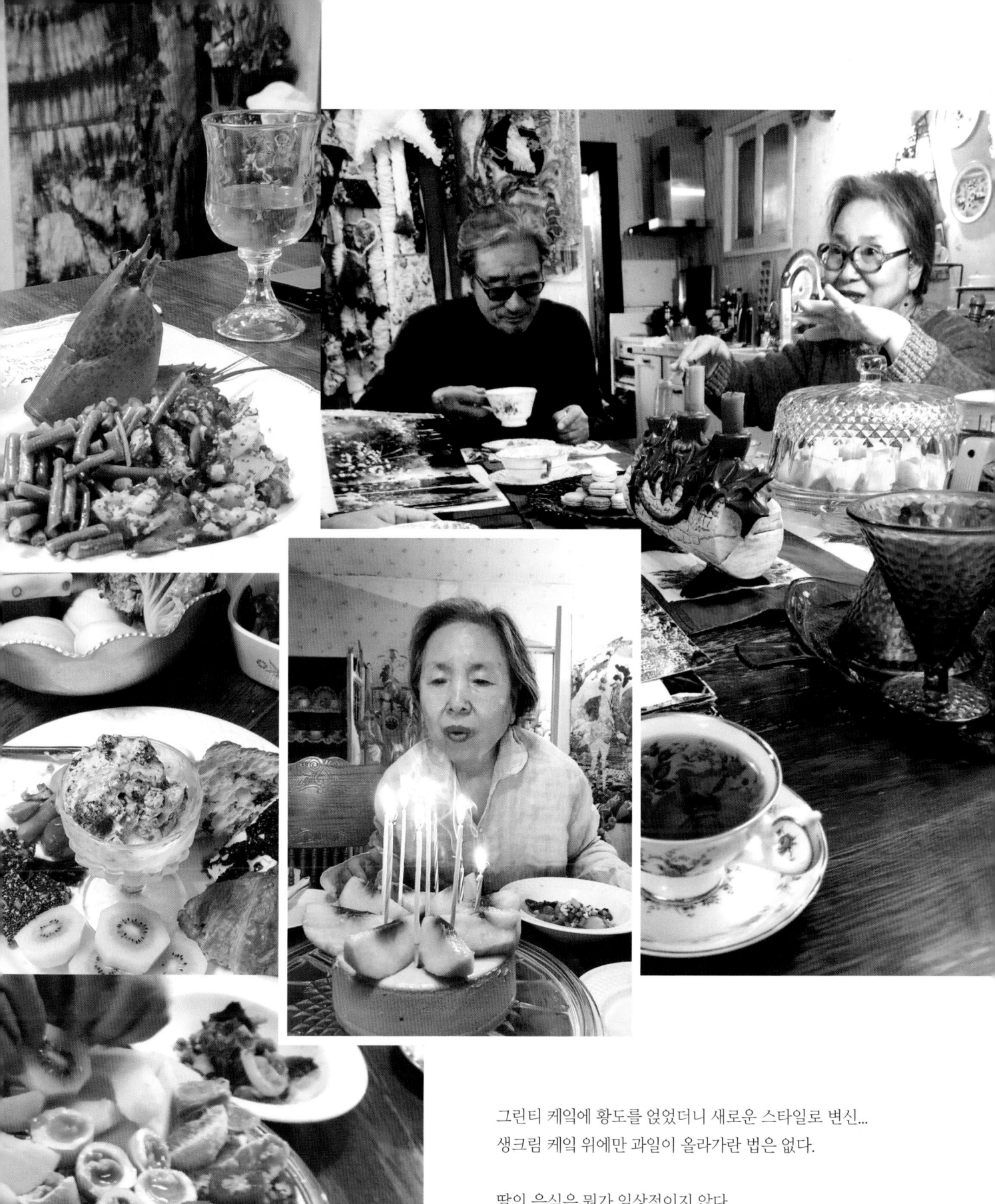

그린티 케익에 황도를 얹었더니 새로운 스타일로 변신...
생크림 케익 위에만 과일이 올라가란 법은 없다.

딸의 음식은 뭔가 일상적이지 않다.
냉장고를 열어 휘휘 둘러보다 쉽게 만들어낸다.
물론 국적 불명의 것이지만...
뭔가 특별한 걸 좋아하는 것 같다.

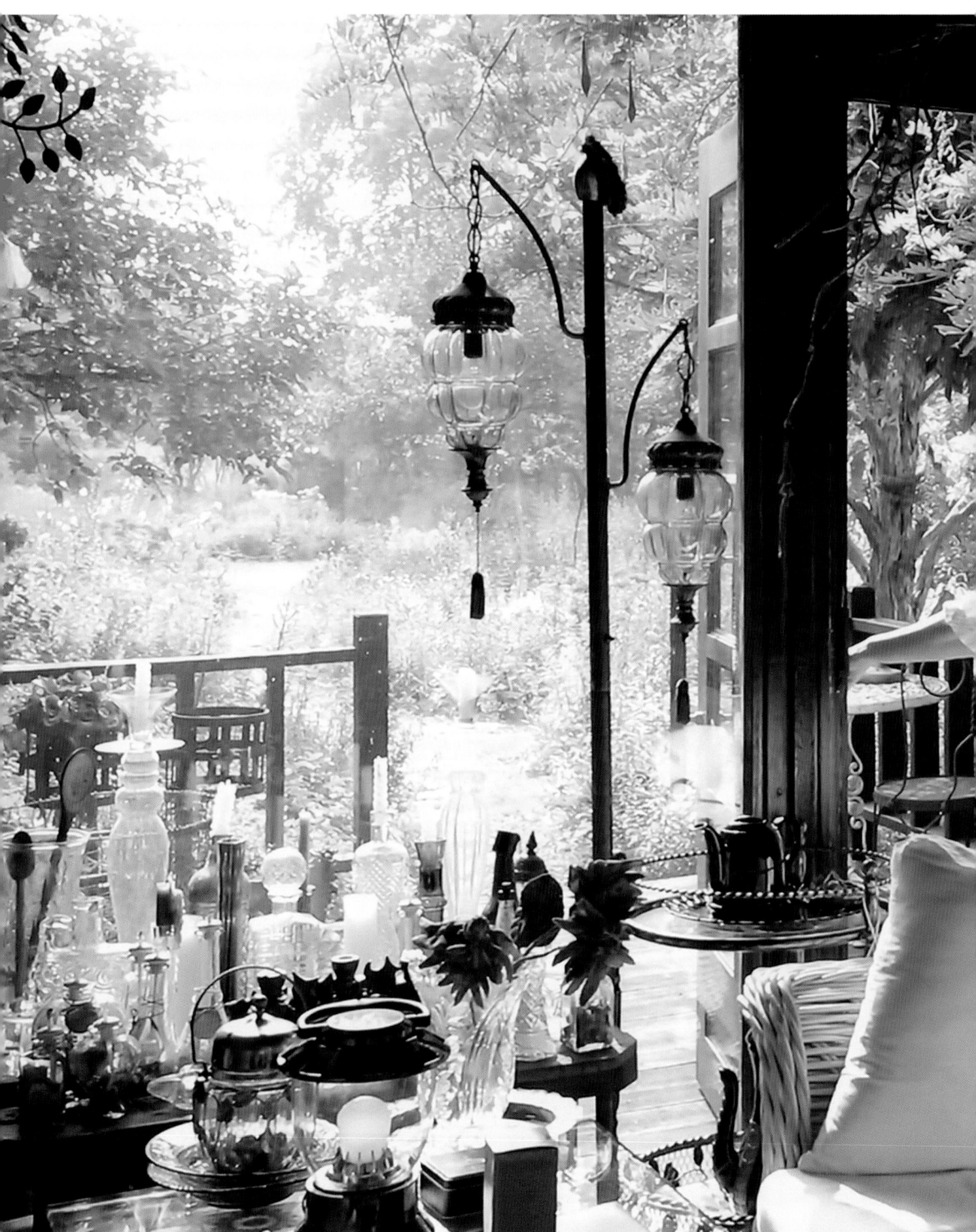

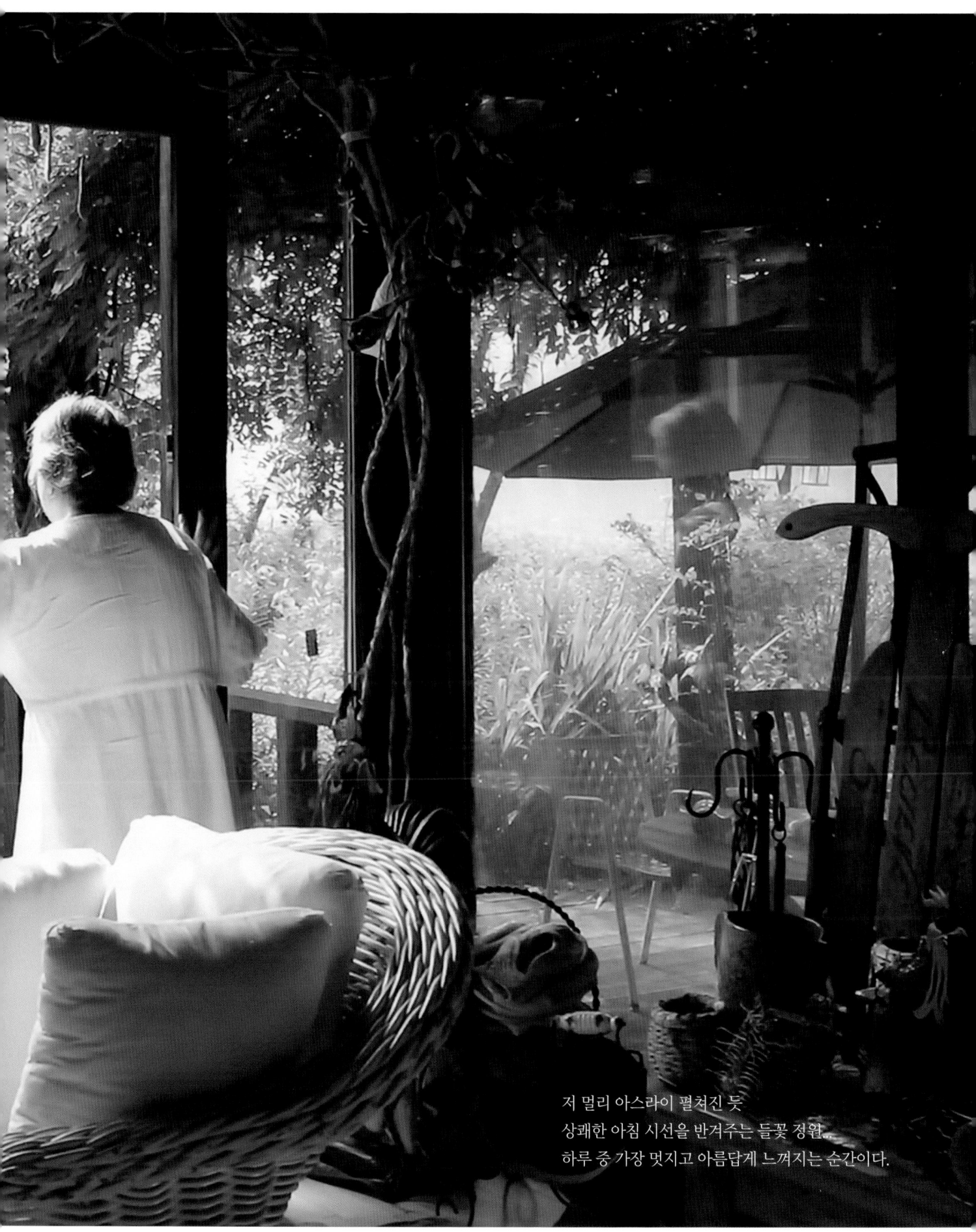

저 멀리 아스라이 펼쳐진 듯
상쾌한 아침 시선을 반겨주는 들꽃 정원.
하루 중 가장 멋지고 아름답게 느껴지는 순간이다.

## 닭들의 낙원

이번에 새로 입양한 닭들은
몹시 바쁜 화가 친구가
직접 부화시킨 두 달 된 청계다.
참새처럼 예민하고 잘 날아다녀서
빨리 정붙이기는 힘들 것 같지만,
이렇게 예쁜 닭을 키워보기는 처음이다.
그들 곁에서 눈을 떼기 어려울 정도로
귀여움이 흐른다.

이들이 오기 전부터 모이 먹을 곳이 변변치 않을 것 같아
닭 식당을 직접 설계했었다.

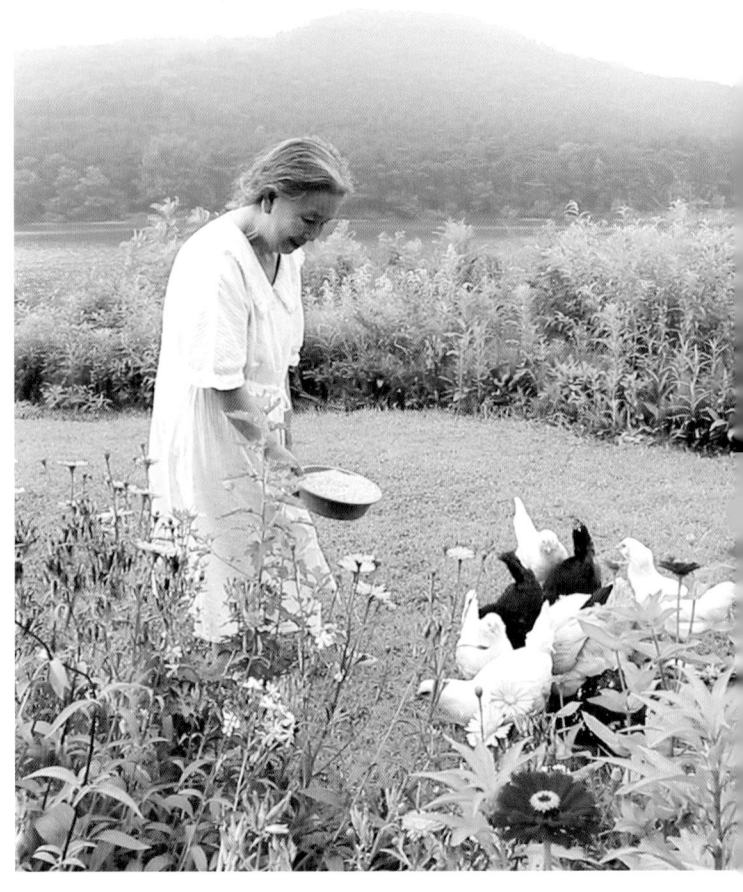

그들에게 지어준 식당에서 하루 한 번 점심을 차려 준다.
이른 아침이나 저녁에는 디저트나 애피타이저로
지렁이, 연한 잎새들, 무엇보다 꽃양귀비 잎을 즐겨 먹는다.
닭이 먹고 난 뒤에야 슬며시 내려와 먹던 참새들이
근간에는 저들끼리 정이 들었는지 동시에 모여들어
먹느라 아수라장이다.

닭들이 우리에게 바치는 조공은 작지만,
어디에서도 구할 수 없을 만큼 맛이 좋은 데다
낳아서 즉시 먹게 되니 그 값이 문제가 아닌 황금알이다.
이들의 알은 입에 넣고 대충 삼키기는 아까워서
더 오물거리며 음미해 보게 된다.

저녁 어스름에는 항상 제시간에 닭장으로 날아오른다.
지난 20여 년 정원에 한 번도 농약을 뿌려 본 적이 없어
그들의 먹이가 지천으로 널려 있다.
온갖 벌레와 새들의 서식처가 되어가니
닭을 바라보는 일이 낙 중의 낙이 되었지만,
나만 바라보는 꽃들에게 미안한 마음이 들어
이래도 될지 좀 더 두고 보기로 했다.

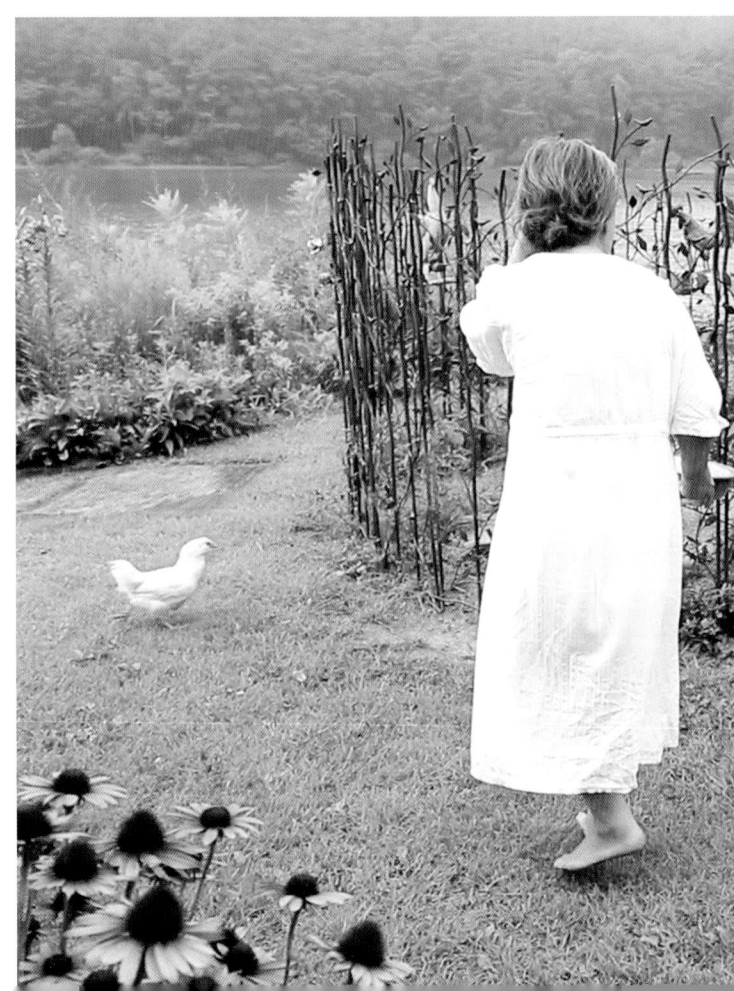

지금은 정원이 마치 동물원 같다.

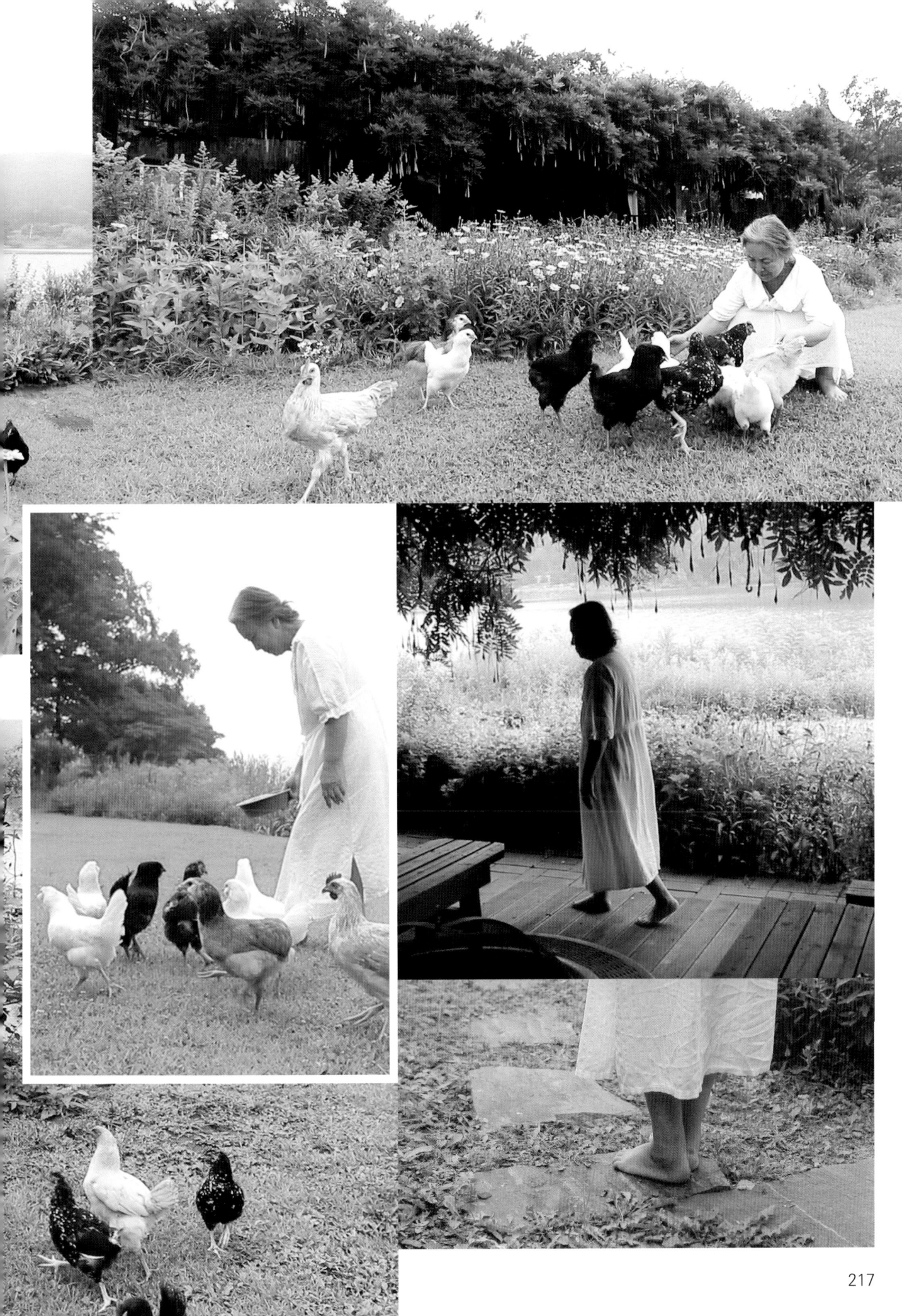

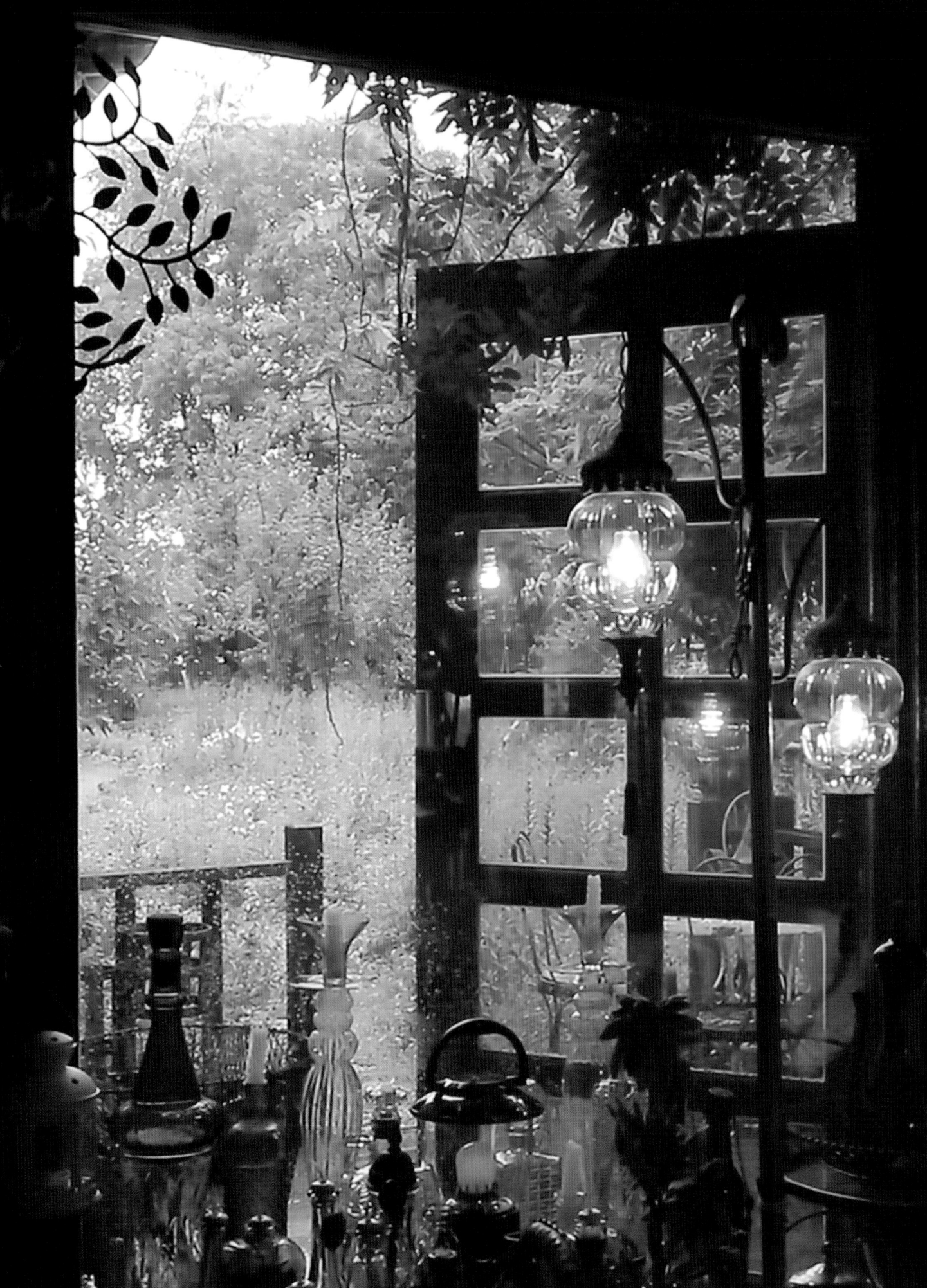

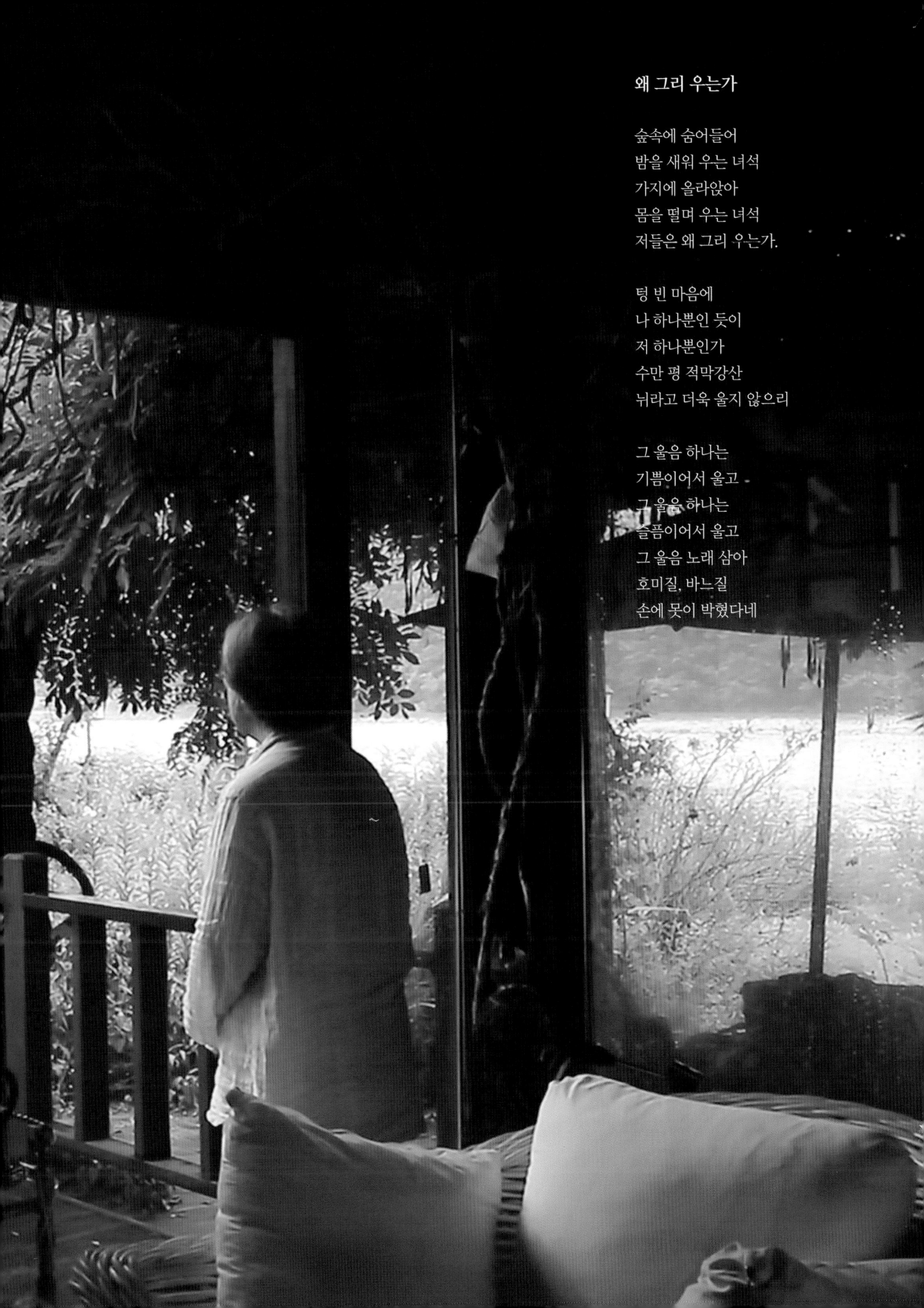

## 왜 그리 우는가

숲속에 숨어들어
밤을 새워 우는 녀석
가지에 올라앉아
몸을 떨며 우는 녀석
저들은 왜 그리 우는가.

텅 빈 마음에
나 하나뿐인 듯이
저 하나뿐인가
수만 평 적막강산
뉘라고 더욱 울지 않으리

그 울음 하나는
기쁨이어서 울고
그 울음 하나는
슬픔이어서 울고
그 울음 노래 삼아
호미질, 바느질
손에 못이 박혔다네

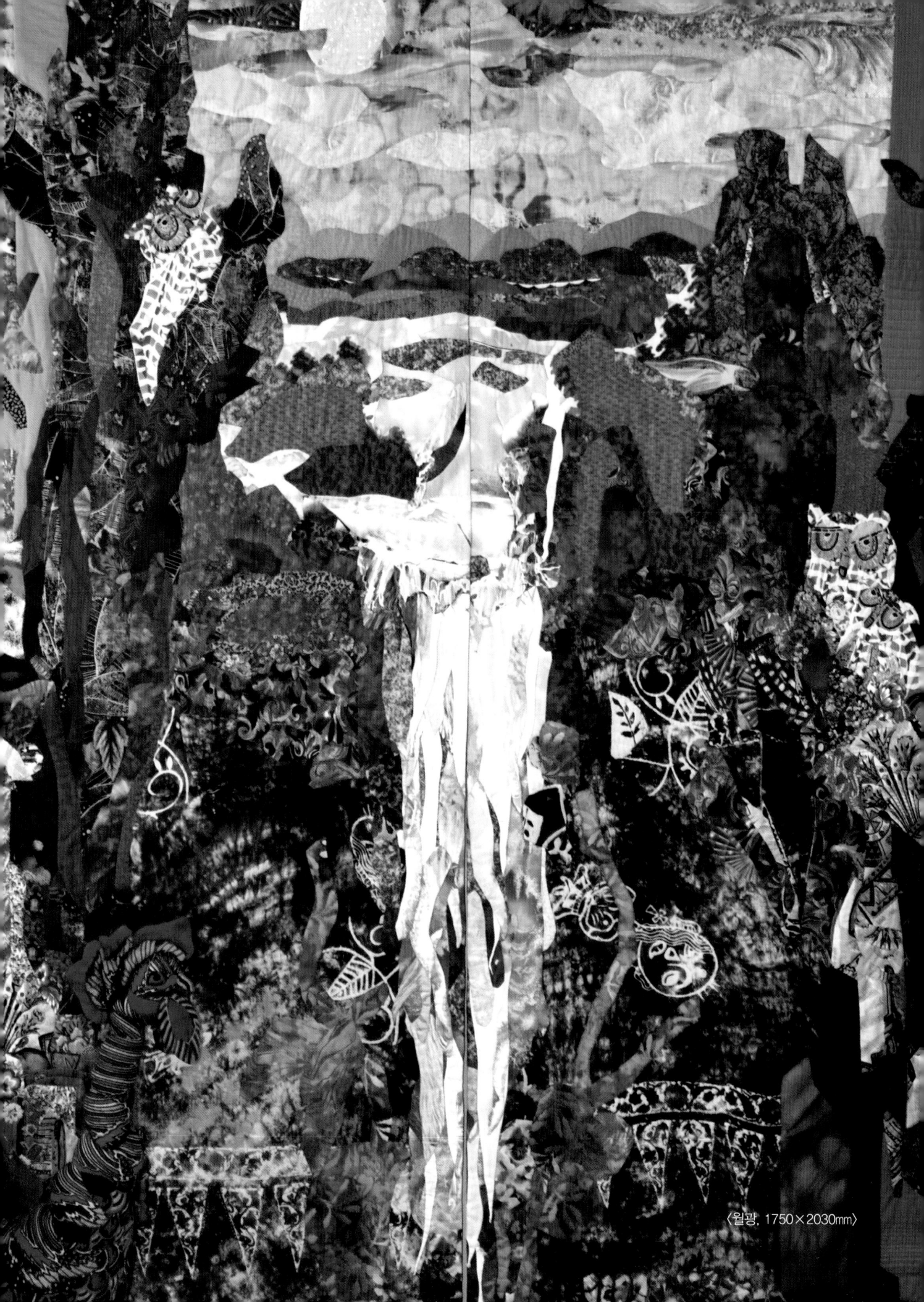

〈월광, 1750×2030mm〉

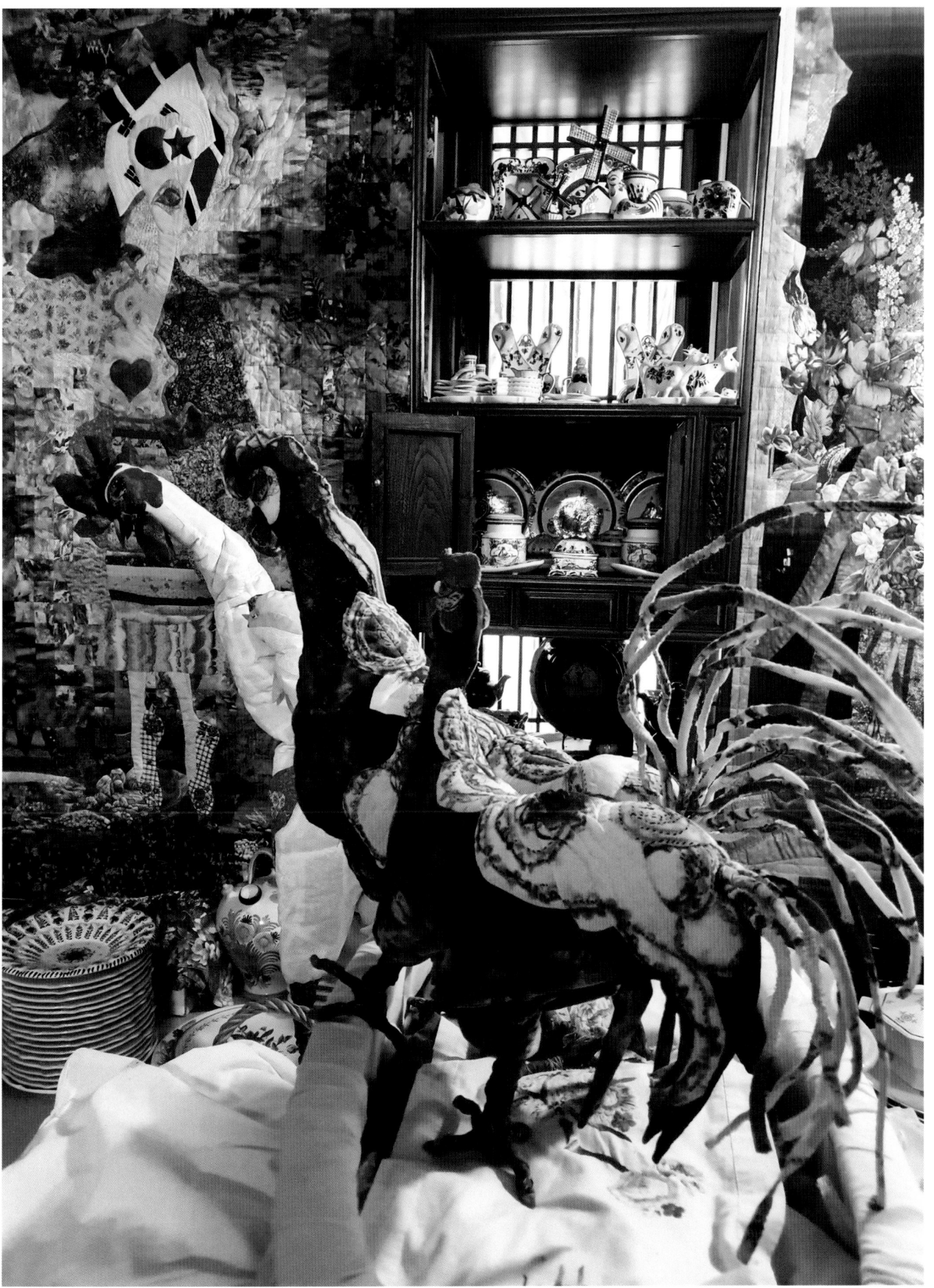

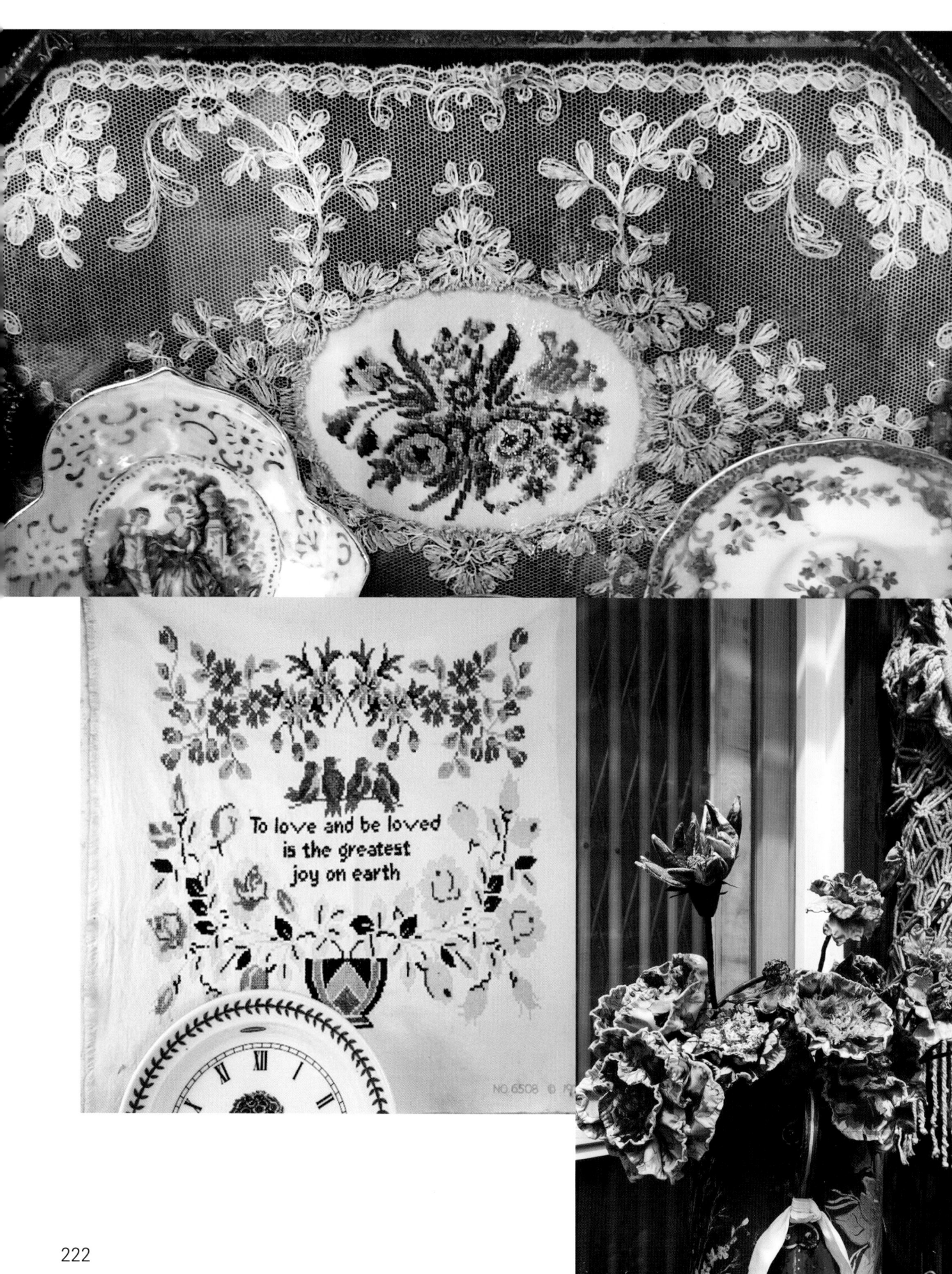

To love and be loved
is the greatest
joy on earth

NO.6508 © 19

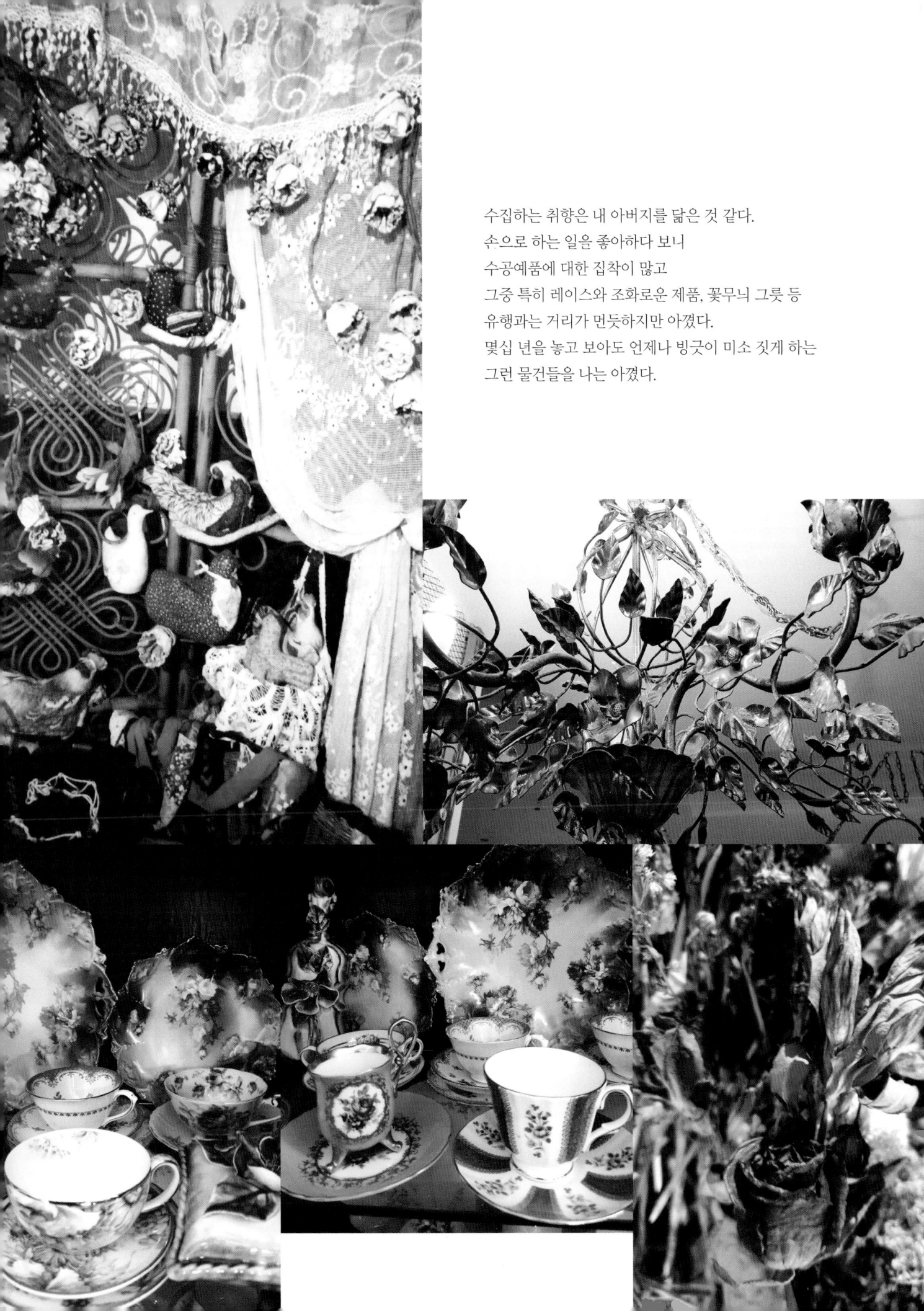

수집하는 취향은 내 아버지를 닮은 것 같다.
손으로 하는 일을 좋아하다 보니
수공예품에 대한 집착이 많고
그중 특히 레이스와 조화로운 제품, 꽃무늬 그릇 등
유행과는 거리가 먼듯하지만 아꼈다.
몇십 년을 놓고 보아도 언제나 빙긋이 미소 짓게 하는
그런 물건들을 나는 아꼈다.

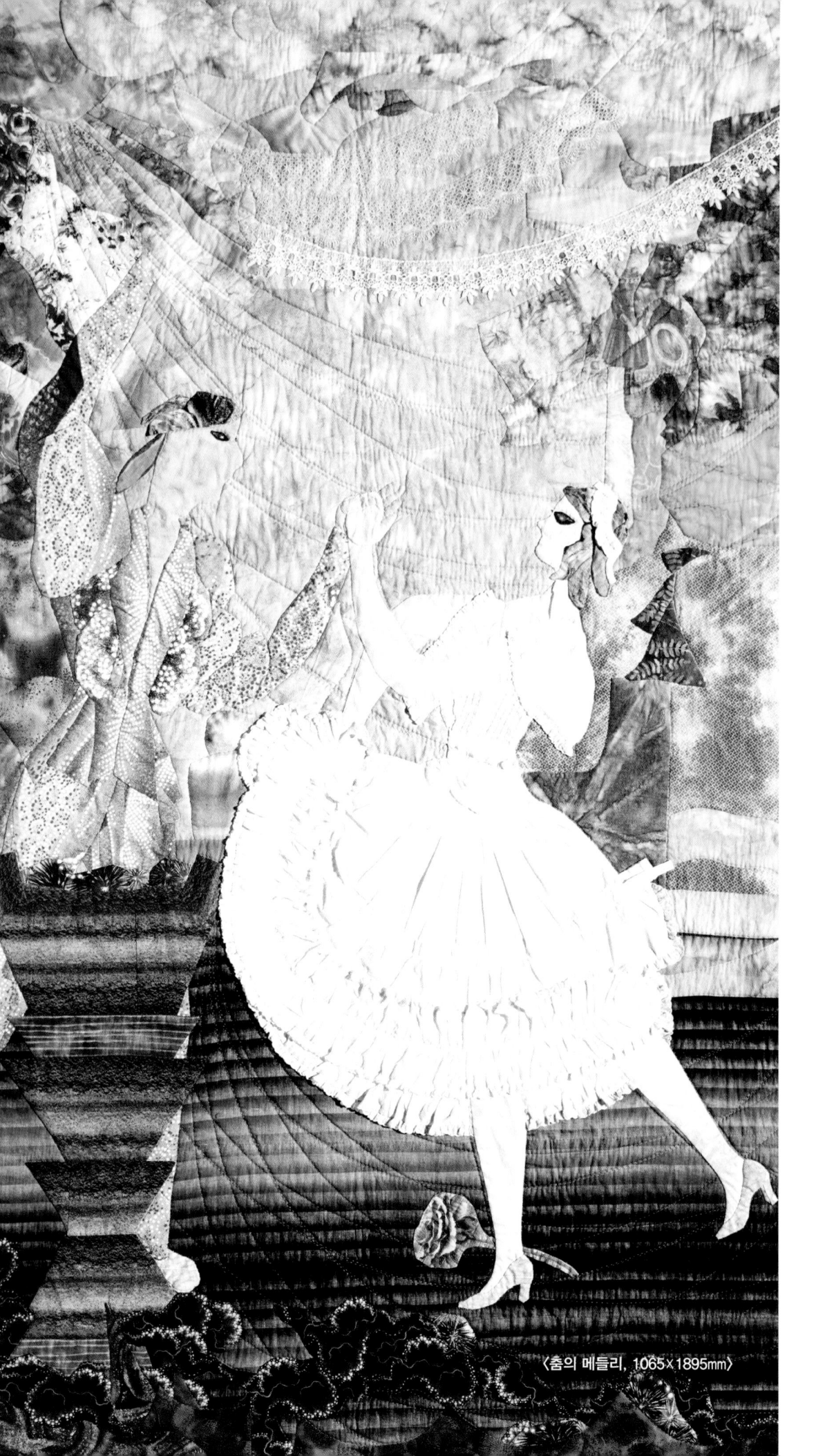

〈춤의 메들리, 1065×1895mm〉

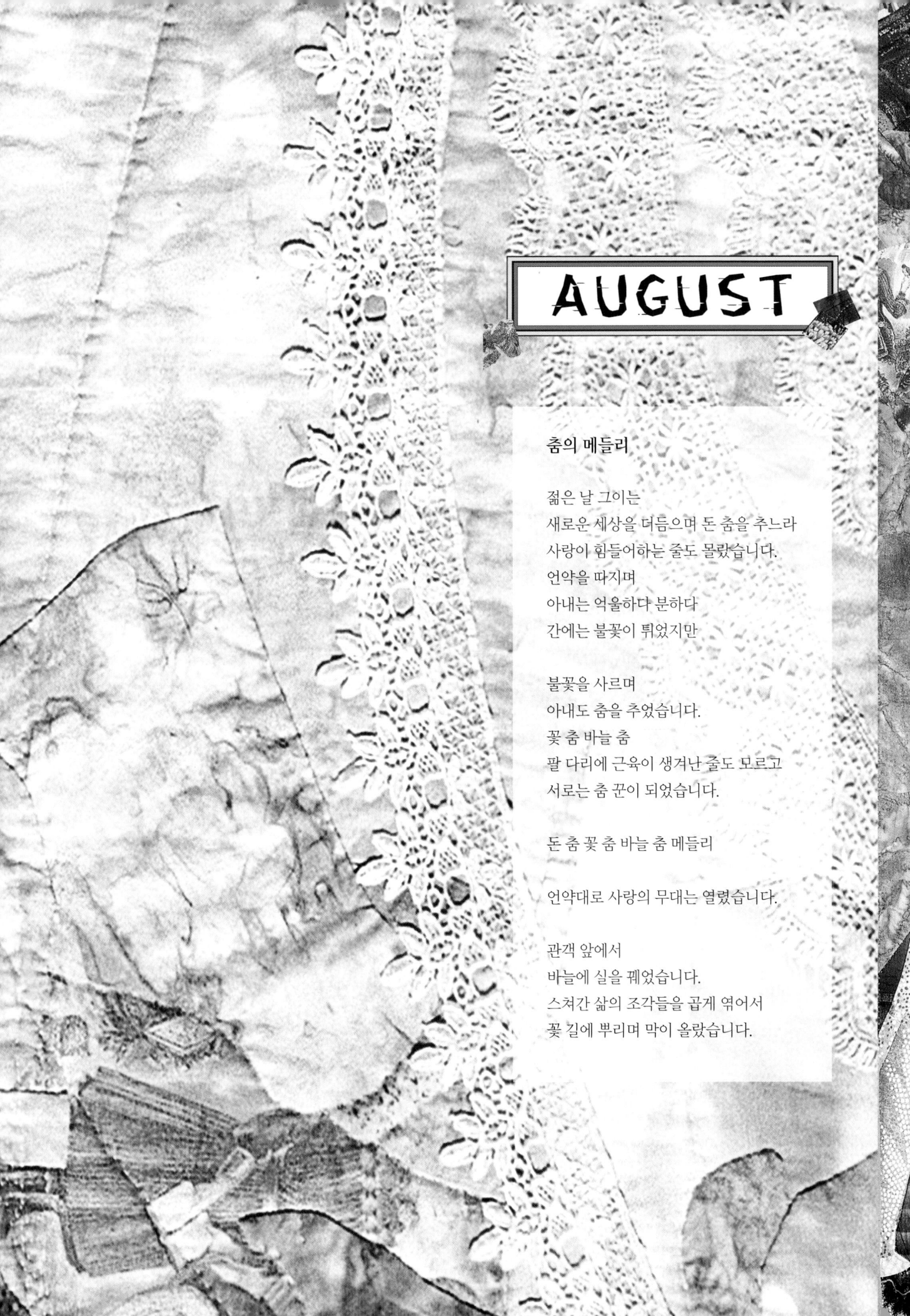

# AUGUST

## 춤의 메들리

젊은 날 그이는
새로운 세상을 더듬으며 돈 춤을 추느라
사랑이 힘들어하는 줄도 몰랐습니다.
언약을 따지며
아내는 억울하다 분하다
간에는 불꽃이 튀었지만

불꽃을 사르며
아내도 춤을 추었습니다.
꽃 춤 바늘 춤
팔 다리에 근육이 생겨난 줄도 모르고
서로는 춤 꾼이 되었습니다.

돈 춤 꽃 춤 바늘 춤 메들리

언약대로 사랑의 무대는 열렸습니다.

관객 앞에서
바늘에 실을 꿰었습니다.
스쳐간 삶의 조각들을 곱게 엮어서
꽃 길에 뿌리며 막이 올랐습니다.

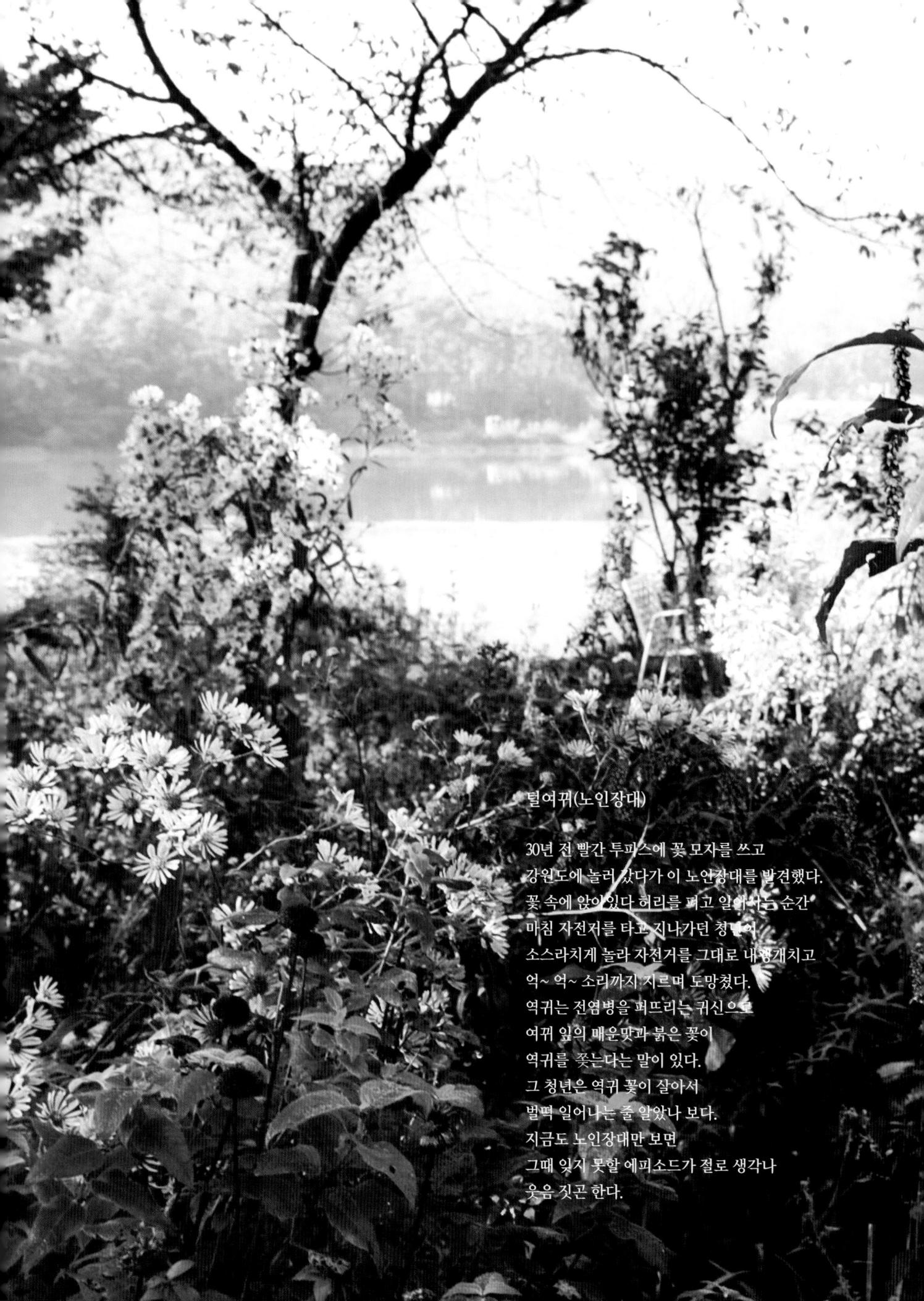

털여뀌(노인장대)

30년 전 빨간 투피스에 꽃 모자를 쓰고
강원도에 놀러 갔다가 이 노인장대를 발견했다.
꽃 속에 앉아있다 허리를 펴고 일어나는 순간
마침 자전거를 타고 지나가던 청년이
소스라치게 놀라 자전거를 그대로 내팽개치고
억~ 억~ 소리까지 지르며 도망쳤다.
역귀는 전염병을 퍼뜨리는 귀신으로
여뀌 잎의 매운맛과 붉은 꽃이
역귀를 쫓는다는 말이 있다.
그 청년은 역귀 꽃이 살아서
벌떡 일어나는 줄 알았나 보다.
지금도 노인장대만 보면
그때 잊지 못할 에피소드가 절로 생각나
웃음 짓곤 한다.

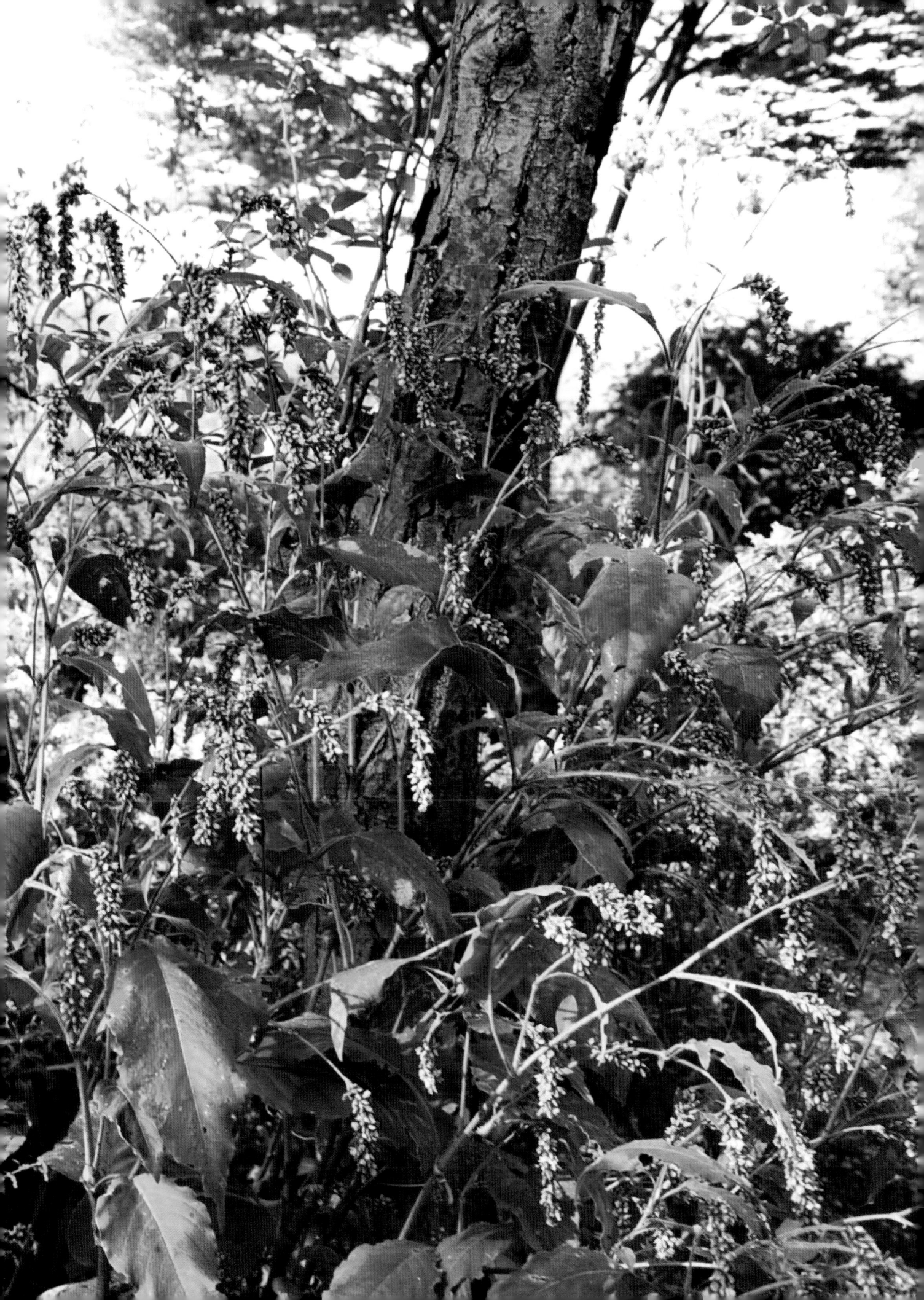

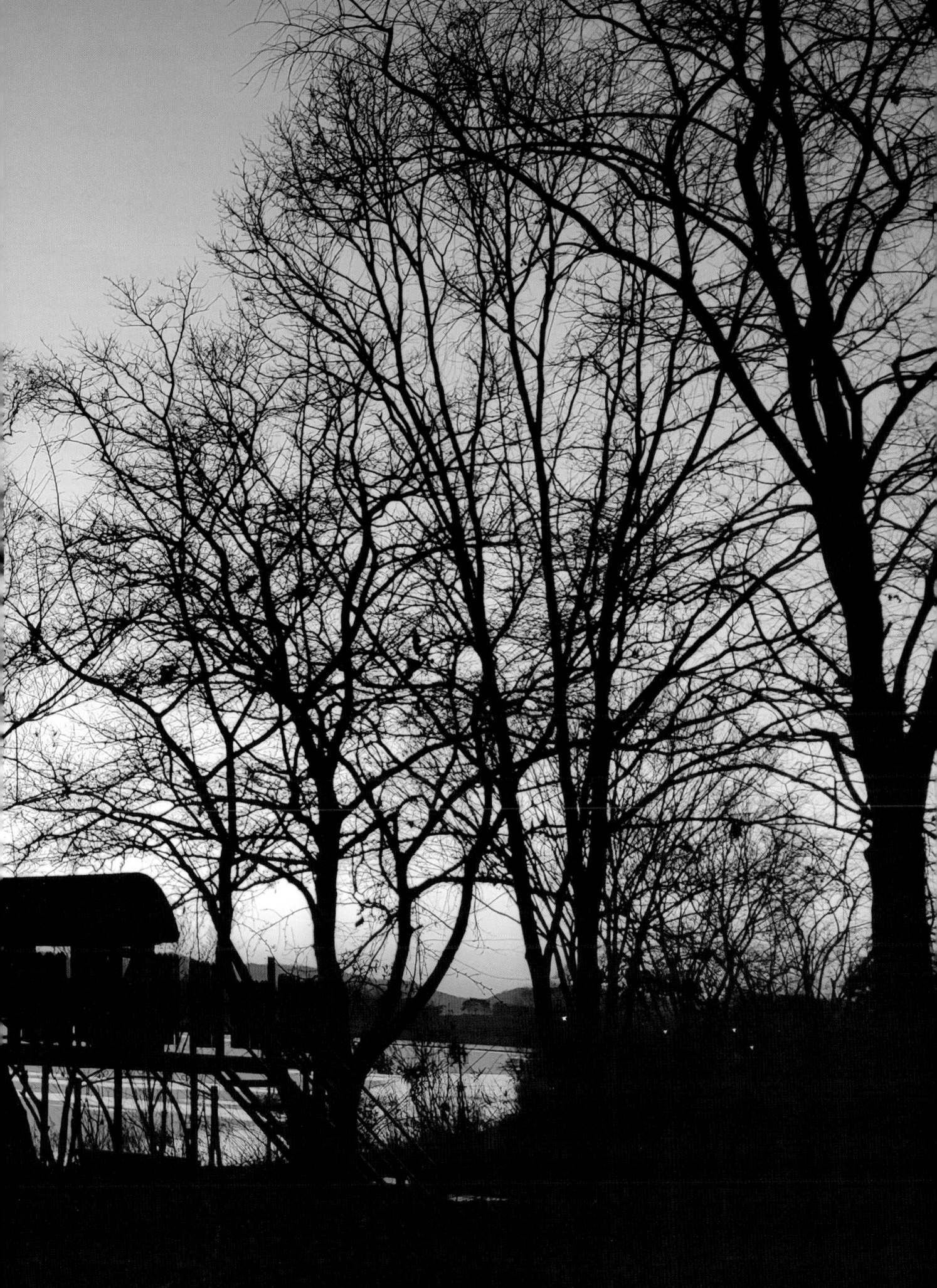

단순하게 살고 또 살고 보니
마음과 집안에 꿈꾸던 것들이 가득
굴뚝 타고 들어온 산타의 선물인 양
어리둥절 기뻐진다.

하루도 쉴 틈 없이
뜨락에서 빚어지는
꽃들의 몸짓이 너무 예뻐서
친구인 듯 마주 보며 두문불출 45년
세월아 네월아 노래한
나대로의 서툰 낙원이 참 좋다.

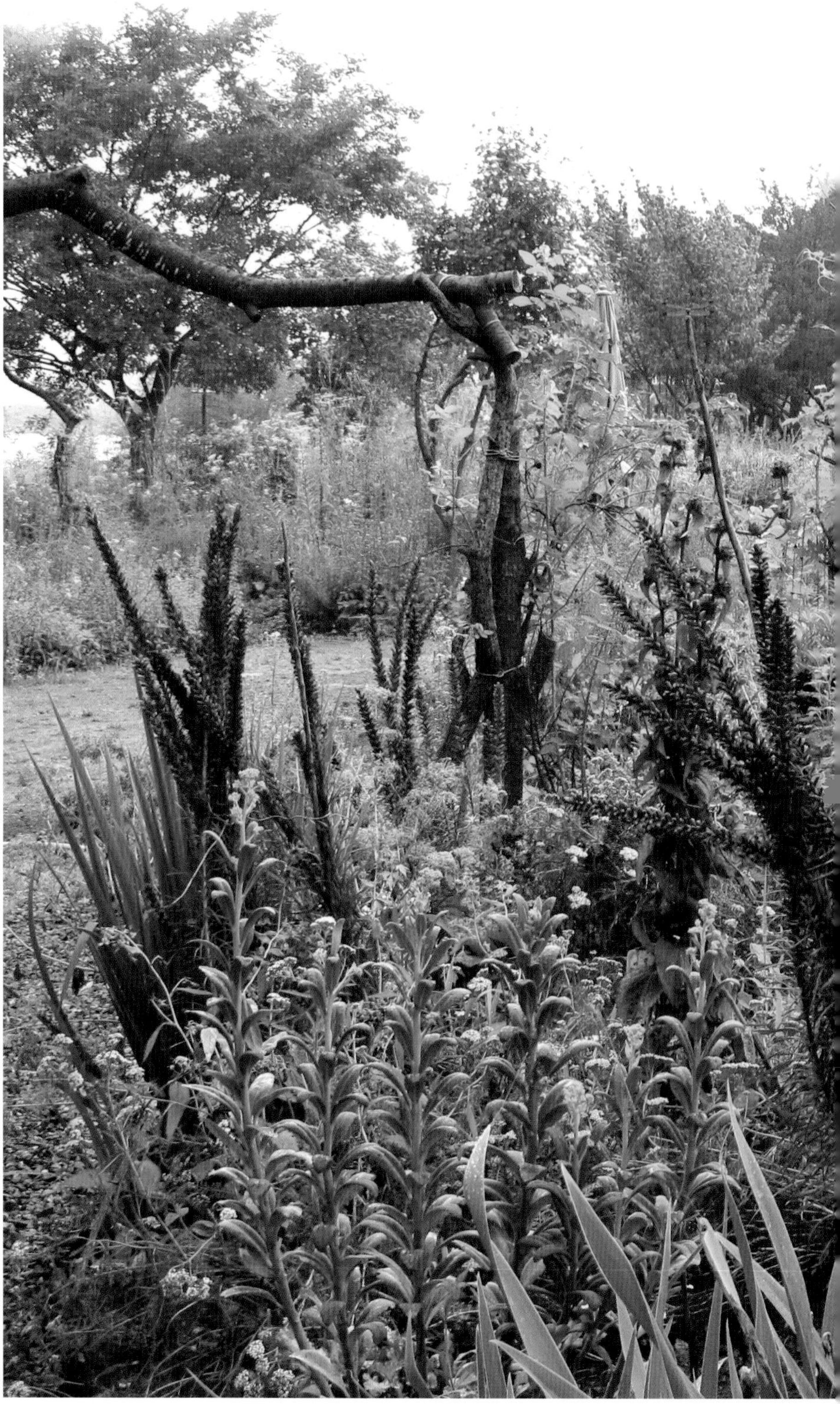

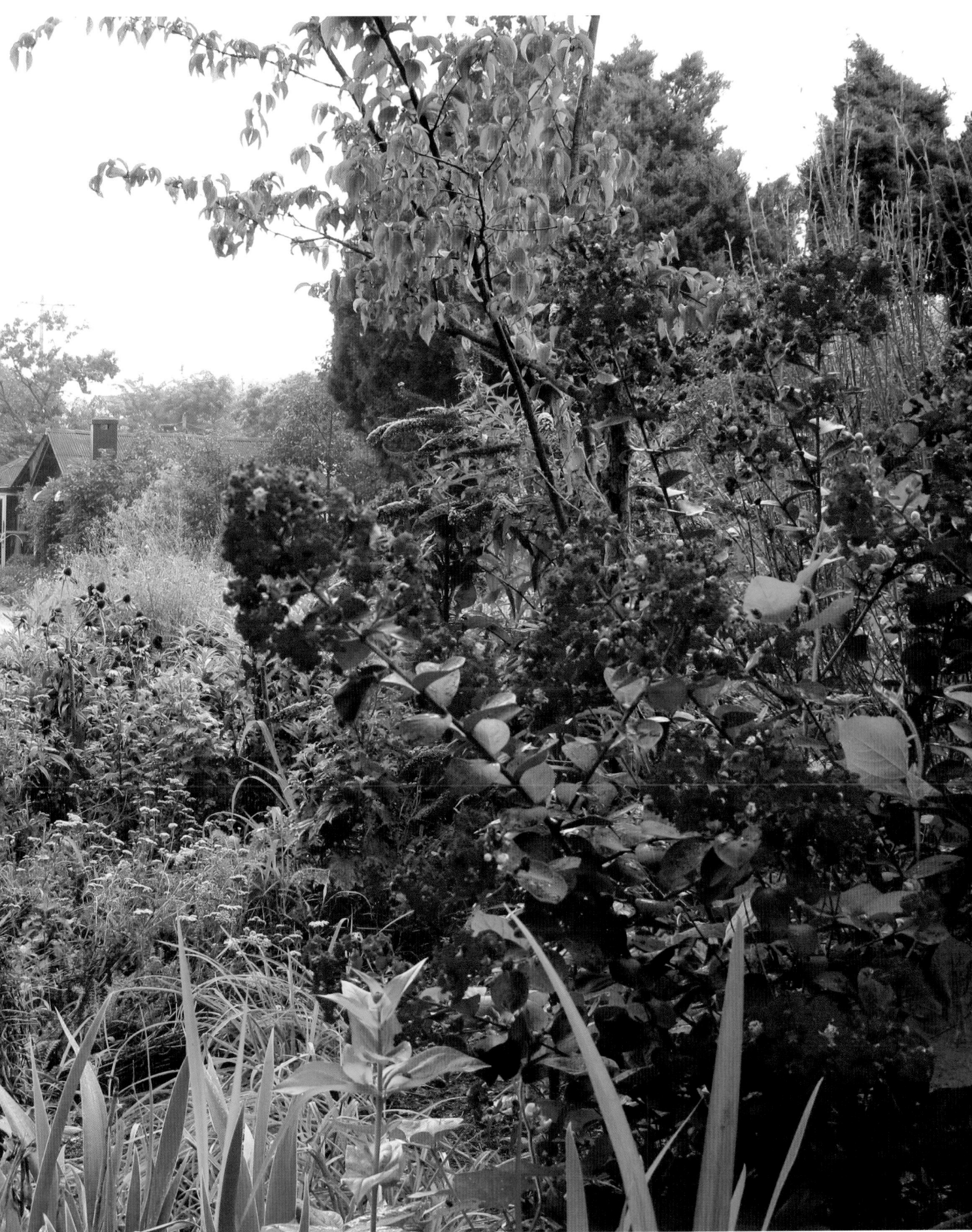

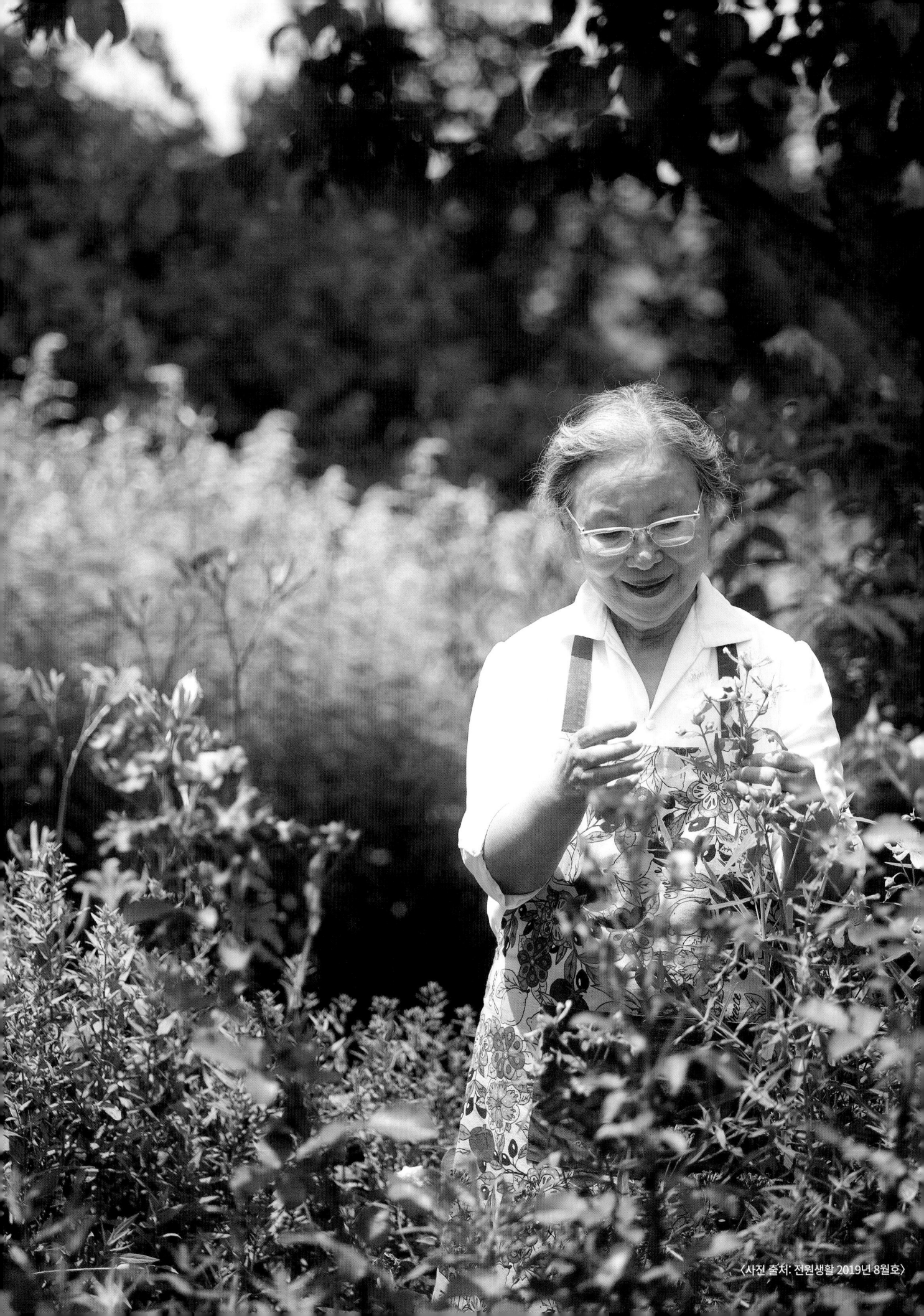

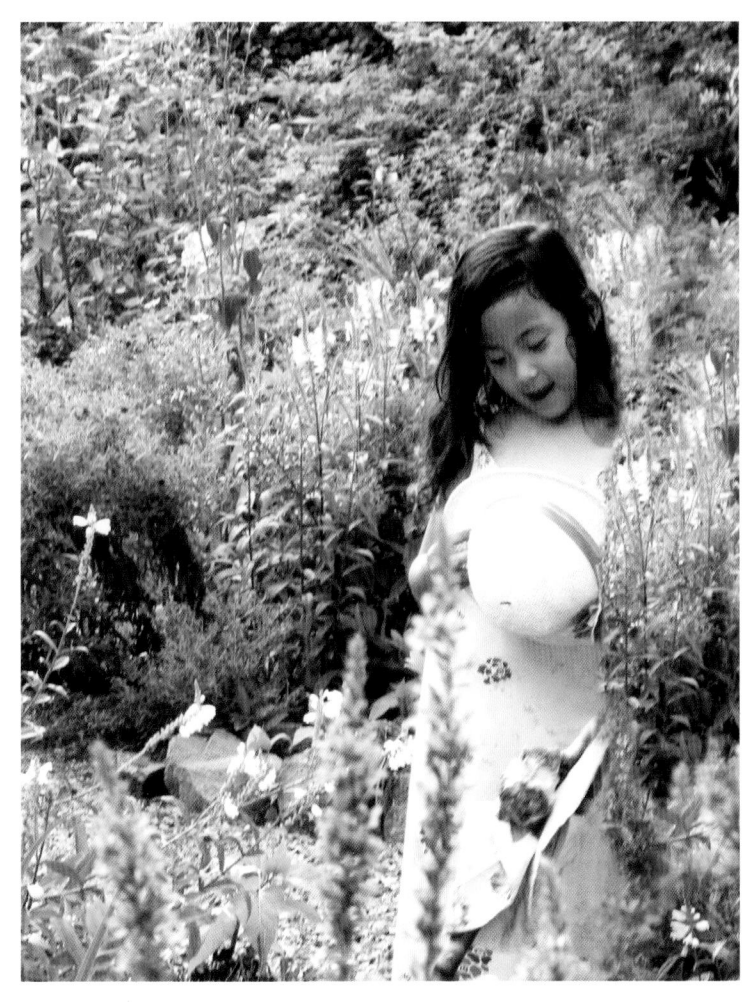

손녀가 없는 내게 즐거움을 주었던
귀염둥이 현서의 어릴 적 모습
유치원 시절부터 7, 8년을
주말이면 엄마와 함께 정원에 놀러 왔다.

꽃을 좋아하는 엄마를 따라 심고 뽑고
벌레도 무서워하지 않는 아이였다.

멀리 이사를 하였지만
연중 2~3회 왕래하며 지내는 이들 모녀는
내게 꽃이다.

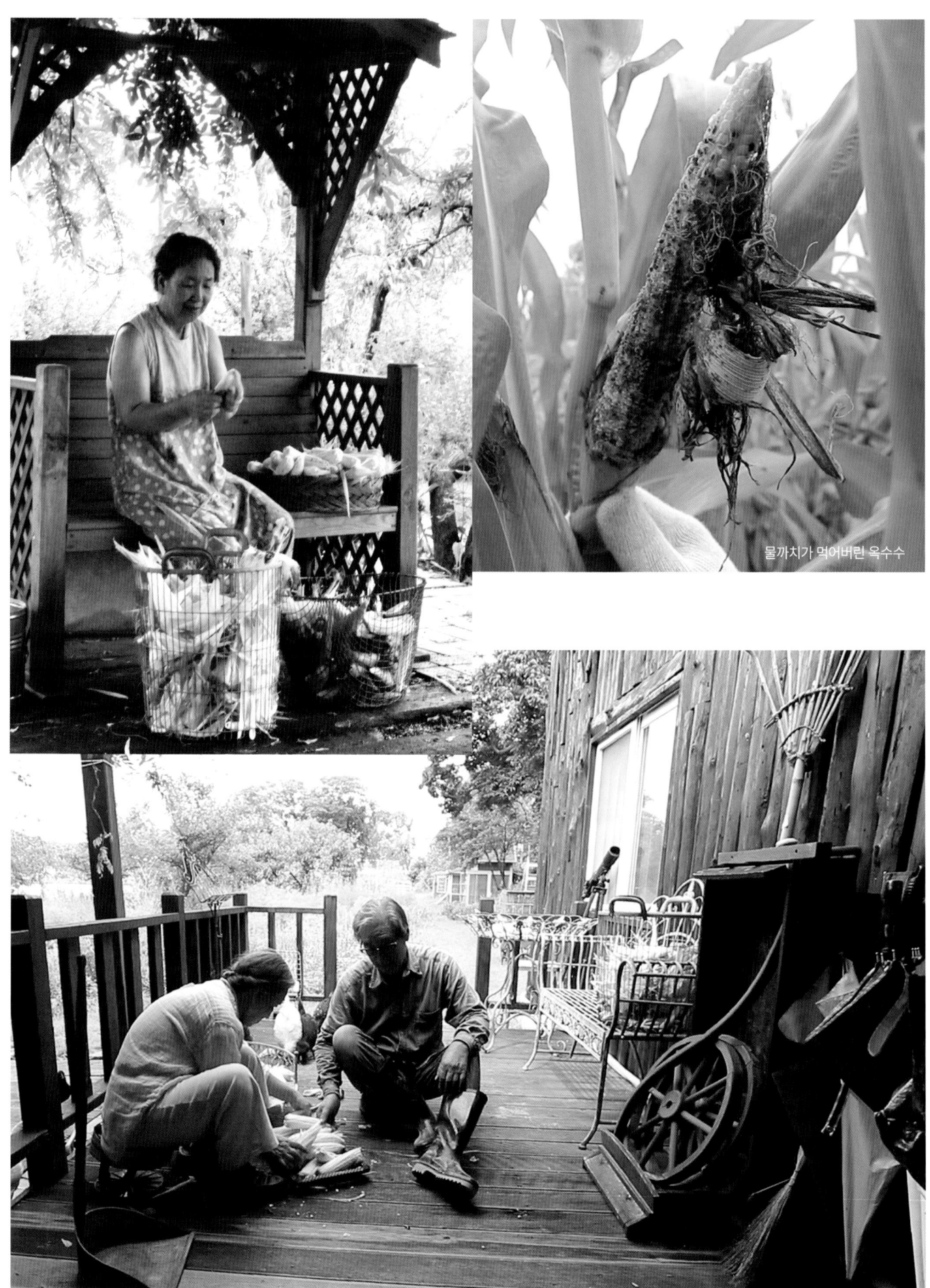

물까치가 먹어버린 옥수수

234

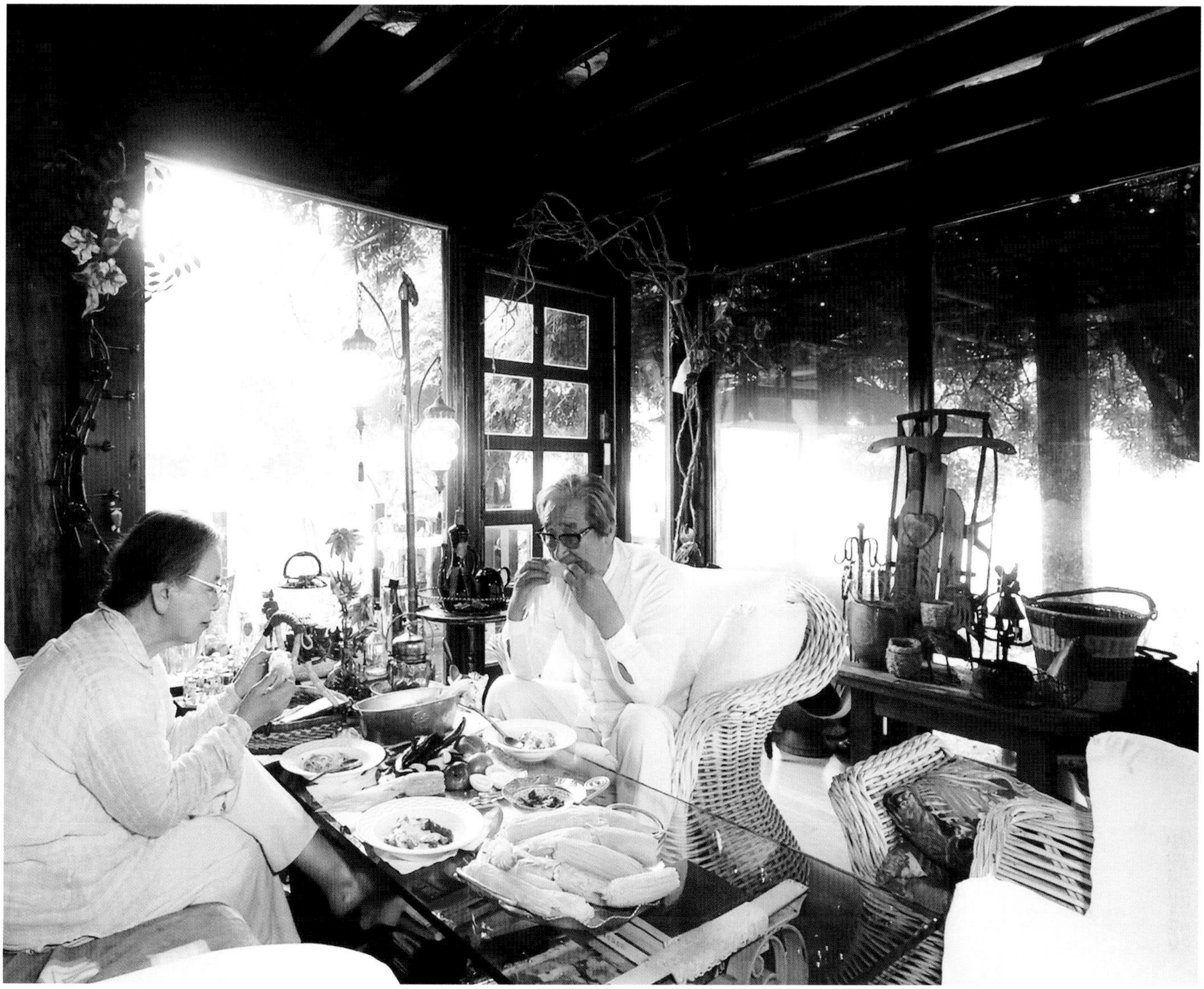

옥수수는 여름내 거의 우리 부부의 주식이다.
땅을 가진 것이 얼마나 행복한지
그 어떤 것을 먹어도 마음이 편하다.

농약보다 차라리 닭똥이 낫다고 하면
몸서리칠 사람들도 있겠지만
우리 몸은 흙과 같다고 하지 않던가
벌레와 나눠 먹을 수 있는 작물을 먹어야 하는 것이
틀린 말은 아닌 것 같다.

농사가 힘들기 때문에
우리는 딱 먹을 만큼만 기르는데 불청객도 있다.
내 옥수수와 감을 다 먹어버리는 물까치 떼

내 옆지기는 자기의 게으름을 회피한다.
"같이 먹고사는 거지."라고 하면서
우리는 서로가 많이 참아준다. 알게 모르게...

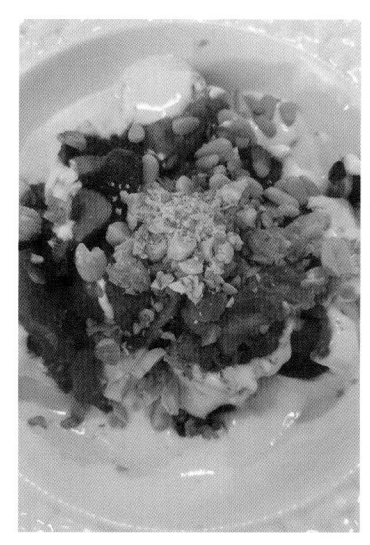

바나나와 함께 볶은 대여섯가지의
야채에 견과류와 수제요거트...
25년이 넘게 먹어온 아침식사다.

235

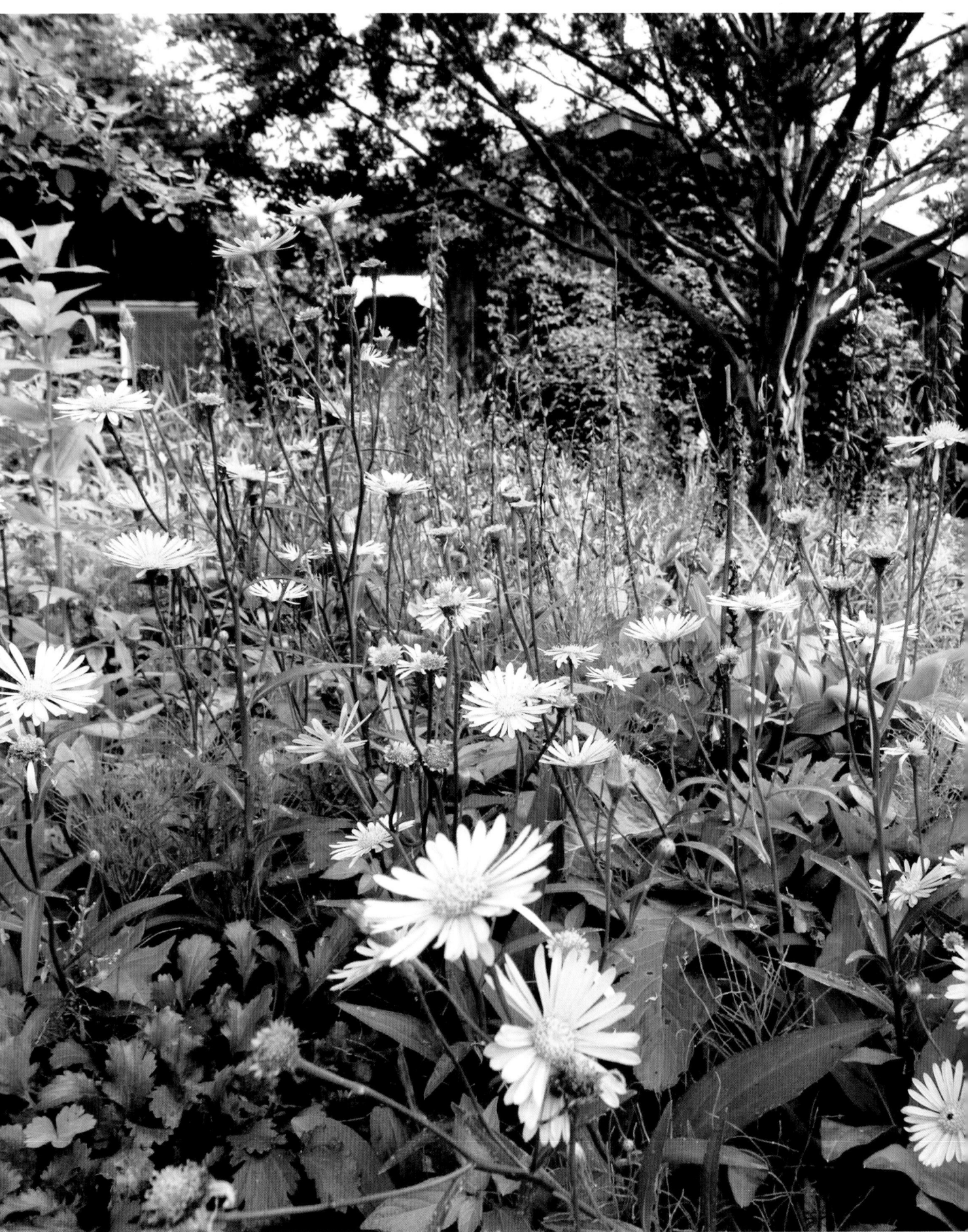

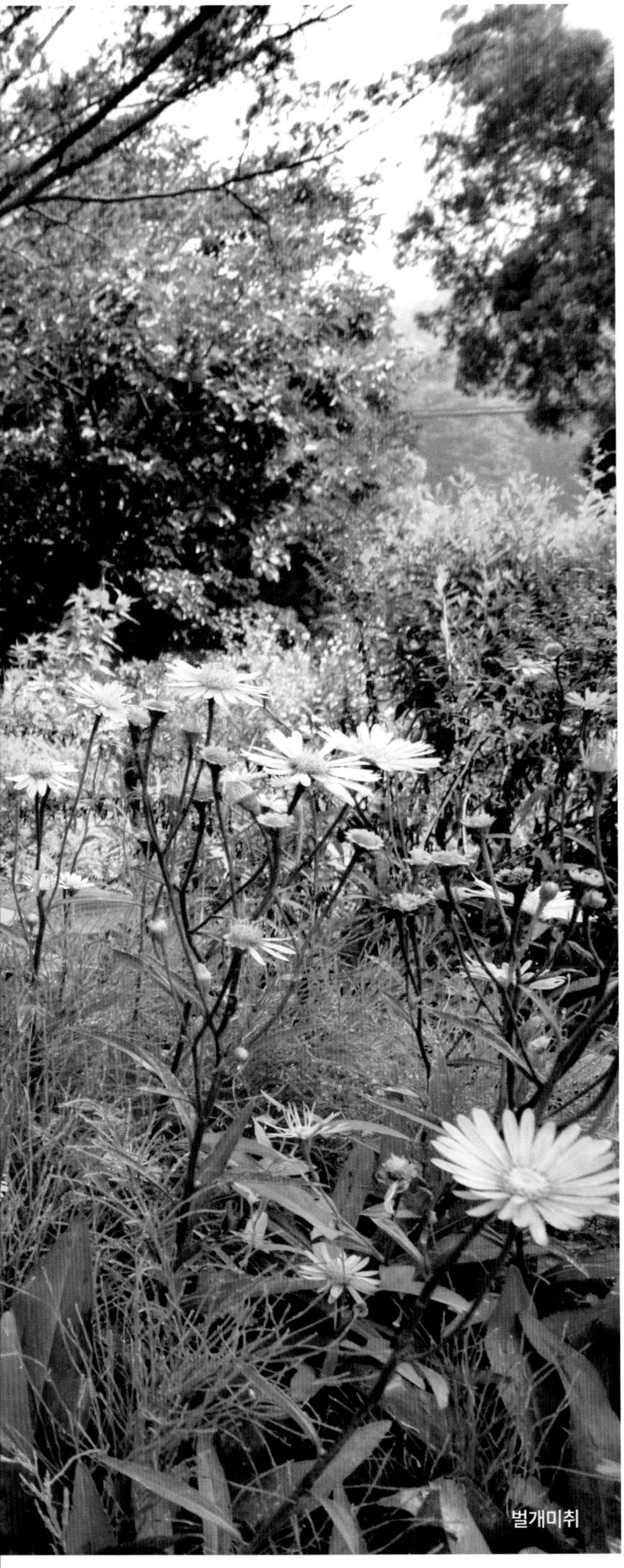

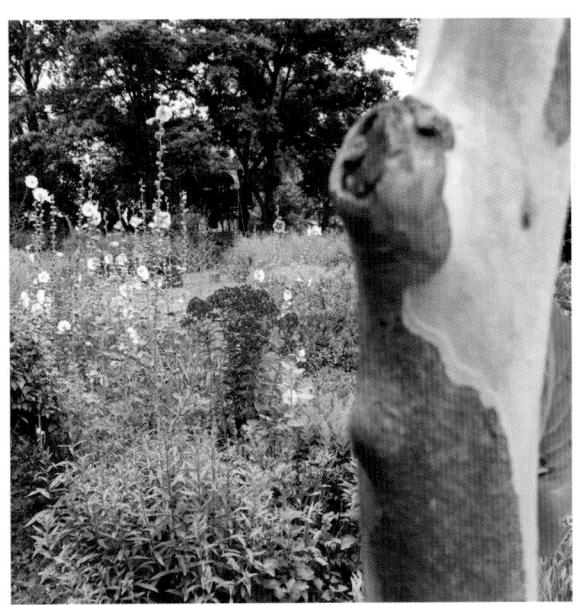

노각나무는 수피(나무의 껍질)가
가장 아름답다고 하여 길러보았다.
자연스레 벗어진 모습을 보고 있노라면
수많은 그림을 그려보게 된다.
한 여인의 두 얼굴을 그려 보기도 하고...
매년 색다른 상상을 해본다.

벌개미취

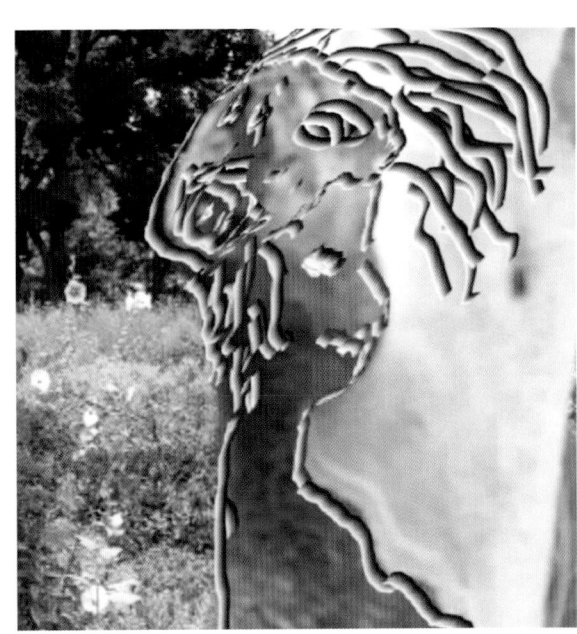

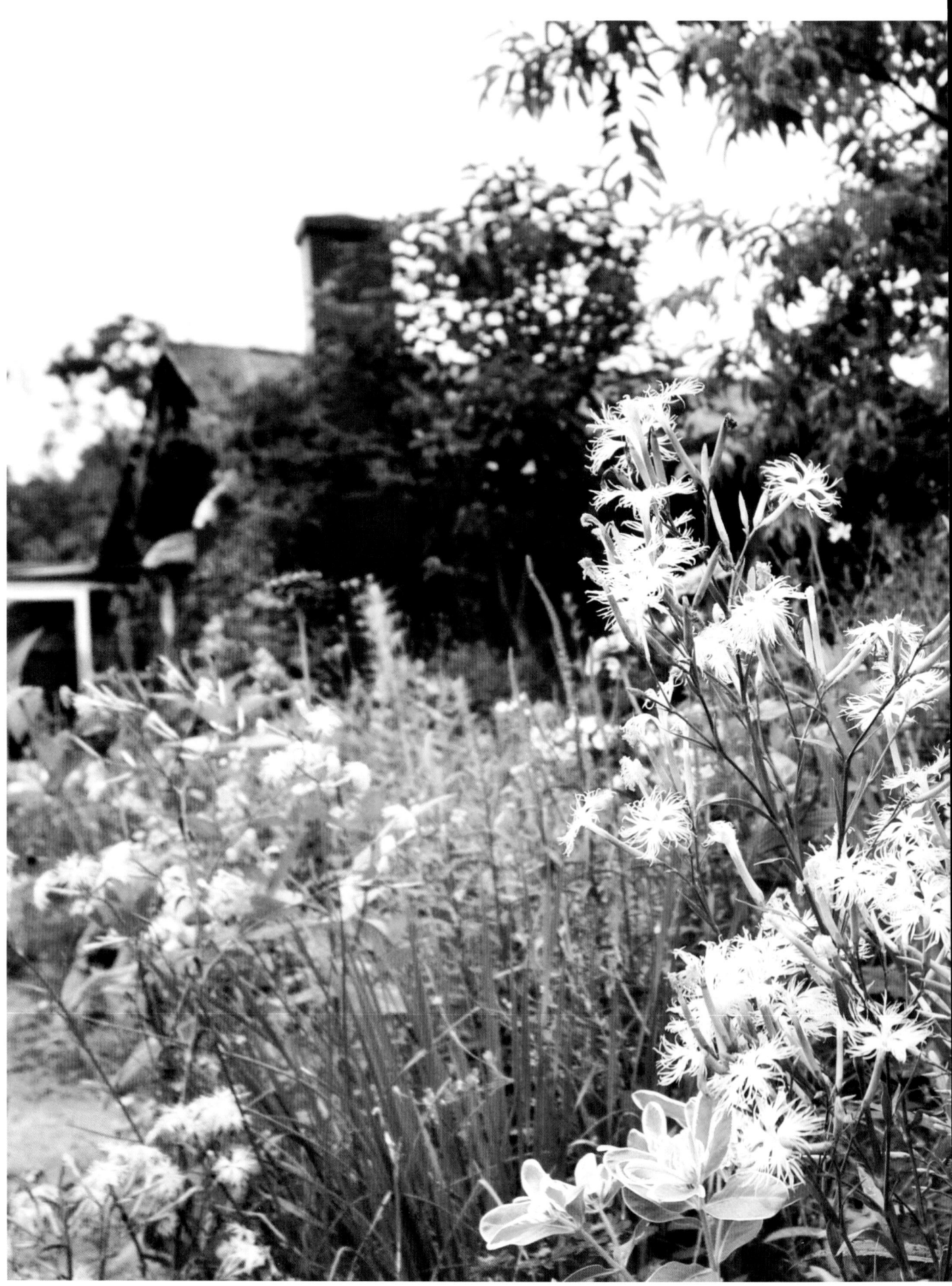

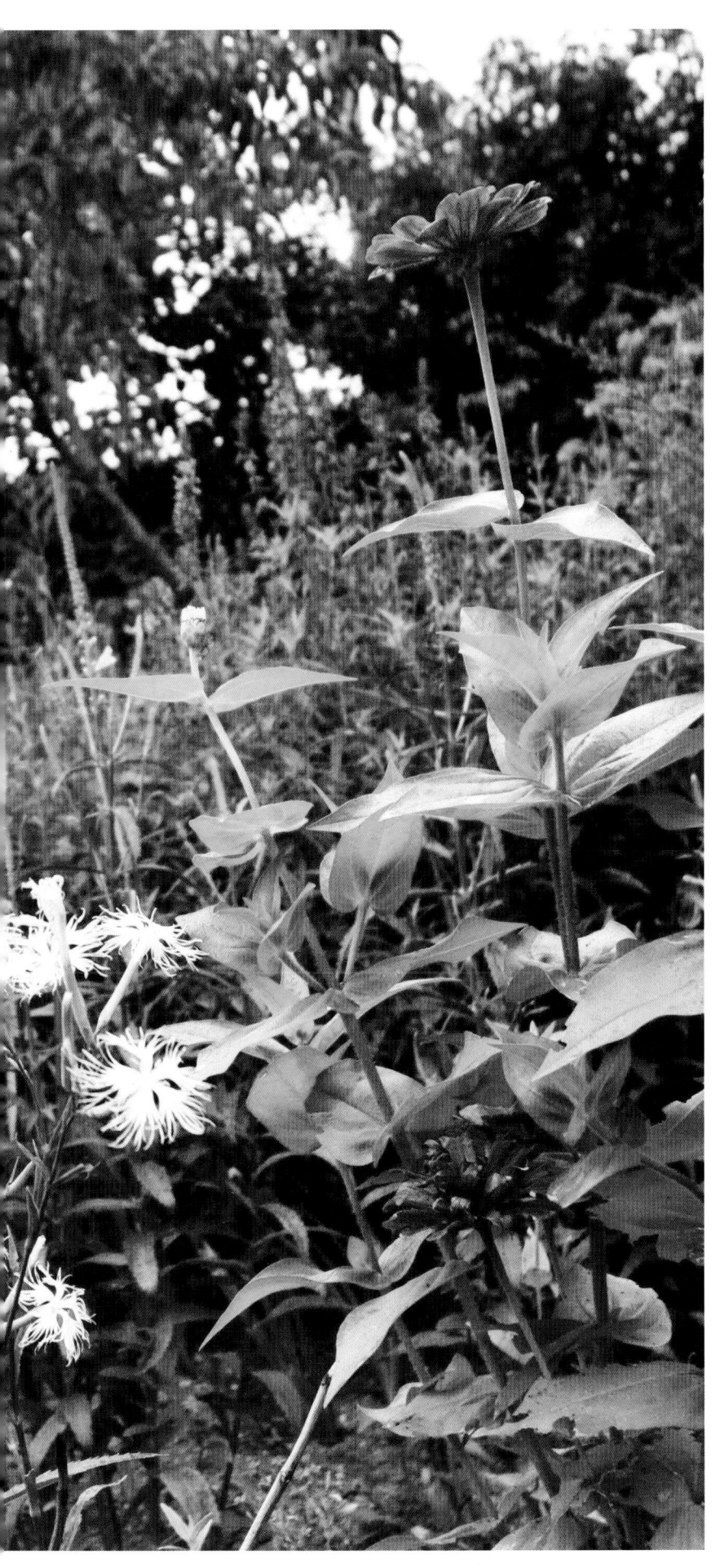

## 술패랭이

힘없이 늘어진 가냘픈 꽃잎이
마치 어릴 적 모습을 닮은 듯하여
옆지기는 나를 줄곧 이 꽃에 비유하곤 했다.

1951년 1·4후퇴 때
고향 함경남도 학천을 떠나
함흥에서 살던 우리 가족이
흥남 부두에서
마지막 함선 갑판 위에 몸을 싣고
남쪽으로 피난 오던 그해 겨울은
무척이나 추웠다.
11살 어린 나는 고된 피난 생활로
결핵이라는 병에 걸렸다.

물 한 모금도 잘 삼키지 못하는
시들한 생명을 부지하고 있을 때
선교사 닥터 버제스의 도움으로
살아났지만 늘 병약했다.

들꽃을 기르면서 알게 된
술패랭이를 보면
허약했던 어린 시절 모습을 보는 듯하여
동병상련이라 할까
무엇보다 마음이 더 가서
안채로 오가는 길목에 심어 놓고
늘 지켜보며 살고 있다.

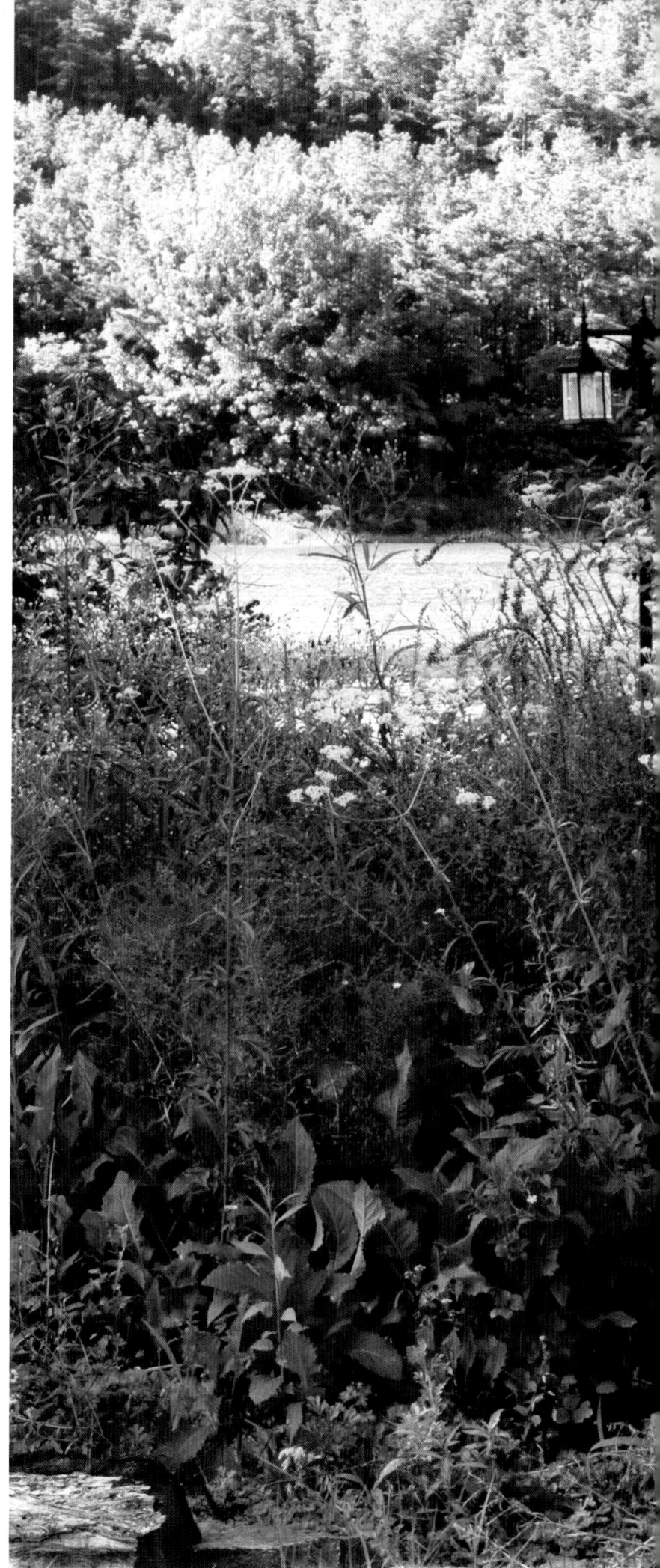

## 흙에서 사는 인생의 멋

시골에 왔습니다.
서두를 것도 없는 시간에
작업복 입고 움푹한 모자에
장화 신고 호미 드니
순박한 농가의 아낙

두둑에 씨앗도 뿌립니다
갖가지 과일나무 두어 그루씩 심어 놓고
산유화 노린재 노각 모감주
산딸기 보리수 머루며
토종 꽃나무 백여 그루
야생화도 수백 종

봄부터 여름 가을
농부 아낙 끝없는 욕심에
민들레 같은 묵나물 거리도 캐어 말리고
달걀도 매일매일 꺼내오고
무서운 말벌도 눈여겨 찾아내고

밤, 호두도 주워야 하고
꽈리 따고 호박 고추 고구마 땅콩
거둘 것이 지천입니다.

어려운 일 또 하나
물과 태양과 이슬이 동맹한
트로이 군단이란 잡초와의 전쟁
더 뽑자 안 한다
농부와 아낙의 부부 싸움
그 와중에 허리가 다 휘어졌지만
흙 뒤지며 살다 보니
속셈하는 버릇은 옅어져 갑니다.

이것이 내게는 흙에서 사는
아름다운 이유입니다.

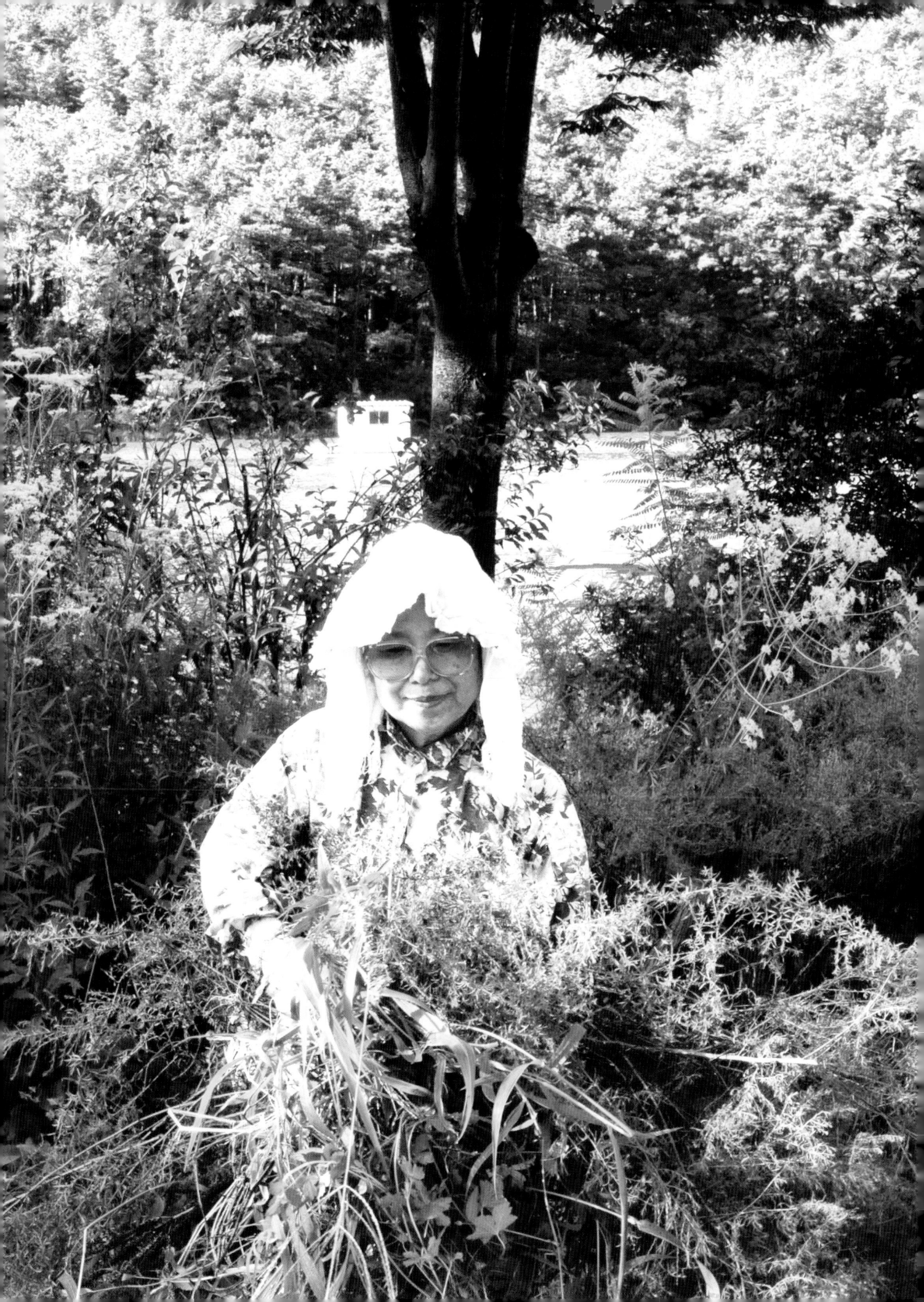

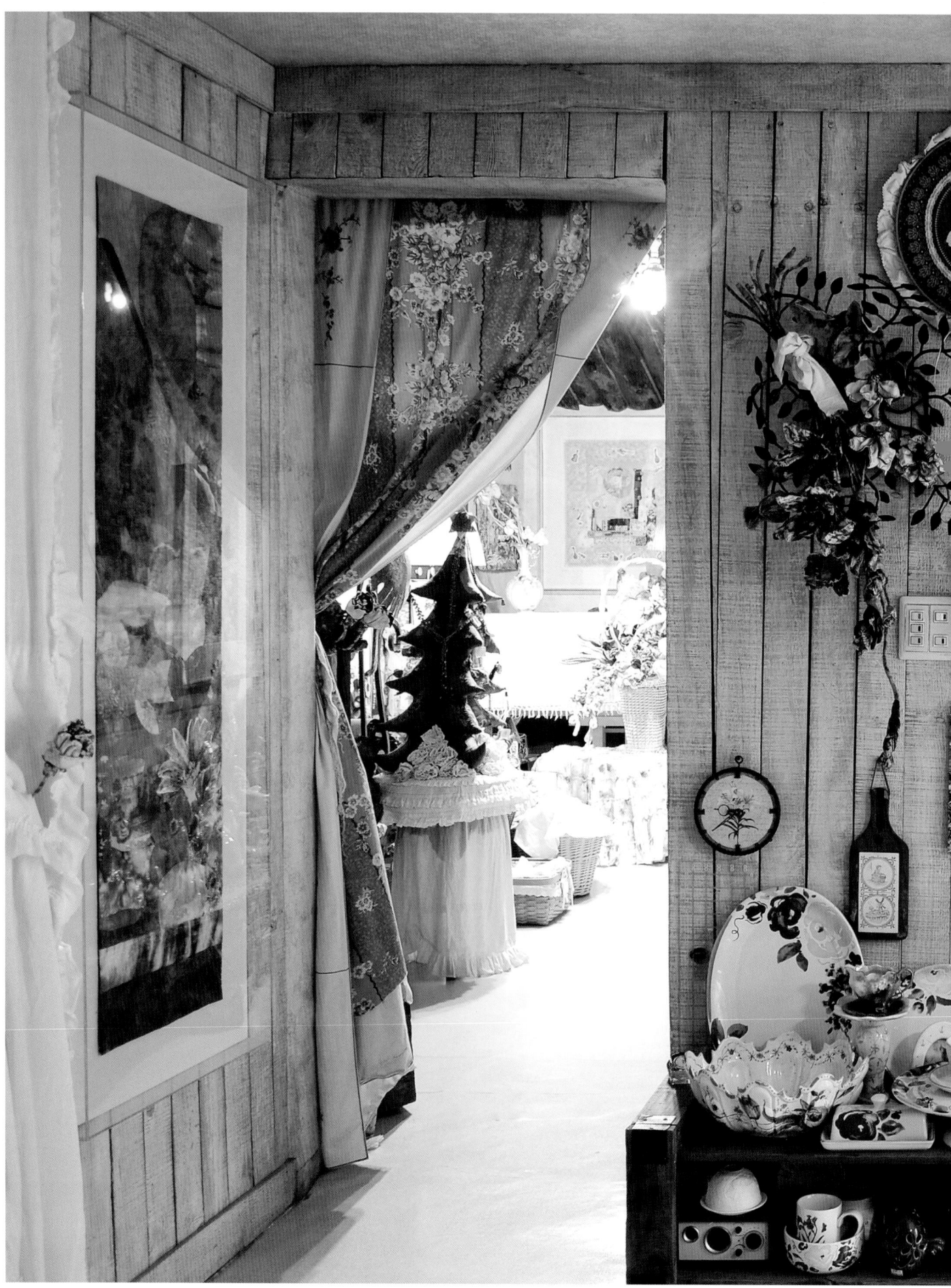

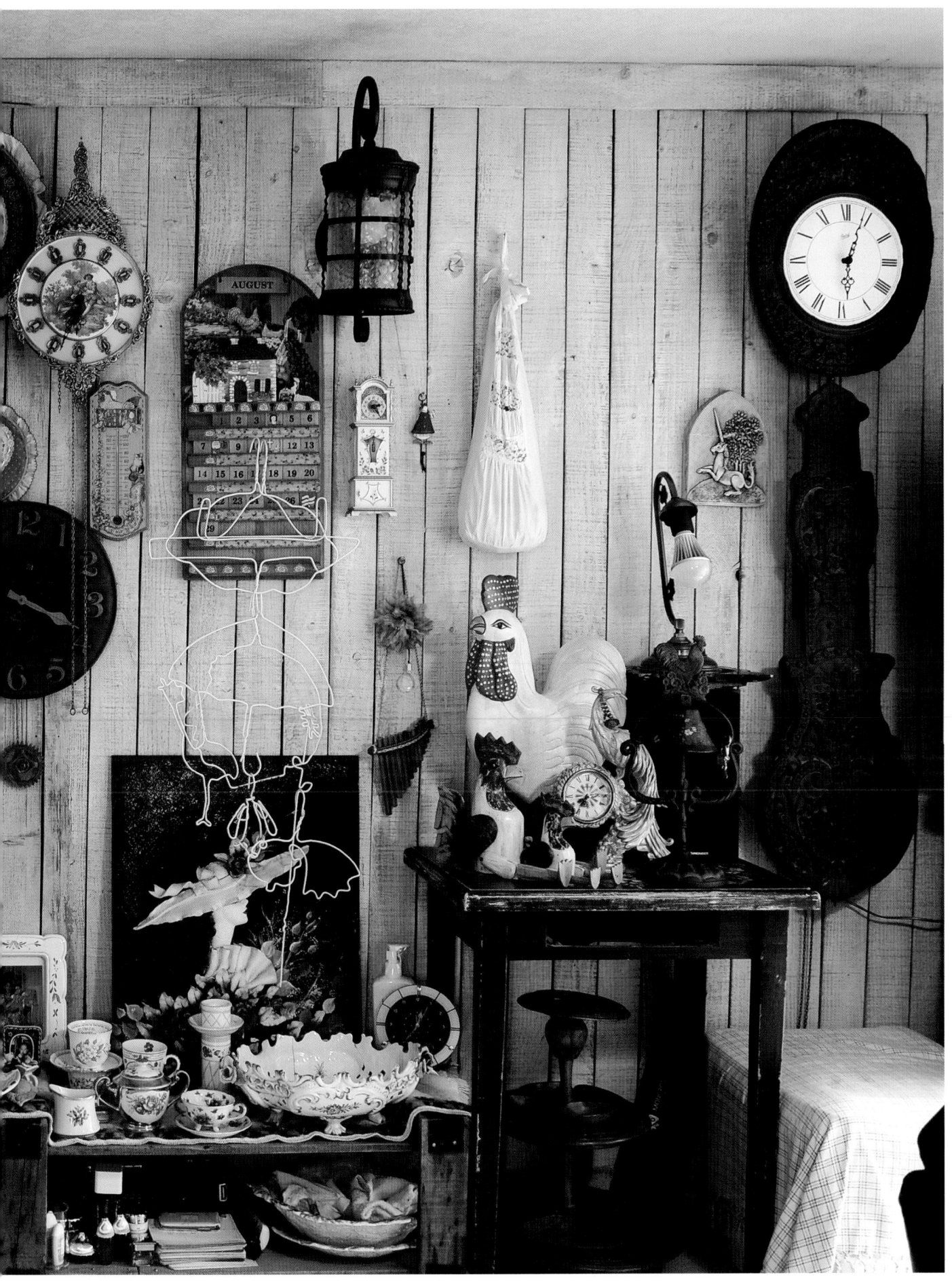

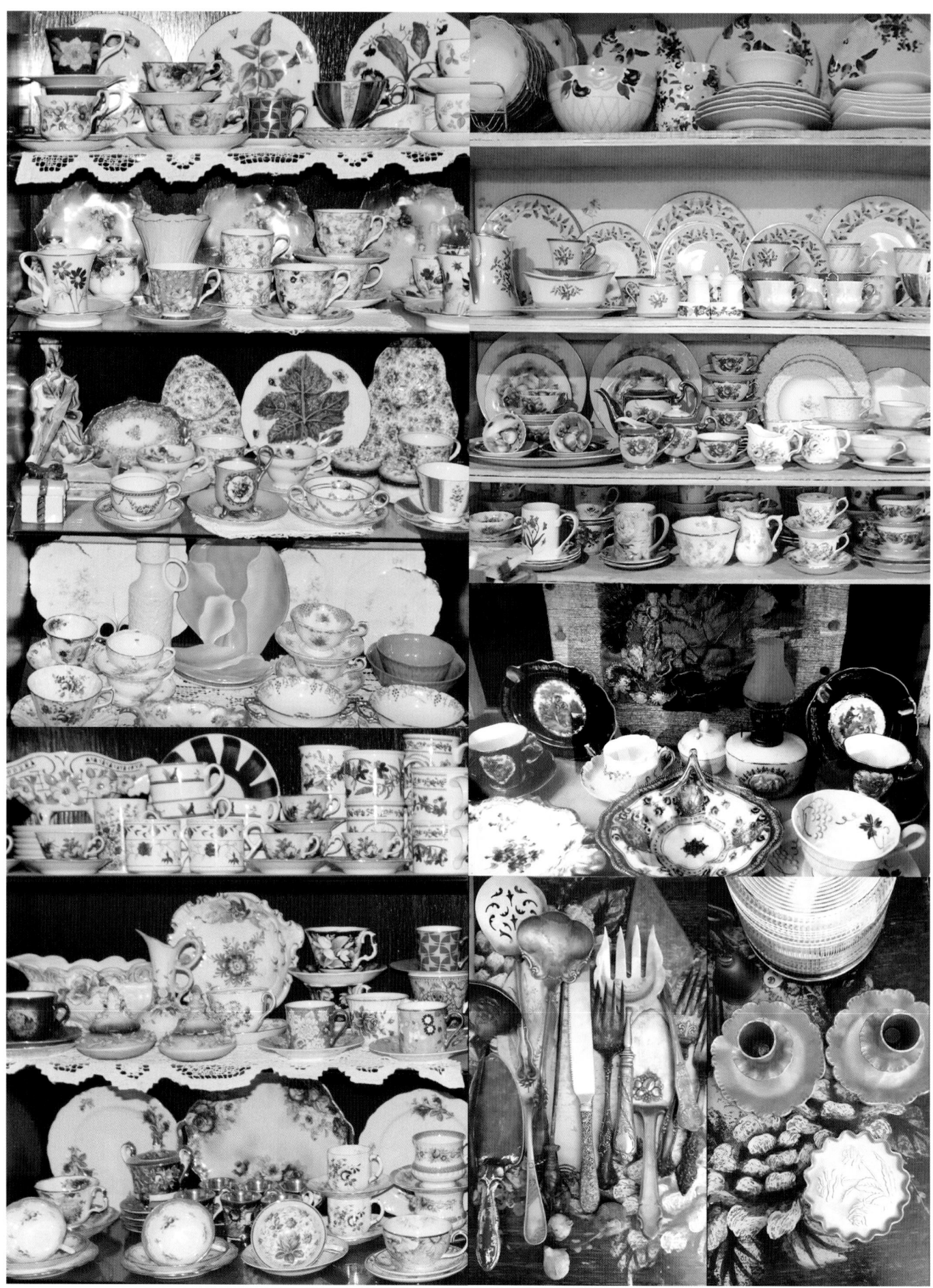

244

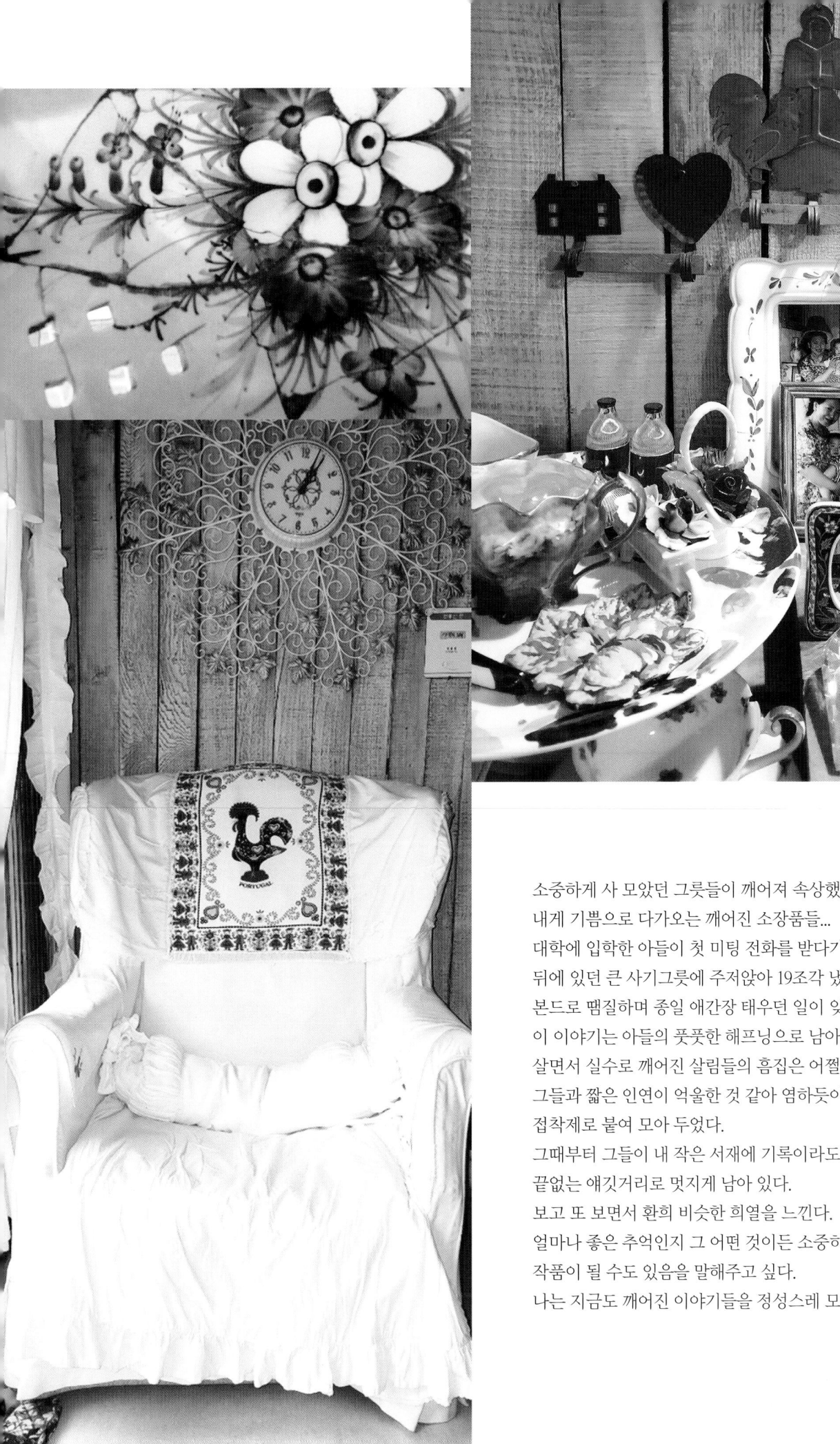

소중하게 사 모았던 그릇들이 깨어져 속상했던 적이 있는가
내게 기쁨으로 다가오는 깨어진 소장품들...
대학에 입학한 아들이 첫 미팅 전화를 받다가 흥분했는지
뒤에 있던 큰 사기그릇에 주저앉아 19조각 냈던 것을
본드로 땜질하며 종일 애간장 태우던 일이 잊히지 않는다.
이 이야기는 아들의 풋풋한 해프닝으로 남아 웃음을 자아낸다.
살면서 실수로 깨어진 살림들의 흠집은 어쩔 수 없지만,
그들과 짧은 인연이 억울한 것 같아 염하듯이 울먹이며
접착제로 붙여 모아 두었다.
그때부터 그들이 내 작은 서재에 기록이라도 해 놓은 듯
끝없는 얘깃거리로 멋지게 남아 있다.
보고 또 보면서 환희 비슷한 희열을 느낀다.
얼마나 좋은 추억인지 그 어떤 것이든 소중히 보관하면
작품이 될 수도 있음을 말해주고 싶다.
나는 지금도 깨어진 이야기들을 정성스레 모으고 있다.

245

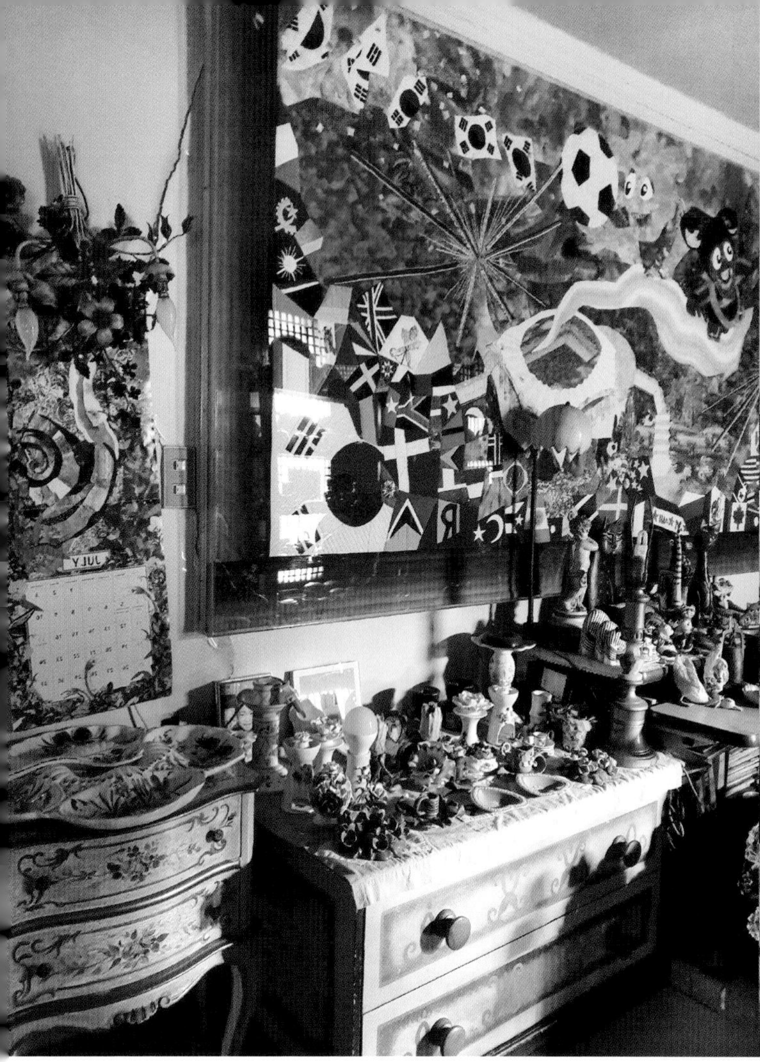

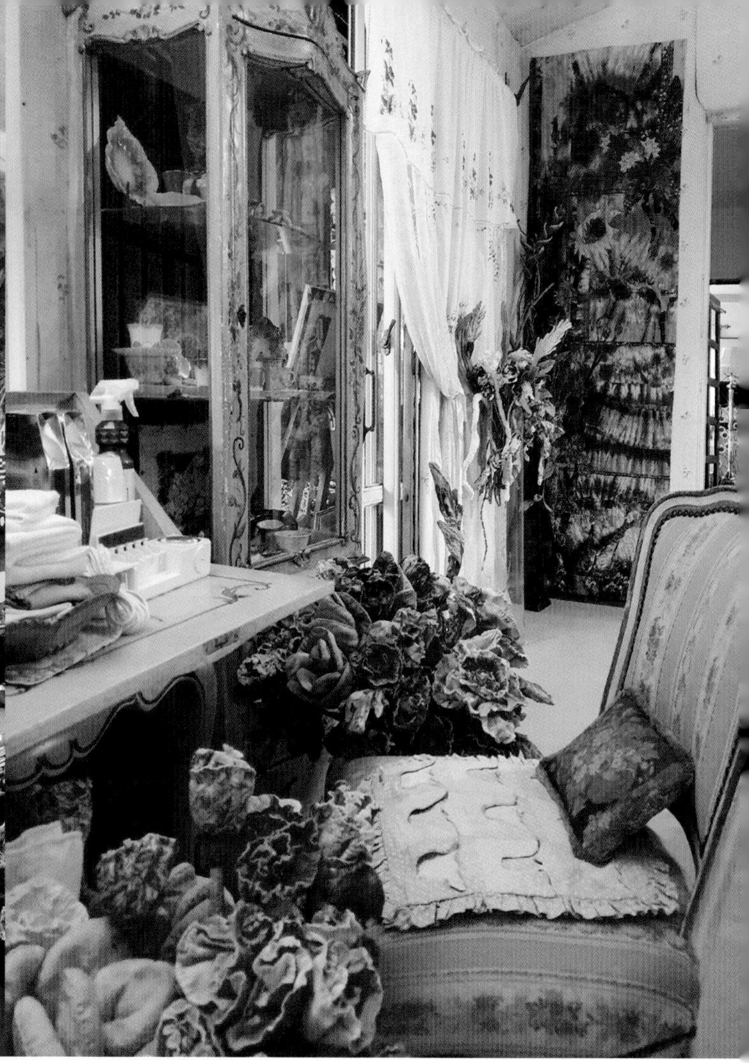

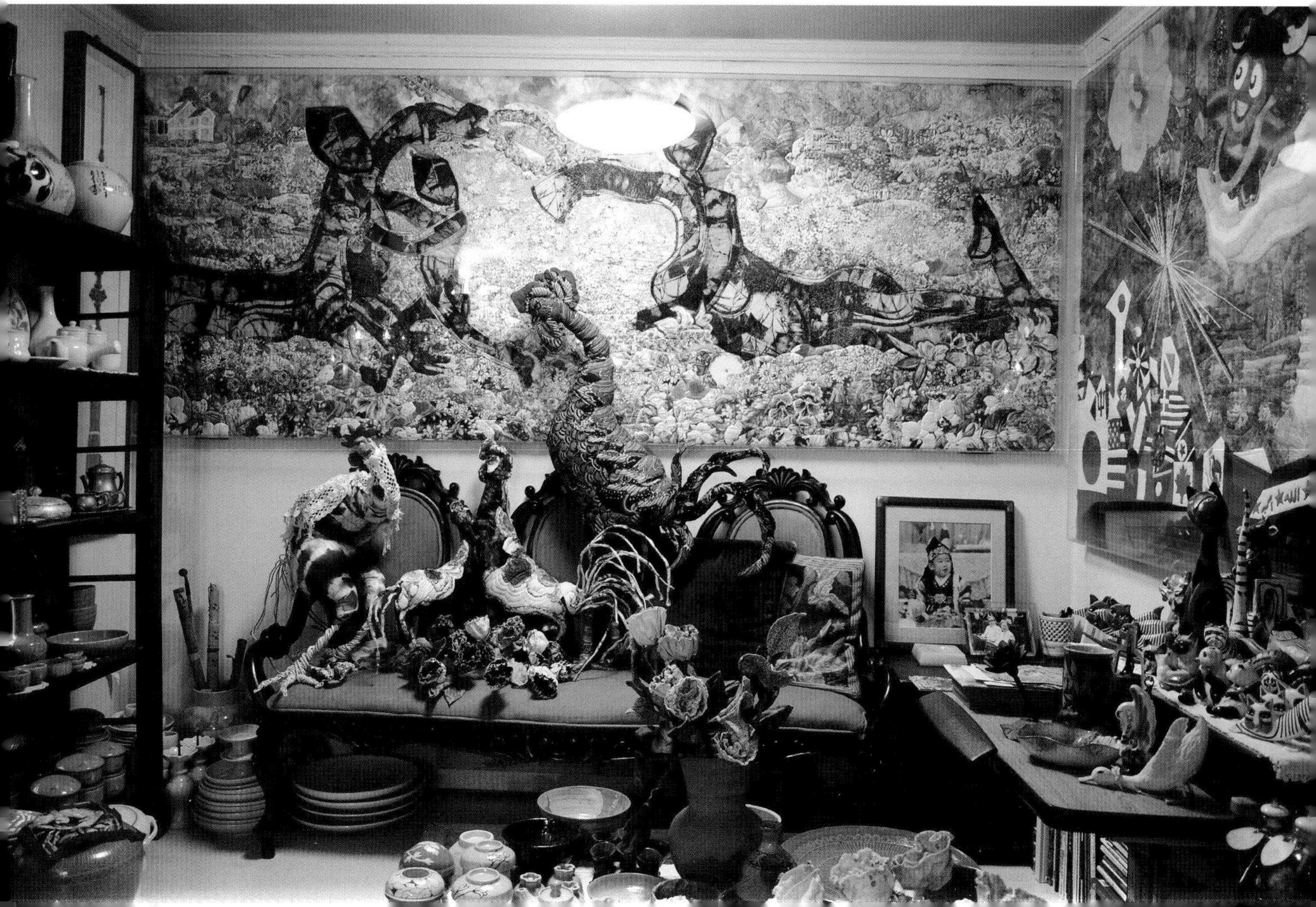

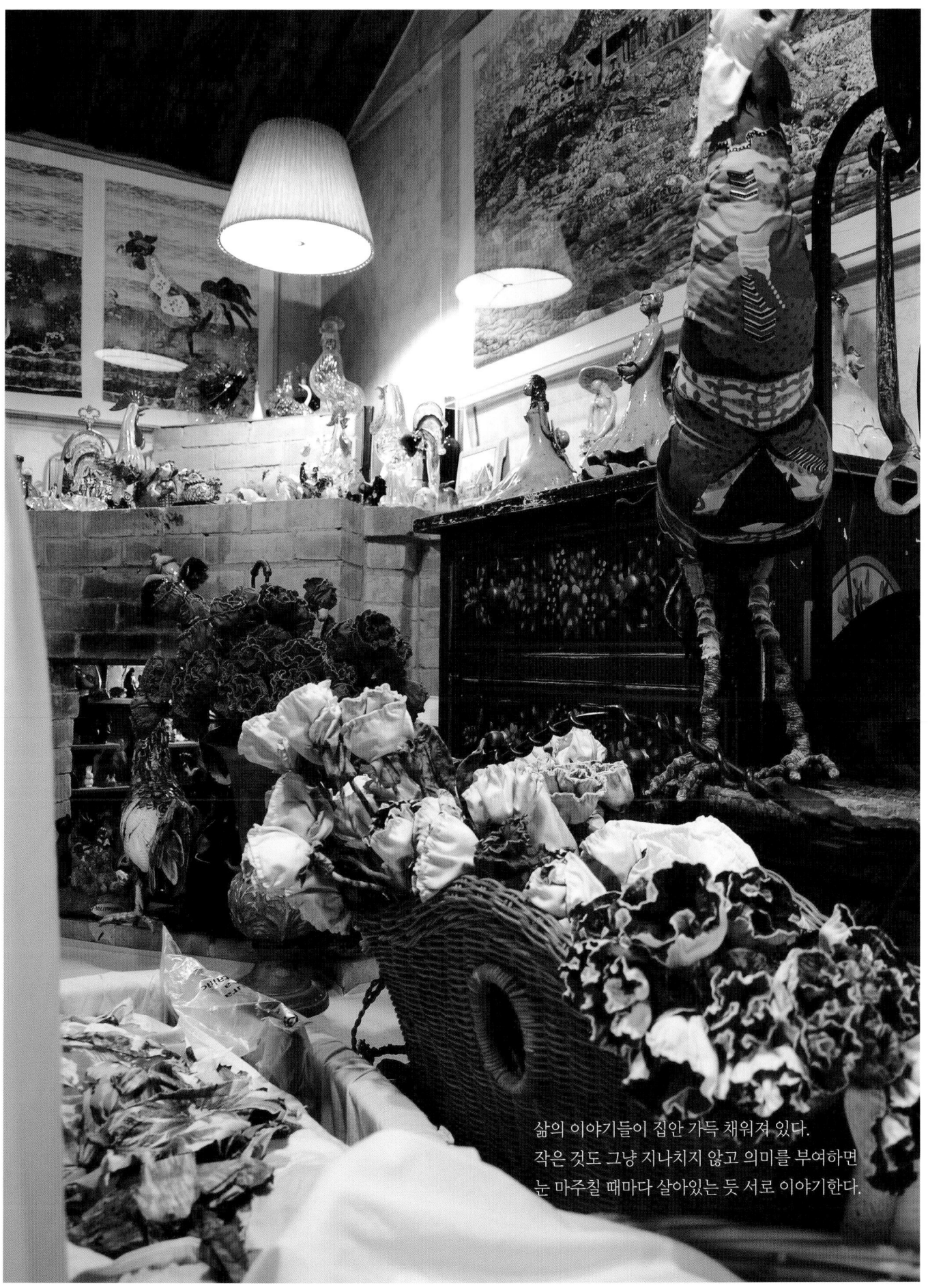

삶의 이야기들이 집안 가득 채워져 있다.
작은 것도 그냥 지나치지 않고 의미를 부여하면
눈 마주칠 때마다 살아있는 듯 서로 이야기한다.

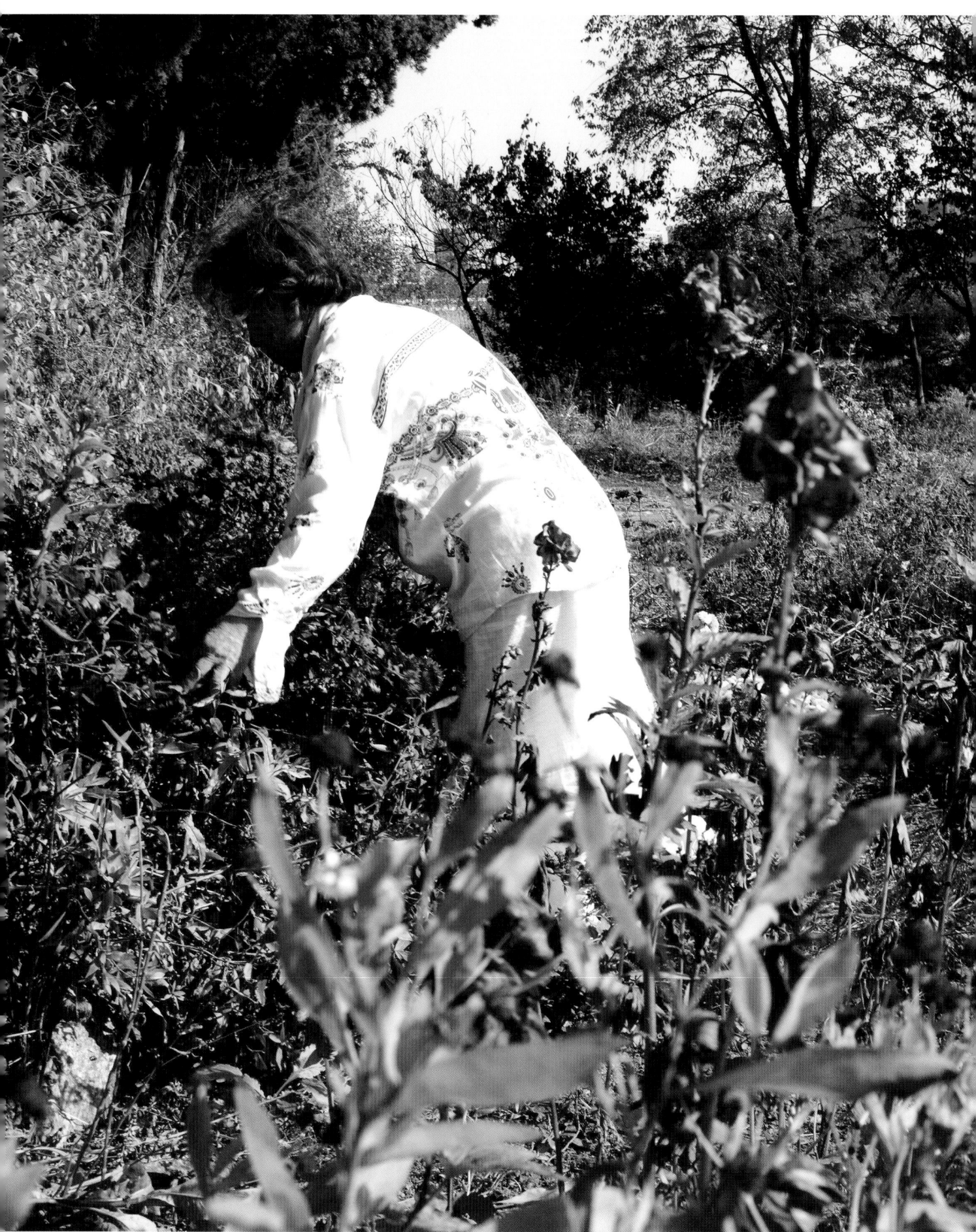

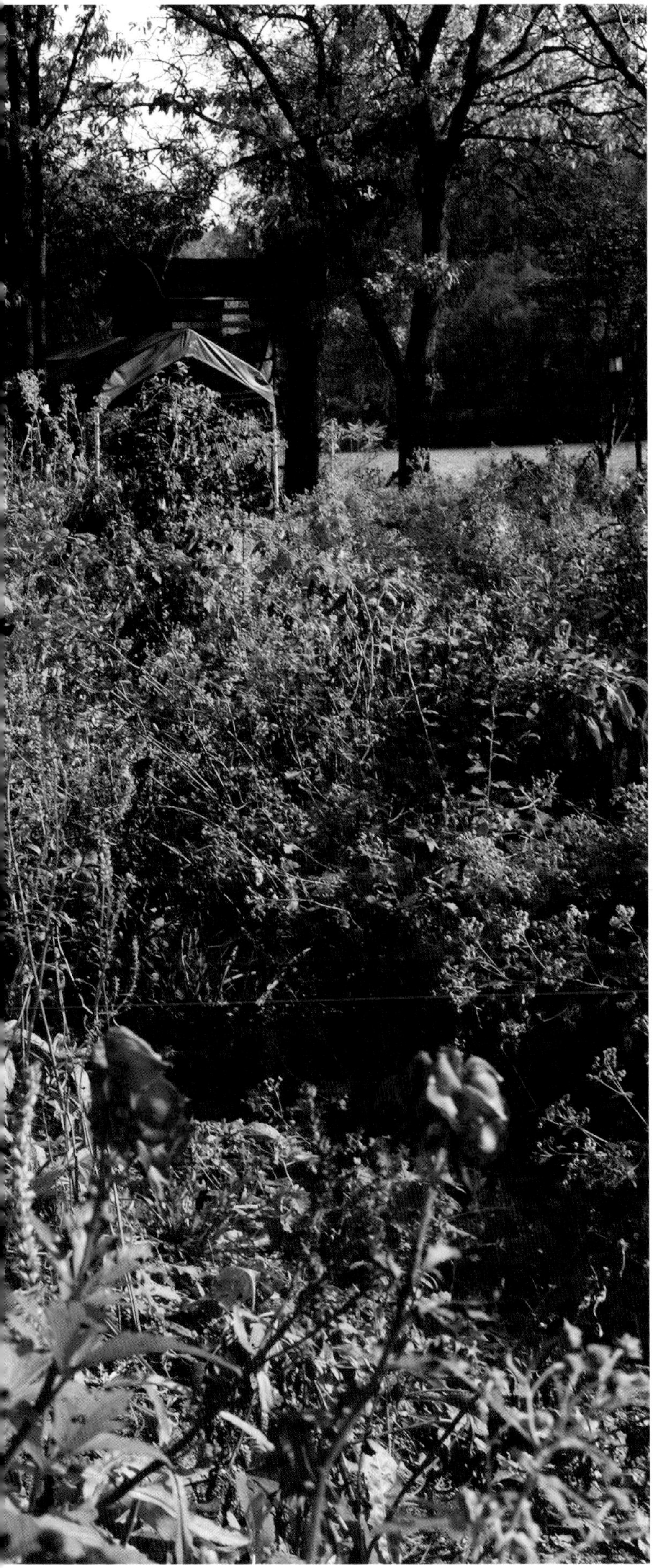

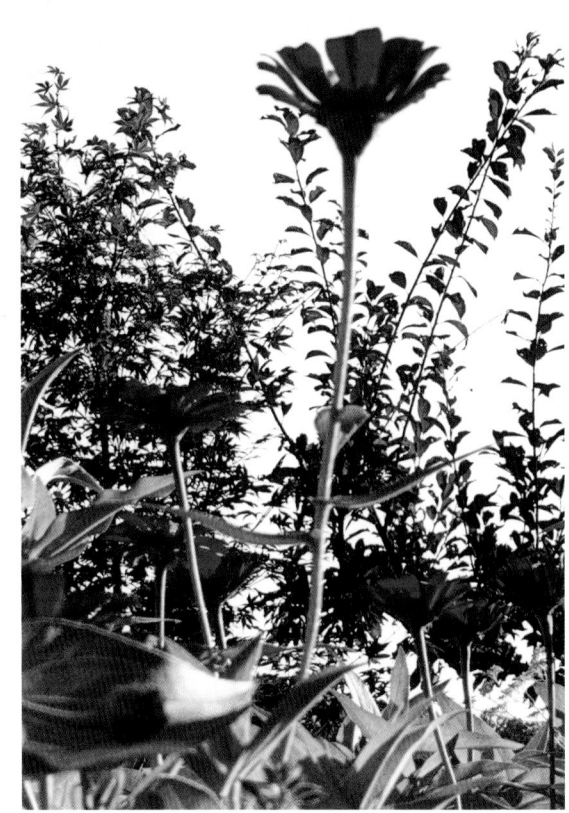

이곳에 올 때, 앞으로 십 년은 살 수 있을 거라는
말을 듣고 나에게 남은 10년...
들꽃으로 채워 보고 싶어 쉬지 않고 달려왔다.
그 십 년이 25년이 되었는데도
일도 나이도 아직 남아 있는 것 같다.

미래는 아무도 모르는 일이니, 허욕은 없다.
내가 그때 그 말에 좌절하고 말았더라면
나약한 나머지 지금까지의 많은 기쁨을 다 놓치고
어디까지 갔을지 눈에 보인다.

오늘 세례를 받으면서도 생각이 많았다.
또 다른 밝은 길에서
다시 한번 살아보고 싶어졌다.
살기 위해서가 아니라 조금씩 내려놓는 삶을
배워가고 싶다는 생각으로

얼마나 행복한지...

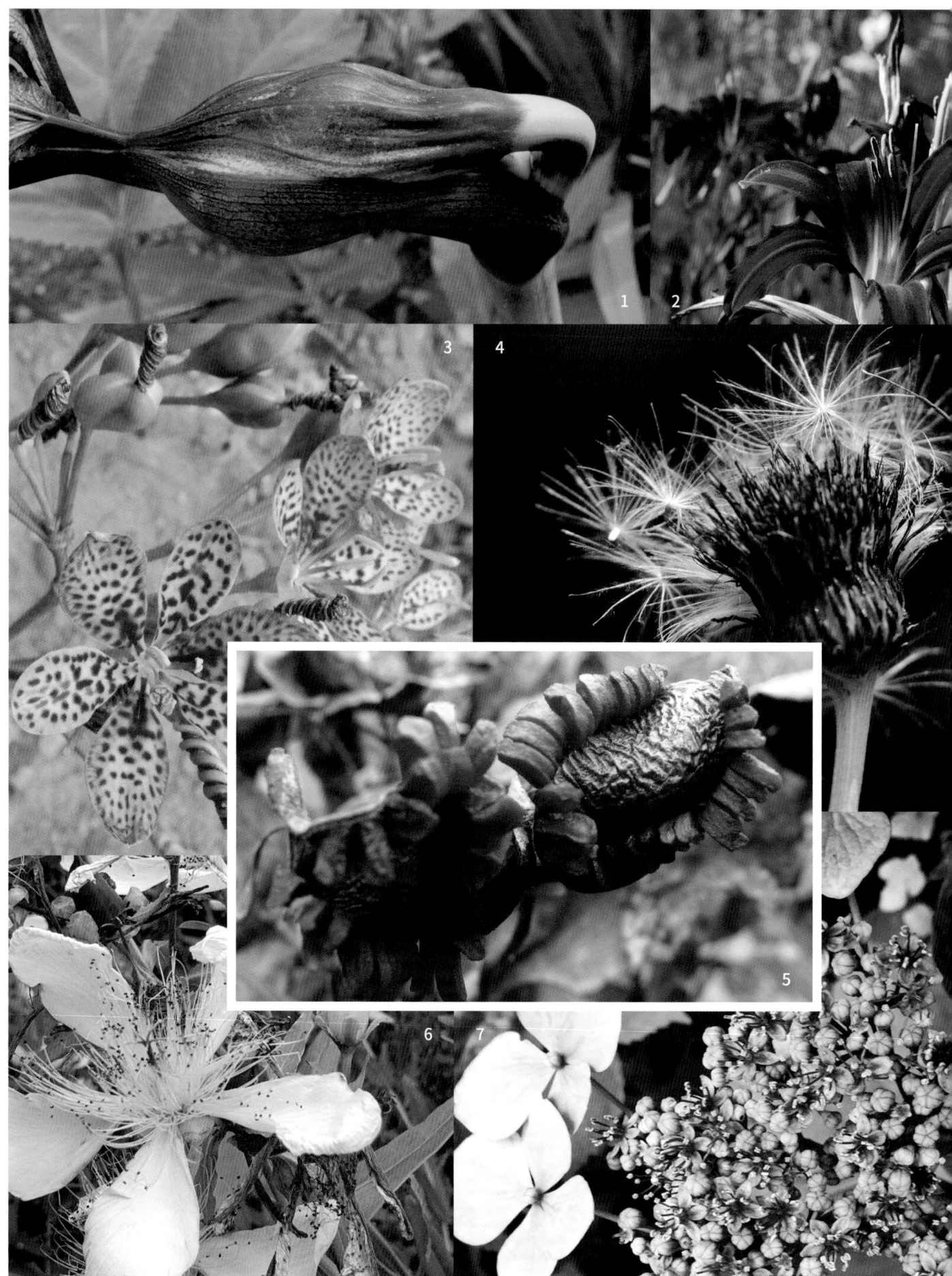

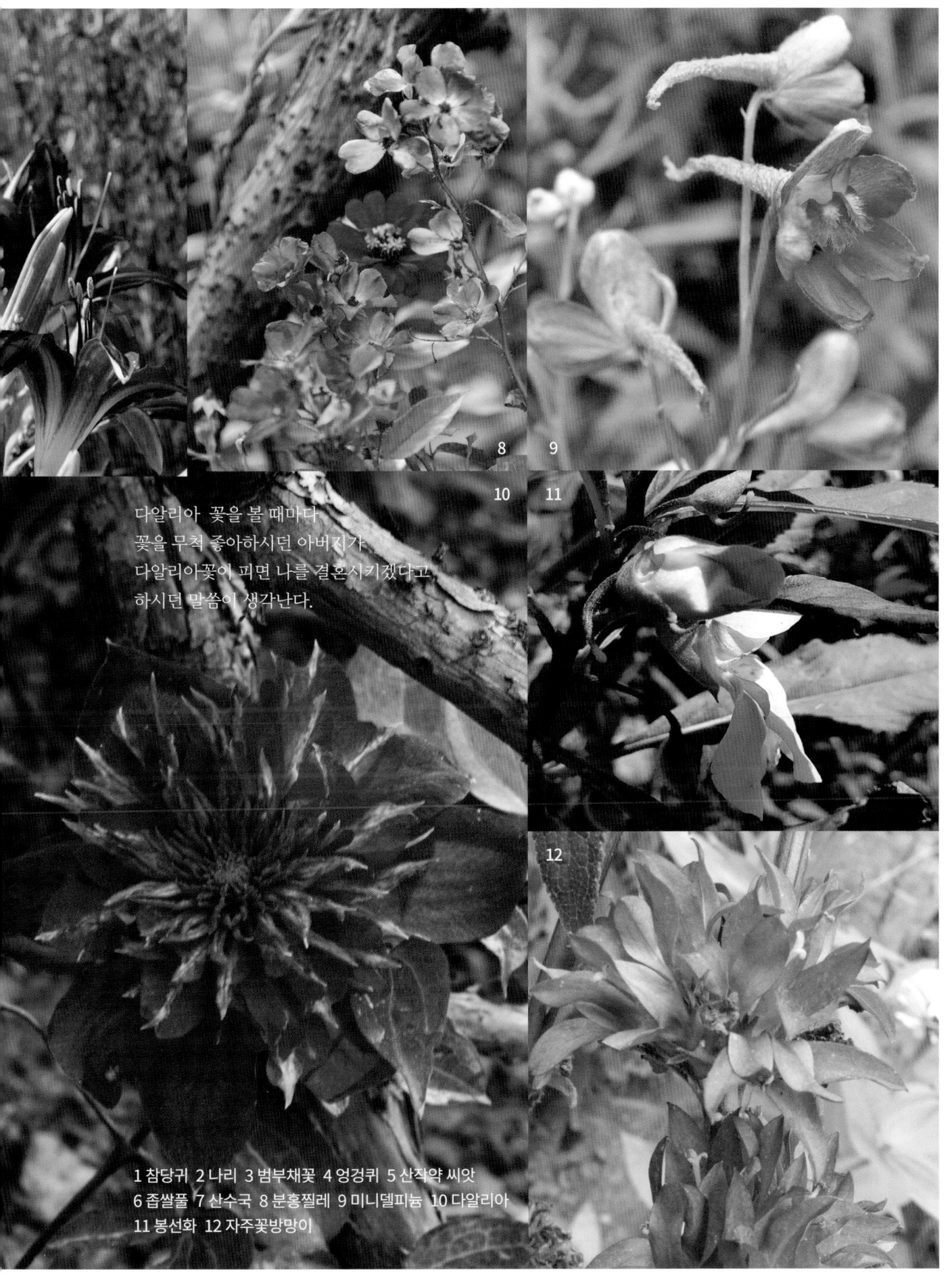

다알리아 꽃을 볼 때마다
꽃을 무척 좋아하시던 아버지가
다알리아꽃이 피면 나를 결혼시키겠다고
하시던 말씀이 생각난다.

1 참당귀  2 나리  3 범부채꽃  4 엉겅퀴  5 산작약 씨앗
6 좁쌀풀  7 산수국  8 분홍찔레  9 미니델피늄  10 다알리아
11 봉선화  12 자주꽃방망이

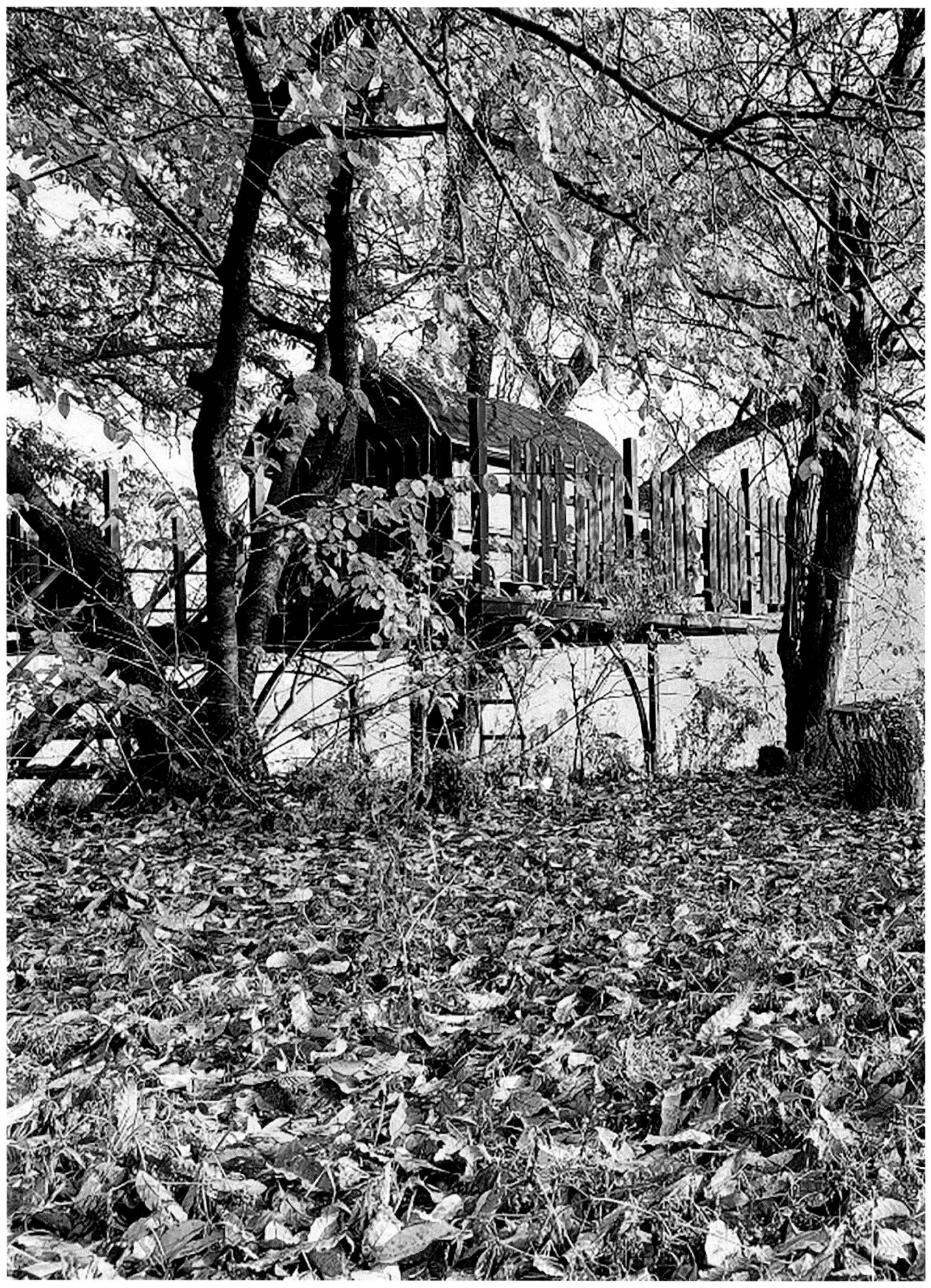

# Autumn가을

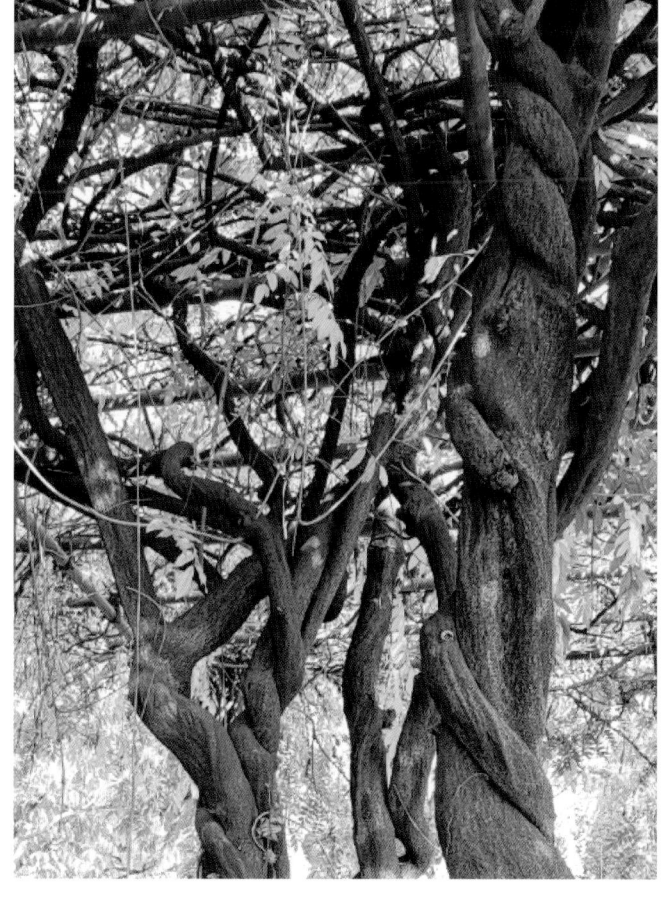

❈ 들꽃정원의 가을 꽃 ❈

<u>9월</u>
갈대, 구절초, 금계국, 대상화, 돼지감자꽃, 벌개미취,
산국, 쑥부쟁이, 억새풀, 코스모스 등

<u>10월</u>
국화, 방울꽃, 설국, 소국, 투구꽃, 향유, 천일홍 등

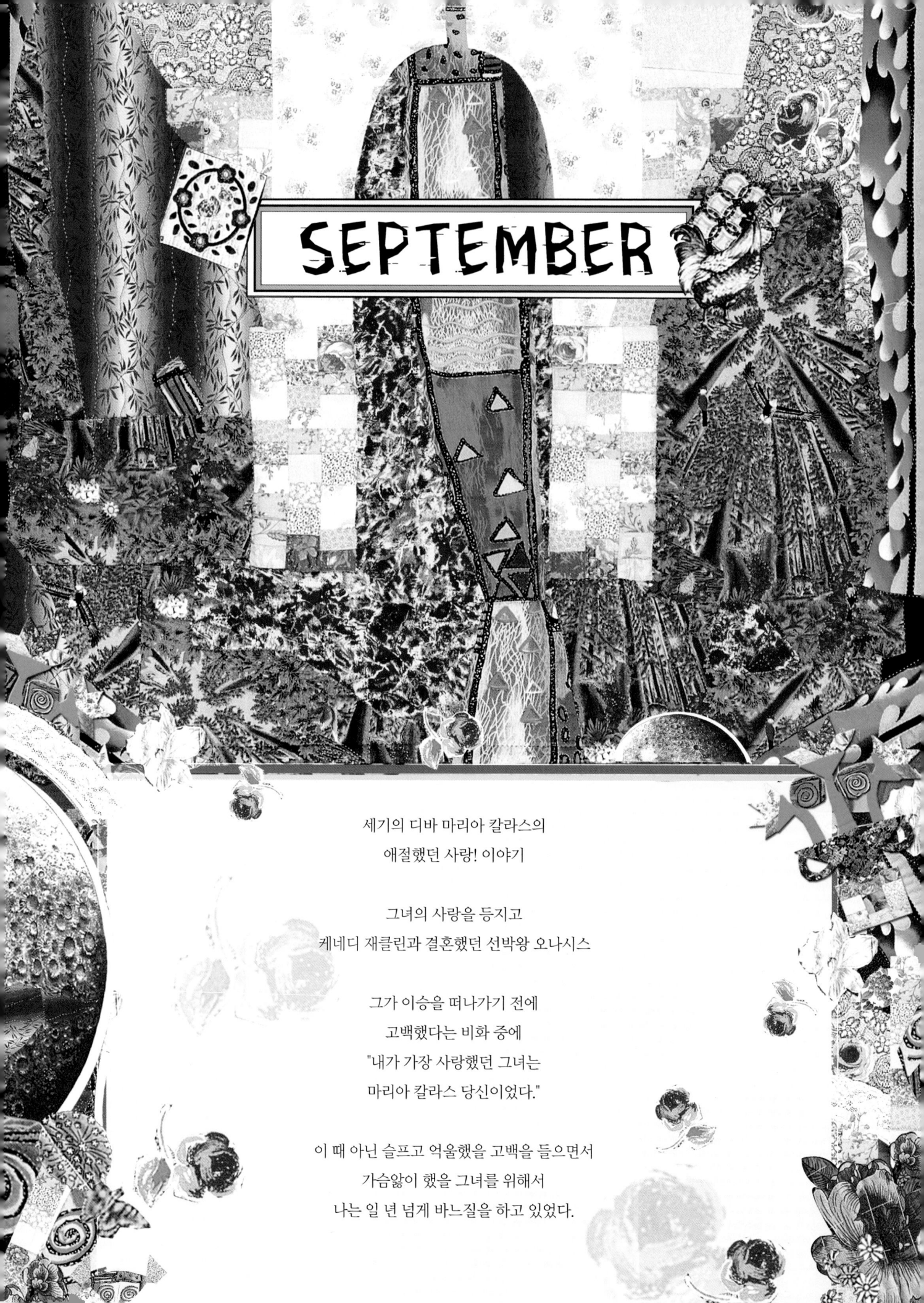

# SEPTEMBER

세기의 디바 마리아 칼라스의
애절했던 사랑! 이야기

그녀의 사랑을 등지고
케네디 재클린과 결혼했던 선박왕 오나시스

그가 이승을 떠나가기 전에
고백했다는 비화 중에
"내가 가장 사랑했던 그녀는
마리아 칼라스 당신이었다."

이 때 아닌 슬프고 억울했을 고백을 들으면서
가슴앓이 했을 그녀를 위해서
나는 일 년 넘게 바느질을 하고 있었다.

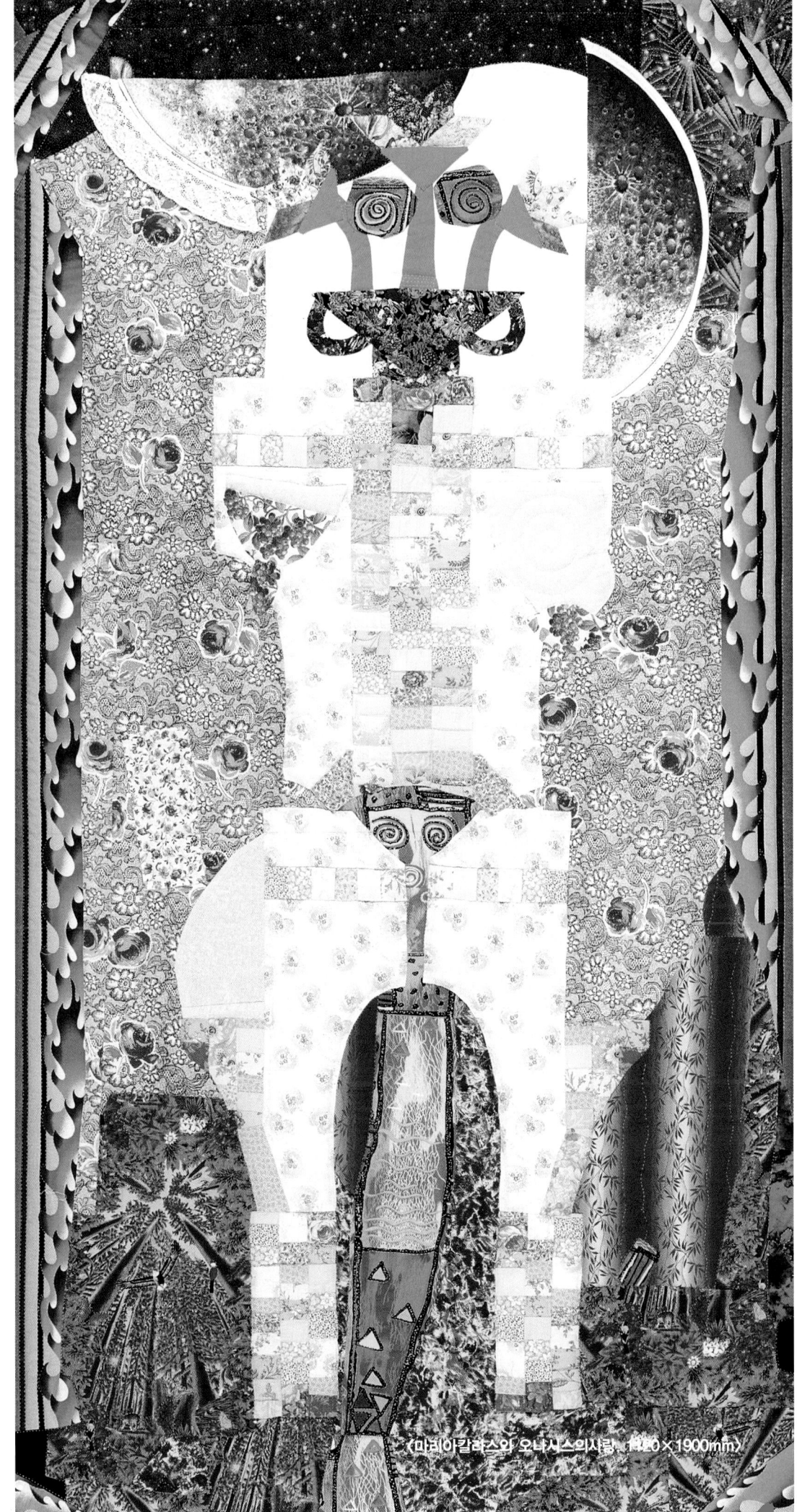

〈마리아칼라스와 오나시스의사랑, 1420×1900mm〉

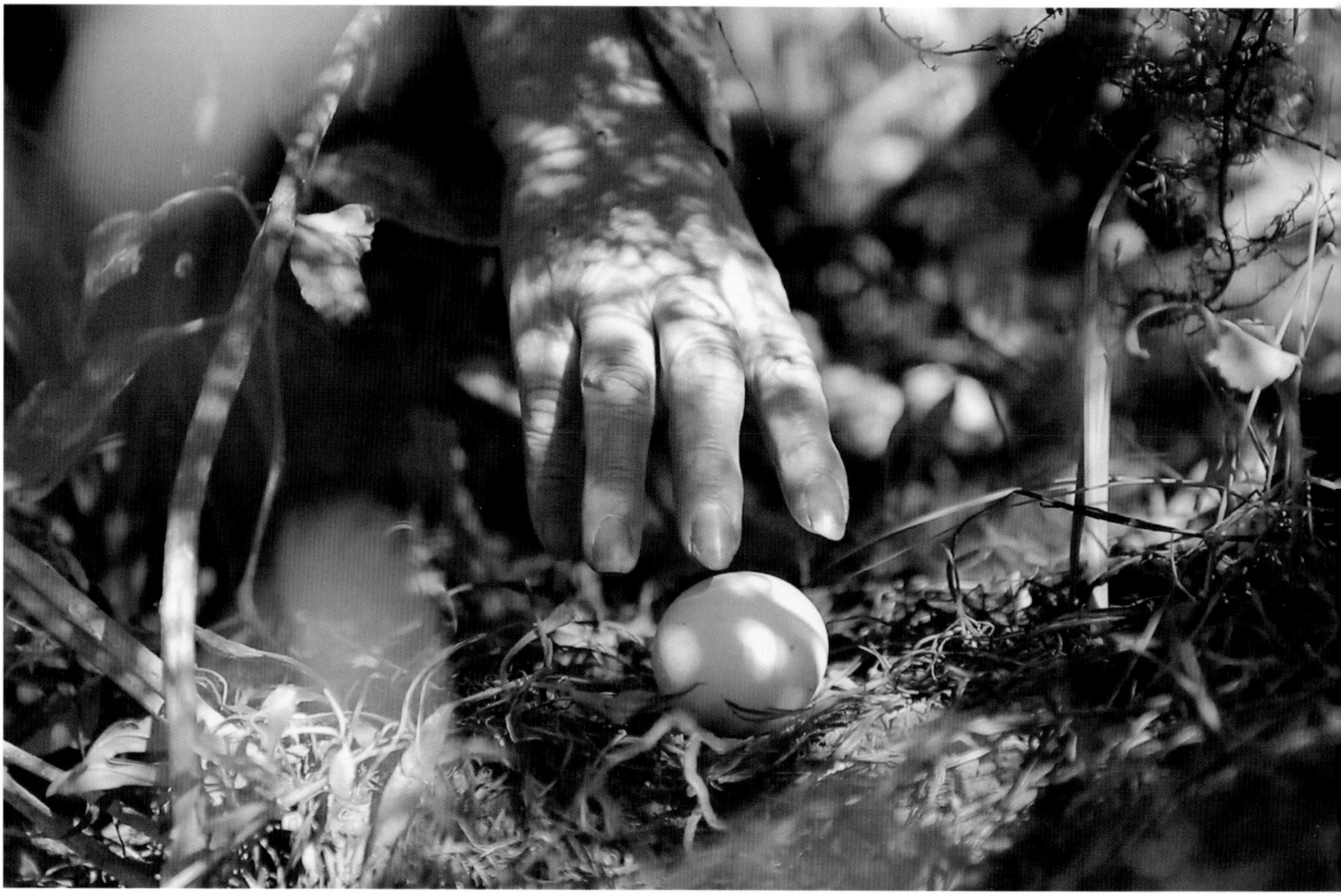

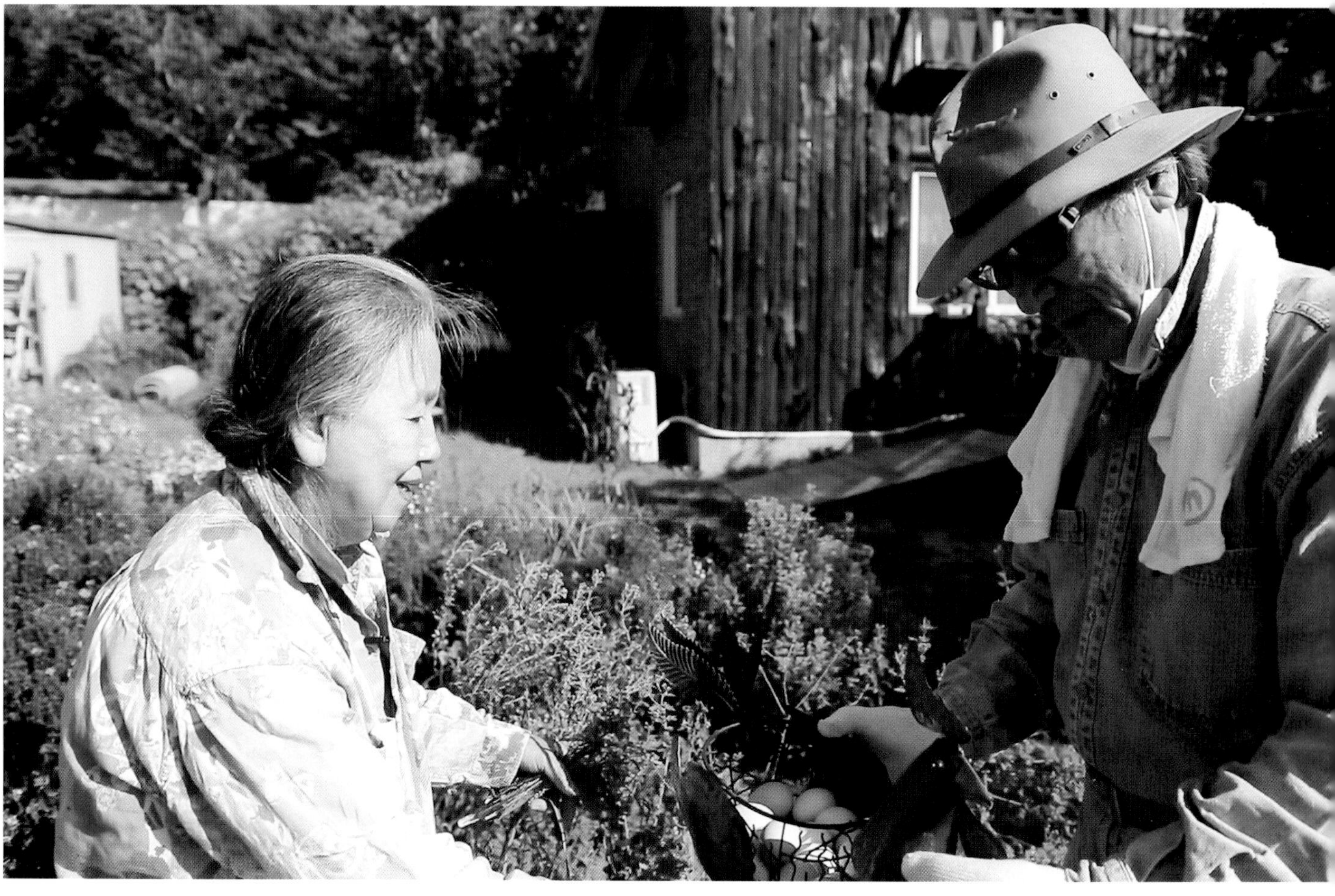

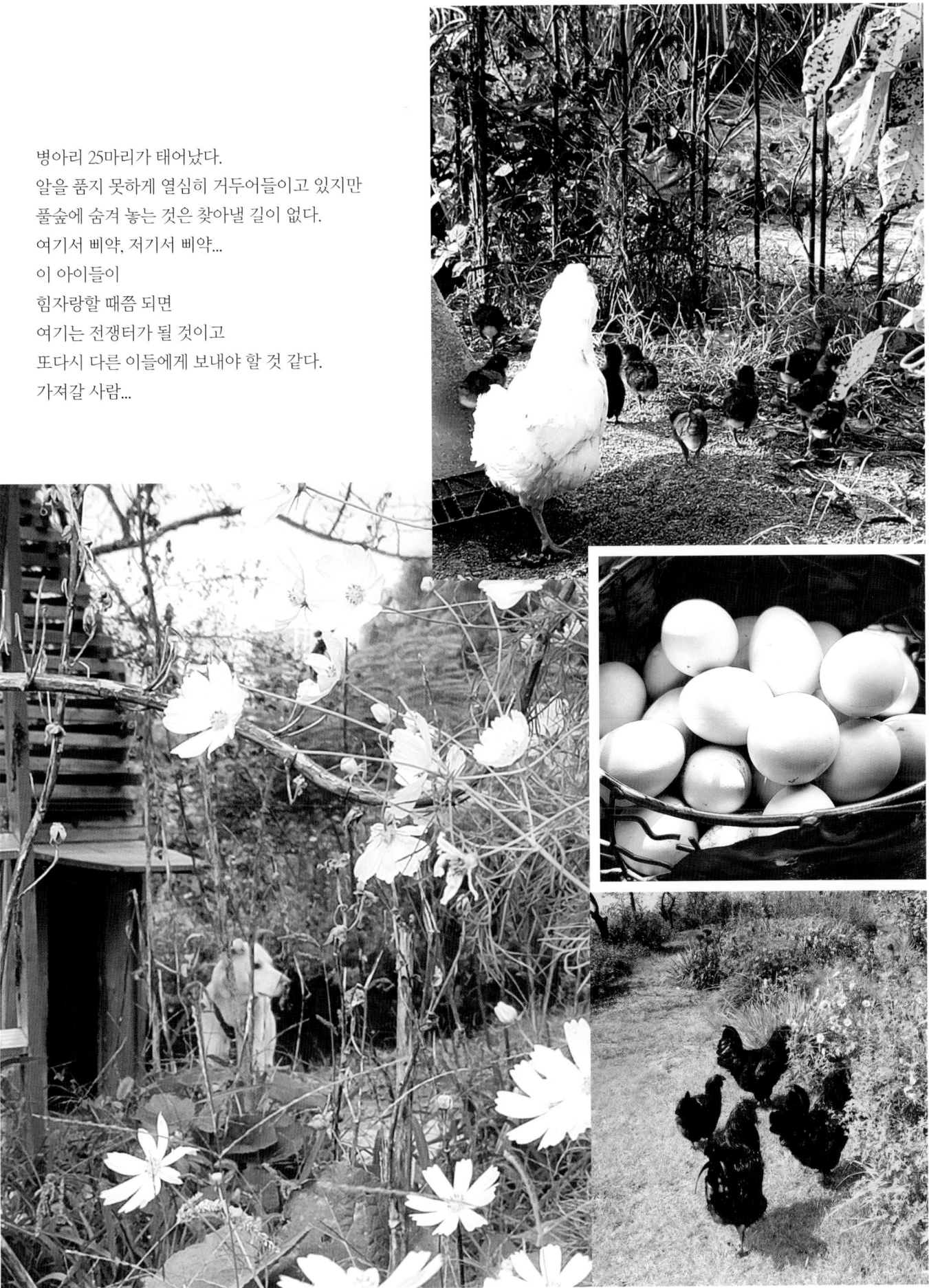

병아리 25마리가 태어났다.
알을 품지 못하게 열심히 거두어들이고 있지만
풀숲에 숨겨 놓는 것은 찾아낼 길이 없다.
여기서 삐약, 저기서 삐약...
이 아이들이
힘자랑할 때쯤 되면
여기는 전쟁터가 될 것이고
또다시 다른 이들에게 보내야 할 것 같다.
가져갈 사람...

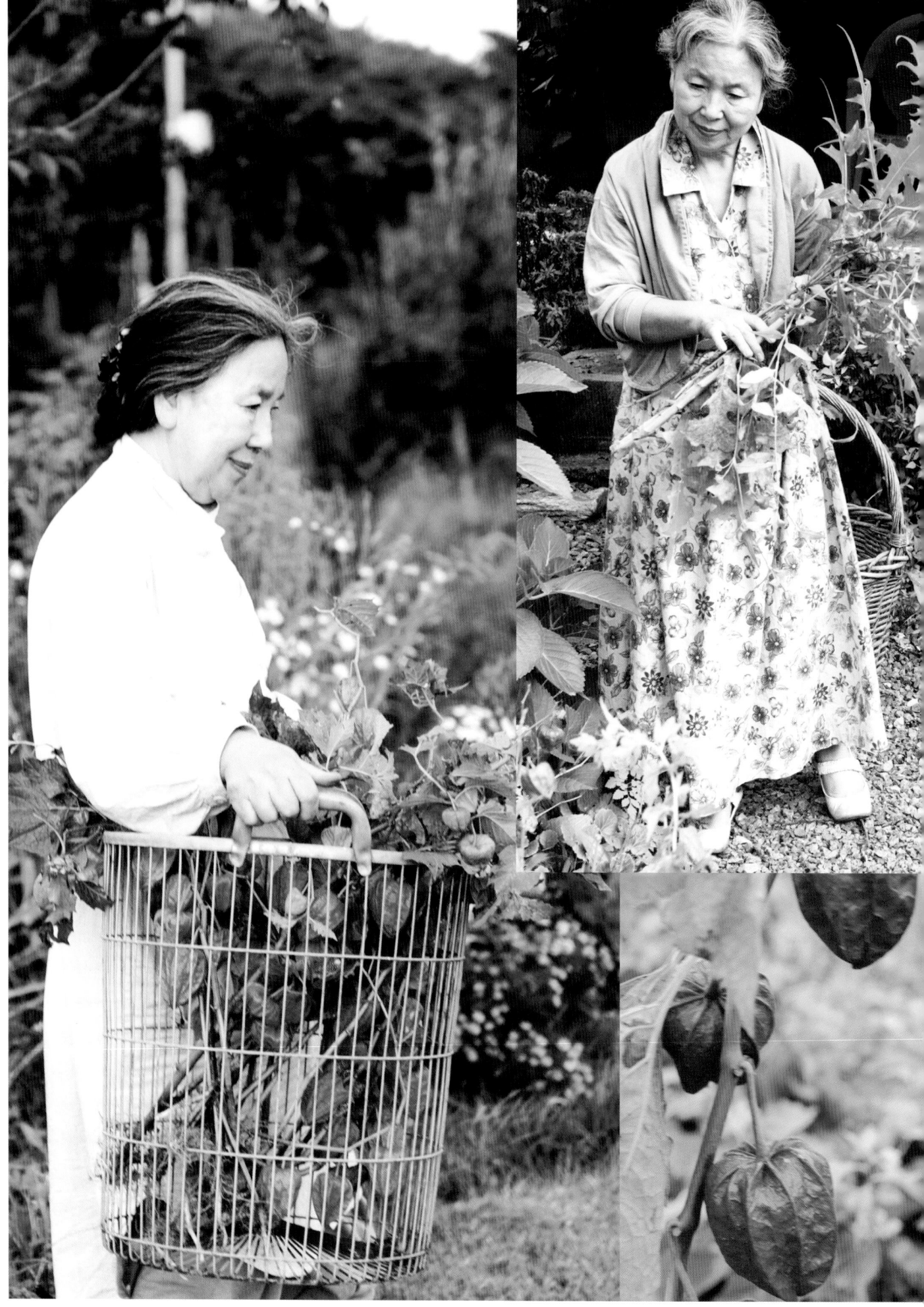

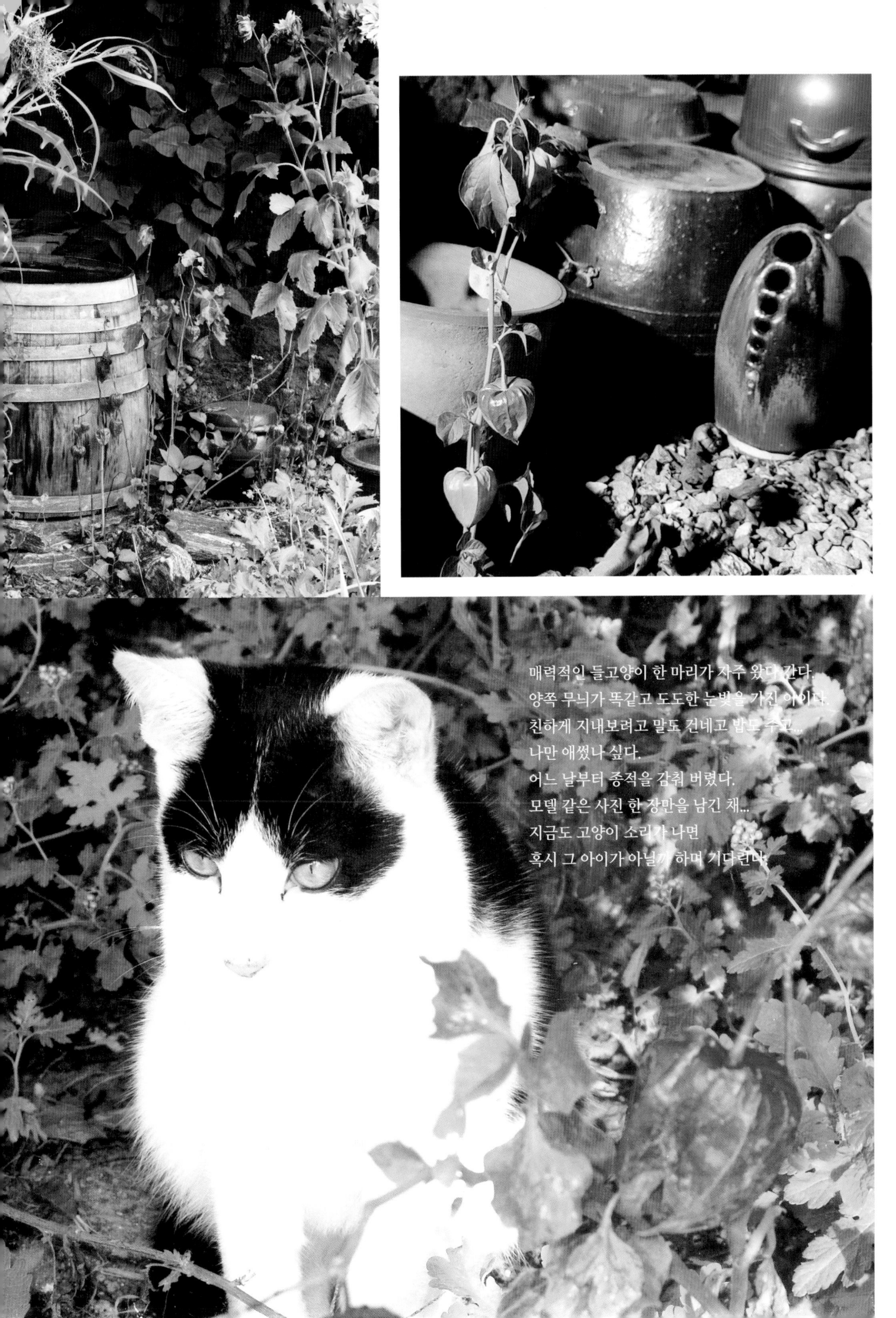

매력적인 들고양이 한 마리가 자주 왔다 간다.
양쪽 무늬가 똑같고 도도한 눈빛을 가진 아이다.
친하게 지내보려고 말도 건네고 밥도 주고...
나만 애썼나 싶다.
어느 날부터 종적을 감춰 버렸다.
모델 같은 사진 한 장만을 남긴 채...
지금도 고양이 소리가 나면
혹시 그 아이가 아닐까 하며 기다린다.

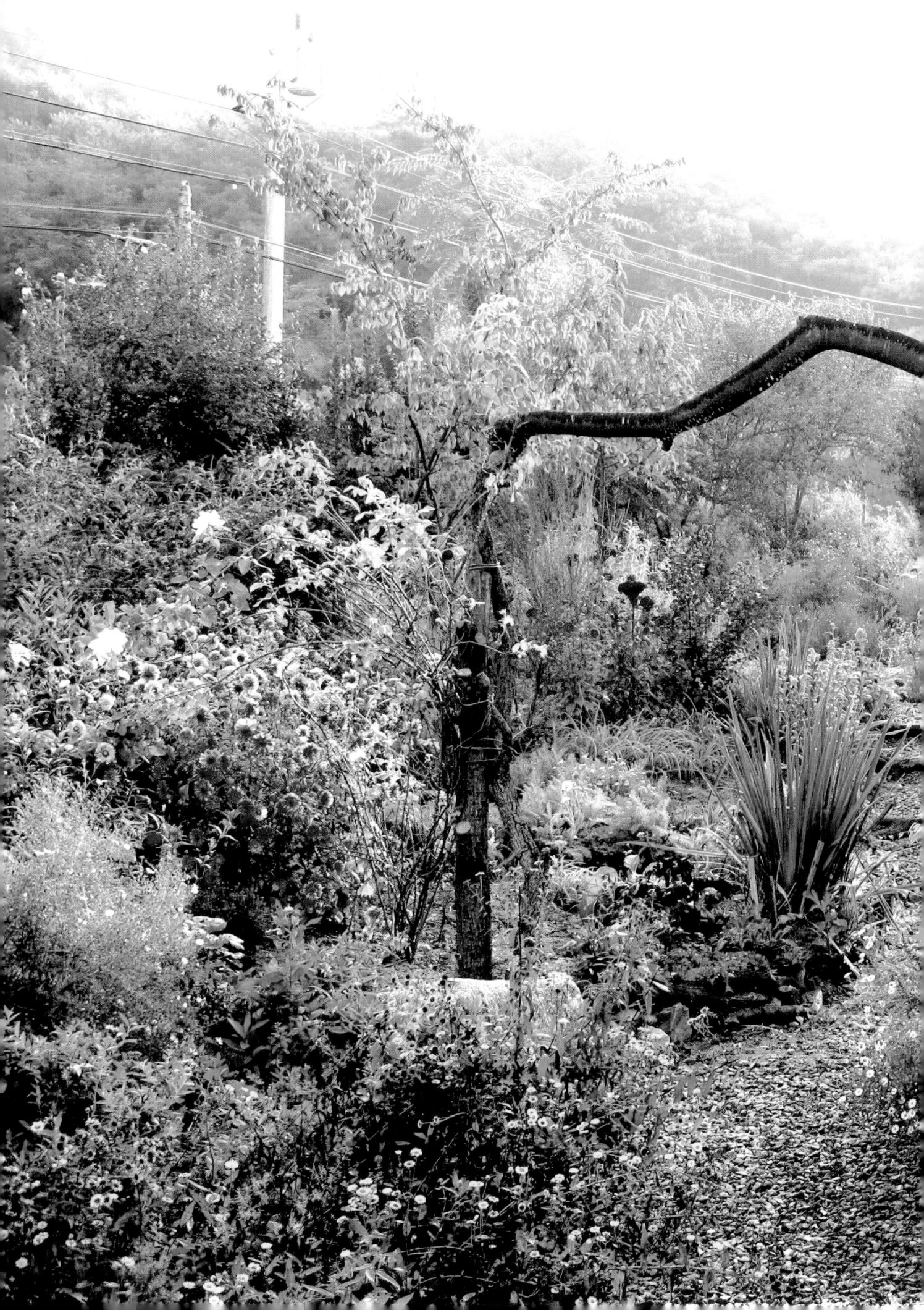

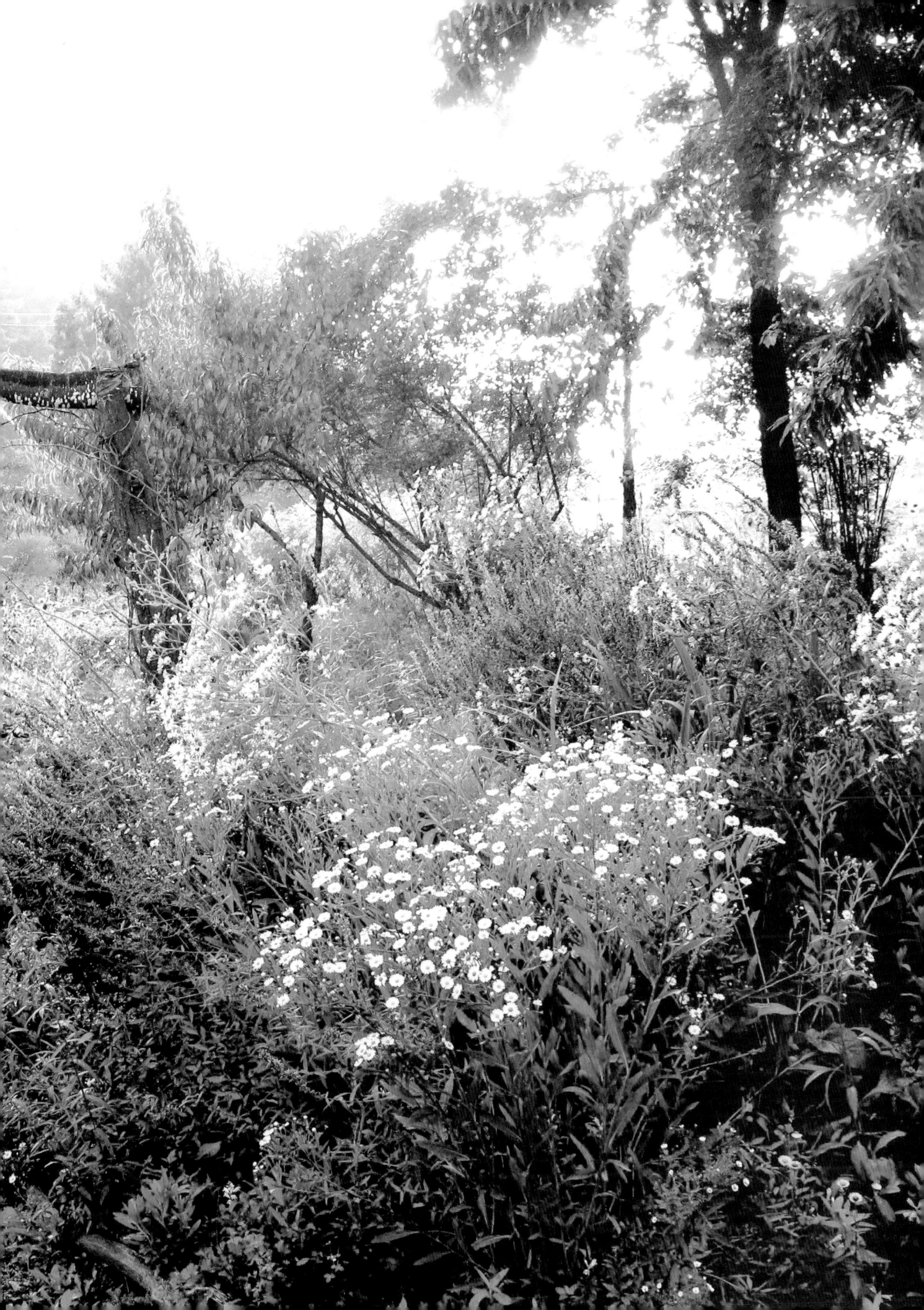

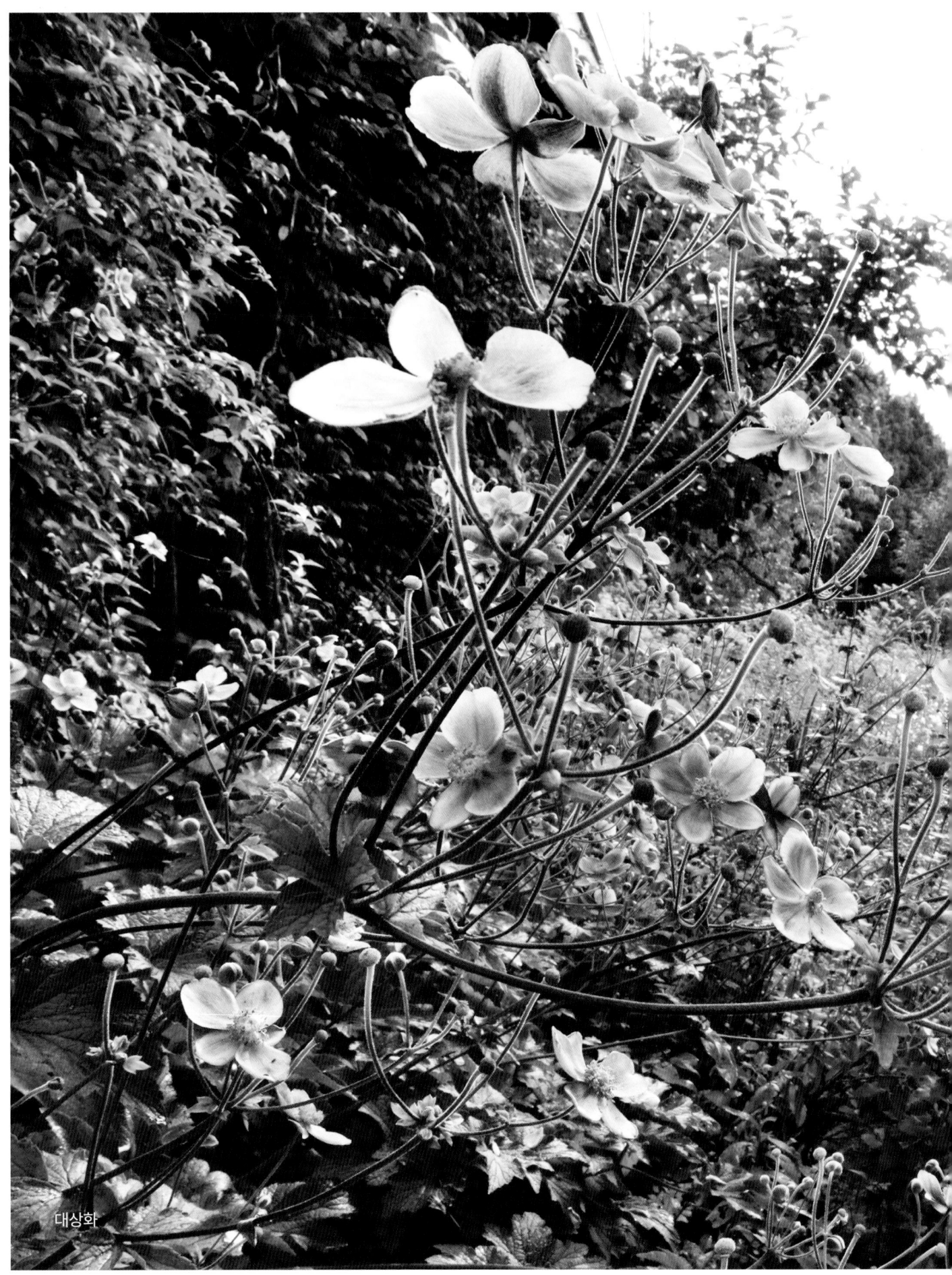

대상화

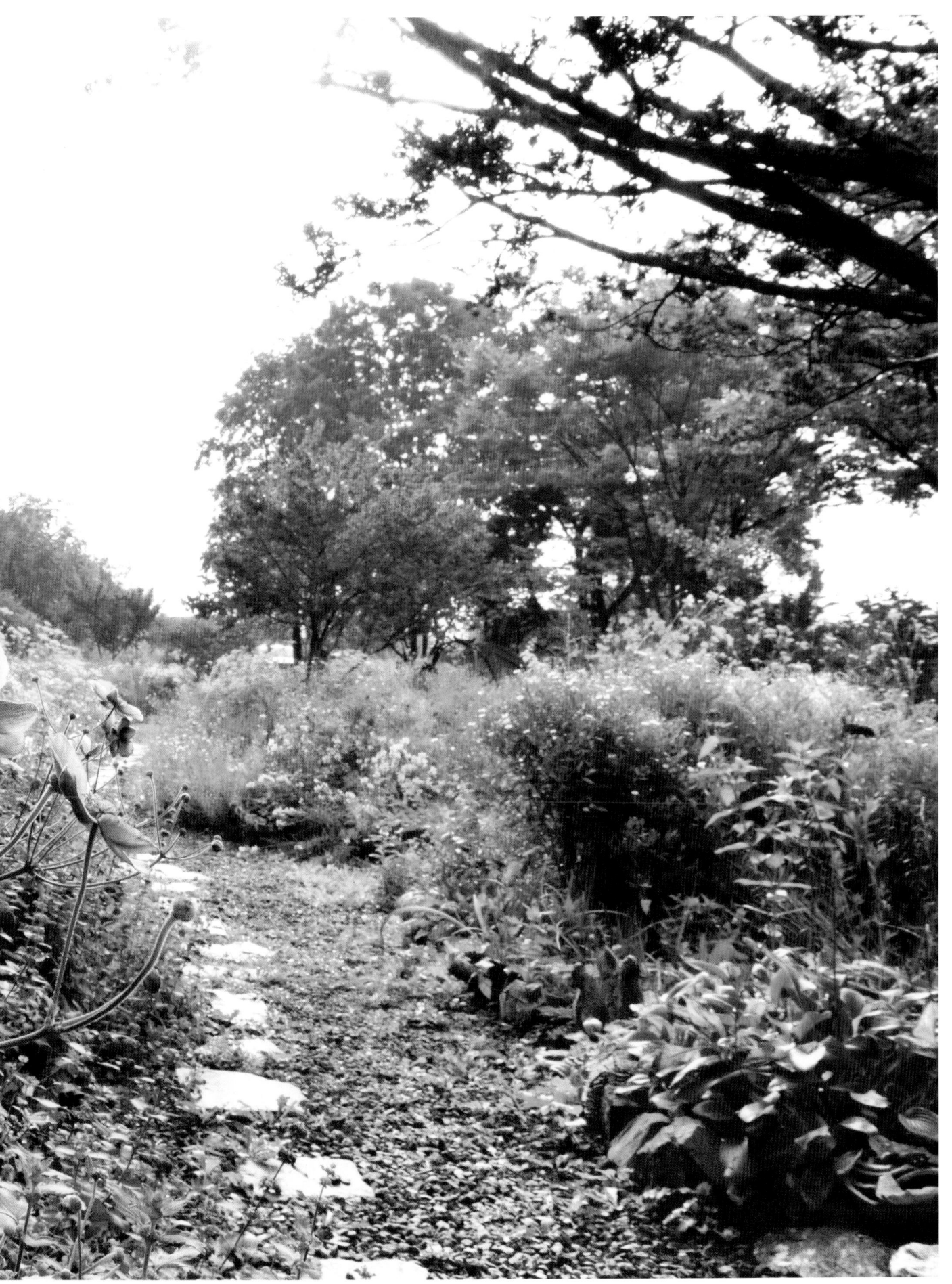

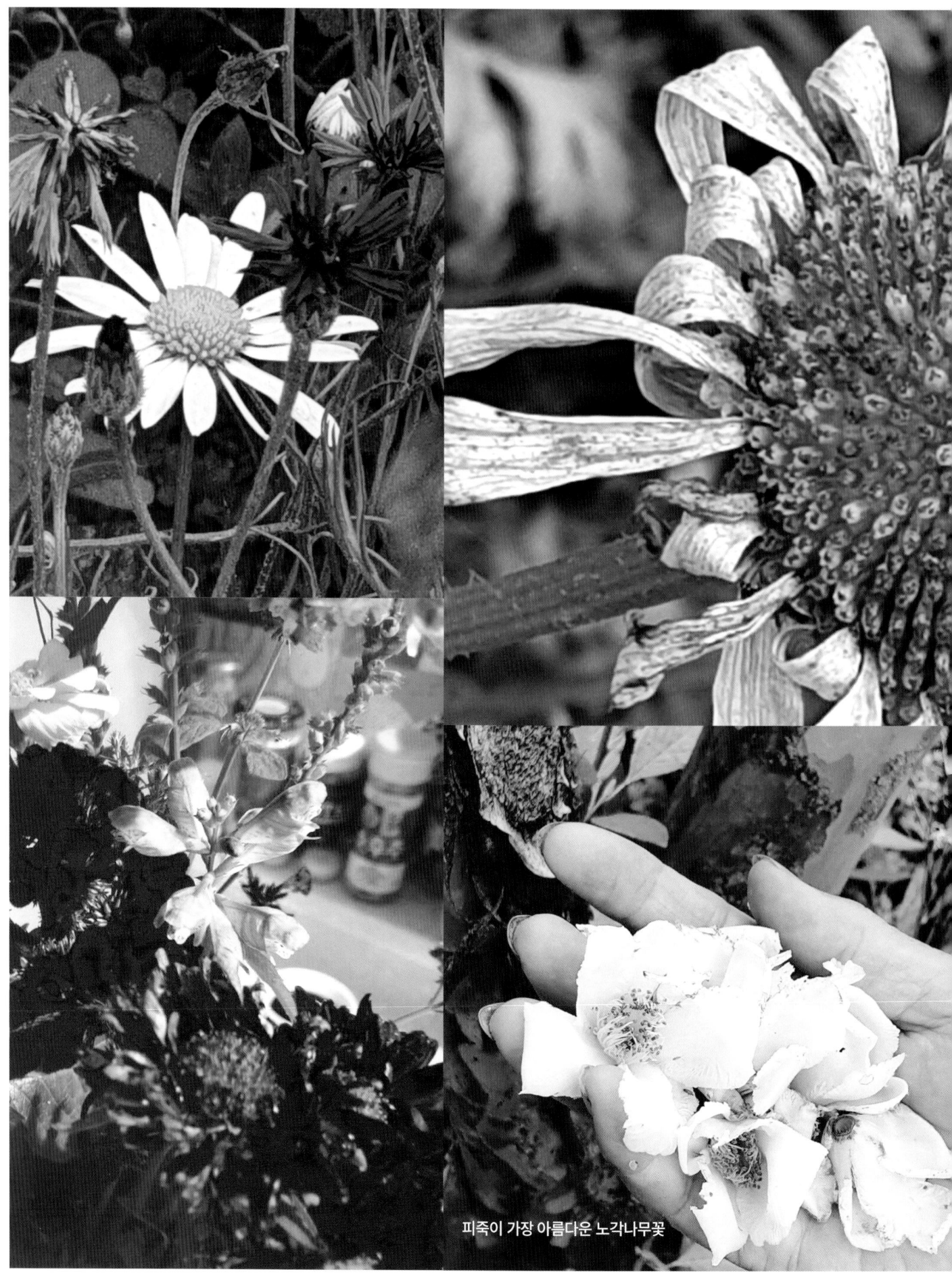

피죽이 가장 아름다운 노각나무꽃

264

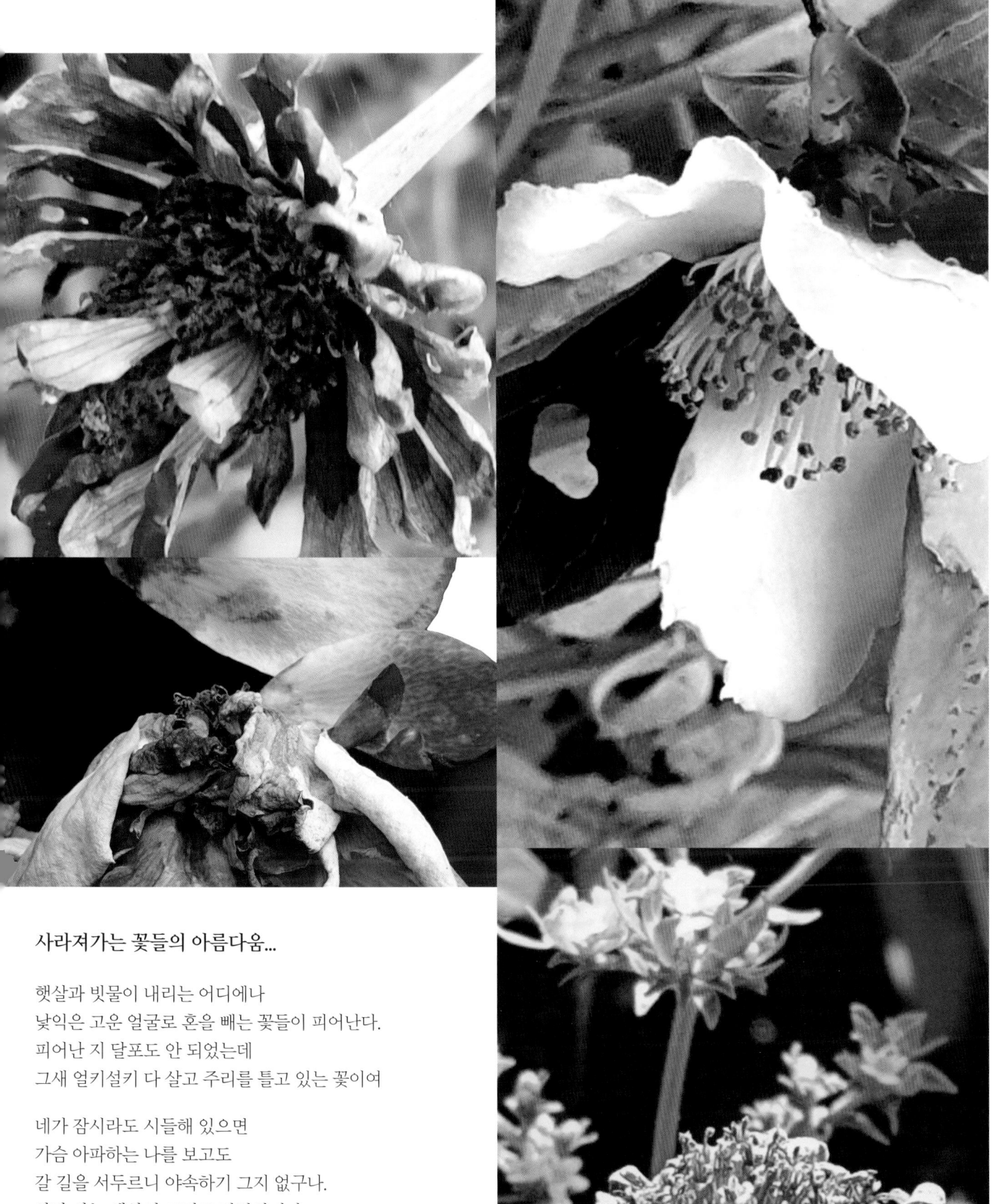

## 사라져가는 꽃들의 아름다움...

햇살과 빗물이 내리는 어디에나
낯익은 고운 얼굴로 혼을 빼는 꽃들이 피어난다.
피어난 지 달포도 안 되었는데
그새 얼키설키 다 살고 주리를 틀고 있는 꽃이여

네가 잠시라도 시들해 있으면
가슴 아파하는 나를 보고도
갈 길을 서두르니 야속하기 그지 없구나.
사람 사는 세상이 그리도 각박하더냐.

씨앗 다칠세라 꽃대를 잡은 채 쓰러지는
너희의 마음을 나는 알고 있다.
어미로서의 소임을 다하느라
상처 입은 너의 아름다운 흔적들을
세상에 조용히 알려주리라.

265

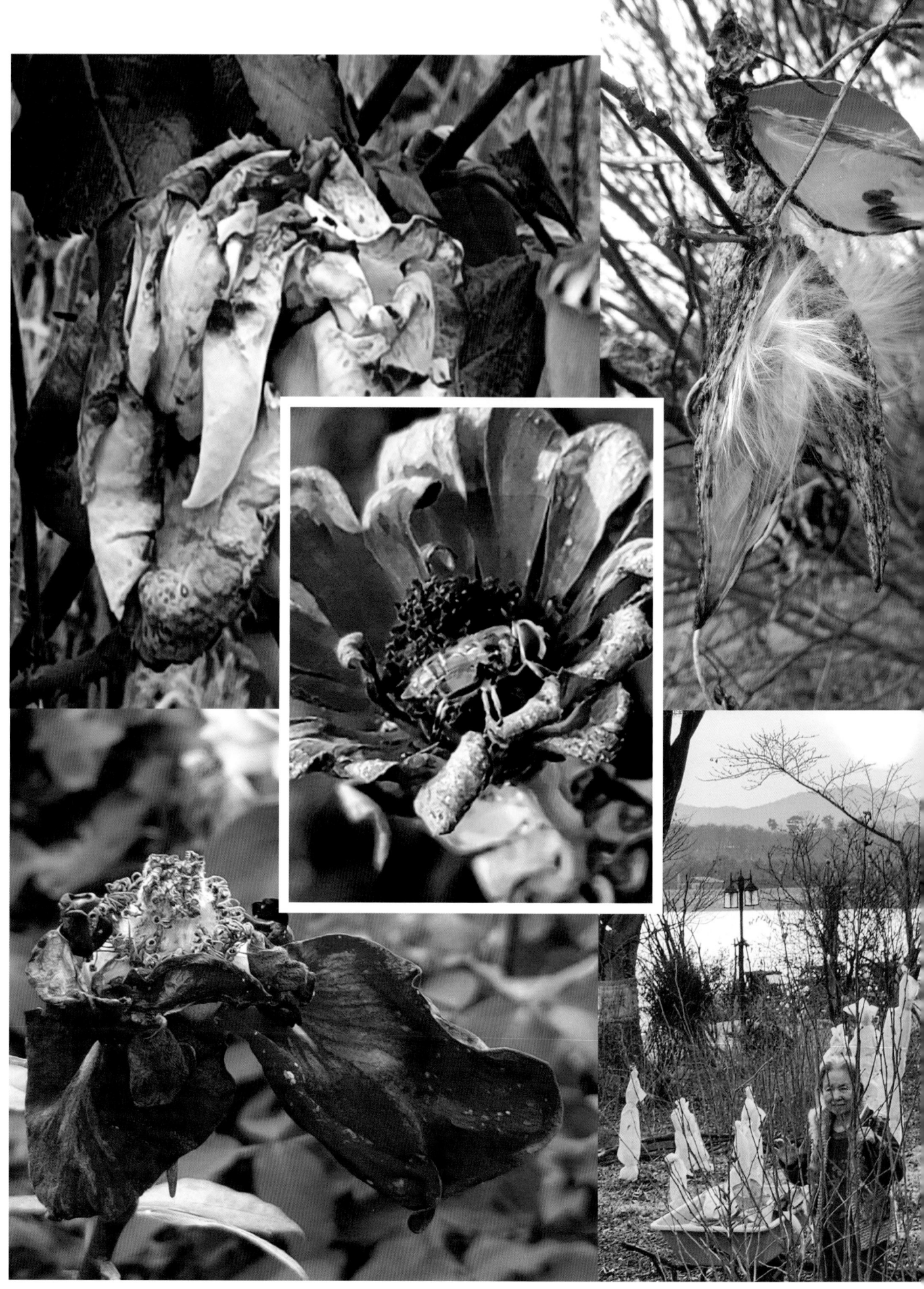

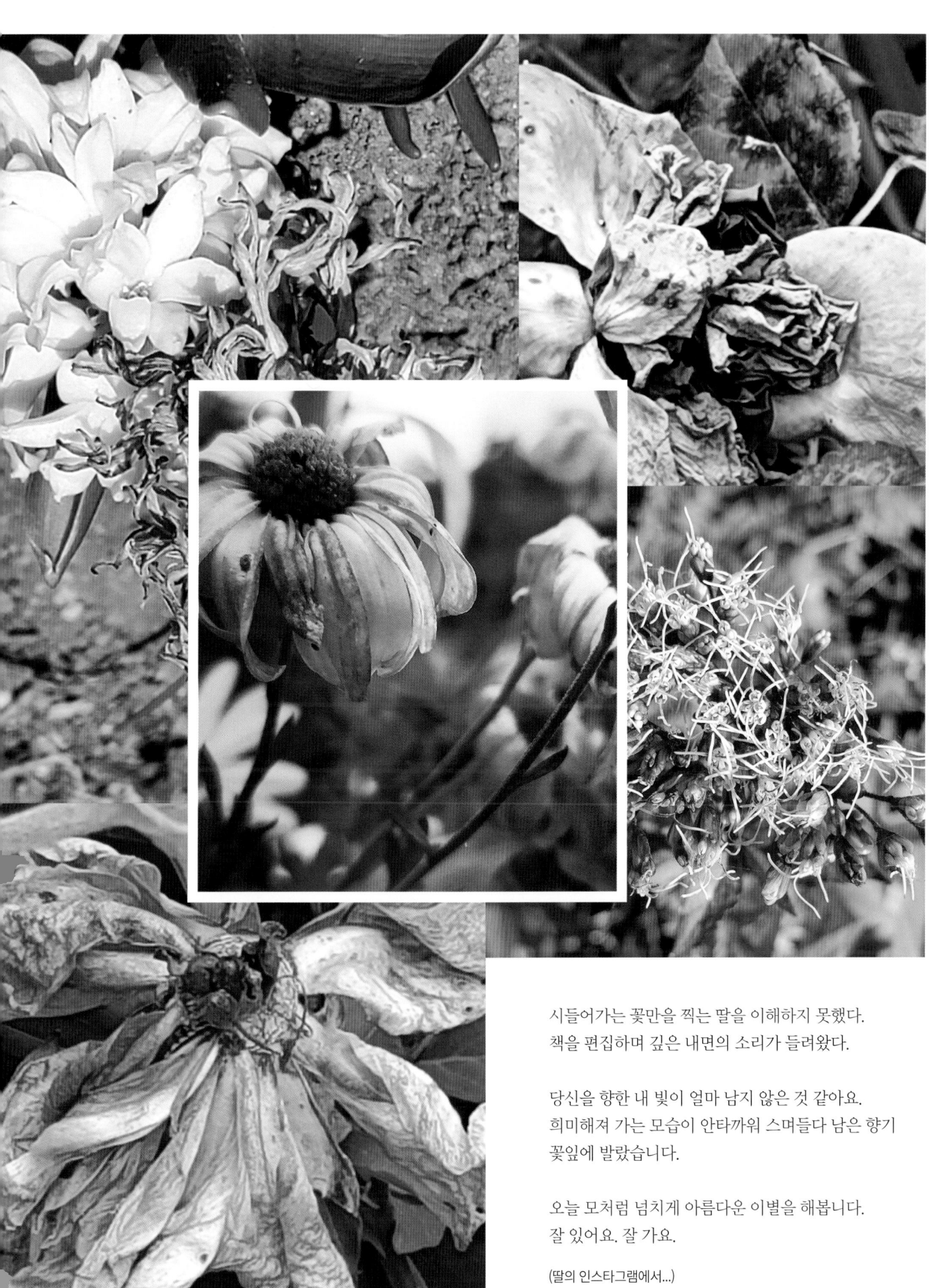

시들어가는 꽃만을 찍는 딸을 이해하지 못했다.
책을 편집하며 깊은 내면의 소리가 들려왔다.

당신을 향한 내 빛이 얼마 남지 않은 것 같아요.
희미해져 가는 모습이 안타까워 스며들다 남은 향기
꽃잎에 발랐습니다.

오늘 모처럼 넘치게 아름다운 이별을 해봅니다.
잘 있어요. 잘 가요.

(딸의 인스타그램에서...)

267

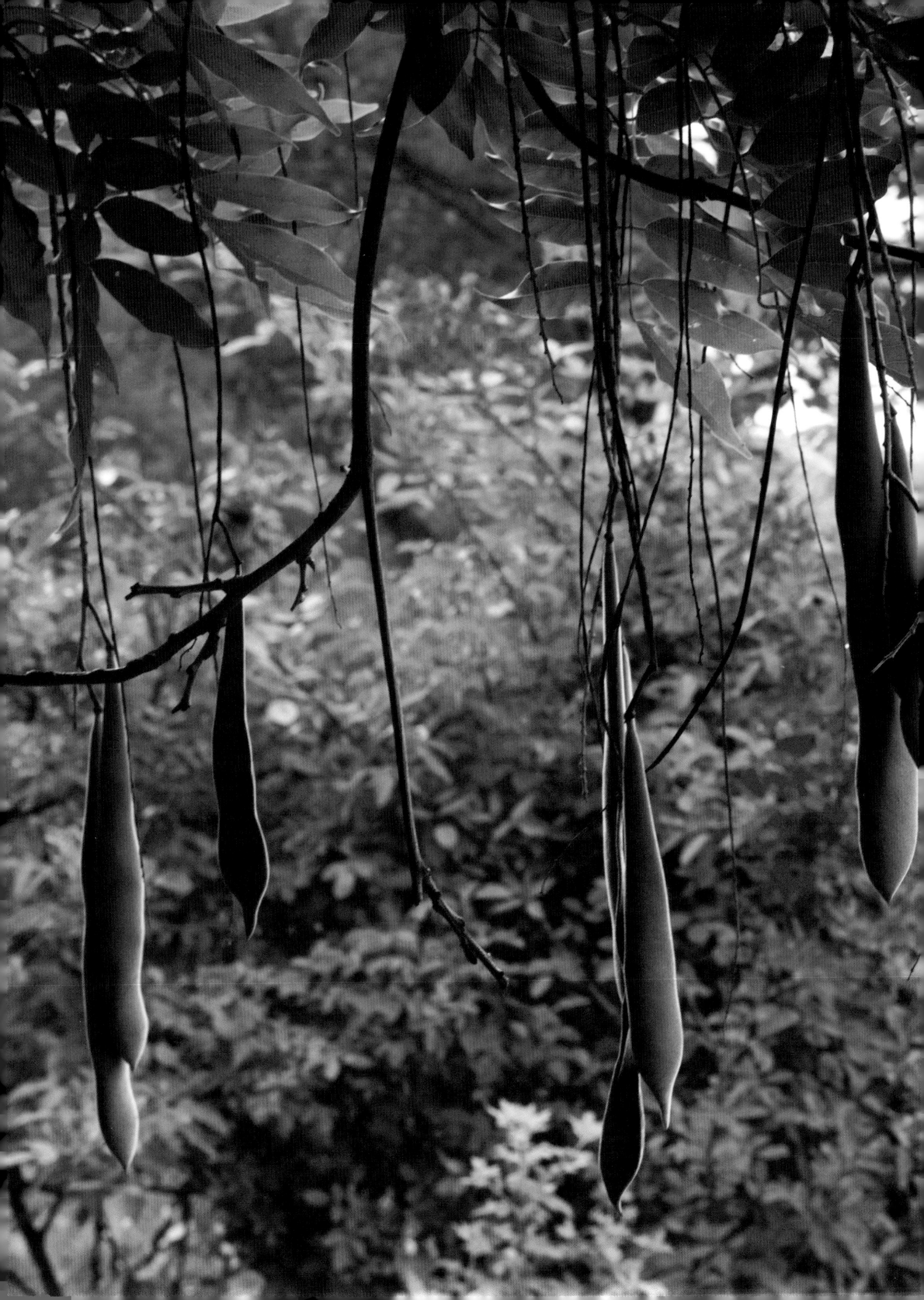

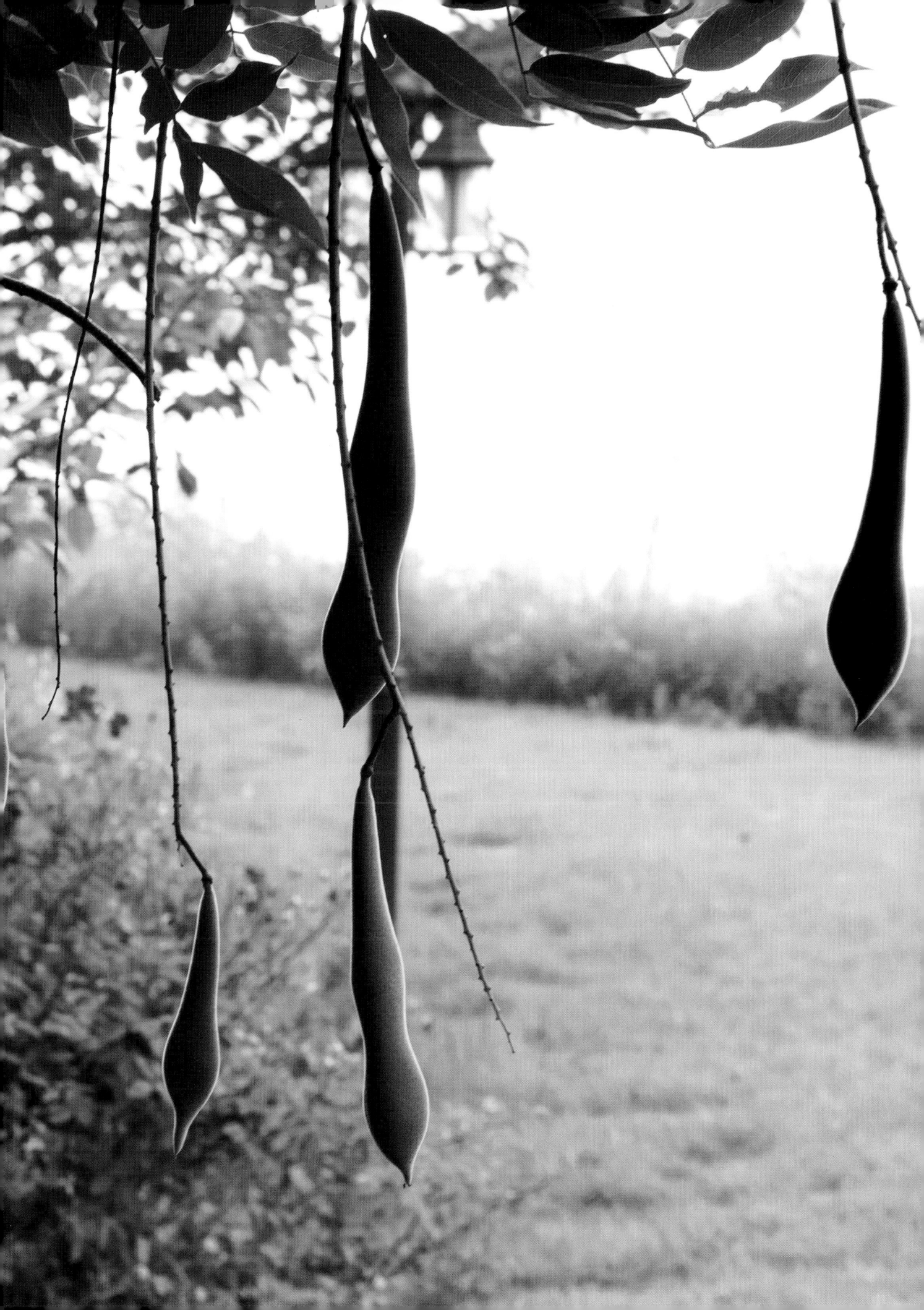

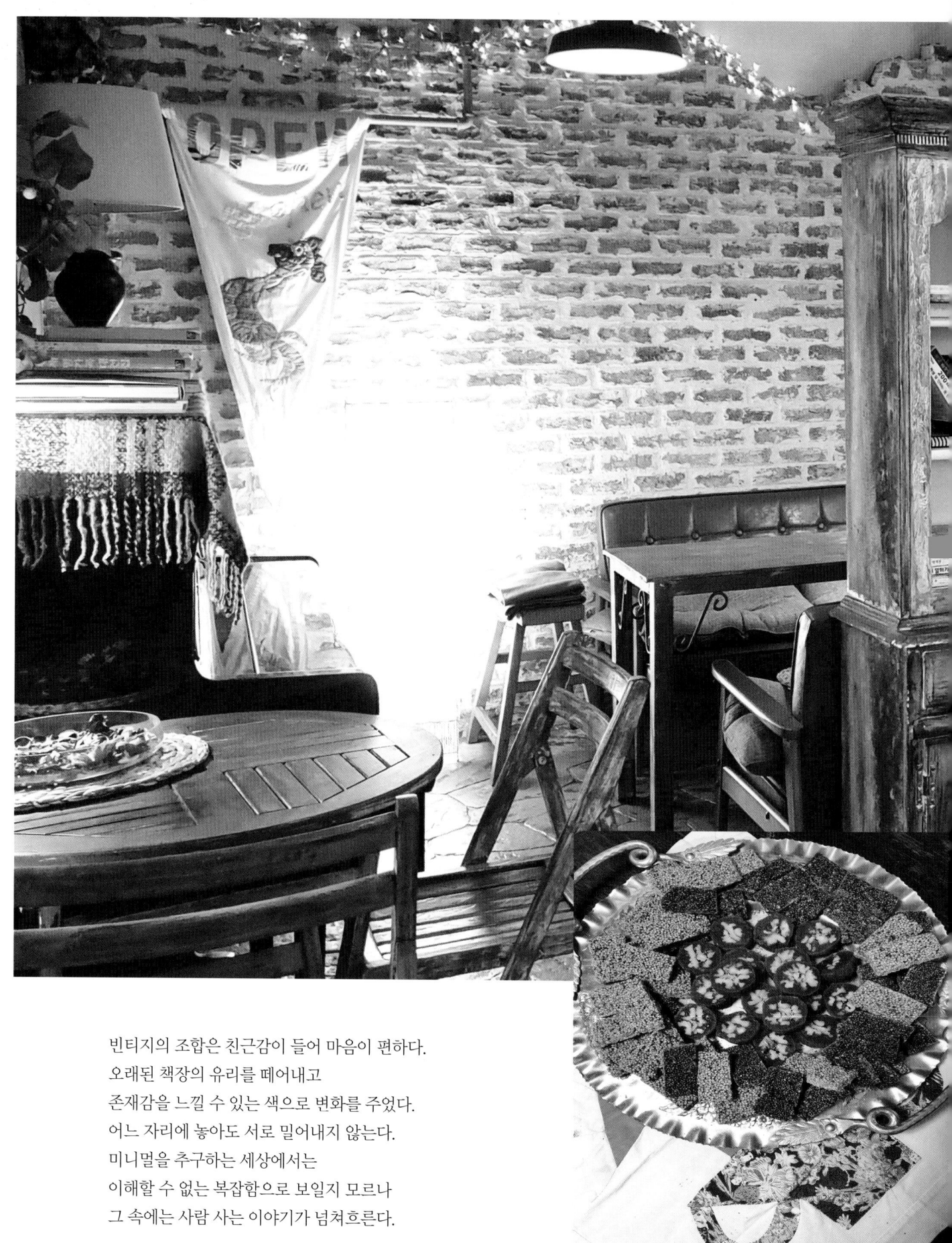

빈티지의 조합은 친근감이 들어 마음이 편하다.
오래된 책장의 유리를 떼어내고
존재감을 느낄 수 있는 색으로 변화를 주었다.
어느 자리에 놓아도 서로 밀어내지 않는다.
미니멀을 추구하는 세상에서는
이해할 수 없는 복잡함으로 보일지 모르나
그 속에는 사람 사는 이야기가 넘쳐흐른다.

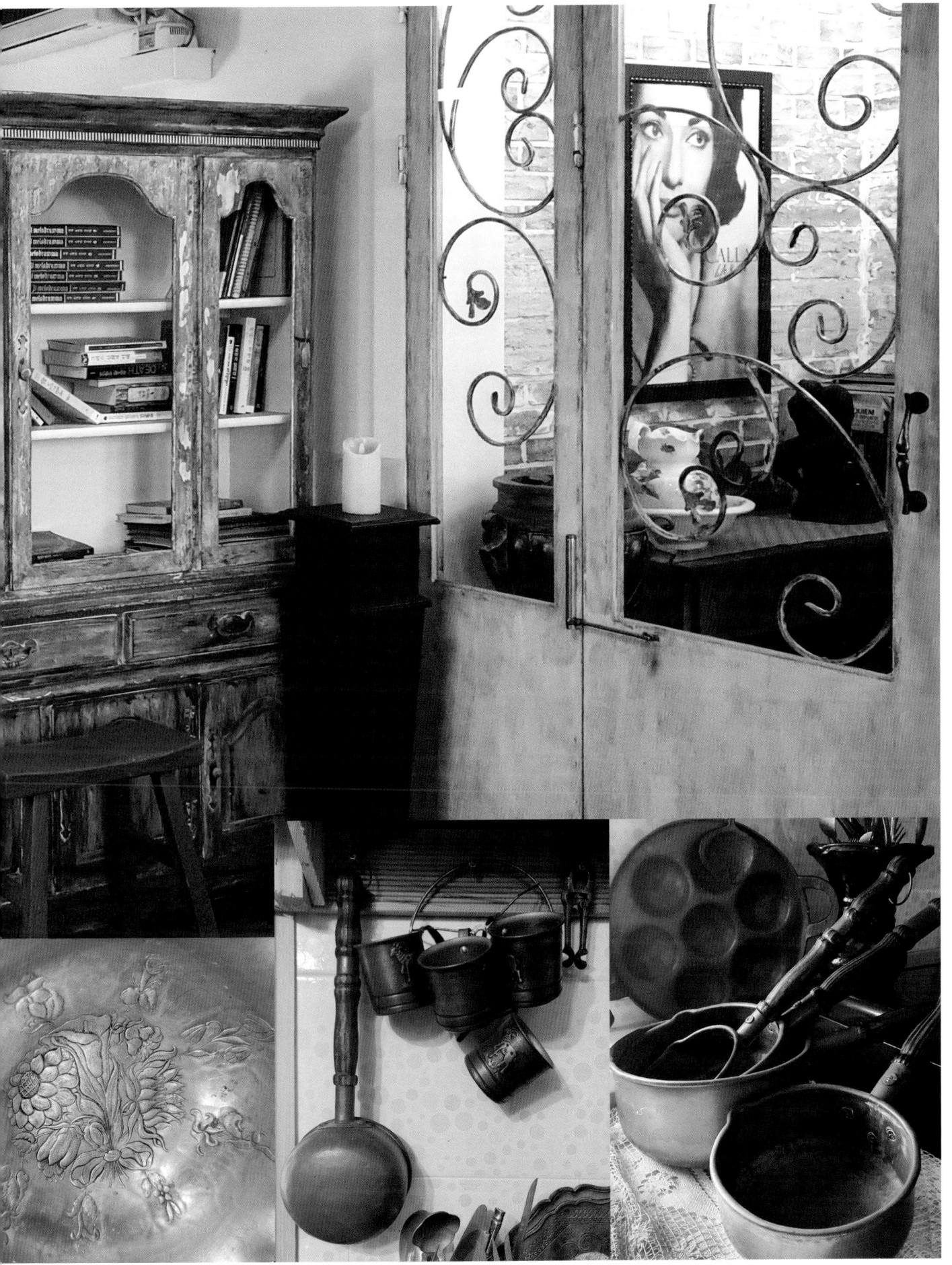

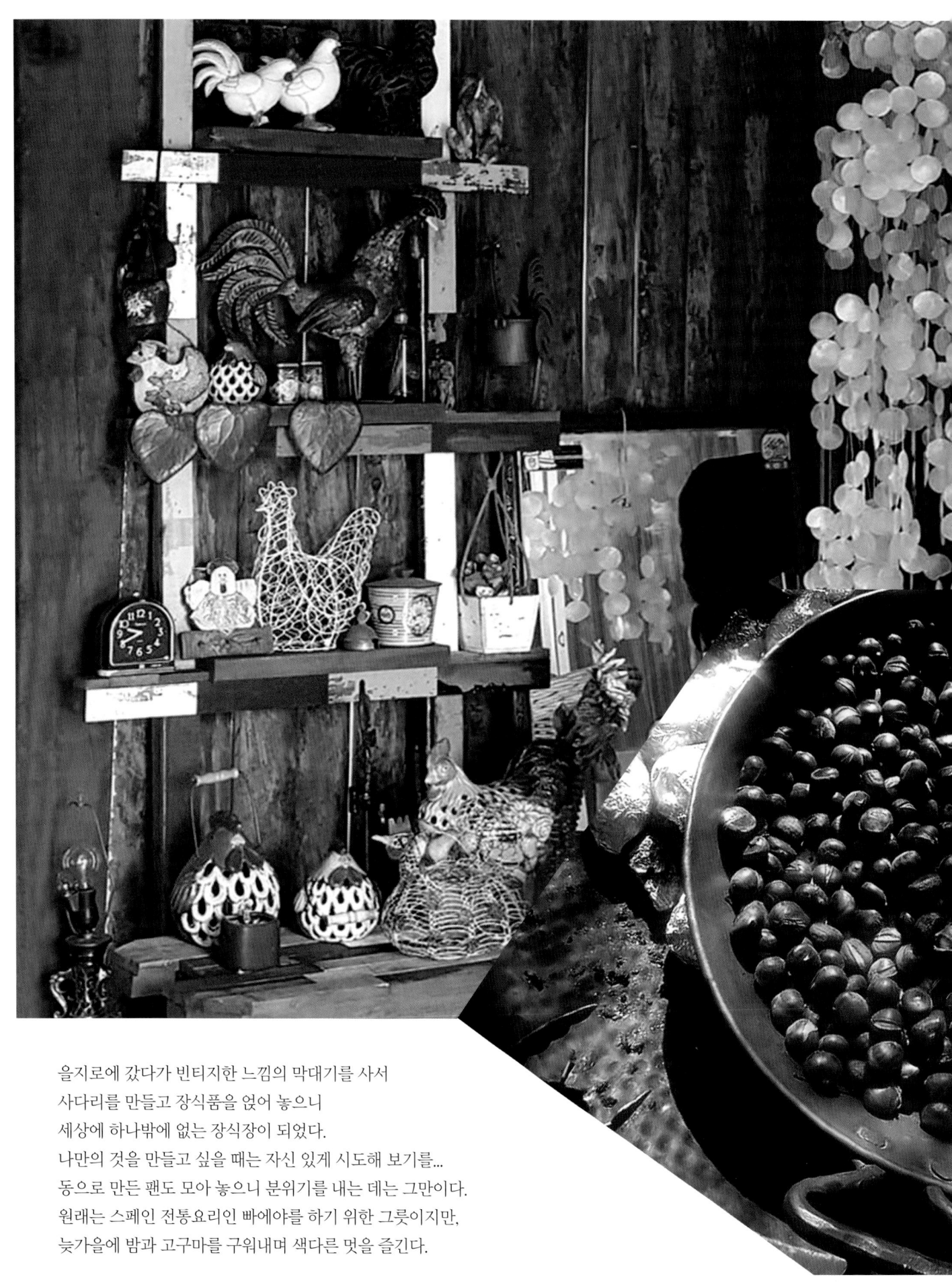

을지로에 갔다가 빈티지한 느낌의 막대기를 사서
사다리를 만들고 장식품을 얹어 놓으니
세상에 하나밖에 없는 장식장이 되었다.
나만의 것을 만들고 싶을 때는 자신 있게 시도해 보기를...
동으로 만든 팬도 모아 놓으니 분위기를 내는 데는 그만이다.
원래는 스페인 전통요리인 빠에야를 하기 위한 그릇이지만,
늦가을에 밤과 고구마를 구워내며 색다른 멋을 즐긴다.

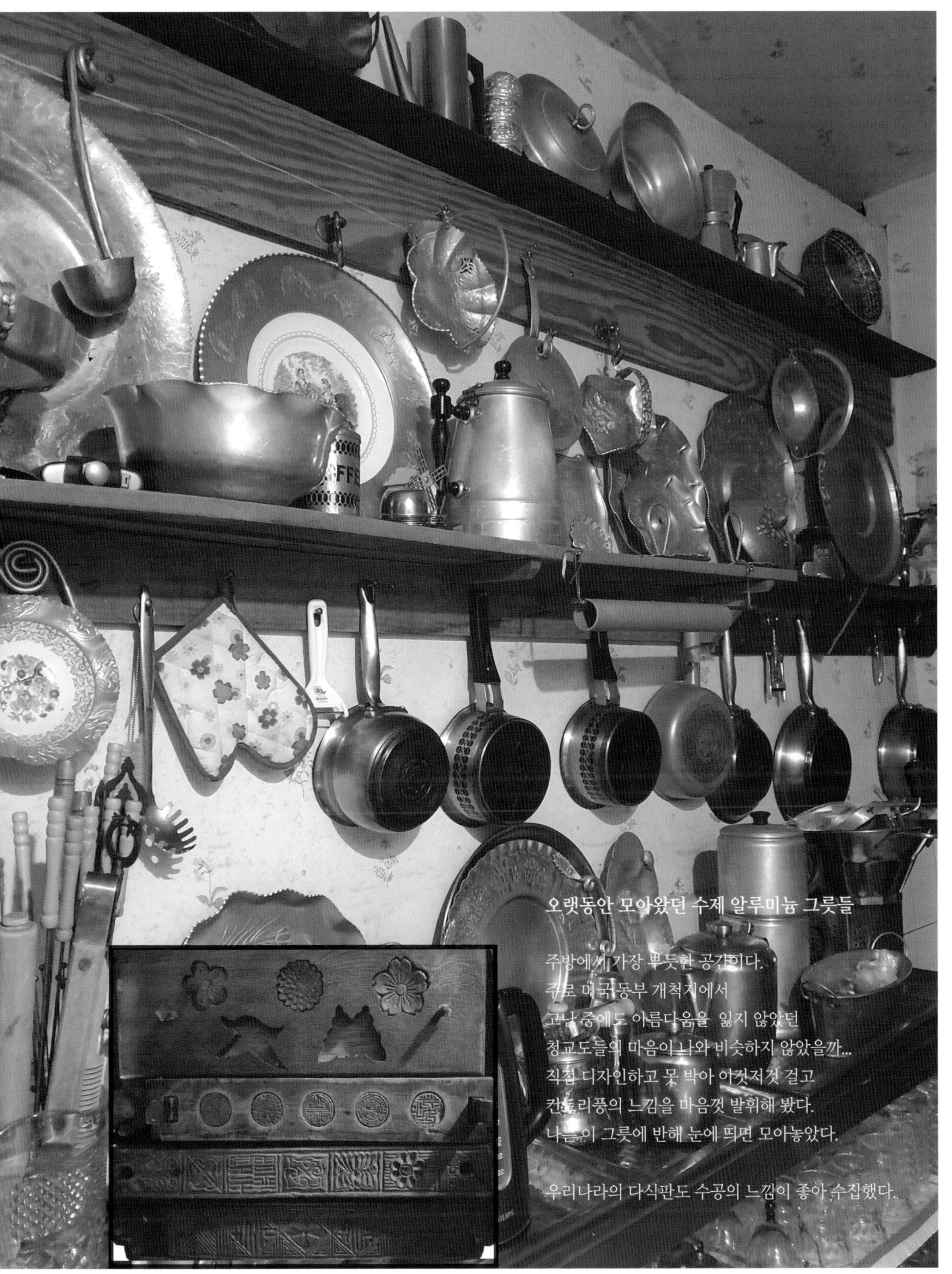

**오랫동안 모아왔던 수제 알루미늄 그릇들**

주방에서 가장 뿌듯한 공간이다.
주로 미국 동부 개척지에서
고난 중에도 아름다움을 잃지 않았던
청교도들의 마음이 나와 비슷하지 않았을까...
직접 디자인하고 못 박아 이것저것 걸고
컨트리풍의 느낌을 마음껏 발휘해 봤다.
나는 이 그릇에 반해 눈에 띄면 모아놓았다.

우리나라의 다식판도 수공의 느낌이 좋아 수집했다.

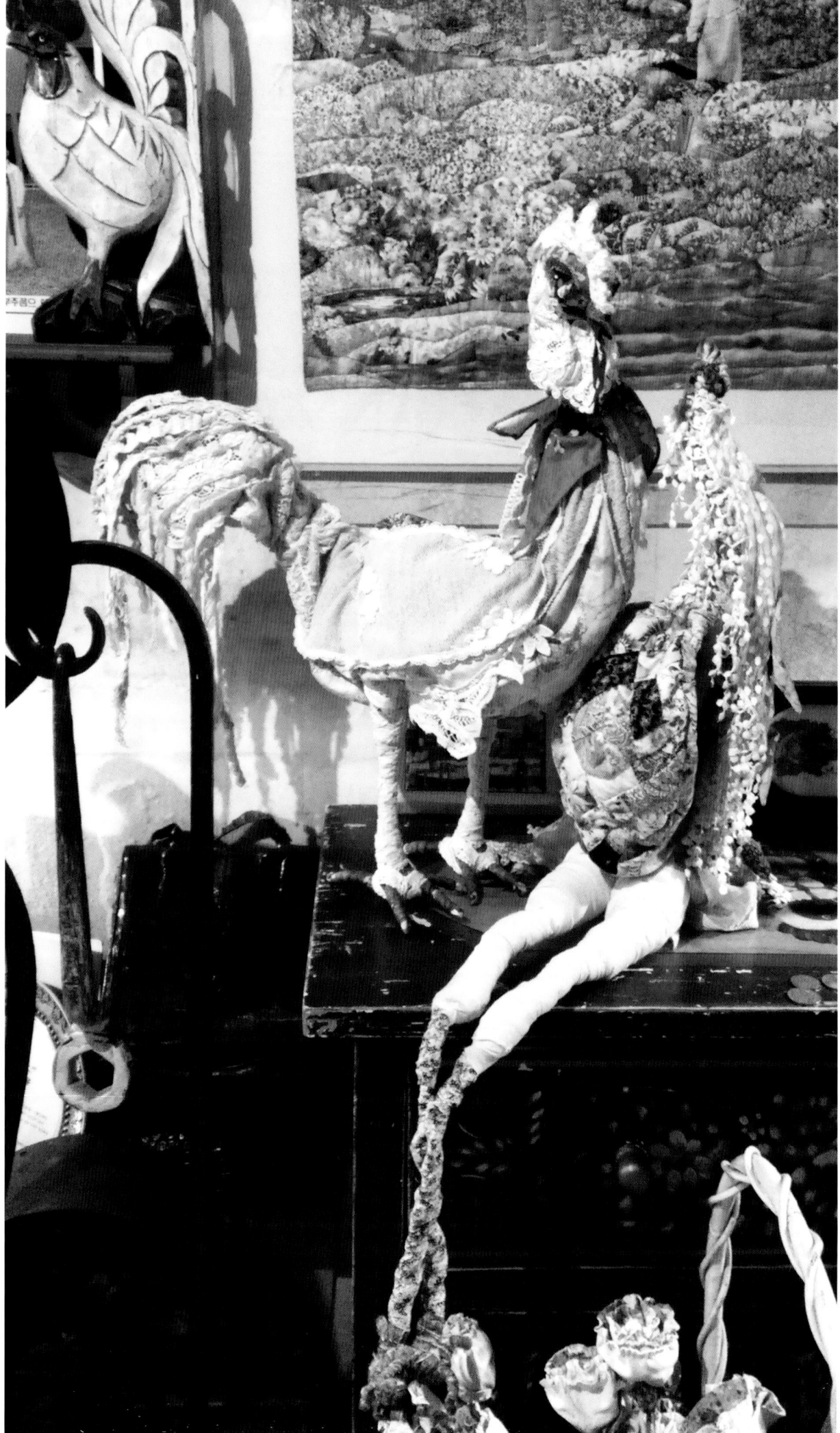

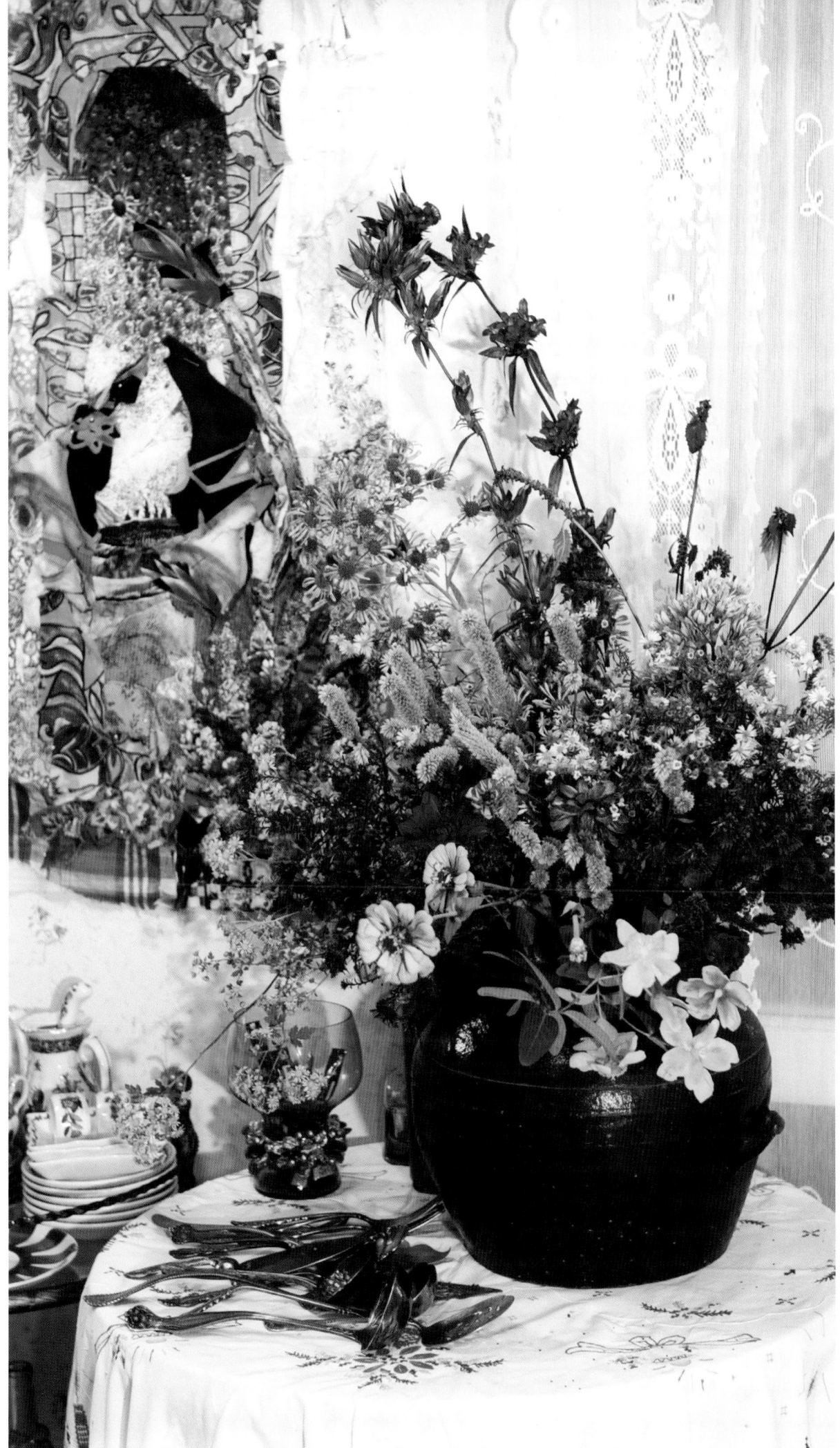

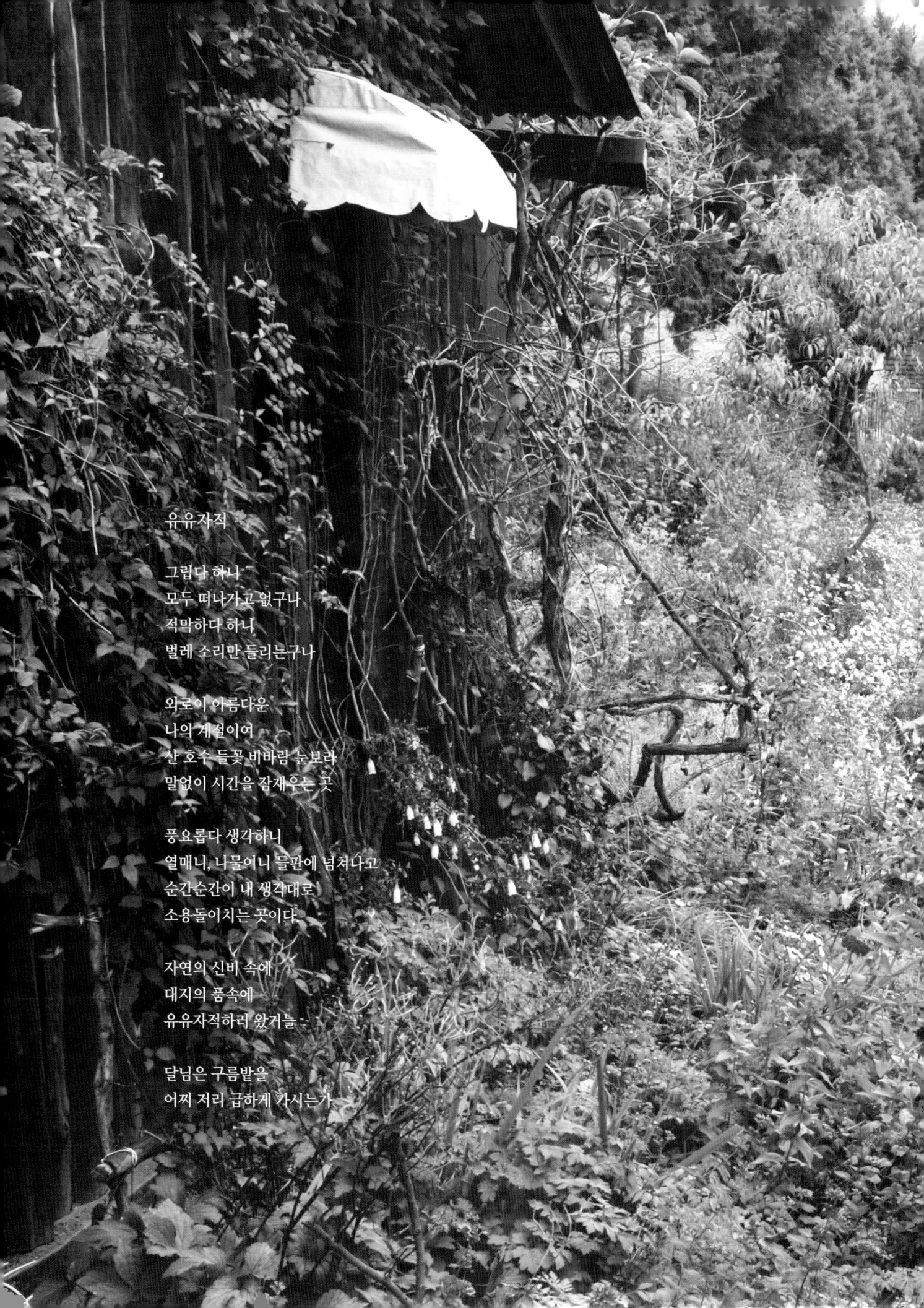

유유자적

그립다 하니
모두 떠나가고 없구나
적막하다 하니
벌레 소리만 들리는구나

외로이 아름다운
나의 계절이여
산 호수 들꽃 비바람 눈보라
말없이 시간을 잠재우는 곳

풍요롭다 생각하니
열매니, 나물이니 들판에 넘쳐나고
순간순간이 내 생각대로
소용돌이치는 곳이다

자연의 신비 속에
대지의 품속에
유유자적하러 왔거늘

달님은 구름밭을
어찌 저리 급하게 가시는가

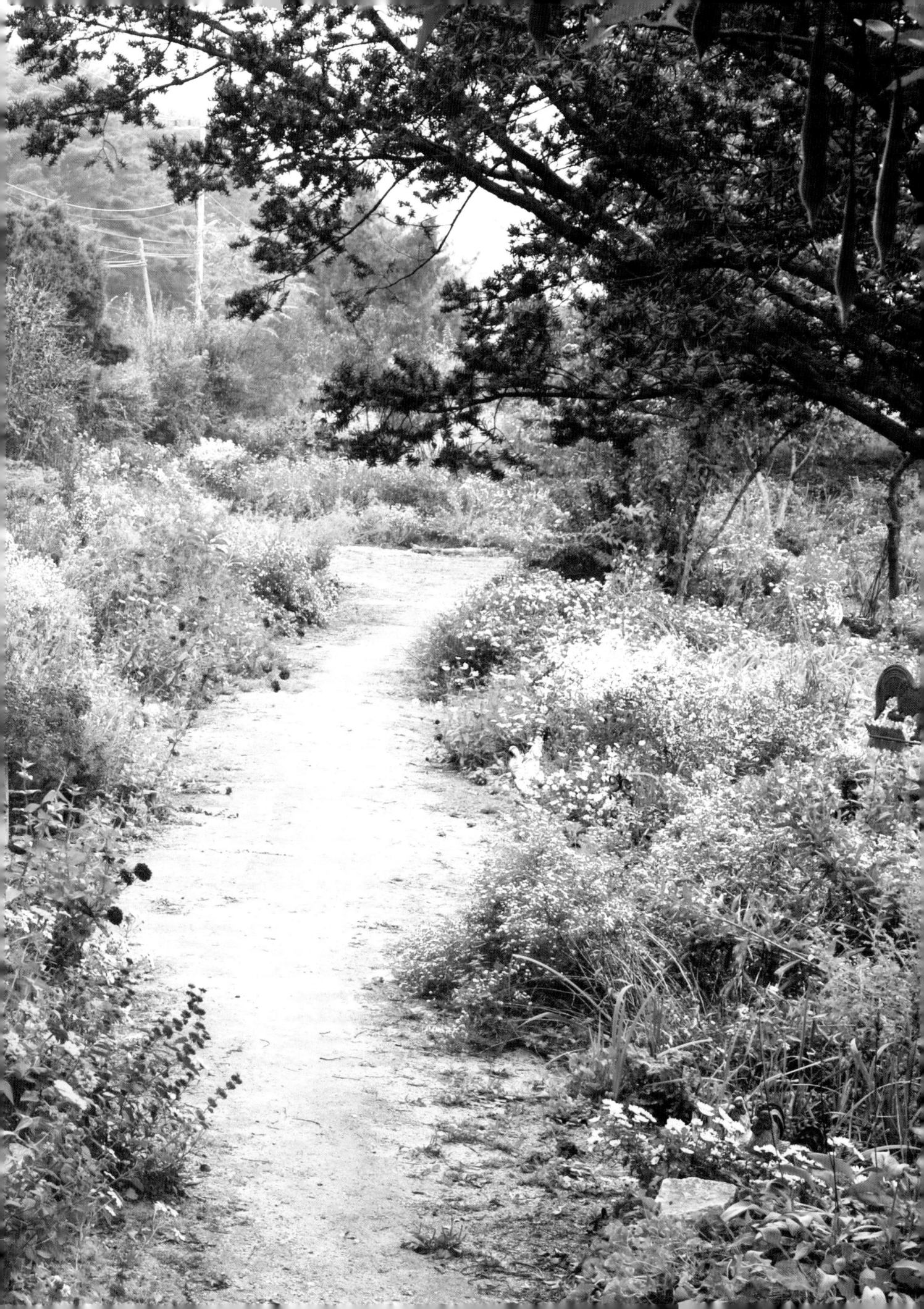

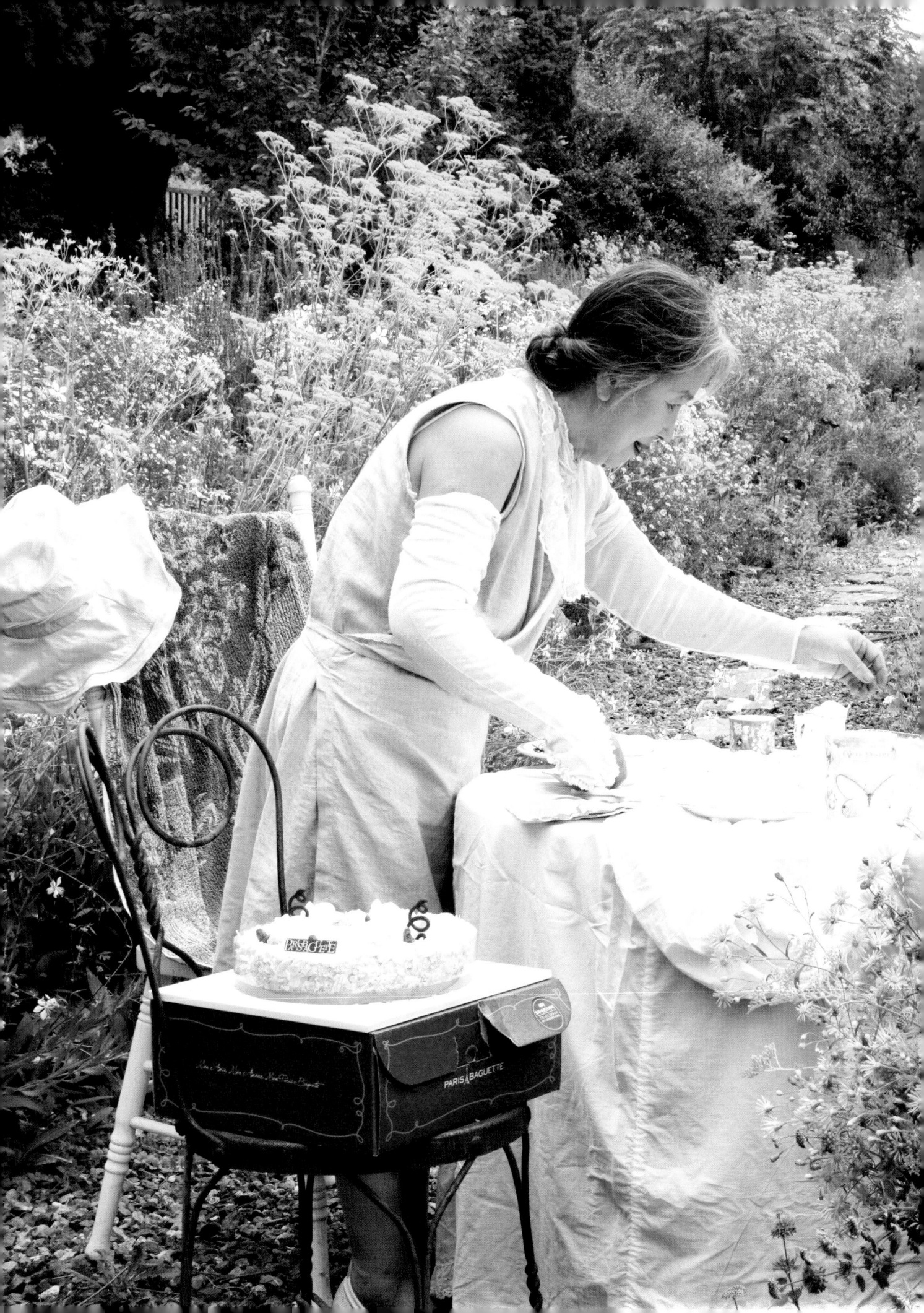

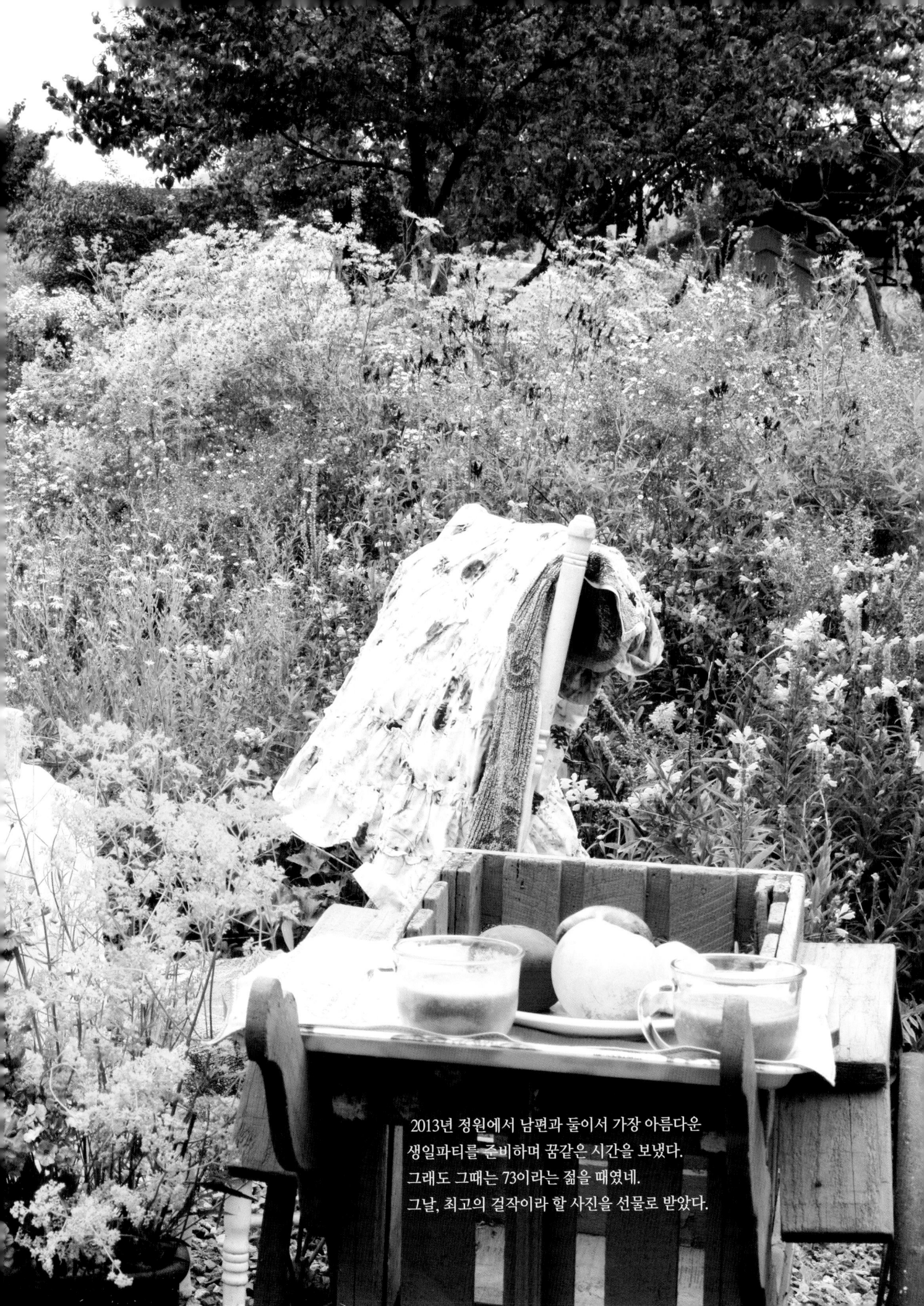

2013년 정원에서 남편과 둘이서 가장 아름다운
생일파티를 준비하며 꿈같은 시간을 보냈다.
그래도 그때는 73이라는 젊을 때였네.
그날, 최고의 걸작이라 할 사진을 선물로 받았다.

시들하여 옅은 미소밖에 짓지 못하던 나에게
모두 공주라 했다.
힘없어 움직이지 못할 때
내 몸 고이 사린다고 말한 이도 있었다.

지금의 이 정원이
몸 사리던 공주가 이룬 것이라고
누가 믿을까?

어릴 때부터 무엇인가와
늘 죽도록 싸우며 살아왔었기에
가능한 일이었다.

생명을 바치니 생명을 얻었다는 이 비밀
어느 누구도 몰랐다.
아프다는 말 내 입으로 하지 않았으니...

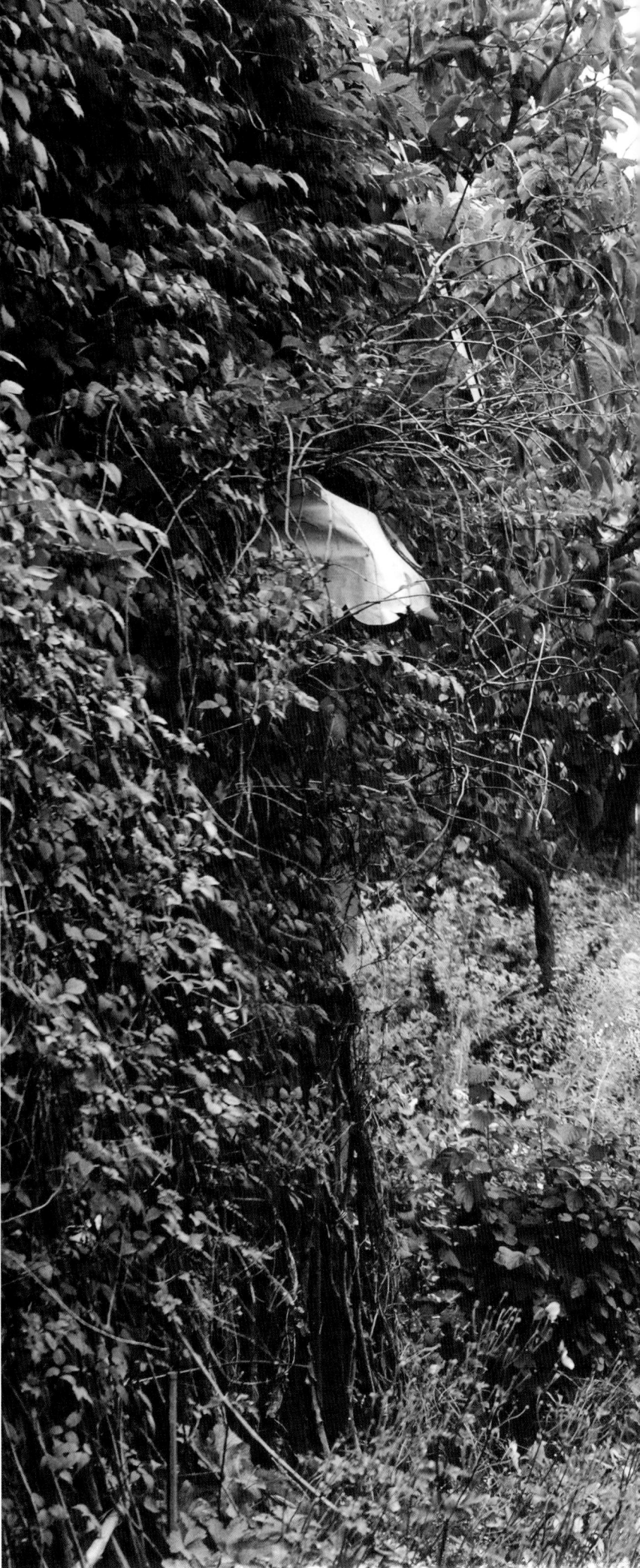

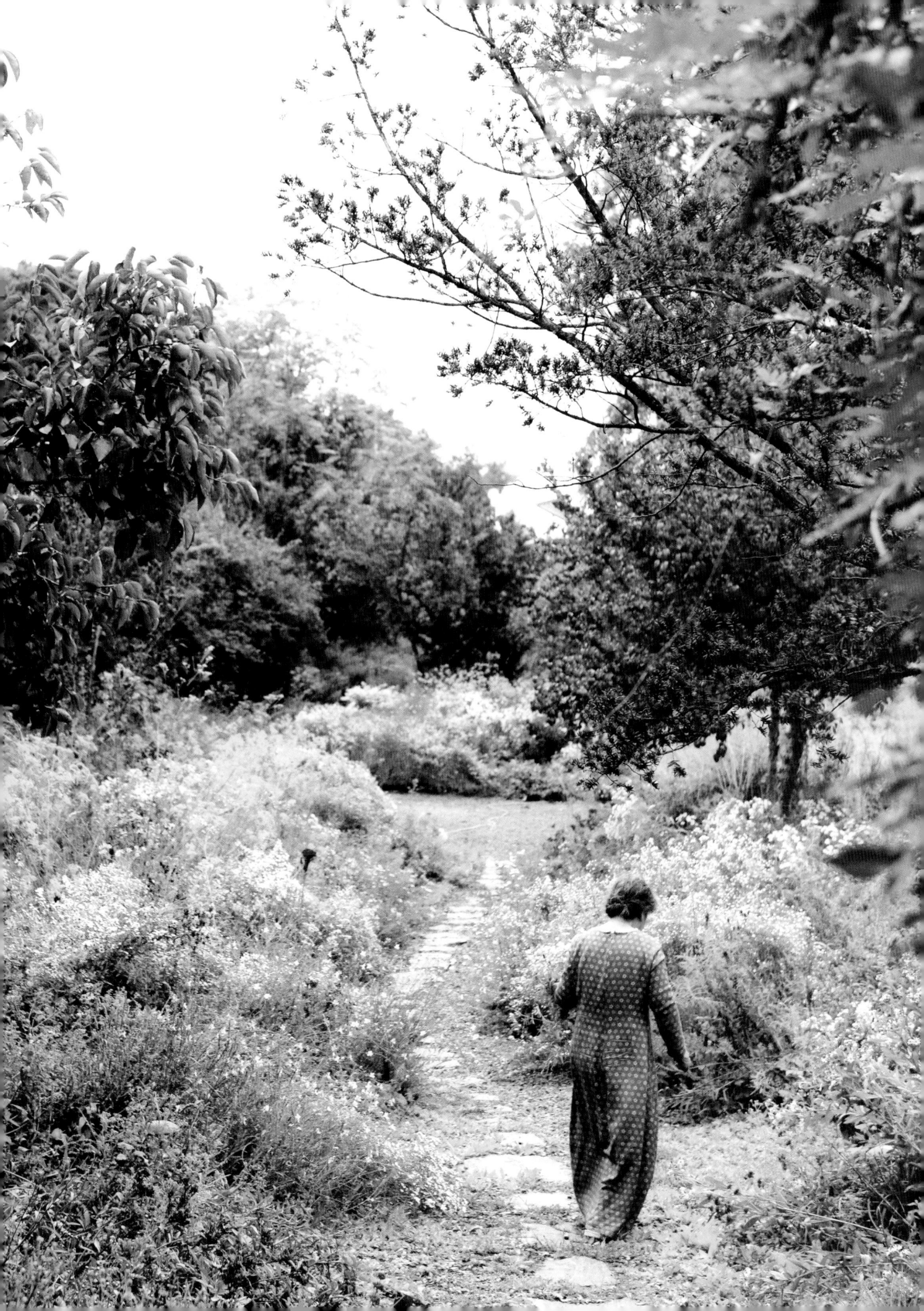

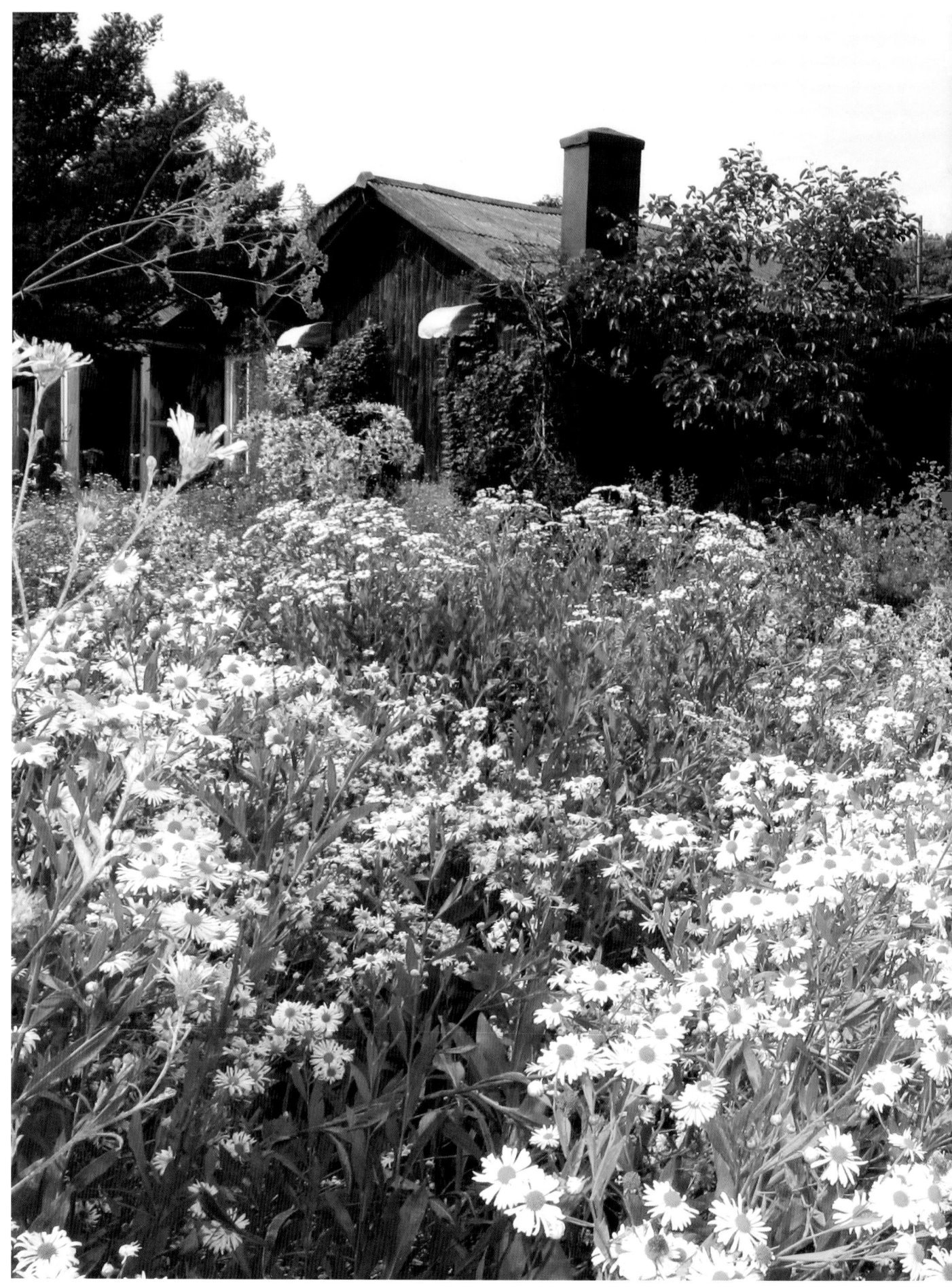

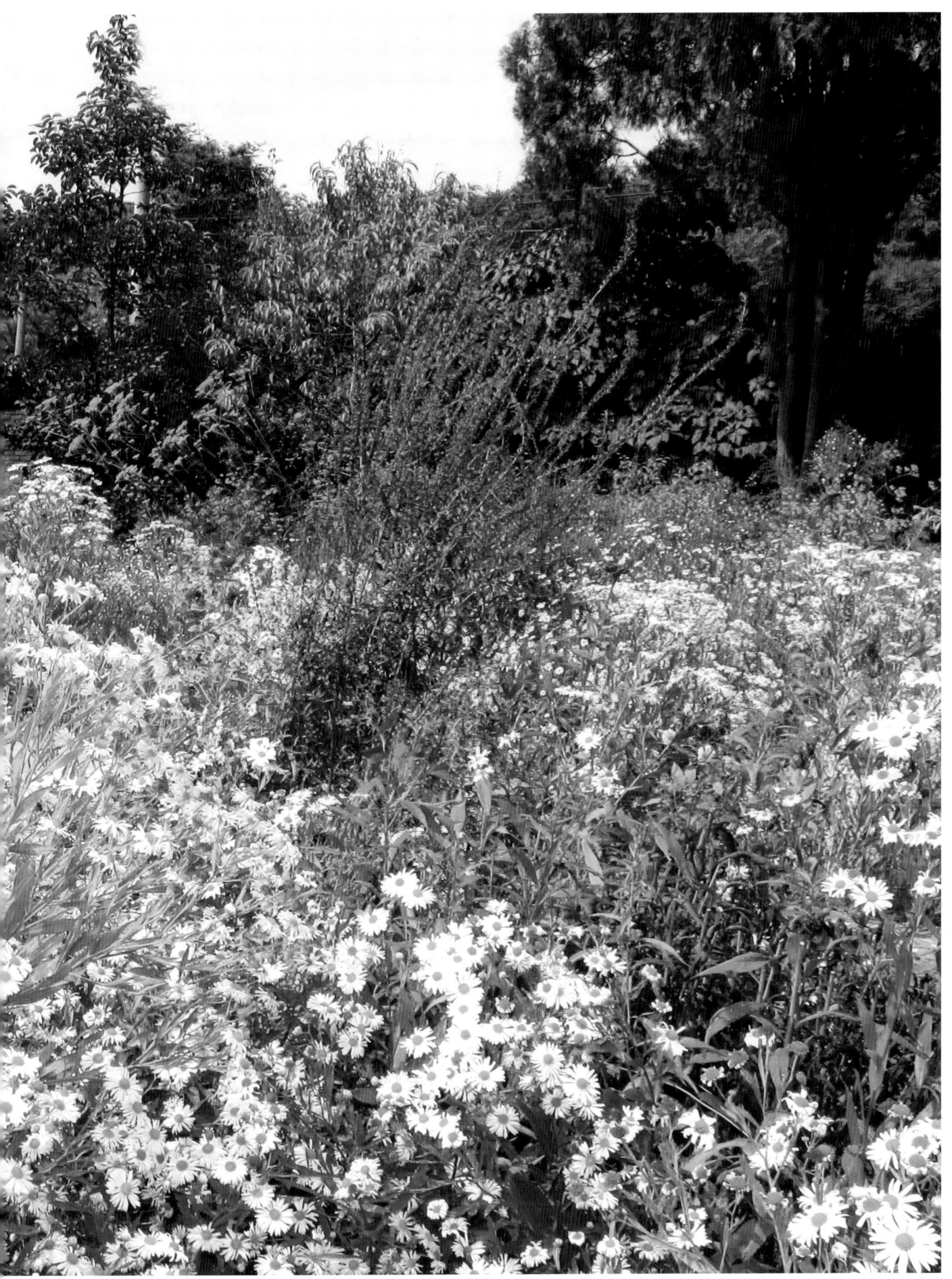

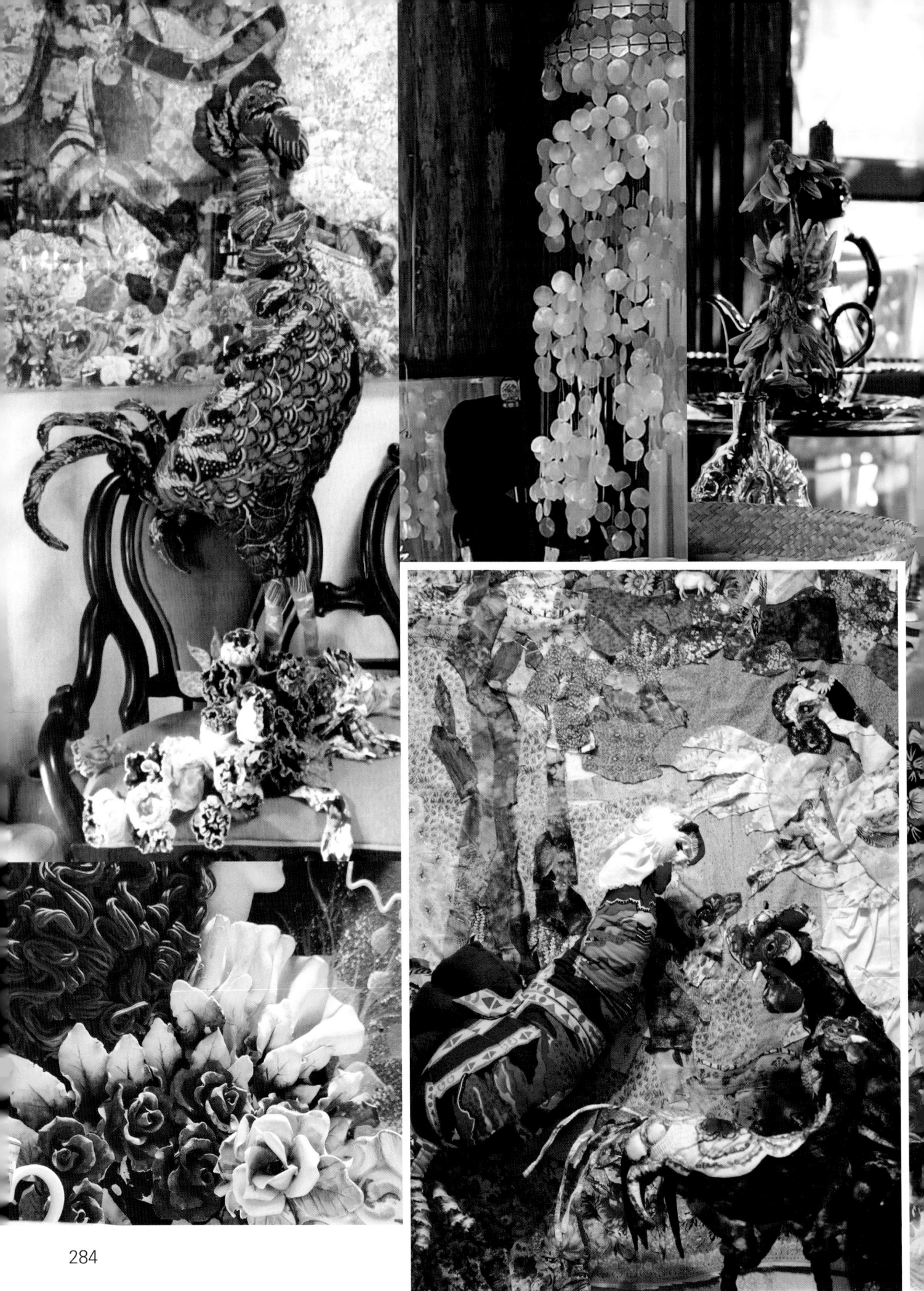

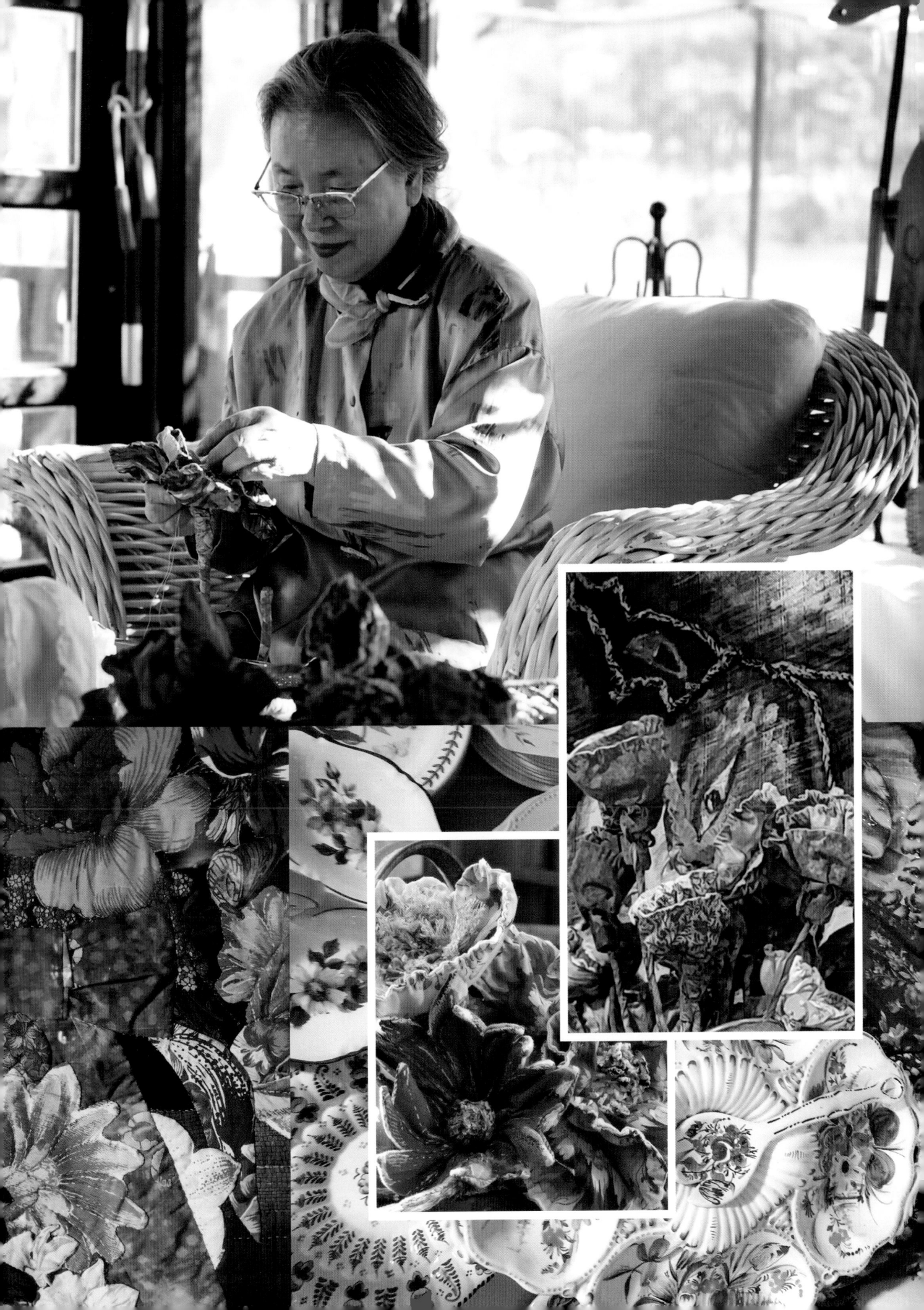

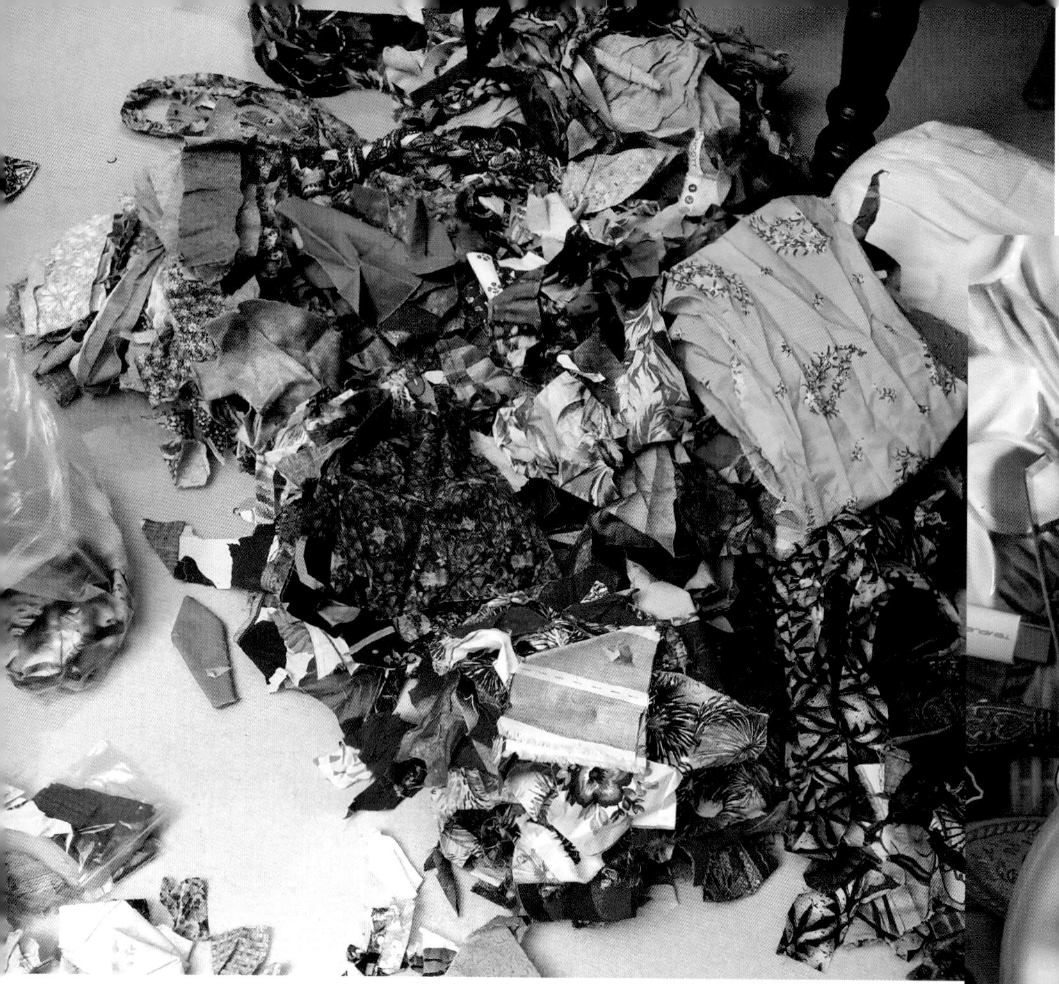

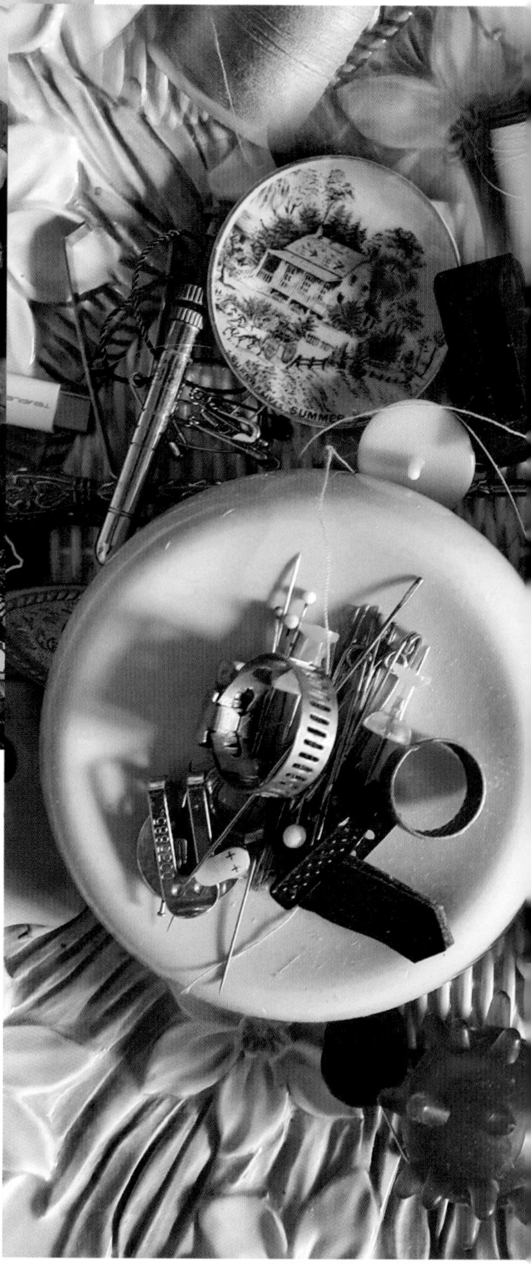

## 나도 묻고 있다

조각 잇기 누비기
한 땀 한 땀
무슨 인연으로 이리하는가
나도 묻고 있다

지병을 잊으려고?
시골 무지랭이 아니 되려고?
아니다
인내의 흔적 아름다울테지
스스로 위로한다

만나는 이마다
'뭣 하러 진을 빼나'
동정의 말에도
바늘을 찾는 것이 대답일 뿐

돋보기 너머로
휘어진 나이 무거울 때면
더 더욱 시간을 재촉하며
바늘을 잡는다

조각 잇기 누비기
지새는 밤

지난날 풀지 못한 매듭들
기도처럼 한데 모아
때늦은 몸부림으로
지친 현기증으로
바늘 끝에 그려 내며

나도 묻고 있다.

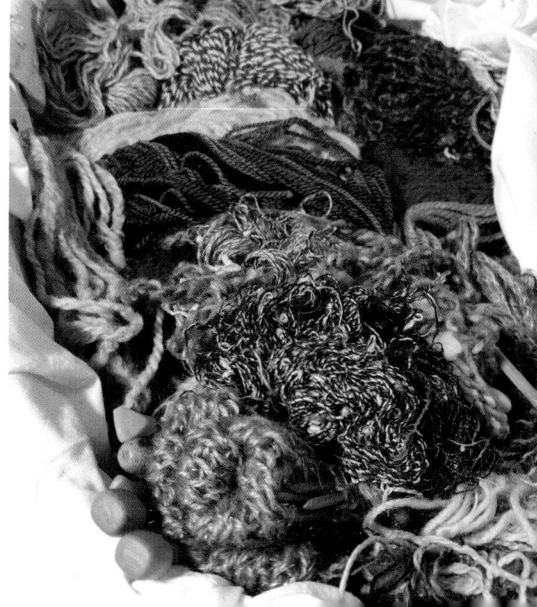

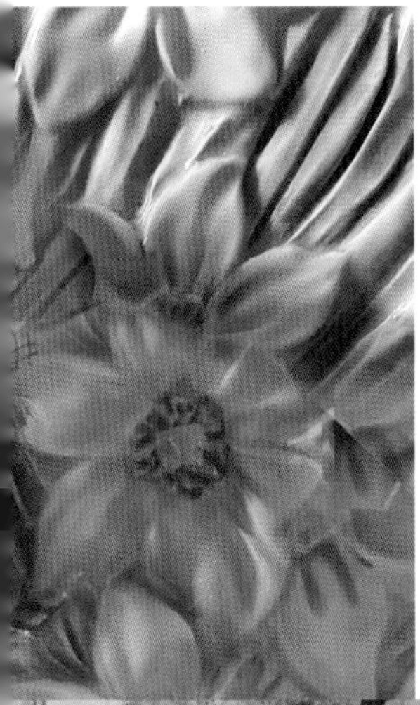

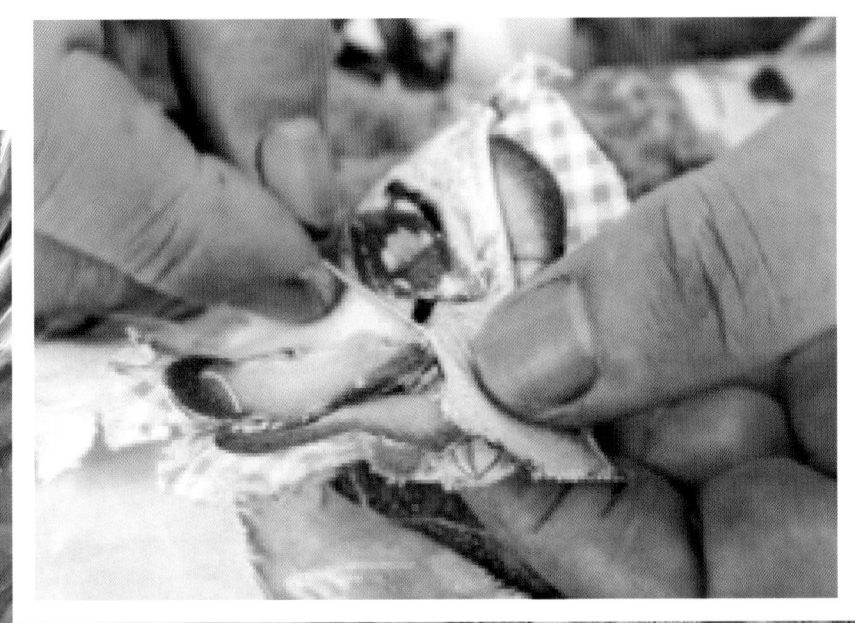

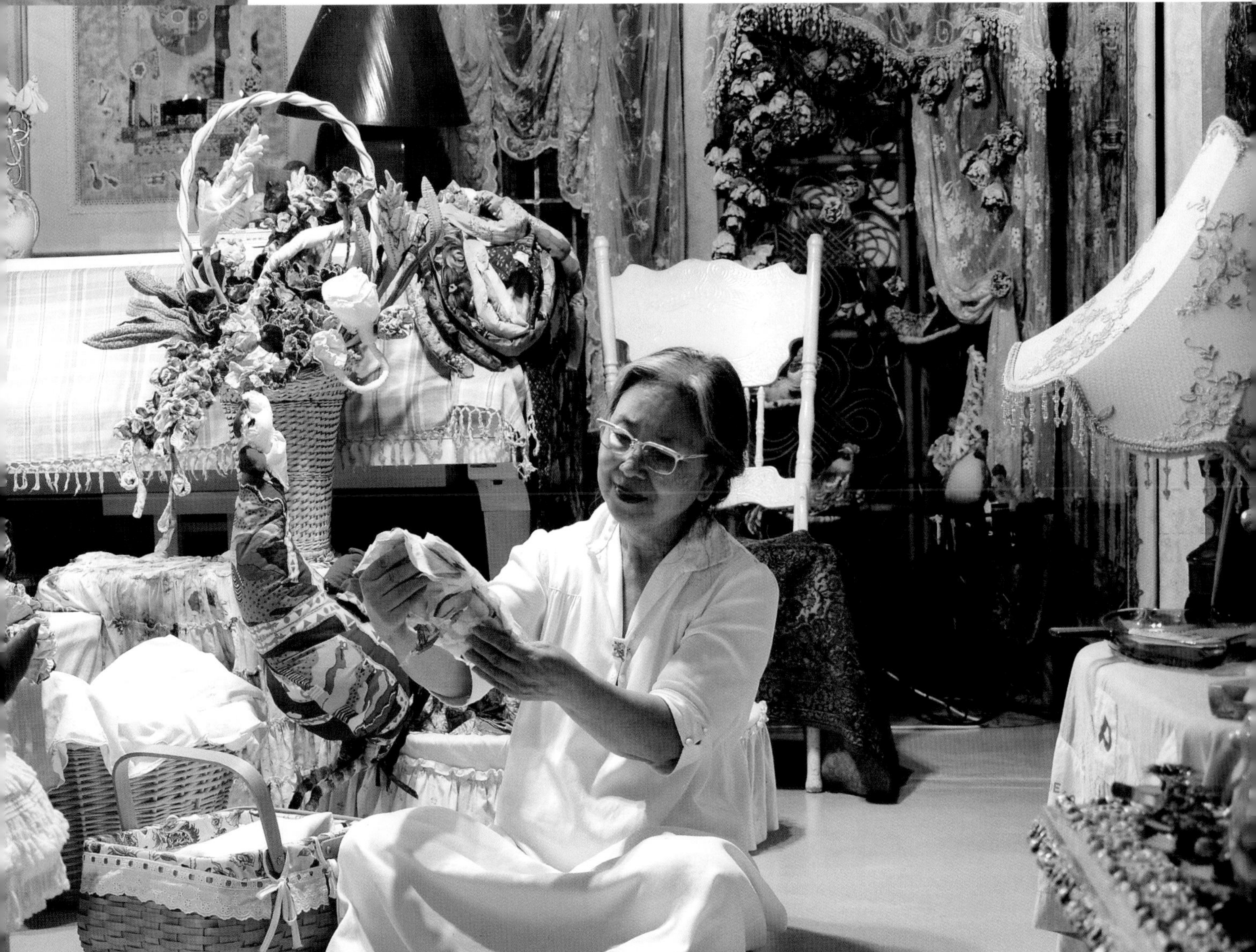

287

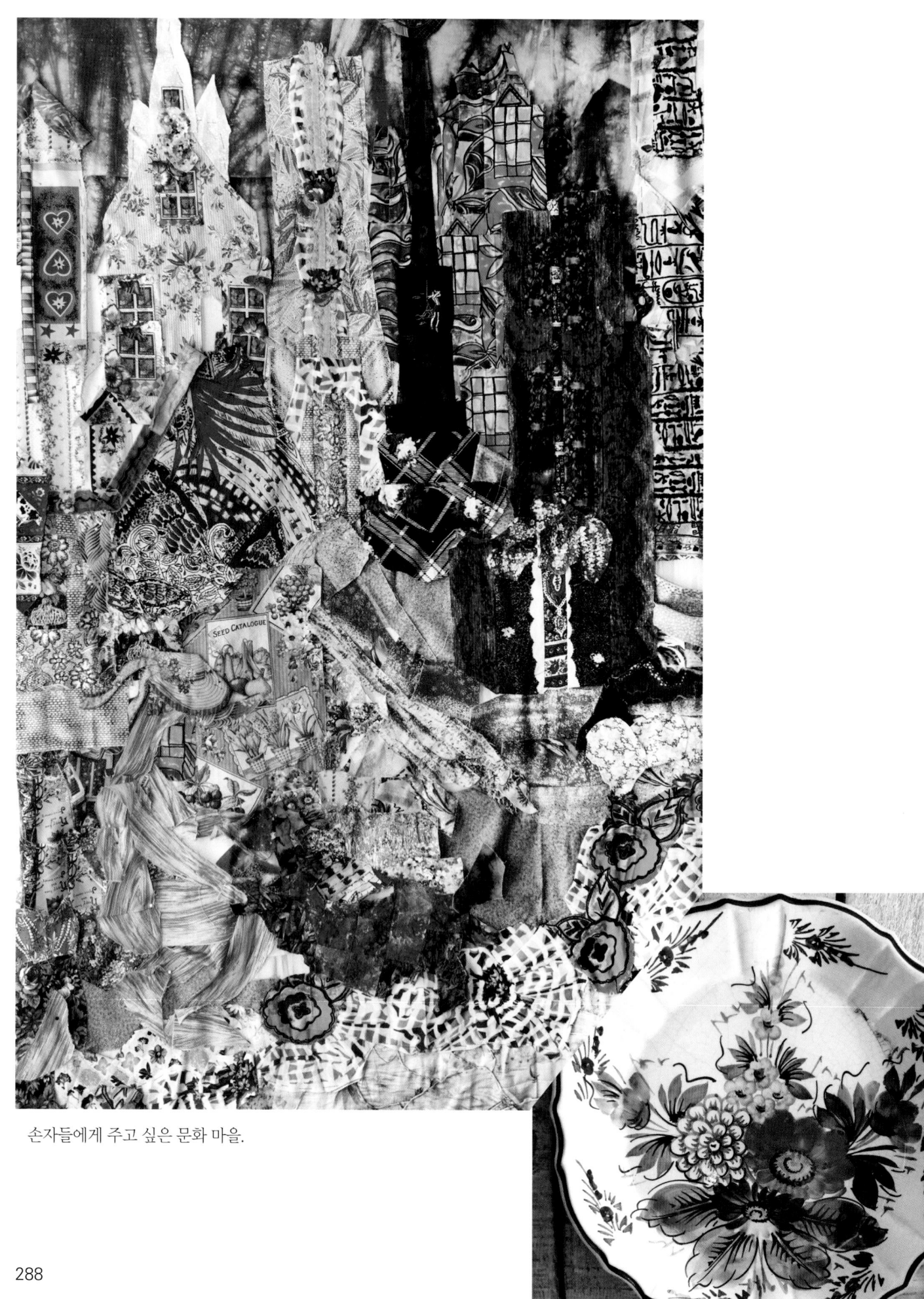

손자들에게 주고 싶은 문화 마을.

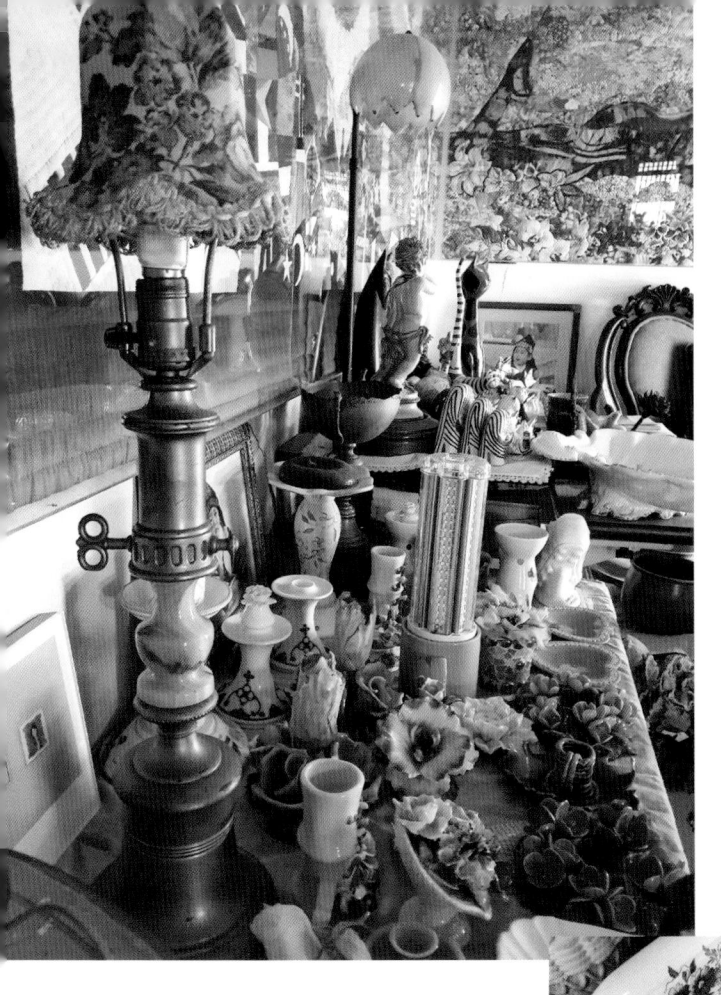

남들과 다른 것을 좋아하는 나는
퀼트를 할 때도 그 성향을 벗어나지 못한다.
똑같은 단순 작업은 하지 않는다.
패턴은 내 마음속에 있는 생각이기에
천을 둘러보며 이리저리 상상한다.
나만의 세계이기에 제자를 기를 수도 없다.
그로 인해 오해도 많이 받았던 것 같다.

친하게 지내던 분의 아내가
퀼트를 가르쳐 달라고 부탁한 적이 있었다.
뭘 어찌 가르쳐야 하는지 앞이 캄캄해서
겸손하게 거절했는데, 그날 이후 내게서 멀어졌다.
지금이라도 그분에게 말하고 싶다.
창작품은 가르쳐 줄 수 없는 거라고...
그분은 클래식 퀼트로 이미 내 수준을 넘어 있었기에
마음대로 하시라는 말 외에는...
이 책을 계기로 오해를 풀었으면 좋겠다.
내가 개입할 계제가 못 되었다는 걸...

그릇이나 장식품을 사는 기준도 꽃이다.
내 마음을 움직이는 꽃이면 다 데려온다.
수십 년을 그리하다 보니
집안이 꽃밭이 되었다.
나는 꽃이었나 보다.

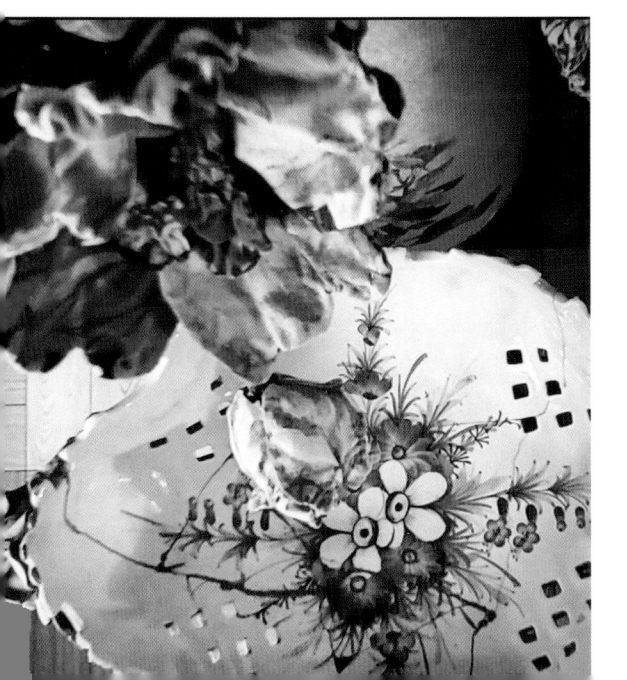

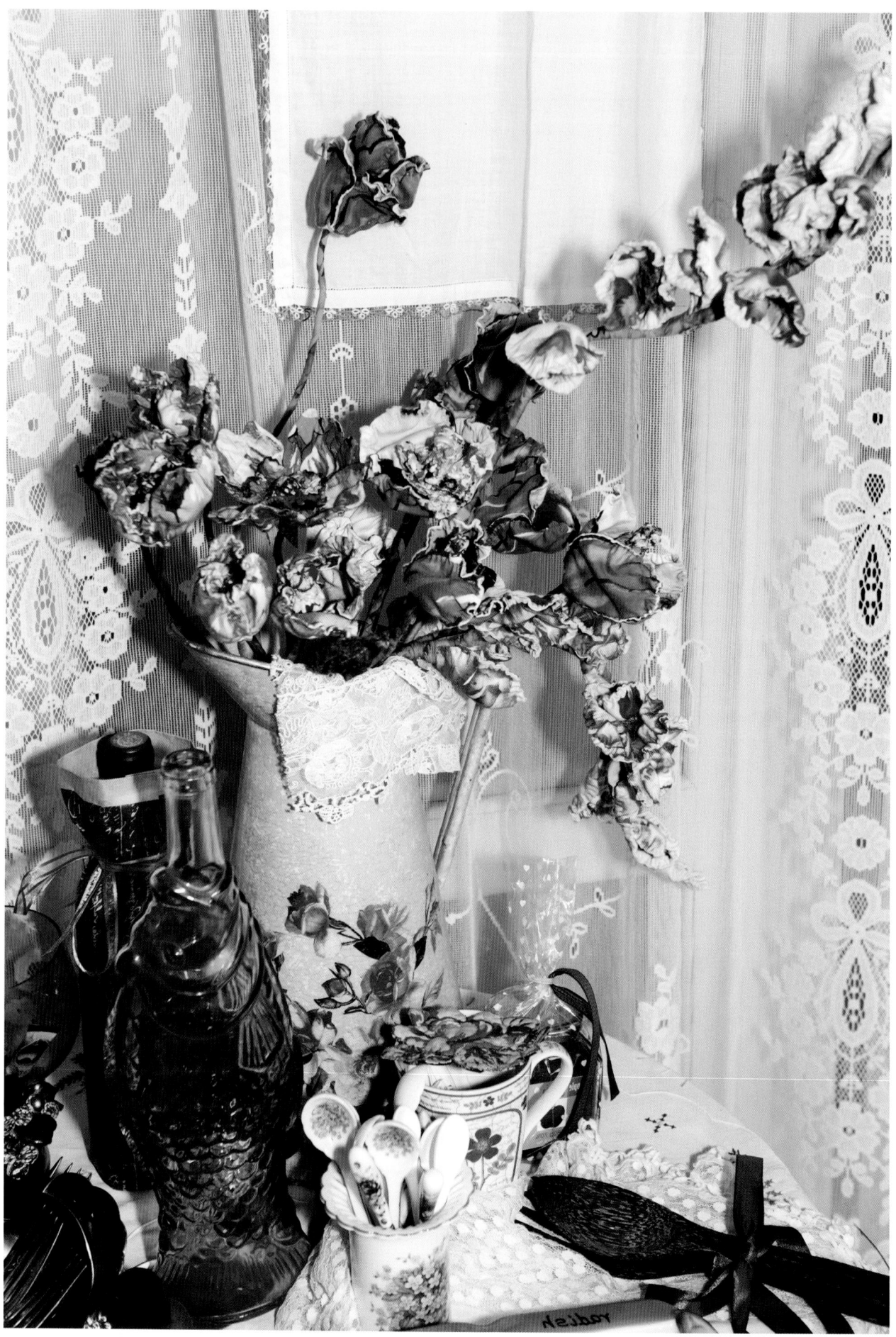

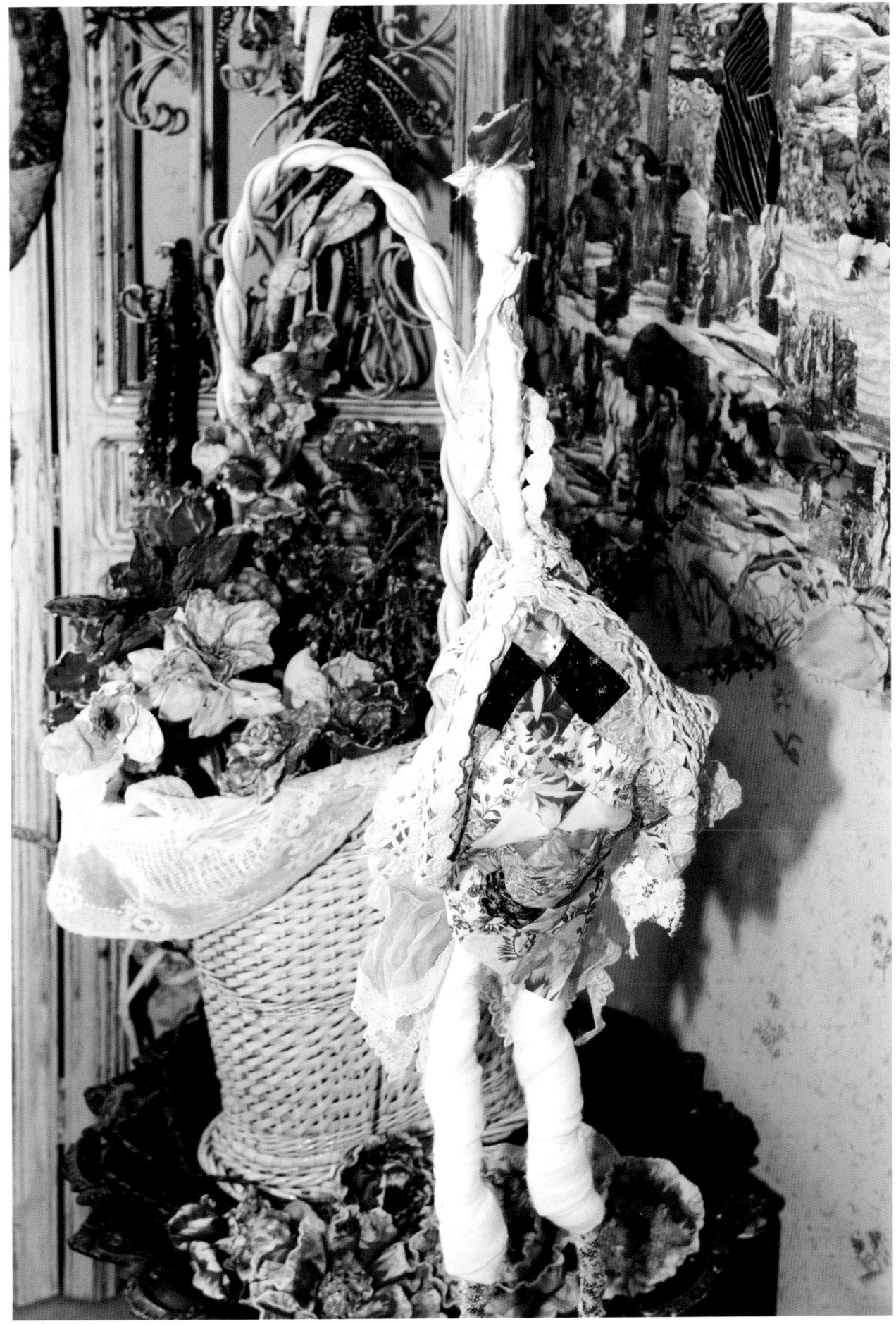

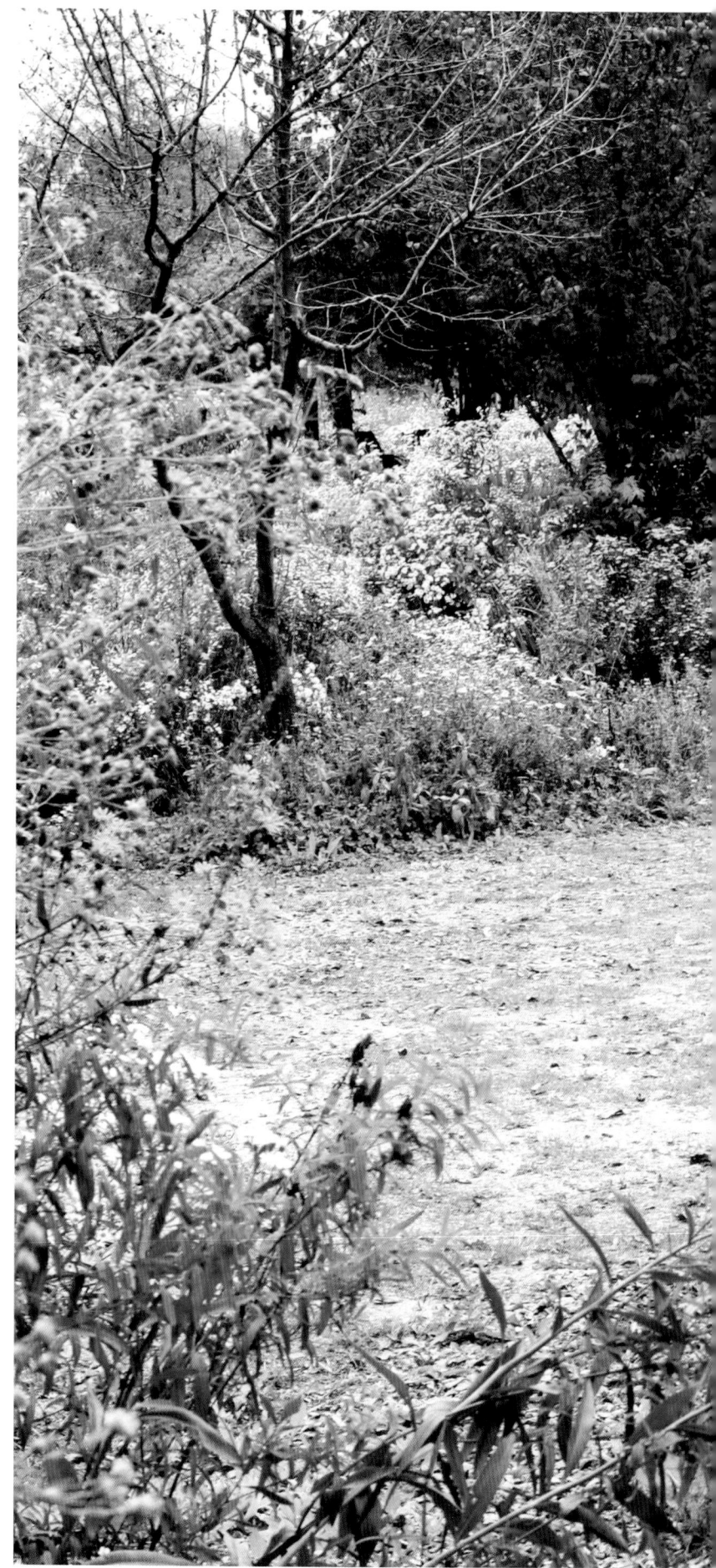

나는 음치다.
어린 시절 문성공 안향의 후손이라는 미명 아래
집안에서 콧노래도 부르지 못하게 했다.
음정이라고는 높고 낮음도 모르는 내가
자연 속에서 흥얼거리다가 몇 곡 생겼다.

"여호와는 나의 목자시니
내게 부족함이 없으리로다."

이 곡은 정원에서의 그 풍성함과
넘치는 생명 앞에서 부르게 되는
내적 고백이다.
지금까지 생사를 넘나들던 모든 시간 동안
온전히 지켜주심에 감사하면서...

다른 이들이 들으면
무슨 곡인지 모른다 할지라도
나는 마냥 흥얼거린다.

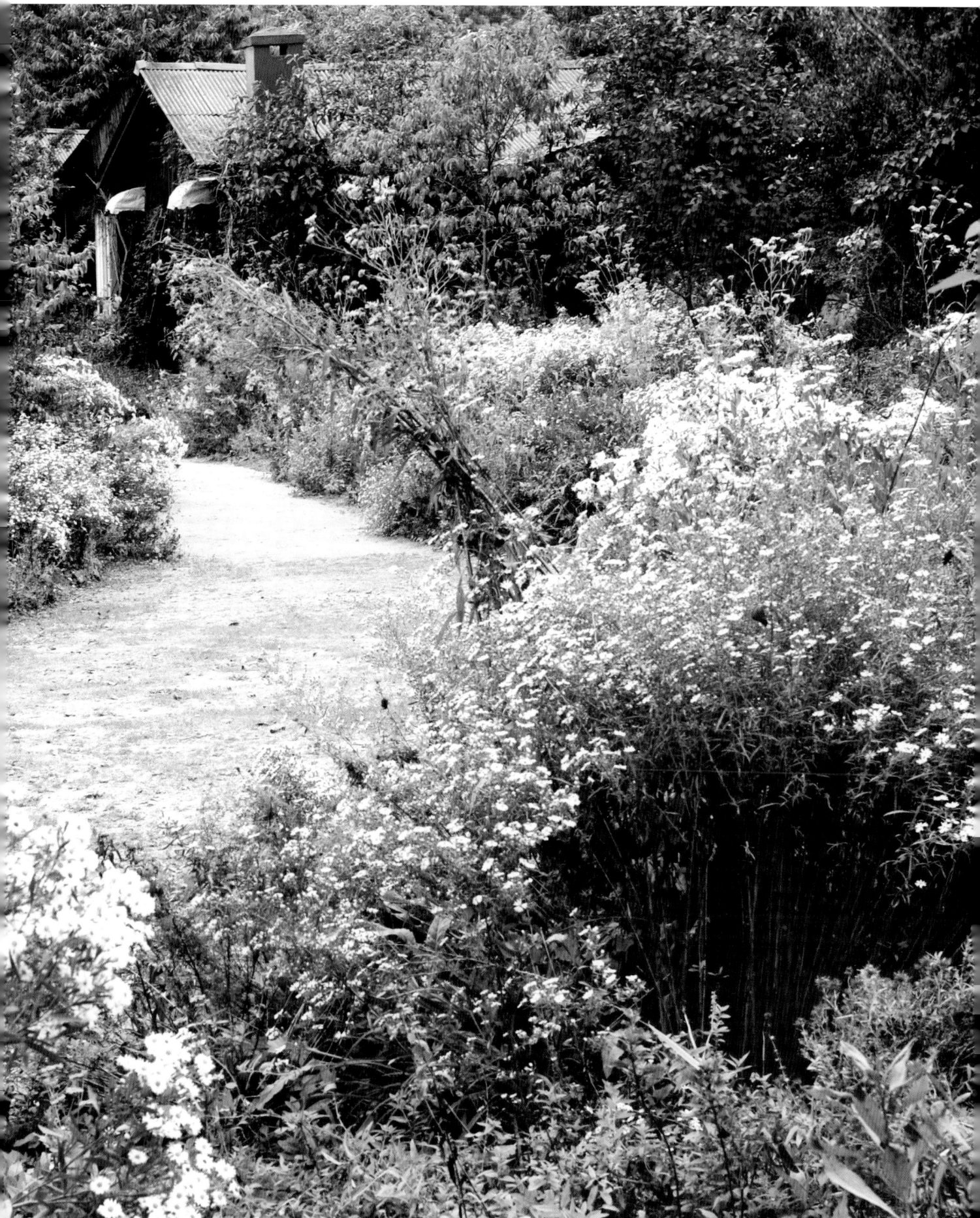

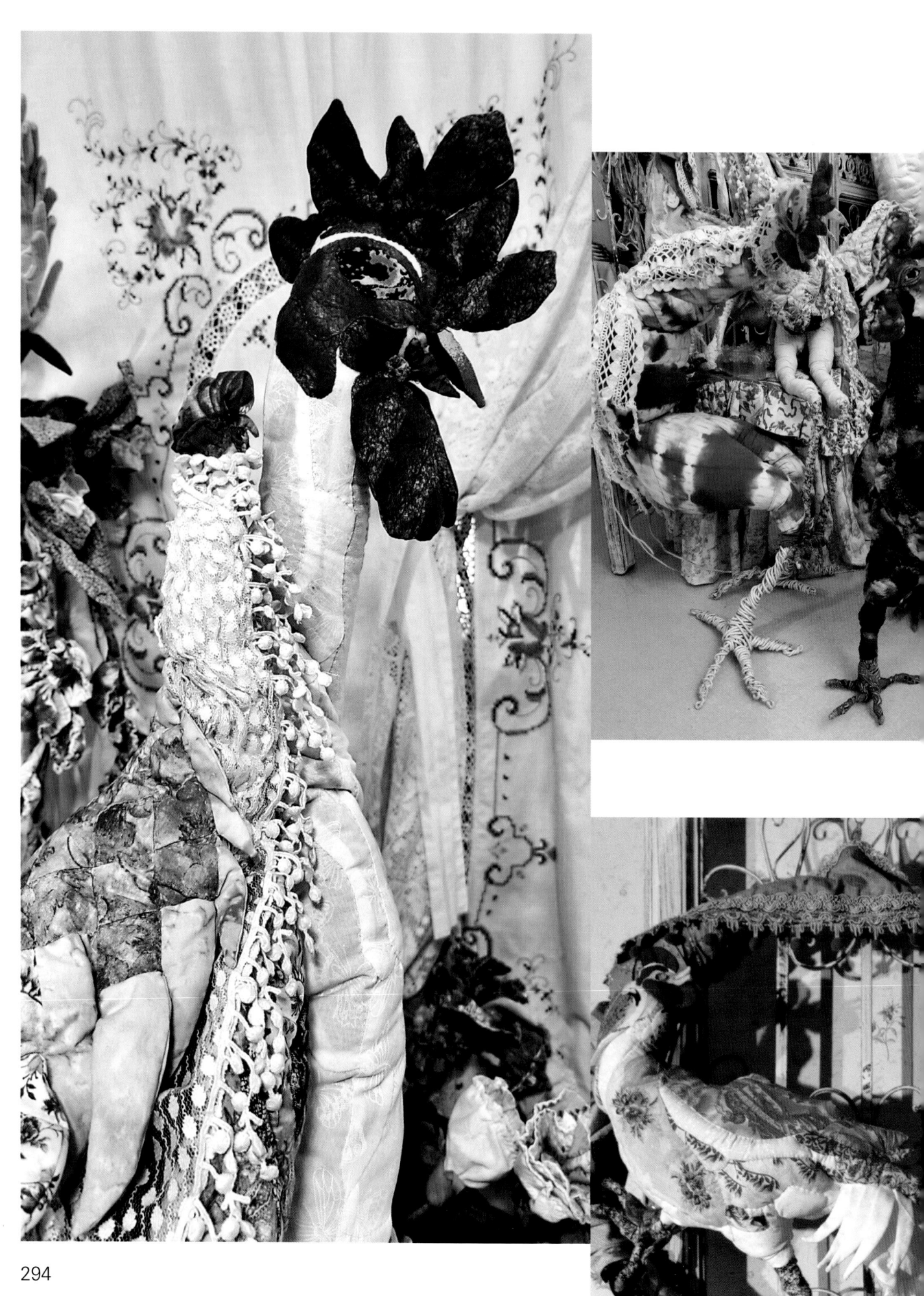

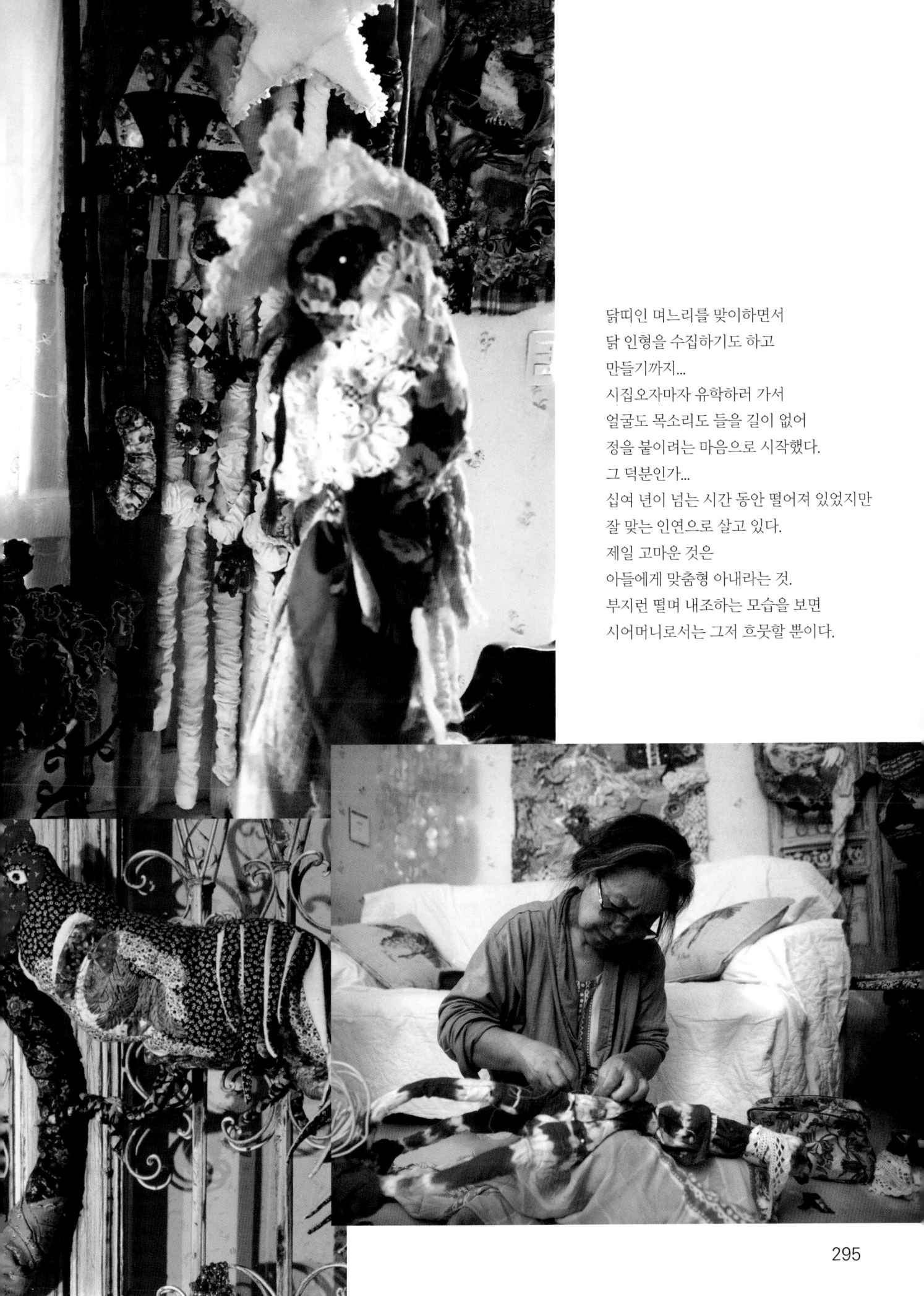

닭띠인 며느리를 맞이하면서
닭 인형을 수집하기도 하고
만들기까지...
시집오자마자 유학하러 가서
얼굴도 목소리도 들을 길이 없어
정을 붙이려는 마음으로 시작했다.
그 덕분인가...
십여 년이 넘는 시간 동안 떨어져 있었지만
잘 맞는 인연으로 살고 있다.
제일 고마운 것은
아들에게 맞춤형 아내라는 것.
부지런 떨며 내조하는 모습을 보면
시어머니로서는 그저 흐뭇할 뿐이다.

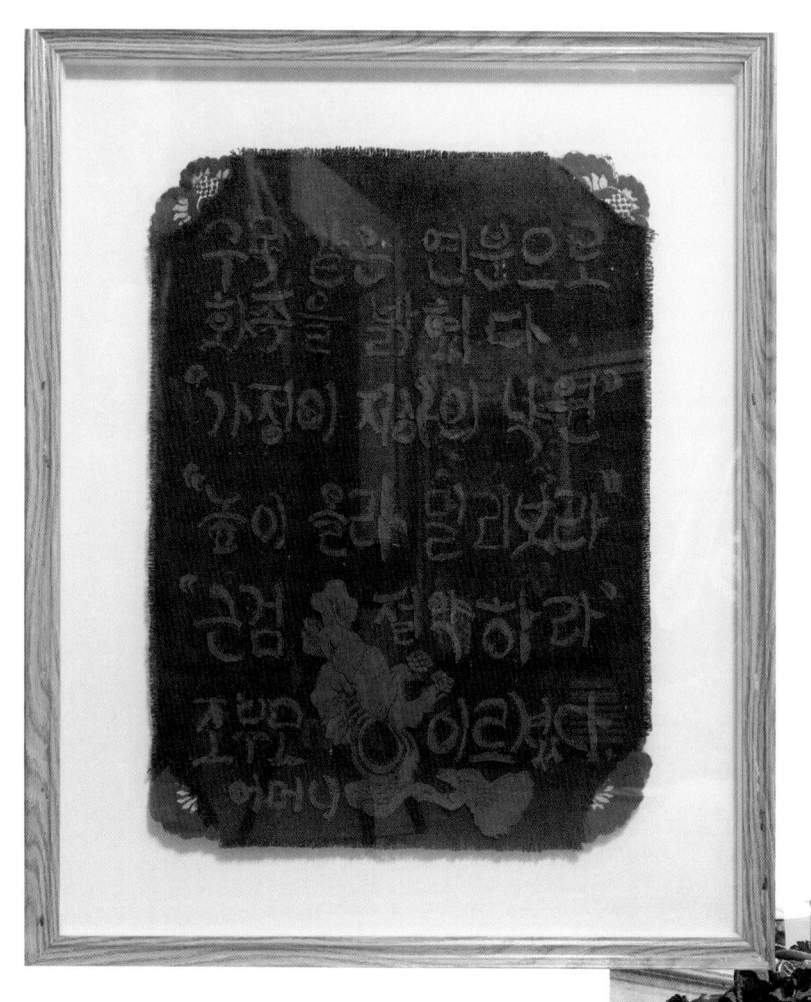

아들이 5살 때 정말 큰맘 먹고
프랑스 자수로 만들어진
옷을 샀다.
그 당시 옆지기는 차를
사려고 돈을 모으고 있었는데
그 옷에 눈을 떼지 못하는 나를 보고
"차는 다음에..."라며
흔쾌히 옷을 사 주었다.
너무나 아끼며 30년쯤 입다가
레이스가 다 떨어져서 더 이상 입을 수
없게 되었을 때, 아들이 결혼하게 되어
무엇을 선물로 줄까... 고민하다
아끼던 그 옷을 잘라 근검절약 하기를 바라
는 작품을 만들었다.
그래서인지 아들아이의 부부는
진짜 근검절약의 대명사처럼 살고 있다.

아들 결혼 기념 선물로 대장간에
가서 쇳조각을 모아 작품을 만들었다.
지금은 아크릴로 칠한 부분이 많이
퇴색되었으나
아래부터 붉은 태양이 떠오르는 곳에
그들 부부를 세워 놓고 독수리처럼
비상하라는 의미로 만들었다.
요즘은 그런 대장간이 없어져
아쉬움을 금할 길이 없다.

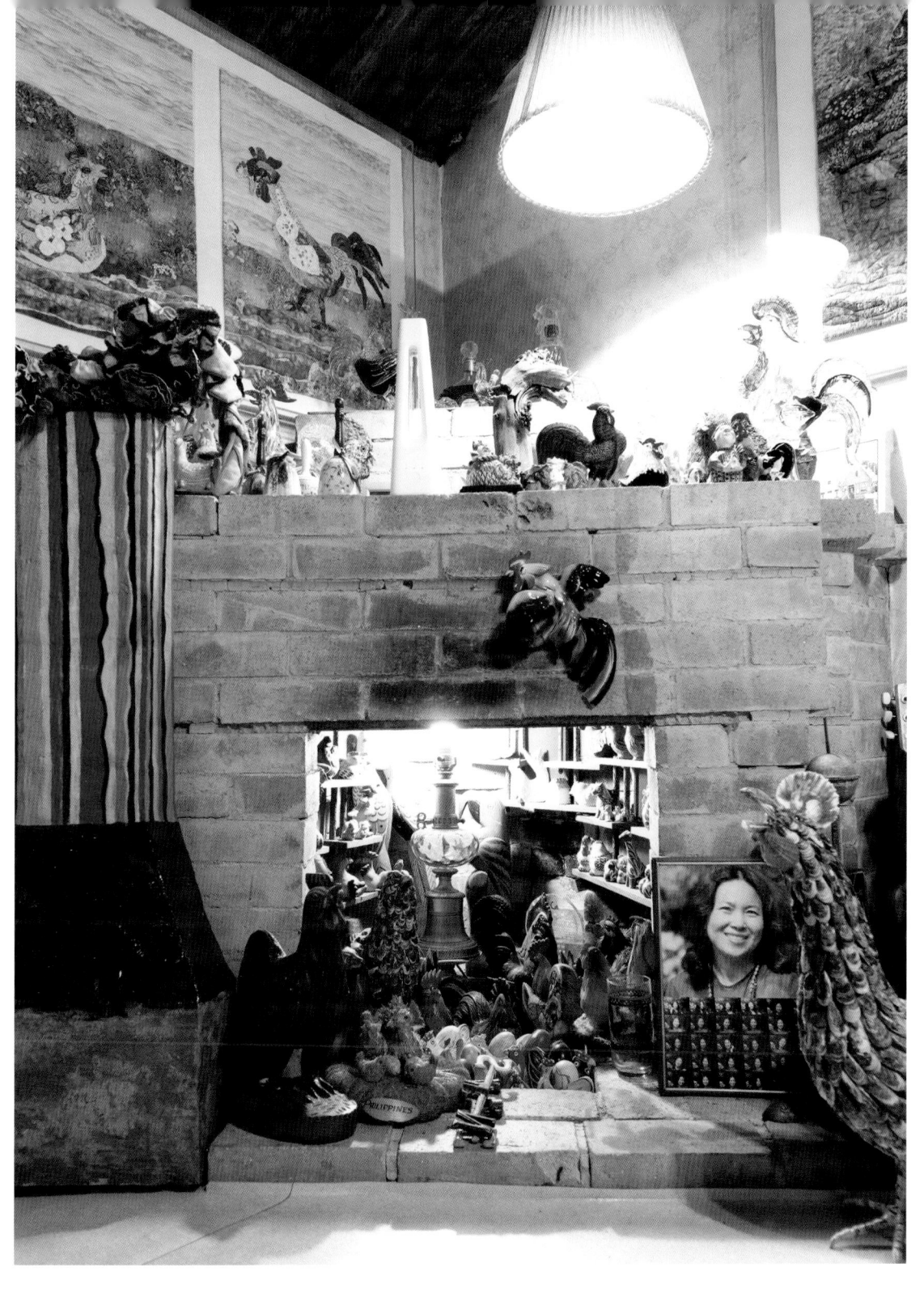

벽돌을 쌓으면 페치카가 되는 줄 알고 내화 벽돌로 용감하게 만들었다.
불을 붙이자마자 집안으로 새까만 연기가 풀풀...
아무나 하는 게 아니구나. 하며
철거하려다가 그 쌓은 정성이 아까워 와인장으로 사용하기로 했다.
그 당시 그곳을 와인으로 다 채우려면 버거운 시절이었기에 그냥 가지고 있다가
자질구레한 닭들과 사기 인형들을 다 집어넣었더니 또 하나의 보물창고가 탄생했다.
모든 실패는 성공의 어머니라더니 이것 또한 실패를 넘어선 하나의 성공이라고 말하고 싶다

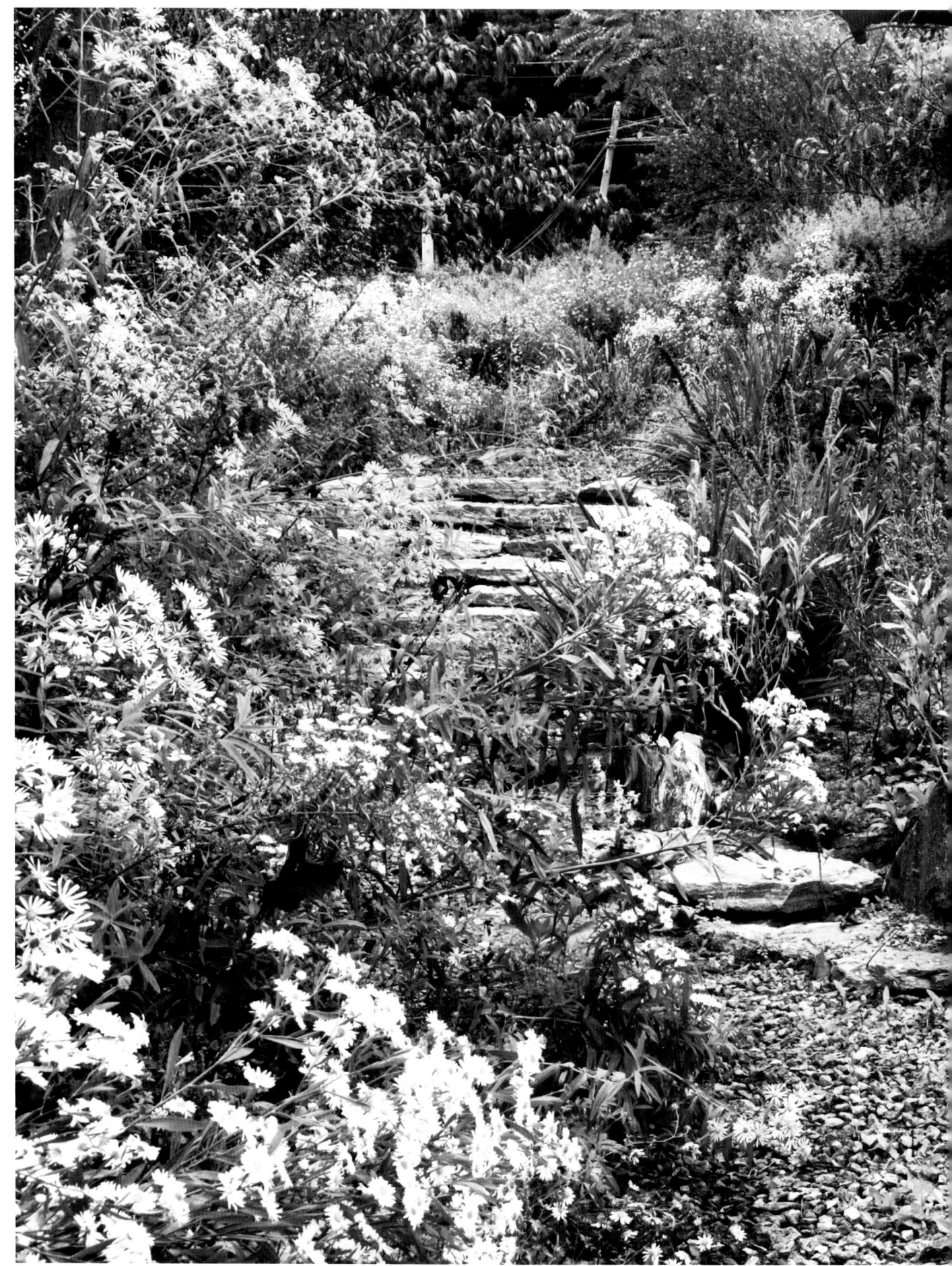

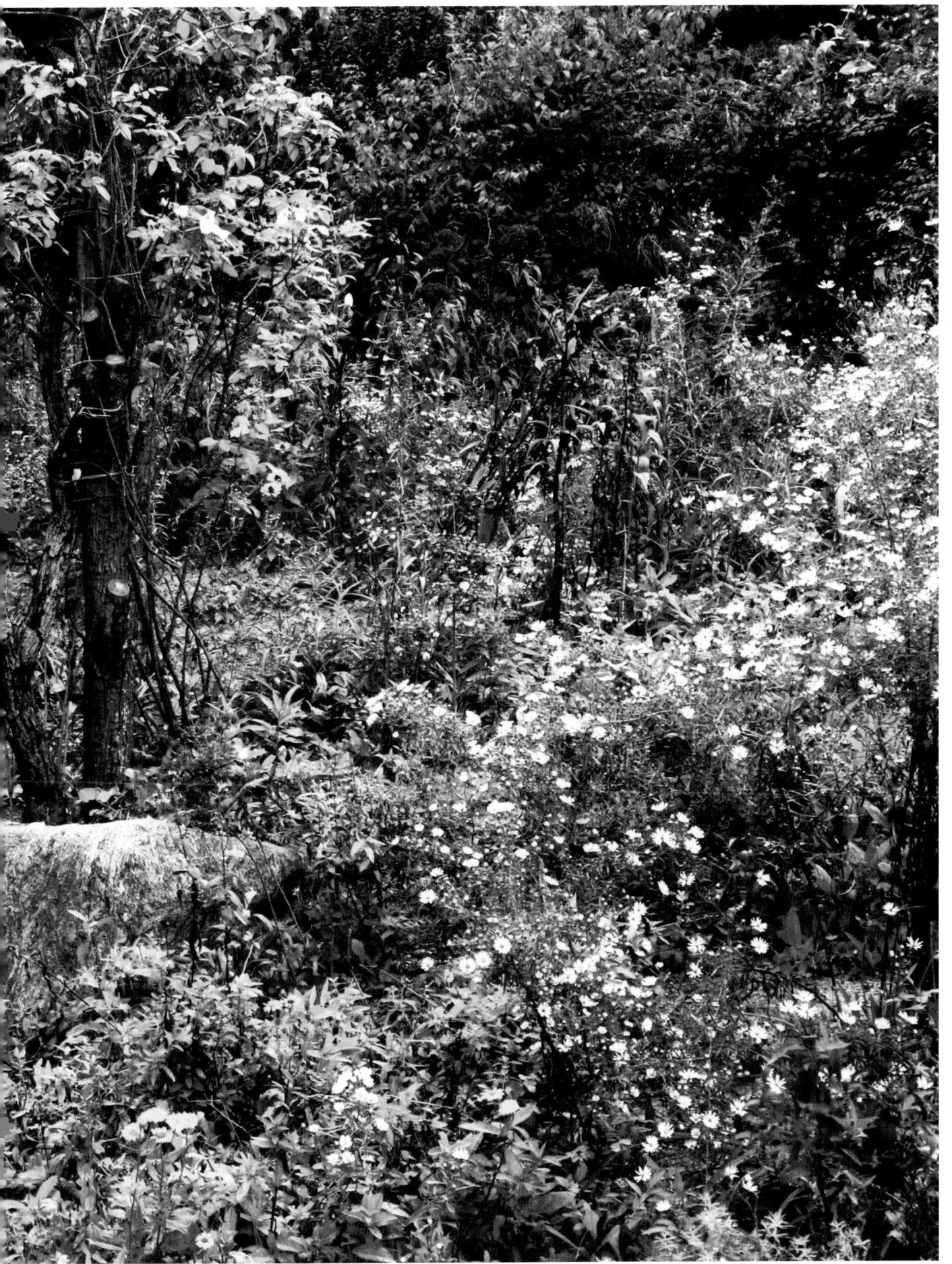

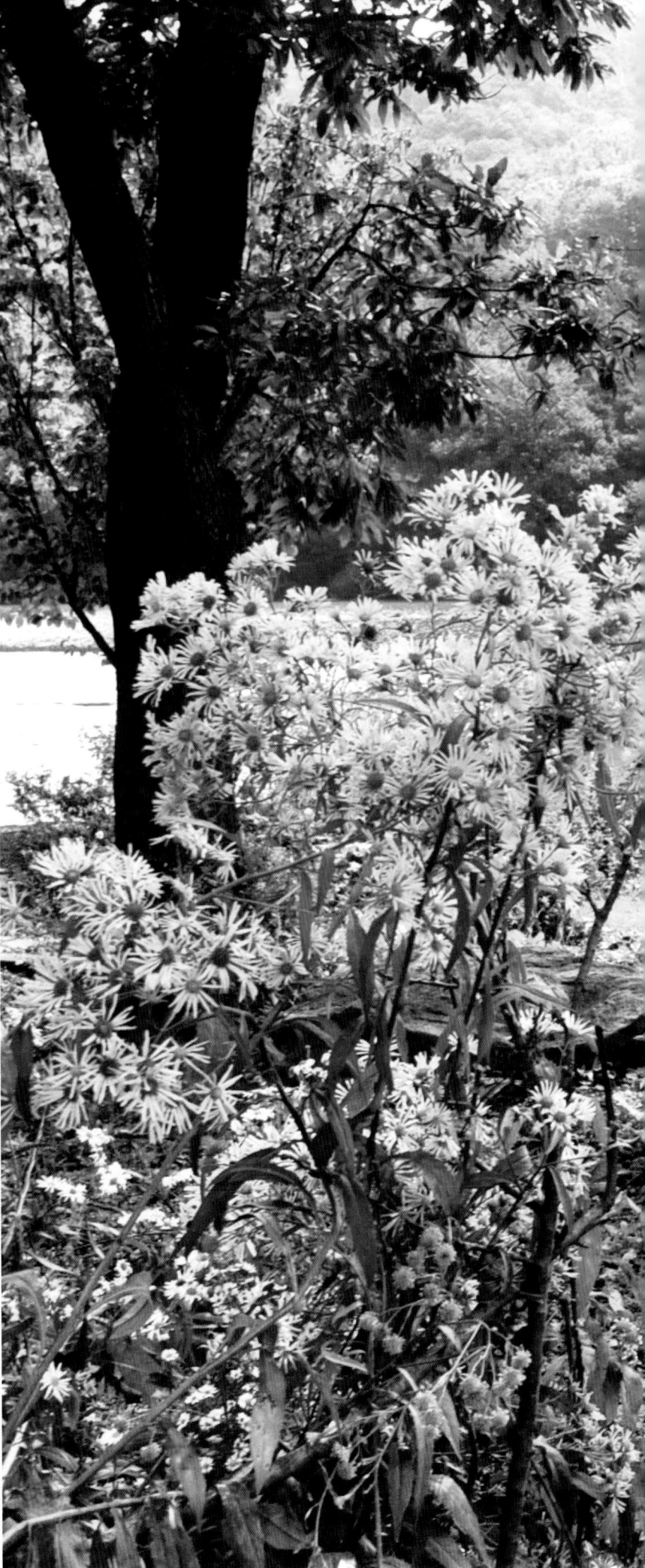

어느날 갑자기
학창 시절 음악 시간에 배웠던 '대니 보이'
그 가사가 내 마음을 흔들고 있었다.
특히 2절을 부르면서
얼마나 눈물을 흘렸는지...

어느날 딸에게 이 노래의 가사를 들려주니
이후 눈을 마주보며 가슴시리게
함께 불러준다.

그 고운 꽃은 떨어져서 죽고
나 또한 죽어 땅에 묻히면
나 자는 곳을 돌아 보아주며
거룩하다고 불러주어요.

네 고운 목소리 들으면
내 묻힌 무덤 따뜻하리라
너 항상 나를 사랑하여 주면
네가 올 때까지 내가 잘 자리라.

오~ 대니 보이 내 사랑아...

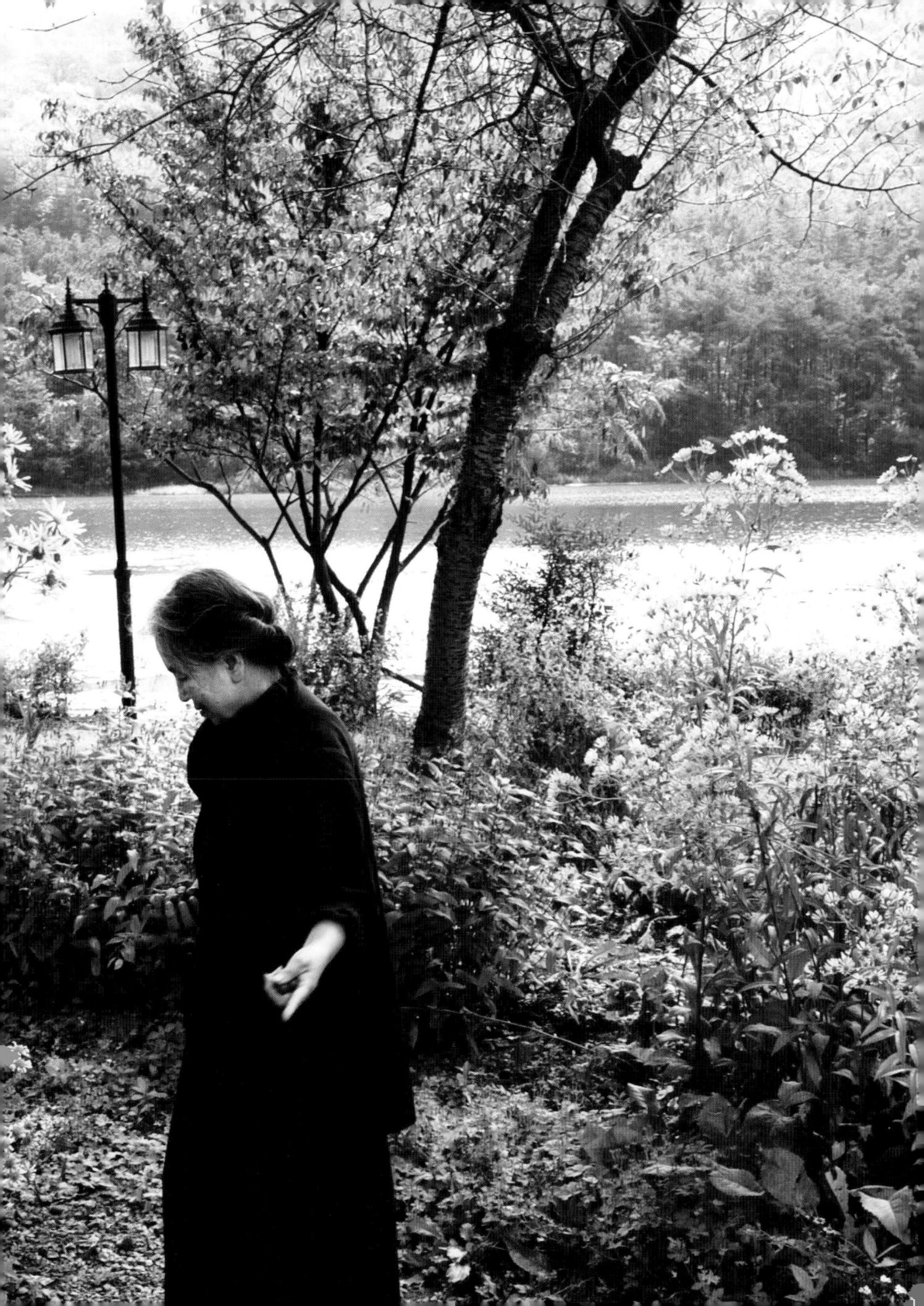

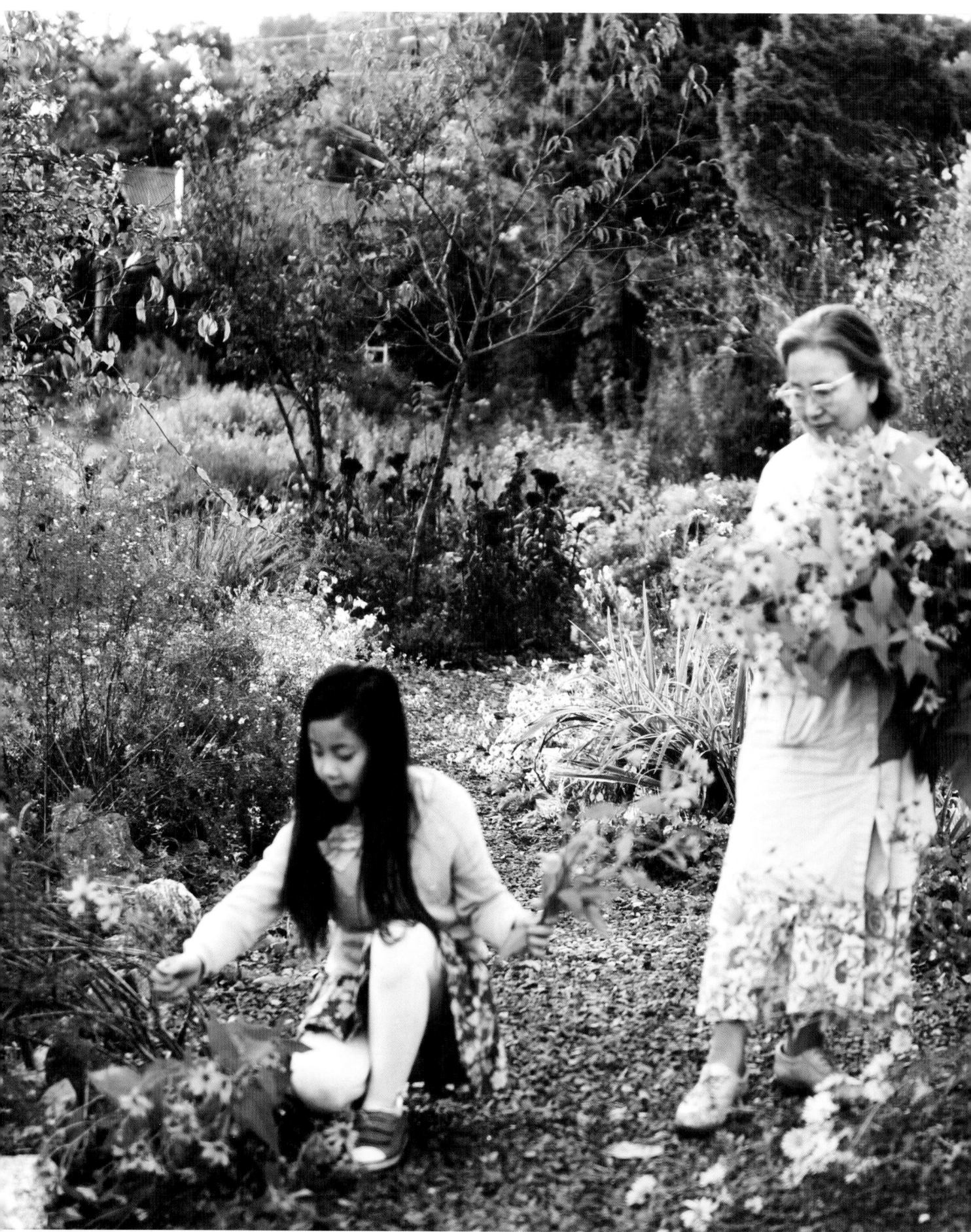

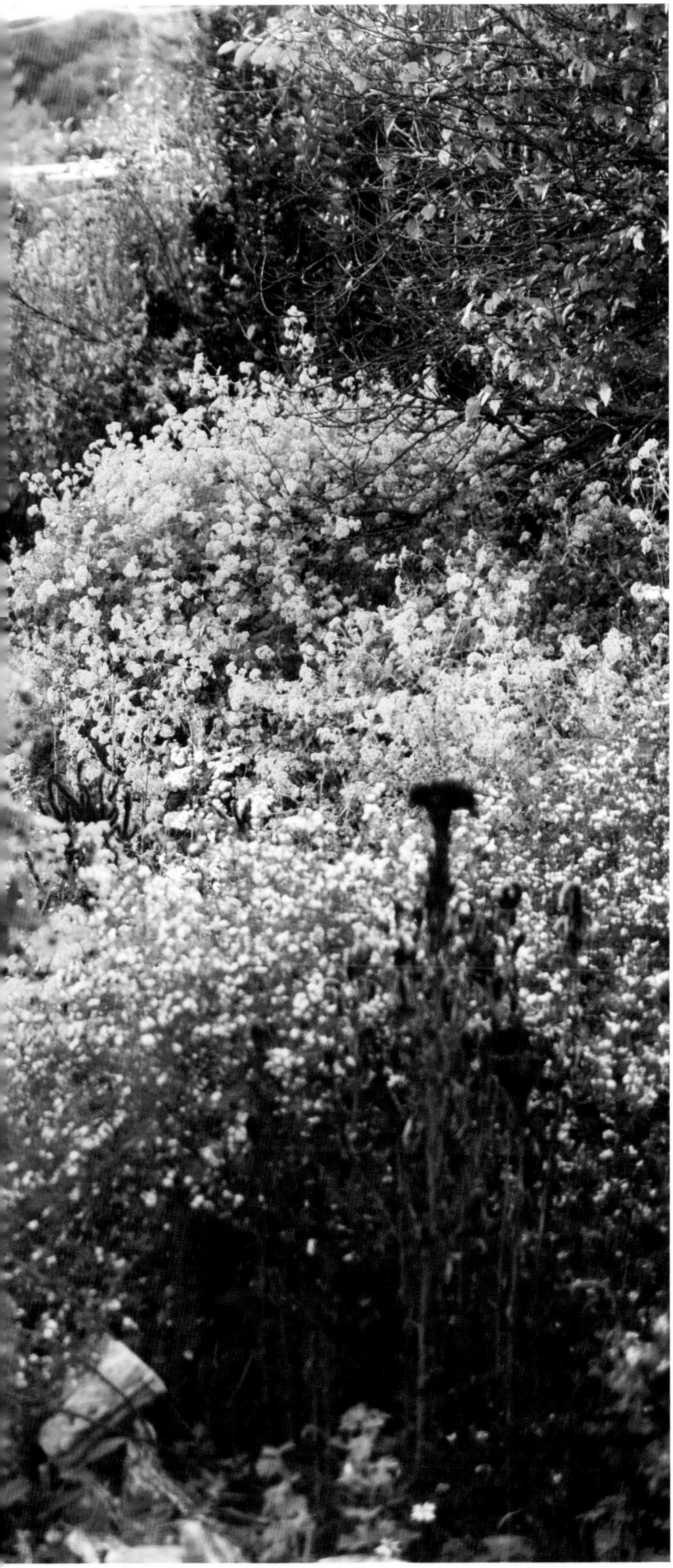

긴긴 여름에는 햇살이 뜨거워
봄처럼 애지중지 제대로 살피지 못했다.

노을 지는 꽃길을 돌아보니
예전에 수없이 가슴에 밀려오던 모습...
천국 같은 가을 풍경이다.

그런데 나는 왜 무심중에
피어나는 꽃들을 뒷전에 두고 사는
습관이 생겨났을까?
세월이 너무 빨랐던 탓으로 돌리고도 싶지만
내 게으름 탓인 것을 잘 알고 있기에
부끄러울 뿐이다.

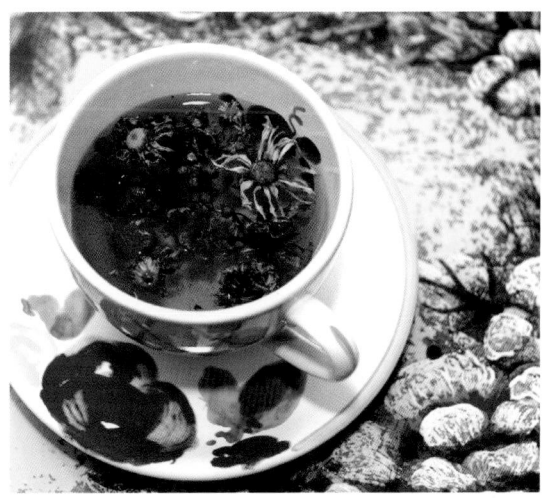

한 아름 안고 있는 것은 돼지감자꽃이다.
노란 산국과 맨드라미, 그리고 구절초
이것들은 모두 꽃을 따 말려두었다가
꽃 차로 즐겨 마시는 좋은 재료들이다.

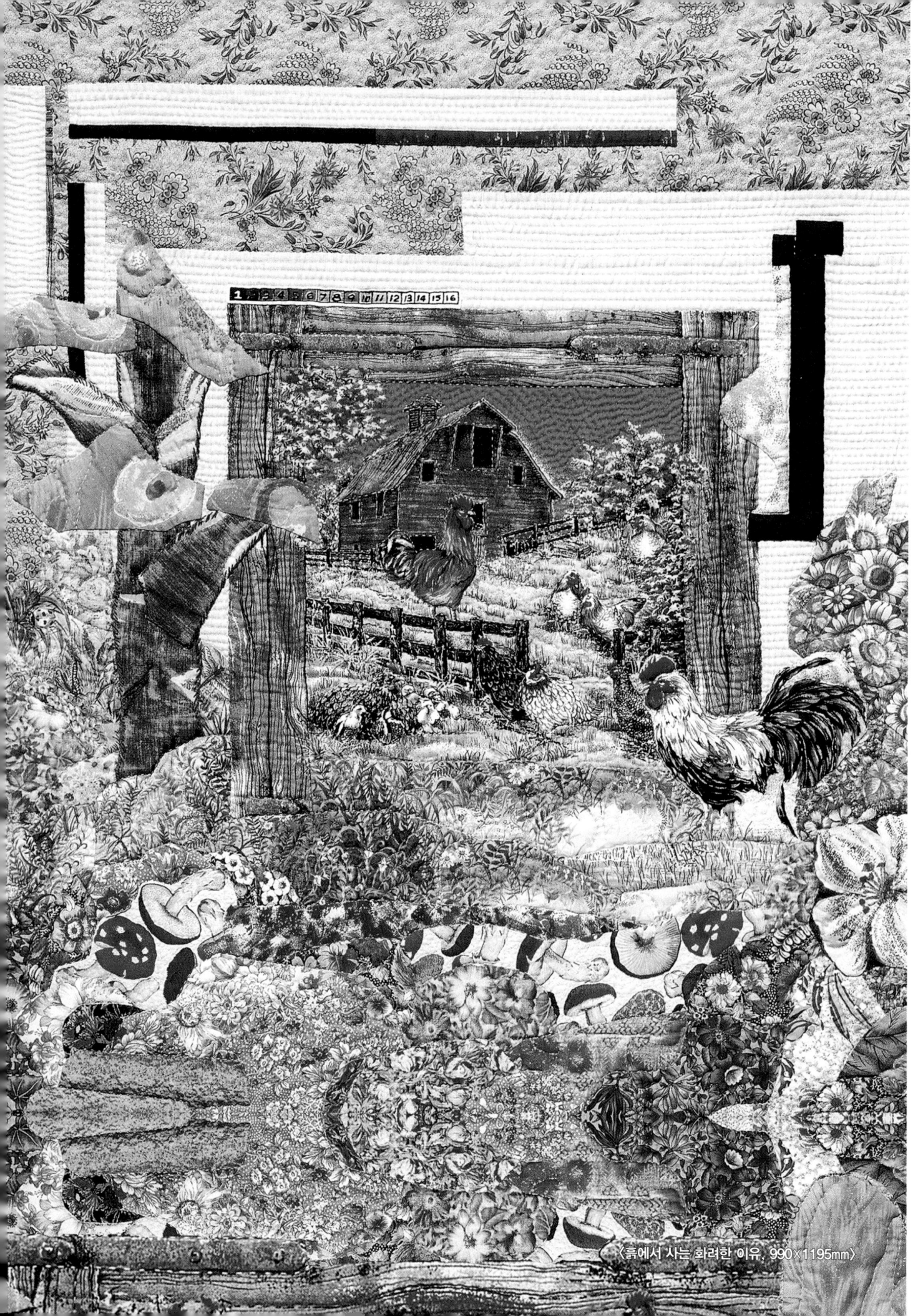

〈흙에서 사는 화려한 이유, 990×1195mm〉

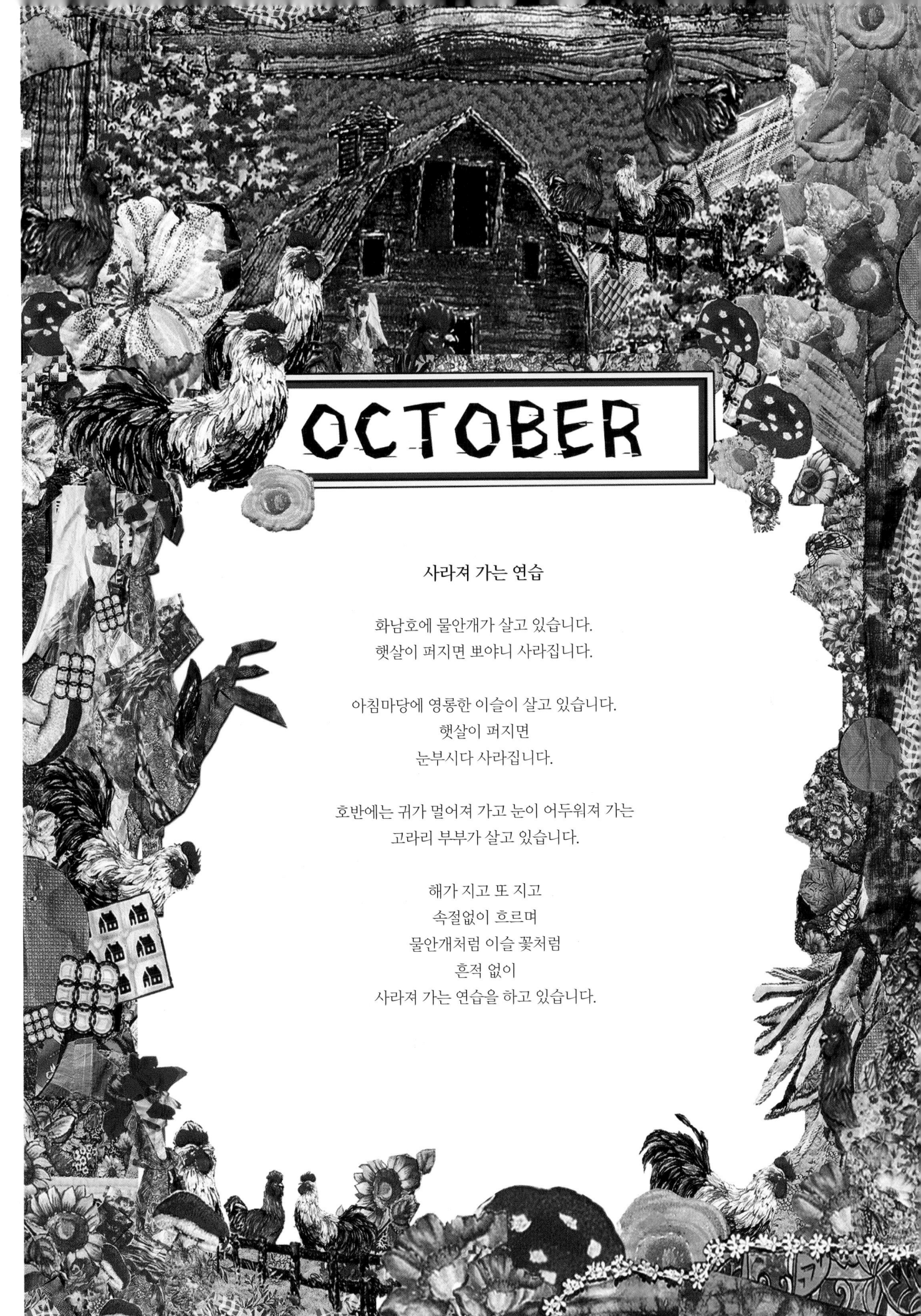

# OCTOBER

**사라져 가는 연습**

화남호에 물안개가 살고 있습니다.
햇살이 퍼지면 뽀야니 사라집니다.

아침마당에 영롱한 이슬이 살고 있습니다.
햇살이 퍼지면
눈부시다 사라집니다.

호반에는 귀가 멀어져 가고 눈이 어두워져 가는
고라리 부부가 살고 있습니다.

해가 지고 또 지고
속절없이 흐르며
물안개처럼 이슬 꽃처럼
흔적 없이
사라져 가는 연습을 하고 있습니다.

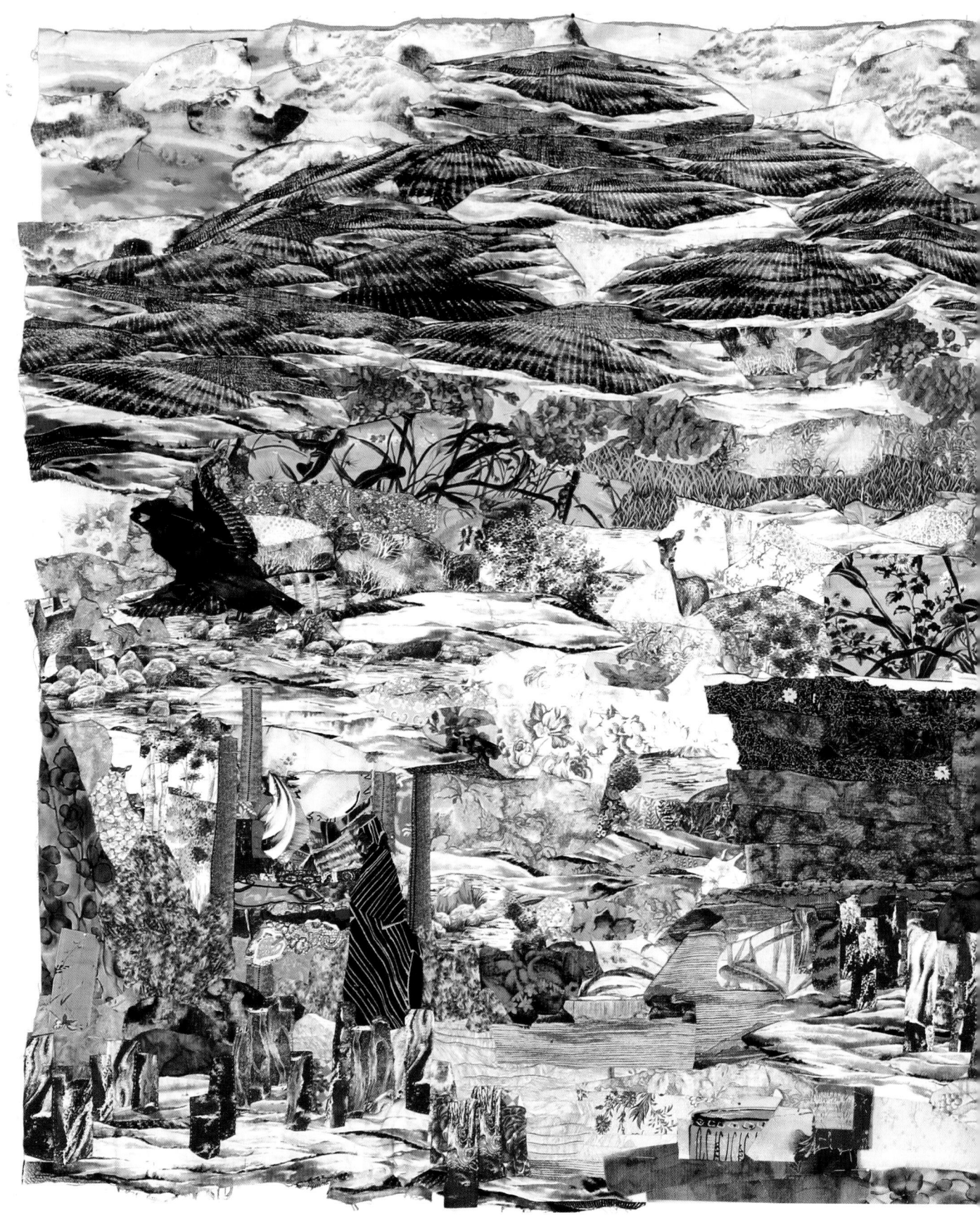

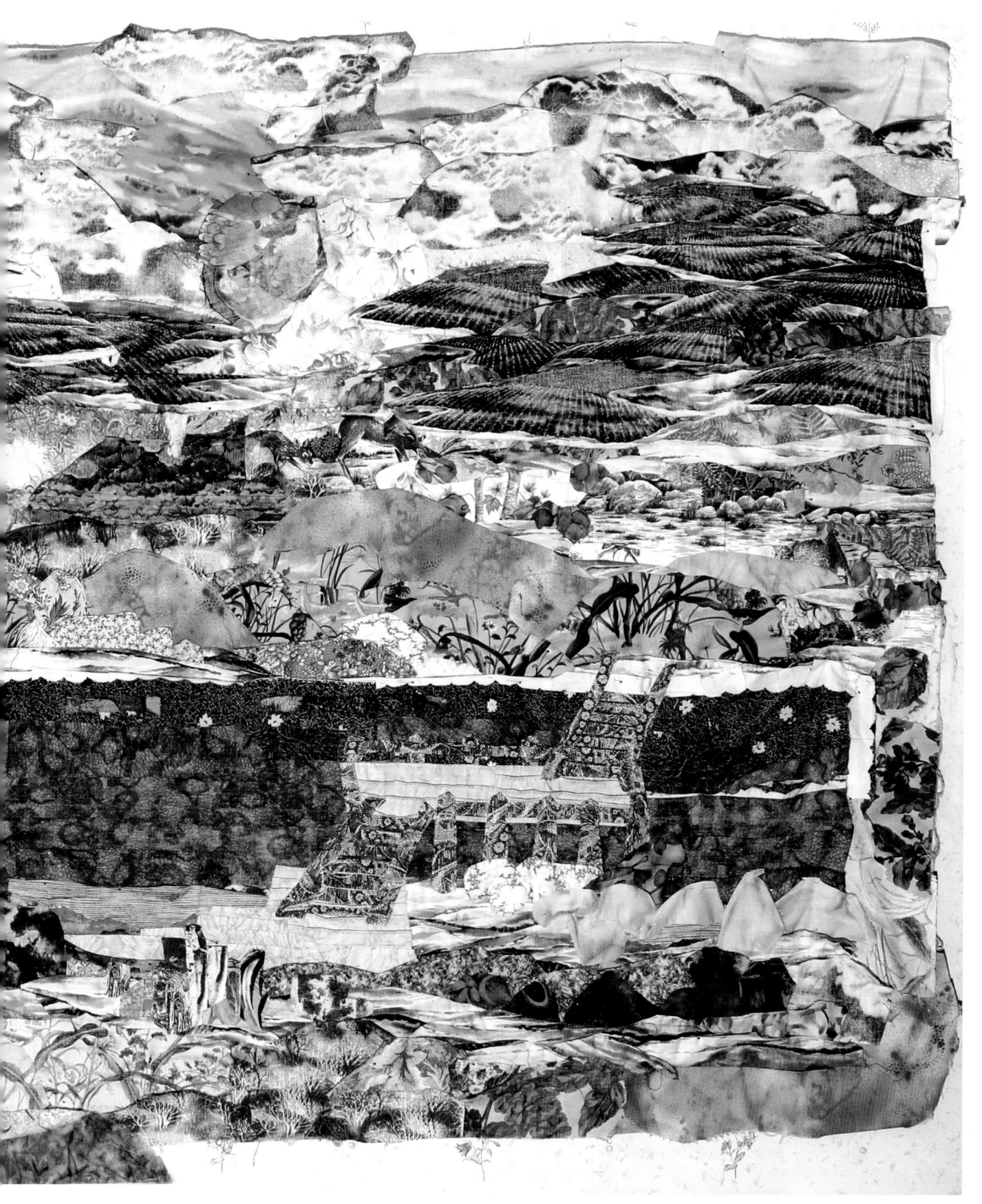

〈아라랏 산에 내린 '노아의 방주' 미완성 작품, 2050×1150mm〉

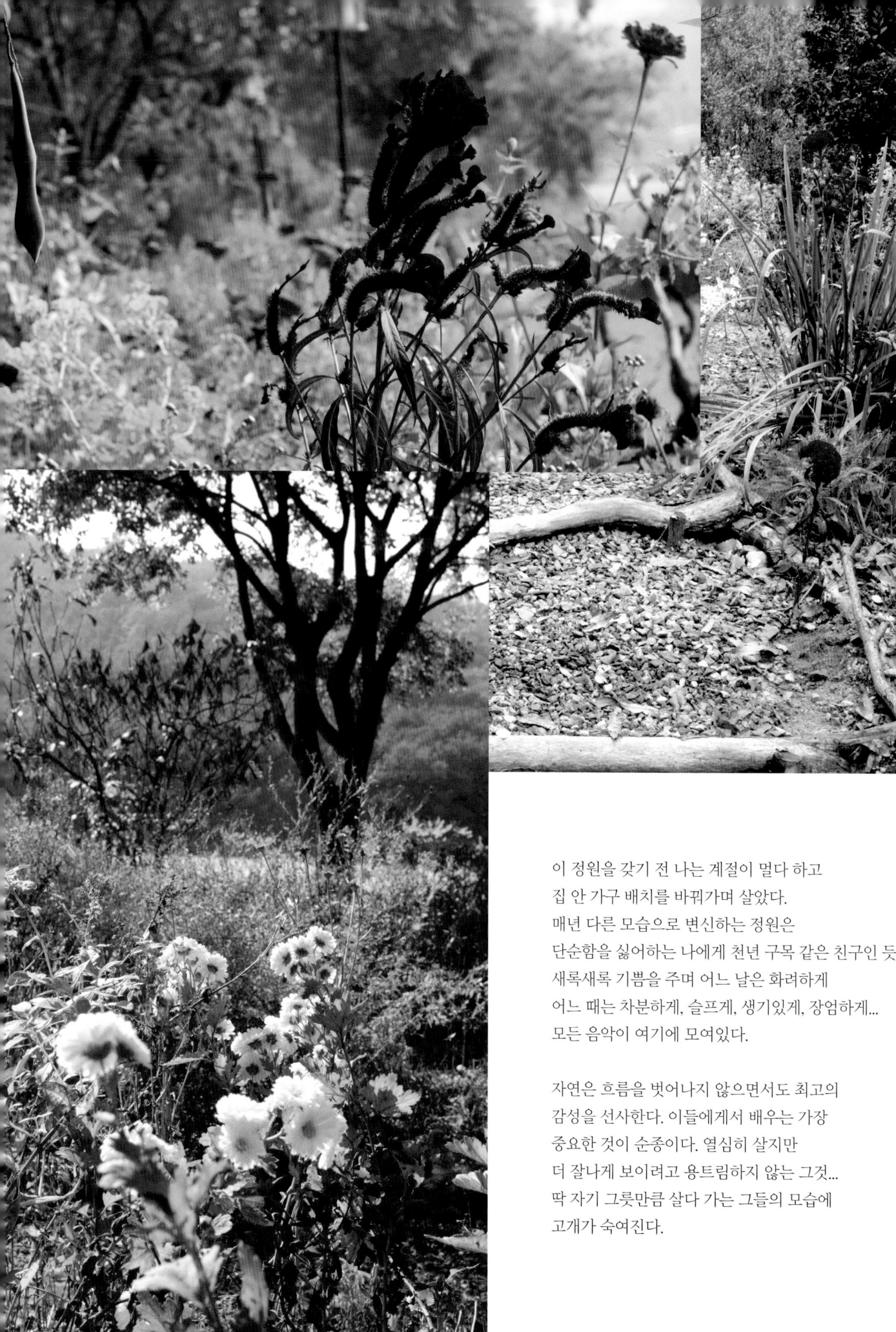

이 정원을 갖기 전 나는 계절이 멀다 하고
집 안 가구 배치를 바꿔가며 살았다.
매년 다른 모습으로 변신하는 정원은
단순함을 싫어하는 나에게 천년 구목 같은 친구인 듯
새록새록 기쁨을 주며 어느 날은 화려하게
어느 때는 차분하게, 슬프게, 생기있게, 장엄하게...
모든 음악이 여기에 모여있다.

자연은 흐름을 벗어나지 않으면서도 최고의
감성을 선사한다. 이들에게서 배우는 가장
중요한 것이 순종이다. 열심히 살지만
더 잘나게 보이려고 용트림하지 않는 그것...
딱 자기 그릇만큼 살다 가는 그들의 모습에
고개가 숙여진다.

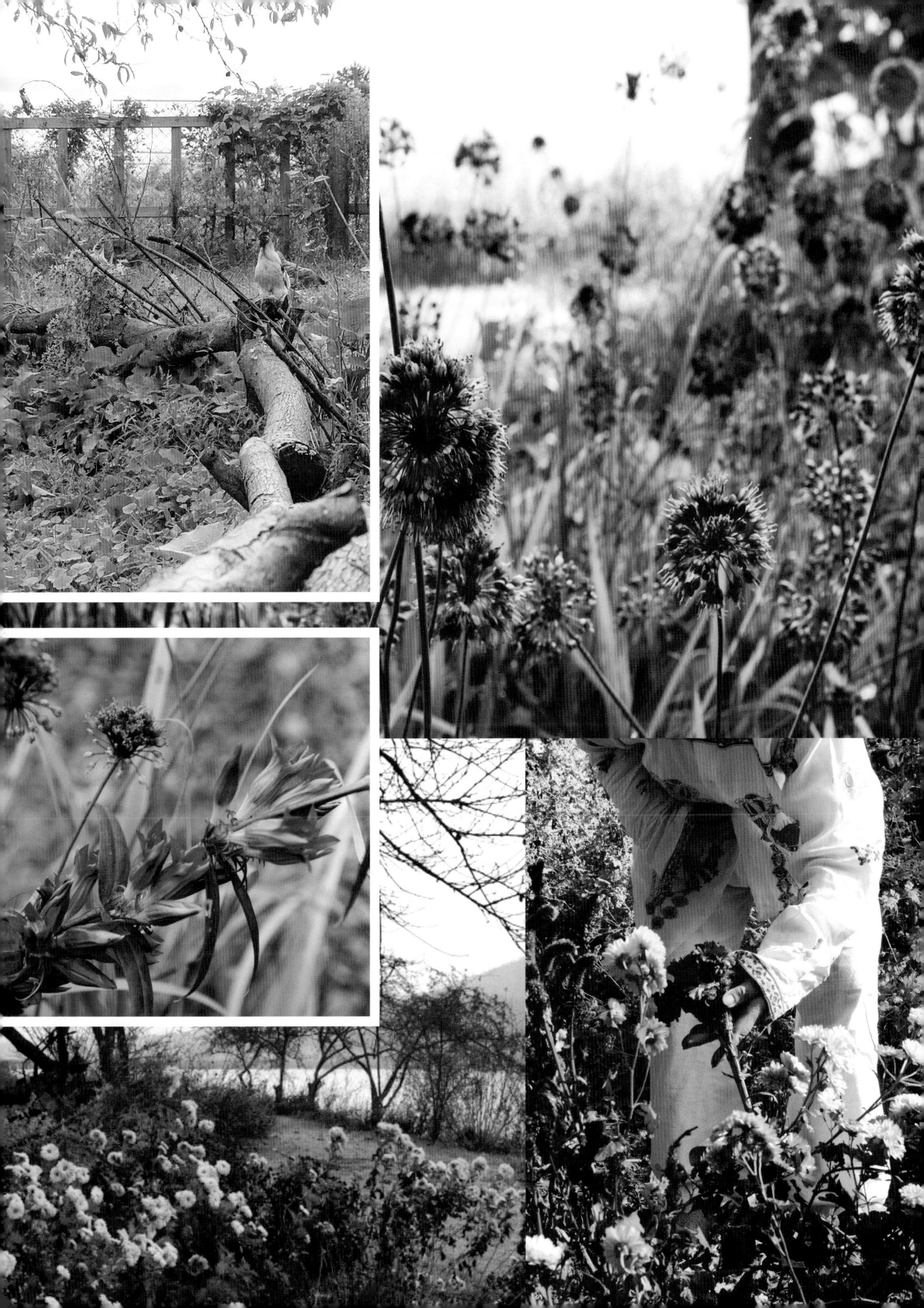

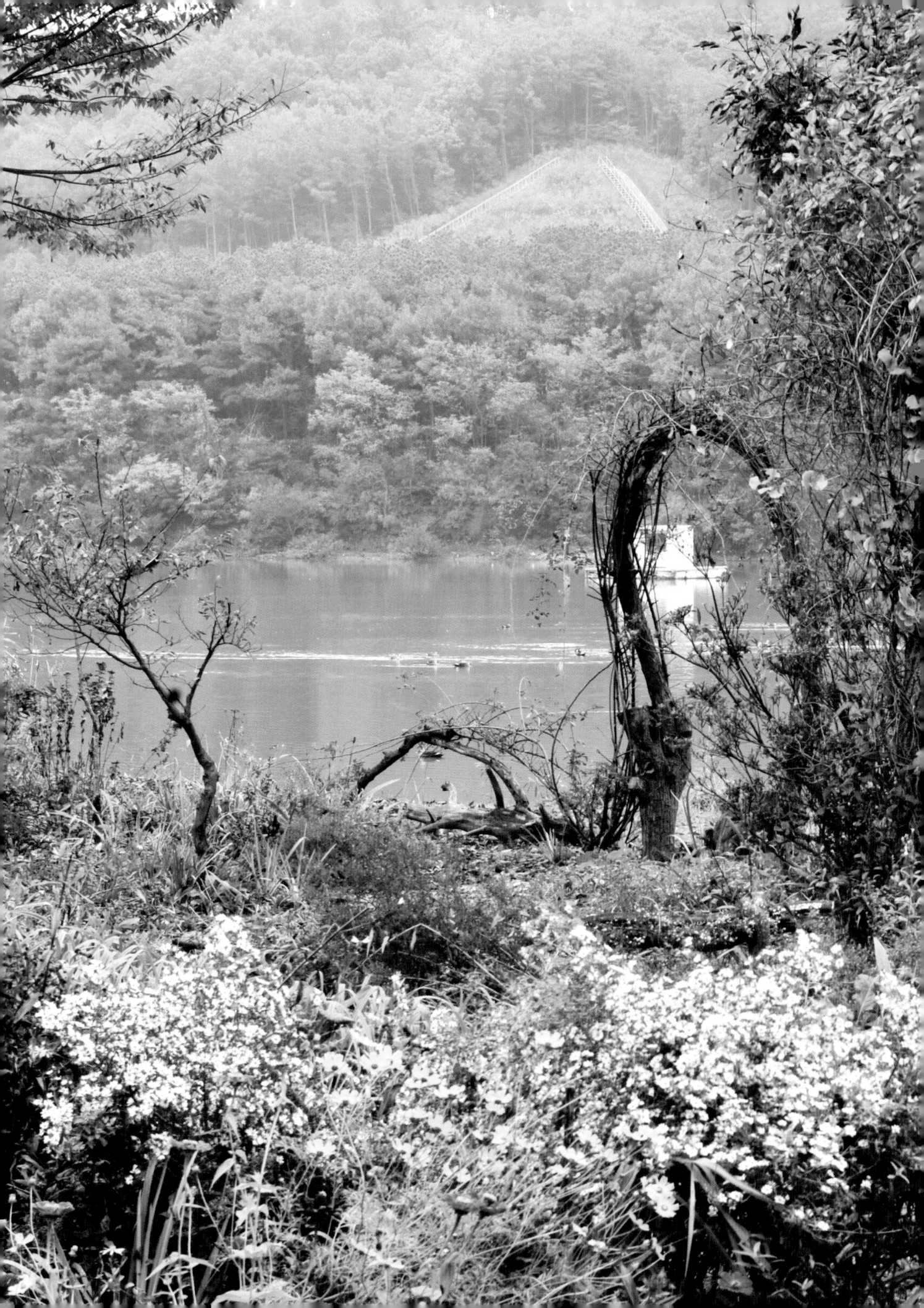

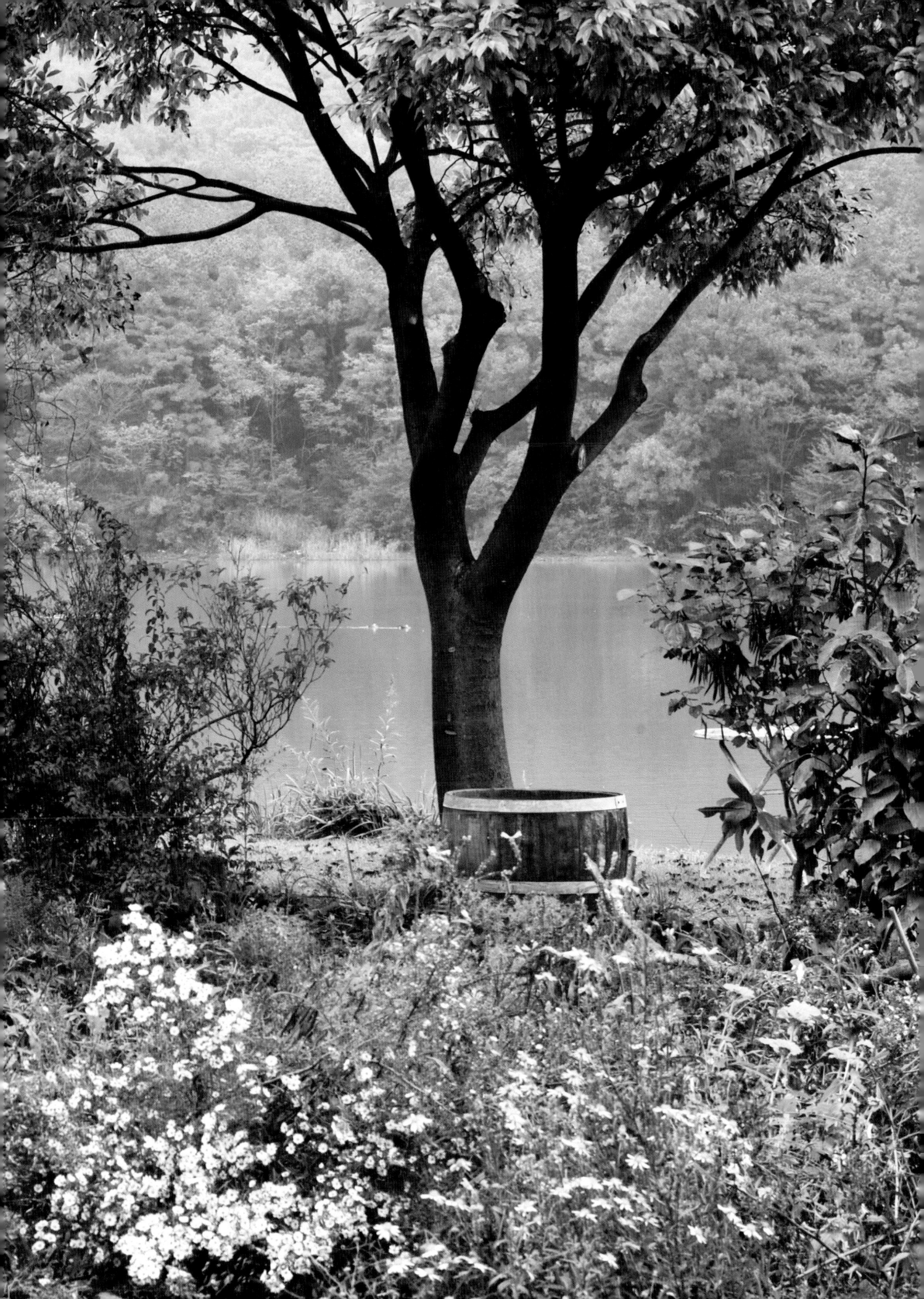

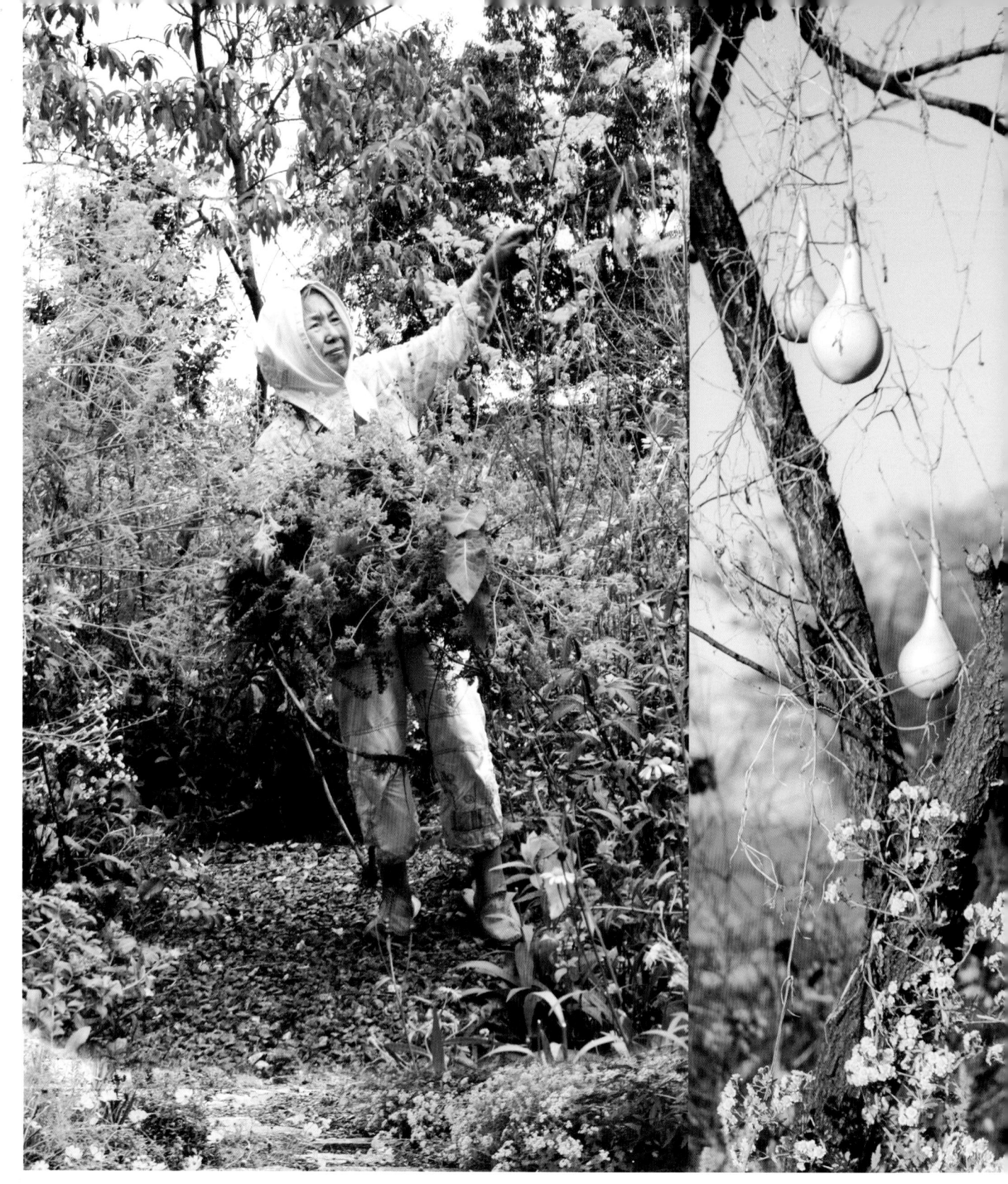

향기가 좋은 꽃일수록 조심스레 재빨리 피하는 것이 내 습관이다.
꿀벌이 꽃송이만큼이나 달라붙는 산국은 나를 현혹했던 중범이지만,
꽃향기를 폐부 속까지 들이마시고 흠뻑 취해 넋이 나가도 좋다고 할 만큼 유혹을 받는다.
그러나 조심스레 짙은 향기를 피했더니 그들 곁에서 함께 살 수 있을 만큼 적응되어 가고 있다.
나는 적응이라는 말 자체를 아주 좋아하고 따른다. 꽃들을 가까이에서 볼 수도 있고, 노란빛으로 휘돌아 가는
자연의 실루엣을 누리며 은은한 내음 속에 살 수 있게 된 이 모든 것이 내게는 하늘의 선물이었다.

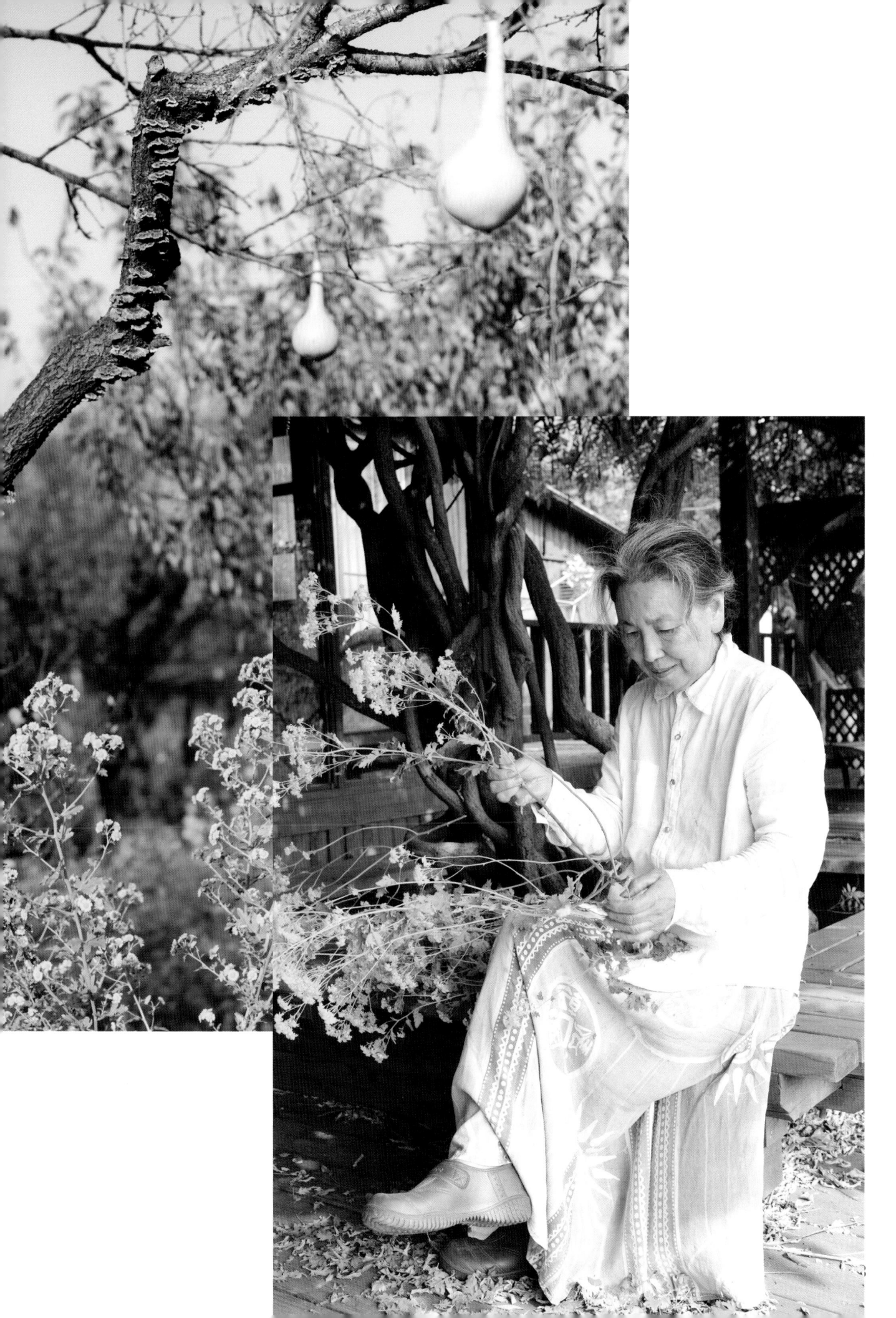

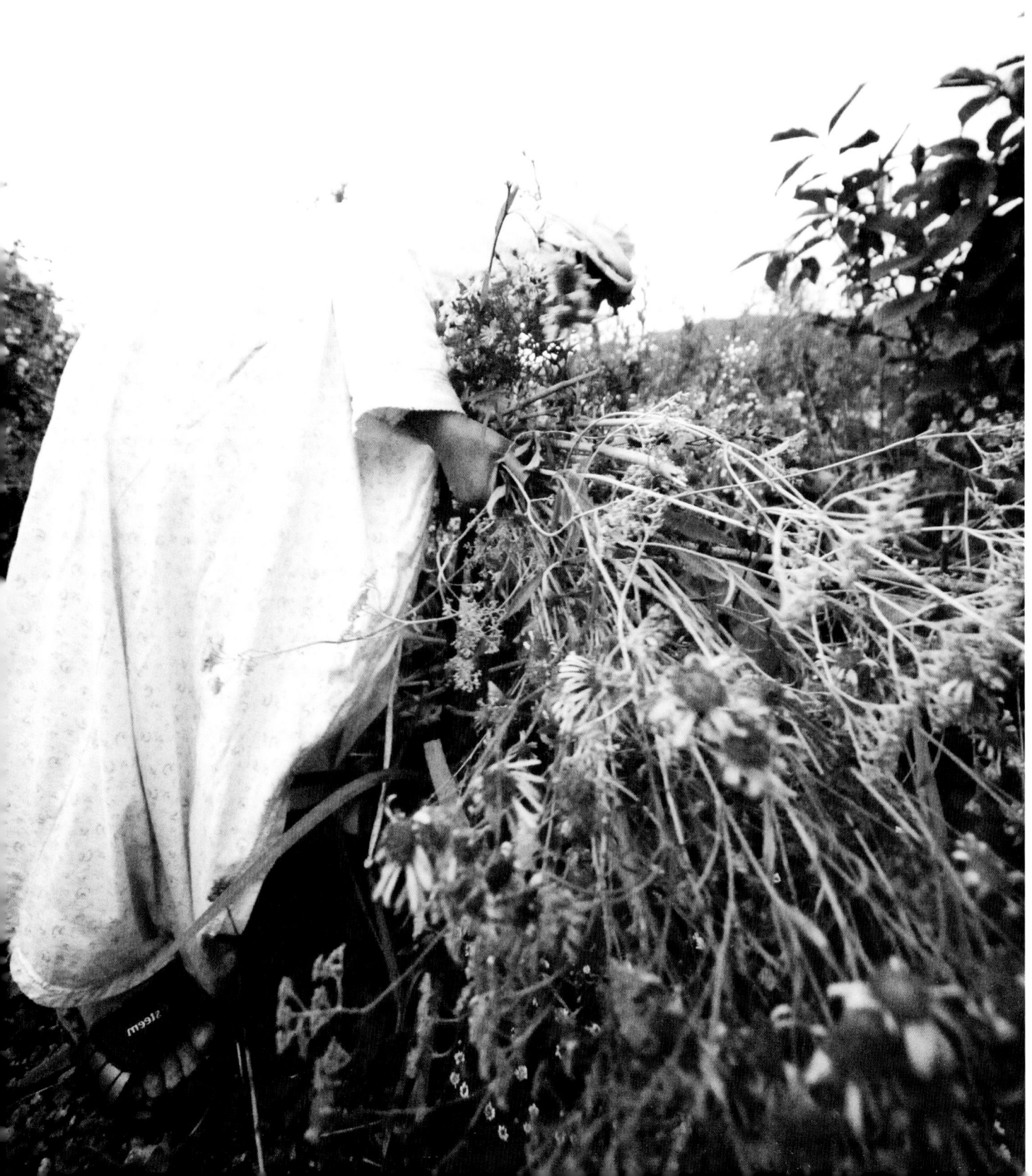

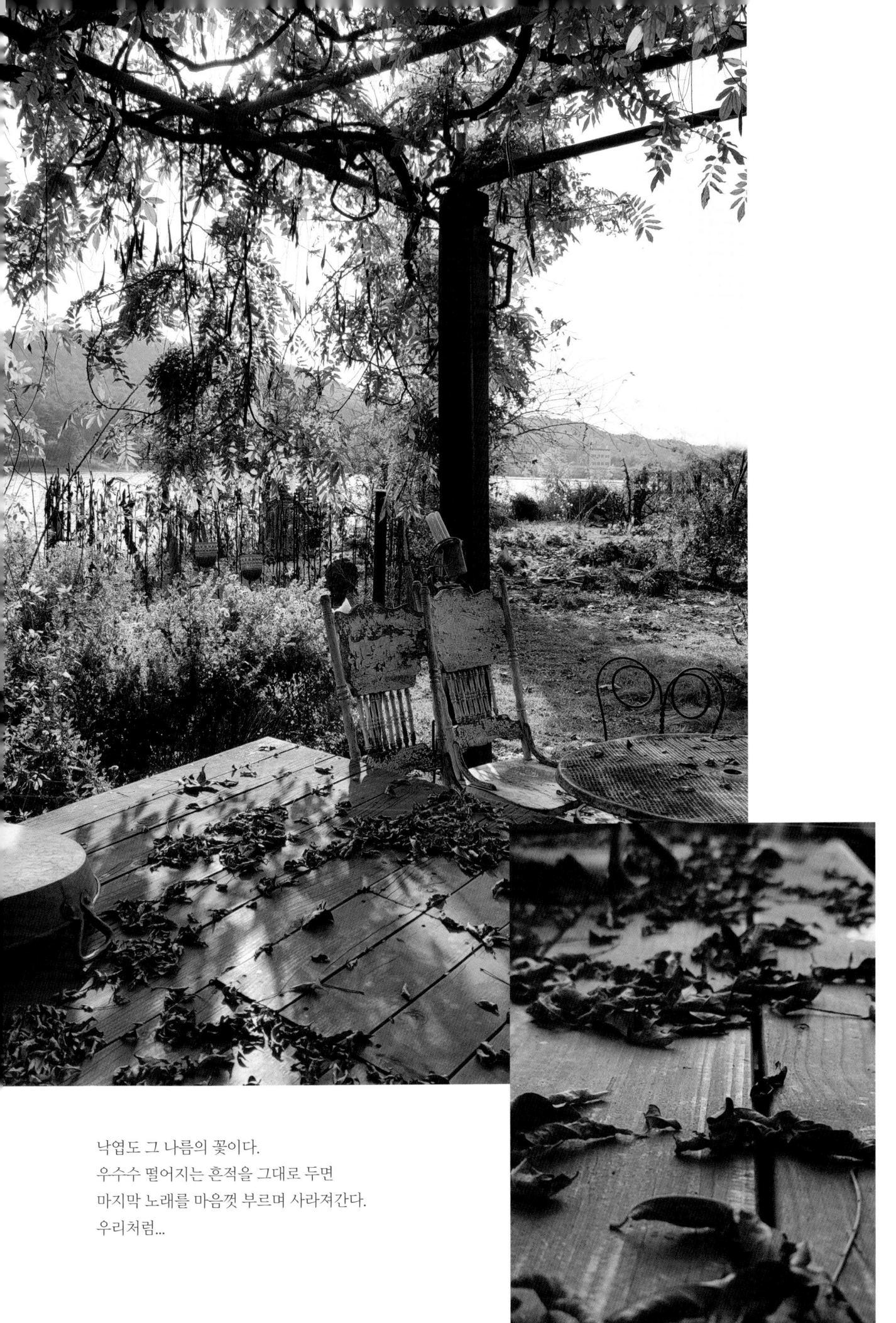

낙엽도 그 나름의 꽃이다.
우수수 떨어지는 흔적을 그대로 두면
마지막 노래를 마음껏 부르며 사라져간다.
우리처럼...

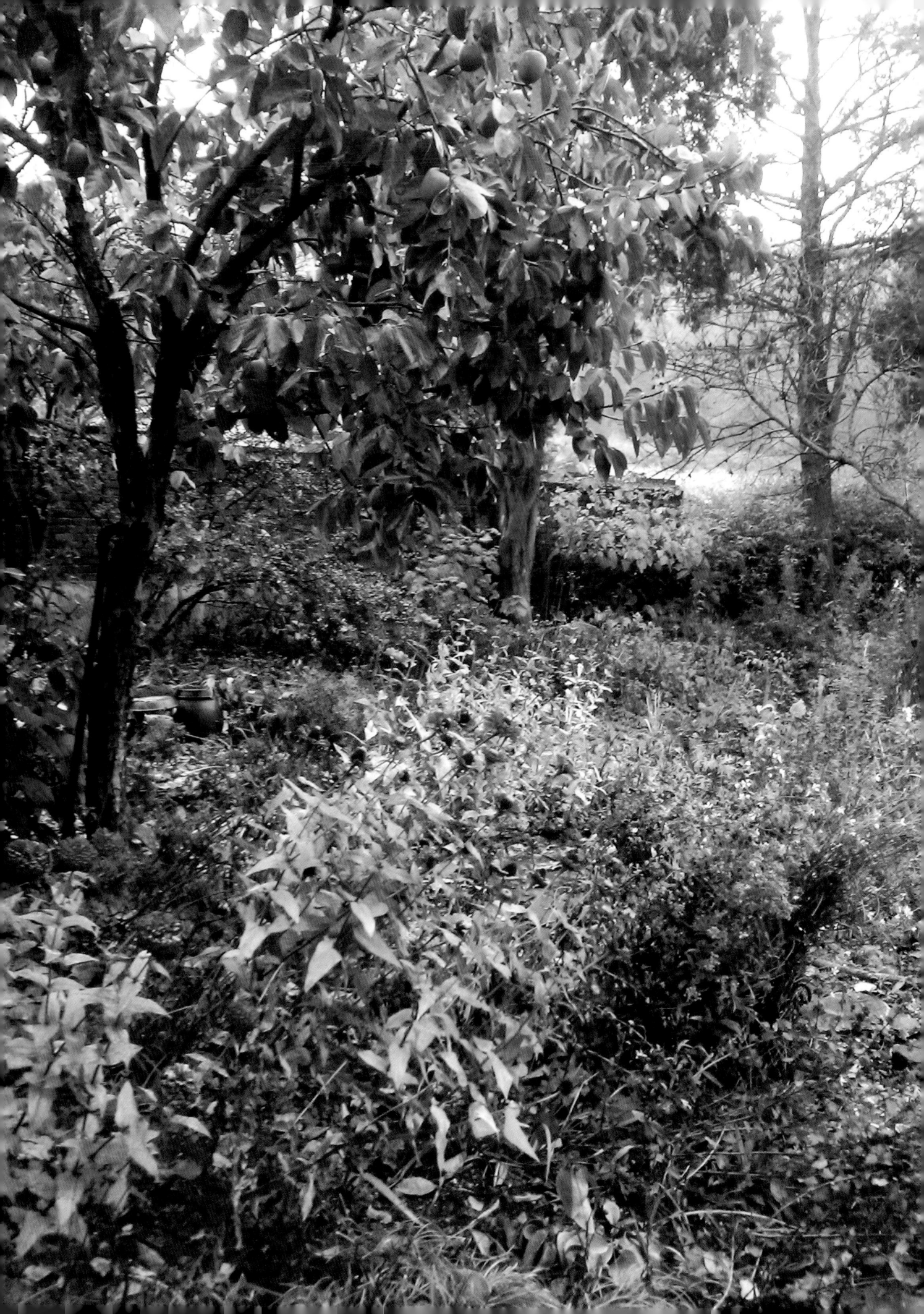

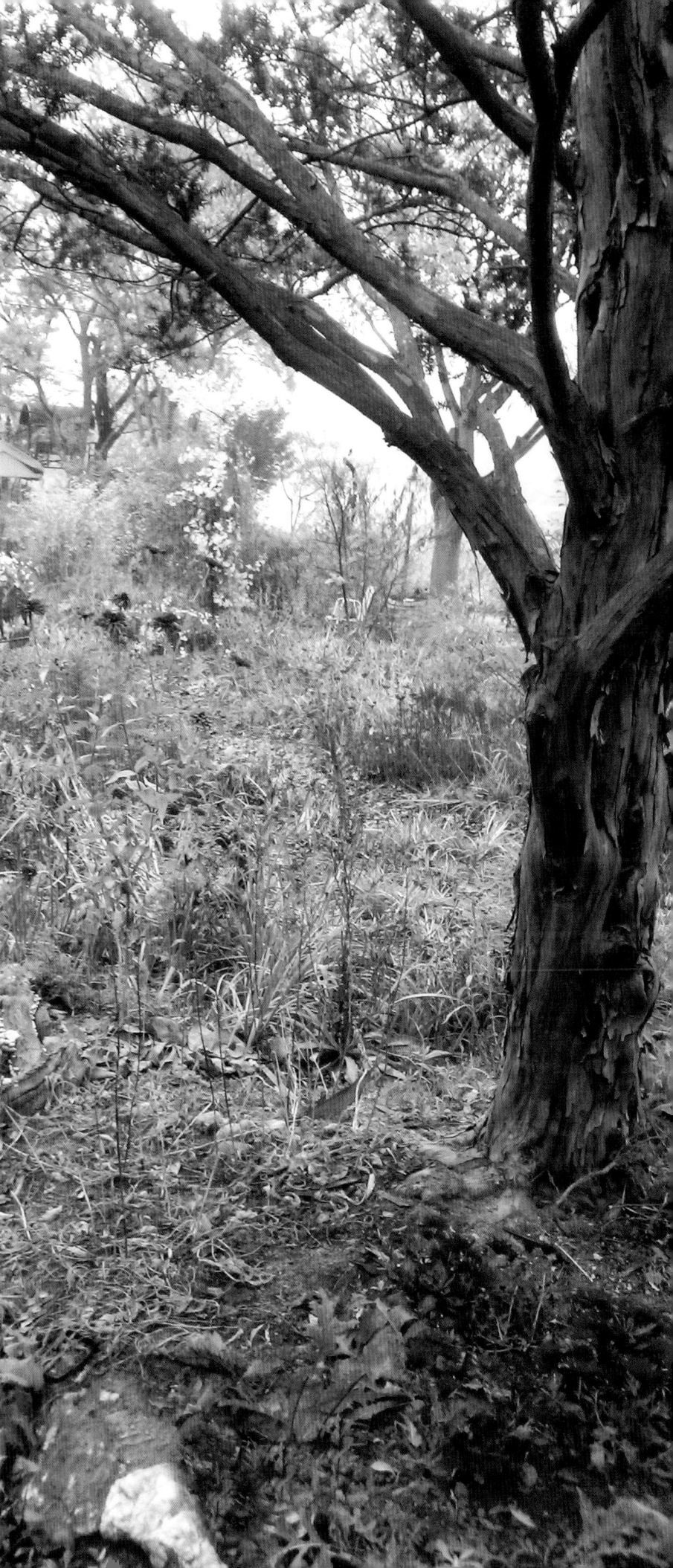

꽃들이 고개를 떨구며
서로 기대어 있는 것은
이별이 아쉬워서가 아니었다.
일으켜 세우며 어르고 달래도
모르는 채 눈을 맞추지 않았던 것은
서로의 운명을 받아들였기 때문이다.

꽃이 져가는 모습을 지켜보면
슬픔보다는 위로와 감동으로
얼룩지게 된다.
한 잎 두 잎 생각 없이
땅에 떨어지는 것 같지만
묻힌다기보다는
이미 흩뿌려 놓았던 씨앗을 덮어주려는
어미의 마음을 느꼈기 때문이다.

추운 겨울 온갖 고초 속에서
환희의 봄이 오면
탯줄인 양 어미 몸속에 숨겨오던
씨눈 하나 뾰시시 내민다.
그들 역시 봄, 여름, 가을 찾아가며
녹아내리는
아름다운 이별을 알고 있었다.

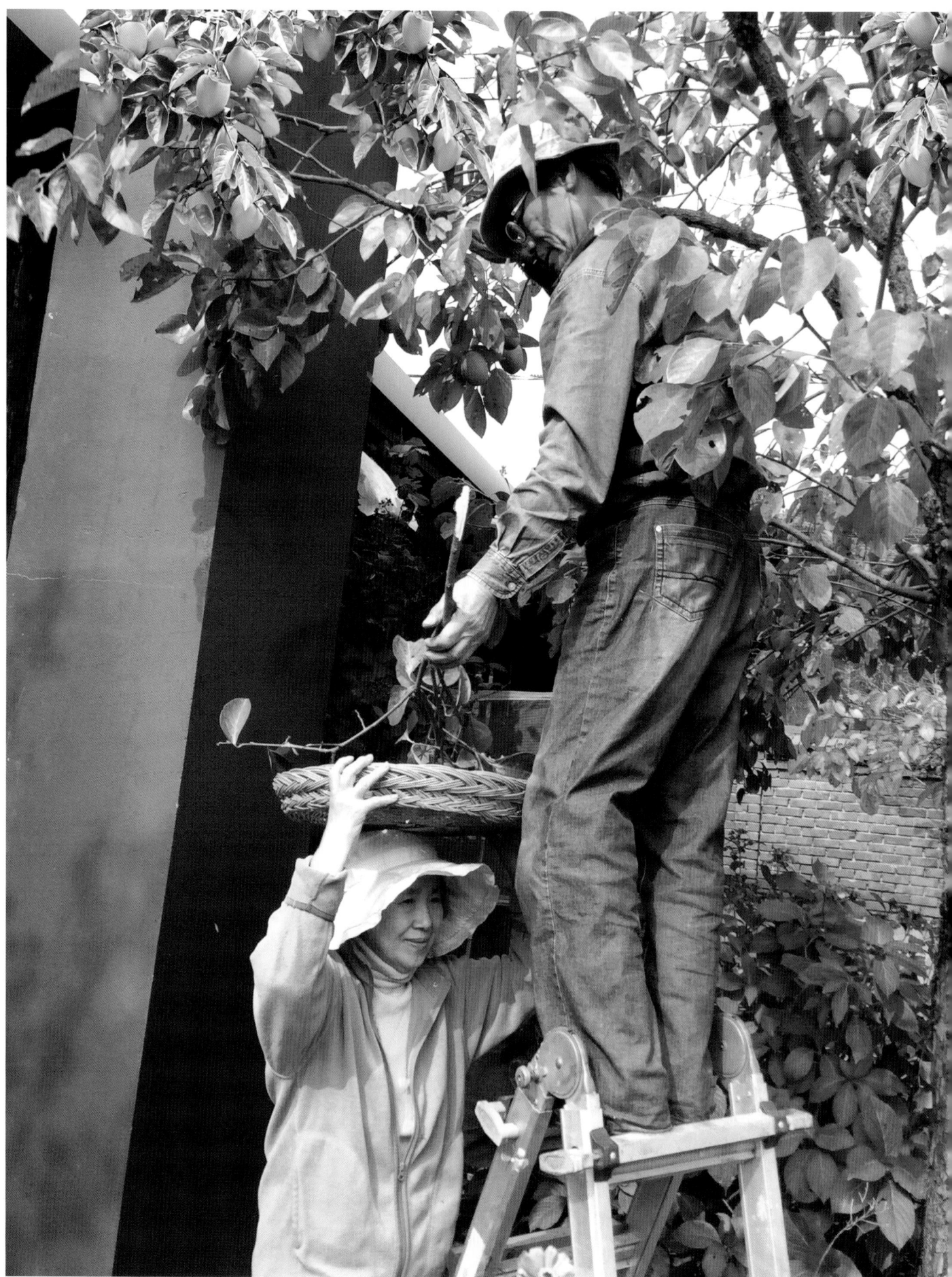

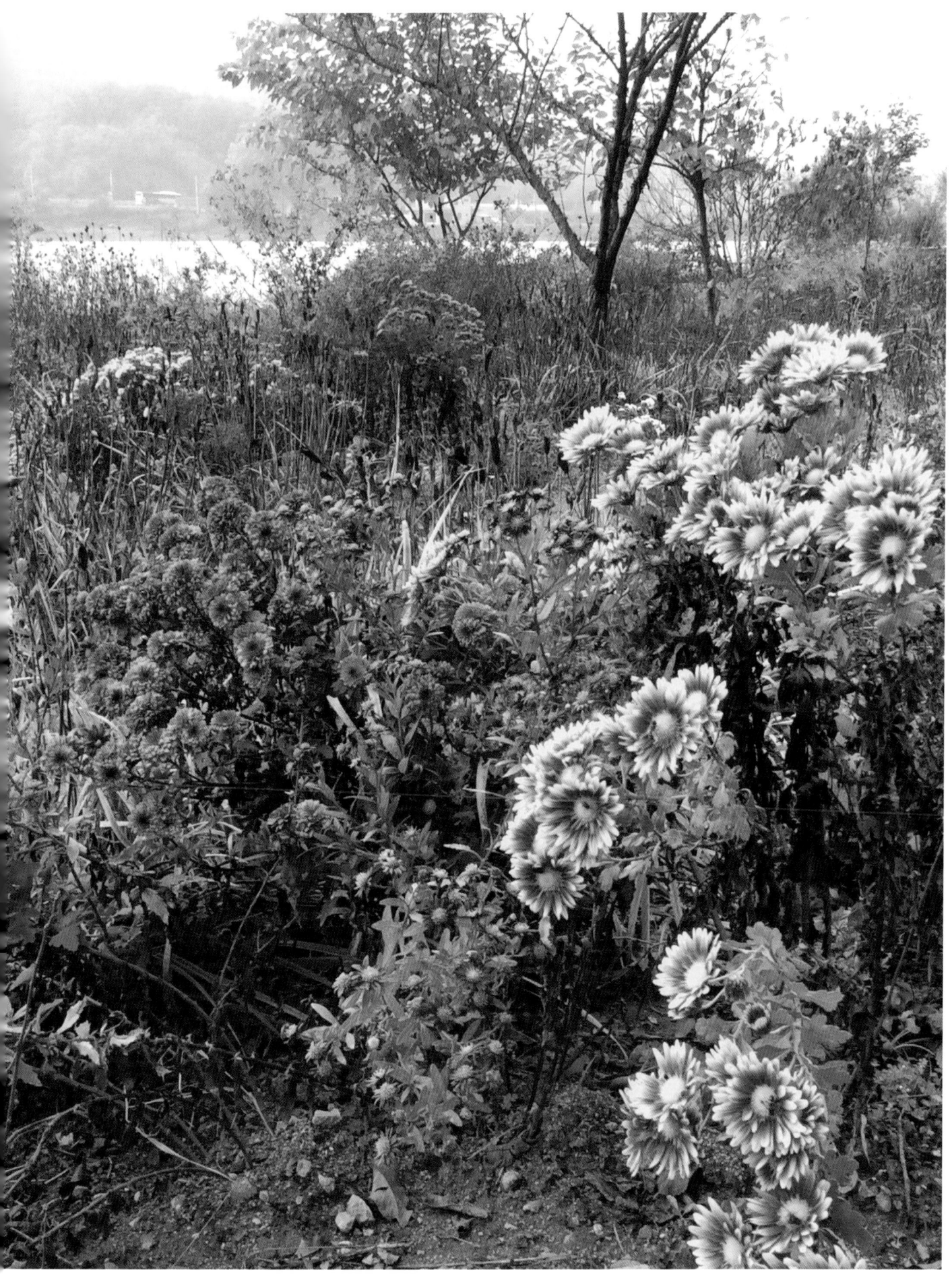

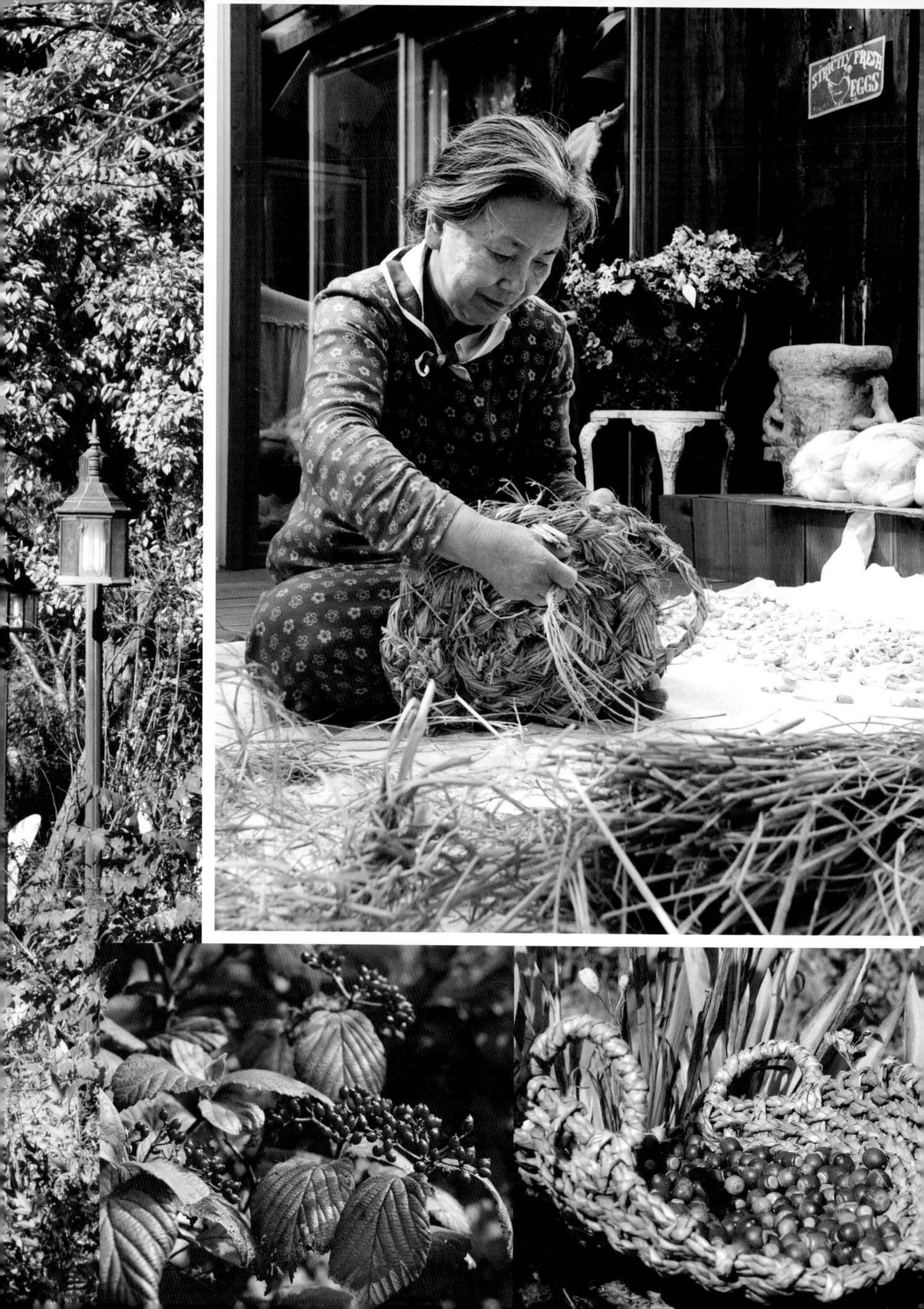

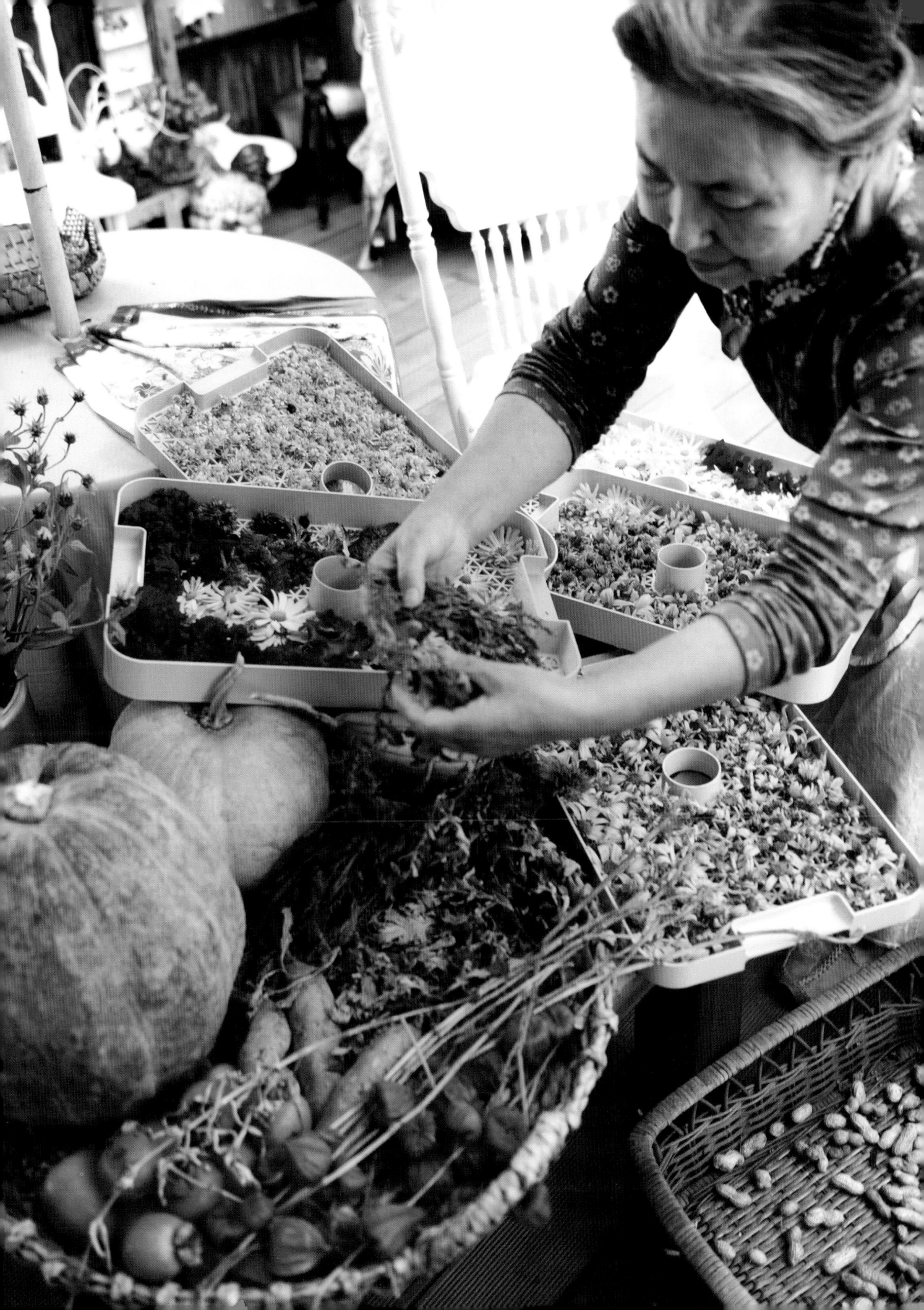

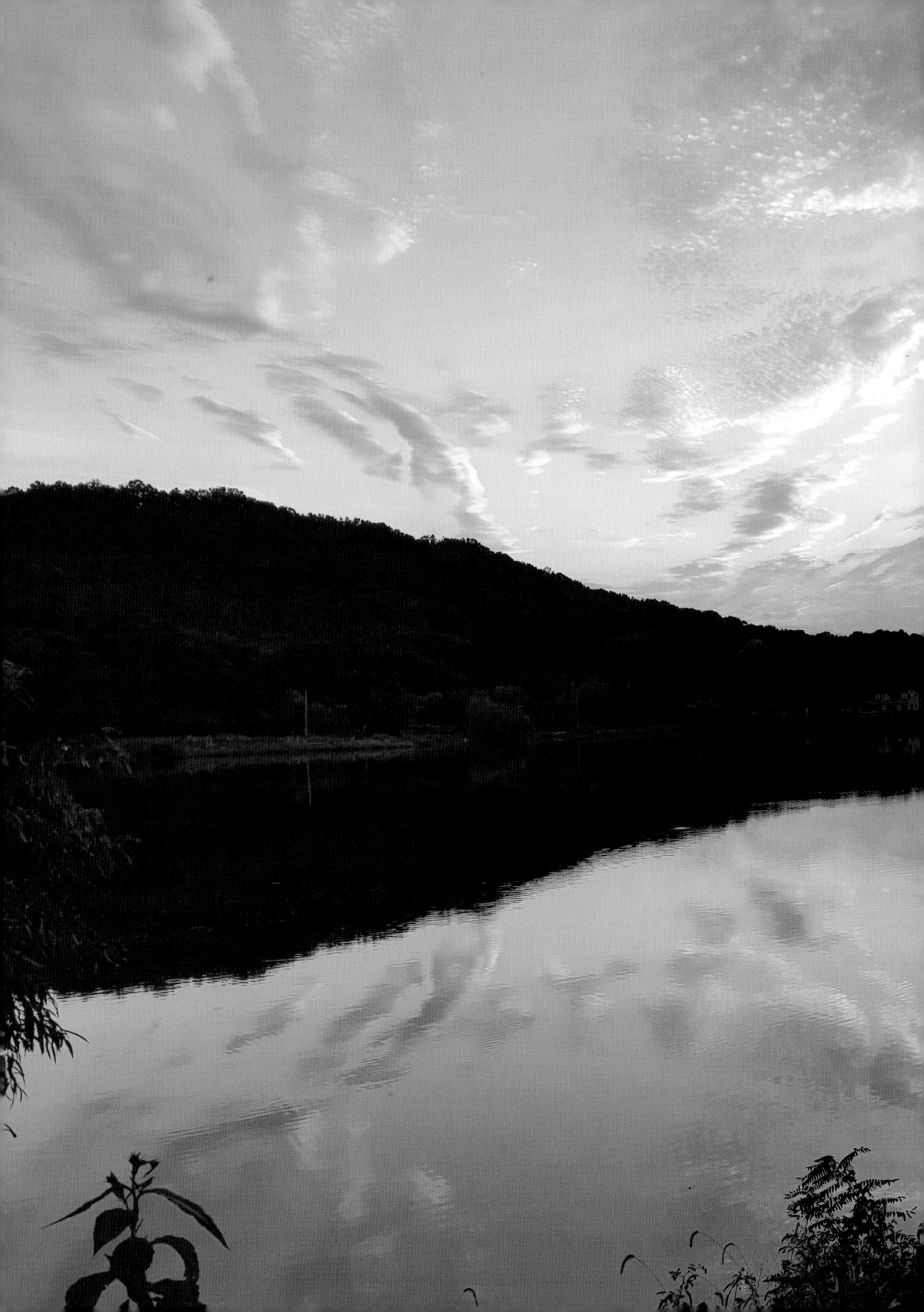

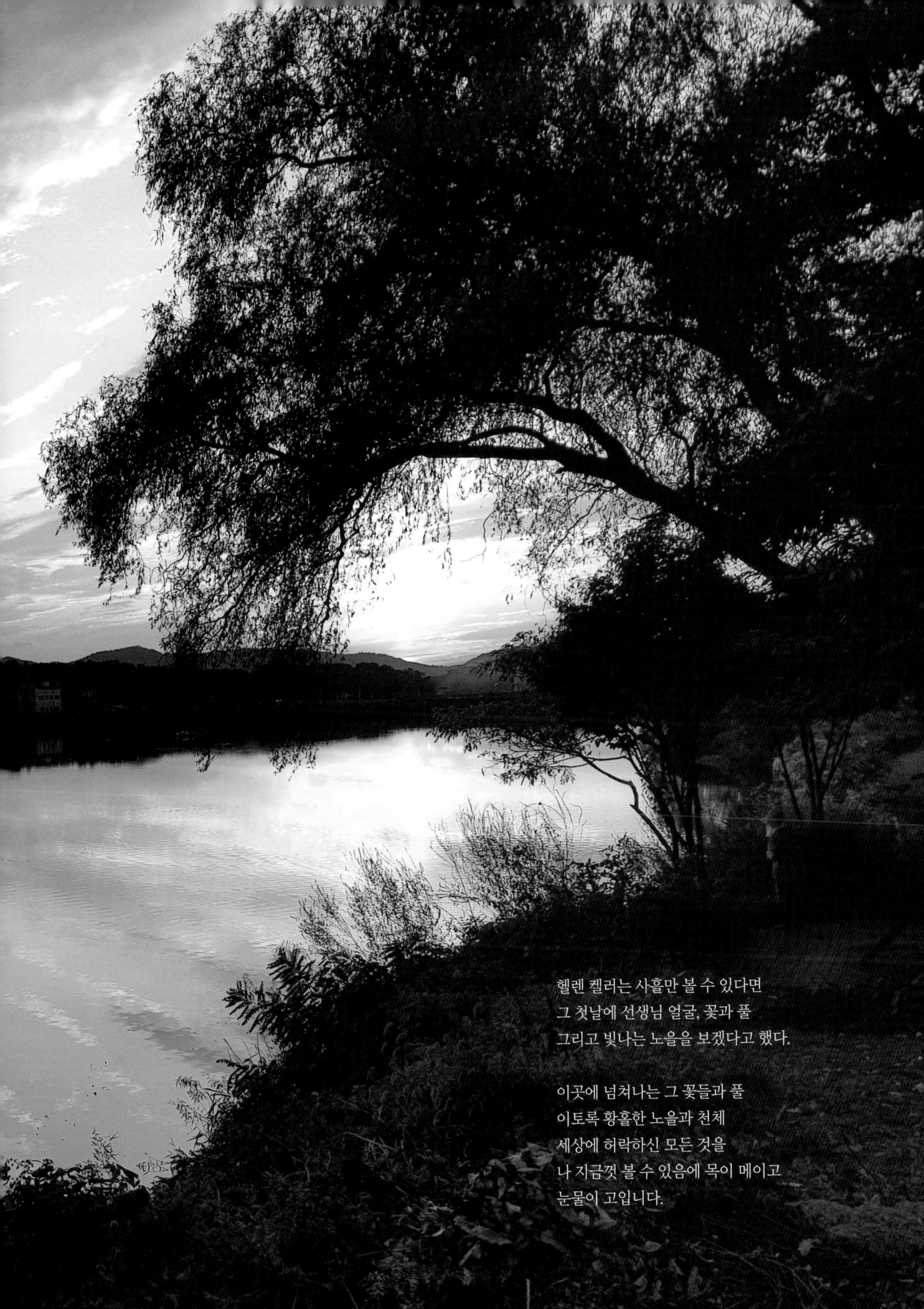

헬렌 켈러는 사흘만 볼 수 있다면
그 첫날에 선생님 얼굴, 꽃과 풀
그리고 빛나는 노을을 보겠다고 했다.

이곳에 넘쳐나는 그 꽃들과 풀
이토록 황홀한 노을과 천체
세상에 허락하신 모든 것을
나 지금껏 볼 수 있음에 목이 메이고
눈물이 고입니다.

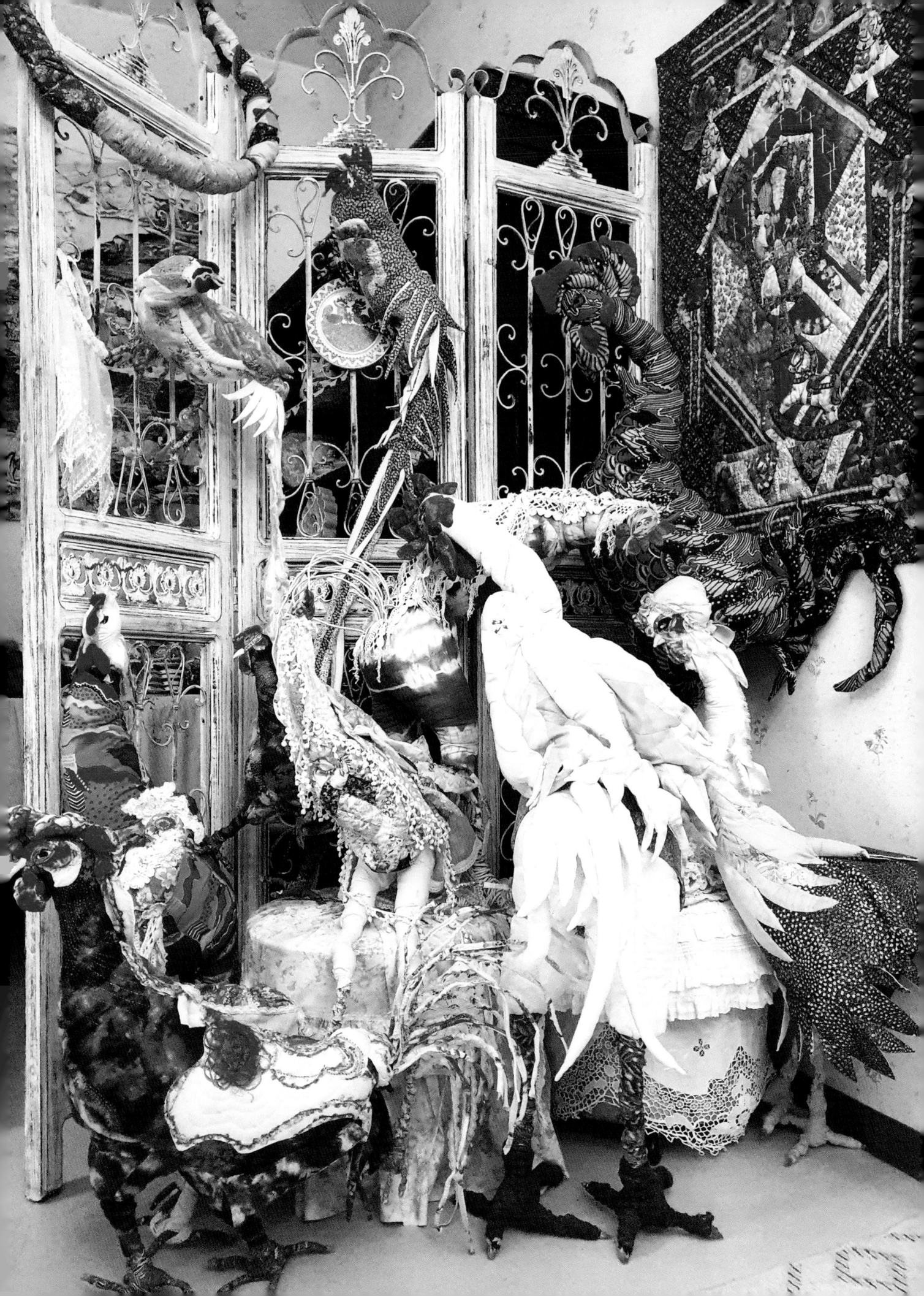

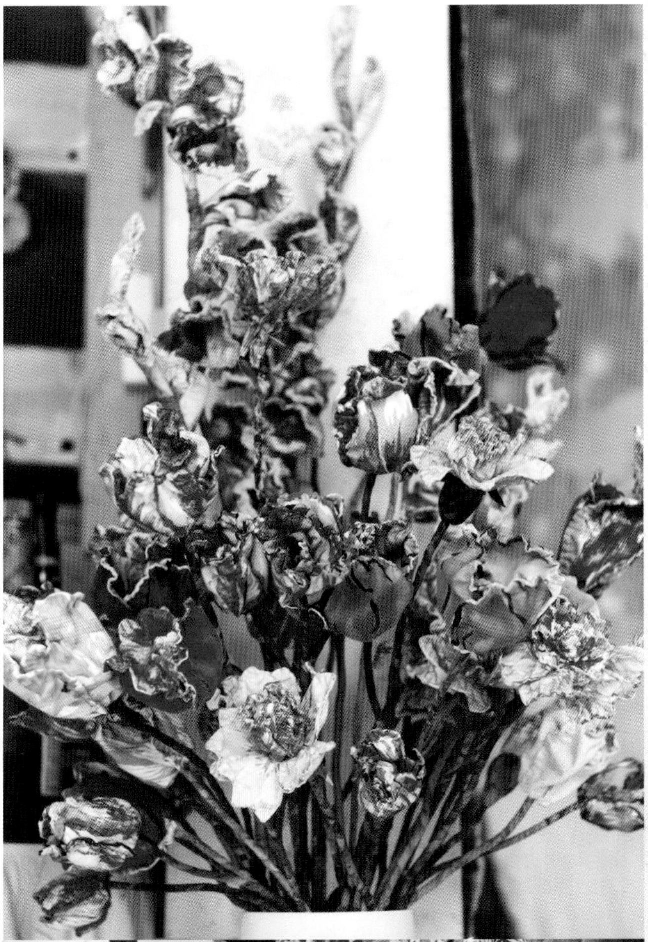
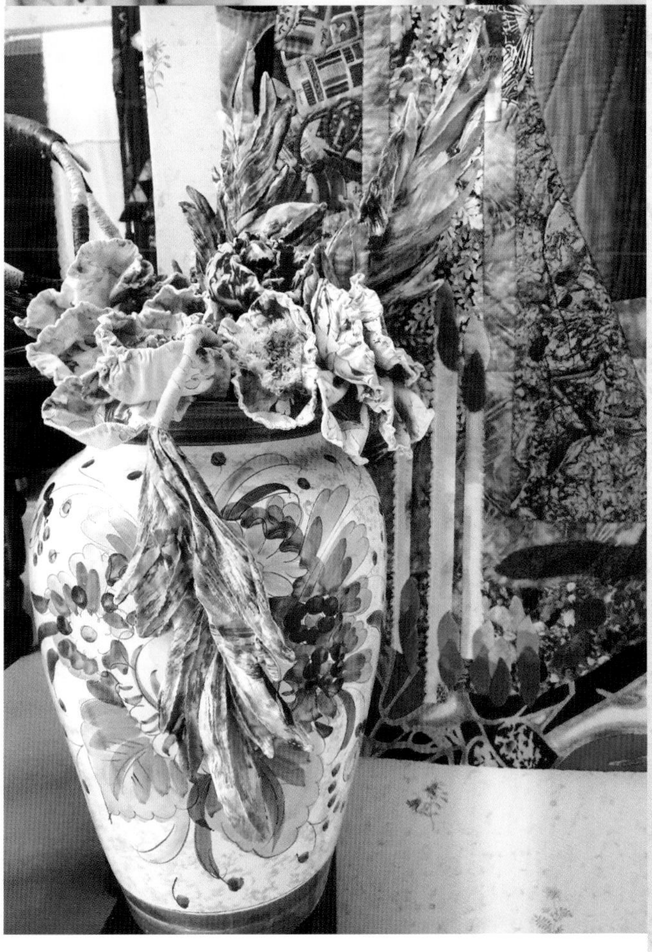
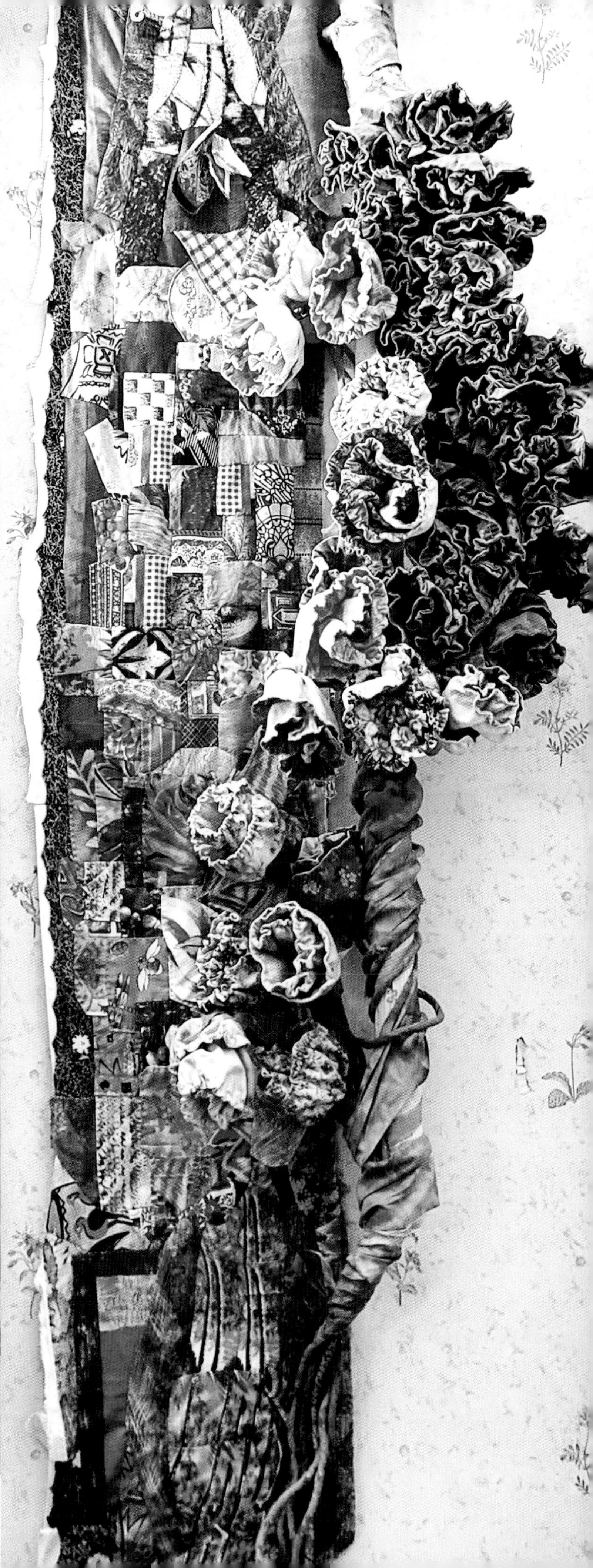

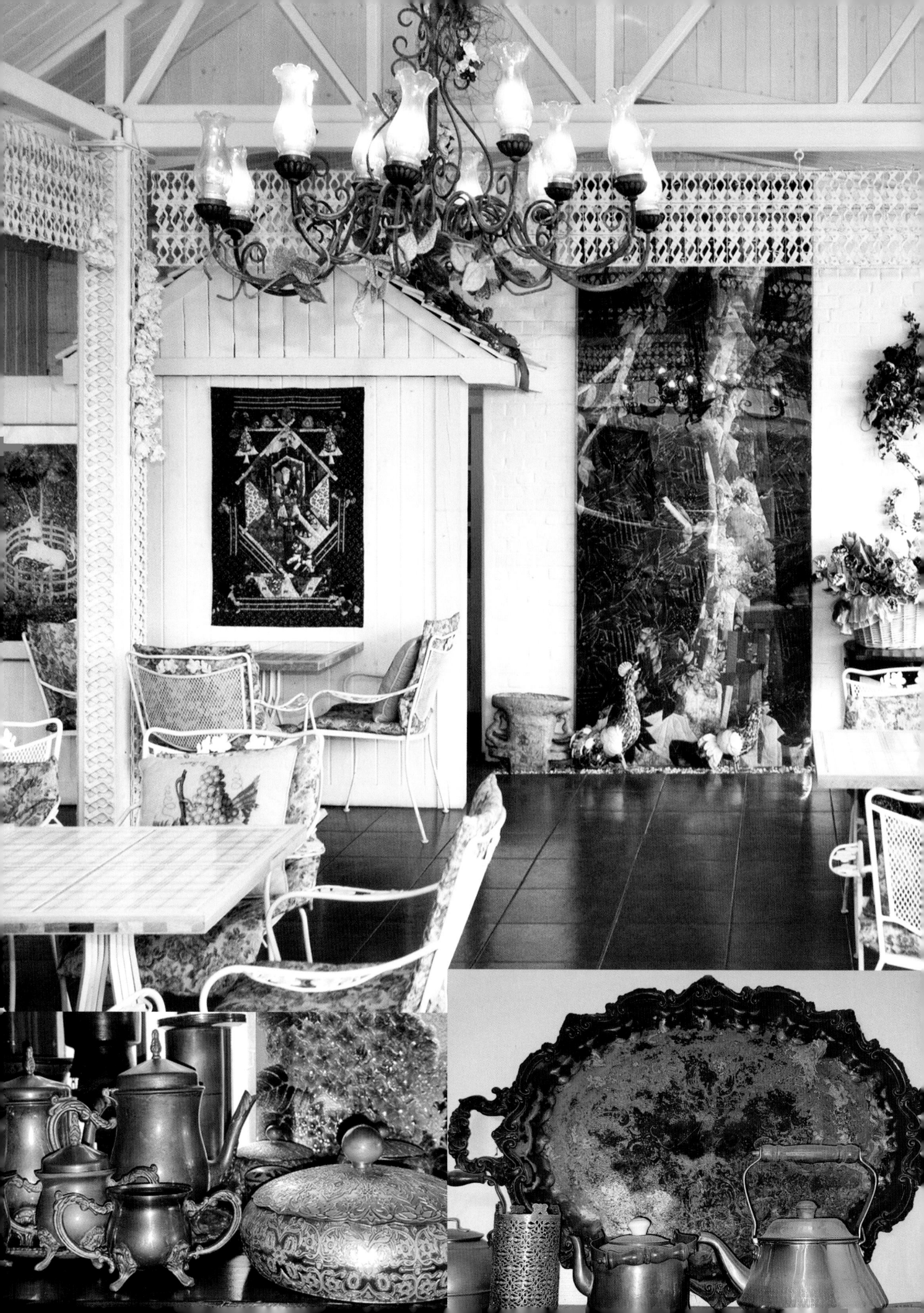

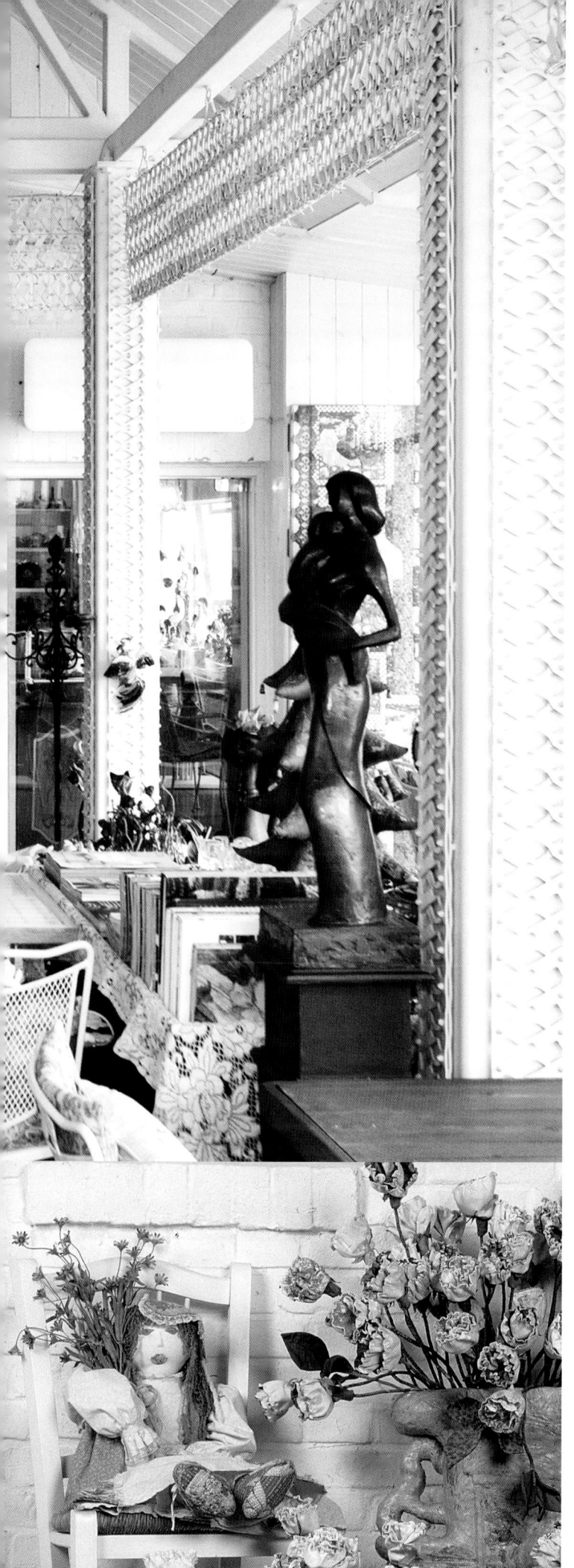

## 모든 시간을 아름답게...

천 조각으로 여는 세상 (안홍선 퀼트 라이프 65)

난해하고 어려운 그림 앞에 폼 잡고 서 있기란
쉬운 일이 아니다. 손에 땀을 쥐는 블록버스터 영화가
넘쳐나고, 쉴 틈 없이 어깨를 들썩이게 하는 뮤지컬이
쏟아지는 요즘, 전시회는 자칫 단무지 빠진 김밥처럼
밋밋하게 느껴질 수 있다.
그 한기(寒氣)에 할머니의 따스한 숨을 불어넣었다.
퀼트로 전하는 삶의 이야기를 …

월드컵 4강전으로 온 나라가 심한 몸살을 앓았을 당시,
출렁이는 붉은 물결을 바라보는 할머니의 가슴속에도
형언할 수 없는 끈끈한 애정이 흘렀다. 고단한 줄 모르고
천 조각을 모으고 모아 일일이 자르고 붙이기를
수십 차례, 형형색색의 국기들이 하나씩 자리를 잡기
시작했고, 그 위로는 휘날리는 태극기와 축구공이,
그리고 상암 월드컵 경기장의 함성에 날아간 마스코트
의 손끝에선 '자랑스러운 코리아'가 재현되고 있었다.
어디 이뿐인가. 분단된 조국의 통일을 염원하는 바람을
태극기와 인공기를 사용해 기상천외한 모습으로
의인화해 놓았고, 화려한 꽃밭으로 점철된 지상낙원에
서 노니는 행복한 인간의 모습을 꿈꾸기도 한다. 사회
현상은 물론, 일상에 대한 소소한 애정도 숨기지 않는다.
손녀딸을 보고 싶은 마음에 천 조각을 이어 붙이고 붙여
꼼꼼하게 바느질해 탄생시킨 어여쁜 손녀딸은 안락한
요람 옆에서 잠들어 있고, 그 옆에는 초록색 천에 솜을
집어넣은 '통통한 크리스마스트리'가 한껏 분위기를
내고 있다. 가슴 벅찬 감동에의 순간과 일상의 작은 시선
들이 곳곳에 배어 있는 곳, 퀼트 인생 30여 년의 안홍선
작가가 선보이는 '라이프 65' 전이다.

(출처: 한국일보 CITYLIFE 2003.4.17, 이현주 기자 lisa @mk.co.kr / 사진, 김철빈 기자)

나의 갤러리였던 연희동 마리아 칼라스
지금은 뒤안길로 사라졌지만,
어린 시절 꽃대궐만큼이나 나에게 소중했던 곳이다.

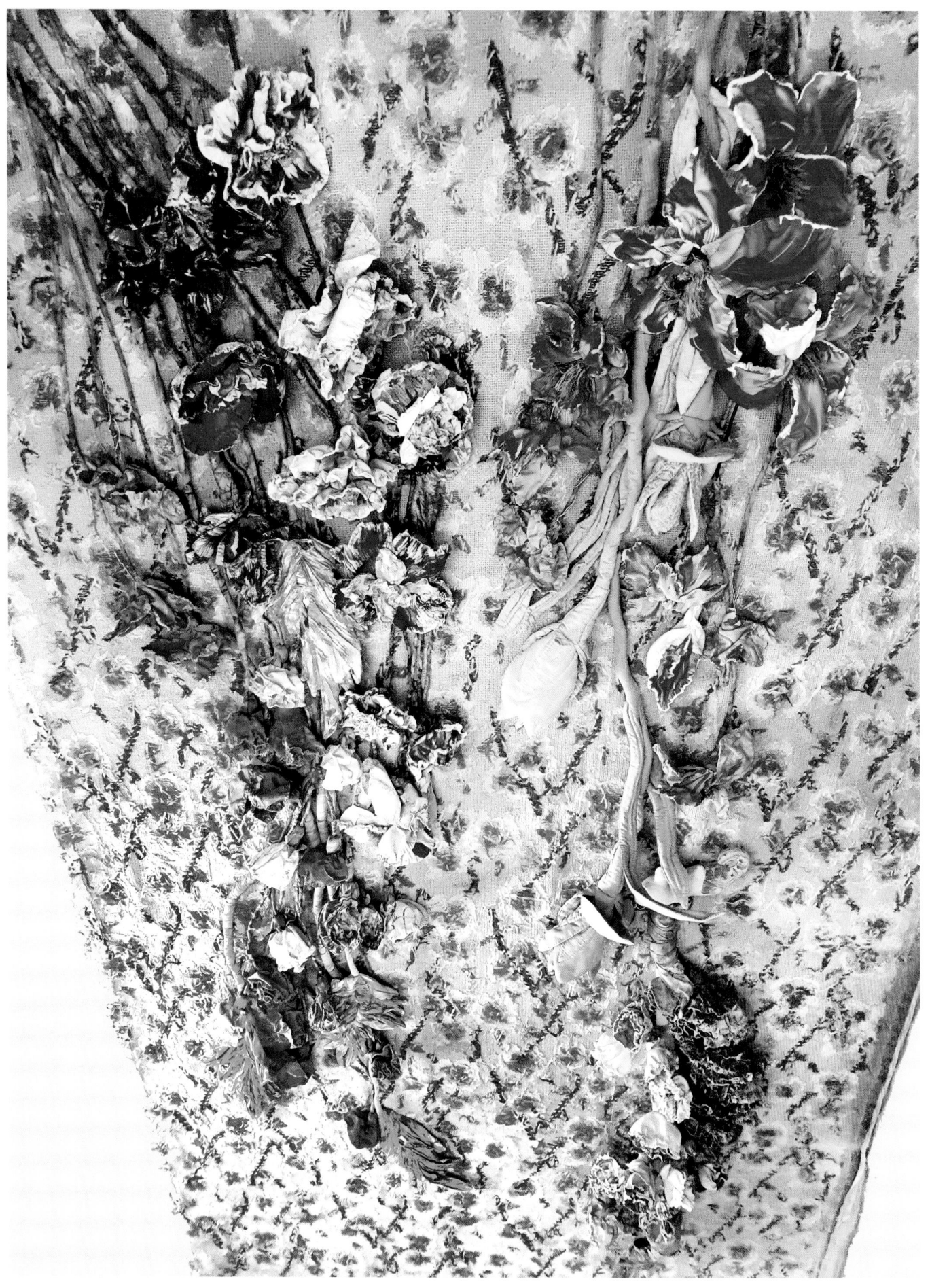

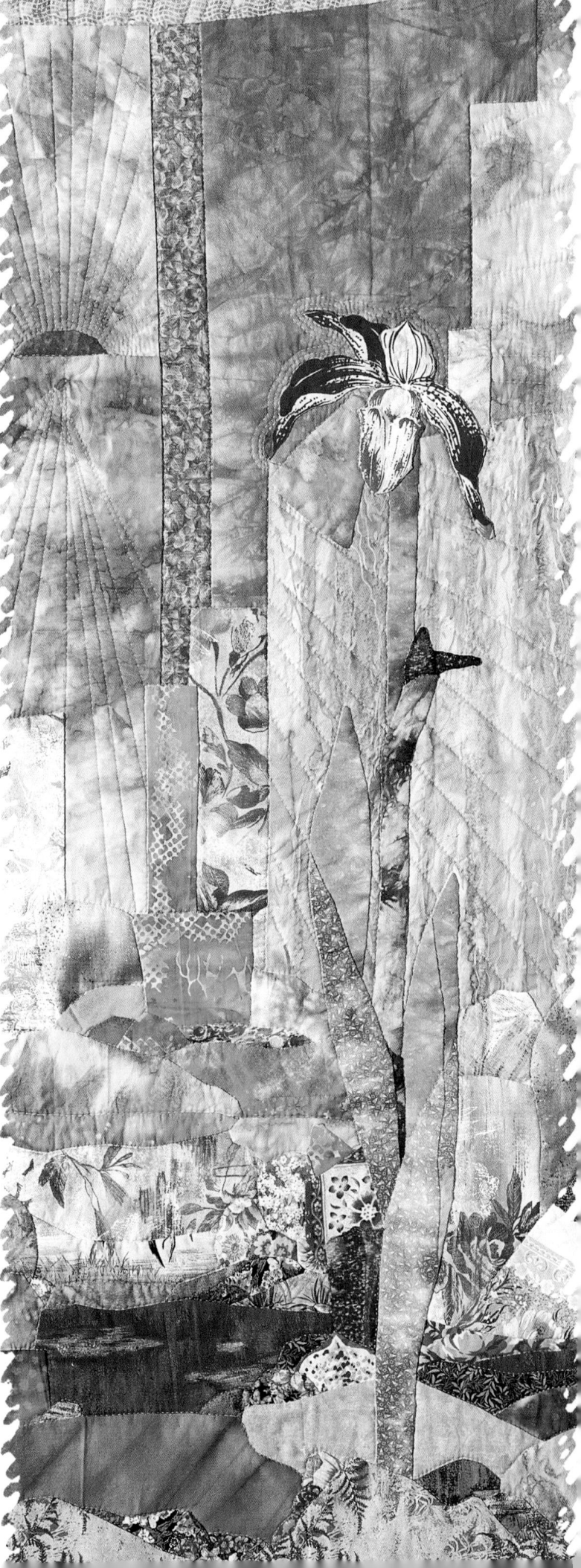

## 꽃 한 송이

하루 중에
하늘이 붉게 타고
대지에도 황홀한
석양이 가장 아름답듯이
그러하옵니다.

어느 분 앞에서도
부끄러움 없으실 분
혹여 누가 될까
차 한잔 권하기 어려운
곧으신 분이셨습니다.

감사한 마음 한 땀 한 땀 이어
창포꽃 한 송이
봄의 향기로 피워드립니다.

작은 봉오리 이제 막
곧고 청빈함 그대로
꽃 한 송이 봄의 향기로 피어나듯이
그러하온 길 가게 하소서

〈꽃 한 송이, 430×1370mm〉

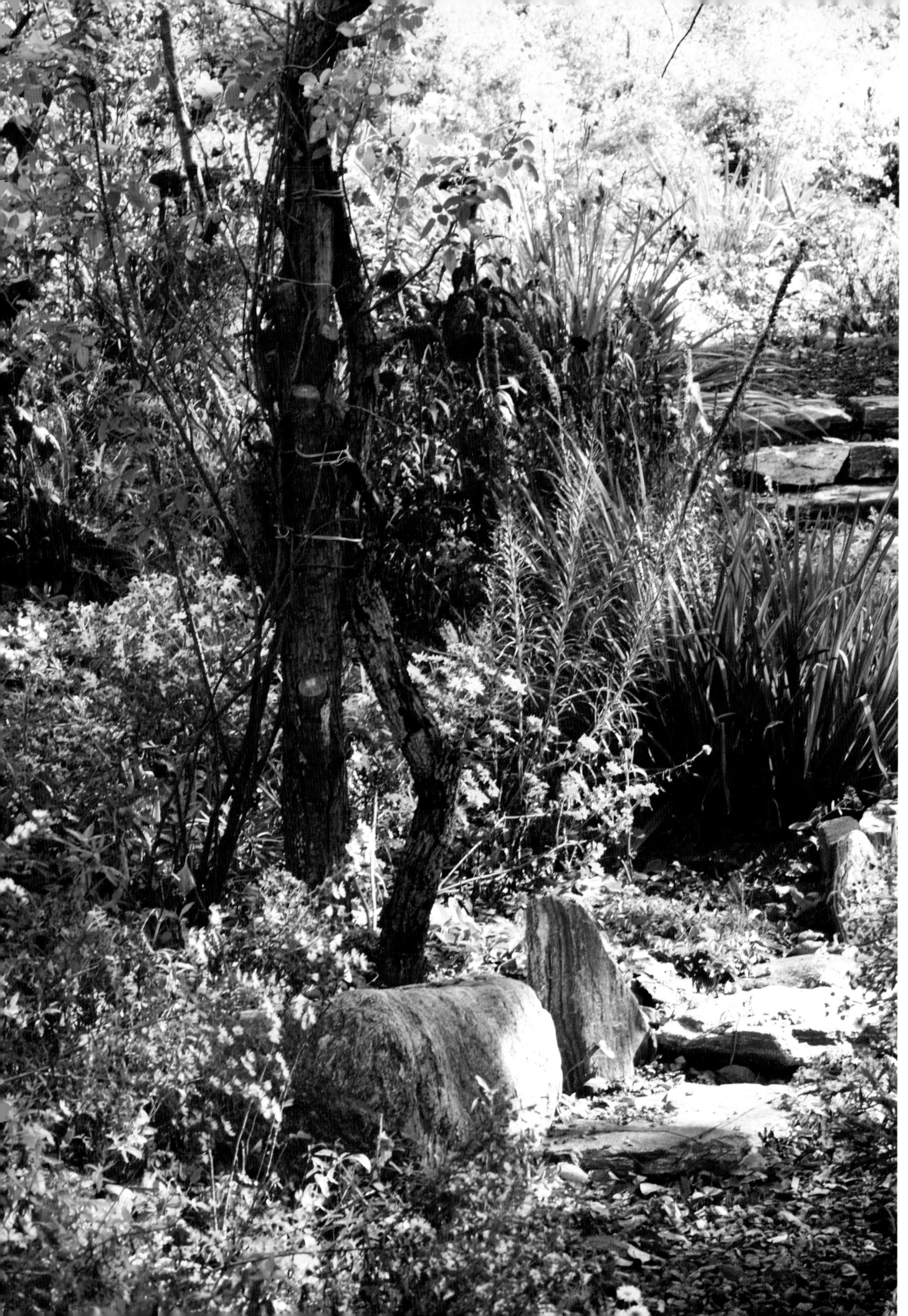

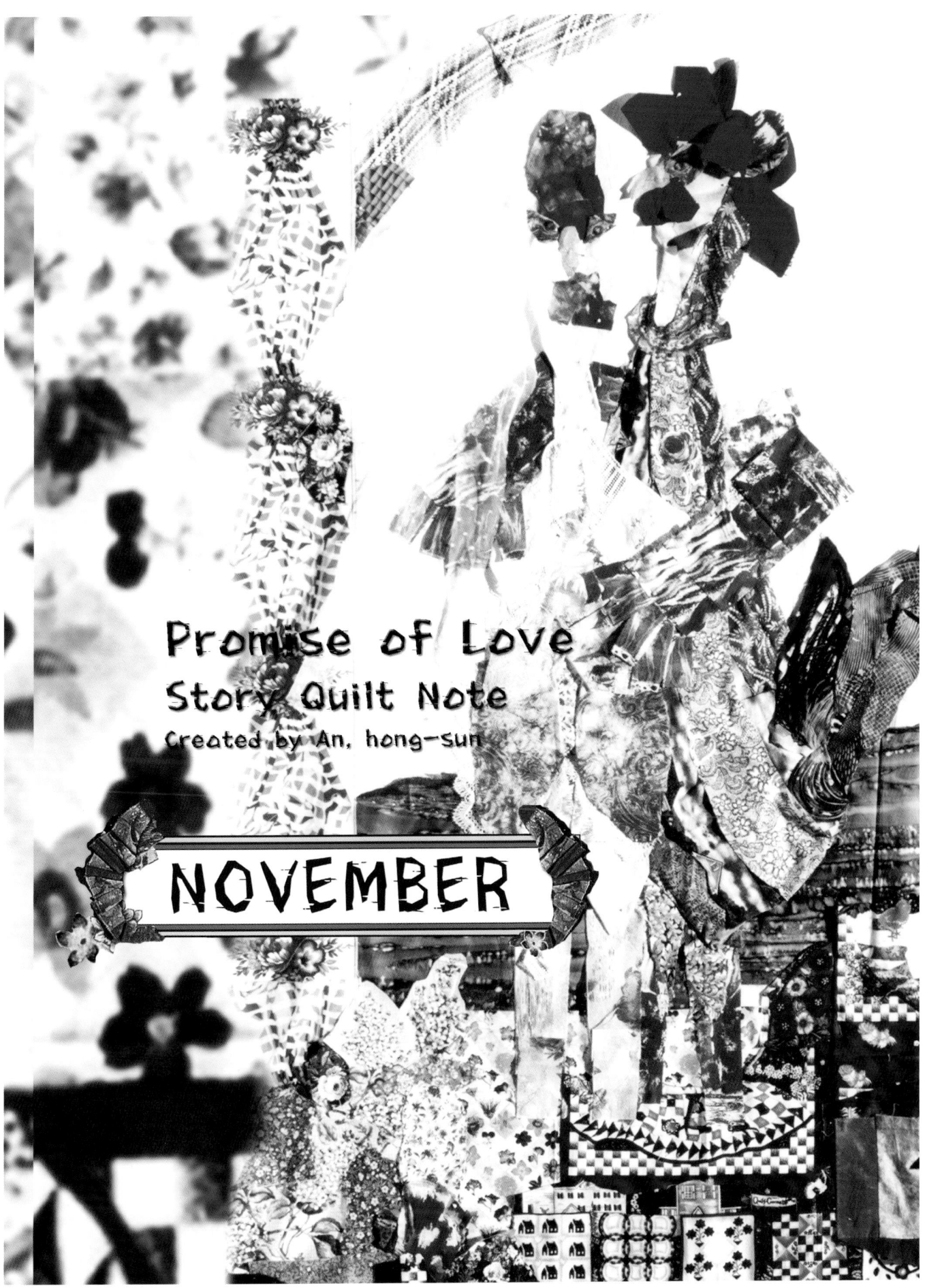

Promise of Love
Story Quilt Note
Created by An, hong-sun

NOVEMBER

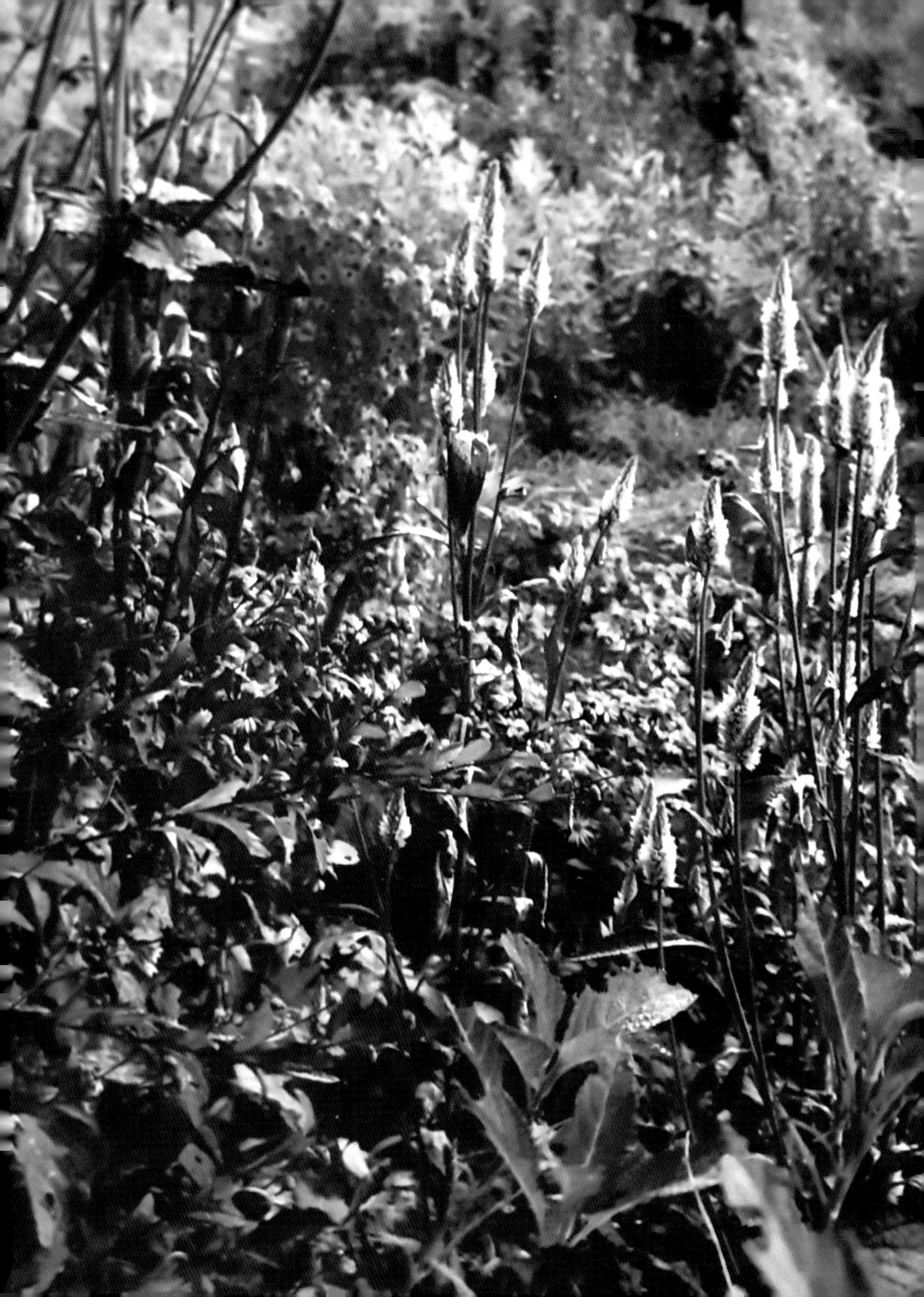

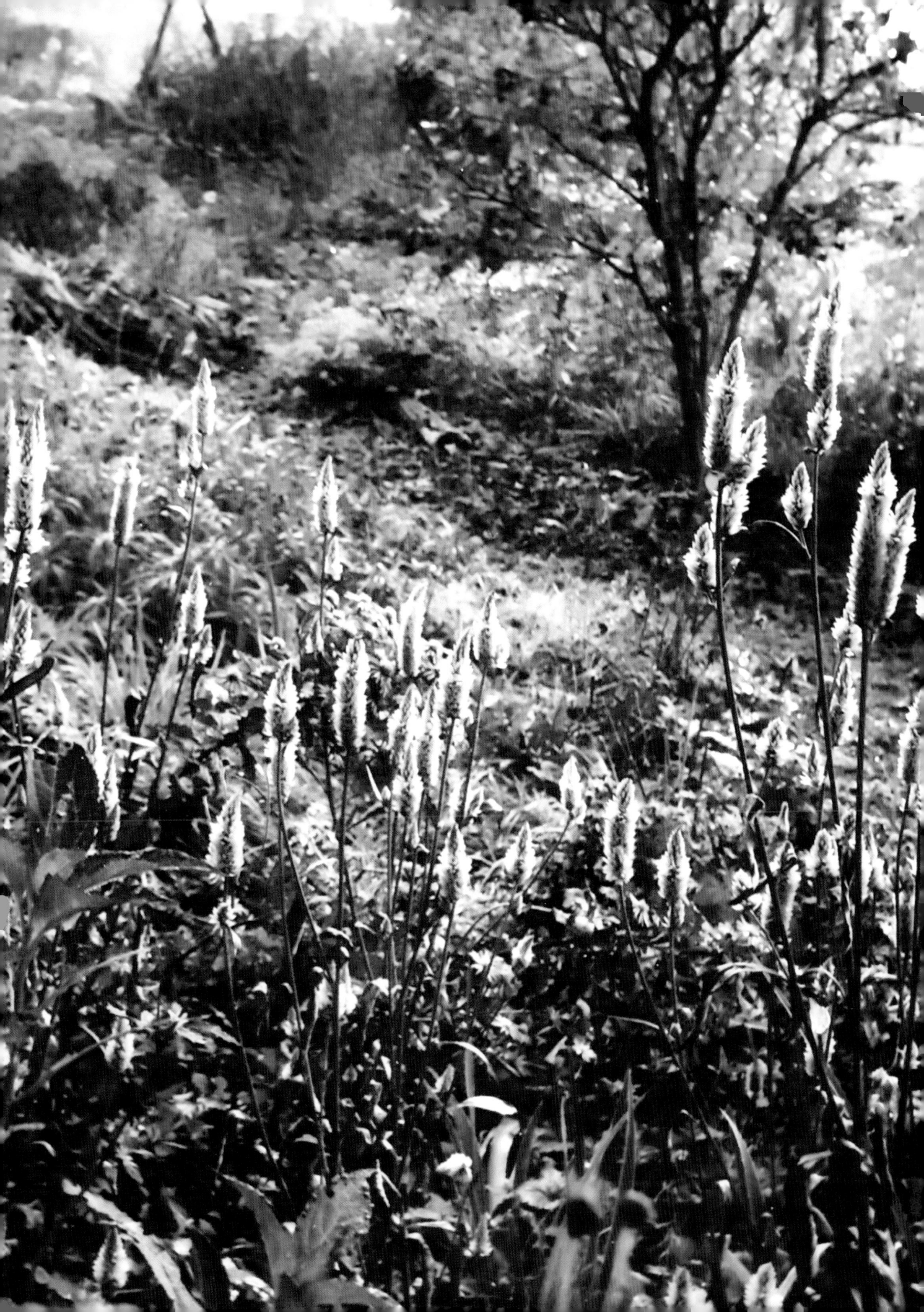

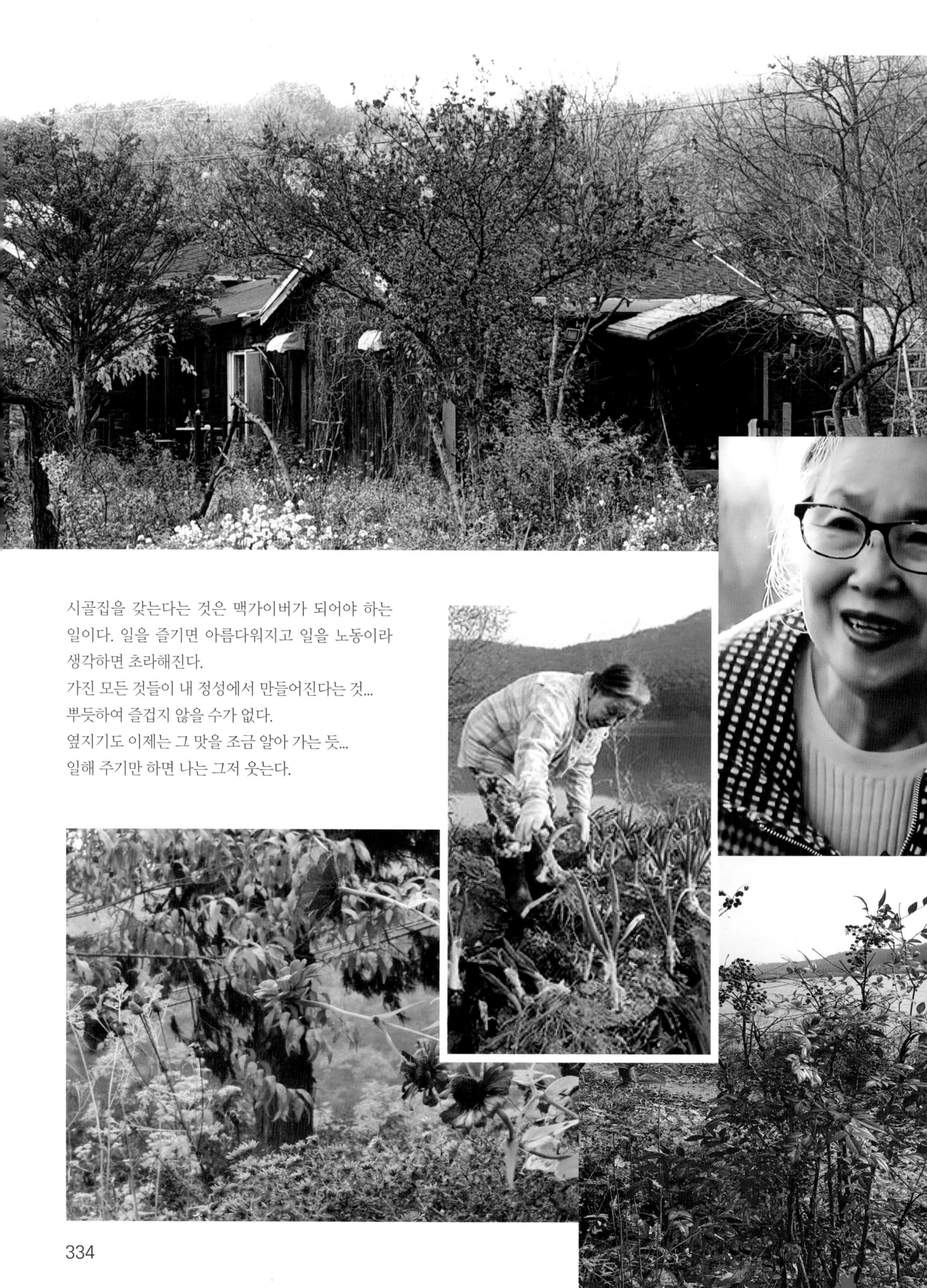

시골집을 갖는다는 것은 맥가이버가 되어야 하는
일이다. 일을 즐기면 아름다워지고 일을 노동이라
생각하면 초라해진다.
가진 모든 것들이 내 정성에서 만들어진다는 것...
뿌듯하여 즐겁지 않을 수가 없다.
옆지기도 이제는 그 맛을 조금 알아 가는 듯...
일해 주기만 하면 나는 그저 웃는다.

334

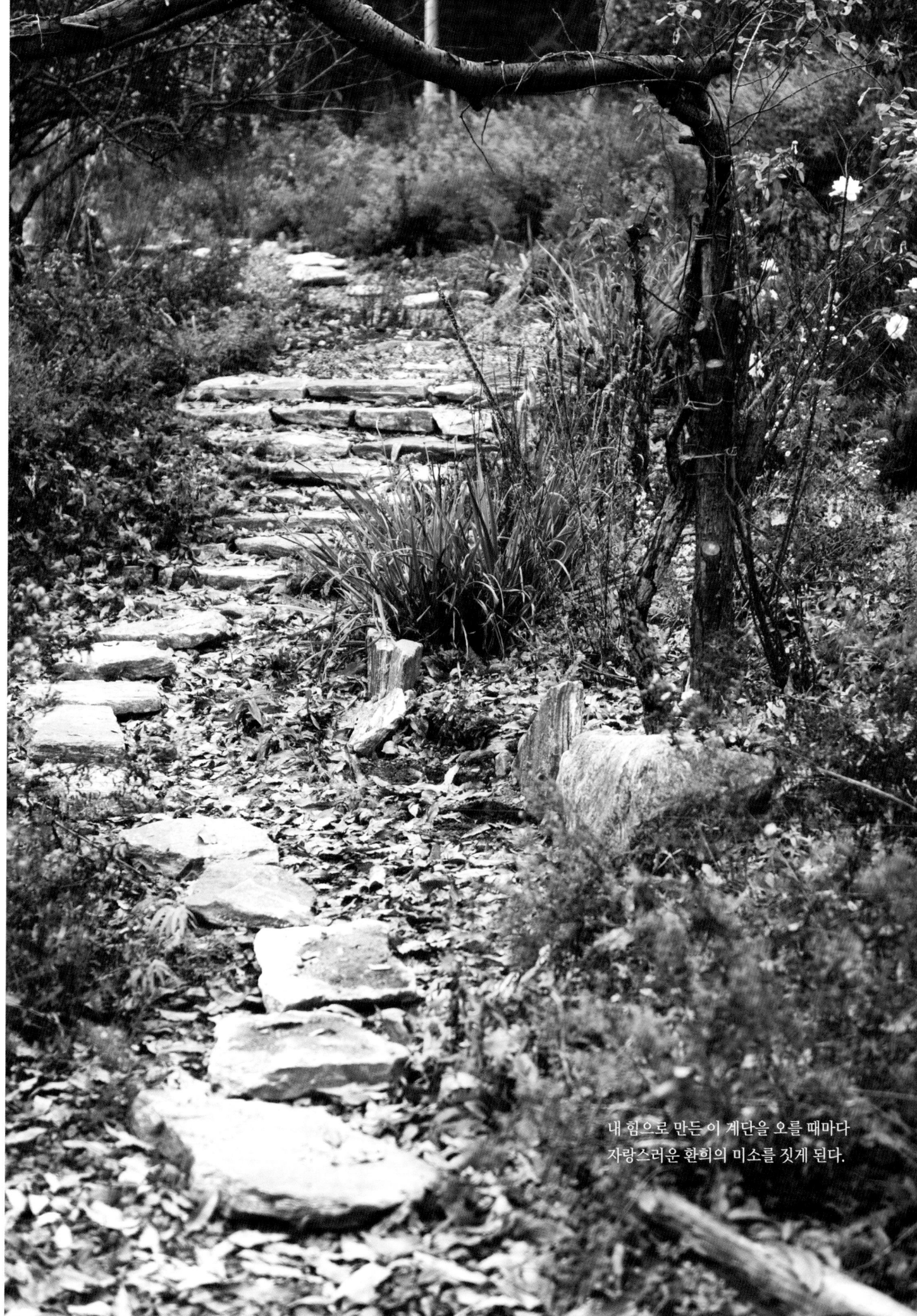

내 힘으로 만든 이 계단을 오를 때마다
자랑스러운 환희의 미소를 짓게 된다.

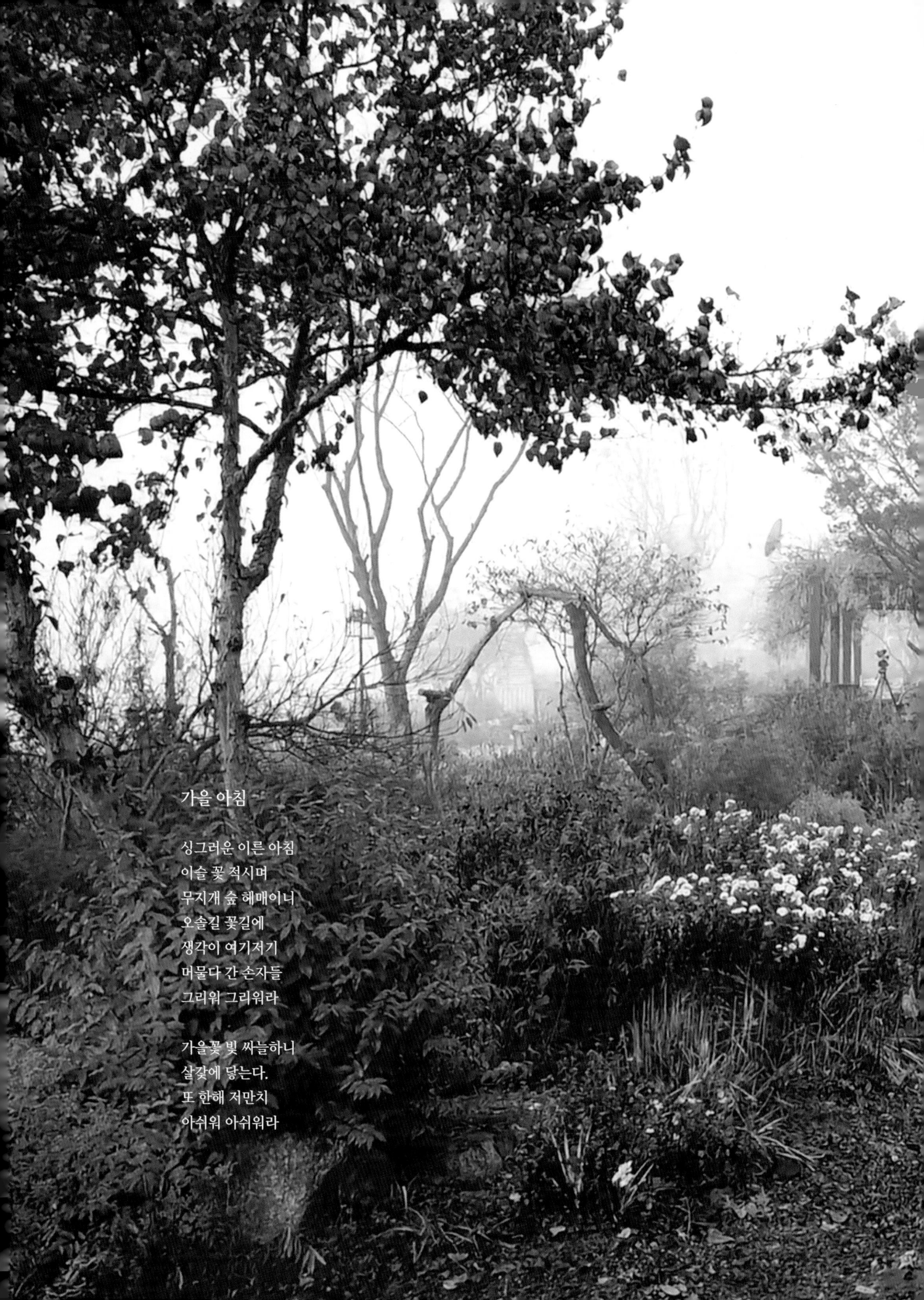

## 가을 아침

싱그러운 이른 아침
이슬 꽃 적시며
무지개 숲 헤매이니
오솔길 꽃길에
생각이 여기저기
머물다 간 손자들
그리워 그리워라

가을꽃 빛 싸늘하니
살갗에 닿는다.
또 한해 저만치
아쉬워 아쉬워라

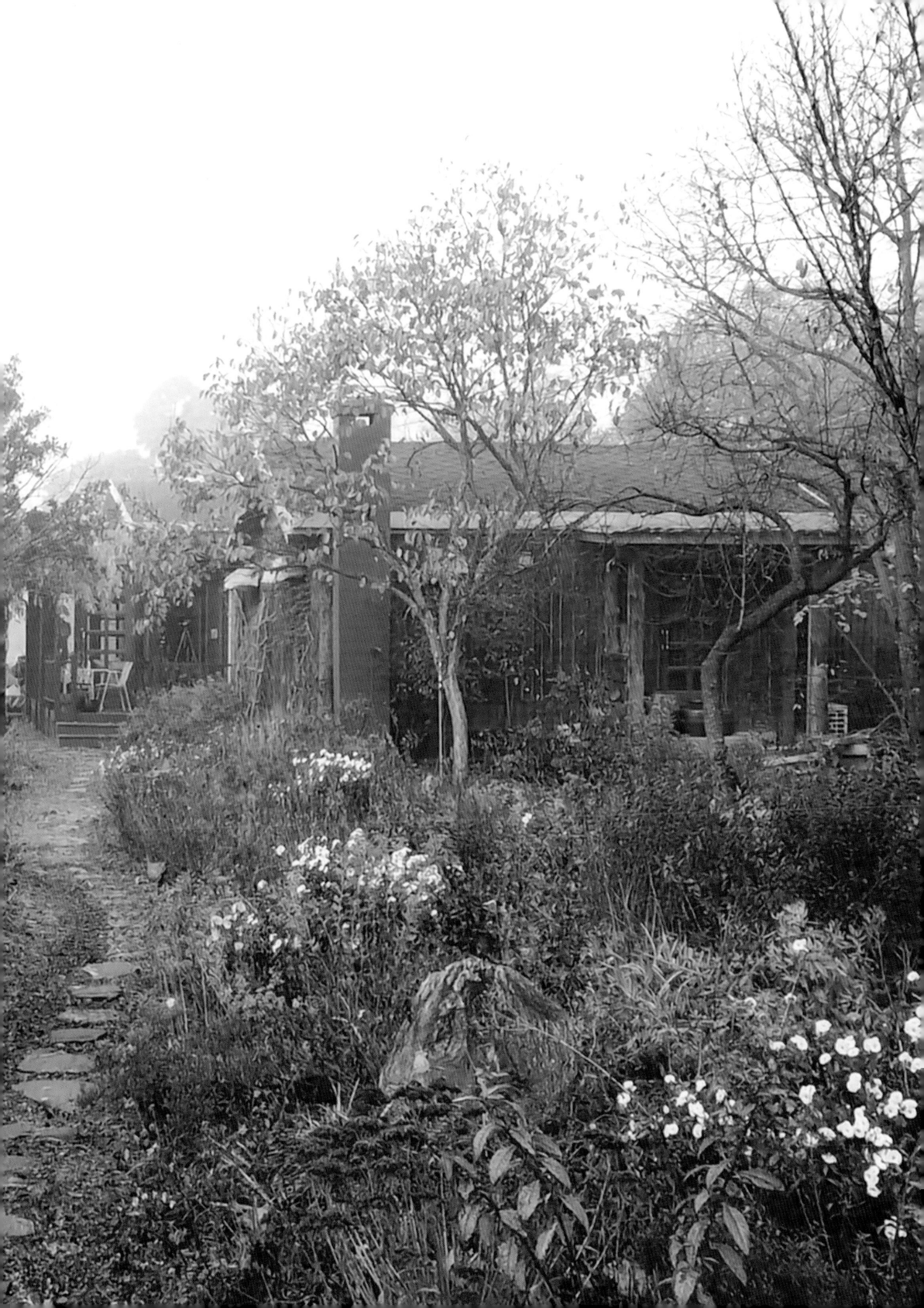

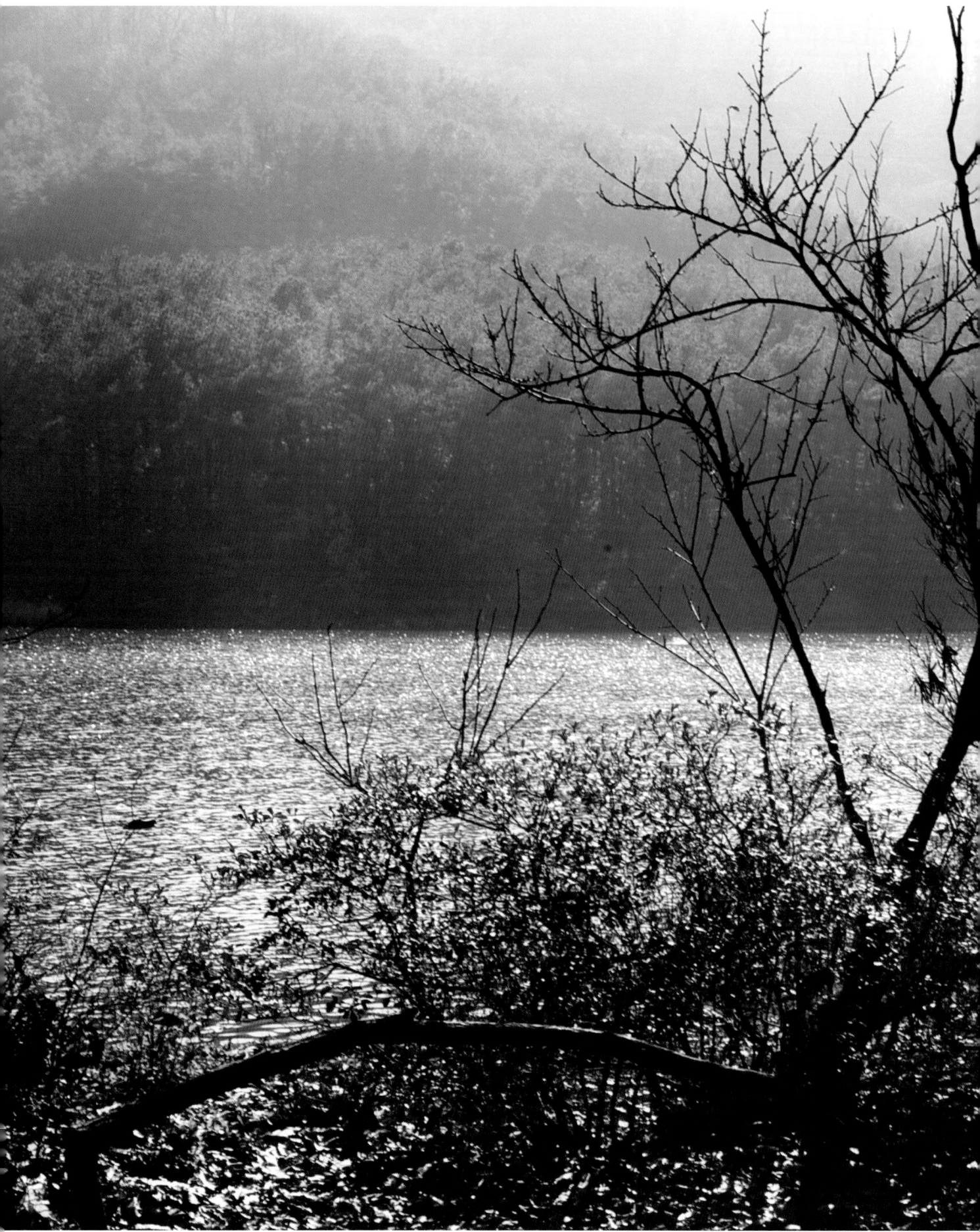

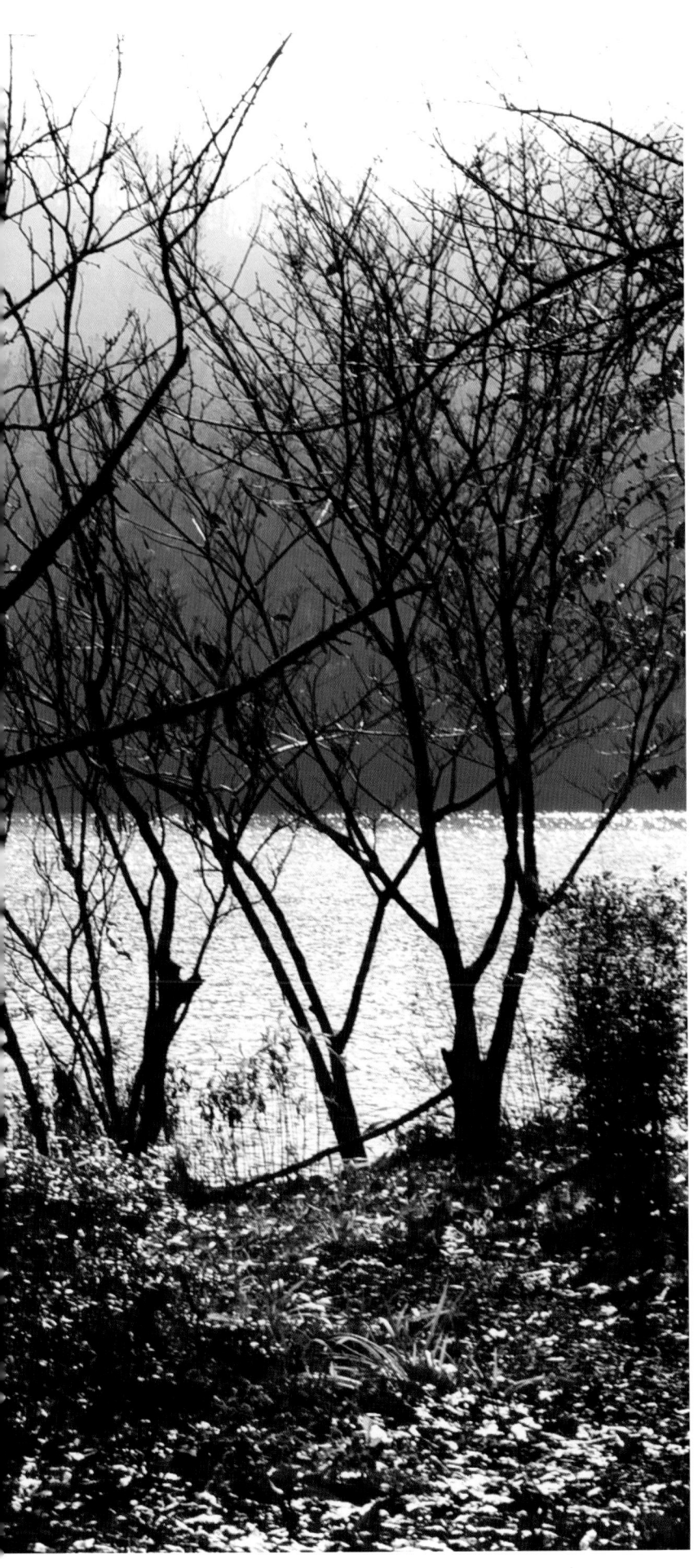

서울을 떠나간다
그 호수로 간다
잊을 것은 묻고 잃은 것은 찾으러

도시에 길이 들어
산 아래 흙 마을 편하지는 않다
천지간이 낯설어 몸부림
자연과 벗하리라 마음 달래며

고독이 아름답다
자연이 아름답다
이슬 한 줌 훑어서 영혼을 적시고
눈 한 줌 주워서 허공에 날리며
잊을 것을 먼저 묻기 시작했다

하늘에 흐르는 달빛 호수에 담가 놓고
풀 섶에 속삭이는 물결로
미물 간 정 애틋한 것들과
만담을 나누며

잃어버린 소중한 것 모두 찾아 안고
기쁨의 춤사위 덩실덩실 누리리라
얼씨구~ 절씨구~

339

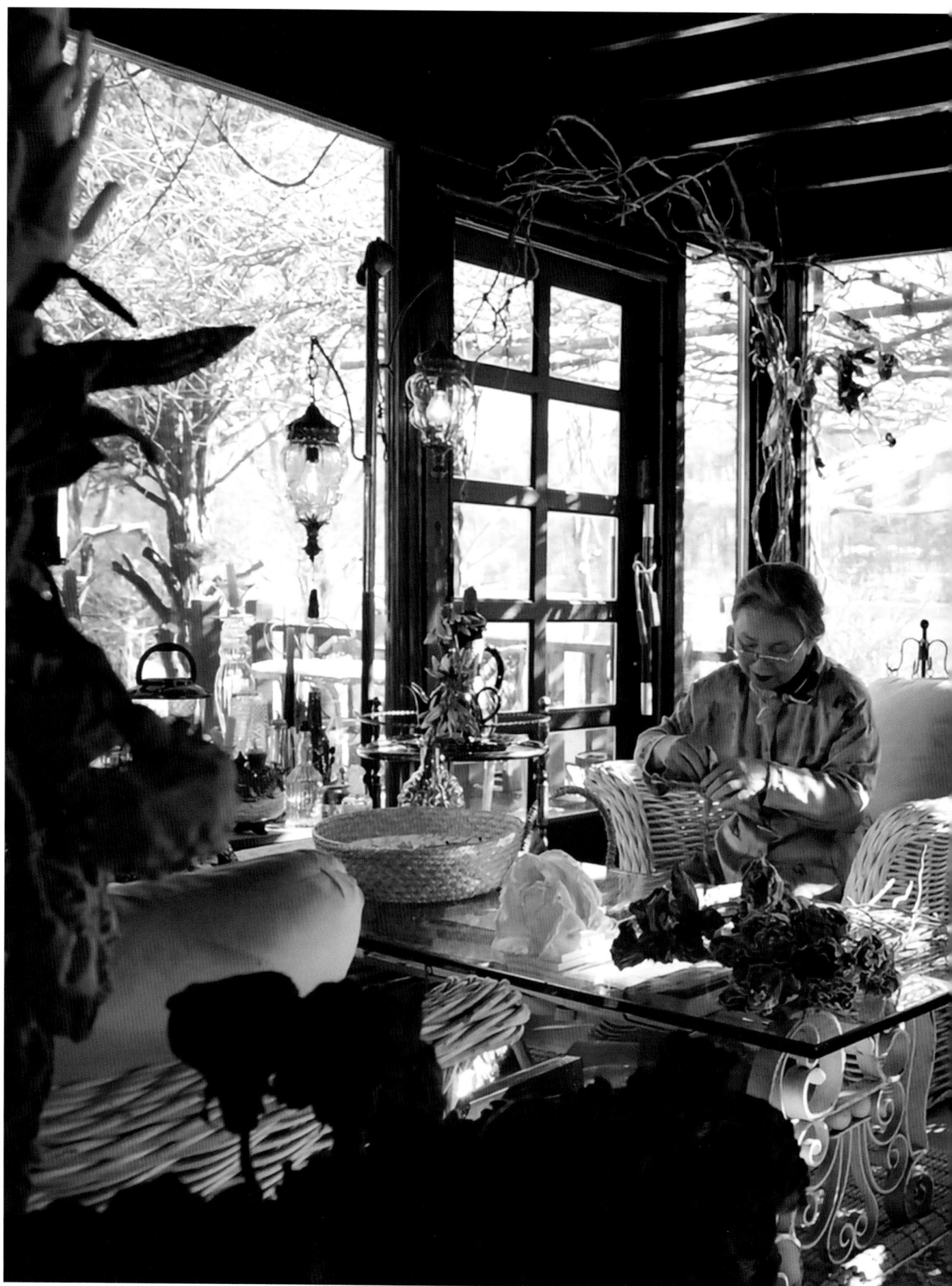

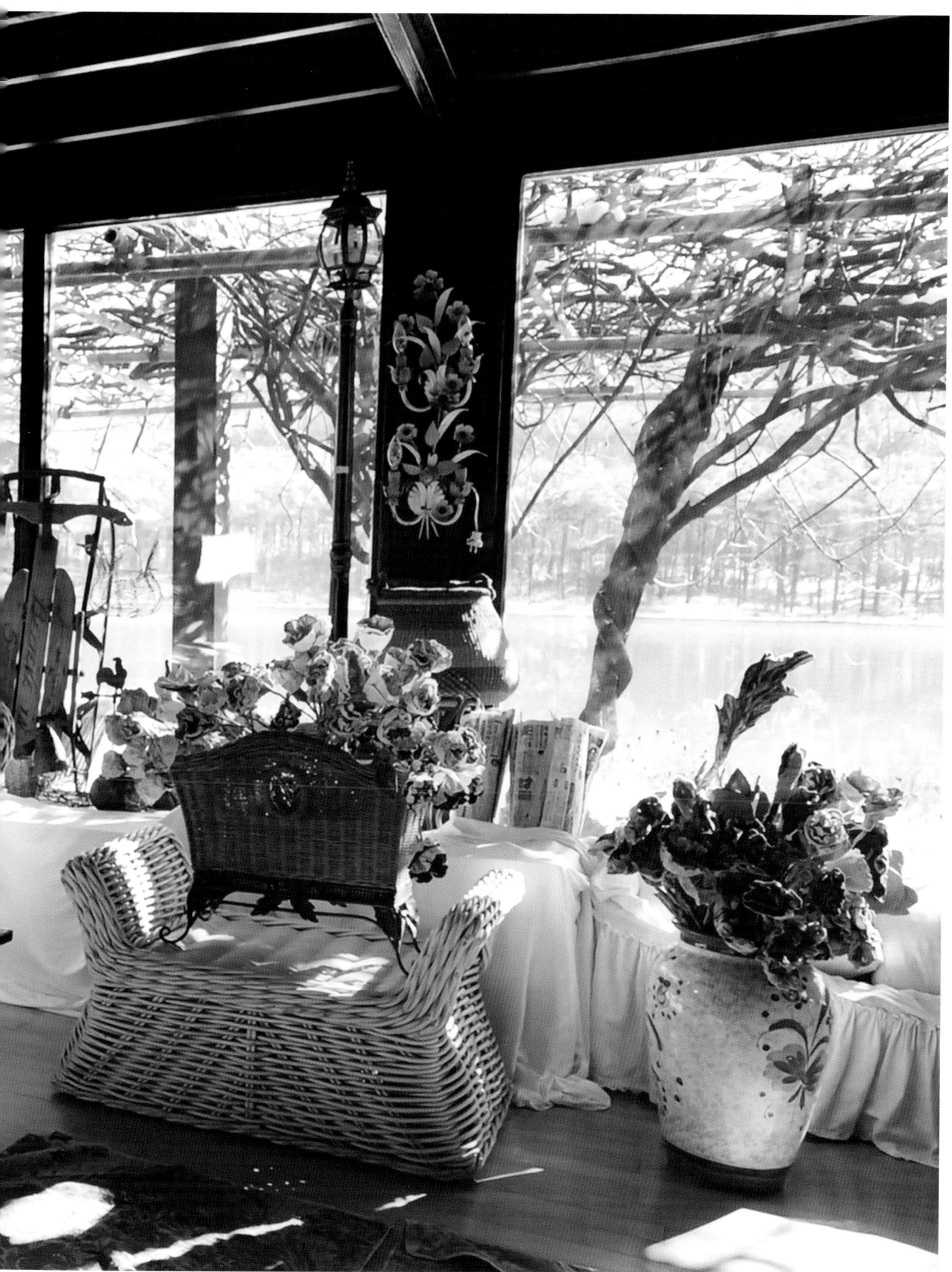

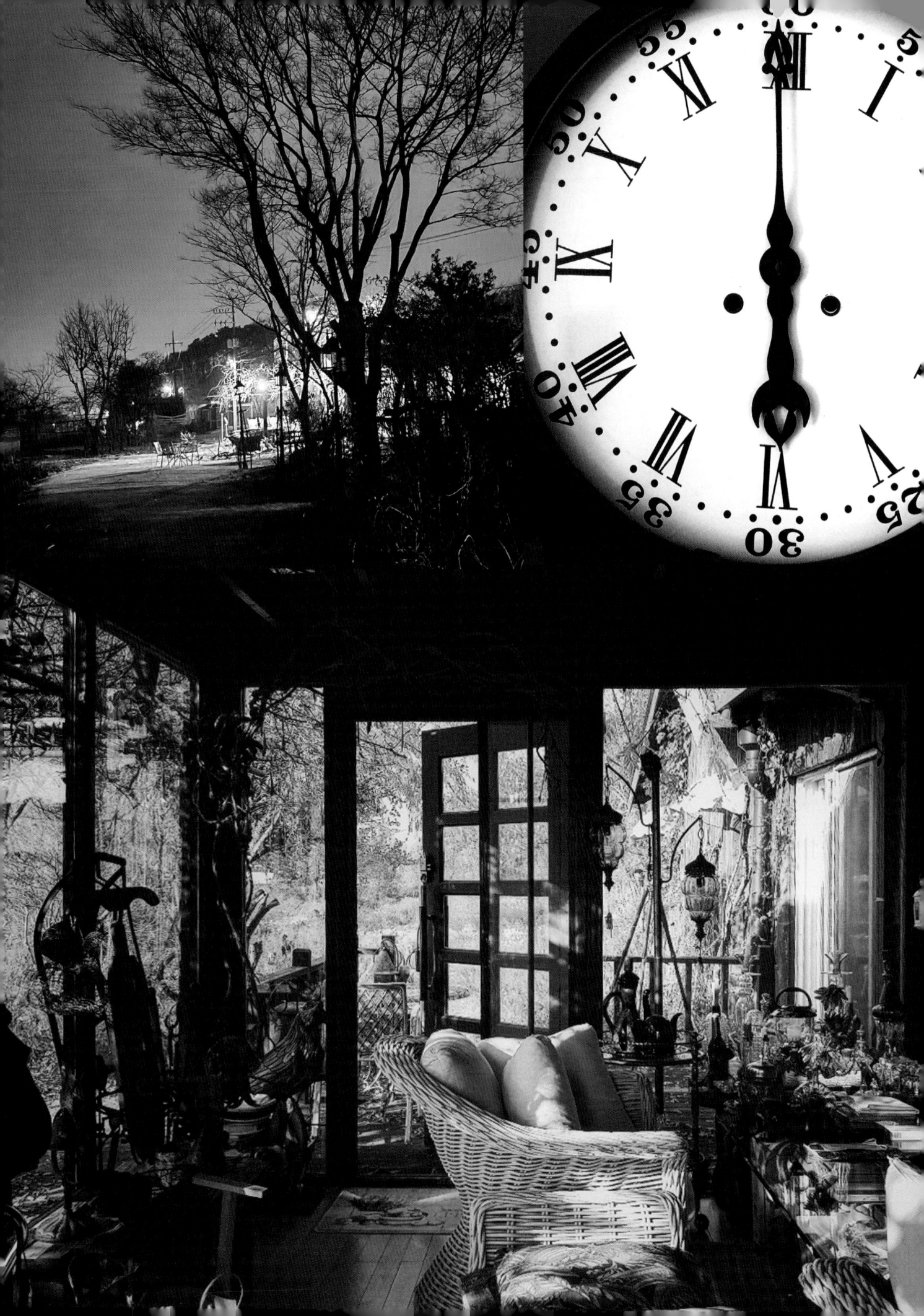

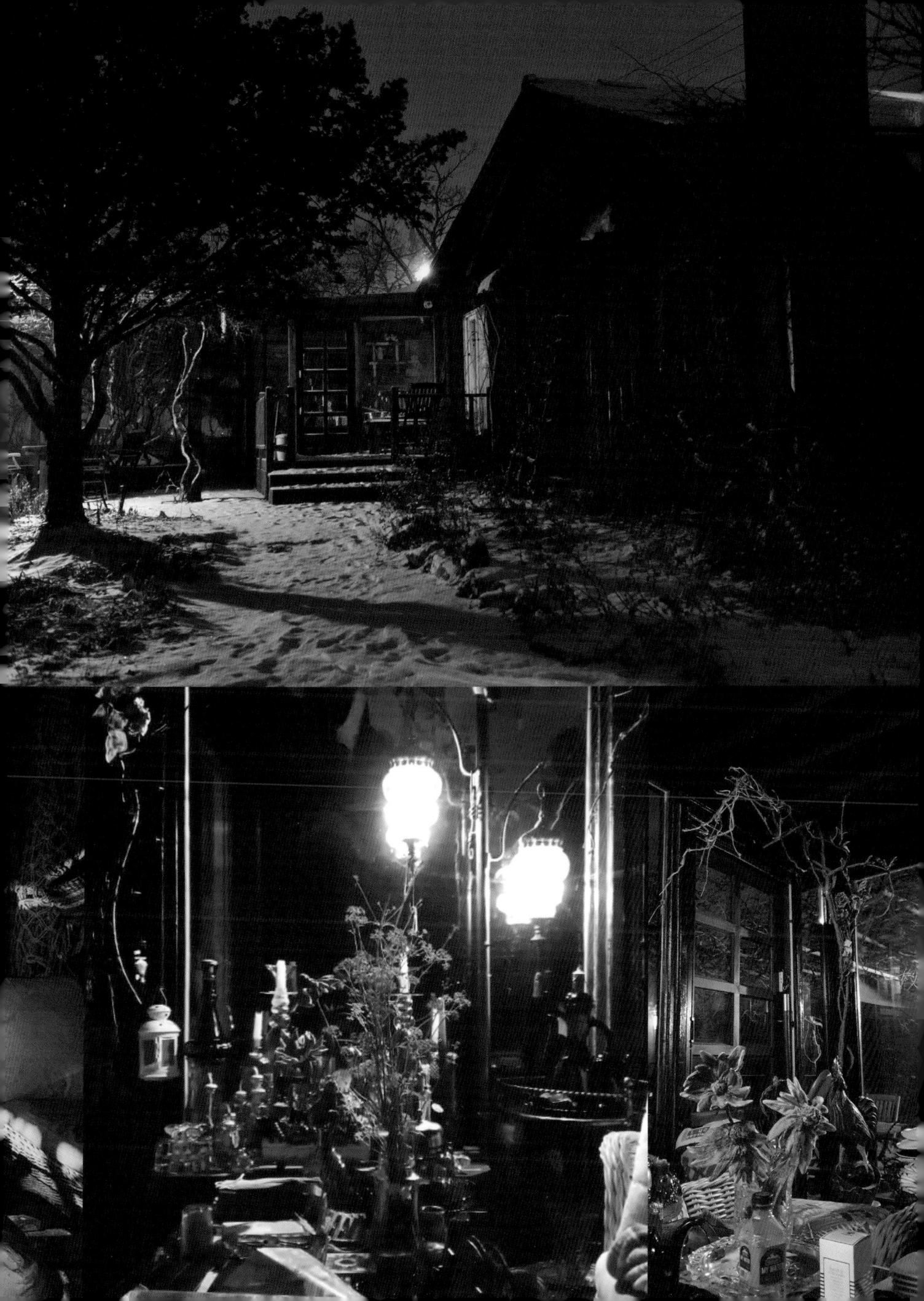

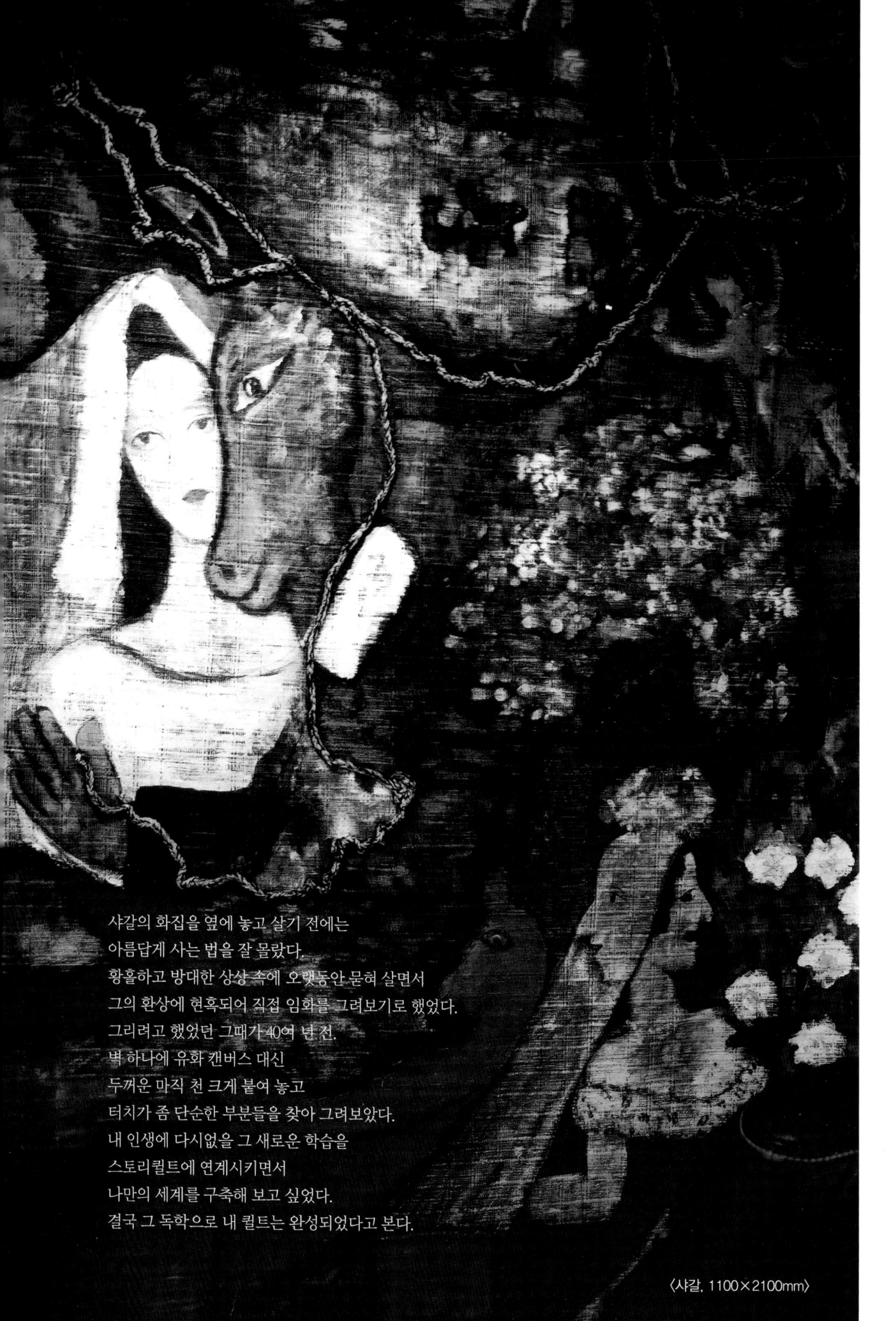

샤갈의 화집을 옆에 놓고 살기 전에는
아름답게 사는 법을 잘 몰랐다.
황홀하고 방대한 상상 속에 오랫동안 묻혀 살면서
그의 환상에 현혹되어 직접 임화를 그려보기로 했었다.
그리려고 했었던 그때가 40여 년 전.
벽 하나에 유화 캔버스 대신
두꺼운 마직 천 크게 붙여 놓고
터치가 좀 단순한 부분들을 찾아 그려보았다.
내 인생에 다시없을 그 새로운 학습을
스토리퀼트에 연계시키면서
나만의 세계를 구축해 보고 싶었다.
결국 그 독학으로 내 퀼트는 완성되었다고 본다.

〈샤갈, 1100×2100mm〉

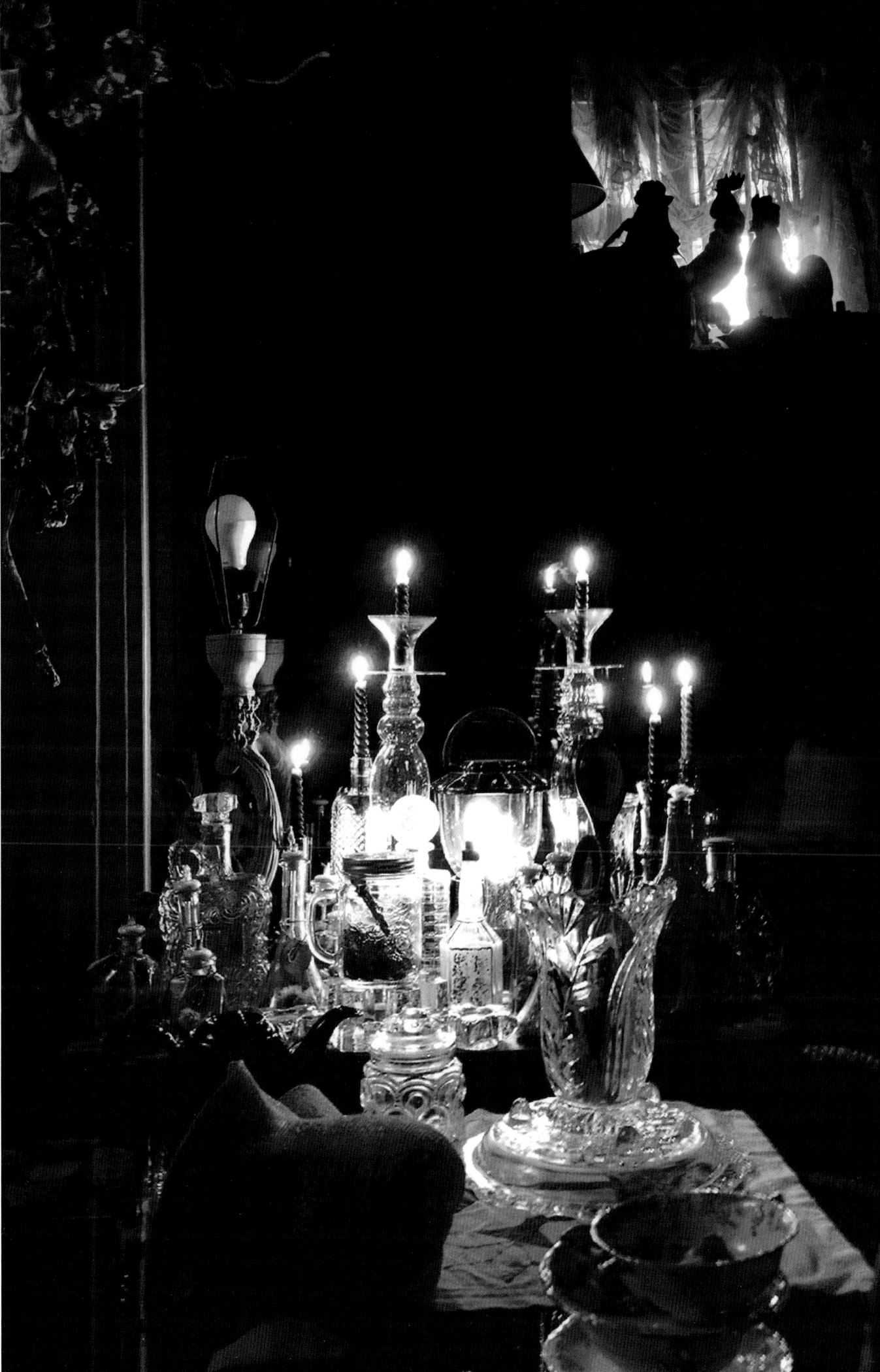

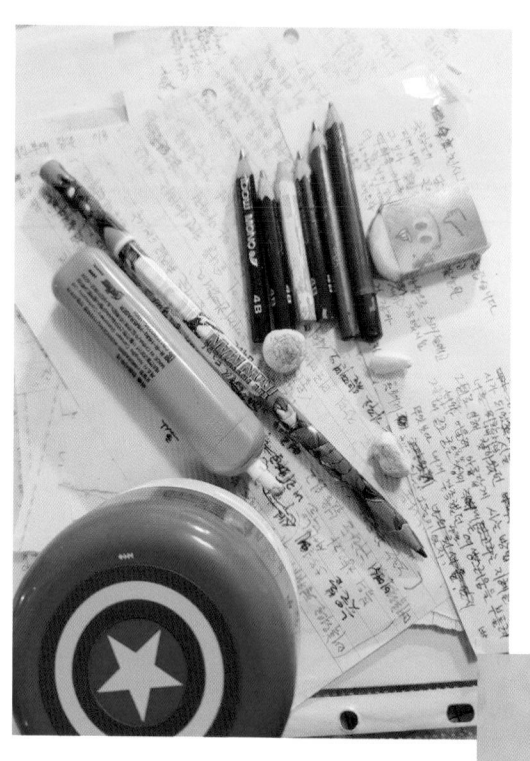

삶을 채우느라 글을 채우느라
쓰고 지우고 쓰고 지우고
몽당연필이 손에 잡히지 않을 때까지
나만의 향기로 남겨두려 한다.

나무와 흑연의 고즈넉한 냄새가 좋다

말이 되든지 아니 되든지
무슨 생각이든 사건이든 끄적이다 보면
어느새 시인이 되고 수필가도 된 것 같았다.
후일 내 시간의 흔적이 고스란히 남아 있으리라.

손으로 하는 모든 일이 내겐 아름다운 삶의 이야기다.

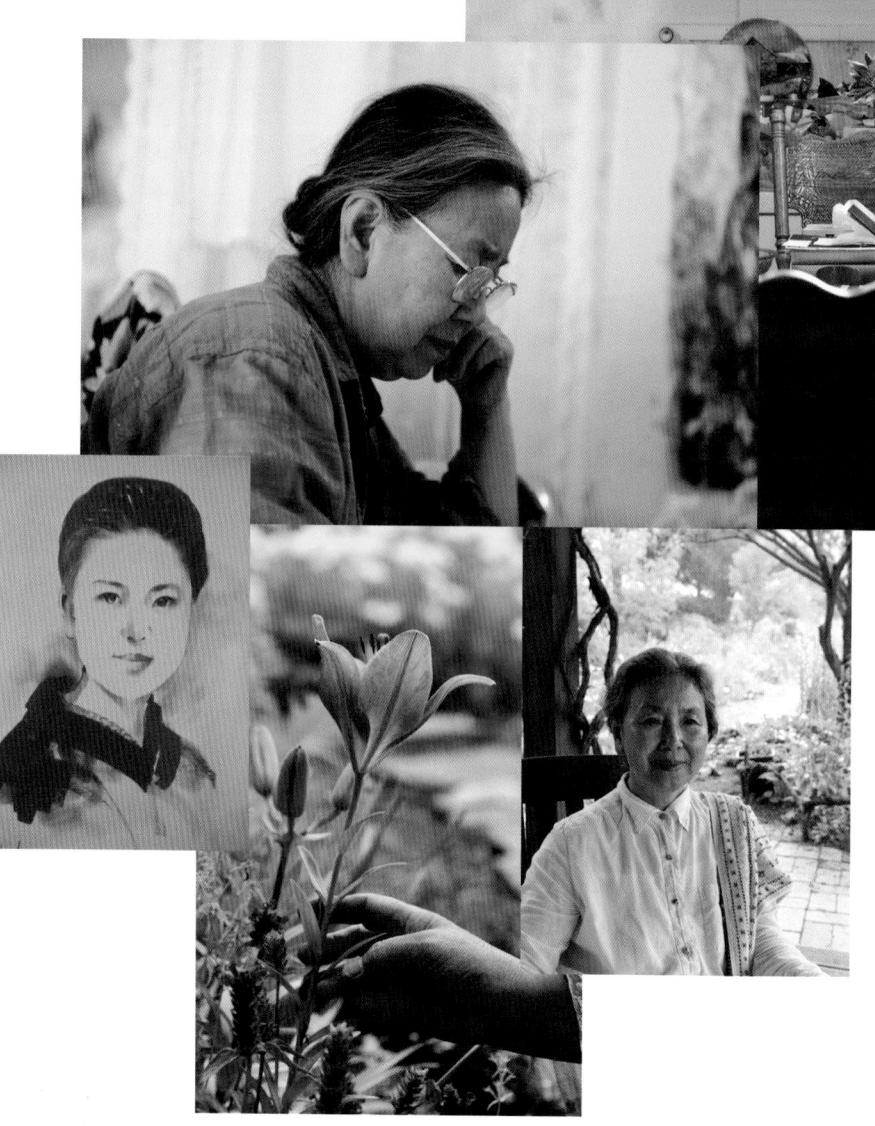

동남풍 불어와 물결 일고,
새순 돋아나 조잘거릴 때까지
뜰 일 없는 틈을 타서 무엇을 할까
천 조각 색 맞추어
바늘로 한 땀 한 땀 조각조각 천을 이어
꽃을 만들까 닭을 만들까 아니면
세상에서 제일 큰 나무는 어떨까
여름내 작열하는 태양과
뜰 안 이야기 가득 품은
겨울나무의 꿈을 꾸며
영원히 숨 쉬는 듯한 나무를 그렸다.

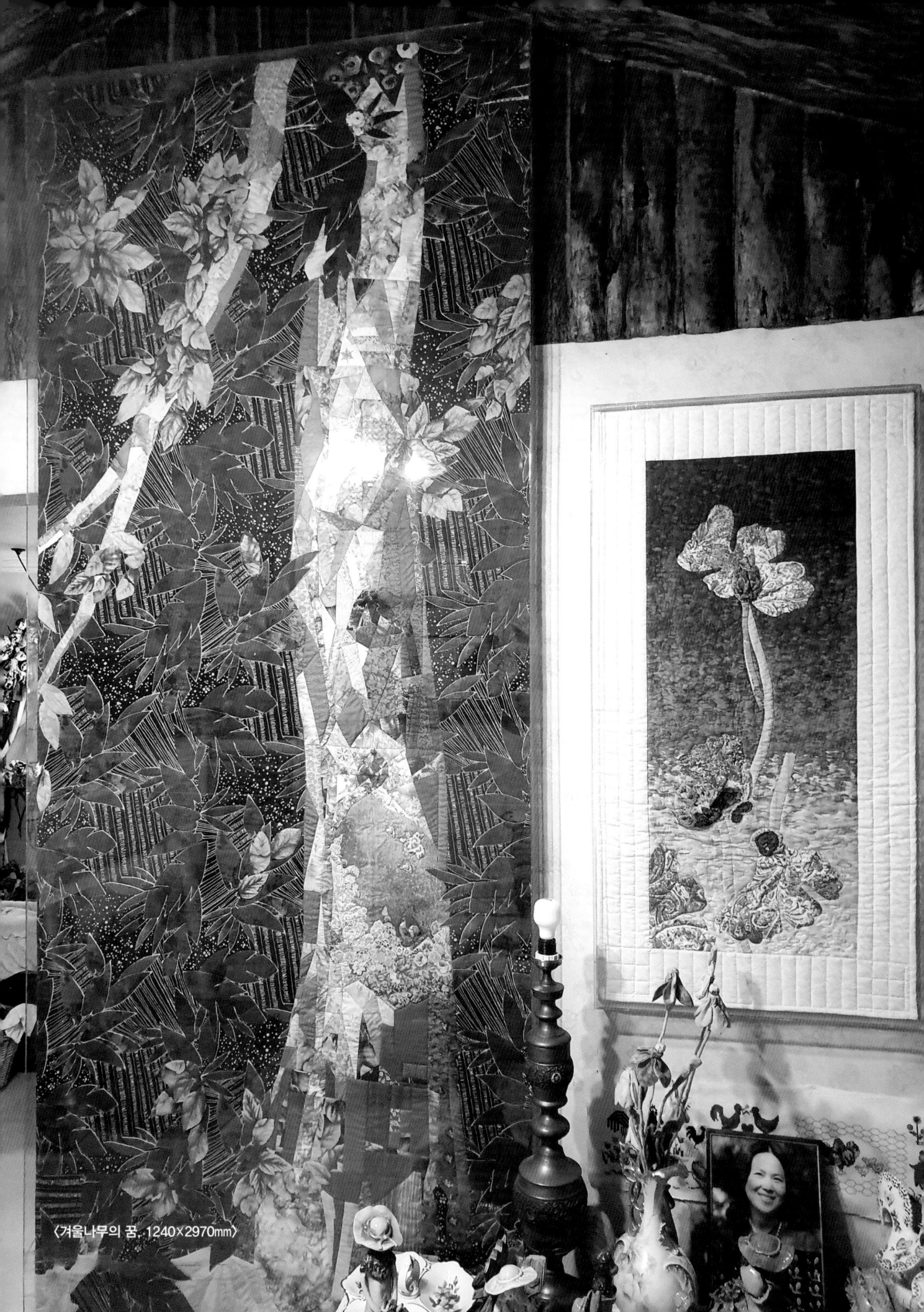

〈겨울나무의 꿈, 1240×2970mm〉

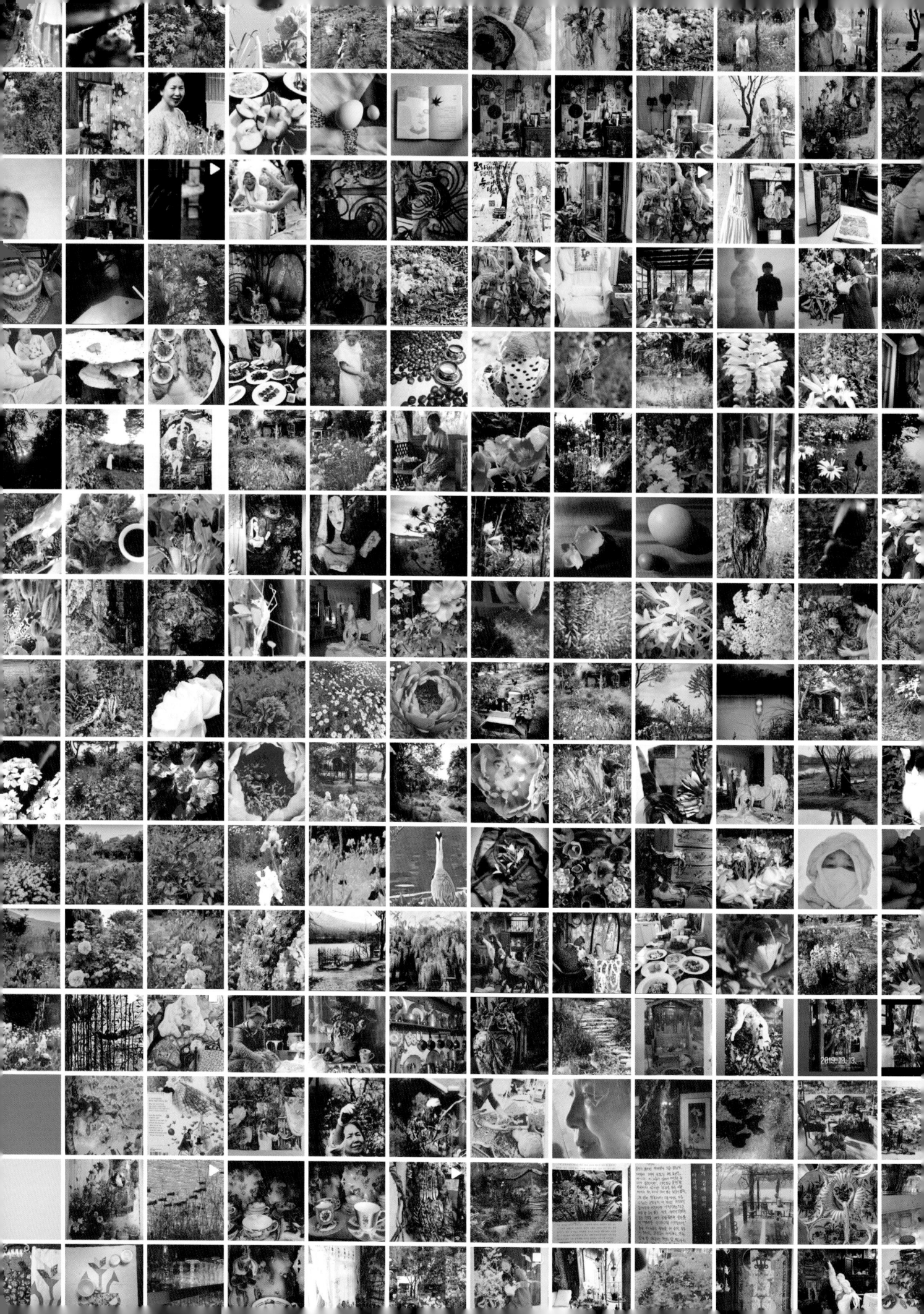

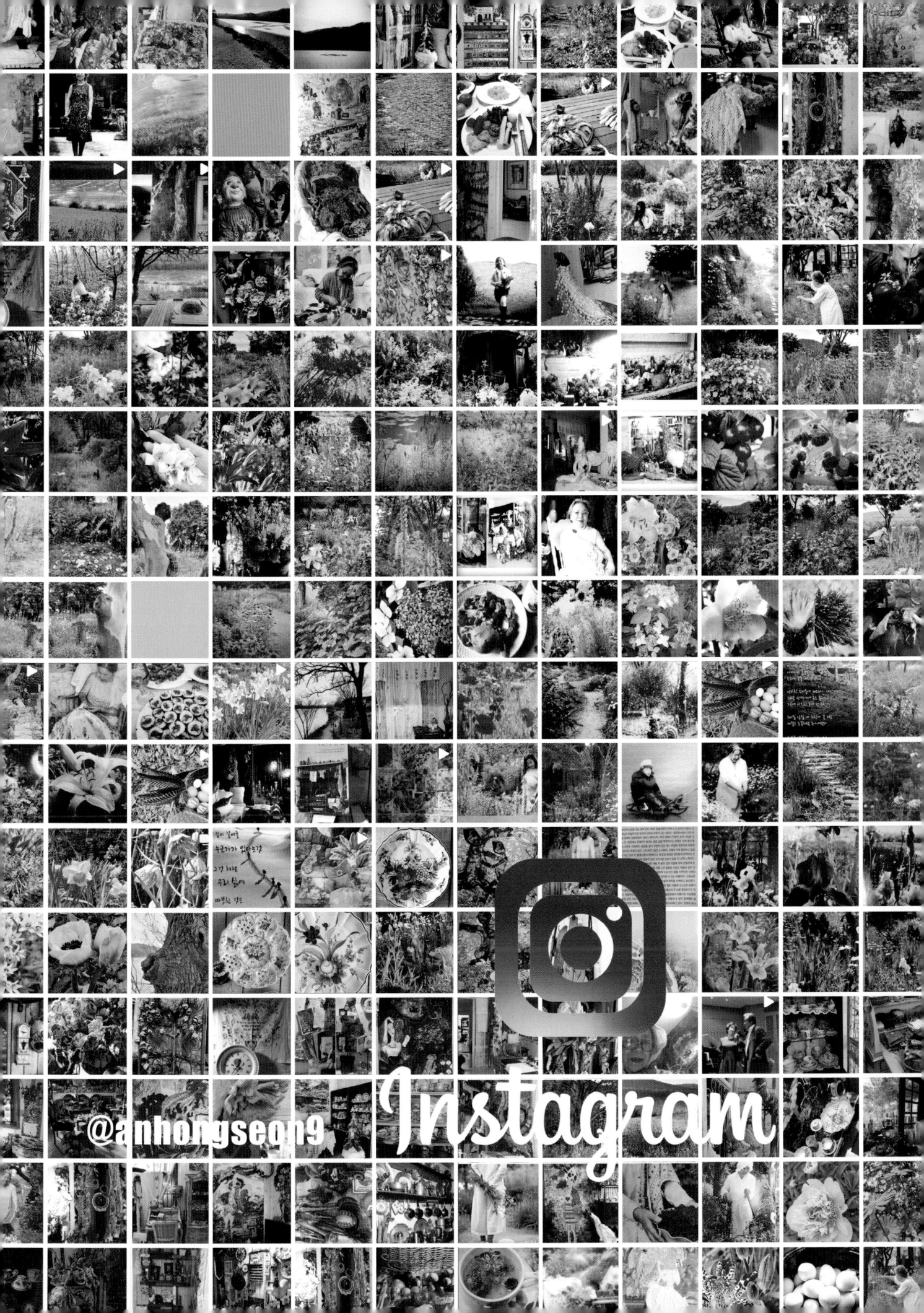

@anhongseon9

*Instagram*

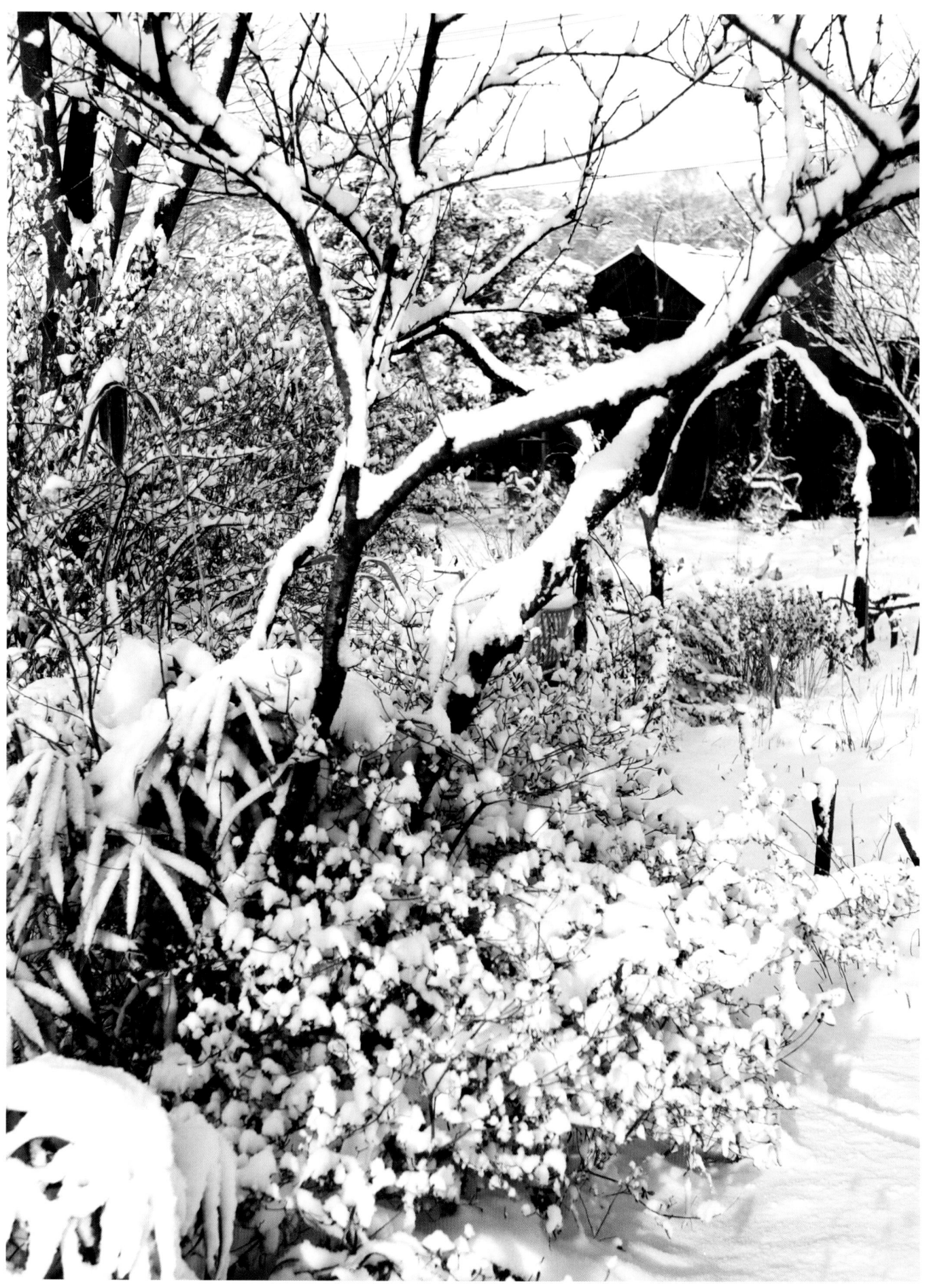

# Winter겨울

**밤새 폭설이 서랑호에 퍼부었다**

정원에 꽃들이 다 사라진
겨울에는 주로 집 안에 머문다.

분주하게 꽃이 피고 지는 계절엔
그들과 시간을 보내기에 바쁘지만
추위가 점점 다가오면
아름답고 찬란한 생명을 다하고
다시 새롭고 눈부신 계절을 약속하며
그들과 못내 아쉬운 작별을 고한다.

정원에 깃든 감사와 사랑을
천과 종이에 꿰매고 새겨 가며
시린 겨울을 지내다 보면
마음에 써 내린 시들로 가득 찬다.
자연 그 자체가 수필이요
시가 되어 나를 기쁘게 한다.

밤새 폭설이 서랑호에 퍼부었다.
눈이 서랑 마을로부터 가로지르며
눈보라와 함께 밀려오면
영화 닥터 지바고를 보는 듯 행복하더라.
행복이란 사실 별것 아니다.
오늘 만나는 모든 것들을
마음 가득 받아들이는 것이 행복이더라.

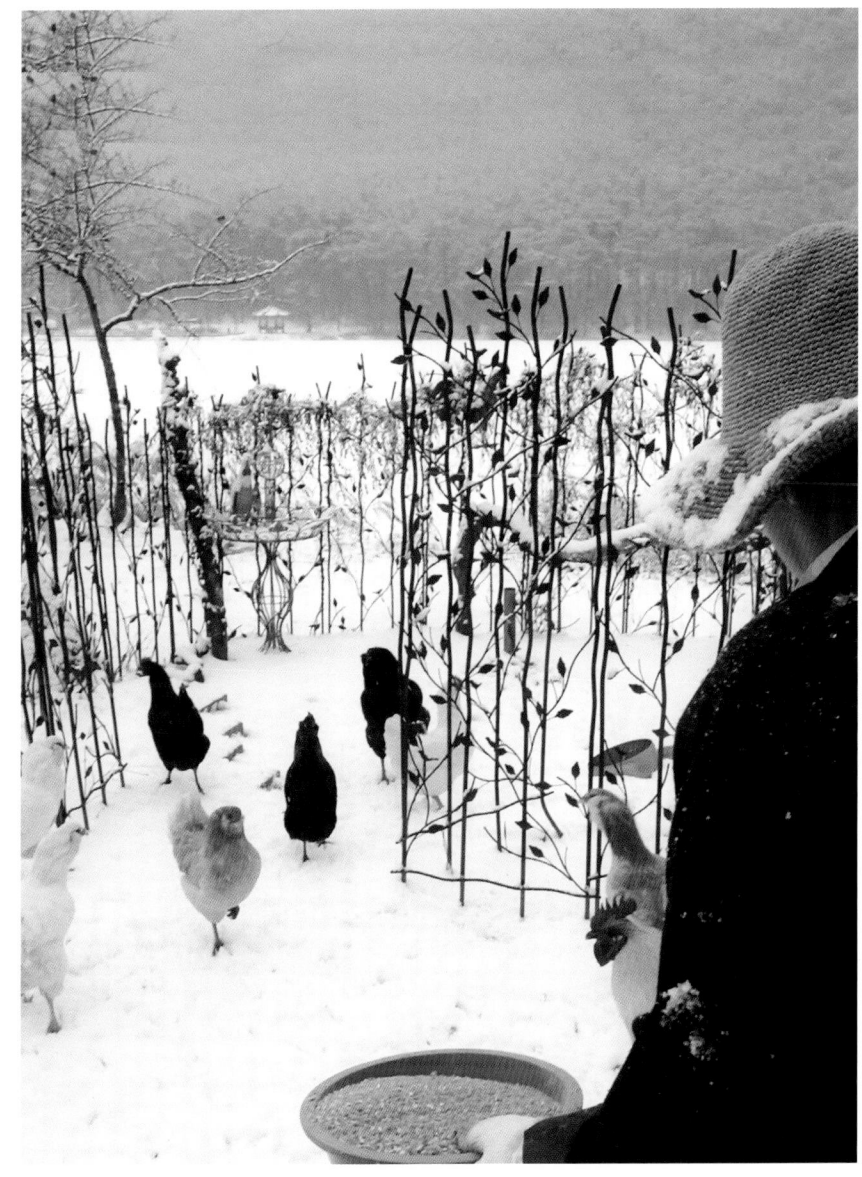

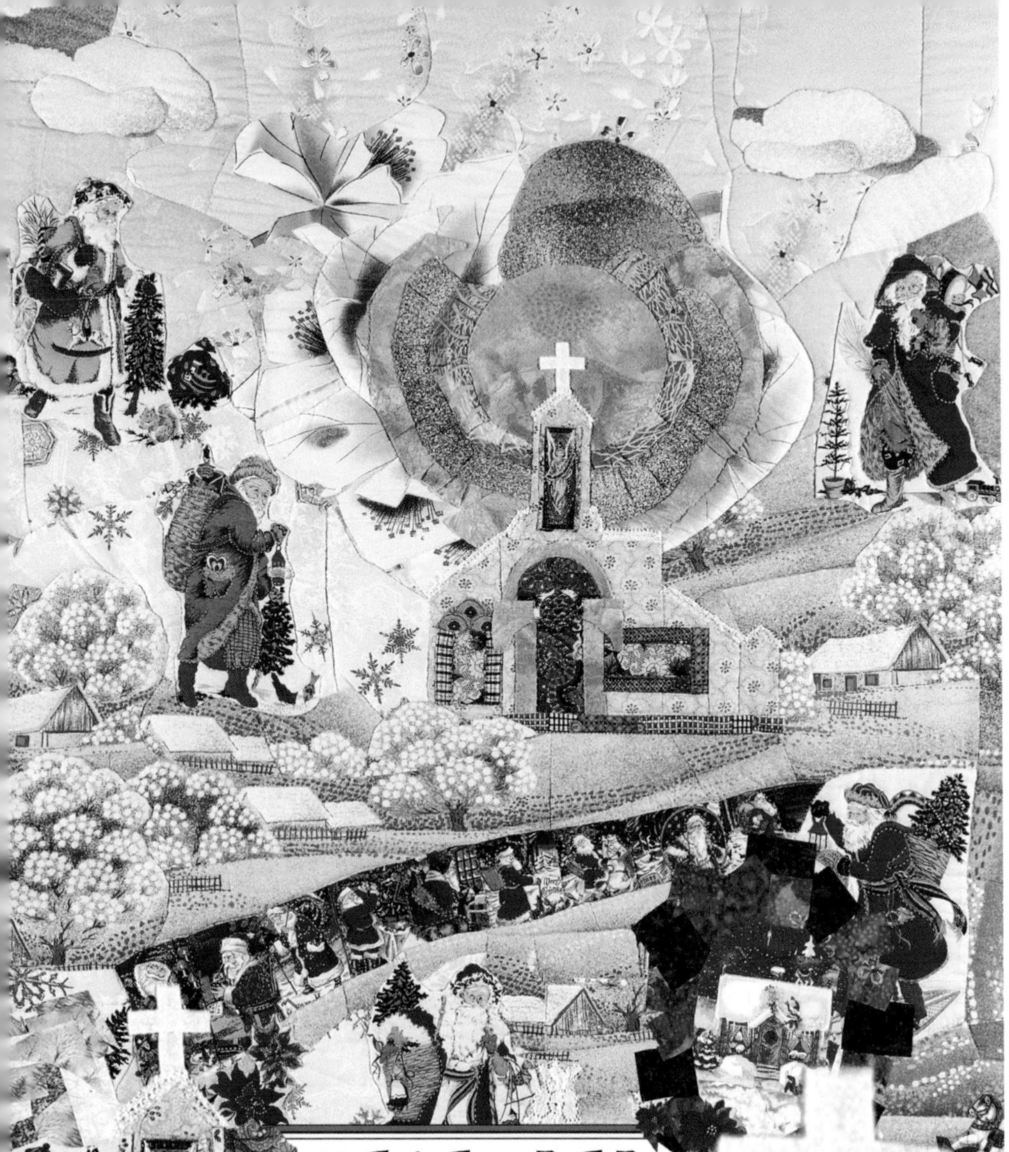

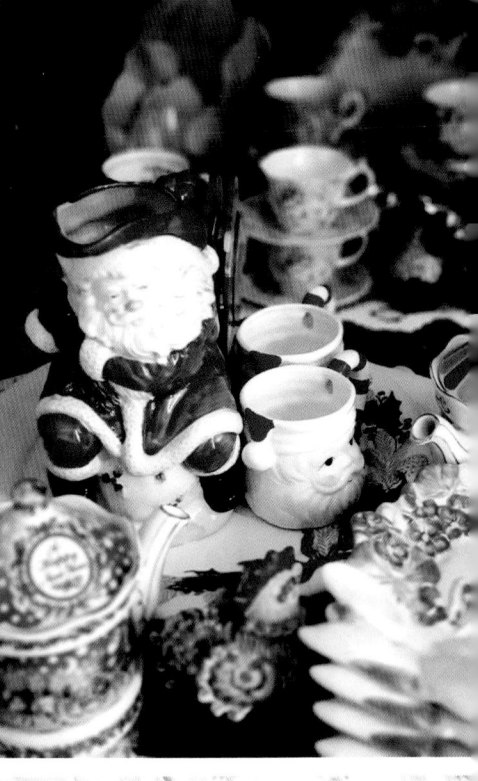

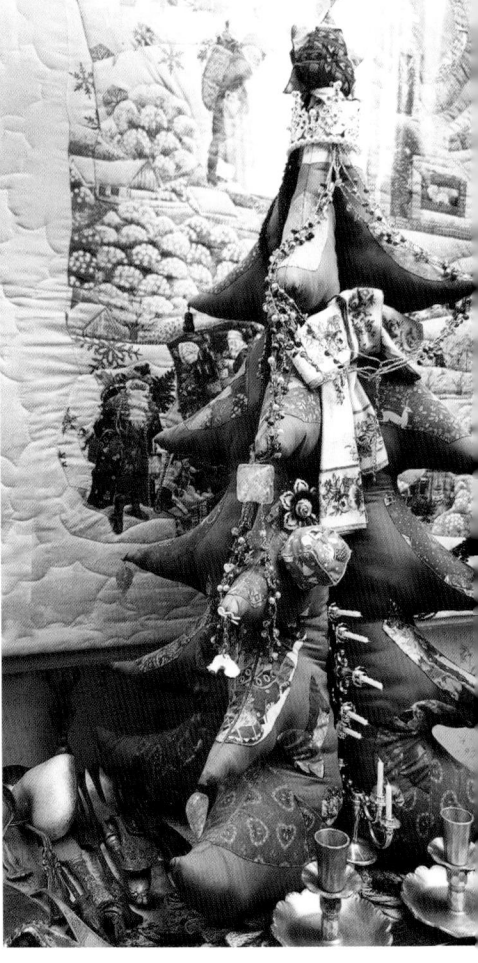

# DECEMBER

| Sunday | Monday | Tuesday | Wednesday | Thursday | Friday | Saturday |
|--------|--------|---------|-----------|----------|--------|----------|
|        |        |         | 1         | 2        | 3      | 4        |
| 5      | 6      | 7       | 8         | 9        | 10     | 11       |
| 12 11.1 | 13    | 14      | 15        | 16       | 17     | 18       |
| 19     | 20     | 21      | 22        | 23       | 24     | 25 성탄절 |
| 26 11.15 | 27   | 28      | 29        | 30       | 31     |          |

《산타마을, 1050 × 1280mm》

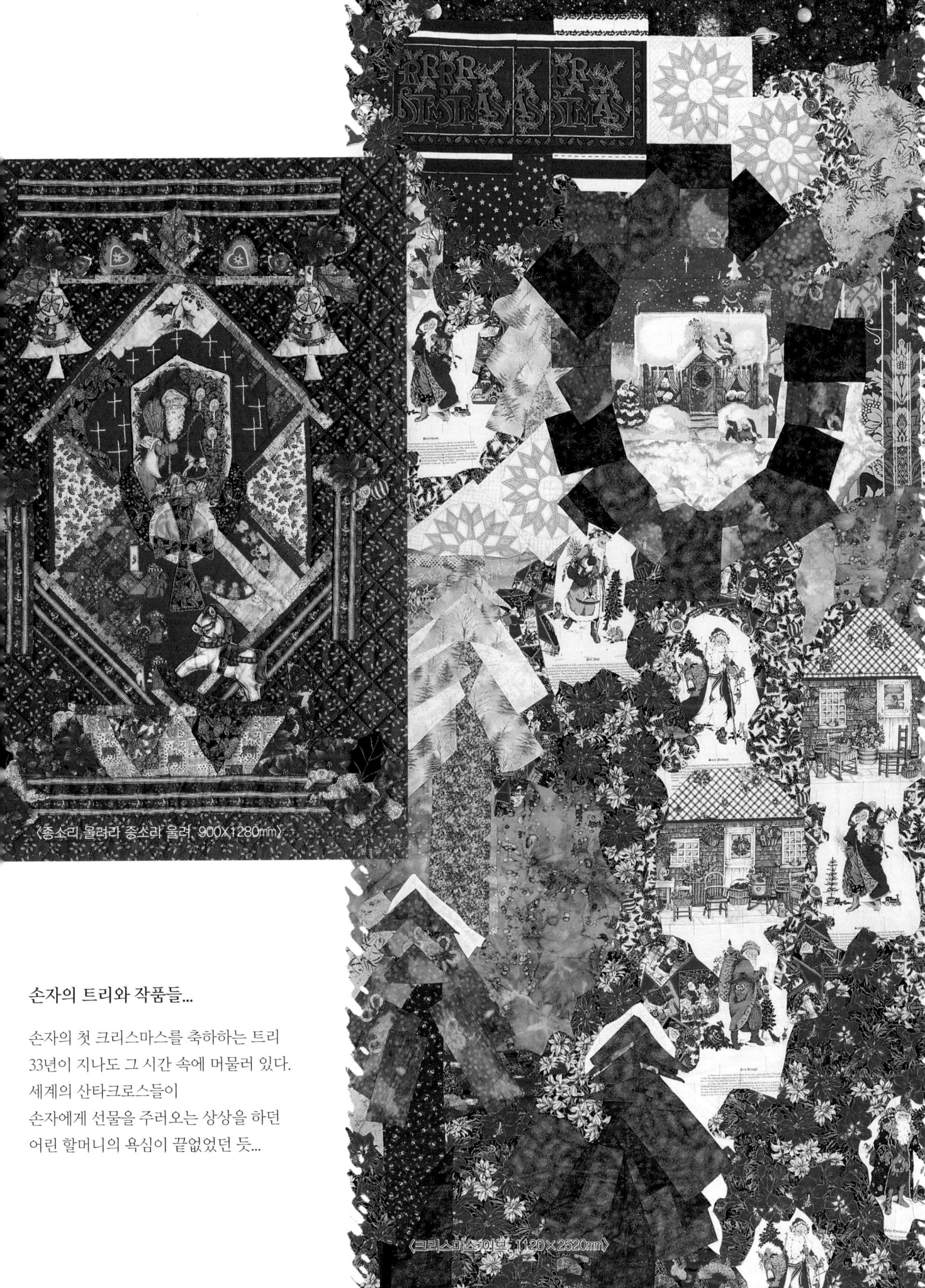

〈종소리 울려라 종소라 울러, 900×1280mm〉

## 손자의 트리와 작품들...

손자의 첫 크리스마스를 축하하는 트리
33년이 지나도 그 시간 속에 머물러 있다.
세계의 산타크로스들이
손자에게 선물을 주러오는 상상을 하던
어린 할머니의 욕심이 끝없었던 듯...

〈크리스마스 이브, 1120×2520mm〉

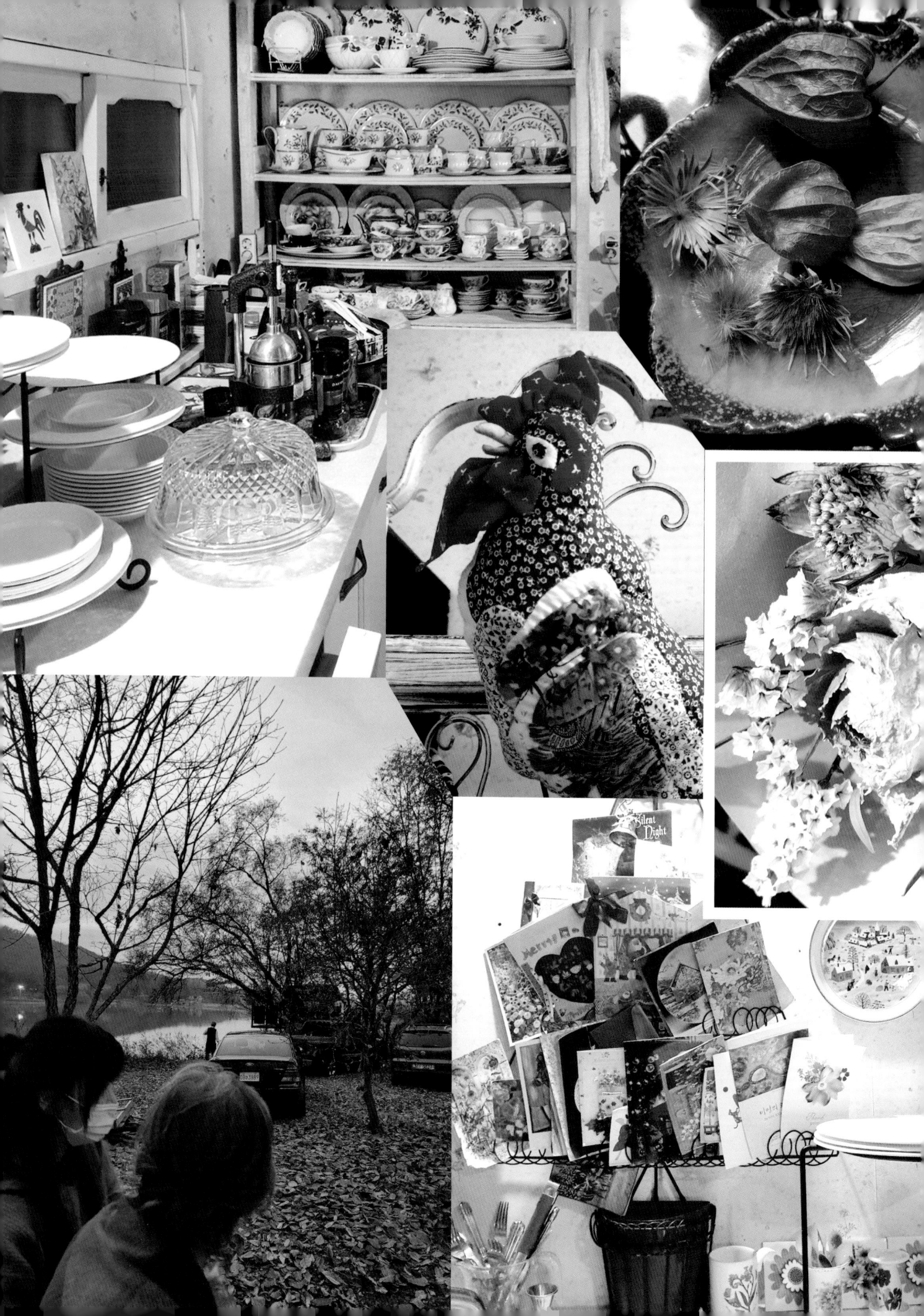

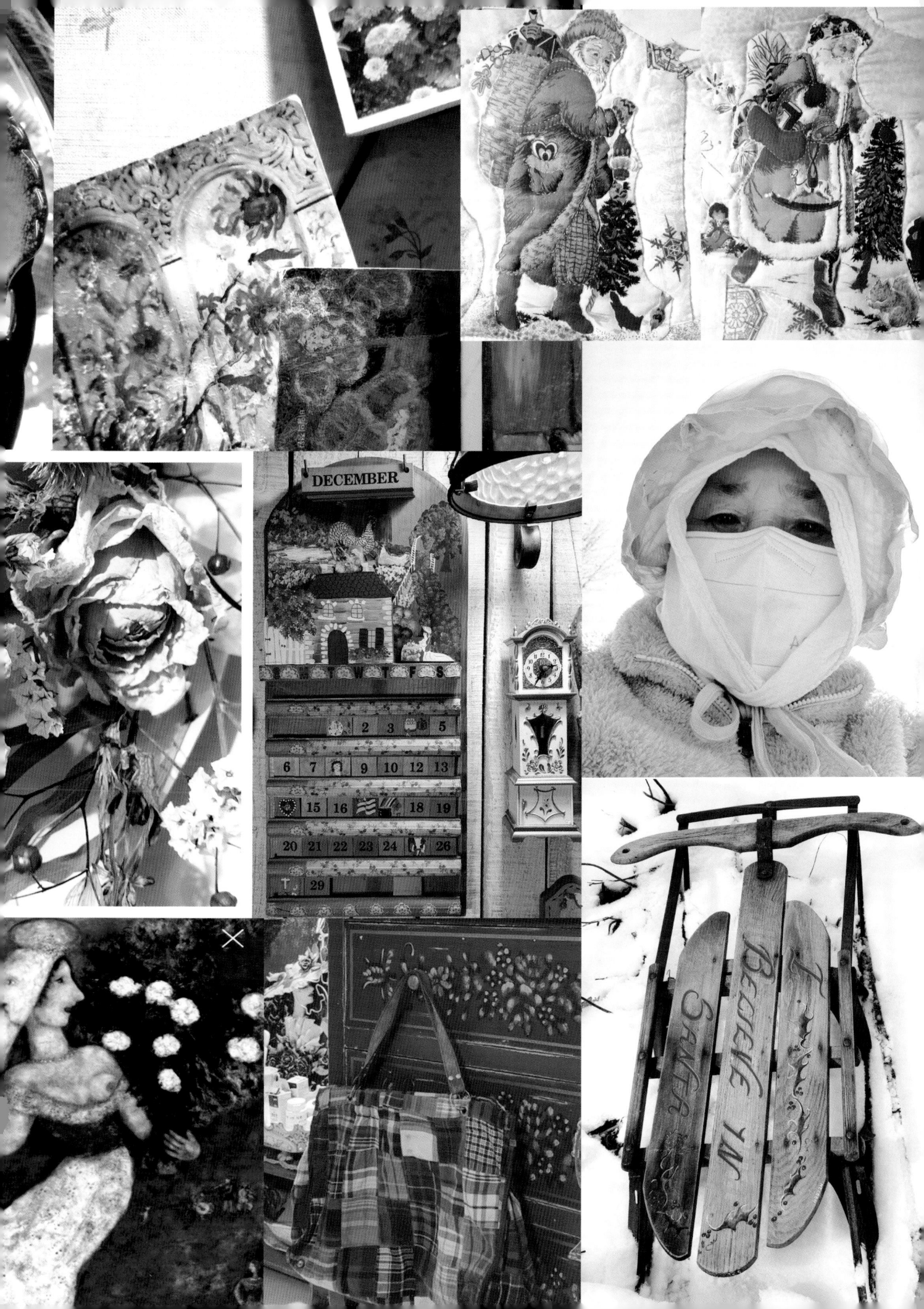

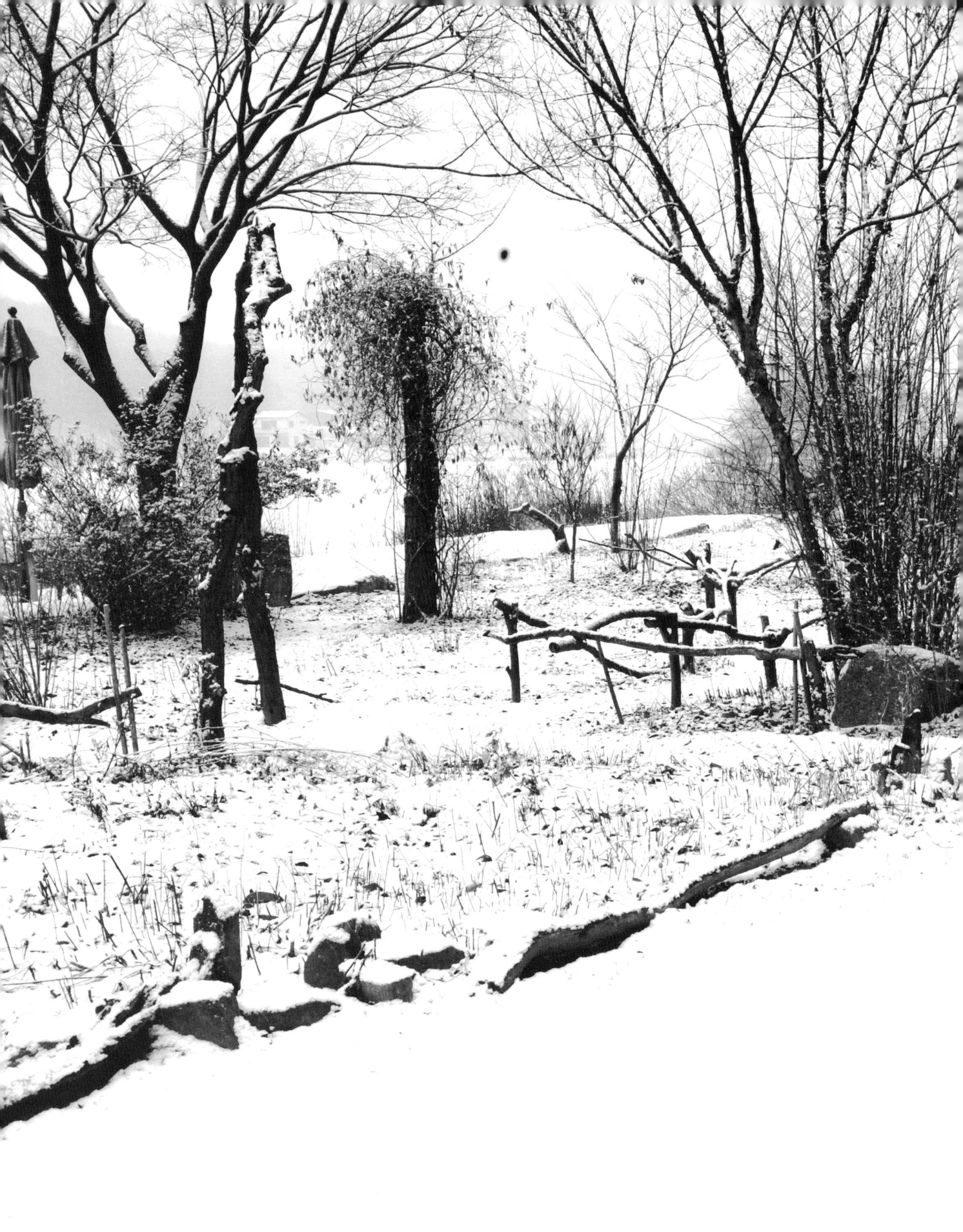

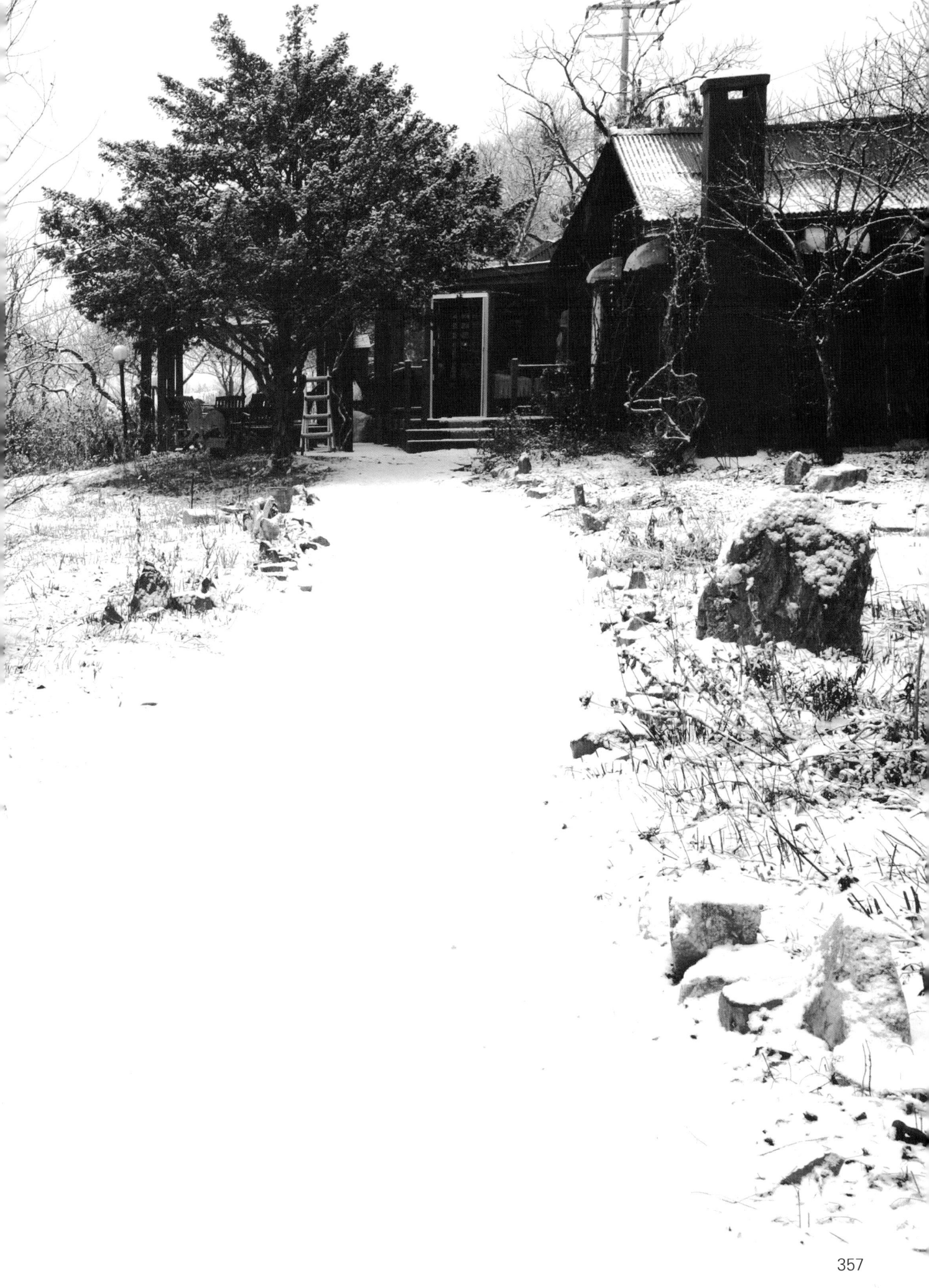

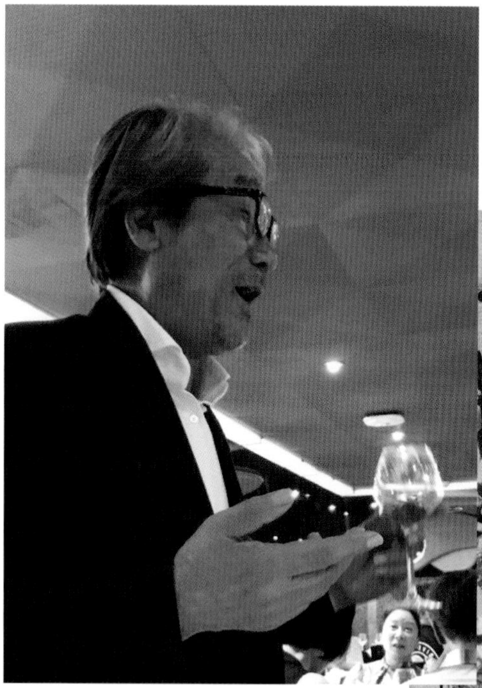

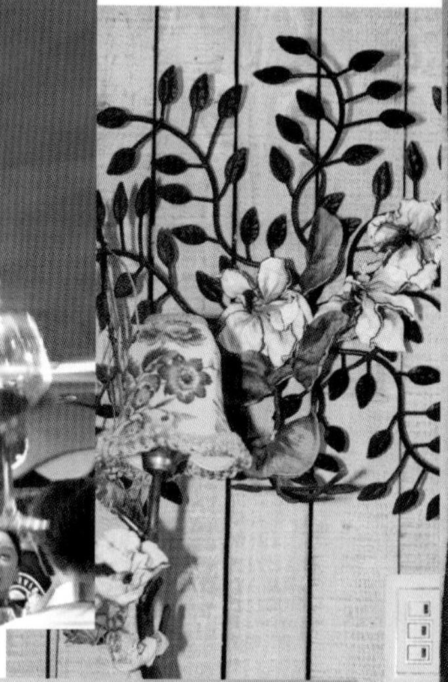

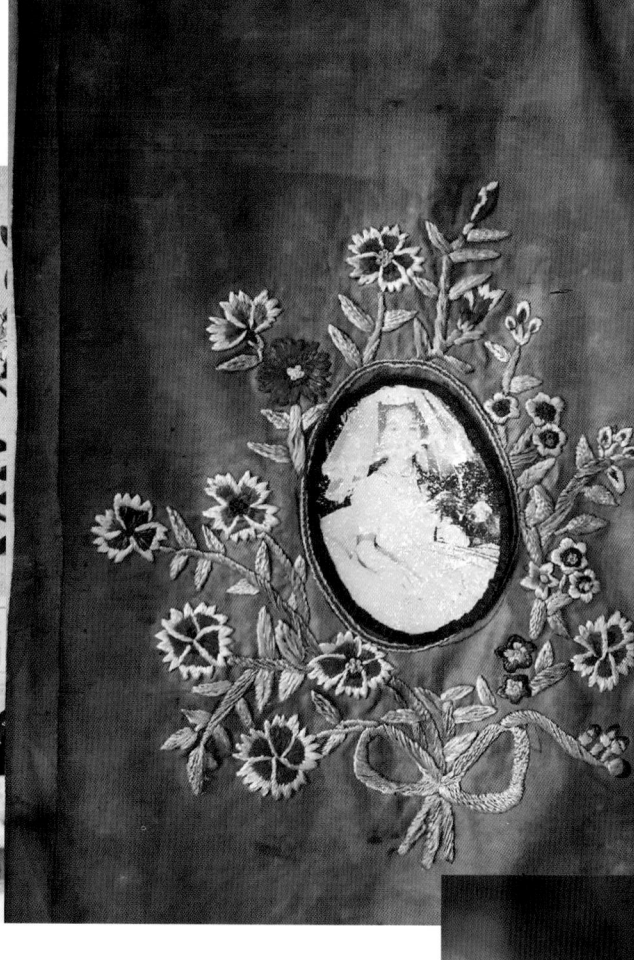

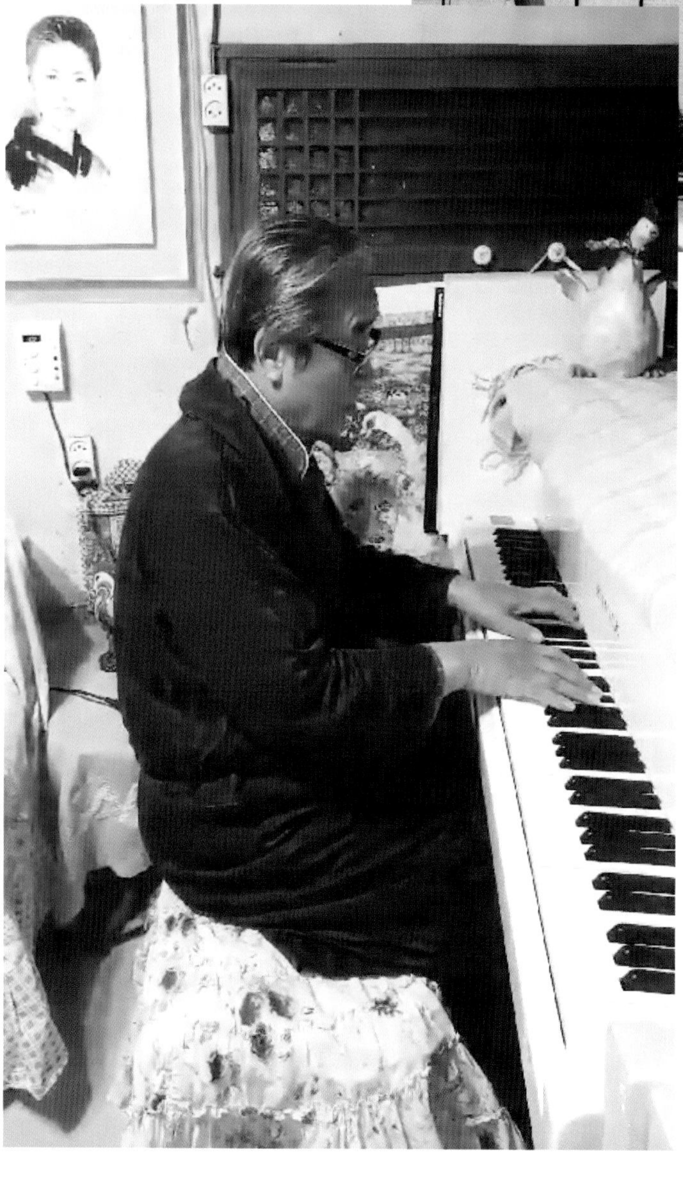

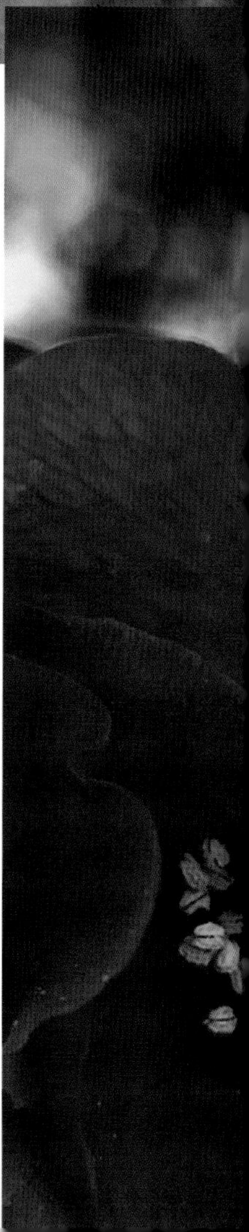

60년 전의 스토리지만
그때의 기억은 평생들 두고
황홀했다

별이 빛나던 밤
효창공원 나무 아래 서 있는 나에게
긴 바바리코트를 걸쳐주고
오페라 〈사랑의 묘약〉의 아리아
'남몰래 흐르는 눈물'을 불러주던
키 큰 남자에게 빠져 결혼까지...
그 사람만 있으면
천장이 없는 집에서도
행복할 것 같았다.

"키 큰 남자 찾다가 망했어." 라는
그의 농담은 열심히 살아온 내게 주는
한 송이 꽃인 듯 했다.

(KBS 다큐 인사이트인 '인생정원' 스토리 중...)

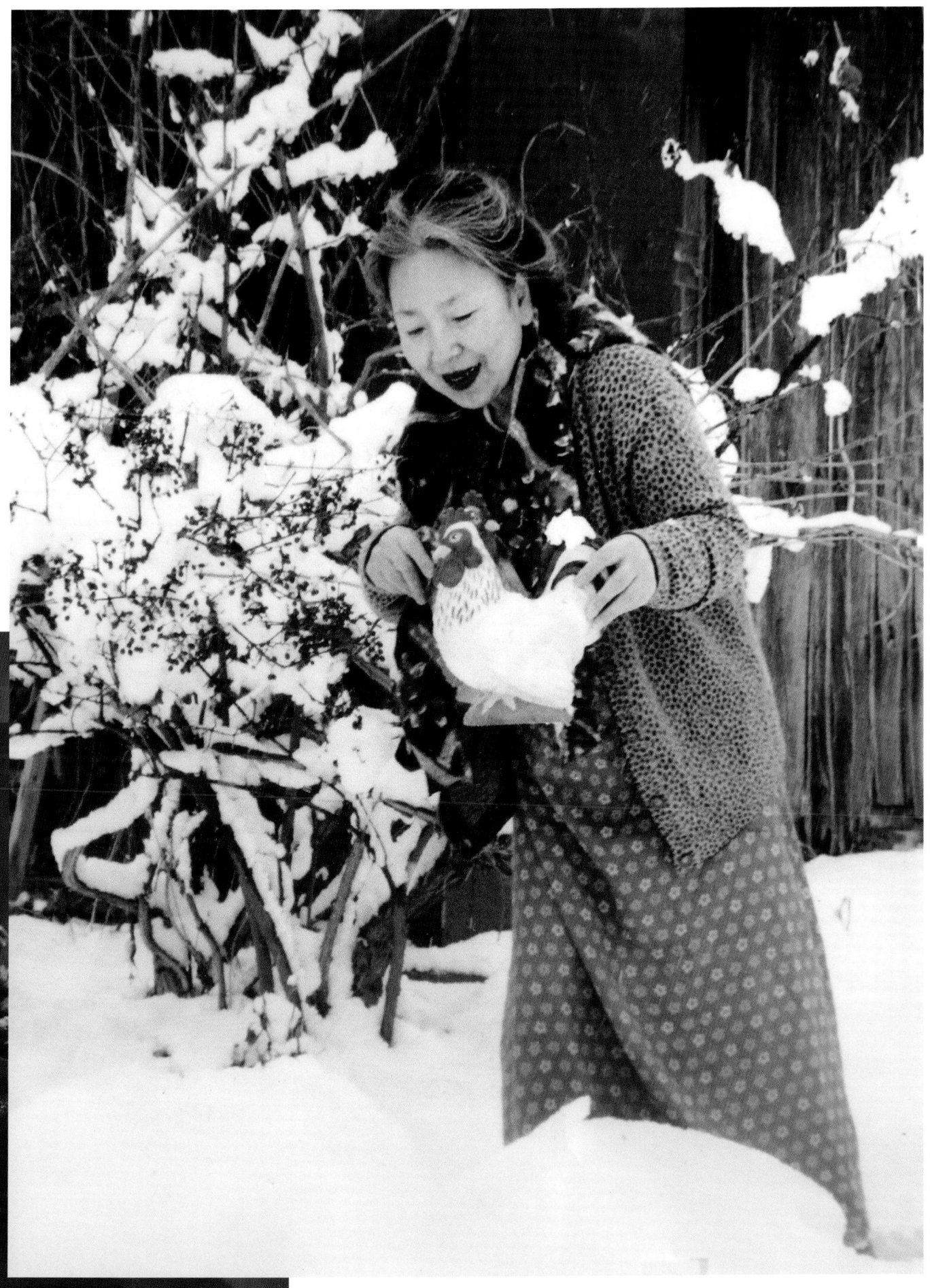

## 그리운 날들

눈이 내립니다. 저 산 하얗게 재우는 함박눈이
텃새 한 마리 가지에서 파드득 날갯짓이 가엾습니다.
나 같기도 하고 어느 오라버니 같기도 한 게
문득 외로움이 엄습했습니다.

내 고향 학천, 남북에 통로만 생기면
달려갈 생각만 하여도 숨이 가쁜
산기슭의 이 채 저 채 곳간까지 선합니다.
철부지 네 남매 추억이 아름다운 그곳.
눈이 내리면 버릇처럼 고향집 뜨락에서 서성입니다.

대청문 제쳐놓고 촛불 보고 날아드는 참새를 잡느라
아우성치던... 참새구이 즐겨 먹던 오라버니들
눈 내리는 날이면 뜨락에 불린 콩 뿌려놓고
꿩도 잡았지요.
옹달샘 물길 따라 열한 그루의 밤나무도
극성스레 날뛰며 미꾸라지 잡던 추억까지
생각해 보니 일제 강점기의 애옥살이에
그나마 참 다행이었네요.
잘난 탓인지 못난 탓인지 모두 흩어져 다른 나라에
살게 되었네요. 한 이는 눈이 없는 나라에서
추억일 뿐이고, 해방둥이 아우는 눈이 쌓여도 함께했던
추억이 없고, 다른 한 이는 이 나라에 살아도 도시의 귀족
나만이 하얗게 눈이 내리는 시골 마당에
그리움 솟구쳐 덫을 놓고 날짐승을 기다려 봅니다.

설어서 풋풋하던 옛날의 짓궂은 오라버니들이 보고파
가슴 아픈 오늘은 서랑동 뜨락에 펑펑 함박눈이
내리고 있습니다. 나는 왜 지금도 그때가 잊히지 않아
올드 블랙 조를 흥얼거리며 사는지...

"그리운 날 옛날은 지나가고
들에 놀던 동무 간 곳 없으니
이 세상에 낙원은 어디 있느뇨
블랙 조 널 부르는 소리 슬퍼서
나 홀로 머리를 숙이고서 가노니
블랙 조 널 부르는 소리 그립다."

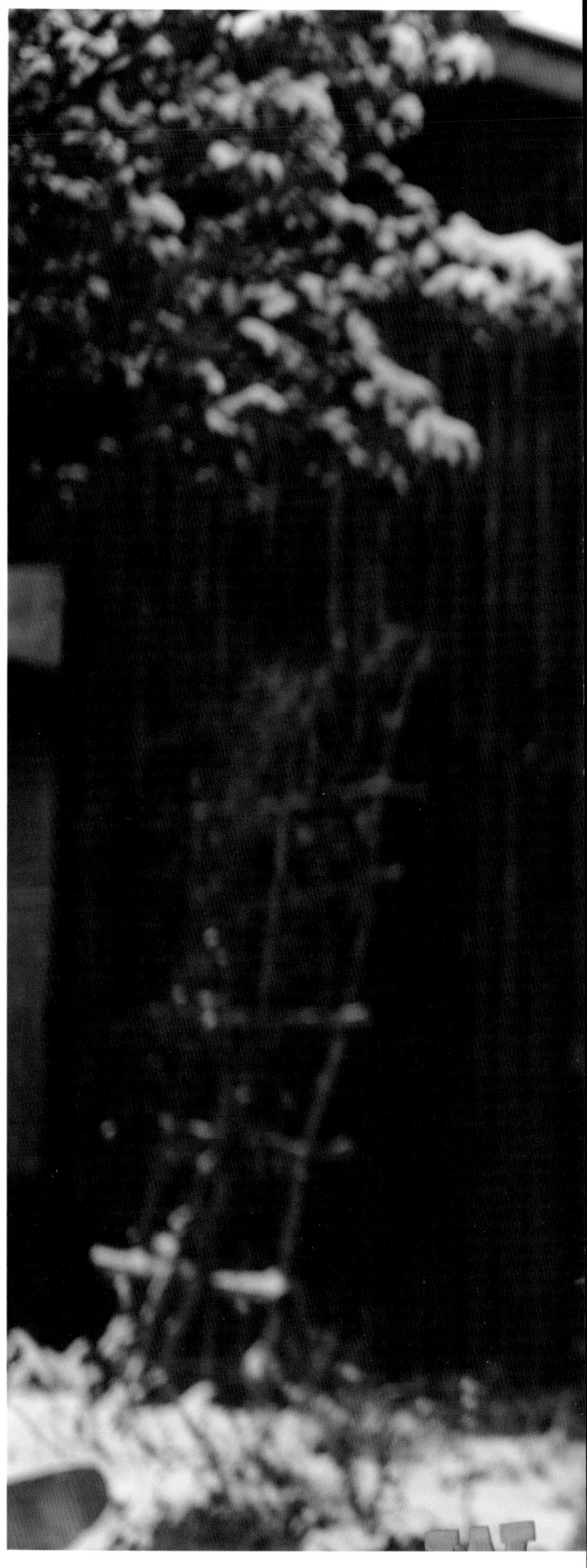

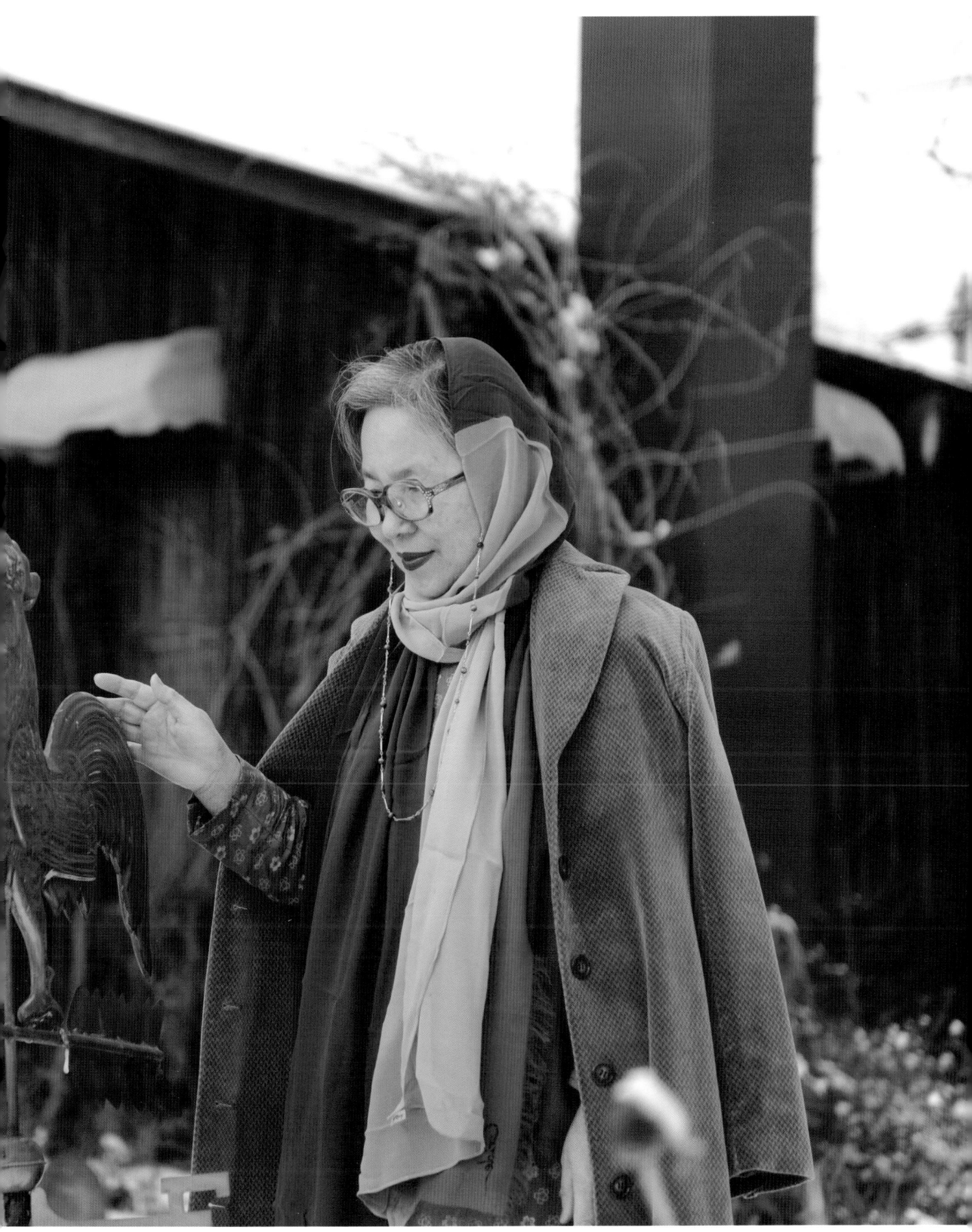

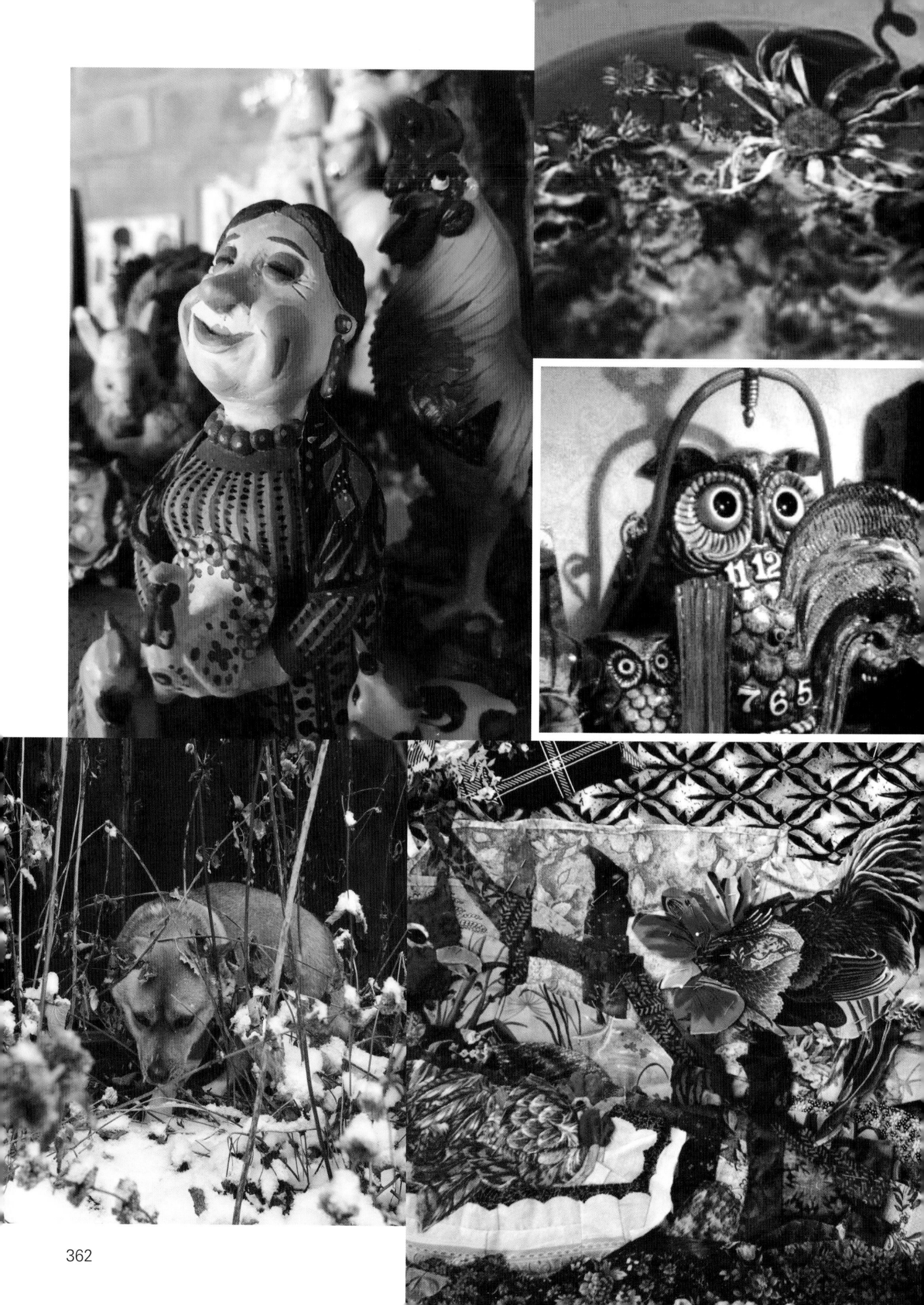

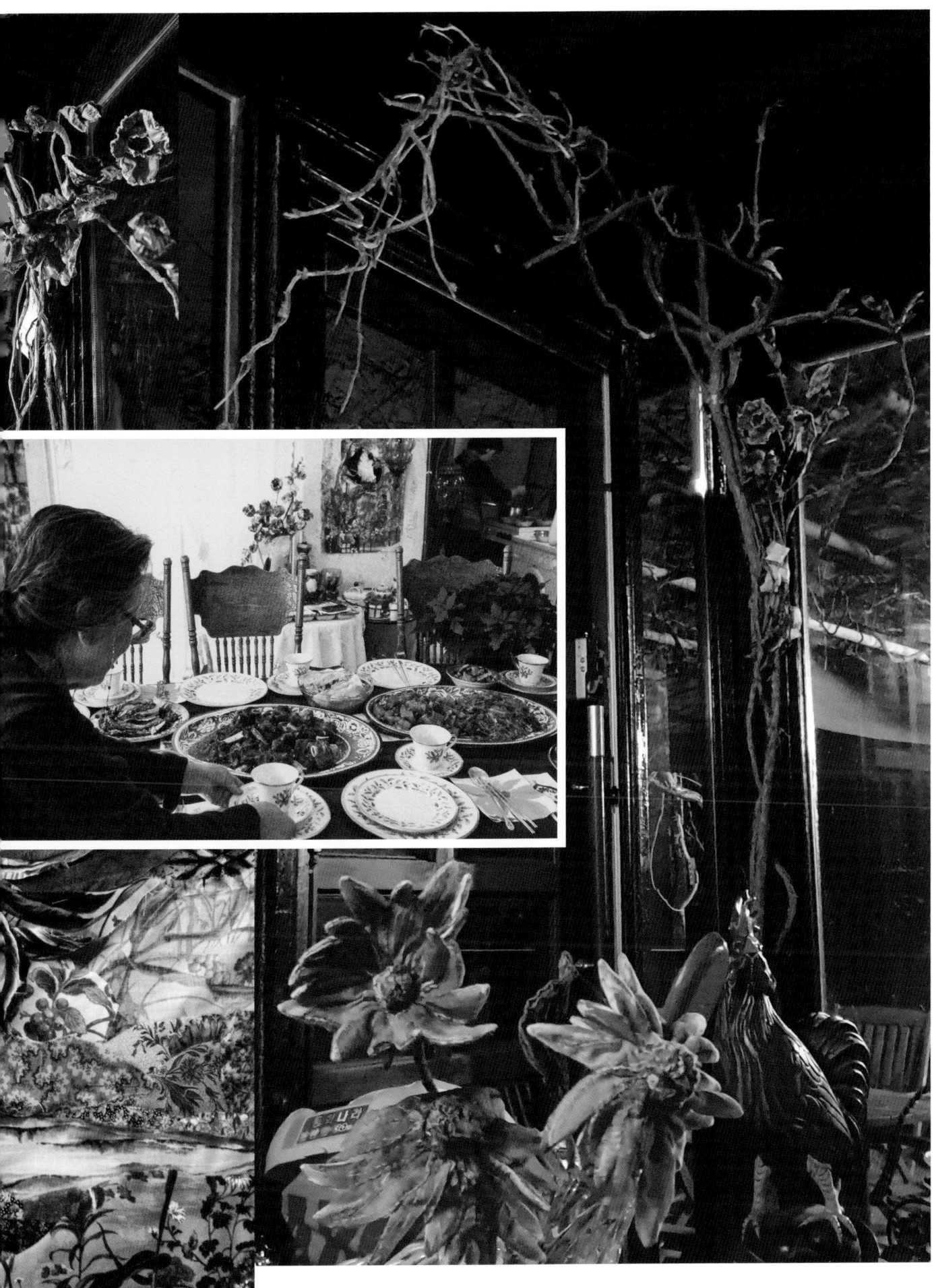

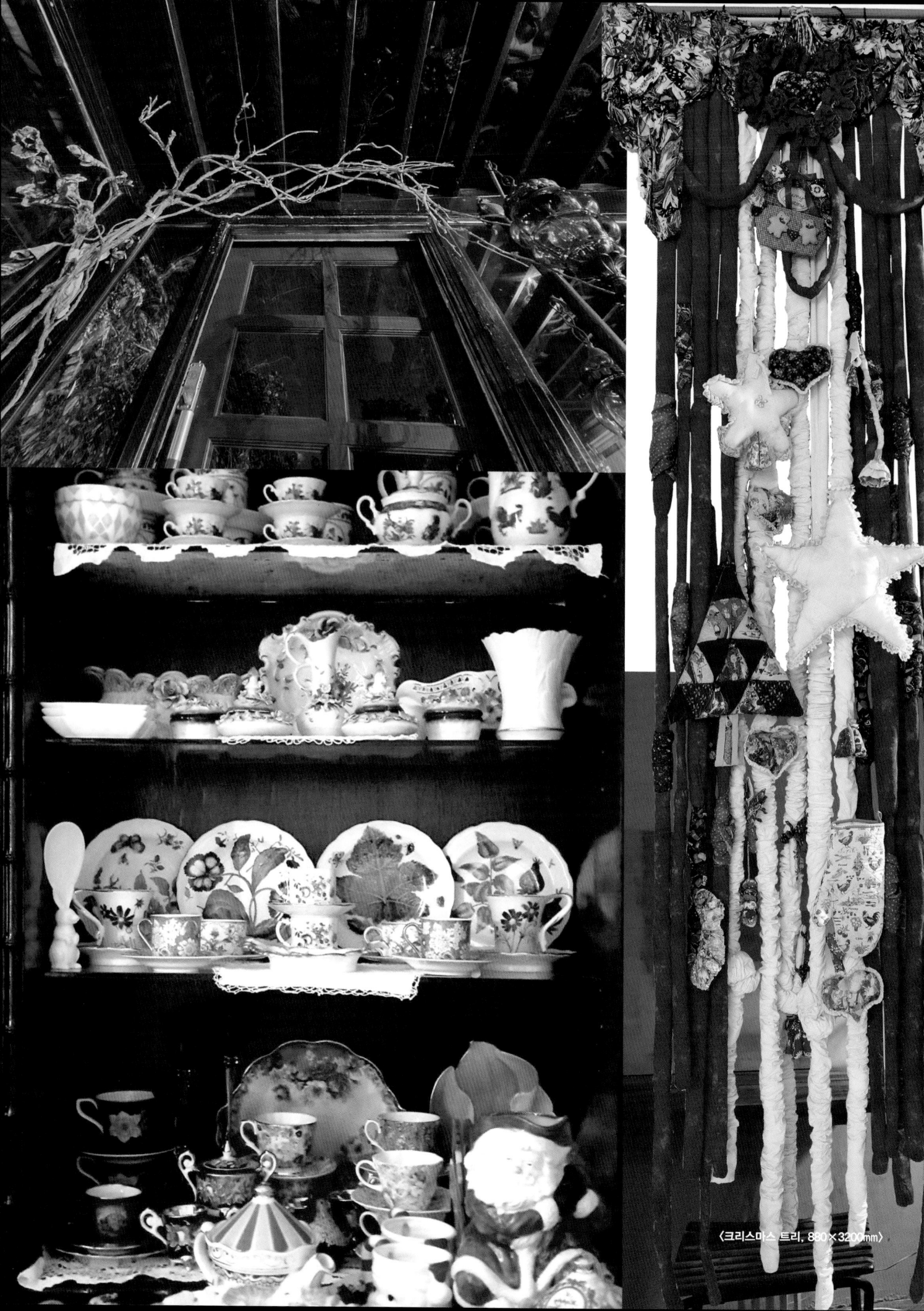

〈크리스마스 트리, 880×3200mm〉

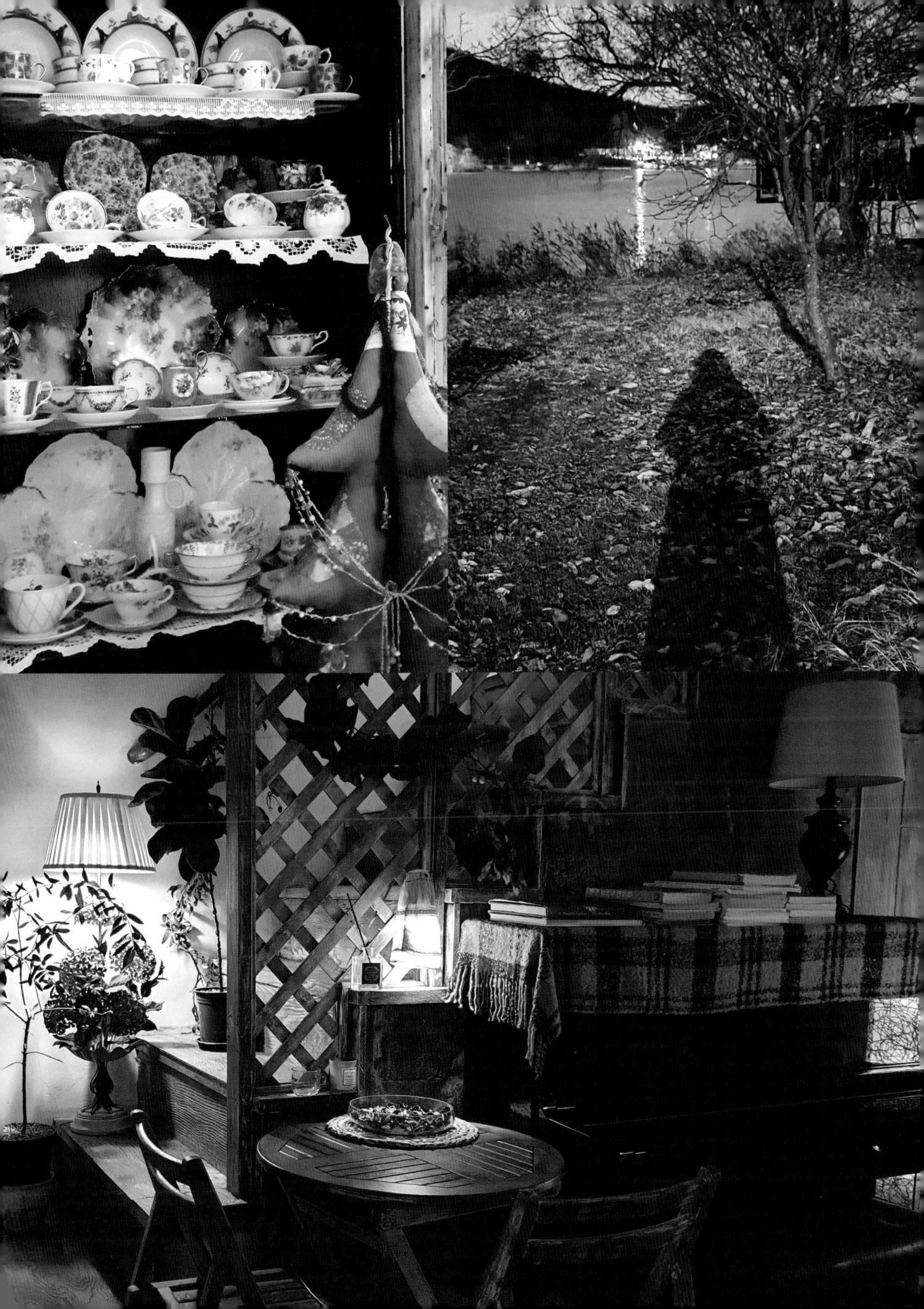

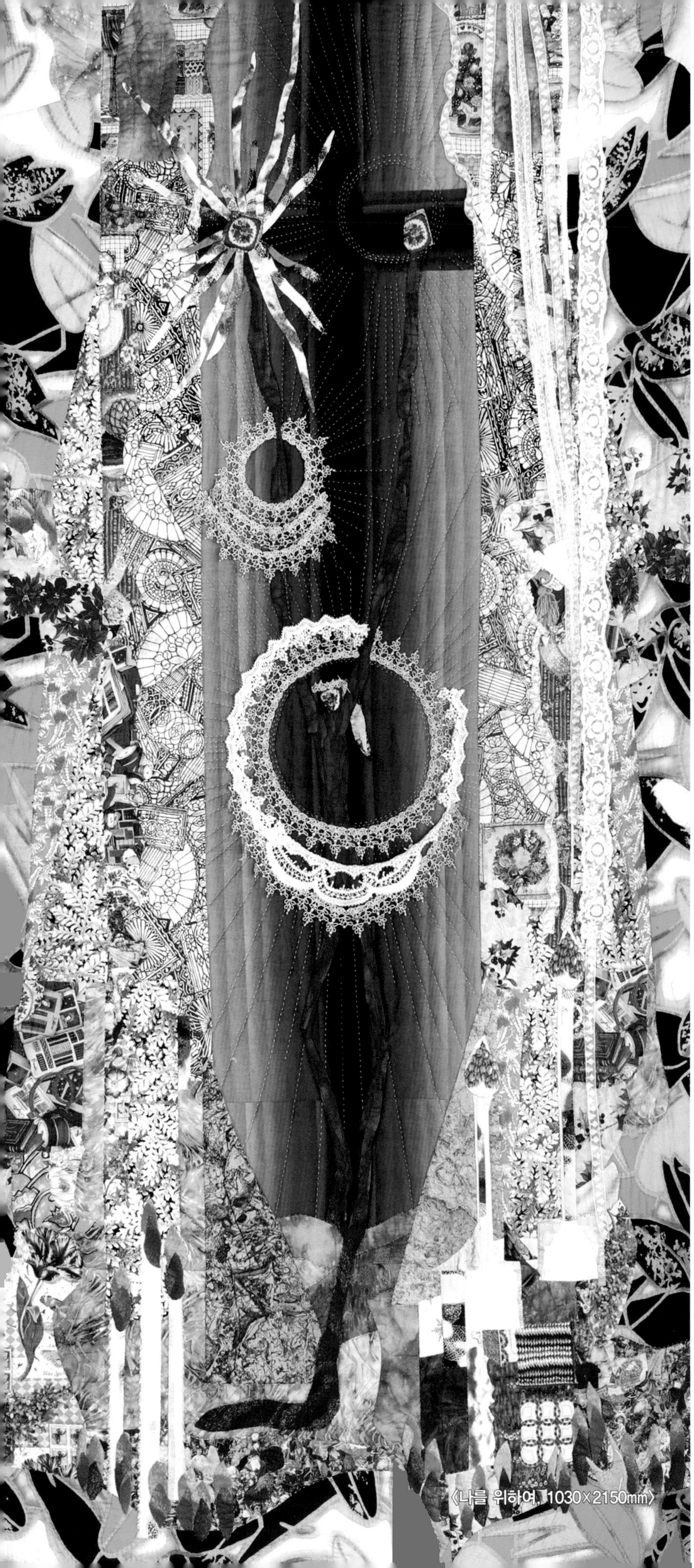

## 나를 위하여

십자가에 달리신 분
예수라 하더이다
나 아직 예수가 누구신지 모르오나
십자가를 바라보면
마음이 아파지는 이유
나 알 것만 같습니다.

십자가에 달리신 분
부활이라 하더이다
나 아직 부활이 무엇인지 모르오나
십자가를 바라보면
마음이 따뜻해지는 이유
나 알 것만 같습니다.

십자가에 달리신 예수여
이래도 죄, 저래도 죄

이런 나를 위해서
당신은 육신을 찢기였나이까

《나를 위하여, 1030×2150mm》

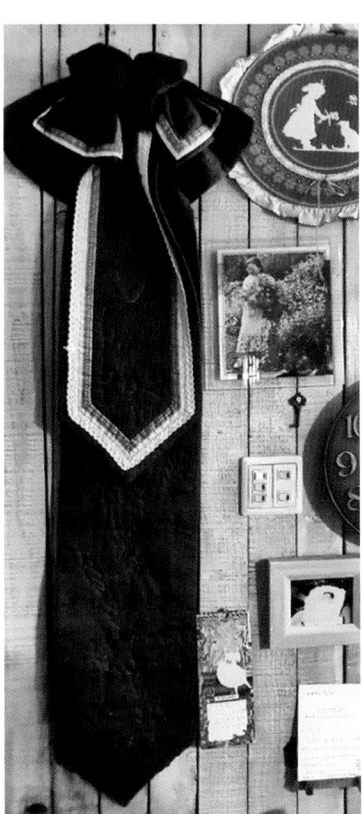

## 여인의 회개

손가락 마디마디의 절규가 나의 속마음이었을까?
마음 한구석에 나를 치료해 주셨던
선교사 닥터 버제스에 대한 기억 때문일까?
아버지께서 교회 가지 말라고
성경책을 불태우며 그리도 반대하셨는데...

그분은 항상 당당했었다.
주일이면 큰 짚차를 몰고 집 앞에 오셔서
홍 선 아~~~ 하시며 서툰 발음으로 나를 찾았다.

딸을 지극정성으로 치료해 준 그에게
아버지는 할 말이 없었고...
그렇게 2년을 닥터 버제스를 따라다니며
예배를 드렸다.
그가 한국을 떠나고 공부하느라 교회에 가지 못했다.
그 대가로 시험에 떨어질 거라는 죄책감도 많았지만...
그러나 나는 항상 누군가의 보호를 받고 있는 것 같았다.

닥터버제스... 그가 내게는 하나님을 깨닫게 해 준
첫 사람이었고, 마음 안의 그에 대한 생각은
교회를 가야 한다는 부담으로 목석같이 앉아있었다.
그렇게 흐른 시간이 60여년...

83세가 될 때까지도 그리 살다가
딸이 목사가 되고 이 정원에 교회를 세우겠다는 말에
그 부담감은 물로 씻기는 듯 시원하게 내려갔다.
옆지기는 항상 제비가 오면 교회 간다며
고개를 돌리던 현실적인 사람이다.
그런데 그가 이곳에 교회를 세우겠다는 말에
"그거 좋겠다." 귀를 씻고 다시 들어도 분명히 그랬다.

돌아보니 작품을 할 때, 정원을 가꿀 때...
내 능력이 아닌 이끌림이 분명 있었다.
그렇게 한 걸음 한 걸음... 초창기의 작품이지만
손가락 사이사이로 흐르는 절규가 내 마음이었다.
하나님 앞에 엎드린 '여인의 회개' 작품은
40여 년 전부터 계획하셨던 하나님의 뜻이리라...
오 마이 갓...

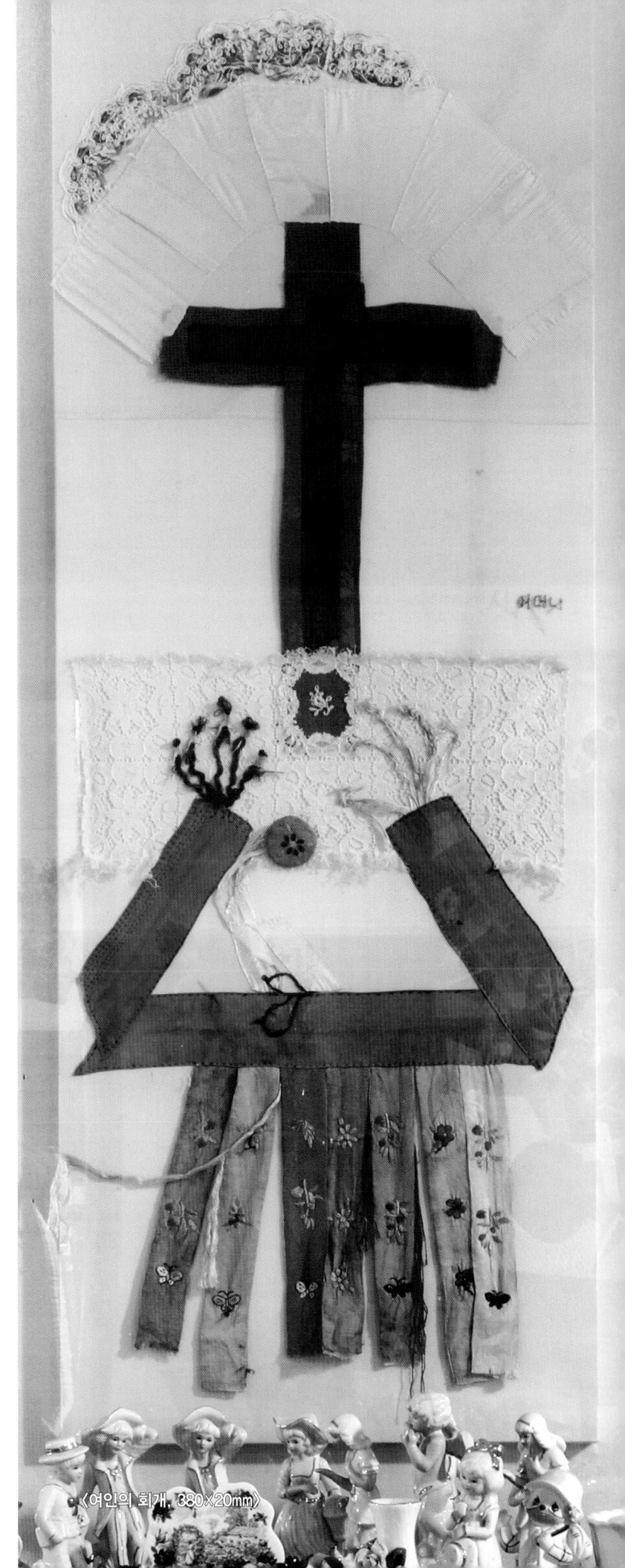

《여인의 회개, 380×20mm》

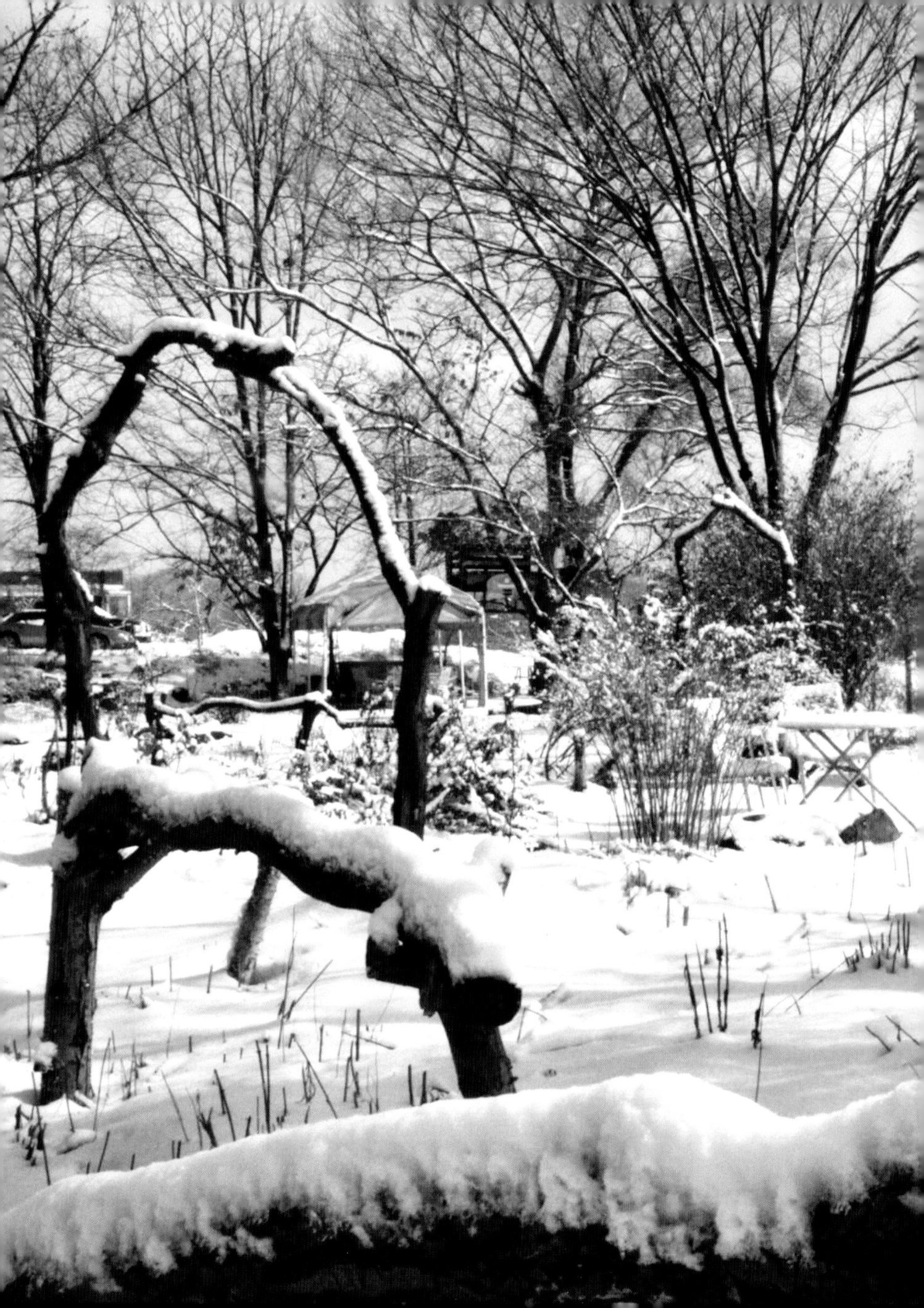

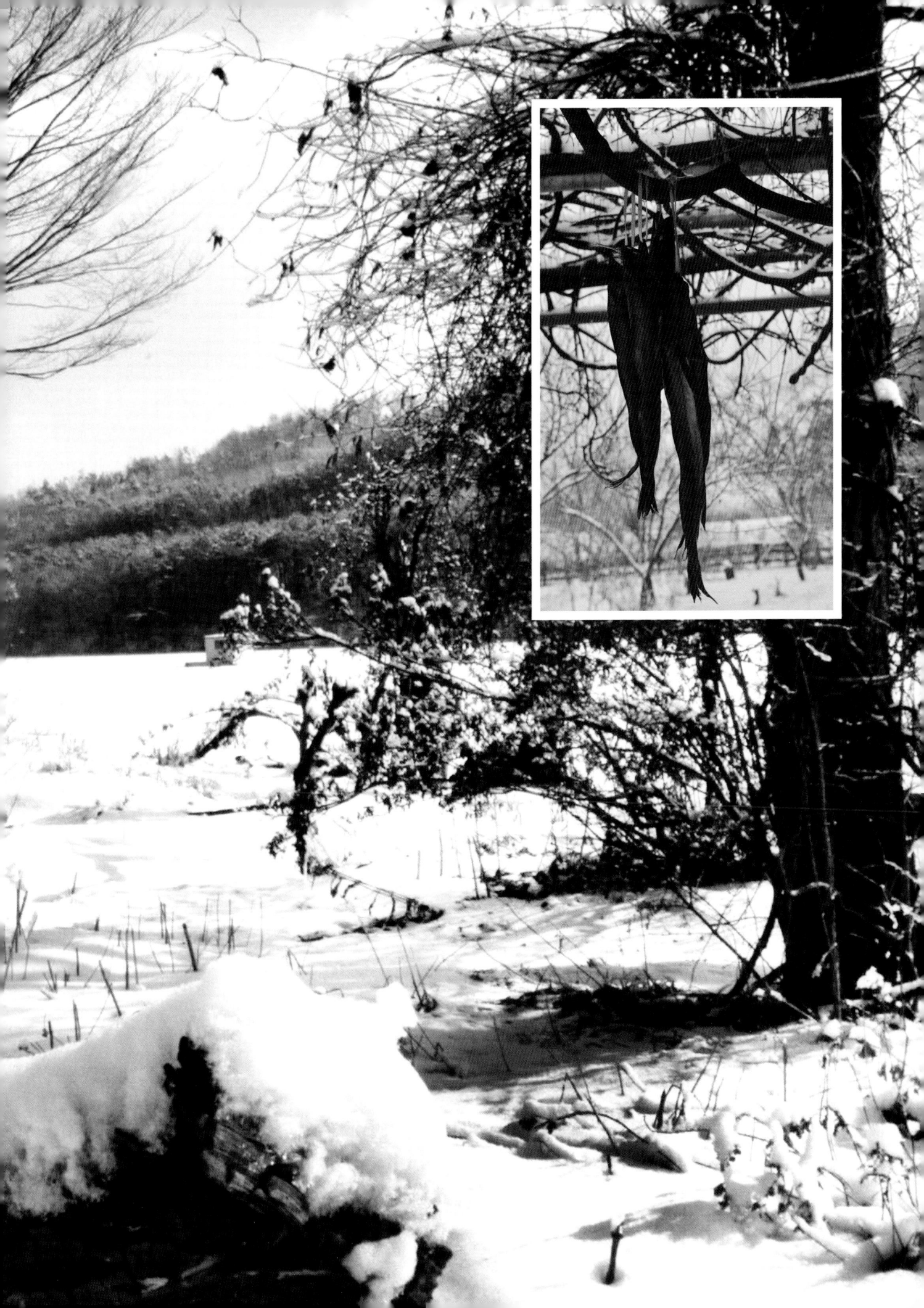

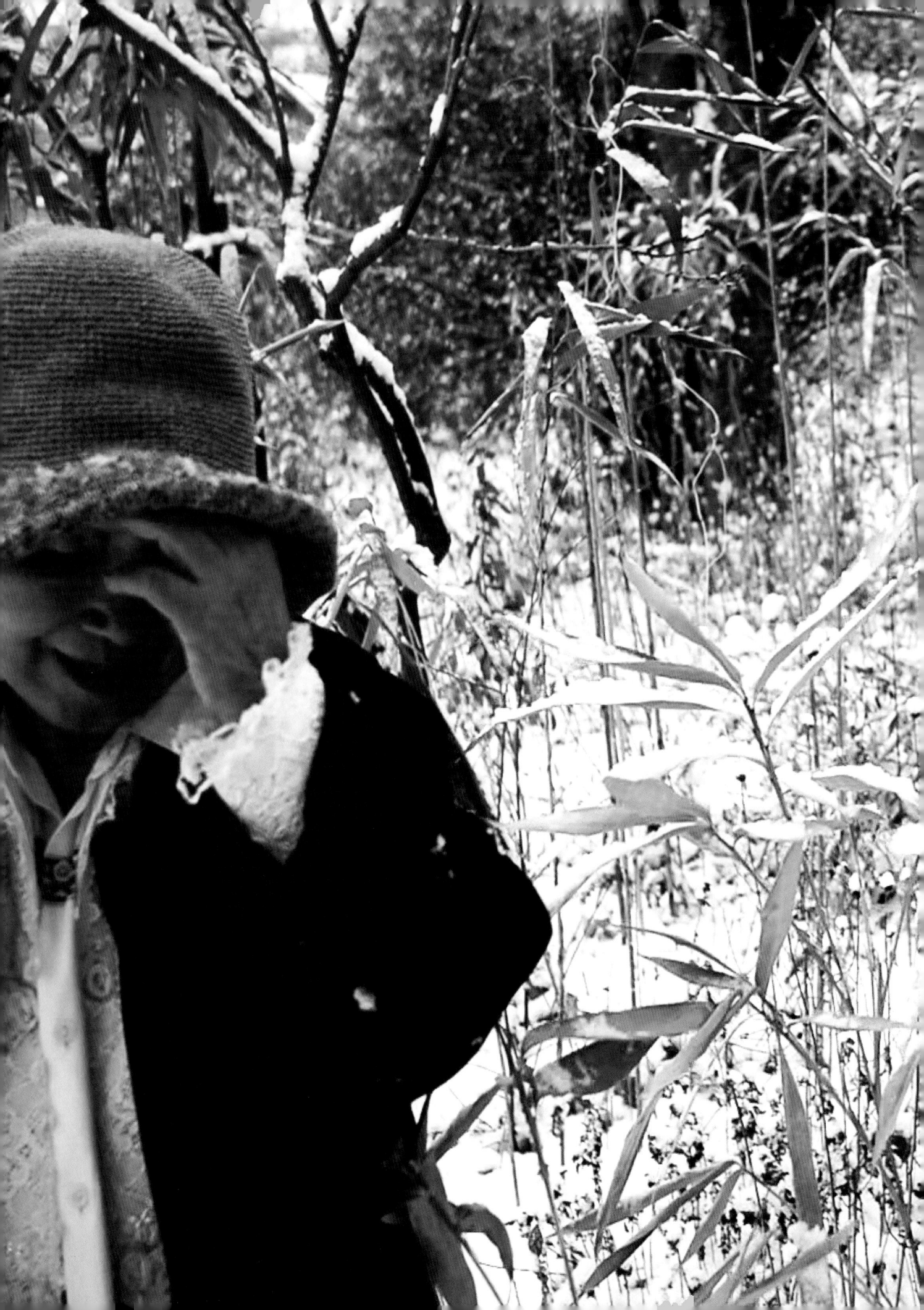

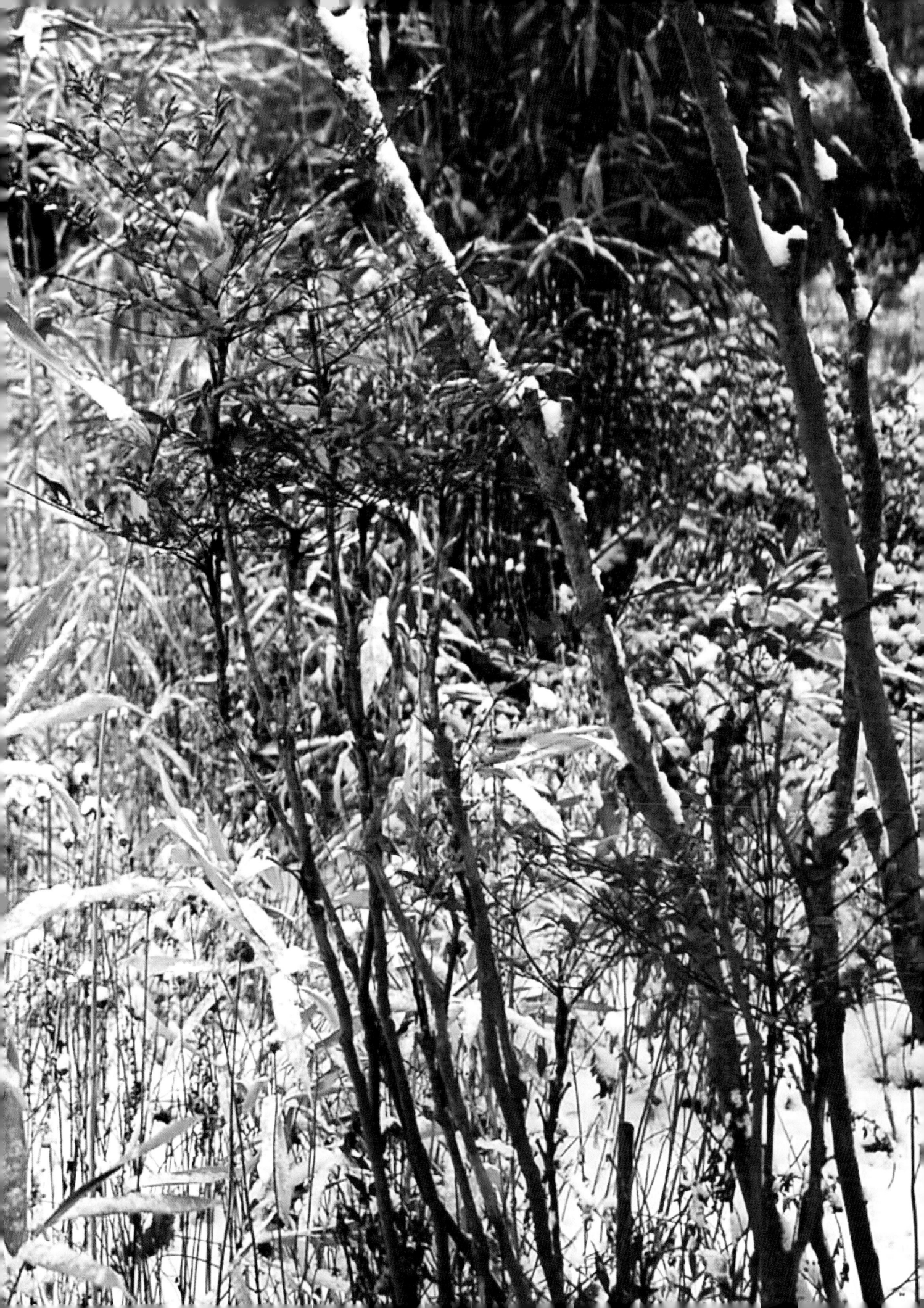

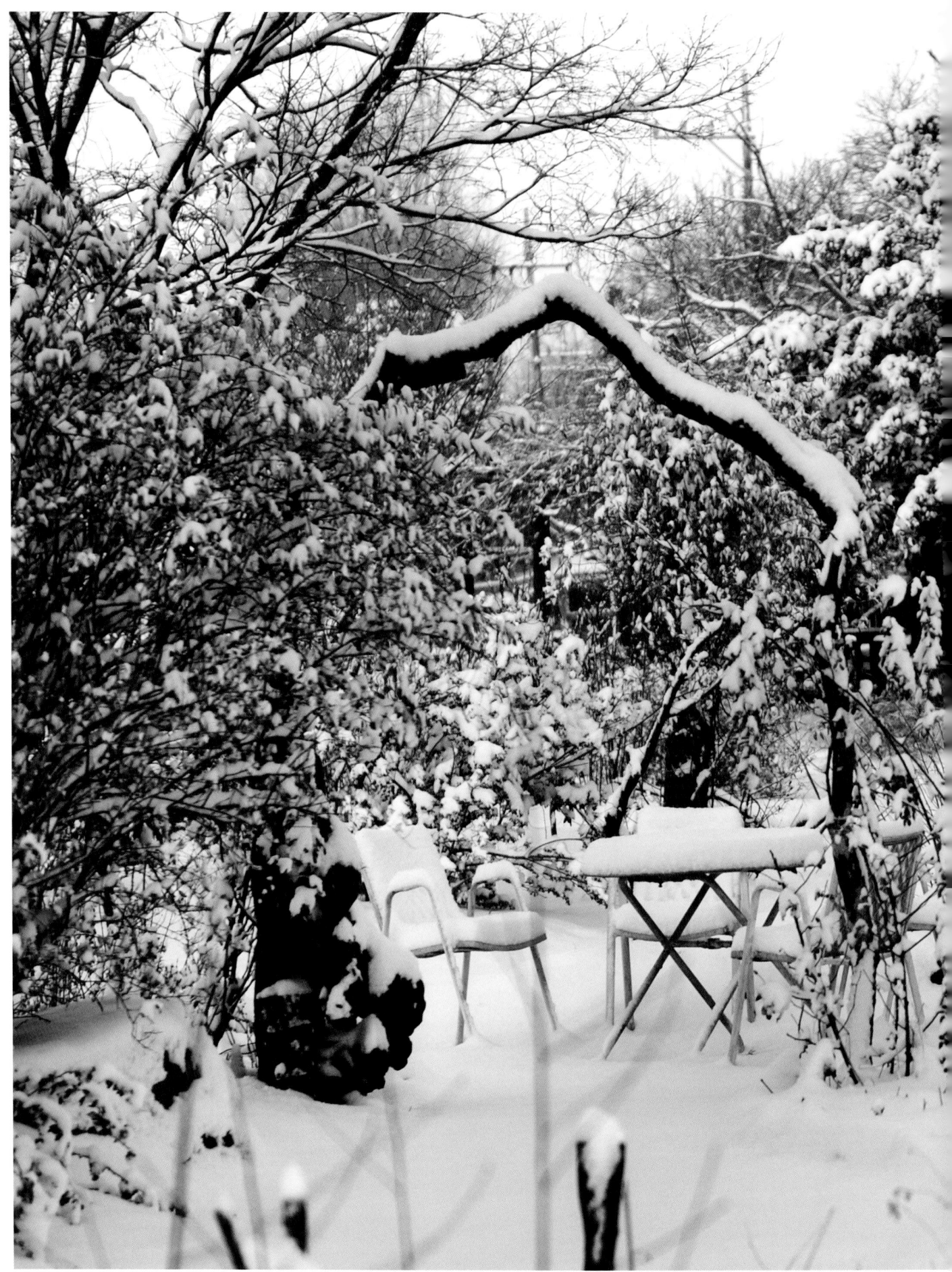

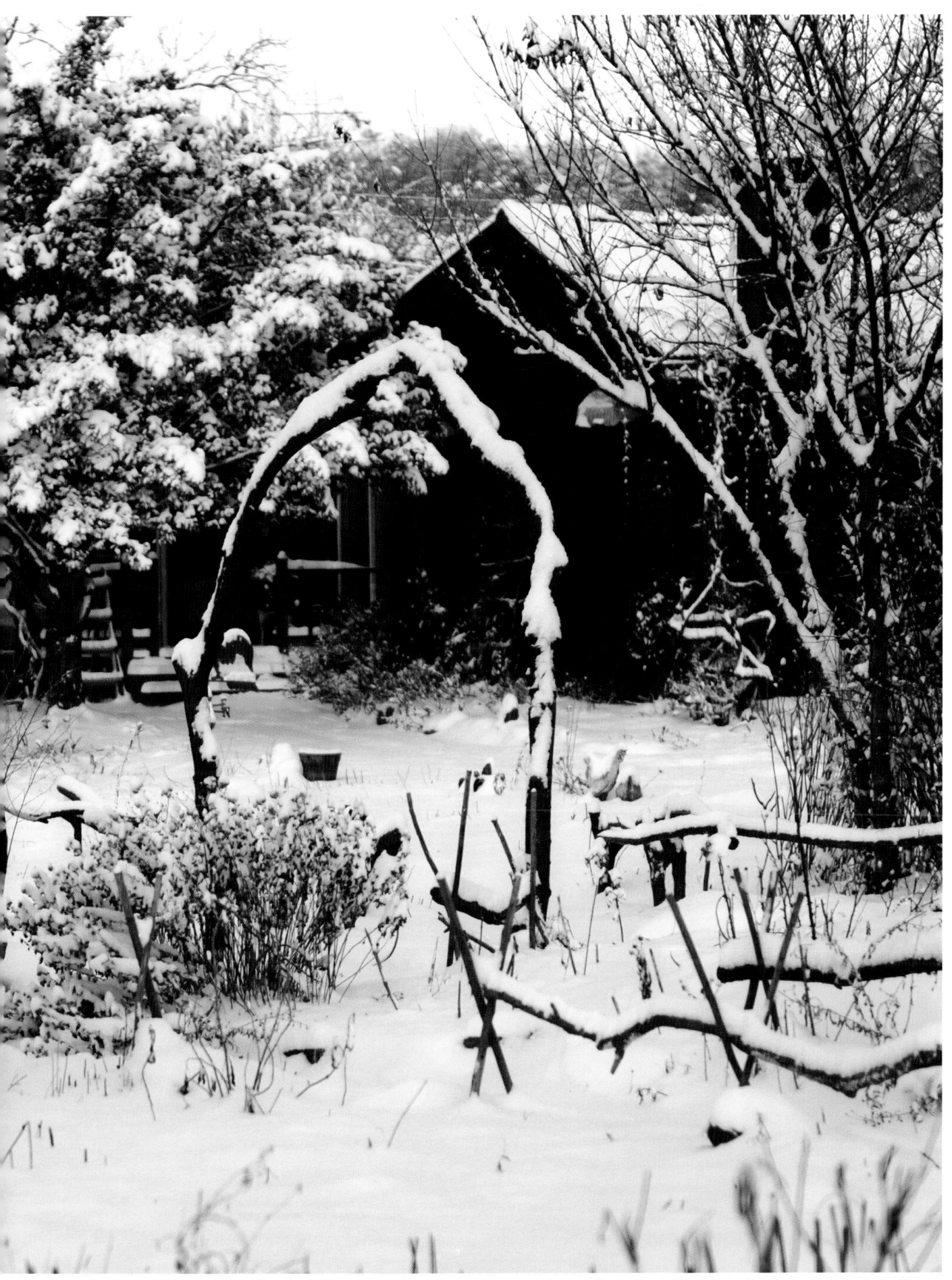

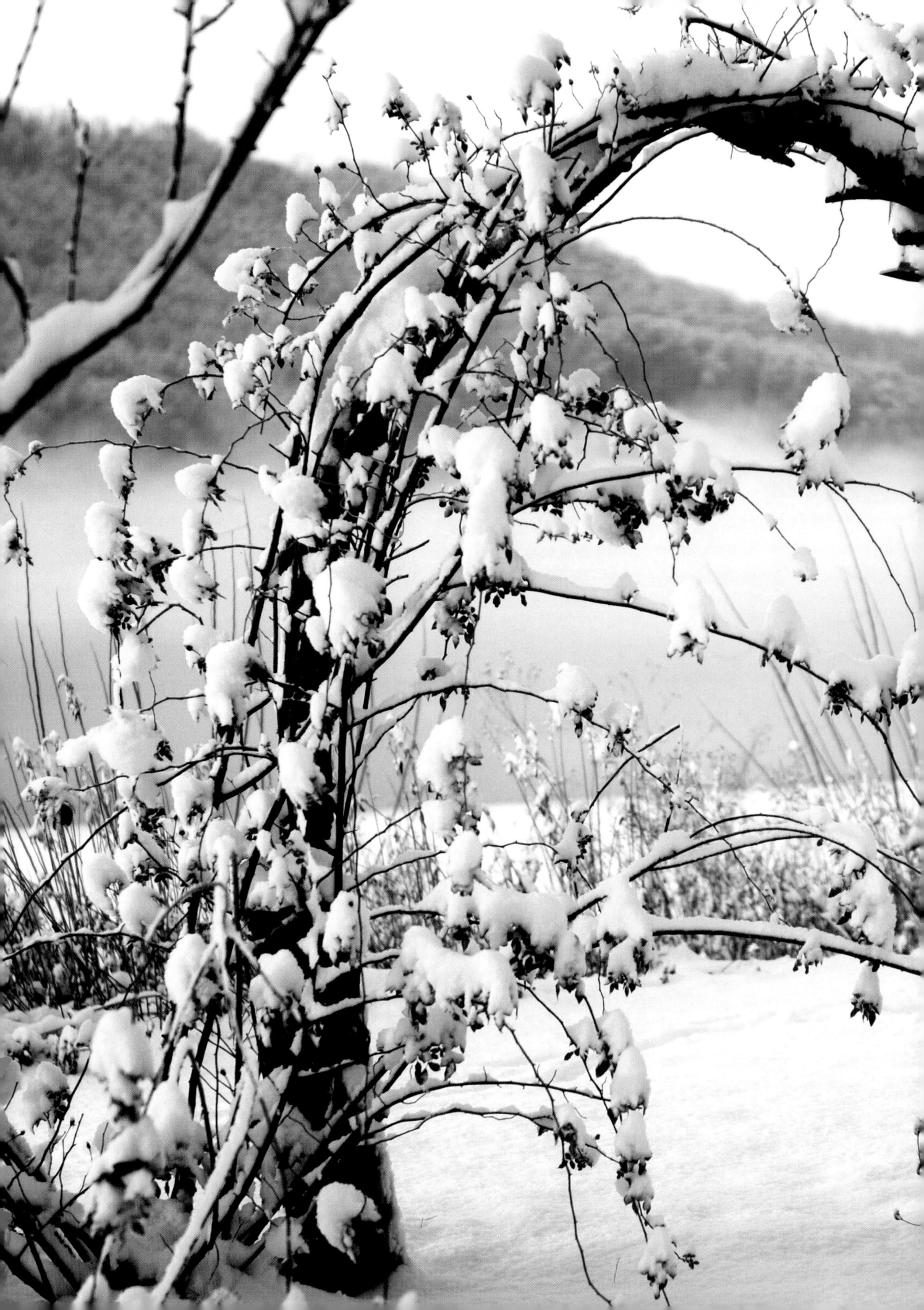

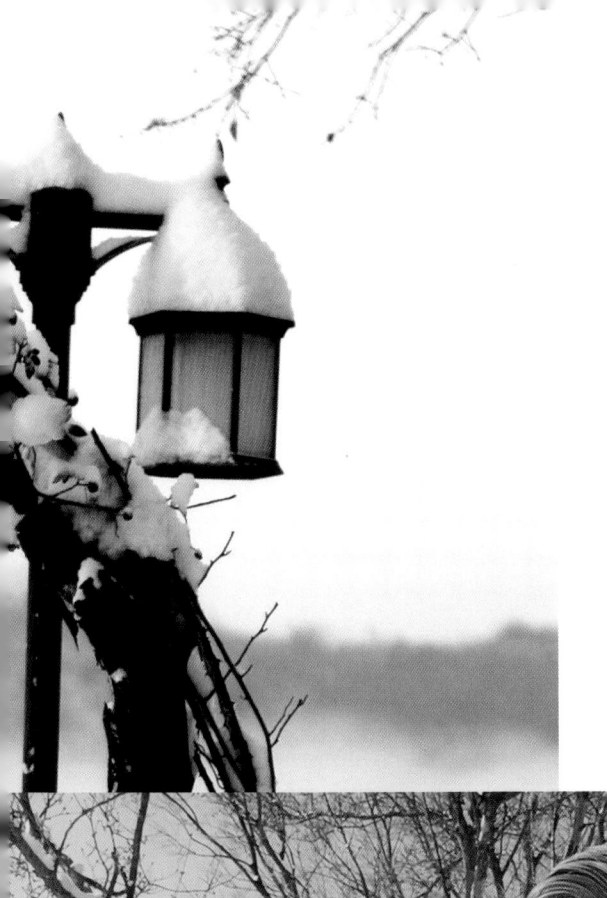

## 눈 꽃송이

흰 꽃을 아무리 심는다 해도
자연이 만든 하얀 눈꽃을 어찌 따라갈 수 있겠는가

이 아름다운 꽃을 어떻게 안 보고 지나칠 수 있을까...

해마다 겨울이 다가오면 조마조마 눈 오기를 기다린다.
탐스러움을 누리려고 꽃대도 자르지 않고 그대로 둔다.
겨울이 주는 이 선물을 마음껏 즐기려고...

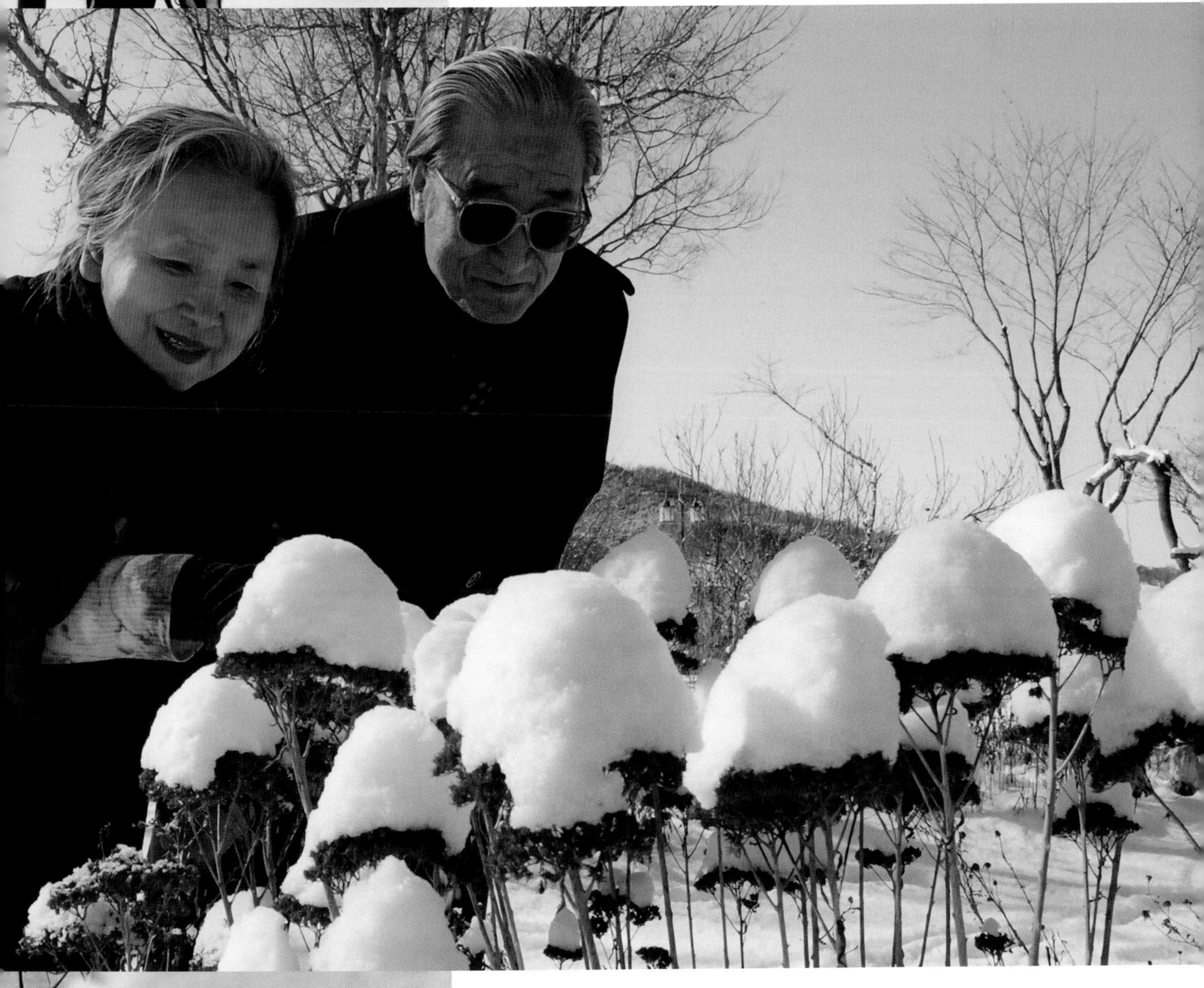

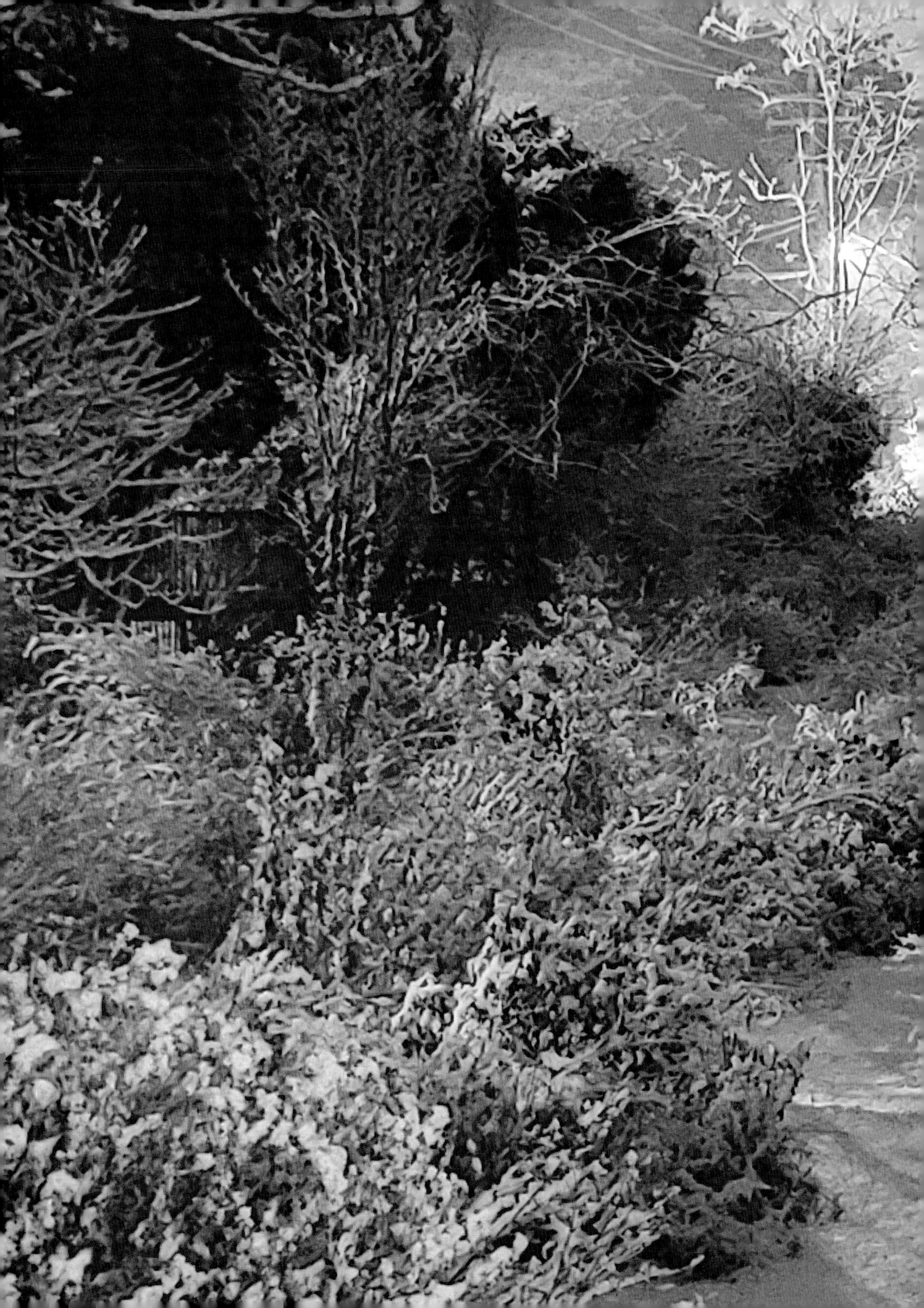

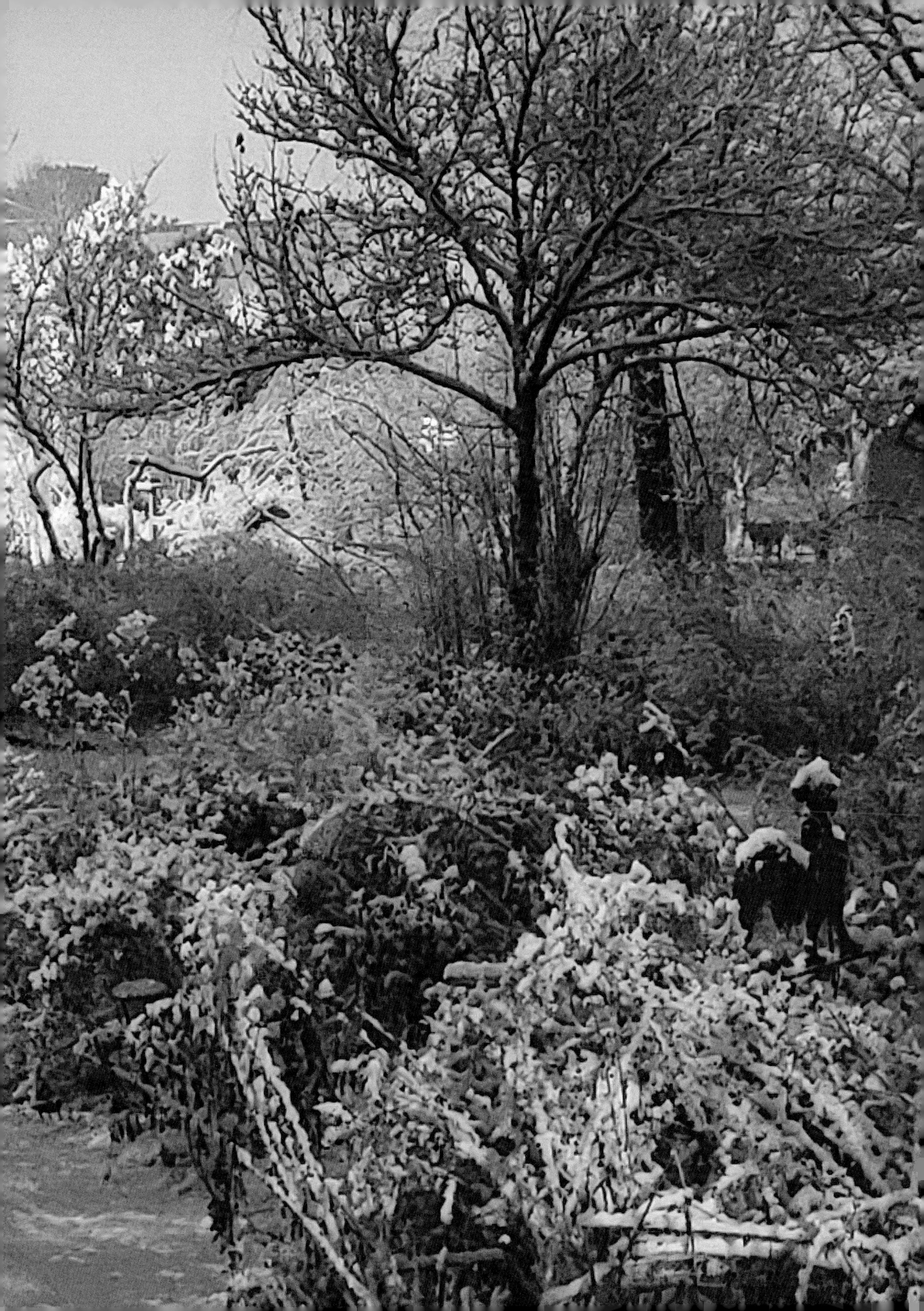

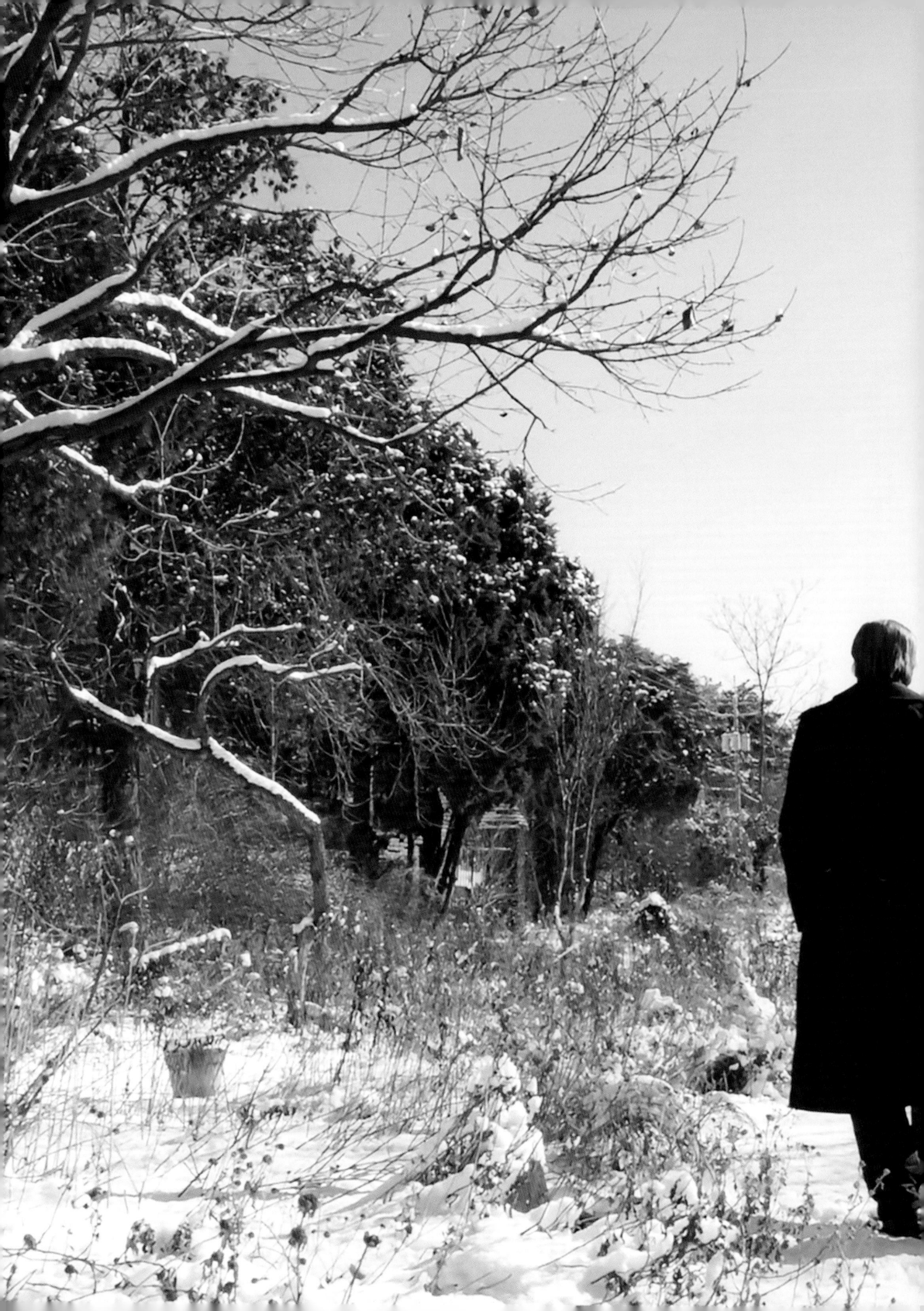

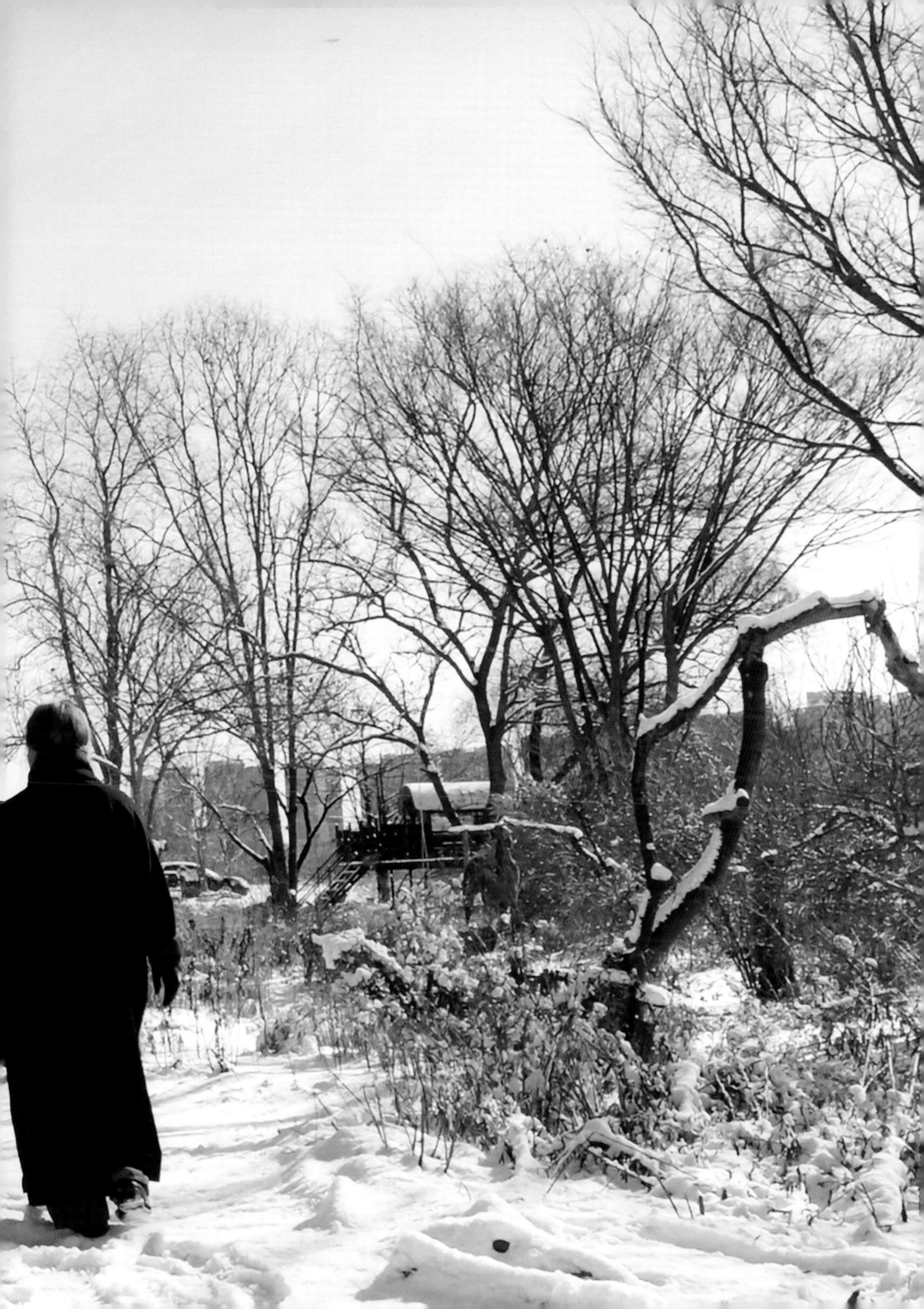

## 아내의 미소

당신에게는 멈추지 못하는 손이 있소
일손을 놓으면 무료하다고
옆 사람 질리도록 일하는 천성이 있소

와서 보라는 것도 일
같이 하자는 것도 일
이렇게 재미없는 아내와 사는 줄
아무도 몰라주니 답답해서
낱낱이 고해보려오 '겨레의 밭'에

외출은 건건이 사양하고
외식은 철저히 삼가고
호미질 삽질 바느질에다
무엇이나 재활용하느라
날밤을 새울 때는
알뜰살뜰 부지런한 주부 같았소

글을 쓰거나 그림을 그릴 때는
세상사 다 잊었는지
영혼이 맑은 여인 같았소

들꽃 속을 누비는 풀벌레 같은 모습에
별난 성미 드러나지 않을 때는
영락없는 시골 아낙 같았소

서랑 호숫가 허허한 곳
텃밭 일구며 이십여 년
과로하면 저승 가오
내 애달아하면
더 설쳐대는 미련퉁이였소 당신이

어느 때는 내게 혼신을 바쳤다고
눈물 보인 적도 있었소만

미안하오
내 원하는 알근 달근한 아내는 아니잖았소?

당신이 이 일 저 일 뒤적거리는 통에
나는 밤에도 낮에도 외톨이였소
그래서 쓴소리만 높였다오

날 운 좋은 사내라고 부러워들 마시오
그 된맛에 머리가 다 세었소
그래서 살아보라고 말했다오
아니 살자니 아깝고 살자니 개살구요

팔십 평생 허적인 지금
호미도 망치도 나는 싫소
여생일랑 유유자적 흥으로 살려 하오
조석으로 소리 높인
내 투정 잠재운 묘약은
가엾게도 땀에 얼룩진
당신의 미소였구려

긴 세월에도 아랑곳없는
들꽃 같은 미소
나는 노예가 되고 말았소

(아내의 모교인 경남여고 회보 '겨레의 밭'
사위들의 아내 자랑 난에 실렸던 글입니다.)

380

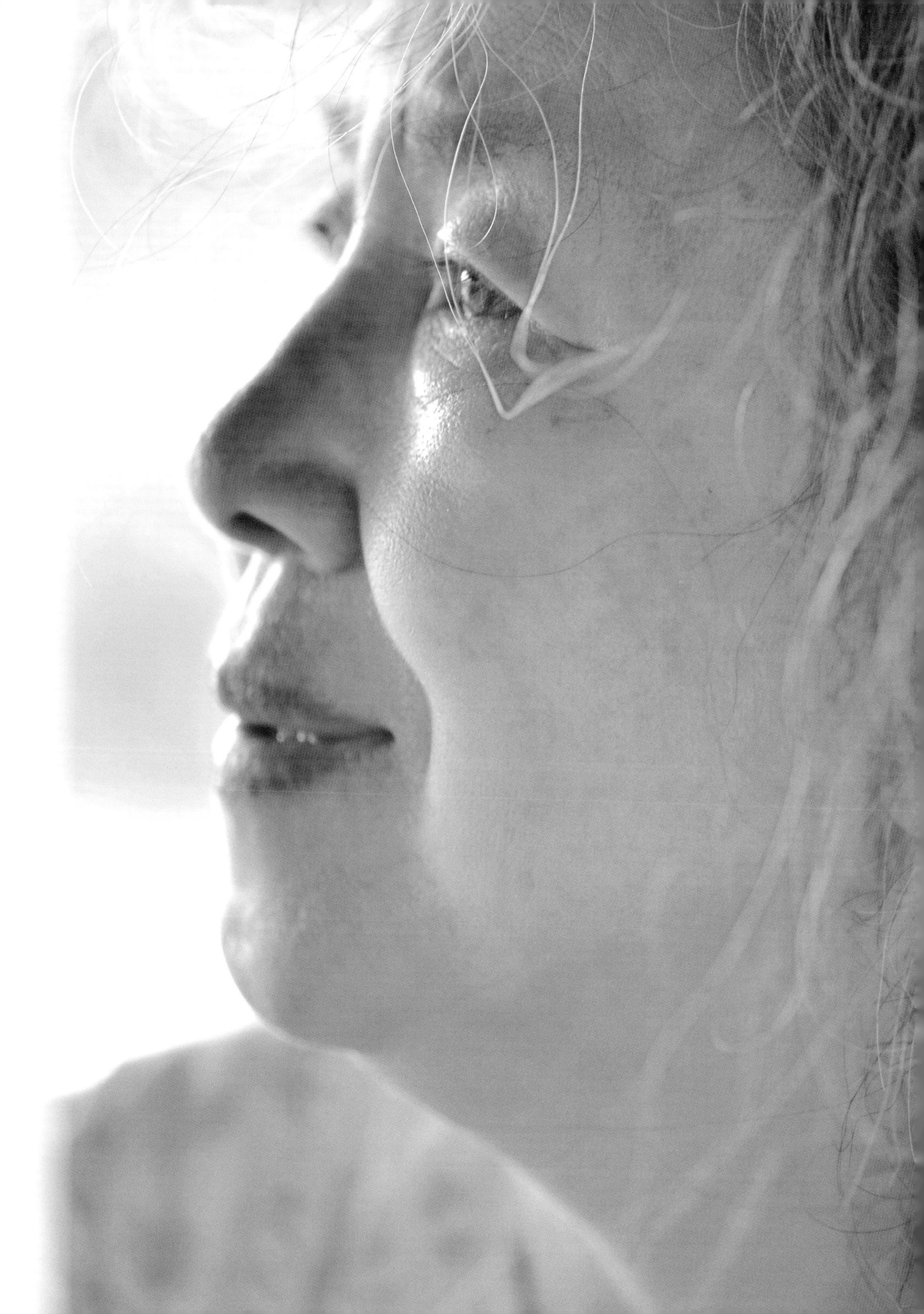

글....

사라져 가는 연습...
물안개처럼 이슬꽃처럼

지나온 모든 순간이 내게는
아름다운 선물이었습니다.

잘 살았어요.
행복했어요.